월스트리트의 내부자들

INSIDERS ON

미국을 뒤흔든 12대 내부자거래 스캔들
월스트리트의 내부자들

WALL STREET

| 김정수 지음 |

캐피털북스

나의 동반자인 아내와 마리, 주미에게
그들의 사랑과 지원에 감사하며

일러두기

1. 문헌 인용의 출처는 미주에 달았고, 하단 각주는 저자가 독자의 이해를 돕기 위해 달은 것이다.

2. 단행본은 『 』, 언론과 잡지는 《 》, 영화, 예술작품, TV 프로그램은 등은 〈 〉로 표기했다.

3. 쌍따옴표는 다른 사람의 말을 인용하거나 언론 기사의 제목, 그리고 중요한 용어를 강조할 때 사용했고, 홑따옴표은 간접적인 인용이나 특정한 단어를 강조할 때 사용했다.

4. 외래어는 원칙적으로 국립국어원 표기법을 따랐다.

5. 주인공들의 호칭은 성(last name)을 사용했다. 다만, 인용문의 경우 이름(first name)을 사용하기도 했다.

6. 성경 구절의 인용은 "개역성경"을 사용했다.

목차

제1장

총구에서 나는 연기

제2장

연방대법원의 역습

제3장

월가를 뒤흔든 《월스트리트 저널》 사건

제4장

월가의 황태자, 데니스 레빈의 영광과 몰락

제5장

차익거래의 황제, 이반 보스키의 비밀 거래

제6장

정크본드의 제왕, 마이클 밀켄의 금융 혁명과 제국의 최후

제7장

연방대법원, 루비콘강을 건너다

제8장

가사(家事) 제국의 여왕, 마사 스튜어트의 투쟁과 눈물

월가의 무적함대 갤리언의 침몰

인도의 빛나는 별, 라자트 굽타의 추락

뷰티 퀸 펀드매니저의 섹스와 내부정보

제12장

헤지펀드의 왕, 스티븐 코언의 어두운 진실

에필로그 끝나지 않는 전쟁

부록 욕망이란 이름의 전차

우리 미국 증권시장은 세계에서 가장 최고의 신뢰를 얻음으로 인해 아주 성공적인 시장이 됐다. 세계는 우리 증권법이 자유롭고, 공정하며 그리고 공개된 거래를 요구하고 있다는 사실을 알고 있다. 수천만 미국 투자자들이 우리 시장이 정직한 시장이라고 믿기 때문에 우리 시장에 돈을 투자하고 있다. 돈 뿐만 아니라 그들의 '믿음faith'을, 그리고 그들의 '미래future'를 투자하고 있다. 그들은 우리를 신뢰하고 있다. 우리는 그들의 믿음과 신뢰를 저버려서는 안 된다. 그것은 법의 명령이요, 우리들에게 부여된 도덕적 책임이다. 우리는 우리 사회의 정의를 위해서, 그리고 증권시장의 공정성을 지키기 위해서 내부자거래를 뿌리 뽑아야 하며, 이를 위해 갑절의 노력을 다해야 할 것이다.

〈아서 레빗, SEC 제25대 위원장, 1998. 2. 27. 연설문에서〉

21세기의
엘도라도

INSIDERS ON
WALL STREET

내가 아는 가장 최고의 상품은 정보다.

고든 게코, 영화 〈Wall Street〉

영화
〈월스트리트〉

야망이 넘치는 젊은 주식 브로커 버드 폭스Bud Fox는 월스트리트에 진출했지만 고전하고 있었다. 학자금 융자도 제대로 갚지 못하는 월가의 빠듯한 생활 속에서 개미들의 주문이나 처리해서는 월가의 정상에 오른다는 것은 불가능했다. 그는 당시 월가에서 자신의 영웅이며 전설로 알려진 고든 게코Gordon Gekko를 만날 수조차 없었다.

그러던 중 돈이 떨어져서 아버지를 방문한다. 마침 블루스타항공 Bluestar Airlines의 노조 위원장인 아버지와 이야기를 나누던 중 우연히 1년 전 블루스타의 항공사고에 대한 연방 항공관리국의 조사 결과를 듣게 된다. 사고의 주요 원인이 블루스타의 책임이 아닌 것으로 밝혀졌고, 운행이 재개되면서 피츠버그와 보스턴 항로가 다시 열릴 것이고 조사 결과는 곧 공표될 것이라는 내용이었다.

폭스는 게코의 생일을 기억하고 그의 사무실에 무작정 찾아가서 비서에게 게코를 만날 수 있도록 부탁한다. 어제로 59번째 전화를 했고, 오늘 게코의 생일을 핑계로 그가 좋아하는 쿠바산 시가를 사 가지고 무작정 사무실을 찾아간 것이다. 몇 시간을 끈질기게 기다리고 있는 폭스의 열심에 감탄한 게코는 5분간의 미팅을 허락한다. 폭스는 게코에게 자신이 분석한 화이트우드-영 주식을 이야기했지만 게코는 이미 다 알고 있는 내용이라면서 새로운 정보는 없냐고 묻는다. 여기서 물러나면 끝이라고 생각한 폭스는 아버지에게서 들은 블루스타의 '내부정보' 얘기를 하며 블루스타 주식을 사라고 한다. 순간 게코의 눈이 빛났다.

사무실로 돌아온 폭스는 게코의 전화를 초조하게 기다리고 있었다. 드디어 게코로부터 전화가 왔다. 게코는 장이 끝나기 전에 자신의 계좌로 블루스타 주식을 대량으로 매수해 달라고 부탁한다. 다음 날, 1년 전 블루스타의 사고가 항공사의 실수가 아니라 제작사의 기체 결함이 원인이었고 블루스타의 운항 재개 사실이 신문에 보도되면서 블루스타 주식은 개장하면서부터 큰 폭으로 오르기 시작한다. 이 거래로 게코의 신임을 얻은 폭스는 게코의 계좌 관리를 위임받는다. 이제 카드빚에 쫓기고 개미들의 주문이나 처리하며 힘들게 고전했던 말단의 증권 브로커가 월가의 신화인 고든 게코라는 특급열차에 올라타게 된 것이다.

그러나 폭스는 테라플라이 주식에 투자해서 게코의 돈을 잃는다. 게코는 정보 없이 거래하는 것이 얼마나 위험한지 폭스에게 경고하며 정보를 가져오라고 말한다. 게코는 폭스에게 영국계 투자가인 로렌스 와일드만의 행적을 추적하라고 요구한다. 폭스는 그를 미행한 끝에 그의 전용기가 펜실베이니아주 북부 공업지역에 있는 에리Erie로 향하는 것을 확인하고 이 정보를 게코에게 전한다. 와일드만이 에리에 있는 철강 회사를 인수하려 한다는 계획을 재빨리 눈치 챈 게코는 철강 회사 주식을 대량으로 매집하고 와이드만에게 되팔면서 엄청난 돈을 번다.

폭스는 게코의 신임을 얻으면서 월가의 정상을 향해 질주한다. 회사에서 승진도 하고 전망 좋은 코너방까지 얻었다. 맨해튼에 펜트하우스를 마련했고 승자들이 차지할 수 있는 멋진 여자 친구도 얻었다. 이제 내부 정보에 맛 들린 그는 수단과 방법을 가리지 않고 내부정보를 빼내어 게코에게 전달한다. 게코는 이러한 내부정보를 통하여 거대한 돈을 벌고 폭스 역시 돈을 번다.

그러던 와중 블루스타가 대형 항공사와의 경쟁에서 밀리면서 파산 위험에 직면하자 폭스는 이들을 돕기 위해 게코를 끌어들인다. 게코는 비상 체제의 운영을 노조에게 설득시키고 대주주가 되지만, 게코는 약속을 어기고 불과 1달 만에 블루스타의 분할 매각을 비밀리에 시도한다. 이를 알게 된 폭스는 분노한다. 폭스 역시 이 거래를 통해 엄청난 돈을 벌게 되지만 회사 직원들과의 약속을 저버릴 수 없었고, 결국 여자 친구와의 이별도 불사하면서 게코에게 등을 돌린다. 폭스는 노조에게 사과하고 게코에게 원한이 있는 와이드만과 손잡고 게코에게 물을 먹인다. 이 싸움에서 폭스와 와이드만이 승리하고 블루스타는 게코의 마수에서 벗어나 다시 종업원들 손에 돌아간다.

그러나 그동안 폭스의 주가조작과 내부자거래를 조사하던 연방수사국 FBI의 수사관들은 폭스를 체포하고 수갑을 채운다. 월가의 진짜 거물급인 게코를 잡기 원하는 FBI는 폭스의 죄를 감형해 주겠다며 정부에 협조할 것을 요구한다. 폭스는 감청기를 차고 게코를 만난다. 게코로 하여금 불법 거래를 말하도록 유도하고 그들의 대화는 녹음이 되어 연방 수사관들에게 전달된다. 그들의 대화는 내부자거래에 대한 결정적인 증거가 되면서 게코는 무너진다. 그동안 그가 쌓아올린 거대한 재산, 월가에서 화려했던 명성과 신화는 그의 탁월한 투자 능력 때문이 아니라 불법 정보를 통한 더러운 거래의 결과라는 사실이 낱낱이 공개됐다.

이 이야기는 올리버 스톤이 감독하고 20세기 폭스가 제작한 영화 〈월스트리트Wall Street〉의 줄거리다. 1987년에 개봉된 이 영화는 미국 사회에서 큰 주목을 받았다. 어느 시대보다도 격동적이었던 미국의 1980년대 월가의 추악한 면을 적나라하게 보여 주었고, 특히 불과 1년 전에 월가를 뒤흔들었던 실제 초대형 내부자거래 스캔들을 토대로 만들었기 때문이다.

그러나 영화는 의외로 흥행에서 성공하지 못했다. 티켓 판매는 4300만 달러에 그쳤고 스톤 감독은 할리우드의 기대에 부응하지 못한 것으로 보였다. 그는 불과 1년 전 〈플래툰platoon〉으로 대히트를 치며 일약 할리우드의 스타 감독으로 부상했고, 할리우드는 그의 차기작에 많은 기대를 걸고 있었기 때문이다. 그러나 1980년대 스캔들의 핵심 주인공이었던 이반 보스키가 연방 교도소에서 출소했고, 마이클 밀켄이 유죄 판결을 받은 1990년에 《비즈니스 위크》가 "탐욕은 끝났는가Greed is Dead?"라는 커버 기사를 다루면서 영화 〈월스트리트〉는 다시 주목을 받으며 재평가를 받기 시작했다.

영화의 부진한 흥행에도 불구하고 피도 눈물도 없는 야비한 트레이더이며 기업 사냥꾼인 고든 게코 역을 맡았던 마이클 더글러스의 카리스마 있는 연기는 높은 평가를 받았다.

후일담이지만 20세기 폭스는 애초 고든 게코 역에 워런 비티를 원했으나 그가 거절해 무산됐고, 스톤은 리처드 기어를 원했지만 그 또한 출연을 원치 않았다. 결국 스톤은 스튜디오의 반대에도 불구하고 마이클 더글러스를 게코 역에 캐스팅했다고 한다. 더글러스는 이 영화를 통해 1988년 아카데미 남우주연상과 골든 글로브 남우주연상을 수상했고, 일약 할리우드의 대스타 반열에 오르게 됐다. 그는 오스카상을 수상할 때 다른 사람들의 반대에도 불구하고 자신을 게코 역에 캐스팅해 준 스톤 감독에게 감사의 인사를 전하는 것을 잊지 않았다.

이 영화는 미국인들에게 월가와 금융시장에서 벌어지는 엄청난 부패와 타락에 대한 증언이 됐다. 주인공인 게코와 폭스의 실제 모델이 누구인지에 대한 여러 이야기가 오고 갔다. 당시 실제 내부자거래 스캔들의 주인공이었던 데니스 레빈과 이반 보스키를 빼놓을 수 없을 것이다. 또한 기업 사냥꾼으로 명성을 날리던 칼 아이칸도 마찬가지였다. 게코는 당시 정크본드의 황제로서 미국의 금융시장을 주름잡았던 마이클 밀켄을 상징하는 것이라고도 했다. 밀켄에 대한 연방 검찰의 기소는 1989년 10월에 있었기 때문에 영화의 개봉 시기를 고려하면 밀켄을 주인공으로 보기에는 다소 이른 감이 없지 않지만, 게코가 새벽같이 일어나 담배를 문 채 하루 종일 전화기를 붙들고 트레이딩에 매달리는 모습은 하루 3~4시간 잠을 자고 트레이딩에 몰입했던 마이클 밀켄이나 이반 보스키의 삶을 연상케 하기도 한다. (그러나 실제 밀켄은 평생 담배, 술, 커피, 그리고 탄산수조차 마시지 않았다. 보스키는 점심도 거르고 밤늦게까지 일했고, 오직 필요한 것은 하루에 커피 16~20잔이 전부였다. 그에게는 인간에게 필요한 음식, 잠, 휴식 그리고 음악도 필요 없었다.)

따라서 영화의 주인공이었던 게코와 폭스는 한 특정 인물을 가리킨다기보다는 당시 금융 스캔들의 주요 플레이어들이 오버랩 되어 있다고 볼 수 있다. 왜냐하면 영화 속에서 게코의 조수 역할을 했던 폭스는 실제 데니스 레빈과 닮은 면이 많지만, 레빈은 폭스와는 다르게 무명의 증권 브로커에서 시작해서 전적으로 자신의 능력으로 34세의 나이에 당시 최고의 투자은행인 드렉셀 번햄 램버트Drexel Burnham Lambert의 매니징 디렉터의 자리까지 올라갔던 인물이기 때문이다.

아무튼 이 영화는 레빈이나 보스키 등과 같이 불법 정보를 이용해 큰 돈을 벌기 원했던 금융인들에게 잘못된 탐욕의 최후를 분명하게 보여 줌

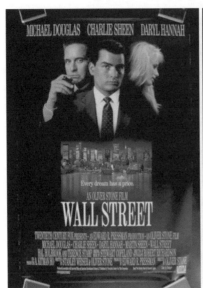

〈월스트리트〉〈머니 네버 슬립〉

할리우드와 월스트리트

할리우드는 월가를 매우 좋아한다. 월가에는 욕망, 돈, 배신 그리고 범죄가 항상 꿈틀거리고 있기 때문이다. 그것은 인간의 감정을 흥분시키기에 너무도 좋은 소재다. 지금까지 월가를 소재로 한 영화들이 여럿 있었지만, 가장 영향력 있게 월가를 다룬 작품은 올리버 스톤 감독의 〈월스트리트〉가 아닌가 생각한다.

이후 스톤 감독은 후속작인 〈머니 네버 슬립스〉를 2010년에 개봉했다. 전편 제작 이후 23년이 지났고, 2008년에 발생한 금융위기로 미국이 고통 받고 있던 시기가 영화의 배경으로 등장하는데, 이 영화 역시 스톤 감독의 월가에 대한 문제의식이 반영돼 있다고 볼 수 있다. 이 영화도 전편을 제작한 20세기 폭스가 제작을 맡았다. 이 영화에 대한 평단의 평가는 극적으로 갈라졌지만, 흥행은 전 세계 티켓 수입으로만 1억 3400만 달러를 달성했으니 그런대로 나쁘지 않았다. 후편은 가족애가 중요한 주제로 등장한다. 게코는 자신의 투옥으로 가족의 평화가 깨졌다고 자신을 증오하는 딸의 사랑을 회복하려고 개과천선한 악당으로 변신하면서 주인공으로서의 임팩트는 전편에 비해 약해졌지만, 다시 게코 역을 맡은 마이클 더글러스의 카리스마적인 연기는 여전히 관객에게 큰 즐거움을 선사한다.

으로써 중요한 교훈을 주었다. 어떤 이들은 스톤 감독에게 '나도 모르게 게코의 길을 가고 있었다. 나에게 경고를 주어 너무 감사하다'고 말하기도 했다.

그러나 스톤 감독의 의도와는 다르게 어떤 이들은 마이클 더글러스와 폭스 역을 맡았던 찰리 쉰에게 '당신들의 강렬한 역할 때문에 내가 증권 브로커가 됐다'고 말하기도 했다. 이처럼 이 영화는 짧은 시간 안에 많은 돈과 명예를 얻을 수 있는 월가에 대한 강한 인상과 함께 게코의 화려했던 삶과 비즈니스는 야망을 가진 많은 청년들에게 월가 진출에 대한 욕망에 불을 지폈다는 비판도 있었다. 좋은 면이 있으면 부정적인 면이 함께 있는 것이 세상일이 아닌가.

탐욕의
시대

영화 〈월스트리트〉의 시대적 배경이 되었던 미국의 1980년대는 미국의 경제사에서 하나의 획을 긋는 시대였다. 1980년대 초반, 레이건 정부가 들어서면서 금융시장에 대한 대대적인 규제 완화가 이루어졌고 주식시장은 서서히 불이 붙기 시작했다. 특히, 제4차 M&A의 열풍이 불면서 미국 주식시장은 폭발적으로 상승했고 수많은 돈들이 쓰나미처럼 월가로 몰려들었다.

이처럼 1980년대 발생한 수많은 기업 인수 전쟁 속에서 딜deal의 정보가 가진 강력한 힘을 이용한 내부자거래가 발생하지 않는다면 오히려 이상한 일이 아닐까. 이러한 금융의 발흥과 월가 투자은행의 비약적 성장을 배경으로 미국 역사상 가장 대담하고 거대한 내부자거래 스캔들이 꿈틀거리며 자라고 있었다. 이렇듯 주식시장의 폭등, 거대한 M&A의 물결, 경제의 과열, 대형 내부자거래 스캔들로 화려하게 장식된 1980년대를, 후일 미국의 대통령이 된 빌 클린턴은 이 시대를 비판하면서 "탐욕의 시대Decade of Greed"라고 표현했다.

1992년, 미국 민주당 대통령 후보로 선거 캠페인을 하던 클린턴은 1980년대 공화당의 도널드 레이건 시대를 비판하면서 1980년대를 '탐욕의 시대'로 규정하고, 부시-레이건 정권의 썩은 유산을 '탐욕' '챙길 수 있을 때 빼 먹어라' '네 이웃과 지옥에나 가라' '빨리 돈 벌어라'와 같은 태도라고 격하게 비난했다. 그러나 탐욕이 꿈틀거렸던 시대가 어찌 그 시대뿐이었겠는가? 어찌 1980년대만 "탐욕의 시대"라는 오명을 쓸 수 있겠는가?

더욱 비극적인 것은 1980년대를 '탐욕의 시대'라고 비난했던 클린턴 대통령이야말로 미국 역사상 가장 최악의 탐욕의 시대를 열어줌으로써 2008년 금융위기의 단초를 제공한 역사의 죄인이 되었다. 그가 예상하고 한 행동은 아니었겠지만, 그는 1999년 그램-리치-블라일리법을 제정하여 상업은행에게 증권투자를 금지했던 글래스-스티걸법을 폐지했고, 이를 통해 상업은행들은 증권거래와 보험인수 같은 새로운 영역으로 사업을 확장할 수 있었다. 2000년에는 상품선물현대화법Commodity Futures Modernization Act을 다시 제정하여 투기성 상품거래에 날개를 달아 주었다. 이 법의 등장으로 장외나 미규제 거래소에서 이루어지는 파생상품 거래가 상품선물거래위원회CFTC나 증권거래위원회SEC의 감독으로부터 자유로워졌다. 이 법은 영미법 역사상 처음으로 순전한 도박성 투기를 합법으로 만든 법이라고 비판을 받았다. 이 두 개의 법이 2008년 금융위기로 가는 대로를 열어 주었다. 역사의 아이러니지만, '똥 묻은 개가 재 묻은 개를 나무란다'는 우리 속담이 너무나 잘 어울리는 클린턴 대통령의 블랙 코미디라 할 수 있을 것이다.

약 100년에 걸친 미국의 내부자거래 역사를 펼쳐 보면 내부자거래가 어느 한 시대만의 특징이 아니며, 또한 파워 엘리트나 부자들만의 게임이 아니라는 것을 보여 준다. 내부자거래 스캔들의 주인공은 미국 최고의 회사인 맥킨지의 전 CEO나 IBM의 부사장을 비롯한 슈퍼 엘리트들을 포함해서 인쇄공, 택시 드라이버, 포르노 여배우까지 모든 인간 군상을 망라하고 있다. '돈'이라는 그 치명적인 유혹 앞에 지위고하를 막론하고 많은 사람들이 무너졌다.

16세기의 유럽인들은 황금의 도시 엘도라도에 가기 위해 작은 범선에 목숨을 걸고 파도치는 대서양을 건넜다고 한다. 그러나 오늘날 현대 인류는 엘도라도에 가기 위해 위험한 범선에 몸을 실을 이유가 없다. 단지 컴퓨터 마우스의 클릭 하나로 엘도라도에 들어설 수 있게 된 것이다. 거대한 돈들이 매일 낙엽처럼 흩날리는 증권시장에서 '내일의 뉴스' 즉 내부정보만 거머쥔다면 황금을 쓸어 담을 수 있기 때문이다.

영화 〈월스트리트〉에서 게코는 텔다제지 주주총회에서 이러한 부에 대한 욕망이 미국 경제를 발전시킨 중요한 동인이라고 연설한다. 게코의 이 연설은 영화 〈월스트리트〉에서 가장 압권으로 뽑히는 장면이면서 명대사로 평가된다. 그는 텔다제지 주주총회에서 텔다를 인수하고자 하는 자신을 탐욕스러운 사람으로 비난하는 경영진에 맞서 탐욕이 무엇이 나쁘냐고 항변하면서 다음과 같이 대담한 연설을 한다.

탐욕은 선합니다. 탐욕은 정당합니다. 탐욕은 효과적입니다. 탐욕은 진화적 정신의 정수를 명확히 보여 주고 관통하며 포착해 냅니다. 모든 형태의 탐욕은… 삶, 돈, 사랑, 지식에 대한 탐욕은 인류를 높이 오르게 했습니다. 그리고 탐욕은 텔다제지를 살릴 뿐 아니라 미국이라 불리는 고장 난 기업을 살려낼 것입니다.

그의 카리스마적인 이 연설은 이반 보스키가 1986년 5월 14일, UC 버클리 경영대학원 졸업식에서 한 연설을 기억나게 한다. 그는 "탐욕은 좋은 것이고 정당하다"고 주장했다. 그러나 보스키가 단단하다고 생각했던 그의 기반은 이미 흔들리고 있었다. 그는 그 연설이 있은 지 얼마 지나지 않아 FBI에 의해 내부자거래 혐의로 체포되었고, 그가 쌓아올린 빛나는 제국은 사상누각처럼 무너졌다.

탐욕 그 자체가 나쁜 것이라 할 수 없다. 오히려 인간에 있어서 탐욕은 얼룩말과 그 반점의 관계처럼 본질적이며 운명적인 측면이 있다. 알렉스 토크빌Alex de Tocqueville은 미국 사회에 돈을 향한 에너지 넘치는 열정이 필요하다고 말했는데, 탐욕은 보다 나은 삶, 보다 나은 미래, 보다 나은 내일을 향한 강력한 동력이 될 수 있기 때문이다. 그러나 탐욕은 법이 그어놓은 선 앞에서 정지해야 한다. 아무리 거대한 부를 움켜쥘 수 있다 하더라도 자신의 인생과 경력을 끝장낼 위험을 무릅쓸 만큼 가치 있는 거래는 없기 때문이다.

영화 〈월스트리트〉가 1980년대 미국에서 발생한 대형 내부자거래 스캔들에 대한 증언이었다면, 이 책은 미국 월가에서 발생한 내부자거래 사건 100년의 역사 중 미국을 뒤흔들었던 대형 스캔들에 대한 증언이며 기록이다. 그리고 현대판 엘도라도에서 돈과 명예, 권력을 향해 질주했던 주인공들의 탐욕과 오만, 정의의 이름으로 이들을 단죄하는 연방 검찰, FBI, 증권거래위원회의 분투, 그리고 이에 맞서는 최고 로펌의 변호사들이 역사의 법정에서 펼쳤던 거대한 전쟁에 대한 증언과 기록이며, 또한 무엇이 정의인지 고뇌했던 연방 법원의 판사들과 배심원들이 주인공들에게 내린 준엄한 심판과 그들의 비극적 운명에 관한 증언이며 기록이기도 하다.

제1장

총구에서
나는 연기

INSIDERS ON
WALL STREET

우리의 총구에서 연기가 나지 않기를 바란다.

윌리엄 더글러스
〈SEC 3대 위원장 (1937~1939)〉

윌리엄 더글러스는 조지프 케네디, 제임스 랜디스에 이어 제3대 SEC 위원장으로 임명되었다. 그는 SEC의 권한을 총동원해 월가를 개혁하려고 했던 인물이다. 급진적이지는 않았지만 그의 개혁에 반발했던 월가 기득권 세력의 저항에 강하게 맞섰다. 그는 SEC 위원장을 사임한 이후 30년 동안 미국 연방대법관을 지냈다. 더글러스의 이 말은 월가의 플레이어들이 법을 잘 준수해서 SEC가 총을 꺼내 들지 않기를 바란다는 의미로 사용한 말이다.

SEC 초대 위원장
조지프 케네디

　　　　　　　　　존 F. 케네디는 미국 35대 대통령에 당선된 지 2일 만에 증권거래위원회SEC, Securities and Exchange Commission를 비롯하여 연방 규제기관의 권한을 강화하는 보고서에 서명했다. 케네디 대통령은 SEC에 남다른 애착이 있었다. 그의 부친인 조지프 케네디Joseph Kennedy가 SEC의 초대 위원장을 지냈기 때문이다.

　SEC는 미국 증권시장의 역사에서 매우 중요한 의미를 가지고 있다. SEC는 1929년 시장 대붕괴로 무너진 미국 증권시장을 재건하고, 투자자 보호와 건전한 시장 질서를 확립하기 위해 1934년에 창설된 연방 증권 감독기관이다. 루즈벨트 대통령은 조지프 케네디를 SEC의 초대 위원장으로 임명했다. 격동의 삶을 살아온 케네디의 직업은 비즈니스맨, 정치가, 주류 밀매업자 등 다양하게 표현할 수 있지만 월가의 작전꾼으로서 그의 악명을 빠뜨릴 수는 없을 것이다. 그러한 그를 루즈벨트가 미국 증권시장을 보호하고 감독하는 SEC의 초대 위원장으로 임명했으니 주변 사람들이 "고양이에게 생선 가게를 맡기는 것과 같다"며 강하게 반대하고 나선 것은 당연한 일이었다. 《뉴스위크》는 "과거 투기꾼이자 작전 세력이었던 미스터 케네디가 이제는 투기를 규제하고 작전을 금지해야 하는 역할을 맡게 되었다"고 논평했고, 미국 상원은 그를 둘러싼 여러 의혹들 때문에 그가 믿을 만한 인물인지 지켜보기 위해 6개월 동안이나 인준을 미룰 정도였다.

그러나 루즈벨트는 특유의 유머와 자신감을 보이며 이렇게 말했다: "*It takes one to catch one.*" 케네디는 과거에 증권가에서 좋지 못한 평판이 있었지만 이미 엄청나게 돈을 벌었기에 이제는 명예가 필요한 사람이었다. 그리고 증권시장에서 으뜸가는 전문가였기 때문에 작전 세력을 잡는 데 그보다 적임자는 없다는 말이었다. 의욕과 자신감이 넘치는 새로운 대통령은 시장 붕괴와 이어진 대공황으로 처참하게 망가진 증권시장을 재건하기 위해 정부 역할의 확대가 필요하다는 자신의 정치철학을 따르면서 월가에 대해 누구보다도 잘 알고 있었던 케네디를 최적의 SEC 위원장으로 보았다.

1929년에 증권시장이 처참하게 붕괴되기 전까지 증권시장에서 주가조작이나 내부정보를 이용한 거래가 만연했고, 월가의 프로들끼리만 아는 정보를 이용하여 작전꾼들은 엄청난 돈을 벌었다. 당시 증권시장에는 연방 정부의 규제가 미치지 않았고, 주가조작이나 내부자거래에 대한 규제도 거의 없었다. 법원은 내부자거래에 대해 관심이 없었고, 심지어 조장하기까지 했다. 상장법인들은 노골적인 거짓말이 아니라면 광고 이상의 어떤 정보도 일반 대중에게 공시해야 할 법적 의무도 없었다.

월가의 작전 세력들은 이러한 환경을 신나게 즐겼으며 조지프 케네디도 이들 중 한 사람이었다. 그는 법적으로 거의 규제되지 않고 있는 상황을 충분히 즐길 정도로 머리 좋은 사람이었고, 합법적인 비즈니스맨의 평판을 유지하면서 오늘날 우리가 내부자거래 또는 노골적인 주가조작이라고 말할 수 있는 거래들을 통하여 믿을 수 없을 정도의 부를 축적했다. 1920년대 그의 부는 당시로선 엄청난 규모인 200만 달러에 달한 것으로 역사가들을 추정하고 있다.

케네디의 전설적인 주가조작 사건으로 옐로우 캡 코퍼레이션Yellow Cab Corporation 사건을 들 수 있다. 그는 집중적인 투매와 공매도를 통해 옐로우 캡 주가를 85달러에서 50달러로 떨어뜨리는 데 성공하면서 엄청난 돈을 벌었다. 그런데 이번에는 주가를 끌어올려야 하는 상황이 되었다. 그는 뉴욕 월도프-아스토리아 호텔에 시세표시기와 여러 대의 전화기가 설치된 스위트룸에 여장을 푼 뒤 옐로우 캡의 주가를 끌어올리기 위해 주가조작을 벌였다. 그는 전국의 브로커들을 이용하여 매일 주가를 끌어올렸고, 결국 공매도와 매도 세력들이 항복을 하면서 이 작전은 끝이 났다. "어느 날 아침 탈진한 몸으로 깨어났는데, 7주 동안이나 호텔 방을 나가지 않았다는 사실을 깨달았다. 내 아이인 패트가 태어난 지 한 달이 지났는데, 나는 그 아이 얼굴을 보지도 못했다." 이 사건은 케네디가 어느 정도 수준의 작전꾼이었는지를 상징적으로 보여주는 사건이었다.

그가 즐겨 했던 패턴 중 하나가 '펌프 앤 덤프pump and dump'였는데, 이것은 특정 회사의 주식을 사전에 매수한 후 언론 등을 통해 그 회사의 좋은 정보를 뿌려 주가가 상승하면 대량으로 매도하여 털고 나오는 기법이다. 케네디와 그의 친구들은 이러한 거래를 대단히 좋아했는데, 오늘날 전형적인 주가조작 기법의 하나로 우리 시장에서도 자주 등장하는 이러한 작전을 미국 SEC의 초대 위원장이 가장 즐겨 했다는 사실은 역사의 아이러니이기도 하다.

1920년대 말, 케네디는 믿을 수 없을 만큼 부자가 되었으며 누군가를 대통령으로 만들 수 있는 준비가 되어 있었다. 그는 아일랜드에서 미국으로 이민 온 노동자 출신의 가톨릭 신자였다. 오랫동안 민주당원이었던 그는 프랭클린 루즈벨트가 미국 정계에서 차세대 주자라는 점을 간파하고 1930년대 뉴욕 주지사 선거에서부터 1932년 대통령 선거까지 루즈벨트 선거 캠프에서 중요한 역할을 했다. 그는 상당한 돈을 기부했을 뿐만 아니라 자금 조달을 위한 캠페인에서 많은 기여를 했다. 루즈벨트는 압도적인 지지로 미국 대통령에 당선됐다. 그리고 루즈벨트는 케네디에게 진 빚을 갚기 위해 SEC 초대 위원장으로 임명했던 것이다.

루즈벨트의 예상대로 조지프 케네디를 SEC 위원장으로 선임한 것은 성공적이었다. 그는 너무나 영리했고 야망에 가득 차 있었기 때문에 자리를 이용해 개인적인 이익을 추구하지 않았다. 케네디는 당시 붕괴되어 혼란스러운 미국 증권시장을 개혁하기 위해 열심히 노력했고, 그의 이러한 노력은 사람들로부터 높은 평가를 받았다. 특히 가장 중요한 개혁의 하나로 상장법인이 정기적으로 SEC에 재무제표를 신고하는 것을 의무화했는데, 이는 당시 미국 금융가를 장악하고 있었던 모건은행의 체제를 무너뜨리는 것이었다.

1932년 루즈벨트가 대통령에 당선된 후 연방 의회는 1933년에는 증권법Securities Act of 1933을, 그리고 다음 해인 1934년에는 증권거래소법 Securities Exchange Act of 1934을 제정했다. 이와 함께 1934년에 이 법을 집행할 연방 행정기구로 SEC가 설립됐다. 이제 SEC는 연방 증권법이라는 강력한 무기로 무장된 파수꾼으로 미국 증권시장의 무대에 화려하게 등장했다.

미국 증권시장의 대붕괴와 대공황의 주요 원인 중 하나로 지목됐던 주가조작과 내부자거래는 이제 범죄가 됐다. SEC는 연방 증권법이라는 권총을 차고 월가의 보안관이 됐고, 누구라도 연방법을 위반하는 자를 향해 방아쇠를 당길 수 있는 권한을 위임받았다. 이제 월가는 새로운 시대를 맞이했다.

부친이 SEC 위원장으로 취임한 지 약 29년이 지난 후에 SEC의 권한을 강화하기 위해 아들인 존 F. 케네디가 서명한 보고서는 제임스 랜디스J. Landis가 작성했는데, 그는 케네디의 부친인 조지프 케네디에 이어 2대 SEC 위원장을 지낸 사람이었다. 그는 이 보고서에서 SEC의 기능을 강화하기 위해서 가장 중요한 일은 역량 있는 위원장과 뛰어난 SEC 위원들을 선임하는 것, 그리고 능력 있는 자들을 SEC 고위 간부로 임명하는 것이라고 말했다.

케네디 정부는 하버드 대학 로스쿨의 루이스 로스Louis Loss 교수에게 SEC 위원장 자리를 제안했다. 그는 당시 방대한 분량의 증권법 책을 저술한 증권법 분야의 대가였다. 그러나 로스 교수는 정부의 제안을 거절했고 콜롬비아 대학 로스쿨의 윌리엄 캐리William Cary에게 두 번째 제안이 갔다. 그는 당시 회사법 분야의 대가였고, 그의 회사법 책 역시 널리 읽혀지는 유명한 책이었다. 캐리는 케네디 정부의 제안을 받아들였고 제14대 SEC 위원장에 취임했다.

윌리엄 캐리와 총알의 장전

1961년, 윌리엄 캐리가 SEC의 새로운 위원장으로 취임한 이후 SEC는 비약적인 발전을 이루었다. 캐리는 새로운 범죄인 내부자거래에 주목했다. 당시 미국 법원들은 보통법common law 전통 안에서 미공개 정보를 이용한 증권거래가 공개시장에서 이루어진 경우에도 내부자거래로 문제 삼지 않았다. 이러한 법원의 입장을 대변하는 리딩 케이스가 1933년에 메사추세츠주 대법원이 판결한 굿윈 대 아가시Goodwin v. Agassiz 사건이었다.

굿윈 사건에서 피고인 아가시는 클리프 마이닝Cliff Mining의 사장이었는데, 그는 오늘날 문제가 되는 '미공개 중요 정보,' 즉 회사가 거대한 규모의 구리 매장 지역을 발견했다는 정보를 알게 됐고, 회사가 이 사실을 공표하면 주가가 상승할 것이라 예상하고 보스톤증권거래소에서 비밀리에 회사 주식을 매수했다. 클리프 마이닝의 주가는 구리 광산의 발견 사실이 공표되자 엄청나게 상승했다.

이것은 누군가는 이 정보를 모르고 매도함으로써 주가가 상승한 만큼 손해를 입었다는 것을 의미한다. 아가시가 매수한 주식을 매도한 사람이 굿윈이었는데, 그는 주식을 매도할 당시에 그 사실을 몰랐다. 굿윈은 아가시를 상대로 민사소송을 제기함으로써 미국 내부자거래의 역사에 그의 이름을 올리게 된다. 그는 공시 전에 매도했기 때문에 상당한 주가 상승으로 인한 이익을 놓쳤고, 그가 매도한 바로 그 시점에 아가시는 매수를 한 것이다. 굿윈은 구리 광산의 발견은 중요한 정보이고, 그가 주식을 매도하기 전에 아가시는 공시해야 했다고 주장하면서 소송을 제기했다.

아가시의 매수 행위가 문제가 있다는 굿윈의 주장은 오늘날에 볼 때 매우 합리적이다. 그러나 이 사건을 다룬 메사추세츠주 대법원은 아가시의 매수 행위는 법적으로 아무런 문제가 없다고 판결했다. 프렌티스 러그Prentice Rugg 판사는 "법은 모든 사람이 지식이나 경험, 그리고 지적인 면에서 똑같은 입장에 있다고 볼 수 없다"고 말하면서, "아가시가 굿윈의 머리에 총을 들이대고 매도를 강요한 것도 아니었고, 일대일의 대면거래도 아니었고, 아가시는 어떠한 부실표시misrepresentation도 하지 않았고, 두 사람은 공개시장에서 그들의 판단대로 거래를 했기 때문에 이 거래는 완벽하게 합법"이라고 판시했다.

이 판결에 대해 많은 사람들이 정보의 불평등을 근거로 비판했지만, 주로 경제학 교수들을 중심으로 학계의 많은 교수들은 이 판결을 환영하며 내부자거래를 옹호했다. 내부자거래는 효율적 시장에서 사회적 이익이 된다는 것인데, 내부자거래를 통해 주가의 움직임이 유연해지며, 심지어 내부자거래를 허용하면 경영진이 내부정보를 이용하여 이익을 얻기 위해 창의적인 업무 개발에 더욱 열심을 낼 수 있는 동기를 부여받을 수 있다고까지 말했다.

이처럼 조지프 케네디의 아들이 대통령이 될 때까지, 그리고 윌리엄 캐리가 SEC 위원장에 취임하기 전까지는 SEC와 연방 검찰 역시 내부자거래를 뿌리 뽑아야 할 범죄로 생각하지 않았다. 그러나 캐리의 생각은 달랐다. 학계의 사람들 입장에서는 다소 배교자처럼 보일 수 있었지만, 캐리는 회사의 내부자가 개인적 이익을 얻기 위해 자신의 지위를 통해 얻은 미공개 정보를 이용하여 거래하는 행위는 1933년과 1934년에 제정된 연방 증권법이 지향하는 목적인 자유시장의 근본 질서를 파괴한다고 생각했다. 캐리는 중요 정보는 모든 투자자들에게 공정한 방법을 통해서 공시disclose돼야 하며, 누구도 정보가 공시되기 전에 거래해서는 안 된다는 입장이었다. 캐리는 메사추세츠주 대법원이 판결한 굿윈 사건에 대해 동의할 수 없었고, 이 판결을 반드시 뒤엎어야 한다고 생각했다.

먼저, 캐리는 미국 전체를 대상으로 거래가 이루어지는 증권시장에서 발생한 내부자거래에 대해 주 법원이 관할권을 가진다는 것은 부적절하다고 생각했다. 그는 SEC가 내부자거래를 가장 효과적으로 규제할 수 있는 기관이라 믿었고, SEC가 이러한 업무를 효과적으로 추진하기 위해서는 충분한 법률적 자질을 가진 사람들을 SEC 위원으로 임명할 필요가 있다고 판단했다.

캐리는 랜디스의 지원을 받으며 케네디 대통령이 매뉴얼 코언과 바이런 우드사이드를, 그리고 캐리의 로스쿨 학생이었던 잭 휘트니를 SEC 위원으로 지명하도록 하는 데 성공했다. 또한 캐리는 SEC가 시장 개혁을 주도하는 강력한 행정기관이 될 수 있도록 미국에서 가장 최고의 변호사들을 SEC 직원으로 충원했다. 캐리는 앞으로 닥칠 거대한 전쟁을 위해 만반의 준비를 하고 있었다.

캐리는 1934년법 제10조(b)와 SEC Rule 10b-5*를 자신이 싸워야 할 적을 무너뜨릴 강력한 법적 기반으로 보고 있었다. 특히, 그는 굿윈 판결을 깨부술 강력한 법적 근거, 즉 내부자거래의 처벌 근거를 Rule 10b-5에서 찾을 수 있다고 보았다. 그리고 이 조항은 민사소송에서도 강력하게 작동할 것으로 판단했다. 그는 굿윈 판결을 파기해야만 미국 증권시장이 투자자들의 신뢰를 받는 시장으로 발전할 수 있으며, 기업의 경영진들이 자기 회사의 내부정보를 이용하여 개인적인 이득을 취하는 행동을 막을 수 있다고 생각했다. 만약 이 거사를 성공시키지 못한다면 증권시장에 대한 공공의 신뢰는 떨어질 것이고, 공개시장에서 거래하는 투자자들은 중요한 정보에 대한 동등한 접근 기회를 보장받지 못할 터였다.

캐리의 이러한 혜안 덕분에 규칙 10b-5는 새로운 의미로 재탄생했고, 이후 연방 증권법에서 가장 중요한 조항으로 발전하게 된다. 이에 대해 하버드 로스쿨의 로스 교수는 "위대한 SEC 규칙 10b-5는 점차 우주를 끌어안는 것처럼 보였다"고 평가했다. 그리고 렌퀴스트 연방대법원장은

● 연방 의회에서 제정된 1934년법 제10조(b)는 제9조에서 열거하며 금지하고 있는 시세조종의 개별적 유형에 해당하는 않는 사안에 적용되는 소위 '포괄적 사기 금지 규정(catch-all anti-fraud clause)'인데, 이 법조항을 실행하는 하위 규정이 SEC가 제정한 SEC Rule 10b-5다. 따라서 SEC Rule 10b-5은 우리의 법 시행령에 해당된다. 이 책에서는 SEC Rule을 'SEC 규칙' 또는 원어 그대로 사용한다.

윌리엄 캐리가 SEC 위원장을 맡았을 때의 SEC 위원들의 모습이다. 뒷줄 왼쪽부터 매뉴얼 코언, 잭 휘트니 3세, 앞쪽 왼편부터 바이런 우드사이드, 윌리엄 캐리, 알렌 프레어. SEC는 캐리가 제14대 위원장에 취임한 1961년 이후 비약적인 발전을 경험한다.

(출처: www.sechistorical.org)

"규칙 10b-5는 입법 당시에는 작은 도토리에 불과했지만 사법 세계에서 거대한 떡갈나무oak tree가 됐다"고 평가했다.

　이처럼 규칙 10b-5를 근거로 내부자거래를 처단하겠다고 마음을 가다듬고 있는 캐리에게 운명 같은 사건이 다가왔다. 모든 준비를 마쳤고 총구에 기름칠까지 끝낸 캐리는 이 사건을 놓칠 수가 없었다. 그 사건이 캐디 로버츠 사건이었다. 드디어 SEC가 규칙 10b-5 라는 권총에서 총알이 발사될 수 있는지를 테스트 할 기회가 온 것이다.

캐디 로버츠
사건

　　　　　　　　　　　미국의 내부자거래 규제에서 중요한
출발점을 이루는 SEC 결정은 1961년에 발생한 캐디 로버츠 사건이다.
이 사건은 오늘날이라면 전형적인 내부자거래에 해당되지만 당시 SEC로
서는 매우 대담한 결정이었다.

　1959년 11월 25일 오전, 커티스-라이트 코포레이션CW, Curtiss-Wright
Corporation의 이사회가 분기 배당금의 발표 문제를 논의하기 위해 소집됐
다. 회사는 이익은 없었지만 1959년 3분기 동안 주당 0.625달러의 배당
금을 지급해 왔는데, 이번 분기에는 주당 0.375달러의 배당금을 지급하
기로 결정했다. 이사회는 11시경 이러한 내용을 전신을 통해 뉴욕증권거
래소로 통보할 것을 결정했다. CW의 재무 담당 이사는 이 사실을 발표
하기 위해 즉시 이사회실을 떠났다. 그러나 이 사실은 타이핑 시간 등을
비롯해 전신 문제로 뉴욕증권거래소에는 11시 29분에, 《월스트리트 저
널》에는 11시 45분에 도착했고, 다우존스 뉴스에는 11시 48분에야 나타
났다.

　이사회는 배당금을 결정한 후 얼마간 정회를 했고, 이 사이에 캐디 로버
츠Cady, Roberts & Company라는 주식 중개회사의 파트너이자 CW의 이사인
카우딘은 캐디 로버츠의 다른 파트너였던 로버트 긴텔에게 전화를 하여
배당금이 축소됐다는 사실을 알렸다. 긴텔은 이 전화를 받자마자 즉시 10
개 계좌에서 2000주 매도 주문을, 그리고 다른 11개 계좌에서 5000주 매
도 주문을 냈지만, 실제 3명의 고객 계좌에서 400주 만이 체결됐다. 이 주
문들은 11시 15분과 11시 18분에 각각 40달러 1/4, 40달러 3/8에 체결됐
다. 배당금에 관한 소식이 다우존스 뉴스를 통해 공시되자 뉴욕증권거래

소는 밀려오는 매도 주문 때문에 CW 주식의 거래를 일시 중단시켰다. 거래는 오후 1시 59분에 36달러 1/2 가격으로 재개됐고 종가는 34달러 7/8로 끝났다. 이로써 긴텔의 고객들은 상당한 손실을 회피할 수 있었다.

이 사건에서 카우딘은 내부자였고 카우딘에게서 미공개 정보를 전달받은 긴텔은 정보 수령자였다. 내부자인 카우딘은 거래를 하지 않았고, 정보를 전달받은 정보 수령자인 긴텔이 해당 정보를 이용하여 거래했다. 이 거래는 사인 간의 대면거래가 아니라 뉴욕증권거래소라는 공개시장을 통해 이루어졌다.

캐리가 지휘하는 SEC는 총을 꺼내 들었다. 캐리와 SEC는 이 사건은 전형적인 내부자거래 케이스라고 믿었고 규칙 10b-5를 적용할 수 있다고 확신했다. SEC는 후일에 "공시 또는 거래 단념의 원칙disclose-or-abstain rule"으로 알려진 유명한 원칙을 제시하며 규칙 10b-5 위반을 주장했다. 이 원칙은 미공개 정보를 소유하고 있는 내부자는 거래하기 전에 그 정보를 공시해야 하고, 만약 공시하는 것이 불가능하거나 부적절하다면 공시가 이루어지기 전에 해당 회사의 주식을 거래해서는 안 된다는 것이었다.

SEC가 이 사건에서 긴텔이 내부자거래의 책임이 있다고 판단한 근거는 다음과 같다. 첫째, 특정한 자에게 기업의 내부정보에 직접 또는 간접적으로 접근이 허용된 것은 기업의 이익을 위한 것이지 개인의 이익을 위한 것이 아니라는 점이다. 둘째, 거래하는 상대방이 알지 못하는 정보를 가지고 거래하는 것은 본질적으로 공정하지 못하기 때문에 금지돼야 한다는 것이다. 따라서 미공개 중요 정보를 알게 된 자는 해당 정보를 거래 상대방에게 알리거나 알릴 수 없다면 거래해서는 안 된다는 것이다.

SEC는 첫 번째 싸움인 캐디 로버츠 사건에서 기념비적인 승리를 거두었다. 그러나 이러한 승리에도 불구하고 SEC가 주장한 법리는 매우 취약했다. SEC의 결정을 뒷받침할 선례가 없었고, 1934년법 제10조(b)는 포괄적 규정으로 내부자거래를 금지한다는 명시적 표현이 없었고, 따라서 입법 당시 내부자거래를 규율할 목적을 가지고 있었는지도 분명치 않았다. 또한 이 사건에서 규제 대상자는 SEC가 관할권을 가지고 감독하는 증권산업 종사자였기 때문에 SEC의 결정만으로 제재할 수 있는 상황이었다. 따라서 법원이 인정하는 법리가 아니었다는 점도 약점으로 남아 있었다.

긴텔도 카우딘도 감옥에 가지 않았다. 긴텔에게 행정 제재로 부과된 벌금 3000달러가 전부였다. 캐리의 많은 노력에도 불구하고 내부자거래는 아직 형사 범죄로까지 가지 못했다. 그러나 중요한 선례가 세워졌다. SEC는 캐디 로버츠 사건에서 SEC Rule 10b-5를 근거로 긴텔의 거래를 내부자거래로 처벌할 수 있음을 확인한 것이다. 그것은 전적으로 윌리엄 캐리의 탁월한 리더십 덕분이었다.

증권시장을 규제하는 최고의 연방 규제기관에 의해 미공개 중요 정보를 이용한 거래는 불법이라는 선례가 세워졌다. 내부자거래 규제의 역사적 지평 위에 처음으로 전승비가 세워졌고, 거기에는 "공시 또는 거래 단념의 원칙"이라는 법리가 또렷이 새겨졌다. 그리고 이 원칙은 오늘까지 미국은 물론 한국을 포함하여 주요국에 수출되어 내부자거래를 처단하는 제1의 법리로 굳건하게 버티고 서 있다.

텍사스걸프
사건

　　　　　　　　　　미국에서 본격적인 내부자거래 스캔들은 1968년 텍사스걸프유황회사TGS, Texas Gulf Sulphur Co. 사건을 통해 미국 증권법 역사의 무대 위에 화려하게 올려졌다. SEC는 그동안 존재감이 없었던 SEC 규칙 10b-5의 깃발을 높이 들고 텍사스걸프의 CEO와 임원들을 포함하여 무려 13명을 연방 법정에 세우면서 본격적인 내부자거래 전쟁에 나섰다.

이 재판은 1966년 5월 9일부터 6월 21일까지 배심원 없이 뉴욕 폴리 스퀘어에 위치한 연방 지방법원에서 진행됐다. 이 사건에서 법정에 세워진 인물들은 텍사스걸프의 CEO를 비롯하여 주요 경영진, 수석 변호사, 지질 탐사에 참여한 지질학자 등 지위가 매우 다양했다. 만약 SEC가 이 싸움에서 이긴다면 미국 내부자거래의 역사에 이정표를 세우는 기념비적인 사건이 될 터였다.

텍사스걸프는 1957년부터 항공기를 이용하여 캐나다 동부의 순상지 Canadian Shield에 대한 지질 탐사를 시작했다. 텍사스걸프 직원들이 항공기 탐사를 통해 찾고자 했던 것은 황화물이었다. 즉 황이 아연이나 구리 같은 유용한 광물과 화학적으로 결합하여 묻혀 있는 지층을 찾고자 했다. 1959년 3월, 비행기를 통한 탐사 활동 중 비행기에 실린 지구물리학 측정 장비들의 바늘이 심하게 움직이는 현상이 나타났다. 이것은 땅속에 전도성 물질이 묻혀 있음을 알려 주는 신호였다. 지질학자들은 여러 데이터를 분석한 후 최종적으로 정밀 탐사의 가치가 있다고 보이는 구획들을 정리했는데, 그중 하나가 키드-55 구역Kidd-55 segment이었다. 그곳은 온타리오주 팀민스Timmins에서 북쪽으로 15마일쯤 떨어진 곳이었다.

1963년 10월 29일과 30일에 지질학자인 클레이턴은 키드-55 구역의 북동쪽 지상을 탐사했고 만족할 만한 결과를 얻었다. 시추를 위한 장비들을 구축하고 11월 8일에 첫 번째 시추공*인 K-55-1을 뚫기 시작했다.

● 시추(試錐)란 지하자원을 탐사하거나 지층의 구조나 상태를 조사하기 위하여 땅속 깊이 구멍을 파는 일이며, 시추공(試錐孔)은 시추를 위해 뚫은 구멍을 말한다.

첫 번째 시추 작업은 11월 12일에 끝났는데 시추 작업의 책임자인 케네스 다크는 땅 속에서 올라온 원통형 코어core 속의 물질을 보았다. 육안으로만 확인해 보아도 구리가 1.15%, 그리고 아연이 8.64%가 포함되어 있었다. 뜻밖의 결과에 흥분한 그는 보스인 월터 홀릭에게, 홀릭은 리차드 몰리슨에게, 몰리슨은 그의 보스이며 회사의 2인자인 부사장 포가티에게 보고했다.

뜻밖에 놀라운 소식을 접한 경영진은 팀민스 현장으로 급히 비행기를 타고 날아왔다. 그들도 시추 결과를 눈으로 확인하고 흥분했다. 텍사스걸프의 사장인 클라우드 스티븐스는 탐사 그룹에게 K-55-1의 시추 결과를 누구에게도 말해서는 안 된다는 함구령을 내렸다. 텍사스걸프가 처음 시추한 키드-55 구역은 개인 소유지였고, 키드-55 구역 중 4분의 1에 해당하는 북동부 구역만 시추 허가를 받은 상태였다. 스티븐스와 현장의 책임자들은 키드-55 구역의 나머지도 경제적으로 매우 가치가 높으리라 확신했고, 스티븐스는 시추 결과가 밖으로 번진다면 나머지 땅을 매입하는 데 장애가 될까 우려했다.

텍사스걸프는 첫 번째 시추공 장소에서 시추 장비를 철수했고, 베어낸 어린나무들을 시추공 주변에 꽂아 두어 원래의 자연스러운 상태처럼 보이게 만들었다. 이러한 행동은 텍사스걸프가 키드-55의 나머지 지역을 매수하기 위한 위장 전술이었다. 텍사스걸프는 1964년 3월 28일까지 키드-55의 나머지 3/4 지역의 매입을 끝내고 시추 재개 일정을 3월 31일로 잡았다.

텍사스걸프의 사장인 스티븐스가 키드-55 구역의 나머지 땅을 비밀리에 매입하기 위해 시추 결과를 누구에게도 말하지 말라고 지시했지만, 텍사스걸프 주가에 엄청난 영향을 미칠 수 있는 극비의 정보를 알게 된 탐사 관련자들은 안달이 났다. 그들은 이 정보를 이용해서 주식을 사고 싶었고, 가까운 사람들에게 이 비밀 정보를 알려 주고 싶었다. 결국 충분히 예견할 수 있는 일이 발생하고 말았다.

가장 먼저 행동에 나선 사람은 경영 부사장 포가티였다. 그는 11월 12일에 텍사스걸프 주식 300주를 매수했고, 15일에는 700주를, 19일에는 500주를, 26일에는 200주를 매수했다. 탐사 현장에 참여했던 지질학자인 클레이턴은 11월 15일에 200주를 매수했고, 몰리슨은 같은 날 100주를 매수했다. 그리고 탐사 책임자인 홀릭의 부인은 11월 29일에 50주를 매수하고, 12월 10일에 추가로 100주를 더 매수했다. 그러나 이러한 매수 행렬은 시작에 불과했다.

키드-55 지역의 현장 책임자인 케네스 다크는 12월 말경 워싱턴으로 여행을 했는데, 그는 그곳에서 자신의 지인과 그녀의 어머니에게 텍사스걸프 주식을 사라고 권유했다. 그들은 다른 2명에게 다크의 추천 정보를 전달했다. 12월 30일부터 다음 해 2월 17일 사이에 다크의 정보 수령자들은 텍사스걸프 주식 2100주를 매수했고 콜옵션call option *도 1500개를 샀다.

다크는 지인에게 시추 정보를 제공했을 뿐만 아니라 1964년 1월부터 3월 사이에 자신도 텍사스걸프 주식 300주와 콜옵션 3000개를 매수했다. 다크는 자신의 형제를 포함해서 여러 지인들에게도 정보를 제공했다. 홀릭과 클레이턴 역시 계속 주식 보유량을 늘렸다. 홀릭 부부는 그들이 이전에는 들어 보지도 못한 콜옵션을 매수하기까지 했는데, 이들은 앞으로

● 콜옵션은 특정 주식을 미리 설정된 기간 안에 미리 정한 가격으로 살 수 있는 권리를 말한다. 콜옵션은 거래할 때 증거금(전체 거래 규모의 약 15% 정도의 계약금)만 지급하기 때문에 직접 주식을 매수하는 것보다 레버리지 효과가 매우 크다. 따라서 주가 상승의 확신이 있는 경우에 주식을 매수하는 것보다는 콜 옵션을 매수하는 것이 훨씬 효과적인 전략일 수 있다.

누리게 될 큰 이익을 생각하면서 짜릿한 기분을 만끽했을 것이다.

봄이 되면서 텍사스걸프의 토지 구입 계획은 성공적으로 마무리됐다. 예정대로 3월 27일 무렵 텍사스걸프는 키드-55의 나머지 세 구역에 대한 소유권이나 광물 채굴권을 확보했다. 4월 8일, 텍사스걸프는 키드-55-6 구역에서 두 번째 시추공을 뚫었고, 시추 결과를 육안으로 즉시 판단하기는 어려웠지만 4월 10일 저녁에는 상당한 구리가 포함돼 있는 것을 확인했다. 4월 10일에 다시 세 번째 시추공을 뚫었는데, 그 결과 역시 상당한 구리가 포함돼 있다는 사실을 확인했다. 이런 시추 결과들은 첫 번째 시추공이 우연히 좁은 광맥에서 양질의 광물질을 찾아낸 것이 아니라 광맥이 상당히 넓게 퍼져 있다는 사실을 보여 주고 있었다. 텍사스걸프가 굉장한 규모의 경제성 있는 광맥을 확보했다는 사실을 확인하게 된 이 시점이 향후 SEC와의 소송에서 매우 중요한 시점으로 부각된다.

이때쯤 텍사스걸프가 중요한 광상을 발견했다는 소문이 캐나다 광업계에 돌기 시작했고 캐나다의 언론에도 소문이 나고 있었다. 4월 11일 토요일에는 그러한 루머들이 미국의 《타임스》와 《헤럴드 트리뷴》에도 실리면서 상황이 심각해졌다. 즉각 조치를 취해야겠다고 생각한 스티븐스는 포가티에게 월요일 신문에 실릴 수 있도록 보도자료를 준비하라고 지시했다. 다음 날인 일요일, 포가티는 보도자료의 초안을 작성했고, 스티븐스와 텍사스걸프의 변호사인 헌팅턴의 검토를 거친 후 보도자료를 발표했다. 그때가 4월 12일 오후 3시였다.

이 내용은 4월 13일 월요일 오전 신문에 보도됐다. 일단 회사는 루머를 부정했다. 텍사스걸프는 보도자료를 통해 캐나다 팀민스에서 텍사스걸프가 상당한 광맥을 발견했다는 루머가 있지만, 그 루머는 근거 없이 과장된 것이라고 발표했다. 아직은 결론을 내기에는 불확실한 단계이며 루머는 사실이 아니라는 내용이었다.

나중에 재판에서 보도자료의 진실성 여부가 논쟁이 됐다. 포가티는 4월 9일 금요일 밤 이후 팀민스에서 진전된 상황을 보도자료에 반영하지 않았기 때문이다. 아무튼 월요일 오전에 보도된 이 내용은 일단 시장을 진정시키는 것처럼 보였다. 텍사스걸프의 주가는 월요일에 뉴욕증권거래소에서 금요일 종가보다 약간 오른 32달러로 거래가 시작됐지만 하락세를 보이며 30달러 7/8로 끝났다. 그다음 며칠 동안 주가는 하락 장세를 보였지만 텍사스걸프가 대단한 광상을 발견했다는 소식과 루머는 더욱 커져 갔다.

4월 16일 목요일 오전, 뉴욕의 파크 애비뉴 200번지에 위치한 텍사스걸프 본사에는 긴장된 분위기가 감돌았다. 이날은 마침 매월 개최하는 정기 이사회가 예정되어 있었고, 회사는 이사회가 끝나는 대로 기자회견을 열어 캐나다 팀민스 지역에서 놀라운 광맥의 발견과 매장량이 2500만톤 이상 된다는 내용을 발표할 예정이었다. 이러한 예상 매장량은 그 가치가 일주일 전에 추정했던 2억 달러가 아니라 그 몇 배가 넘는다는 것을 의미했다.

엔지니어인 클레이턴과 총무 이사인 크로퍼드는 이사회가 개최되기 전날인 4월 15일에 그들의 증권 중개인에게 전화를 걸어 텍사스걸프 주식을 사 달라고 주문했다. 클레이턴은 200주를, 크로퍼드는 300주를 매수했다. 크로퍼드는 다음 날 오전 8시경 중개인에게 다시 전화를 걸어 300주를 추가로 매수했다.

텍사스걸프는 오전 9시에 이사회를 개최했고 이사들은 언론에 배포될 새로운 보도자료를 받아 보았다. 10시 무렵에 이사회가 끝났고 텍사스걸프는 그 자리에서 기자회견을 가졌다. 한 무리의 기자들이 이사회실로 몰려 들어왔다. 스티븐스는 기자들에게 보도자료를 나눠준 뒤 큰 소리로 읽었다. 그러나 이미 중요한 내용이 담긴 보도자료를 손에 쥔 기자들은 본사로 정보를 보내기 위해 자리를 뜨고 있었다. 기자회견은 10시 15분경 끝났다.

텍사스걸프의 두 이사인 코츠와 라몬트는 기자회견이 끝나고 주식을 매수했는데, 그들의 매수 행위는 SEC가 제소한 내용 중 가장 논란이 되는 부분이 됐다. 문제는 매수 시점인데, 이것은 투자자들에게 속보를 제공하는 다우존스 뉴스 서비스Dow Jones News Services가 텍사스걸프 뉴스를 전한 시간과 코츠와 라몬트가 해당 정보를 전달하거나 매수한 시점과의 관계를 의미했다. 이 문제는 오늘날에도 내부자거래 사건에서 여전히 다투고 있는 중요한 쟁점이기도 하다.

미국에서는 다우존스에 뉴스가 올라오는 순간을 일반에게 공개된 시점으로 간주한다. 4월 16일, 텍사스걸프의 기자회견에 참석한 다우존스의 기자는 10시 10분에서 15분 사이에 회사로 전화를 했는데, 그렇다면 그 뉴스는 전화를 건 지 2~3분 안에 다우존스에 나와야 했다. 그러나 어찌된 영문인지 텍사스걸프 뉴스는 40여분이 지난 뒤인 10시 54분이 돼서야 나타났다.

코츠와 라몬트는 자신들의 매수 시점이 내부자거래 법리에서 그토록 쟁점이 되리라고는 전혀 생각하지 못했을 것이다. 그들은 이미 기자회견이 끝났고, 기자들에게 보도자료가 배포됐기 때문에 해당 정보는 더 이상 '미공개non-public' 정보가 아니고, 자신들이 텍사스걸프 주식을 거래하는 데 아무런 문제가 없다고 판단하고 행동했다.

먼저, 코츠는 기자회견이 끝난 직후 이사회실 옆에 있는 사무실로 가서 휴스턴에서 증권 중개인으로 일하는 사위 프레드 헤미세거에게 전화를 했다. 코츠는 헤미세거에게 텍사스걸프의 광맥 발견에 대해 이야기한 후 회사의 공개발표가 끝날 때까지 기다렸다가 전화하는 거라고 덧붙였다. 그는 헤미세거에게 텍사스걸프 주식 2000주를 매수하라고 했고 이에 따라 헤미세거는 재빨리 매수했다. 이때는 아직 텍사스걸프 뉴스가 다우존스 뉴스에 등장하기 전이었다. 헤미세거는 아직 오르지 않은 가격으로 매수를 할 수 있었다.

라몬트는 기자회견이 끝난 후 이사회실을 바로 떠나지 않고 약 20분 정도를 더 머물렀다. 그러다가 10시 40분경에 가까운 사무실에서 모건개런티 신탁회사에 근무하는 동료이자 친구인 롱스트리트 힌턴에게 전화를 걸었다. 라몬트는 힌턴에게 "다우존스 뉴스에 텍사스걸프에 관한 좋은 뉴스가 나왔거나 이제 곧 나올 것"이라고 말했다. 그러나 힌턴은 자기 바로 옆에 있는 다우존스 뉴스를 보지도 않고 즉각 트레이딩 부서에 전화를 걸어 3000주를 매수했다.

힌턴은 다시 모건개런티의 연금 담당 임원에게 전화를 걸어 연금신탁 계좌로 텍사스걸프 주식을 사라고 권했다. 모건개런티는 바로 7000주를 매수했는데, 2000주는 뉴스가 나오기 전에 주문을 했고, 나머지는 뉴스가 나오고 있을 때거나 나온 직후에 주문을 했다. 그리고 1시간이 더 지난 12시 33분에 라몬트는 자신의 계좌로 3000주를 매수했다.

주가는 약간 상승한 상태여서 주당 약 34달러 정도였다. 이제 텍사스걸프가 최고의 광맥을 발견했다는 뉴스는 전국에 보도됐고 주가는 계속해서 상승하기 시작했다. 그날 텍사스걸프의 종가는 약 38달러에서 끝났지만 그달 말에는 약 59달러까지 상승했고, 키드-55에서 추출된 광물이 상업화 단계에 들어갔고 새로운 광맥에서 생산될 광물이 캐나다 연간 구리 총생산량의 10분의 1, 아연 총생산량의 4분의 1에 이를 것으로 예상된 1966년 말에는 100달러를 넘어섰다.

SEC의 패배와
불안한 미래

SEC는 텍사스걸프의 이사들을 포함하여 관련자 13명을 법원에 제소했고, 회사에 대해서도 부실표시mis-representation의 책임을 묻기 위해 소송을 제기했다. 이와 함께 SEC는 포가티에서부터 몰리슨, 클레이턴, 홀릭, 다크, 크로퍼드를 비롯하여 1963년 11월 8일부터 1964년 4월 15일 사이에 주식이나 콜옵션을 매수한 회사의 내부자들이 다시는 증권거래를 못하도록 영구히 증권거래를 금지하는 명령을 내려줄 것을 법원에 요청했다. 이와 함께 피고들의 내부자 거래 때문에 피해를 입은 거래 상대방의 손해를 배상하라는 명령을 내려달라고 요청했다. SEC의 이러한 주장은 향후 SEC 규칙 10b-5가 증권소송에서 얼마나 강력하게 작동할지 예고하고 있었다.

또한 SEC는 4월 12일의 보도자료를 통해 회사는 사실을 왜곡시키기 위해 고의로 허위 발표를 했고, 회사의 그러한 행위는 "중요한 사실에 관하여 거짓을 표시하거나 중요한 사실을 누락하는 행위"에 해당되므로 제재를 받아야 한다고 주장했다. SEC의 이러한 주장은 텍사스걸프의 불명예를 떠나 법적으로 매우 중요한 문제로 발전할 수 있었다. 만약 SEC의 주장처럼 4월 12일 회사의 보도자료가 투자자를 기망하려는 고의가 있었다면, 첫 번째 보도자료와 두 번째 보도자료 사이에 텍사스걸프의 주식을 매도한 모든 주주들은 회사를 상대로 소송을 제기할 수 있기 때문이었다.

그러나 피고들은 SEC의 주장에 대해 강하게 반박했다. 피고 측 변호사가 가장 역점을 둔 부분은 11월의 첫 번째 시추공에서 나온 결과는 "중요한 사실material fact"이 아니라는 것이다. 즉 첫 번째 시추공에서 나온 결과는 그 광맥이 큰 수익을 확실하게 보장하는 것이 아니라 단지 가능성을 제시하는 수준에 불과했다는 것이다. 피고 측은 여러 채굴 전문가들을 동원해서 첫 번째 시추공의 시추 결과가 향후의 채굴 결과까지 보장하는 것은 아니며 경험상 그 결과는 얼마든지 바뀔 가능성이 있다고 주장했다.

SEC 역시 다수의 전문가를 동원하여 피고 측의 이러한 주장을 반박했다. SEC 측 전문가들은 첫 번째 시추공에서 나온 결과는 그곳에 풍부한 광맥이 존재할 가능성이 대단히 높다는 것을 시사하며, 따라서 그 사실에 접하게 된 사람들은 중요한 정보를 알게 된 것이라고 주장했다. 또한 SEC는 4월 12일에 회사가 발표한 보도자료에 대해서도 작성자인 포가티가 시추 현장과 뉴욕 사이의 통신에 별문제가 없었음에도 불구하고 48시간 전의 정보를 바탕으로 작성했다는 사실을 비난했다.

제1심에서 더들레이 본설Dudley Bonsal 판사는 첫 번째 시추공에서 얻은 정보를 "중요한" 것으로 보아야 할지에 대해 많은 고민을 한 후, 이런 경우에 '중요성의 정의는 보수적이어야 한다'고 결론을 내렸다. 본설 판사는 세 군데 시추공의 결과를 통해 3차원적으로 광맥의 규모가 긍정적으로 파악된 4월 9일 저녁에야 비로소 중요한 정보가 성립됐다고 판단했다. 따라서 그날 이전에 텍사스걸프 주식이나 콜옵션을 매수한 내부자들의 매수 행위는 정당하고 합법적이며, 4월 9일 저녁 이전에 주식이나 콜옵션을 매수했거나 해당 정보를 전달한 사람들을 상대로 제기된 소송은 모두 기각됐다.

하지만 4월 9일 이후인 15일에 주식을 매수한 클레이턴과 크로퍼드는 사정이 달랐다. 본설 판사는 이들이 다른 사람을 속이거나 기망할 의도가 있었다는 증거는 없지만, 대규모 광상이 발견됐고 다음 날 그 사실이 발표된다는 사실, 즉 중요한 정보를 명확히 인지한 상태에서 주식을 매수했기 때문에 이들의 행위는 규칙 10b-5 위반이라고 판단했다. 따라서 이들에게 앞으로 영구히 증권거래를 금지하고, 4월 15일에 그들에게 주식을 판 사람들에게 배상 책임이 있다고 판결했다.

본설 판사는 4월 9일의 보도자료에 대해서는 지금 돌이켜보면 그것은 '비관적'이고 '불완전' 하다고 볼 수 있지만, 그 목적이 당시 떠돌고 있던 과장된 소문을 바로 잡기 위한 것이었다고 인정했고, SEC는 그것이 허위였거나 오해를 유발했거나 기만적이었음을 입증하지 못했다고 판시했다. 따라서 그는 텍사스걸프가 의도적으로 주주와 일반 대중을 혼란스럽게 했다는 SEC의 주장을 기각했다.

이외에도 본설 판사를 괴롭혔던 중요한 쟁점이 하나 더 있었다. 그것은 4월 16일에 코츠와 라몬트가 주식을 매수한 행동에 대한 법적 판단이었다. SEC는 이들의 매수 행위 역시 규칙 10b-5 위반이라고 주장했다. 이들의 매수 시점이나 정보 제공 시점이 텍사스걸프의 기자회견이 끝난 이후이긴 했지만, 아직 해당 정보가 일반 대중에게 충분히 전파되기 전이었기 때문에 여전히 '미공개' 정보라는 것이었다.

이러한 SEC의 주장은 정말 놀라운 주장이었지만, 그렇다면 다우존스 뉴스에 특정 뉴스가 보도된 후 어느 정도의 시간이 지나야만 공개 정보로 볼 수 있는지 라는 법리적인 문제를 제기한다. 특히 라몬트는 힌턴에게 전화한 지 약 2시간 지났고, 다우존스 뉴스에 해당 소식이 올라온 지 1시간 39분이 지난 후인 12시 33분에 자기계정으로 주식을 매수했음에도 불구하고, SEC는 아직 해당 뉴스가 일반 대중에게 널리 전파될 정도의 충분한 시간이 지나지 않았기 때문에 라몬트의 거래 역시 불법이라고 비난했다. 그렇다면 SEC가 생각하는 "합리적이라고 생각할 수 있는 시간a reasonable amount of time"은 어느 정도일까? SEC의 변호사는 최종 변론에서 그 시간은 사안에 따라 다를 것이라고 말했다. 본설 판사는 SEC의 주장이 나름 일리가 있다고 보았지만, 결국 SEC의 주장은 재판을 통해 규칙을 만들고 코츠와 라몬트의 행위에 대해 소급해서 유죄를 판결해 달라는 것이어서 받아들이기 어렵다고 보았다.

본설 판사는 해당 정보가 공개된 시점은 다우존스 뉴스를 통해 공개되는 시점도 아니라고 보았다. 그는 기존 판례를 근거로 정보의 공개 시점을 CEO인 스티븐스가 보도자료를 읽고 기자들에게 건네준 순간이었다고 판단했다. 따라서 코트와 라몬트에 대한 고소는 기각됐다.

SEC는 기각된 모든 케이스에 대해 항소했다. 유일하게 1934년법을 위반했다고 인정된 두 피고인인 클레이튼과 크로포드 역시 판결에 불복해 항소했다.

연방 제2항소법원의 명판결

1968년 8월, 연방 제2항소법원은 클레이턴과 크로퍼드의 유죄 판결을 그대로 확정했을 뿐만 아니라, 거의 모든 쟁점에서 본설 판사의 판결을 단호하게 뒤집는 판결을 내렸다.

연방 제2항소법원은 내부자거래의 법리와 관련하여 이 사건을 통해 제기된 중요한 3개의 문제에 대해 답을 내놓았는데, 1968년에 항소법원이 제시한 기준과 원칙이 미국과 한국은 물론 주요국에서 지금도 내부자거래 여부를 판단하는 중요한 기준으로 활용되고 있다는 사실에 항소법원 판사들의 혜안과 통찰력에 놀라움을 금치 못한다. 항소법원은 이 3가지 질문에 대한 답을 내놓기 전에 SEC 규칙 10b-5의 제정 목적에 대해 다음과 같이 말했다.

SEC Rule 10b-5는 증권거래에서 불평등하고 불공정한 거래를 예방하고 공정성을 확보하기 위해 제정됐다. 이 규칙은 불특정 다수인 간에 거래되는 증권시장에서 모든 투자자들은 중요한 정보에 대해 동등한 접근 기회가 부여된다는 정당한 기대를 지지해 준다. 이 규칙은 이사들과 경영진인 내부자들에게 명백하게 적용될 뿐만 아니라 "내부자insider"가 아니면서 정보를 소유한 자들에 대해서도 적용된다. 따라서 미공개 중요 정보를 소유한 모든 사람은 투자 대중에게 비밀 정보를 공시하든지, 아니면 그 정보가 미공개 정보로 남아 있는 한 관련된 증권을 거래하거나 정보를 제공하는 행동은 금지된다.

연방 제2항소법원은 제1심과는 다르게 이 사건에서 문제가 된 11월의 첫 번째 시추 결과는 "중요한 정보"라고 판단했다. 법원은 11월의 드릴링 결과가 중요한 정보인지를 판단함에 있어서, 먼저 광맥이 진짜 양질의 것으로 확정될 '개연성probability'이 있는지, 시추 결과가 회사의 주가에 영향을 미칠 '중대성magnitude'이 있는지를 균형 있게 고려해야 한다고 말했다. 법원이 제시한 이 기준을 후일에 "개연성/중대성 원칙probability/magnitude test"이라고 부르는데, 이 기준은 지금까지도 미국은 물론 우리 법원이 내부자거래를 비롯해서 특정 정보의 중요성 여부를 판단하는 중요한 기준으로 활용되고 있다.

제1심은 첫 번째 시추 결과가 시장에 중대한 영향을 미치기에는 불확실한 정보라서 중요한 정보로 보기 힘들다고 판단했지만, 항소법원은 대단히 중요한 광맥이 존재할 가능성을 보여주는 시추 결과는 텍사스걸프 주가에 중대한 영향을 미칠 수 있으며, 따라서 합리적인 투자자라면 이 정보를 분명 중요한 정보로 볼 수 있다고 판시했다.

둘째, 첫 번째 시추 결과를 통한 광맥의 발견 사실이 중요한 정보라는

미국에는 연방 항소법원이 13개가 있다. 순차적으로 번호가 붙은 11개의 항소법원과 워싱턴을 관장하는 D.C. 항소법원, 그리고 모든 주에 대해 관할권을 가진 전미 연방 항소법원United States of Appeals for the Federal Circuit이 있다. 미국의 경우 매년 약 8000건의 연방 항소법원 판결 중 2%도 안 되는 사건만이 연방대법원의 심리를 받을 수 있기 때문에 항소법원의 판결은 중요한 의미를 가지고 있다. 13개의 항소법원 중 증권시장과 증권사기 사건과 관련해서 가장 중요한 의미를 가진 연방 항소법원 은 텍사스컬프 사건을 판결한 연방 제2항소법원이라 할 수 있다. 이는 미국 금융의 센터라 할 수 있는 월스트리트를 관장하고 있기 때문이다. 연방 제2항소법원 건물은 저층부와 타워 부분으로 구분되어 있다. 건물의 전체 층수는 37층이며, 모두 35개의 법정을 가지고 있다. 1936년에 완공된 이 건물은 저층부 정면을 장식하고 있는 웅장 하고 아름다운 코린트 양식의 10개의 돌기둥은 마치 연방 항소법원의 막강한 권위 와 힘을 보여주는 듯하다. 이 건물은 1987년에 미국 역사적 건축물로 등재되었다.

(photo: capitalbooks)

것은 내부자들의 매수 행위와 그 타이밍에서도 인정할 수 있다고 보았다. 첫 번째 시추 결과를 알게 된 많은 내부자들이 대거 주식이나 콜옵션 매수에 나섰고, 이들이 주식과 콜옵션을 매수했던 타이밍이나 이들 중 일부는 이전에는 텍사스걸프 주식이나 콜옵션을 매수한 적이 전혀 없었다는 사실을 고려하면 이들의 매수 동기가 드릴링 결과에 영향을 받았다는 추론을 강하게 뒷받침해 준다는 것이다. 즉 내부자들의 매수 행위와 그 타이밍은 시추 결과가 중요한 발견이라고 인정할 수 있는 객관적 증거라고 판단했다.

일부 피고들은 항소법원의 이러한 견해는 기업의 경영진에 유능한 인재가 들어올 수 있는 인센티브를 차단하는 부정적인 효과를 가져 올 것이라고 주장했다. 그러나 항소법원은 그러한 인센티브는 내부정보를 모르는 일반 대중의 비용을 대가로 기업 내부자들에게 비밀스럽게 보상이 이루어지는 형태라고 보면서, 그러한 보상 체제는 수용할 수 없다고 밝혔다.

항소법원은 규칙 10b-5의 핵심에는 모든 투자자에게 증권을 거래할 때 '동등한 접근equal access'이 보장돼야 한다는 이념이 존재하며, 또한 시장 리스크에 대해서도 마찬가지라고 판단했다. 이 사건에서 내부자들은 외부자들과 동등한 입장에서 거래하지 않았다. 그들의 투자는 매우 안전하게 이루어졌는데, 시추 결과가 잘 진행되면 텍사스걸프 주가가 상승할 것이고 만약 잘 진행되지 않으면 같은 가격에서 유지되는, 땅 짚고 헤엄치는 투자를 한 것이다. 따라서 항소법원은 드릴링 결과를 알고 있는 개인들이 주식과 콜옵션을 매수한 거래는 규칙 10b-5 위반에 해당되며, 다크로부터 정보를 수령하여 거래한 개인들의 매수 행위 역시 마찬가지라고 판단했다. 또한 미공개 중요 정보인 텍사스걸프 주가의 전망에 대한 정보를 타인에게 전달한 다크의 행위 역시 규칙 10b-5 위반에 해당된다고 보았다.

셋째, 어느 시점부터 내부자들이 증권법의 저촉 없이 중요한 정보에 근거해 거래할 수 있는가? 핵심 쟁점은 코츠와 라몬트의 매수 타이밍이었다. 이 쟁점에 대해 항소법원은 코츠가 최소한 뉴스가 합리적으로 다우존스 뉴스 같은 미디어 매체를 통해 전파될 때까지 기다려야 했다고 보았다. 따라서 코츠가 매수한 시점은 아직 중요한 정보가 효과적으로 일반 대중에게 전파되지 못한 시점으로 보았다. 라몬트의 매수 타이밍이 더욱 논쟁적이었지만, 그는 하급심 판결 이후 사망했기 때문에 SEC가 항소하지 않았다.

마지막 문제는 내부자인 스티븐스, 포가티, 몰리슨, 홀릭 그리고 클라인이 시추 결과를 모르고 있는 스톡옵션위원회로부터 스톡옵션을 부여받았는데, 해당 정보를 알리지 않고 스톡옵션을 받은 것이 증권법 위반인지 여부였다. 문제가 된 스톡옵션은 1964년 2월 20일에 부여됐다. 하급심은 톱 경영진이라 할 수 있는 스티븐스와 포가티에 대해서만 시추 결과 사실을 알리지 않고 스톡옵션을 받았기 때문에 규칙 10b-5 위반으로 보았고, 클라인은 옵션을 받기 전에 공시할 의무가 없었다고 판단했다.

그러나 항소법원은 클라인이 1964년 1월에 텍사스걸프의 수석 변호사가 됐고, 현재는 부사장이기 때문에 그 역시 옵션을 받기 전에 그가 보유하고 있는 미공개 중요 정보를 공시할 의무가 있다고 보았다. 따라서 항소법원은 클라인이 받은 옵션에 대해서도 취소를 명령했다. 홀릭과 몰리슨이 받은 옵션에 대해서는 SEC가 항소하지 않았기 때문에 하급심의 판결이 그대로 확정됐다.

헨리 매니 교수는 그의 명저 『내부자거래와 주식시장Insider Trading and Stock Market』에서 항소법원의 판결에 대해 내부자거래를 둘러싼 모든 문제를 거의 고전이라 부를 수 있을 만큼 훌륭한 용어로 해석했다고 말했고,

"앞으로 오랫동안 이 분야의 법리를 결정할 것으로 보인다"라고 했다. 내부자거래 규제는 불필요하고, 오히려 시장의 효율성을 저해한다고 주장했던 교수 중 대표격인 매니 교수가 연방 제2항소법원의 판결에 대해 높이 평가하고, 그 판결의 영향력에 대해 예언한 것은 다소 아이러니한 면이 없지 않다. 아무튼 매니의 예언대로 텍사스걸프 사건에서 보여 주었던 연방 제2항소법원의 판결은 세계 역사에서 최초로 내부자거래 규제 법리의 지평을 열은 기념비적인 판결로 오늘날까지 높이 평가되고 있다.

연방 제2항소법원은 "누구라도$_{anyone}$" 미공개 중요 정보를 이용하거나 이용하게 한 자는 연방 증권법 위반에 해당되어 처벌된다는, 월가와 미국 기업의 이사회실을 향해 준엄한 심판을 내렸다. SEC는 이 싸움에서 완벽한 승리를 얻었지만 월가는 비명을 질렀다. 이제 게임의 규칙이 바뀌었다. SEC 규칙 10b-5는 권총에서 대포로 변해 있었다. 캐리는 비록 SEC를 떠났지만 연방 제2항소법원의 판결은 본 그의 마음은 흥분으로 떨렸을 것이다. 미국의 증권시장과 투자자 보호를 위해 내부자거래는 철저하게 규제돼야 하며, SEC가 그 사명을 책임져야 한다는 그의 사법철학이 드디어 연방 항소법원으로부터 인정받았기 때문이다.

제2장

연방대법원의
역습

INSIDERS ON
WALL STREET

나는 일하면서 얻은 단서를 이용했습니다.
나는 여러 문서들의 코드명을 해독했고 내가 주식을 매수하는 데
이용했습니다. 그러나 나는 증권법을 위반하지 않았습니다.

치아렐라, 펜딕프레스의 인쇄공
〈연방 법정에서 자신의 무죄를 주장하며〉

인쇄공
치아렐라

             1980년대 초반, 미국에서 흥미 있는 내부자거래 사건 2건이 연속적으로 발생했다. 공교롭게도 이 사건의 주인공들은 모두 인쇄 회사의 인쇄공들이었다. 미국 사회에서 인쇄공은 결코 주목받는 위치에 있는 사람들이 아니었고, 그들의 거래 규모도 크지 않아 언론의 관심을 끄는 사건들은 아니었다. 그럼에도 불구하고 이 2개의 사건은 미국 내부자거래 법리 논쟁에서 매우 중요한 의미를 가지는데, 하나는 1980년에 연방대법원이 판결한 치아렐라 사건이고, 다른 하나는 1983년 연방 제2항소법원이 판결한 마테리아 사건이다.

    빈센트 치아렐라Vincent Chiarella는 1975년부터 1976년까지 뉴욕에 있는 인쇄 회사인 펜딕프레스Pandick Press에서 근무하는 인쇄공이었다. 펜딕프레스는 금융 문서를 인쇄하는 회사였다. 월가의 금융회사나 로펌은 거래 deal와 관련한 문서들을 제작하기 위해 펜딕프레스를 이용했는데, 이 문서에는 현재 진행 중인 공개매수나 합병에 관한 비밀 정보들이 들어 있었다. 따라서 회사는 보안을 위해 타깃 기업이나 인수 기업의 이름은 공란으로 표기하거나 코드명을 사용했고, 마지막 날 밤에야 실제 회사 이름을 인쇄공에게 통보했다.

그러나 치아렐라는 회사 이름이 통보되기 전에 문맥을 통해서 어떤 회사에 관한 서류인지 알아낼 수 있었다. 펜딕프레스는 회사 안에 직원들이 고객의 비밀 정보를 훔쳐서 거래하면 안 된다는 경고 문구를 붙여 놓았다. 치아렐라는 이러한 회사 정책을 어기고 업무상 알게 된 비밀 정보를 이용하여 타깃 기업의 주식을 매입했고, 공개매수가 시장에 공표되면 주식을 매도해서 돈을 벌었다. 치아렐라는 기업을 인수하고자 하는 회사가 시장가격보다 프리미엄premium을 지불하기 때문에 타깃 기업의 주가가 크게 오른다는 사실을 알고 있었다. 치아렐라는 이처럼 위험이 전혀 없는 거래를 통해서 14개월 동안 3만 달러를 벌었다.

1977년 5월, SEC는 치아렐라의 거래에 대해 내부자거래 의혹을 제기했다. 그는 SEC와 화해하고 사건을 종결했다. 이것은 민사적 화해였다. 이러한 화해 제도는 미국의 특유한 사법제도로서 치아렐라는 자신의 내부자거래 혐의를 인정하거나 부정하지도 않으면서 그가 얻은 이익의 전부를 반환하는 데 동의했고, 그리고 향후 증권거래를 금지하는 SEC의 조치에 동의했다. 펜딕프레스는 그날 치아렐라를 해고했다.

그런데 이러한 민사 제재가 마무리되자 1978년 1월 뉴욕 남부지방 연방 검찰청은 치아렐라가 1934년법 제10조(b)와 SEC 규칙 10b-5를 "악의적으로willfully" 위반했다는 혐의로 형사 법정에 세우면서 치열한 법적 공방으로 치닫게 됐다. 치아렐라는 17개의 죄목으로 기소됐는데, 이는 그가 비밀 정보를 이용하여 17번의 거래를 했기 때문이다.

법무부는 연방 증권법이나 SEC 규칙을 "악의적"으로 위반한 경우에는 형사처벌을 위해 기소한다. 여기서 "악의willfulness"란 사람의 마음 상태를 의미하는데, 행위자가 부주의negligence나 실수inadvertence 또는 단순한 과실innocent mistake로 행동한 것이 아니라 "계획적으로deliberately" 그리고 "의도적으로intentionally" 행동했다는 것을 의미한다.

미국의 법원들은 형사사건에서 '고의'를 타인의 돈이나 재산을 빼앗아 피해를 입히려는 '특별한 의도'로 해석한다. 내부자거래의 경우에서 '고의' 또는 '의도'가 있었는지는 회사와 주주에 대해 미공개 중요 정보를 훔치고자 하는 특별한 의도가 있었는지 여부로 판단한다. 법원에 따라 이에 대한 해석에 차이가 있기는 하지만, 일부 법원은 넓게 해석해서 행위자가 증권법을 위반하는 '잘못된 일wrong doing' 또는 '불법적인 일unlawful'을 하고 있다는 인식이 있으면 충분하다고 본다.

미국에서는 내부자거래 사건이 발생하면 SEC, FBI 그리고 연방 검찰이 서로 밀접하게 정보를 교환하면서 소송을 준비한다. 먼저, SEC가 민사소송을 진행하고, 연방 검찰은 행위자의 '고의' 여부를 판단해서 추가적으로 형사소송을 진행하는 것이 일반적이다. 최근에는 SEC의 민사소송과 법무부에 의한 기소가 동시에 진행되는 경우가 빈번하다. 이는 조사 과정에서 양 기관이 과거보다 더 긴밀하게 정보를 공유한다는 것을 말해 준다.

이 사건에서 치아렐라가 아주 쉽게 자신이 내부정보를 이용해서 거래했다고 인정한 점이 흥미롭다. 그는 법정에서 "나는 일하면서 얻은 단서를 이용했습니다. 나는 여러 문서들의 코드명을 해독했고, 내가 주식을 매수하는 데 이용했습니다"라고 말했다. 그러나 그는 "나는 증권법을 위반하지 않았습니다"라고 항변했다. 이것이 그의 방어의 핵심이었다. 치아렐라는 고의로 그러한 행동을 했고 그의 행동이 잘못된 것이라는 것을 알고 있었지만, 그의 행동이 불법이 아니라는 주장이었다.

그러나 연방 지방법원과 연방 제2항소법원은 모두 치아렐라에 대해 내부자거래 책임을 인정했다. 두 법원은 선례인 1968년 연방 제2항소법원이 텍사스걸프 사건에서 근거했던 "정보에 대한 동등한 접근equality of access of information" 이론에 따라 치아렐라의 행동은 SEC 규칙 10b-5를 위반한 것으로 판단했다. 치아렐라는 연방대법원에 상고했다. 그리고 1980년, 연방대법원은 원심을 파기하면서 치아렐라에게 무죄를 판결했고, 치아렐라는 자유의 몸으로 법정을 걸어 나왔다. 도대체 무슨 일이 벌어진 것인가? 왜 연방대법원은 치아렐라에게 무죄를 선고한 것인가?

연방대법원의 반격

연방대법원은 치아렐라에게 무죄를 선고하면서 내부자거래를 적극적으로 규제하고자 했던 연방 정부의 의지를 꺾어 버렸고, 내부자거래 규제 법리에 뜻하지 않았던 '허들huddle'을 설치했다. 그리고 그 허들은 1998년 오헤이건 판결에서 제거되기 전까지, 그러니까 약 18년 동안 내부자거래 전쟁터를 지배했던 가장 중요한 법리적 근간을 형성했다.

치아렐라 사건은 1968년의 텍사스걸프 사건과는 차이가 있다. 텍사스걸프 사건에서 중심 인물들은 모두 회사의 '내부자insider'라는 신분이었지만 치아렐라는 '외부자outsider'였다. 그는 그가 거래했던 주식을 발행한 회사와 아무런 관계가 없었다. 그렇다면 외부자가 회사의 미공개 정보를 이용하여 거래한 경우에는 내부자거래 책임을 물을 수 없는가?

텍사스걸프 사건에서 연방 제2항소법원은 미공개 중요 정보를 알게 된

'모든 자anyone'는 정보를 공시하거나 거래를 단념해야 한다는 "공시 또는 거래 단념의 원칙disclose or abstain rule"을 인정했다. 이 기준에 따른다면 치아렐라의 매매는 내부자거래에 해당된다. 왜냐하면 치아렐라가 비록 외부자일지라도 미공개 중요 정보를 아는 '모든 자'에 포함되기 때문이다. 연방 지방법원과 연방 제2항소법원의 판결은 이러한 논리를 따랐다. 그러나 연방대법원의 생각은 달랐다.

치아렐라는 내부자가 아니고 외부자였다. 그는 그가 매수했던 주식의 회사 또는 주주들과 어떠한 관계도 없었고, 어떠한 의무도 가지고 있지 않았다. 그는 단지 주식시장에서 거래한 인쇄공이었을 뿐이다. 치아렐라의 변호사는 그의 행동이 펜딕프레스의 정책을 위반했으며, 주州법상 절도죄를 범했을 가능성은 있지만, 연방 증권법상 내부자거래에 해당하지는 않는다고 주장했다. 치아렐라는 "고전적 내부자classical insider"●에 속하지 않기 때문에 내부자거래의 책임이 발생하지 않는다는 주장이었다.

연방대법원은 치아렐라의 이러한 주장에 주목했다. 따라서 연방대법원은 내부자거래의 규제 대상을 '고전적 내부자' 즉 회사 안의 내부자로 제한할 것인지, 아니면 미공개 정보를 이용한 '모든 시장 참가자들'까지 확대할 것인지 결정해야 했다. 모든 시장 참가자들에게 그들이 알게 된 미공개 정보를 공시하거나 아니면 거래를 단념해야 하는 의무를 부과한다면, 미국 증권시장은 진정한 의미에서 공정한 시장이 될 것이고 모든 투자자들이 공평한 입장에서 거래를 하게 될 것이다. 그것은 1968년 텍사

● 내부자거래 규제에서 가장 중요한 출발이 누가 규제의 대상자가 되는가이다. 미국은 '고전적 내부자'와 '부정 유용자'라는 2개의 트랙을 활용하는데, 먼저 고전적 내부자란 회사 내부의 임직원들을 의미한다. 물론 이들로부터 정보를 전달받은 정보수령자들까지 고전적 내부자의 책임이 연결된다. 내부자거래 규제에서 가장 기본적인 규제 대상자 그룹이라 할 수 있다.

스걸프 사건에서 연방 제2항소법원이 보여 준 입장이었다. 그렇지만 다수의 대법관들은 그것은 너무 멀리 나가는 것으로 생각했다. 아직은 시기상조라고 보았다. 연방대법원은 한 발 물러섰다. 판결문을 작성한 포웰 대법관Justice Powell은 다음과 같이 설시했다.

> 증권거래에 참여하는 모든 투자자들 사이에 누구도 미공개 중요 정보를 이용하여 거래해서는 안 된다는 신인의무를 인정하지 않는 한, 치아렐라의 내부자거래 혐의를 인정할 수 없다. 만약 그렇게 광범위한 의무가 인정된다면, 두 당사자 사이의 특별한 관계로부터 생성되는, 이미 확립된 신인의무 원칙에서 너무 멀리 나가는 것이며, 그리고 분명한 증거가 없는 상황까지 규제 대상으로 하는 것은 연방 의회의 의도를 벗어나는 것이다.

연방대법원은 미공개 정보를 알게 된 경우에는 해당 정보를 '공시하거나 그 정보를 이용한 거래를 단념'해야 하지만, 이러한 규제의 대상이 되는 자는 기업 또는 주주에 대해 "신인의무"●를 부담하는 내부자로 국한돼야 한다고 판결했다. 이 사건에서 치아렐라는 기업의 내부자가 아니며, 타깃 기업으로부터 미공개 정보를 입수한 것도 아니기 때문에 그는 해당 정보에 대한 공시 의무가 없다. 또한 그는 거래 상대방이었던 매도자(주주)와의 관계에서도 어떠한 의무도 가지고 있지 않다. 즉, 치아렐라는 기업, 주주 및 거래 상대방 누구에 대해서도 '신인의무'를 가지고 있지 않기

● **fiduciary duty_** 우리말로 보통 '신인의무(信認義務)'로 번역을 하는데, 풀어서 쓰면 '믿음과 신뢰의 관계에서 발생하는 의무'라고 할 수 있다. 두 당사자가 계약을 체결하면 계약 당사자들은 해당 계약에 근거해서 서로 '믿음과 신뢰의 관계에서 발생하는 의무'를 부담하게 되는데, 대표적으로 계약에 따라 진행되는 내용의 비밀 유지 의무를 들 수 있다.

때문에 규제 대상이 아니라는 것이다.

그러나 5명의 대법관은 딕텀에서* "부정 유용 이론"** 즉 외부자 역시 미공개 정보를 이용하여 거래한 이상 내부자거래의 규제 대상에 포함해야 한다는 SEC의 주장에 대해 긍정적인 견해를 보여 주었다.

대표적으로 대법원장인 워런 버거Warren Berger는 다수 의견에 반대하면서 치아렐라의 내부자거래 혐의를 인정했다. 버거 대법원장은 공시 의무가 존재하는지는 중요하지 않으며, 비록 외부자라 할지라도 미공개 중요 정보를 알았고, 그것을 부정하게 이용한 모든 자는 내부자거래의 책임이 있다고 주장했다. 먼 훗날인 1998년 오헤이건 사건에서 판결문을 작성한 긴스버그 대법관은 연방대법원이 치아렐라 사건에서 부정 유용 이론을 배척한 것이 아니라 미래의 대안으로 그 이론의 타당성을 남겨 놓았다고 말했던 것은 이러한 상황을 언급한 것이다.

치아렐라는 연방대법원에서 고전적 이론의 보호를 받으며 자유의 몸으로 법정을 걸어 나갔지만 게임이 완전히 끝난 것은 아니었다. 연방대법원은 의회가 부여한 권한 안에서도 '부정 유용 이론'이라는 새로운 이론이 외부자에 대해서도 적용될 수 있다는 메시지를 분명히 주었다.

이처럼 연방대법원은 치아렐라에 대해 무죄를 판결했지만 연방 법원의 판사들은 외부자에 대해서도 내부자거래의 책임을 물을 수 있다는 희망의 불빛을 보았다. 비록 딕텀을 통해서이지만 5명의 대법관이 부정 유

• **dictum_** 딕텀이란 방론, 또는 부수적 의견을 말한다. 딕텀은 법원에 제기된 특정 사건의 해결 또는 결정을 구체적으로 나타내지 않는 판사의 견해에 불과하다. 딕텀은 딕터 (dicta)의 단수형이다. (임홍근·이태희, 법률영어사전 (법문사, 2007))

•• **misappropriate theory_** 부정 유용 이론에 따르면 거래자가 거래한 주식의 발행인이나 주주들에 대해 신인의무가 없는 경우라도, 미공개 중요정보의 정보원에 대해 신인의무와 유사한 믿음과 신뢰의 의무를 부담하는데, 이를 위반해서 자신의 이익을 위해 거래한 경우에는 내부자거래의 책임이 발생한다는 이론이다.

용 이론의 수용 가능성을 열어 놓았기 때문이다. 게다가 대법원장은 강한 어조로 다수 의견에 반대했다.

SEC와 연방 검찰은 이러한 메시지를 분명히 이해했다. 연방 검찰은 치아렐라 사건에서 비록 자신의 뜻을 관철하지 못했지만 다음의 싸움을 위한 중요한 발판을 마련했다. 이 사건에서 버거 대법원장은 'SEC가 치아렐라가 거래를 단념하거나 정보를 공시해야 할 절대적인 의무가 있다고 주장하는 대신, 그의 고용주에 속한 비밀 정보를 유용했고, 자신의 개인적인 이익을 위해 악의적으로 이용했다'고 주장했더라면 연방대법원은 치아렐라의 유죄를 인정할 수밖에 없었을지도 모른다고 말했다.

버거 대법원장이 제시한 부정 유용 이론은 비록 불완전했지만, 정보의 민주화를 위해, 그리고 미공개 정보를 이용한 대부분의 거래를 범죄로 규정할 수 있는 강력한 무기를 SEC와 연방 검찰에게 제공해 주었다고 평가할 수 있다. SEC는 불과 3년 뒤 마테리아 사건에서 이 무기를 다시 꺼내 들었다.

마테리아의 비밀 거래

연방대법원의 치아렐라 판결이 있은지 3년 후인 1983년에 동일한 사건이 다시 발생했다. 이번에는 뉴욕에 있는 보우니Bowne & Co라는 인쇄 회사였다. 이 사건의 주인공은 앤서니 마테리아Anthony Materia였다. 그 역시 치아렐라와 같이 인쇄공이었지만 그는 주식중독자였다.

그는 보우니에서 밤새 일하고 아침에 퇴근했다. 그는 퇴근하면서 바로 증권회사로 출근했다. 그날의 시황과 투자 상황을 체크하기 위해서였다. 그의 아파트는 투자 관련 서류들로 넘쳐났다. 애널리스트의 기업 분석 보고서를 비롯해서 증권회사들의 뉴스레터나 실적 자료들이 널려 있었다. 그는 브루클린의 초라한 삶에서 벗어나 자신이 꿈꾸는 풍요로운 삶을 살기를 희망했다. 그러기 위해서는 제록스 주식 같은 대박주가 필요했다.

그는 어느 날 그 방법을 찾아냈다. 시장에서 이길 수 있는 확실한 방법, 그것은 내부정보를 이용한 거래였다. 그가 마음만 먹는다면 보우니처럼 비밀 정보를 쉽게 얻을 수 있는 곳이 없었다. 보우니에는 월가의 투자은행이나 로펌의 M&A 자문과 관련된 서류들이 넘쳐 났기 때문이다.

보우니는 펜딕프레스와 마찬가지로 고객들의 비밀 정보가 새나가지 않도록 보안 정책을 운용하고 있었다. 보우니는 회사의 벽에 내부정보를 이용한 거래를 금지한다는 문구를 붙여 놓았고, 그러한 거래를 하면 민사는 물론 형사책임까지 따른다는 말도 빼놓지 않았다. 또한 대부분의 서류에는 회사 이름을 빈칸으로 처리하거나 코드명을 사용했다. 따라서 현재 공개매수가 준비 중에 있다는 것은 알 수 있었지만 타깃 기업의 이름은 마지막까지 알 수 없었다. 특히, 보우니는 보안 정책의 하나로 2명의 보안 요원이 직원들의 인쇄 작업을 지켜보도록 했다. 이는 밤사이에 고객의 비밀 정보가 빠져나가는 것을 막기 위한 조치였다.

그러나 이러한 장치들은 마테리아와 같이 비밀 정보를 빼내겠다고 마음먹은 사람 앞에서는 무력했다. 회사의 정책이라고 벽에 써 붙여 놓은 것도 실제로 내부자거래를 막기 위한 것이라기보다는, 만약에 사고가 터졌을 경우 회사의 책임을 피하기 위한 수단 정도로 이해할 수 있었다. 그리고 공개매수 문서에 타깃 기업의 이름을 공백으로 처리하거나 코드명을 사용하더라도, 해당 회사에 대한 많은 정보들이 실려 있어서 셜록 홈

즈가 아니더라도 타깃이 어느 회사인지 알아내는 것은 전혀 어려운 일이 아니었다. 예를 들어, 타깃 기업이 위치한 주state, 업종, 취득 목표 주식 수 같은 정보는 도움이 되지 않지만, 대부분의 경우 타깃의 주소와 전화 번호가 실렸기 때문이다.

마테리아는 1980년 12월부터 1982년 9월까지 4번에 걸쳐 내부자거래 를 했다. 그는 공개매수 공표 전에 타깃 기업의 주식을 매수한 후 공개매 수가 발표되고 주가가 오르면 매도했다. 그의 거래는 전형적인 내부자거 래의 패턴을 보여 주었다. 결국, 마테리아의 거래는 증권거래소의 감시 망에 적출됐고 SEC는 그를 소환했다.

그런데 마테리아는 치아렐라와는 다르게 혐의를 전면 부인했다. 그는 자신의 투자는 기업 분석과 신문 정보를 보고 판단한 것이라고 주장했 다. 그러나 그가 매수한 주식들의 매수 타이밍, 그리고 그 주식들이 그가 일하는 보우니에서 해당 공개매수 서류의 인쇄 작업이 이루어졌다는 것 을 종합해 보면 그의 내부자거래 혐의는 매우 강해 보였다. 그런데 SEC 는 결정적인 증거를 잡지 못하고 있었다.

치아렐라는 업무상 취득한 내부정보를 이용해 거래했다고 순순히 인정 했다. 다만, 그는 자신의 거래는 미국 증권법상 불법적인 거래가 아니라 며 법리 논쟁을 펼치면서 승리했다. 그런데 마테리아는 내부자거래 혐의 자체를 부정하고 있었다.

그러던 중 SEC는 결정적인 증거를 잡았다. 마테리아가 거래한 주식 중 크리톤Criton이라는 주식이 있었다. 그리고 M&A 로펌으로 유명한 와 크텔 립톤에서 크리톤에 대한 공개매수 서류의 인쇄 작업을 보우니에 의 뢰했다. 마테리아는 이 작업을 하면서 타깃이 크리톤이라는 것을 알았다. 1982년 8월 20일, 그는 아침 9시에 회사를 퇴근하면서 피델리티 증권회 사를 통해 주당 30달러에 크리톤 주식 2000주를 매수했다. 그런데 대부분의 내부자들이 그렇듯이 마테리아 역시 내부정보 '링ring'을 가지고 있었다. 그는 자신이 입수한 내부정보를 친구들이나 친척들에게 제공했다.

같은 날, 누군가가 브루클린에서 페이폰pay phone으로 피델리티 증권회사에 전화를 걸어 크리톤의 매수를 요청했다. 전화를 건 사람은 피텔리티의 직원에게 주문하는 도중에 옆에 있는 누군가에게 "오늘 아니면 월요일에 발표한다고 했나?"라고 물었다. 그러자 옆에 있는 사람은 "오늘 시장 끝나고"라고 말했다. 당시에도 증권회사는 고객의 주문을 받을 때 통화를 녹음하고 있었다. 전화를 건 사람은 100주를 주문했다. 나중에 밝혀진 일이지만 통화 속에 등장했던 옆 사람의 목소리는 마테리아의 것으로 밝혀졌다. SEC는 이 결정적인 증거를 법정에 제출했다. 연방 제2항소법원은 마테리아에게 유죄를 선고했다. 마테리아는 당연히 연방대법원에 상고했다. 불과 3년 전, 동일한 사건에서 연방대법원은 치아렐라에 대해 무죄를 선고하지 않았는가?

마테리아의 변호사는 승리를 예상했다. 그러나 연방대법원은 예상을 깨고 마테리아의 상고 허가 신청을 기각했다. 따라서 항소법원의 판결이 그대로 유지됐다. 마테리아의 직업은 인쇄공이었고, 그가 4건의 내부자 거래를 통해 번 돈은 총 9만 9862달러였다. 물론, 이 돈은 브루클린에 사는 중년 남자에게는 복권 당첨과 같은 큰돈이었지만 그렇게 주목받을 만한 규모는 아니었다. 그러나 이 사건은 SEC에게 내부자거래 전쟁에서 또하나의 기념비적인 승리를 안겨 주었다.

사실, 내부자거래에 대한 책임은 거래 상대방에 대한 의무로부터만 발생하는 것이 아니라 거래자의 고용주에 대한 책임으로부터도 발생할 수 있다. 이 논리가 부정 유용 이론의 핵심이며 마테리아 사건에서 법원은 그것을 확인해 주었다. 또한 연방대법원은 마테리아의 상고 허가 신청을 기각함으로써 하급 법원이 부정 유용 이론을 근거로 적극적으로 내부자거래의 책임을 물을 수 있는 길을 열어 주었다. 제2항소법원은 거의 같은 시기에 진행된 모건스탠리의 증권 브로커인 제임스 뉴먼James Newman이 고객의 비밀 정보를 이용하여 거래한 형사사건에서도 내부자거래를 인정했다.

SEC는 마테리아를 상대로 한 민사소송에서, 그리고 연방 검찰은 뉴먼을 상대로 한 형사소송에서 부정 유용 이론을 근거로 승리했다. 이 판결은 불과 몇 년 후 SEC가 부딪히게 되는 거대한 내부자거래 사건인 데니스 레빈 사건에서 강력한 법적 실탄을 제공해 주게 된다. 레빈은 그가 일했던 투자은행에서 알게 된 고객의 비밀 정보를 이용해서 거래했기 때문에, 고전적 이론에 의하면 내부자거래에 해당되지 않지만 부정 유용 이론에 따르면 명백한 내부자거래에 해당된다. 그리고 이어지는 이반 보스키 사건도 마찬가지였다.

애널리스트의 정보 제공

월가에서 증권회사의 애널리스트로 일하고 있던 레이 덕스Ray Dirks는 1983년 SEC가 그를 내부자거래 혐의로 제소하면서 일약 유명 인사가 됐다. 1973년, 덕스는 뉴욕에 있는 증권회사의 임원이었고, 그 회사는 기관투자자들에게 보험회사 주식에 대한 투자 분석을 전문적으로 제공하고 있었다.

그해 3월 6일, 덕스는 그의 평범한 삶을 뒤집는 전화 한 통을 받게 된다. 에퀴티 펀딩 오브 아메리카Equity Funding of America의 전직 임원이었던 로널드 세크리스트Ronald Secrist가 자신이 근무했던 에퀴티 펀딩이 사기적인 방법으로 자산 가치를 부풀리고 있는데, 정부기관들이 에퀴티 펀딩의 불법행위를 잡지 못하고 있다는 것이었다.

덕스는 세크리스트의 말이 사실인지 확인해 보기로 했다. 그는 로스앤젤레스에 있는 에쿼티 펀딩 본사를 방문해서 여러 임직원들을 만나 이야기를 나눴다. 경영진들은 회사에 특별한 문제가 없다고 주장했지만 일부 직원들은 사기 혐의를 인정하기도 했다. 덕스와 그의 회사는 에쿼티 펀딩 주식을 가지고 있지 않았지만 이러한 상황을 고객들에게 전달했고, 이 말을 들은 5명의 기관투자자들은 1600만 달러에 이르는 에쿼티 펀딩 주식을 매도했다.

덕스가 LA에 머무를 때 《월스트리트 저널》의 LA 지국장인 윌리엄 블룬델과 자주 만났고, 블룬델에게 사기와 관련된 기사를 취재해 보라고 요구했다. 그러나 블룬델은 이 사실을 믿지 않았고 그러한 사기 행위는 적발되기 어렵다면서 기사를 쓰지 않았다.

덕스가 조사를 진행하는 2주 동안 말들이 번져나가기 시작했고, 에쿼티 펀딩의 주가는 주당 26달러에서 15달러 아래로 떨어졌다. 주가가 급락하자 뉴욕증권거래소는 3월 27일 동 주식의 거래를 정지시켰다. 캘리포니아 보험 당국은 에쿼티 펀딩의 장부를 압수했고 분식회계의 증거를 발견했다. SEC도 곧바로 조사에 착수했다. 4월 2일, 《월스트리트 저널》은 덕스로부터 입수한 정보를 근거로 특종을 터트렸고 에쿼티 펀딩은 바로 법정 관리에 들어가게 됐다.

SEC는 이 사건이 정보 전달을 통해 이루어진 내부자거래 사건의 완벽한 모델을 보여 주고 있다고 생각했다. 덕스가 거래한 것은 아니지만, 자신의 중요한 고객들에게 미공개 정보를 전달하여 매도하게 한 행위는 텍사스걸프 사건에서 내부자들이 거래한 경우와 다를 게 없다고 판단했다. SEC의 입장에서 볼 때 Rule 10b-5는 제한이 없었고, 이 사건을 통해 정보 전달을 통한 내부자거래 규제에 새로운 선례를 만들 가능성이 높다고 판단했다.

당시 SEC의 수석 변호사로서 이 케이스를 이끌었던 하비 피트Harvey Pitt(그는 후일 제26대 SEC 위원장에 취임한다)는 SEC 내부에서 이 사건을 법정으로 끌고 가는 것에 대해 일부 변호사들이 우려했다고 회상했다. 이 케이스는 법리적으로 명확하지 않은 점들이 있었기 때문이다.

무엇보다도 덕스의 행위는 법이 규제하고자 하는 사기적인 행동과는 거리가 멀었다. 정보 제공자인 세크리스트는 덕스에게 에쿼티 펀딩의 분식회계 가능성에 대한 조사를 부탁한 것이지, 그 정보를 이용하여 주식 거래를 하라고 한 것이 아니었기 때문이다. 덕스는 그 정보를 확인하기 위해 회사 임직원들을 인터뷰했지만 회사 내부의 누군가가 결정적인 정보를 덕스에게 제공한 것이 아니었고, 최종적으로 자신의 판단으로 고객들에게 에쿼티 펀딩 주식의 매각을 권유한 것이다. 이것은 후일 월가에서 '모자이크 이론mosaic theory'이라고 부르는 것인데, 여러 조각난 정보들을 종합하여 매도/매수를 결정하는 투자 기법을 의미한다. 덕스는 자신이 알게 된 사실을 숨기려고 하지 않았고 사기적 행동을 하려는 의도도 전혀 없었다. 더더욱 그는 SEC에게 이 정보를 제공하면서 조사를 의뢰했지만 SEC가 뭉개지 않았는가.

그러나 SEC 내부의 주류적 생각은 덕스가 시장을 움직일 수 있는 미공개 정보를 고객에게 전달했고, 그 정보를 이용해 그의 고객들은 상당한 손해를 회피했는데, 그 정보는 일반 투자자들은 알 수 없는 정보였다는 것이다. SEC의 입장은 누구도 미공개 정보를 이용하여 거래해서는 안 된다는 것이었다. SEC는 논란 끝에 덕스를 내부자거래 혐의로 고소하기로 결정했다.

SEC의 입지는 매우 취약한 부분이 있었지만 SEC는 나름 선방했다. 연방 제2항소법원에서 덕스의 내부자거래 혐의에 대해 유죄를 받아낸 것이다. 하지만 덕스는 자신의 무죄를 주장하며 상고했다. 연방대법원은 항소심의 판결을 파기하면서 SEC의 주장을 조목조목 비판했다. 오히려 연방대법원의 무죄 법리는 향후 30년간 SEC와 연방 검찰이 정보 수령자의 내부자거래 책임을 묻는 데 있어서 고통스러운 장애물이 되어 버렸다. SEC로서는 정말 뼈 아픈 한 방을 제대로 먹은 것이다.

그렇다면 왜 연방대법원은 원심을 파기하면서 덕스에 대해 무죄를 선고했는가? 대법원은 다음과 같이 정보 수령자의 책임을 묻기 위한 중요한 조건을 설시했다.

첫째, 정보 수령자의 '공시 또는 거래 단념' 의무는 내부자, 즉 정보 제공자의 신인의무에서 출발한다. 즉 내부자가 신인의무를 위반하여 정보 수령자에게 내부정보를 부적절하게 전달한 경우에만 정보 수령자에게 '공시 또는 거래 단념' 의무가 발생한다. 따라서 이 사건에서 정보 제공자인 세크리스트는 에퀴티 펀딩의 분식 행위를 밝히기 위해 덕스에게 정보를 전달한 것이기 때문에 에퀴티 펀딩의 주주들에 대한 신인의무를 위반하지 않았다.

둘째, 정보 제공자가 신인의무를 위반하여 내부정보를 정보 수령자에게 제공한 경우, 정보 수령자 역시 '공시 또는 거래 단념' 의무를 부담하지만, 정보 제공자의 정보 제공 행위가 신인의무 위반이라는 사실을 정보 수령자가 알았거나 과실로 알지 못한 경우에만 책임을 물을 수 있다는 것이다. 이 사건에서 덕스는 세크리스트의 행동이 에퀴티 펀딩에 대한 신인의무를 위반한 것이라고 생각하지 않았다.

셋째, 정보 제공자가 신인의무를 위반하여 정보를 제공하는 경우라 하더라도 항상 '공시 또는 거래 단념' 의무가 요구되는 것은 아니다. 예를 들어, 기업의 내부자가 특정 정보가 이미 공시됐거나 중요하지 않다고 잘못 판단하는 경우가 있을 수 있다. 이처럼 정보가 부적절하게 전달됐는지 여부를 판단하기 위해서는 내부자가 정보 제공의 대가를 직접 또는 간접적으로 받았는지를 물을 필요가 있는데, 즉 정보 제공자가 정보 수령자로부터 '개인적인 이득personal benefit'을 얻은 경우가 아니라면 주주들에 대한 신인의무 위반은 없다고 보았다.

이 사건에서 정보 제공자인 세크리스트는 직접 또는 간접적으로도 개인적인 이득을 얻지 않았고, 따라서 그는 주주들에 대한 신인의무를 위반하지 않았으며, 궁극적으로 '파생적 책임'이라 할 수 있는 정보 수령자인 덕스의 책임도 발생하지 않는다. 이러한 연방대법원의 논리는 치아렐라 판결에서 보여 준 입장과 크게 다르지 않다.

이 사건에서 덕스로부터 정보를 제공받고 주식을 처분한 사람들은 어떤 책임이 따르는가? 연방대법원의 법리에 따르면 이에 대한 대답은 매우 명쾌하다. 제1차 정보 수령자의 책임은 정보 제공자의 책임에서 파생되기 때문에 정보 제공자가 신인의무 위반의 책임이 없으면 제1차 정보 수령자 역시 책임이 발생하지 않으며, 제2차 이후의 정보 수령자 역시 마찬가지다. 따라서 덕스로부터 정보를 제공받고 주식을 처분한 사람들은 아무런 책임도 발생하지 않는다.

이외에도 연방대법원은 덕스의 내부자거래 혐의를 부정하는 또 하나의 근거로 애널리스트인 덕스의 직업적 상황을 검토했다. 만약, 애널리스트가 기업의 내부자로부터 미공개 정보를 입수하여 고객들에게 제공하는 것을 내부자거래로 규제한다면, 애널리스트의 업무 자체를 금지하는 결과가 되기 때문에 덕스의 행위는 애널리스트로서 상식적인 행위였다고 보았다.

연방대법원은 덕스 사건을 통해 치아렐라 사건에서 보여 준 '동등한 접근 정책equal access policy'에 대한 거부 입장을 다시 한 번 확인해 주었다. 연방대법원은 내부자거래의 책임은 거래하기 전에 공시 의무를 가지는 자에게 한정된다는 점을 분명히 한 것이다. 따라서 이러한 신인의무의 선제적 요구는 "공시 또는 거래 단념의 원칙"의 적용 범위를 상당할 정도로 좁혀 놓았다. 그것은 1968년 TGS 판결을 통해 연방 제2항소법원이 세워 놓은 법리를 완벽하게 무너뜨리는, 가히 연방대법원의 역습이었다.

SEC의 반격과 Regulation FD

연방대법원이 덕스 판결에서 덕스의 무죄 이유로 제시한 것 중 마지막 이유는 연방대법원이 충분히 의도한 것인지는 모르겠지만, 향후 SEC나 연방 검찰이 애널리스트의 미공개 정보를 이용한 내부자거래를 규제하는 데 커다란 장애물이 됐다.

연방대법원이 덕스의 무죄를 판결한 법리는 나름 설득력이 있지만, 그렇다고 해서 애널리스트들이 기업의 내부자로부터 비밀 정보를 입수해서 특별한 고객들에게 우선적으로 전달하는 행위 전체가 정당화될 수 있을까? 그것은 또 다른 형태의 내부자거래가 아닌가?

아무튼 연방대법원의 판결은 당시 월가에 만연했던 이러한 "선택적 공시selective disclosure"에 대해 공개적으로 면죄부를 준 셈이 됐다. 연방 증권법상 내부자거래 규제가 월가 한 가운데에서 커다란 구멍이 뚫려 버린 것이다. 이제 애널리스트의 이러한 관행을 SEC 규칙 10b-5를 가지고 규제하기 어렵게 됐다. 절치부심하던 SEC는 약 17년이 지난 후인 2000년에 비장의 카드를 꺼내 들었다. 그것은 *Regulation Fair Disclosure*(공정공시 규정)였다.

증권법의 기본 철학은 공시주의 원칙 위에 서 있다. 증권법은 증권을 발행한 기업에게 기업의 가치에 영향을 미칠 만한 중요한 정보가 발생하면 즉시 이를 시장에 공시하도록 요구하고 있다. 이러한 공시는 중요한 정보가 발생한 경우, "적시에timely" 그리고 모든 투자자들에게 "동시에 simultaneously" 해야 한다. 따라서 법은 특정인에게만 선별적으로 중요한 정보를 제공하는 것을 금지한다. 그런데 이러한 공시주의 철학의 예외로 오랫동안 증권시장에서 인정돼 온 관행이 기업의 고위 간부 또는 IRInvestor Relationship 담당 간부들이 증권회사 애널리스트나 중요한 기관투자자에게만 회사의 중요한 정보를 적극적으로 제공하는 이른바 '선택적 공시'였다.

이러한 관행을 통해 애널리스트들은 분기 실적이 정식으로 발표되기 전에 기업의 고위 간부로부터 추정 실적 정보를 입수하기도 하고, 기타 기업의 신기술 개발의 진행 상황과 같이 주가에 민감한 정보에 '합법적'으로 접근할 수 있었다. 애널리스트들은 이렇게 얻은 정보를 근거로 주식의 매수 또는 매도 추천을 하거나 투자자들에게 기업의 새로운 가치를 제시해 주는 역할을 해 왔다. 오히려 기업 측에서 자사 홍보나 주가관리 차원에서 저명한 증권회사의 애널리스트들이나 주요 기관투자자들을 고급 휴양지에 초청하여 최고의 접대를 제공하면서 IR을 개최하기도 했다. 그러나 이러한 관행에 대해선 이미 오래 전부터 문제가 제기돼 왔다.

그런데 연방대법원은 덕스 판결에서 그러한 관행은 애널리스트의 본연의 업무라고 판시함으로써, SEC는 덕스를 못 잡은 것을 넘어 전혀 뜻하지 않은 유탄을 맞아 버렸다. SEC는 이러한 월가의 관행을 금지시키기 위해 모든 선택적 공시를 금지하는 Regulation FD라는 새로운 칼을 꺼내 들었다. 이 규정이 제정되면 앞으로 기업의 내부자들은 애널리스트를 비롯해서 누구에게도 시장에 공시하지 않은 미공개 정보를 제공하는 것이 금지된다. SEC가 Reg FD의 제정을 예고하자 약 6000개에 달하는 찬반 의견서가 SEC 홈페이지에 접수되는 등 그해 여름 내내 월가와 워싱턴을 뜨거운 논쟁으로 달구었다.

월가는 FD의 제정을 적극적으로 반대했다. 증권회사의 이익을 대변하는 로비 단체들은 새로운 규정은 투자 정보의 흐름에 '냉각효과chilling effect'를 가져올 것이라고 우려를 제기했다. 새로운 규정이 기업이나 애널리스트들에게 지나치게 엄격한 규제를 가함으로써 완전 공시를 유도하기보다는 정보의 흐름을 억제하는 역효과를 가져올 것이라고 주장했다. 전미IR연구소National Investor Relationship Institute는 FD의 내용이 명확치 않는 부분들이 많아 기업의 IR 담당자들에게 혼돈을 불러일으키고 있어 FD의 제정을 연말까지 연기시켜 줄 것을 요청하기도 했다.

영화 〈어 퓨 굿맨A Few Good Men〉에서 쿠바 관타나모 기지에서 한 사병이 2명의 해병에게 얼차려 폭행을 당한 끝에 사망하는 일이 발생한다. 합의에 뛰어난 캐피 중위(톰 쿠르즈 역)가 이 사건을 맡고 갤로웨이 소령(데미무어 역)과 한 팀을 이루는데, 이 사건을 합의로 종결하려는 캐피와 합의보다 진실을 규명하고자 하는 갤로웨이는 매번 충돌한다. 캐피는 그녀에게 떠밀려 조사를 계속하던 중 사건의 심각성을 깨닫고 진실 규명을 위해 이 사건을 군사 법정으로 끌고 간다. 재판이 진행되면서 심판대에 올라야 할 것은 군부가 아니라 그런 명령을 내린 해병대 기지사령관 제섭(잭 니콜슨 역)이라는 사실을 깨닫는다. 결국, 그를 증언대에 세우고 그에게 진실을 말하라고 다그친다. 관록의 해병대 사령관 제섭은 새파랗게 젊은 군법무관이 쿠바 기지의 현실을 모른다고 흥분하면서 캐피를 향해, *"The Truth? You want the truth? You can't handle the truth!*(진실? 네가 진실을 원해? 너는 진실을 감당할 수가 없어!)"라고 소리친다.

월가의 전문가들은 잭 니콜슨이 쿠바와 대치하고 있는 군사 현실을 큰 틀에서 보지 못하는 젊은 법무관을 비난했던 말에 빗대면서 일반 투자자들은 재무제표의 수많은 숫자들 속에 묻혀 있는 기업의 '진실'을 분석하고 분별해 낼 수 있는 능력이 없다고 말했다.

그러나 일반 투자자들은 압도적으로 FD의 제정을 찬성했다. 그들은 인터넷 보급이 확산되면서 일반 투자자들도 월가의 전문가들 못지않게 빠르게 중요 정보에 접근할 수 있음에도 불구하고, 기업들은 자신들이 선호하는 애널리스트나 중요한 기관투자가들에게만 사적인 채널을 통해 중요 정보를 제공하는 경우가 빈번하다고 비난했다. 이것은 명백한 "선택적 공시"에 해당되며, 지금까지 합법으로 인정되어 온 월가의 관행을 이제는 끝내야 한다고 주장했다. 일반 투자자들은 월가를 향해 '너희들의 도움 없이도 진실을 감당한 능력이 있다'고 외친 것이다.

이렇듯 Reg FD가 일반 투자자들에게 압도적인 지지를 받은 것은 당시의 기술주 폭락과 무관치 않다. 기업과 직접 대화가 차단돼 있는 그들은 애널리스트의 말만 믿고 기술주에 투자했다가 50% 또는 그 이상의 손실을 보았다. 더 이상 애널리스트들의 윤리적 순수성을 믿을 수 없음을 뼈아프게 경험했던 터였다.

SEC의 당시 위원장인 아서 레빗은 "증권시장에서 정보는 생명의 피 Information in securities market is lifeblood"라고 말하면서, 정직한 시장을 구축하기 위해서는 중요한 정보가 시장의 모든 투자자들에게 동시에 공개돼야 하며, 일부 제한된 개인이나 그룹에게 미리 전달되는 잘못된 관행은 끝내야 한다고 역설했다.

결국, SEC는 레빗의 강력한 리더십 하에서 Reg FD를 3 대 1 표결로 채택했고, 논란 많았던 Reg FD는 2000년 10월 23일 효력을 발생했다. 과거 약 70년간 지속돼 온 미국 증권시장의 공시제도에 새로운 지평이 열린 것이다. 이로써 그동안 내부자거래의 또 다른 온상이었던 애널리스트에 대한 선택적 공시가 전면 금지됐고, 기업의 내부정보가 은밀하게 월가로 새나갔던 마지막 구멍이 봉쇄됐다. 이제 진정한 정보 공시의 민주화 시대가 열린 것이다.

월가를 뒤흔든
《월스트리트 저널》
사건

INSIDERS ON
WALL STREET

지름길은 없다.
규칙을 무시하는 증권 브로커는 살아남을 수 없다.

루, 증권 브로커, 영화 〈월스트리트〉

루는 영화 〈월스트리트〉에 나오는 나이 많은 증권 브로커다. 그는 젊은 브로커인 폭스가 지나
치게 야망이 많고 도전적이어서 위험하다고 느끼면서 후배인 폭스에게 조언 겸 경고조로 한
말이다.

달콤한
유혹

           1983년 10월 12일 저녁, 뉴욕 맨해튼에는 추적추적 비가 내리고 있었다. 《월스트리트 저널》의 기자인 포스터 와이낸스Foster Winans는 키더 피바디Kidder, Peobody & Co.의 증권 브로커인 피터 브랜트Peter Brant와의 저녁 약속 시간에 맞추기 위해 다우존스 본사를 서둘러 나섰다. 회사 앞에는 검은색 캐딜락이 기다리고 있었다. 저녁 장소인 미드타운에 위치한 라켓클럽Racquet Club까지 지하철로 30분이면 충분했고, 비가 내리는 맨해튼 퇴근 시간에는 지하철이 약속 시간 맞추기가 훨씬 안전했지만 브랜트는 기어코 자신의 캐딜락을 와이낸스에게 보내겠다고 한 것이다.

  브랜트는 슈퍼 증권 브로커였다. 그는 불과 30세의 청년에 불과했지만 당시 성공의 아이콘이라 할 수 있는 모든 것을 가졌다. 그는 롱아일랜드의 거대한 저택, 플로리다 팜비치의 콘도미니엄, 요트, 맨해튼 라켓클럽의 멤버십, 파크 애비뉴에 있는 키더 피바디 증권회사의 코너방*을 가지고 있었다. 42층에 있는 그의 방은 이스트 리버와 퀸즈의 교외를 바라볼 수 있는 멋진 전망을 가지고 있었다. 그의 고객들은 미국에서 성공한 부자들이 대부분이었다. 그해 여름에 브랜트는 그의 고객이 소유하고 있는 영국의 고저택에서 있었던 파티에 참석하기 위해 콩코드를 타고 런던을 다녀오기도 했다. 그는 사무실로 출근할 때 날씨가 좋으면 헬기를 타고 출근하기도 했다. 여름에는 금요일 밤에 요트를 맨해튼에 정박시켜 롱아일랜드까지 지인들과 항해하기도 했다. 그는 키더 피바디에서 제일 잘 나가는 증권 브로커였다.

와이낸스는 《월스트리트 저널》에서 당시 인기가 좋던 "*Heard on the Street*(거리에서 듣는다)" 칼럼을 공동으로 담당하고 있었다. 이 칼럼은 새로운 투자 정보를 제공하기보다는 특이한 거래량이나 주가 움직임을 보이는 주식들을 분석하는 데 초점을 맞추었고, 이미 알려진 정보들과 시장에 떠도는 루머 등을 종합해서 다시 쓰는 글이었지만 시장에 영향력이 있었다. 이 칼럼에서 전망을 밝게 보면 해당 주가는 상승했고 반대일 땐 하락했다. 그러나 어떤 때는 크게 빗나가 자기 발등을 찍기도 했다. 그렇지만 월가는 이 칼럼이 어떤 종목을 어떻게 다룰지 관심이 많았고, 회사는 칼럼 내용이 사전에 밖으로 새나가는 것에 매우 민감했다.

와이낸스가 《월스트리트 저널》에 합류한 지 약 3년이 지났고, 이 칼럼을 담당한 지는 1년이 조금 더 지났다. 그는 《월스트리트 저널》에 오기 전에 뉴저지 트렌튼에서 타블로이드 신문인 《트렌토니안Trentonian》에

● 코너방(corner room)은 건물의 각 코너에 있는 방을 말한다. 보통 사각형으로 된 건물에는 각 층마다 코너방이 4개가 나온다. 이 방은 다른 방에 비해 밖으로 향하는 유리창이 두 면이어서 매우 밝으며 전망이 좋다. 따라서 이 방은 각 층에서 가장 높은 직급이나 회사에 기여도가 높은, 소위 잘 나가는 사람들이 차지한다.

서 기자로 일했다. 그곳에서의 일은 변변치 않았다. 저널에서 자리를 얻었지만 월가가 어떻게 움직이는지 잘 몰랐고, 더군다나 전공으로 언론을 공부한 것도 아니었다. 하지만 그는 기자가 꿈이었고, 그 꿈을 쫓아 저널까지 오게 됐다. 저널은 비즈니스 뉴스를 경험하고 훈련하기에 최적의 장소였다.

그러나 저널에서의 생활은 만족스럽지 못했다. 일은 고됐지만 대우는 기대에 못 미쳤다. 그의 연봉은 2만 7000달러였고 자신이 충분한 대접을 받고 있지 못하다고 생각했다. 어느 날 상사는 그에게 "*Heard on the Street*" 칼럼을 맡으라고 했다. 혼자서 쓰는 것은 아니었지만 그에게는 커다란 도전이었다. 칼럼은 매일 저널에 실렸다. 종목 개발과 리서치는 고된 일이었고 항상 마감 시한에 쫓겼다. 시장의 많은 애널리스트, 트레이더, 회사 담당자와 수많은 통화를 해야 했다. 칼럼을 쓰기 위해 정말 많은 시간을 전화와 씨름했다. 그래서 그들은 농담으로 "*Heard on the Street*" 아니라 "*Heard on the Phone*(전화로 듣는다)"이라고 부르기도 했다. 와이낸스가 이처럼 고된 일에 투입됐지만 그가 추가적으로 받은 보수는 1주일에 25달러였다. 와이낸스는 다시 실망했다.

그날 저녁에 만나기로 약속한 브랜트는 지난 6월부터 알게 됐다. 그는 와이낸스에게 중요한 인물이었다. 현재 잘나가는 증권 브로커로부터 시장의 루머나 전망을 듣고 정보를 수집하는 것은 칼럼을 위해서도 필요했고, 특히 그는 브랜트에 대해 독자적인 인터뷰를 계획하고 있었다. (후에 이 인터뷰 기사는 편집부 책임자가 거부해서 보도되지 못했다.) 그날 저녁 그와의 만남은 세 번째였다. 그들은 라켓클럽에서 즐겁게 수다를 떨었다. 화제는 자연스럽게 증권시장으로 이어졌고 당연히 와이낸스가 쓰는 칼럼으로 옮겨 갔다. 대화 중에 브랜트가 갑자기 와이낸스에게 "칼럼을 쓰는 데 신문사에서 얼마나 받고 있어요?"라고 물었다. 와이낸스는 잠

라켓클럽 전경

브랜트와 와이낸스가 만난 라켓클럽의 정식 명칭은 '고딕 라켓 앤 테니스 클럽Gothic Racquet and Tennis Club'이다. 이 클럽은 맨해튼 미드타운의 파크 애비뉴에 있으며 사교 클럽이면서 스포츠클럽이다. 3층으로 되어 있는 이 건물은 1918년 가을에 이탈리안 르네상스 양식으로 지어졌는데, 뉴욕에 세워진 화려한 사교 클럽을 대표하는 건물이다. 이 빌딩의 벽은 대리석으로 되어 있고, 아치형 구조의 창문 등의 외형은 은행을 연상케 한다. 이 클럽은 라켓볼 구장, 테니스 구장 등을 포함해서 여러 운동 시설들을 갖추고 있었고, 최고급의 식당과 바를 운영했다. 이 건물은 1983년 미국의 역사적 건축물National Register of Historic Places로 등재됐다. 이 클럽의 회원이 된다는 것은 당시 맨해튼에서 부와 명예를 상징했다. 이 클럽은 지금도 뉴욕의 톱 10 클럽에 들어간다. 두 사람은 이 클럽에서 자주 점심을 먹었다.

(출처: Racquet and Tennis Club, Wikipedia/ photo: capitalbooks)

시 당황했다. 서로 만난 지 얼마 안 되는 사이에서 상대방의 연봉을 묻는 것은 실례가 아닌가. 잠시 망설인 후에 "1년에 3만 달러도 안 돼요. 부자가 되는 직업은 아니지요"라고 대답했다. 브랜트는 눈이 휘둥그레지면서 "아니, 그것밖에 못 받나요?" 하고 반문했다. 그는 머리를 흔들면서 "그게 전부라고요? 어떻게 신문사가 그렇게 대우할 수 있지요?"라고 말했다. 잠시 후 브랜트는 의미심장한 말을 던졌다. "백만장자가 되고 싶지 않아요?"

어찌 보면 그날 저녁 자리는 브랜트가 와이낸스를 유혹하기 위해 마련한 것 같았다. 브랜트의 계획은 단순했다. 칼럼이 보도되기 전에 와이낸스가 그 내용을 알려 주면 자신이 그 정보를 이용해 거래하는 것이었다. 브랜트는 와이낸스를 설득했다. 누구도 다치지 않을 것이고, 누구도 알 수 없는 그들만의 비밀이라고 했다. 동서양을 떠나 이는 사기꾼들의 전형적인 수작이었다. 그러나 와이낸스의 마음은 흔들리고 있었다. 브랜트는 젊고 잘생겼고 부자로서의 카리스마를 가지고 있었다. 그는 와이낸스가 원했던 삶을 살고 있었다. 그는 와이낸스에게 '위대한 개츠비'였다. 이때 브랜트는 와이낸스의 마음을 흔드는 결정구를 던졌다. 자기가 돈을 벌면 따로 회사를 차릴 것이고, 그때는 신문사를 나와 자기와 같이 일을 하자는 것이었다. 결국 와이낸스는 이 유혹에 굴복했고 두 사람은 힘차게 손을 잡았다.

그로부터 약 2년 후, 와이낸스가 도착한 곳은 부자의 대저택이 아니라 연방 교도소의 철문 앞이었다. 와이낸스는 18개월의 징역형을 선고받았고 브랜트는 증권 산업에서 쫓겨났다. 욕망이라는 이름의 전차는 궤도를 벗어나 심하게 탈선했다. 증권 브로커는 돈에 눈이 멀어 불법적인 내부 정보를 요구했고, 기자는 저널리스트로서의 본분과 명예를 망각했다. 와이낸스는 나중에 브랜트의 말이 얼마나 헛소리였는지 뼈아프게 깨달았다. 브랜트는 와이낸스가 생각했던 그런 인물이 아니었다. 증권 브로커로서의 자질과 능력도 많이 떨어졌다. 브랜트의 어리석은 욕심과 무모한 거래는 바로 증권거래소의 감시망에 포착됐다. 게다가 SEC의 조사 과정에서 브랜트는 정신분열증 증세까지 보이며 불안에 떨었고, 결국 조사가 시작되자마자 자기가 살기 위해 와인내스를 비롯해 친구들을 배신했다. 와이낸스는 모욕과 배신 속에서 절망하며 죽음의 문턱까지 갔다. 범죄의 종말이 다 그런 것을 영화에서 자주 보았지 않은가?

이 이야기는 월가에서 발생한 많은 내부자거래 사건 중에서 인간의 탐욕, 음모, 방탕, 두려움, 도피, 배신 그리고 죽음에 대한 공포까지 얽혀있는 흥미로운 드라마다. 그리고 저널리스트가 본분을 망각하고 불법 거래에 가담했던 결과가 어떠했는지 역사 앞에 적나라하게 보여 준 이야기이기도 하다.

슈퍼 브로커와 친구들

브랜트는 야심이 많은 젊은이였다. 그는 버팔로의 평범한 중산층 가정에서 태어났다. 아버지 마톤 본스타인은 유대인으로 보험회사 세일즈맨이었다. 브랜트는 어려서부터 에너지가 넘치고 활동적인 아이였지만 경주마, 돈, 그리고 좋은 옷과 같은 물질에 관심이 많았다. 똑똑했고 외모도 좋았고 많은 부분에서 성숙해서 다른 학생들과는 사뭇 달랐다.

브랜트는 따분한 버팔로를 벗어나기로 결심하고 1972년에 메사추세츠 주 웰즐리에 있는 밥손 대학교Bobson College에 진학했다. 그는 음악이나

시 쓰기 같은 과목에서는 우수한 성적을 보였지만 아이러니하게 금융 과목에서는 D를 받았다. 나중에 월가에서 슈퍼 증권 브로커로 명성을 날리는 브랜트와는 어울리지 않는 모습이었다.

브랜트는 대학 시절부터 증권 브로커가 되겠다고 주변의 친구들에게 말했다. 1979년 대학을 졸업한 후 월가의 대형 증권사인 키더 피바디에 채권 세일즈맨으로 입사했고, 보스톤 사무소에서 증권 브로커로가 되기 위한 훈련을 받았다. 키더 피바디에서 6개월의 연수를 마치고 정식 증권 브로커가 됐다. 그는 특별한 배경은 없었지만 나름 부유한 고객들을 알고 있었다. 브랜트는 승마와 폴로를 좋아했는데 그의 고객들은 주로 폴로클럽을 통해서 알게 된 사람들이었다.

그는 1980년 중반에 그의 인생을 바꿀 행운을 만난다. 그는 폴로경기 때문에 여러 폴로클럽을 방문했는데, 코네티컷주의 페어필드 헌트 클럽에서 뉴욕의 젊은 변호사인 데이비드 클라크David Clark와 운명적으로 만났다. 클라크는 포드햄 로스쿨을 졸업하고 맨해튼의 작은 로펌에서 일했는데, 그 로펌은 주로 부유한 고객만을 상대했다.

클라크는 브랜트에게 크게 호감을 느꼈다. 그들의 우정은 빠르고 깊게 형성돼 갔다. 뉴욕에서 같이 일했던 두 사람은 어떤 주에는 하루도 빼놓지 않고 저녁에 만나 식사를 하며 술을 마셨다. 클라크는 자신이 알고 있는 많은 부유한 고객들을 브랜트에게 소개시켜 주었고, 집으로 초대해서 저녁을 같이하기도 했다. 브랜트가 와이낸스를 만났던 라켓클럽 역시 브랜트가 클럽의 회원이 될 수 있도록 클라크가 도와주었다.

클라크의 고객들은 엄청난 돈을 싸들고 브랜트를 찾아왔다. 마침 1980년에서 1983년 초까지 주식시장은 역사적으로 기록될 정도의 급등 장세를 보였다. 때맞추어 "빅 타임"이 온 것이다. 그들은 공격적으로 투자했고 엄청난 돈을 벌었다. 이것이 브랜트가 월가에서 성공한 슈퍼브로커가 된 배경이었다. 두 사람 모두 낭비벽이 대단했다. 브랜트는 캐딜락 외에도 영국제 고급 차량인 애스턴 마틴, BMW, 그리고 풀사이즈의 스테이션 웨건을 소유했다. 클라크와는 공동으로 플로리다 팜비치의 콘도미니엄, 약 20만 달러 가치의 두세 마리의 경주마, 그리고 16만 달러의 요트를 보유했다.

클라크 자신도 키더 피바디에 계좌를 열고 상당한 돈을 브랜트에게 맡겼다. 브랜트의 투자 방식은 슈퍼 브로커답게 독특했다. 일반 주식 중개인들은 고객의 주문을 받기 위해 매일 전화를 해야 했지만 그는 고객에게 전화하는 일이 없었다. 그는 고객으로부터 매매에 관한 전권을 위임 받았고 고객의 동의 없이 스스로 판단해서 거래했다. 그리고 그는 분산투자보다 그의 고객과 자신에게 엄청난 황금을 안겨 줄 대박주를 찾고 있었다. 그러한 투자 승리야말로 진정한 명성과 부를 가져다줄 수 있다고 보았다.

그러던 중 1982년 초 일생일대의 기회가 그를 찾아왔다. 그 주식은 디지털 스위치Digital Switch였다. 그는 고객들에게 "이 주식은 당신의 인생을 바꾸어 줄 것입니다"라고 말했다. 그리고 그 말대로 됐다. 1982년 4월, 그는 자신과 고객들의 모든 돈을 이 주식에 몰빵했다. 그 주식은 약 1년 동안 주당 11달러에서 147달러까지 솟구쳐 올랐다. 브랜트와 그의 고객들은 5000만 달러 이상을 벌었다. 디지털 스위치의 신화 덕분에 그는 회사 내에서 "미스터 디지털 스위치"라고 불리면서 영웅이 됐다.

이제 그의 인생이 바뀌었다. 그는 롱아일랜드에 70만 달러짜리 저택을 구입했다. 그 집은 나무가 무성했기에 브랜트는 정원사까지 고용했고, 집 장식에만 40만 달러가 들었다. 브랜트는 키더 피바디에서 거대한 성공을 이루었다. 그는 이제 뉴욕의 사교 클럽에 참석하느라고 바빴다.

그러나 그는 케네스 펠리스Kenneth Felis같이 진정으로 마음을 터놓을 있는 친구가 그리웠다. 펠리스는 대학 친구로서 둘도 없는 절친이었다. 브랜트가 볼 때 증권시장은 누군가가 방아쇠를 당겨 주기를 기다리는 장전된 권총같이 활황을 기다리고 있다고 확신했다. 펠리스가 같이 있어 준다면 더 큰 성공을 도모할 수 있을 것 같았다. 그는 많은 네트워크를 가지고 있었고 고향 보스톤에서 많은 고객을 몰고 올 수도 있었다. 브랜트는 "하룻밤에 백만 달러를 벌수도 있어"라고 하면서 펠리스를 유혹했다. 펠리스는 브랜트가 떠벌리는 것으로 생각했지만, 하룻밤에 백만 달러까지는 아니더라도 큰돈을 벌수만 있다면 그것도 나쁘지 않다는 생각이 들었다. 결국 1982년 7월 19일 펠리스는 키더 피바디에 입사했다. 이렇게 해서 펠리스는 와이낸스와 함께 내부자거래의 역사에 불명예스럽게 그의 이름을 올리게 된다.

브랜트는 거물급 고객들의 계정과 불붙는 활황, 그리고 디지털 스위치의 대박으로 엄청난 돈을 벌었다. 브랜트의 수수료 수익은 하늘로 치솟았는데, 1980년과 81년에 각각 60만 달러를, 82년과 83년에 각각 백만 달러를 집으로 가져갔다. 브랜트와 클라크는 하고 싶은 대로 하고 살았다. 클라크는 변호사였지만 정신 못 차리는 인물이었다. 낚시와 사냥을 위해 유럽이나 아프리카를 자주 여행했다. 그들은 돈이 필요하면 클라크의 계좌에서 그냥 인출해서 썼다.

클라크의 낭비벽에 대해 브랜트가 법정에서 진술한 에피소드가 있다. 한 번은 클라크에게서 전화가 왔는데, 지금 루이비통 가게에 있는데 괜찮은 가방 몇 개를 보아 놓았으니 점심 먹고 가방을 사러 같이 가자고 했다. 그들은 루이비통 가게에서 근사한 가방 8개를 샀고 수표로 9350달러를 끊어 결제를 했다. 모든 것이 순항 중이었다.

그러나 파티가 끝날 시간이 다가왔다. 증권시장이 마냥 활황일 수는 없지 않은가? 시장 폭락이 얼마나 무서운지 경험해 보지 않은 이 젊은이들에게 무서운 시련이 다가왔다. 1983년 초반부터 시장은 급락하면서 디지털 스위치의 가격이 급락했다. 또한 두 사람은 통신주가 오를 것으로 예상하고 통신주에 상당한 물량을 베팅했지만 통신주 역시 급락하고 있었다. 계좌의 모든 이익이 박살나고 있었다. 특히 클라크는 신용으로 많은 거래를 했는데 증거금 납입 압박까지 커지고 있었다. 디지털 스위치가 크게 하락한 시점에 클라크는 롱아일랜드에 75만 달러에 집을 사려고 했었는데 돈이 많이 모자랐다. 주가의 급락으로 계산상의 이익이 모두 사라져 버린 것이다. 그들은 크게 낙심했고 빠르게 돈을 벌 수 있는 방법을 찾고 있었다. 그때 브랜트의 머릿속에 떠오른 인물이 바로 와이낸스였다.

작전의 시작과 무모한 거래

　　　　　　1983년 10월 12일, 브랜트와 와이낸스는 라켓클럽에서 《월스트리트 저널》 칼럼을 이용한 내부자거래에 합의했다. 와이낸스는 칼럼에 실릴 내용을 하루 전에 브랜트에게 알려 주기로 했다. 알려 주는 방법은 와이낸스 사무실 건너편에 있는 AT&T 빌딩의 전화박스에서 공중전화로 하기로 했다. 와이낸스 사무실은 좁고 오픈돼 있어 다른 사람이 통화 내용을 들을 수 있기 때문이었다.

이제 작전이 시작됐다. 와이낸스는 브랜트에게 다음 날 칼럼에 전화 장비 회사인 TIE/커뮤니케이션에 대한 기사가 실릴 것이라고 말했다. AT&T가 기존의 전화 장비들을 교체하기 위해 옛날 장비들을 고객들에게 아주 싼 가격으로 매각할 것이라는 계획을 발표했다. 이러한 조치는

TIE와 같은 전화 장비 회사에게 타격을 줄 수 있었다. 게다가 와이낸스와 통화한 애널리스트는 TIE의 가격이 부풀려져 있다고 말했다. 와이낸스의 전화를 받은 브랜트는 흥분했다. 그는 비어 있는 계좌에 황금을 채워 넣기 위해 TIE 거래에 달려들었다.

먼저, 펠리스의 계좌로 454개의 풋옵션을 샀고 클라크의 계좌로 400개의 풋옵션을 샀다. 여기에다 추가로 클라크의 계좌로 2만 2500주를 공매도* 했다. 이렇게 매도한 물량을 주식으로 환산하면 10만 8000주였고, 금액으로는 3백만 달러를 TIE 주가의 하락에 베팅한 것이다. 이 물량은 그날 TIE 거래량 전체에 육박하는 물량이었다. 누가 보아도 눈에 띄는 무모한 거래였다.

TIE 주식과 옵션 모두 아메리칸증권거래소AMEX, American Stock Exchange에서 거래되고 있었다. 브랜트의 TIE에 대한 공매도와 엄청난 양의 풋옵션 거래는 AMEX의 시장감시시스템market watch system에 경고음을 울렸다. 지금은 물론이지만 그 당시에도 증권거래소의 시장감시 팀은 주식이나 파생상품의 거래 상황을 모니터링하고 있었고, 주가나 거래량에 이상 현상이 나타나면 자동으로 경고음이 울리는 장치를 운영했다. 이처럼 엄청난 거래량은 TIE 임원실까지 보고됐다. 그러나 브랜트는 AMEX의 감시망에 자신의 거래가 떠올랐다는 사실을 알지 못했다.

TIE는 칼럼이 보도되자 2달러 이상 하락했다. 옵션의 변동성은 주식보다 크기 때문에 투자의 레버리지 효과가 매우 컸다. 브랜트가 거래를 청

---

* 공매도(short sale)란 자기가 보유하지 않은 주식을 매도하는 것을 말하는데, 이처럼 보유하지 않은 주식을 매도하기 위해서는 타인에게 주식을 빌려 와야 한다. 타인에게 빌려온 주식을 현재가격에서 매도한 후 주가가 하락하면 하락한 가격에서 주식을 매수해서 주식을 빌려준 자에게 주식을 되갚는다. 따라서 공매도를 한 경우에는 주가가 하락한 만큼 이익이 된다. 주가의 급락이 예상되는 경우 투자자들이 취할 수 있는 전략은 풋옵션을 매수하거나 주식을 공매도하는 것이다.

산했을 때 펠리스의 계좌에 5만 1000달러, 클라크의 계좌에 5만 5400달러가 남았다. 그날 저녁 그들은 라켓클럽에 모여 비싼 와인을 마시며 승리를 축하했다.

이렇게 시작된 작전을 통해 1983년 10월부터 1984년 2월말까지 약 27건의 칼럼 정보가 와이낸스를 통해 브랜트에게 넘어갔다. 물론, 모든 칼럼을 와이낸스가 쓴 것은 아니었지만, 칼럼의 종목이 정해지면 와이낸스는 브랜트에게 전화했다.

와이낸스가 넘겨준 정보 중 키 파머슈티컬스KP, Key Pharmaceuticals에 대한 칼럼 정보가 있었는데 브랜트는 이 종목에서 커다란 히트를 쳤다. 그러나 이 거래 역시 AMEX의 레이더망에 다시 포착됐다. AMEX는 어떤 증권사가 "Heard" 칼럼이 보도되기 하루 전에 TIE와 KP를 대량으로 거래했는지 조사에 착수했다. 결과는 금방 나왔다. 증권사는 키더 피바디였고 계좌 주인의 이름은 모두 클라크와 펠리스였다.

브랜트의 거래가 AMEX의 감시망에만 뜨고 있었던 것은 아니었다. 작전이 시작된 그해 10월 말, 키더 피바디의 컴플라이언스 팀은 클라크와 펠리스의 거래가 《월스트리트 저널》 칼럼과 연결돼 있는 것을 발견했다. 회사의 경영진들은 클라크와 펠리스가 《저널》 내부의 사람으로부터 정보를 받고 있다고 생각했다. 만약 그것이 사실이라면 키더 피바디까지 끔찍한 스캔들에 휘말릴 수 있었다. 그러나 이 둘의 계좌는 키더 피바디에게 엄청난 수수료를 벌어 주는 계좌였기 때문에 누구도 쉽게 해답을 내놓지 못하고 있었다.

빌 케네디는 뉴욕 지역의 책임 세일즈 매니저였는데, 그는 브랜트에게 클라크 등의 거래가 어떻게 칼럼 정보와 일치할 수 있는지에 대해 물었다. 브랜트는 케네디에게 시치미를 떼며 자신은 모른다고 말했다. 펠리스는 단지 클라크의 거래를 따라 했고, 클라크는 아마 월가 친구들에게 정보를 얻었을 것이라고 말했다. 케네디는 펠리스에게 클라크의 계좌를 따라 하는 것을 즉시 멈추라고 말했고, 이 건을 법무 팀에 넘겼다.

클라크 계좌의 처리 문제는 키더의 선임 파트너이면서 수석 변호사인 로버트 크랜츠에게 맡겨졌다. 그는 키더에 약 20년 정도 근무했다. 그는 복잡한 증권법에 대해서 잘 알지 못하기도 했지만 브랜트와의 불편한 관계를 피하기 위해 외부에 자문을 구했다. 키더의 외부 자문 로펌인 설리반 앤 크롬웰Sullivan & Cromwell에게 브랜트가 칼럼 정보를 이용하여 거래했을 경우 가능한 법적 이슈에 대한 의견서를 요청했다. 설리반 앤 크롬웰은 곧 클라크의 거래는 범죄에 해당될 수 있다는 31페이지로 된 의견서를 보내왔다.

크랜츠는 브랜트에게 클라크와의 미팅을 요청했다. 크랜츠는 미팅 전에 전날 클라크가 셀레코 인더스트리스를 거래한 사실을 발견했다. 그것은 그날 아침 "Heard"에 보도된 종목이었다. 이처럼 회사가 위험을 감지하고 조사에 나선 상황에서도 브랜트는 여전히 와이낸스를 통해 정보를 받아 클라크의 계좌로 거래를 하고 있었다. 그는 돈맛에 취해 이미 자제력을 잃은 상태였다.

이처럼 브랜트의 거래를 둘러싸고 키더 피바디 안에서 문제가 번지고 있었지만, 브랜트는 와이낸스에게 일체 이러한 사실을 말하지 않았다. 다만 거래 빈도를 낮출 필요가 있다고만 말했다. 브랜트는 이 거래를 지속할 수 있는 새롭고 안전한 방법을 찾고 있었다. 그는 11월 초, 스위스 은행에 계좌를 열고 거래하는 방법을 생각했다. 마침 펠리스는 친구들과 함께 사냥을 위해 스페인과 이태리를 여행 중이었다. 타이밍이 완벽했다. 브랜트는 펠리스에게 27만 5000달러를 스위스 은행에 웨스턴 헤미스피어 트레이딩 코프Western Hemisphere Trading Corp. 이름으로 계좌를 열라고 했고, 펠리스는 스페인에서 사냥을 마치고 스위스 취리히로 넘어갔다. 그는 브랜트가 지시한 대로 스위스 은행에 계좌를 오픈했다.

웨스턴 계좌는 12월 초까지 잘 작동했지만 계속해서 돈을 잃고 있었다. 브랜트는 다시 히트를 치기 위해 도전했다. "Heard"에 다른 기자가 썼는데 종목은 그레이하운드였다. 그레이하운드는 버스 터미널의 부동산 대부분을 소유하고 있었다. 그레이하운드는 교외에 오피스 타워를 건립하고 시내의 버스 터미널을 그곳으로 옮기려는 계획을 가지고 있었다. 땅의 가격은 장부가로 되어 있었는데, 그 가격은 30년에서 50년 전의 가격이었다. 부동산에 대한 새로운 평가는 숨겨진 자산이었고 투자자들이 못 보고 넘어간 부분이었다. 그것은 강력한 투자 재료였고 와이낸스는 그 정보를 브랜트에게 알려 줬다.

브랜트는 그레이하운드의 콜옵션을 6만 달러 정도 매수했다. 칼럼이 보도된 날 주가는 겨우 50센트 움직였지만 웨스턴 계좌에 이익이 8만 2000달러나 발생했다. 브랜트는 대박주를 찾았다고 생각했다. 주가는 이후 며칠간 계속해서 조금씩 상승했다. 그러나 주가는 잠시 주춤하더니 하락하기 시작했다. 주가가 하락하자 옵션의 레버리지 때문에 계좌에 있던 이익은 금방 사라졌다. 브랜트는 매도를 거부하며 끝까지 버텼지만 주가는 회복되지 않았다. 투자 원금 5만 달러를 모두 잃었다. 뼈아픈 패배였다.

좋았던 시절이 끝나고 있었다. 다른 종목에서도 손해가 발생하고 있었다. 어떤 종목은 너무 일찍 손절매*를 했고, 어떤 종목은 매도 타이밍을 맞추지 못했다. 브랜트는 시황을 제대로 읽지 못하는 서투른 브로커

---

* 손절매(loss-cutting, 損切賣)는 주가가 하락하여 손해가 이미 발생했지만, 이후 더 큰 하락이 있을 수 있다고 예상하는 경우 손실을 최소화하기 위해 보유 주식을 처분하는 것을 말한다. 손절매는 주식 투자에서 매우 중요한 투자 전략 중 하나다.

에 불과했다. 웨스턴 계좌가 비틀거리고 있을 때, 키더의 경영진은 다시 역외 계좌인 웨스턴 계좌에서 칼럼 내용과 일치하는 종목들이 거래되고 있는 사실을 알았다. 회사의 수석 변호사인 크랜츠는 브랜트에게 전화를 해서 그 계좌의 주인이 누구냐고 물었고 브랜트는 클라크라고 대답했다. 며칠 후, 브랜트는 크랜츠에게 웨스턴 계좌를 폐쇄하겠다고 말했다. 브랜트는 좌절했고 낙심했다. 설상가상으로 그의 주력 종목들도 여기저기서 한 방씩 맞으면서 무너지고 있었다.

지난 11월, 크랜츠가 브랜트의 사무실을 방문한 이후 그의 계좌는 제대로 작동하지 않고 있었다. 심지어 와이낸스가 알려 준 정보 때문에 손해를 입기도 했다. 계속 엇박자가 났다. 어떤 종목은 이익을 보았지만 어떤 종목은 매도 타이밍을 맞추지 못해 커다란 손해를 입기도 했다. 계좌들은 비틀거리고 있었다. 막다른 벽에 부딪힌 것 같았다. 그러던 어느 날, 전혀 예상하지 않았던 운명의 전화가 왔다. 아니 올 것이 온 것이다.

죽음에 이르는 고통

1984년 3월 1일, 와이낸스는 그의 새로운 상사로 온 노름 펄스타인의 전화를 받았다. 당시 《월스트리트 저널》은 와이낸스와 같이 칼럼을 쓰는 게리에게 연봉 5만 5000달러를 지급했지만, 와이낸스의 연봉은 3만 1000달러에 머물러 있었다. 그는 자신의 대우에 만족하지 않아 스탠다드 앤 푸어스S&P, Standard & Poors와 이직을 협상 중이었고, 《저널》은 여름까지 기다려 달라고 한 상태였다. 전화가 온 시간은 오후 4시 30분이었다.

칼럼의 데드라인에 가까운 조금 위험한 시간이었다. 타이밍은 나빴지만 중요한 건으로 생각됐다. 왜 갑자기 보자고 하는 걸까? 급여 인상 문제일까? 아니면 새로운 일이 있는가? 와이낸스는 급히 펄스타인의 방으로 갔다. 펄스타인 옆에는 수석 변호사인 밥 새크Bob Sack가 있었다. 순간 불안한 생각이 스쳐갔다. 누가 우리를 고소한 것일까? 펄스타인은 "잠깐만 기다리면 SEC에서 전화를 할 거야. 자네한테 몇 가지 묻고 싶은 것이 있다고 하네"라고 말했다.

브랜트의 거래에 대한 AMEX의 조사는 이미 작년 TIE 옵션을 대량으로 거래했을 때 시작됐다. 그들은 거래 증권사가 키더 피바디이며 계좌 주인이 클라크라는 사실을 바로 알았다. 그들은 의문스러운 계좌의 거래 상황을 계속해서 주시하고 있었고, 2월까지 11개의 거래가 칼럼의 보도 시점과 일치한다는 것을 확인했다. 그들은 다른 투자은행인 베어스턴스에서도 동일한 거래가 발생했다는 사실도 확인했는데, 놀랍게도 그 계좌의 주인 역시 클라크였다.

AMEX는 내부자거래를 의심하며 SEC에 자료를 넘겼다. SEC 역시 《월스트리트 저널》에서 정보가 새고 있다고 생각했다. 아직은 정황증거뿐이지만 내부자거래임이 명백했다. SEC는 이미 클라크에 대한 조사를 마친 상태였고, 조사의 칼끝이 칼럼의 필자인 와이낸스 앞까지 온 것이다.

와이낸스는 SEC의 전화를 기다렸다. 그는 신경이 매우 예민해졌다. 드디어 전화벨이 울렸다. 새크는 와이낸스에게 자기가 신호하면 답변을 해서는 안 된다고 주의를 주었다. 와이낸스의 가슴은 두근거리기 시작했고 다리 근육은 풀려서 후들거리기 시작했다. 그의 손은 땀으로 젖었고 얼굴은 열로 뜨거워졌다.

SEC의 젊은 조사관인 셀라의 질문이 시작됐다.

"칼럼의 소스는 주로 어디인가요?" 수석 변호사인 새크는 머리를 흔들었고 와이낸스는 변호사와 상의하기 전에 답변할 수 없다고 말했다.

셀라는 와이낸스 주변 사람들의 이름을 하나씩 대기 시작했다.

"혹시 데이비드"를 알고 있나요?"

순간 와이낸스는 머릿속에 데이비드 카펜터David Capenter가 떠올랐다. 그 데이비드는 그와 동거하고 있는 애인의 이름이었다. 그들은 게이였다. 그렇지만 셀라가 묻는 데이비드는 데이비드 클라크David Clark를 말하는 것이었다. 와이낸스는 모른다고 대답했다.

셀라는 처음 듣는 이름의 로펌을 말했다. 그 로펌은 클라크가 속해 있는 로펌이었다. 모른다고 대답했고, 사실 처음 듣는 이름이었다.

다음으로 셀라는 칼럼의 내용이 보도되기 전에 다름 사람에게 알려준 적이 있는지 물었다. 펠스타인이 고개를 흔들자 와이낸스는 변호사와 상의하기 전에 답변할 수 없다고 말했다.

드디어 와이낸스의 가슴을 흔드는 이름이 나왔다."피터 브랜트라는 사람을 알고 있나요?" 모른다고 할 수는 없었다. 셀라는 계속해서 브랜트에 대해서 질문했다. 브랜트를 알고는 있지만 가까운 사이는 아니라고 말했다.

"그에게 말한 것이 언제가 마지막이었는지 기억하나요?"

와이낸스는 작년에 그에 대한 특집 기사를 쓰려고 했지만 편집부에서 반대해서 쓰지 못했다고 답변했다. 오래 전 일이라고 말했다.

다음으로 셀라는 와이낸스가 칼럼 기사가 보도되기 전에 언론사 내부의 누군가에게 말했는지 물었고, 다시 브랜트를 겨냥했다.

"브랜트에게 당신이 쓰고 있는 기사에 대해 말한 적이 있나요?" 와이낸스는 펠스타인을 바라보면서 사내 변호사와 상의하기 전에 말할 수 없다고 답변했다. 셀라는 와이낸스에게 그가 처음 듣는 사람들의 이름 몇몇을 거론하면서 그들을 알고 있는지 물었다. 그러던 중 와이낸스의 심장을 격하게 뛰게 하는 질문이 나왔다.

"당신은 브랜트로부터 돈을 받은 적이 있나요?" 와이낸스는 망설이지 않고 답변을 했다

"아니요."

와이낸스의 몸 전체가 후들거리며 떨리기 시작했다. 설사 그것이 사실이라 하더라도 직속 상사와 수석 변호사 앞에서 어떻게 그것을 인정할 수 있겠는가? 셀라는 몇 개의 질문을 더했고 통화는 그 정도에서 끝났다.

새크는 와이낸스에게 "혹시 개인 변호사가 필요하다면 언제든지 나에게 이야기 하세요"라고 했다. 와이낸스의 셔츠는 젖어 있었고 손에서는 땀이 났다. 그의 목은 뻣뻣해져 있었다. 펄스타인은 "모든 사람이 겪는 일이야" 하고 위로했다.

그는 4층에 있는 사무실로 돌아와서 의자에 쓰러졌다. 수많은 생각이 머릿속으로 밀려왔다. SEC는 어디까지 알고 있는 것일까? 순간 불안감이 온몸으로 밀려 들어왔다. '아! 어찌해야 할 것인가?' 자살이 유일한 답으로 보였다. 조지 워싱턴 다리에서 뛰어내리는 생각을 해 보았다. 다른 방법들도 생각해 보았지만 문제를 해결할 방법은 없어 보였다.

그날 밤, 와이낸스는 카펜터에게 오늘 전화로 SEC의 조사를 받은 것을 말했다. 모든 것이 끝났다고 말했다. SEC는 며칠 후면 모든 것을 알 수 있을 것이고, 이것이 세상에 알려지면 수치스러워서 살 수가 없을 것이라고 말했다. 유일한 답은 자살하는 것이라고 말했다. 그러나 카펜터는 "나는 자살하고 싶지 않아"라고 말했다. 그는 "아마 네가 오버하고 있는 것 같은데 무슨 큰 죄를 지었단 말이야?"라고 말했다. 만약 《저널》에서 해고된다면 다른 직장을 잡으면 되지 않는가? 와이낸스는 자신의 행동이 뉴스 헤드라인에 실린다면 살 수가 없을 것이라고 말했지만 카펜터는 완강하게 자살을 거부했다.

SEC의 조사는 광범위하게 이루어졌다. 브랜트는 클라크가 SEC의 조사를 받은 후 많이 흐트러졌다. 사실 브랜트는 시장이 무너지면서 돈을 잃자 내부자거래뿐만 아니라 고객의 돈을 횡령하기 시작했다. SEC의 조사 과정에 이 모든 사실들이 드러날 터였다. 펠리스는 브랜트에게 뉴욕의 아파트를 팔라고 했다. 아파트 가격은 2백만 달러가 넘었지만 브랜트는 그 금액으로도 충분치 않다고 말했다. 그는 펠리스에게 애스틴 마틴을 몰고 다리를 들이 박고 죽고 싶다고 말했다.

이런 상황에서 브랜트는 SEC의 전화를 받았다. 브랜트는 심리적으로 큰 충격을 받았다. 허우대는 멀쩡했지만 매우 심약한 인물이었다. 자신은 클라크의 거래와 아무 관계가 없다고 거짓말을 했다. 그는 클라크와 브라질로 도망가기로 결심했다. 그의 아내 린과 아이는 펠리스와 코네티컷으로 가서 게스트하우스에서 살도록 했다.

브랜트와 클라크는 은행에서 100달러 지폐로 2만 달러를 인출한 후 록펠러 빌딩으로 갔다. 1층에서 케네디 공항 출발 브라질 리우데자네이루행 편도 티켓을 끊었다. 그리고는 2층에 있는 브라질 영사관으로 갔다. 그들은 입국 비자를 받기 위해 줄을 섰다. 이미 낮술을 마셔 취한 상태였던 클라크는 자신의 여권을 브랜트에게 주면서 화장실에 다녀오겠다고 했다. 아무리 기다려도 클라크는 돌아오지 않았고, 브랜트는 순서가 되어 자신의 여권에 브라질 입국 스탬프를 받았다. 갑자기 클라크가 사라져 버린 것이다. 브랜트도 사무실로 돌아왔다. 이제 브랜트의 계획은 혼자서 브라질로 도피하는 것으로 바뀌었다.

동지에서
적으로

　　　　　　　　　　　　1984년 3월 30일, 와이낸스에게《월스
트리트 저널》에서의 마지막 날이었다. 이미 S&P와는 이야기가 끝나 있
었다. 두 캐비넷이나 되는 서류들을 어떻게 정리해야 하나 하는 끔찍한
생각을 하고 있었을 때 보스인 핑커톤에게서 전화가 왔다. 자기 방으로
잠깐 와 달라는 것이었다. 핑거톤은 "SEC가 이 건에 대해 공식적으로 조
사에 착수하기로 결정했대"라고 말했다. 그의 얼굴에는 고통스러운 빛이
역력했다. 그는 "SEC는 자네가 타깃은 아니라고 말했는데, 이제 회사를
떠나니 개인 변호사를 준비하는 것이 좋을 거야. 밥 새크가 변호사 리스
트를 준비해 줄 거야"라고 말했다. 와이낸스의 귀에는 핵폭탄 공습의 사
이렌 소리가 울리는 것 같았다.

　회사는 와이낸스 편에서 싸우려고 했다. 회사는 와이낸스의 소송 비
용을 부담하겠다고 했다. 그러나 이것은 와이낸스가 잘못이 없을 경우를
조건으로 한 것이었다. 아직 회사는 와이낸스의 진실을 모르고 있었다.
저널은 와이낸스가 잘못된 행동을 하지 않았음에도 불구하고 SEC가 저
널에게 자료 제출 소환장을 보내는 것은 수정헌법 제1조를 위반한 것으
로 판단하고 있었다.

　밥 새크는 와이낸스를 대리해 줄 수 있는 변호사로 돈 부치왈드Don
Buchwald를 추천했다. 그는 법무부 검사 출신으로 증권 변호사 그룹에서
최고 중 한 사람으로 평가되는 변호사였다. 그날 밤, 와이낸스는 뉴욕 전
화국으로부터 SEC가 1983년 1월부터 1984년 2월까지 와이낸스의 통화
기록을 요구했고, 그 기록이 제출될 것이라는 통지를 받았다. 와이낸스
는 그날 밤 다시 신경 안정제 반 알을 먹었다.

다음 날 와이낸스는 부치왈드에게 전화했다. 그들은 부치왈드의 사무실이 있는 크라이슬러빌딩에서 만나기로 했다. 그들은 소송의 쟁점을 포함하여 여러 이야기를 나누었지만, 사실 그러한 대화는 의미가 없었다. 와이낸스는 자신의 변호사에게조차 거짓말을 하고 있었기 때문이다.

회사의 상사들이나 사내 변호사는 한 달 동안 와이낸스에게 저널에 근무하면서 부적절한 행동을 한 적이 없냐고 거듭 물었지만, 와이낸스는 그때마다 문제가 없다고 답변했다. 그리고 집에 와서는 이 모든 것이 드러났을 때 당할 수밖에 없는 수치심 때문에 자살을 생각하곤 했다. 그는 자신의 연인인 카펜터에게 같이 자살하자고 말했지만 카펜터는 거부했다. 그는 다시는 그런 이야기를 하지 말라고 했다. 자기 혼자 남겨놓고 먼저 가서는 안 된다는 것이었다. 두 사람은 서로 끌어안으며 뜨거운 눈물을 흘렸다.

와이낸스는 이 상황을 돌파할 수 있는 방법이 자살이 아니라면 자신의 변호사에게 모든 진실을 털어놓는 것이라고 생각했다. 와이낸스는 부치왈드에게 급히 만나자고 했고, 마침 토요일이어서 그는 부치왈드의 집으로 갔다. 같이 일하는 알렌 변호사도 대기 중이었다. 와이낸스는 그간의 모든 진실을 털어놓았다. 키더의 브랜트에게 칼럼이 보도되기 전에 정보를 제공했고, 그동안 그로부터 받은 돈이 3만 달러라는 사실을 토로했다. 그는 부끄러움 때문에 나오는 눈물을 참을 수가 없었다. 자신의 어리석은 행동에 회한이 밀려 왔다.

다음 날인 일요일, 부치왈드의 사무실에서 약 12시간 정도 회의를 했다. 부치왈드는 주식시장을 잘 알고 있었다. 모든 사정을 다 정리한 후 부치왈드는 "이렇게 근사한 사건을 나는 절대로 놓칠 수 없다"고 말했다. 부치왈드는 와이낸스의 행동이 부도덕하며 저널이 그의 행동을 문제 삼아 해고할 수는 있지만, 그러한 행동이 연방 증권법상 내부자거래의 책임을 발생시키는지는 매우 불확실하다고 판단했다. 부치왈드의 머릿속은 4년 전, 연방대법원의 치아렐라 법정으로 달려가고 있었다.

문제는 《월스트리트 저널》이었다. 저널은 와이낸스의 파일을 SEC가 볼 수 없게 SEC를 상대로 싸움을 준비하고 있었다. 그들은 와이낸스가 무죄라는 걸 전제로 헌법이 무제한적으로 보장해 주고 있는 신성한 권리인 언론의 자유를 위해 싸움을 준비하고 있었다. 그러나 와이낸스는 회사 모르게 칼럼의 정보를 유출시켰다. 만약 저널이 이 사실을 안다면 어떻게 돌변할 것인가? 그들은 친구가 아니라 적으로 돌아설 것이다. 실제로 저널은 와이낸스의 부적절한 행동을 알게 된 순간부터 언론사의 명예를 보호하기 위해 와이낸스를 무차별적으로 공격했다.

SEC로서도 브랜트보다는 와이낸스가 상품 가치가 더 큰 타깃이었다. 죄질은 브랜트가 더 안 좋지만 브랜트는 그저 잘 나갔던 많은 증권 브로커 중 하나일 뿐이었다. 그러나 와이낸스는 미국 최고의 경제 신문인《월스트리트 저널》에서, 그것도 세계에서 가장 널리 읽히는 주식시장 칼럼을 쓰는 저널리스트였다. 그 칼럼의 독자는 무려 250만 명에 달했다. 만약 와이낸스의 혐의가 사실로 밝혀진다면, 그동안 기자들이 특정 기사를 보도하기 전에 주식 투자를 한다는 막연한 루머를 증명하는 중요한 사건이 될 수 있었다. SEC로서는 간만에 히트를 칠 수 있는 건이었다.

와이낸스에게 또 다른 현실적인 문제가 있었다. 그것은 변호사 비용이었다. 와이낸스는 돈이 없었다. 저널이 소송비용을 대지는 않을 것이다. 이것은 부치왈드에게 부담이 됐다. 아무리 고객과 정의를 위해 다툰다고 하지만 적절한 변호사 비용을 받지 않고 일할 수는 없었다. 와이낸스나 부치왈드는 소송이 그리 오래가지 않을 것으로 생각했다.

그러나 소송은 그들의 예상을 넘어 연방대법원까지 가게 됐고, 와이낸스는 계속해서 증가하는 변호사 비용으로 고전했다. 와이낸스가 주는 비용은 아마 부치왈드의 점심값도 되지 않았을지도 몰랐다. 그렇지만 부치왈드는 불평하지 않고 와이낸스 사건에 많은 시간을 투입했다. 어떤 날에는 그랜드센트럴 역에서 집으로 가는 마지막 기차를 타고 귀가했고, 하루 종일 과자 몇 개와 차 몇 잔밖에 마신 것이 없을 정도로 사건에 집중했다.

와이낸스가 SEC에서 조사받기 위해 워싱턴에 도착한 날, 저널은 비로소 와이낸스가 부적절하게 칼럼 정보를 유출했다는 사실을 알았다. 그다음 날, 저널은 "SEC가 《월스트리트 저널》의 기자가 칼럼을 보도하기 전에 해당 정보를 증권 브로커들에게 제공하여 불법적인 이익을 얻게 했다는 혐의를 조사하고 있다"고 보도했다. 아직 와이낸스의 이름은 없었지만, 이제 저널은 사건의 전체적인 구도를 안 것이다.

와이낸스 집 전화의 자동 녹음기에는 저널 간부인 러스틴의 목소리가 남아 있었다. 그는 "포스터 와이낸스, 나는 딕 러스틴인데, 나는 네가 우리 사회의 쓰레기라고 생각해"라고 말했다. 상사였던 펄스타인은 "자기 개인의 이익을 위해 신문사의 정보를 이용하는 것은 도둑질보다 더 나쁜 짓"이라고 비난했다. 저널의 혹독한 비난과 공격이 시작됐다. 저널은 독자의 신뢰를 회복하는 것이 급했다. 이 사건은 와이낸스 개인의 부도덕한 불법 거래일 뿐 저널은 책임이 없다고 주장할 필요가 있었다. 저널은 오히려 SEC에게 와이낸스에 대한 부정적인 정보를 제공하고 있었다.

이제 브랜트와 와이낸스의 내부자거래 스캔들 전모가 일반에게 알려졌고, 많은 방송에서 와이낸스 스캔들을 주요 이슈로 다루었다. 먼저, NBC 뉴스의 앵커 톰 브로커Tom Brokaw가 포문을 열었고, ABC 방송의 유명한 앵커인 테드 카펠 역시 〈나이트라인Nightline〉 프로그램에서 이 사건을 집중적으로 다루었다. 와이낸스는 자신도 몰랐던 내용들을 언론 보도를 통해 알게 됐다. 특히, 브랜트가 거의 70만 달러를 벌었고 그 수익의 거의 대부분을 클라크와 나누어 가졌다는 소식은 충격이었다. 두 사람은 이익의 50%씩 나눠 갖기로 했는데 와이낸스가 받은 돈은 고작 3만 1000달러였다. 그것도 투자 이익에 대한 배당이 아니라 임시로 빌린 돈이었다. 이 보도를 본 한 친구가 와이낸스에게 "겨우 3만 달러 때문에 네 경력을 망치니? 나는 네가 백만 달러 정도는 번 줄 알았어"라고 말했다.

SEC는 브랜트, 클라크, 카펜터, 와이낸스 그리고 브랜트의 친구인 펠리스를 제소했다. 브랜트는 6월 12일 증권·우편·전신사기죄의 3가지 연방 범죄를 저질렀다고 인정했다. 그는 책임 인정의 보상으로 SEC로부터 위증, 모건개런티에 제출한 거짓 재무자료, 키더에서 행한 일과 관련한 기타 불법행위에 대해 면책을 받았다. 또한 키더에서의 횡령 건도 면책을 받았다. 특히 SEC는 불과 45만 달러로 브랜트와 화해를 했다. 너무나 관대한 조치였다. 브렌트가 최초의 정부 협력자로 돌아선 것에 대한 배려였지만 무엇보다도 와이낸스를 잡기 위해 브랜트의 증언을 확보하기 위한 양보였다. 이제 연방 정부의 타깃이 와이낸스인 것은 분명해 보였다.

정부는 와이낸스가 유죄를 인정하기를 원했다. 부치왈드는 법무부를 설득해서 카펜터를 재판에서 제외시키려고 많은 노력을 했다. 카펜터는 와이낸스의 전화 심부름을 한 것밖에는 없었다. 그러나 며칠 후 정부는 마지막 협상안을 제시했는데, 와이낸스가 24시간 안에 3가지 연방 범죄를 인정한다면 카펜터를 기소하지 않겠다는 것이었다.

와이낸스는 이를 받아들이려 했지만 카펜터가 반대했다. 그는 자신들의 행동이 도덕적으로 문제가 있을지언정 법을 위반한 것이 아니라고 생각했다. 싸워서 이길 수도 있으며, 싸우더라도 잃을 게 없다고 생각했다. 펠리스도 싸우기로 했다는 말을 들었다. 의리상 펠리스와 재판을 같이 가야 한다고 생각했다. 이것이 와이낸스와 카펜터 그리고 펠리스가 유죄 인정을 거부하고 매서운 찬바람을 맞으며 역사의 법정 앞에 서게 된 배경이었다. 반면, 브랜트는 내부자거래를 주도했고 거짓말을 반복했고 해외로 도피하려고 여러 방법을 생각했지만, 그는 정부 측 증언자로 전향하여 상당한 면책을 부여받고 자신의 법적 리스크를 끝냈다. 무언가 그림이 잘못된 것 같았다.

친구의 배신과 죽음

　　　　　　　　1985년 1월 21일 재판이 시작됐다. 판사는 찰스 스튜어트였다. 그는 포커페이스의 얼굴을 한 60대의 남성이었다. 이 사건은 배심이 필요 없다는 데 서로 합의했다. 왜냐하면 배심의 역할은 특정 사실의 존재와 그러한 존재를 증명하는 증거가 충분한지 여부를 판단하는 것인데, 이 사건은 주로 법리적인 쟁점이 이슈였기 때문이었다. 또한 평범한 시민인 배심원들은 월가 사람들은 모두 사기꾼이라는 편견을 가지고 있었기 때문에 배심 재판이 와이낸스로서도 유리할 것으로 보이지 않았다. 와이낸스의 재판이 열리는 날, 많은 기자들과 방송사 직원들이 대거 몰려들었다.

　재판의 핵심 쟁점 중 하나가 저널의 이해 상충 정책에 관한 이슈였다. 저널은 이해 상충 정책이 포함된 "Inside Story(내부 규정)"라는 제목의 44페이지짜리 팜플릿을 신입 직원들에게 나누어 주며 회사 내부의 정보를 이용한 증권거래를 금지했다고 주장했지만, 와이낸스는 그런 정책이 있었는지조차 몰랐다고 주장했다. 따라서 저널이 그런 정책을 가지고는 있었지만 실질적으로 운영이 됐는지가 중요한 문제로 떠올랐다. 저널은 와이낸스가 회사의 그런 정책을 알면서 정면으로 위반했다고 주장했다.

저널 측 증인들은 재판에서 저널은 내부자거래를 예방하는 정책을 운영했다고 증언했다. 증인으로 나온 뉴욕 지국 매니저인 핑거톤은 와이낸스에게 "Herad" 정보의 민감성에 대해 이야기했고, 주식 투자를 해서는 안 된다고 직접 말했다고 증언했다. 와이낸스의 상사였던 러스킨 역시 와이낸스가 입사하는 날, 그에게 그 정책에 대해서 말했다고 증언했다.

그런데 저널이 그러한 정책을 운영했는지 여부가 와이낸스의 내부자거래 책임 여부를 판단하는 요소가 될 수 있을까? 이에 대해 와이낸스는 그의 자서전인 『트레이딩의 비밀Trading Secrets: Seduction and Scandal at the Wall Street』에서 "연방 검찰은 저널이 그러한 정책을 가지고 있지 않았다면 나를 기소하지 않았을 것이라고 말했다. 그런데 나는 변호사도 아니고, 완전히 객관적이라고 할 수는 없지만, 한 국가의 범죄 여부가 회사가 특정 정책을 채택했는지 여부에 따라 달라질 수 있다는 것은 정말 해괴망측한 법 이론이다"라고 주장했다. 이 당시만 해도 미국의 내부자거래 법리는 불안정했고 이슈가 제기될 때마다 법리를 세워가는 중이었다. 그렇다 하더라도 와이낸스의 주장은 설득력이 있다. 아무튼 저널의 이해 상충 정책을 와이낸스가 알고 있었는지 여부는 재판에서 매우 중요한 이슈가 됐다.

재판에서 브랜트가 증인으로 나왔다. 그는 말쑥하게 차려입었지만 그의 눈은 초점이 없었다. 아마 약을 많이 먹은 것 같았다. 옛날의 총기와 활력은 이미 사라진 지 오래였다. 검사의 질문에 대해서 그의 답변은 너무 느렸고 목소리도 너무 약했고 작았다. 그는 정신 분열증 증상까지 보였다. 클라크와 브라질로 도피하려 했고, 펠리스에게 클라크와 함께 케이만 군도에서 마약 거래로 큰돈을 벌어서 횡령한 돈을 갚겠다고까지 했다. 클라크는 이러한 사실을 법정에서 심문을 받을 때 그대로 인정했다. 그러나 브랜트는 그러한 사실을 부정했고 같이 상의한 적이 없다고 말했다.

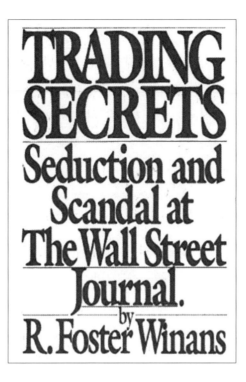

와이낸스는 기자답게 자신의 내부자거래 스캔들을 자세하게 기록한 자서전인 『트레이딩의 비밀』을 1986년에 출간했다. 그는 이 책에서 브랜트와의 만남에서부터 내부자거래의 유혹, 정보 전달, SEC와 연방 검찰의 조사, 그리고 재판에 이르기까지 모든 상황을 상세하게 설명했다.

와이낸스는 브랜트에 대해 내부자거래를 유혹했던 매력 있는 인물로 묘사했다. "브랜트는 내가 월가에서 만났던 사람 중에 로맨틱한 인물이었다"라고 했다. "젊고, 잘생기고, 나의 상상력을 뛰어넘는 부를 지녔고, 나는 이 사람에게서 배울 수 있었다. 나는 그의 친구가 되고 싶었다"라고 썼다. 그리고 그가 자신을 내부자거래로 유혹한 전 과정을 자세하게 기술했다. 그러나 브랜트는 법정에서 와이낸스가 먼저 자신에게 내부자거래를 하자고 유혹했다고 주장했다. 브랜트는 와이낸스가 자서전을 쓰면서 자신을 배신했다고 비난했다.

선고일인 1985년 8월 6일, 법정은 기자들과 TV 방송사의 직원들로 가득 찼다. 스튜어트 판사는 와이낸스에게 징역 18개월과 벌금 5천 달러를 선고했다. 카펜터에 대해서는 3년의 보호관찰과 벌금 1천 달러를 선고했다. 펠리스에 대해서는 주말에만 구금되는 6개월의 징역형을 선고했다. 주말 징역이란 주중에는 가족들 부양을 위해 사업을 영위하고 주말에만 교도소로 가서 복역하는 형을 말한다. 스튜어트 판사는 회사의 이해 상충 정책에 대해 와이낸스의 말보다는 저널 간부들의 증언을 믿기로 결정했다. 그것은 와이낸스의 행동을 유죄로 판단하는 데 결정적인 영향을 미쳤다.

스튜어트 판사는 브랜트에 대해 저널의 칼럼 정보를 사전에 입수해서 거래한 혐의에 대해 징역 8개월, 벌금 1만 달러, 5년의 보호관찰, 그리고 750시간의 사회봉사를 명했다. 그에게 부과된 징역형 역시 주말에만 구금되는 형이었다. 그에게 주어질 수 있는 최고 형량은 15년의 징역형과 3만 달러의 벌금이었지만 정부에 협조했다는 이유로 그의 형량은 대폭적으로 감경됐다.

브랜트는 클라크에 대한 재판에서도 중요한 증인이었다. 그는 뉴욕의 변호사로서 내부자거래 스캔들과는 관계없는 사기, 횡령 등의 혐의로 재판을 받았다. 그가 내부자거래 혐의로 기소되지 않은 이유는 그의 계좌는 전적으로 브랜트가 운용했기 때문이다.

브랜트가 증언했던 사람들은 모두 유죄 판결을 받았다. 특히 클라크는 비극적인 종말을 맞았다. 그는 38세의 나이로 형이 선고되기 6일 전에 사망했다. 의사는 그의 사망 원인을 알코올 중독 합병증이라고 했다. 그는 원래 알코올 중독이었는데 브랜트의 배신에 분노해서 술을 지나치게 많이 마셨고, 그것이 사망 원인이 됐는지 모르겠다. 코네티컷의 폴로 클럽에서 만난 이후 11년 동안 두 사람은 믿기 어려울 정도로 의기투합했지만, 사회적 신분 상승을 위한 지나친 욕망, 무분별한 소비벽, 광분한 주식거래, 내부자거래, 그리고 횡령과 사기까지 엮이면서 그들은 몰락했다. 브랜트는 클라크의 유죄 사실을 하나하나 증언했다. 11월 20일, 배심은 클라크에게 16개 죄목에 대해 유죄를 평결했고 그들의 오랜 우정은 브랜트의 배신으로 맨해튼 법정에서 그렇게 끝이 났다.

1987년 10월 28일 수요일 오전, 브랜트는 맨해튼 연방 법원 복도에서 클라크에 대해 증언하기 위해 대기 중이었다. 클라크의 부인인 나탈리는 브랜트에게 다가와서 말없이 그를 바라보다가 손으로 권총을 만들어 브랜트의 머리를 겨냥하며 방아쇠를 당기는 시늉을 했다.

와이낸스와 카펜터는 항소했다. 돈 부치왈드 변호사는 항소법정에서 와이낸스가 《월스트리트 저널》의 내부 정책을 위반했을지는 몰라도 연방 증권법을 위반한 것은 아니라고 항변했다. 항소한 지 8개월 후인 1986년 5월, 연방 제2항소법원은 3명의 재판관 중 2명이 유죄, 1명이 무죄로 판단해서 유죄가 확정됐다.

연방대법원의 재분열

1987년 10월 7일, 부치왈드 변호사는 연방대법원의 높은 법대(法臺) 앞에 섰다. 법대에는 8명의 대법관이 앉아 있었다. 그의 변호사 인생에서 역사적인 순간이었다. 연방대법원에서는 개정기(10월 첫째 월요일에 시작해서 다음 해 6월 말까지)에 매주 월, 화, 수요일에 오전 10시와 11시 두 차례의 구두변론이 열린다. 각 사건 당 1시간의 구두변론이 주어진다. 연방대법원에서의 변론은 '변론 자격을 허가받은 변호사들members of the Supreme Court Bar’에게만 허용된다. 구두변론이 1년에 80~100건밖에 안 열리기 때문에 전 세계의 변호사를 다 합친 수보다 많다는 미국의 변호사들 중에서 연방대법원 법정에서 변론할 기회를 가진다는 것은 지극히 명예로운 일이라 할 수 있다. 부치왈드는 그 명예로운 법정에 선 것이다.

그는 와이낸스의 사건을 맡으면서 “나는 이렇게 근사한 사건을 놓칠 수 없다”고 말했다. 그는 변호사 비용도 충분히 못 받았지만, 저널 사건이 미국 내부자거래 법리에서 가지는 역사적 중대성으로 인해 변호사로서의 기념비적인 경험과 경력에서 그 보상을 찾았을지도 모르겠다.

필자는 1997년 펜실베이니아 로스쿨 유학 당시 학교에서 단체로 연방대법원의 구두변론을 방청한 적이 있었다. 그때의 흥분된 기분과 긴장을 지금도 잊을 수가 없다. 변호사는 주어진 1시간 동안 9명의 무시무시한 대법관 앞에서 자신의 의뢰인이 무죄라는 사실을 증명해야 한다. 이 ‘1시간’을 잘 이겨내면 그는 ‘스타 탄생’의 영광을 얻지만, 대법관들의 질문에 제대로 답변도 못하고 무너져 내린다면 그의 명예는 땅에 떨어지게 된다. 그 법정에 서는 것 자체가 변호사로서 대단한 명예이지만 살 떨리는 ‘운명의 1시간’인 것이다.

미국 연방대법원이 국민들로부터 존경을 받고 권위를 인정받는 원인이 여럿 있을 수 있지만, 이토록 대담한 ‘개방성’이 큰 몫을 차지한다고 생각한다. 모든 구두변론이 일반에게 공개된다. 대법관들은 자신의 정치적 성향이나 사법철학을 밝히는 것을 조금도 꺼리지 않는다. 그리고 그 구두변론에서 이루어진 변론과 토론은 www.oyez.org를 통해 생생하게 전국에 공개된다. 1987년 10월 7일, 연방대법원 법정에서 부치왈드가 대법관들의 질문에 답하면서 와이낸스의 무죄를 주장하는 확신에 찬 목소리를 지금도 oyez.org 사이트에서 들을 수 있다는 사실은 놀라움을 넘어 충

연방대법원은 미국의 연방 사법 체계에서 가장 최고의 위치에 존재하는 법원이다. 각 주에는 주 대법원이 별도로 존재한다. 연방대법원은 기본적으로 2개 이상의 주를 포함하는 분쟁에 대해 관할권을 가지고, 또한 연방 법원의 판결 그리고 주 법원의 사건이지만 연방 헌법이나 연방 법령이 문제가 되는 사안에 대해서도 관할권을 가진다. 연방대법원은 1명의 대법원장과 8명의 대법관으로 구성된다. 임기는 종신직이며, 결원이 생긴 경우에는 대통령이 상원의 동의를 받아 새로운 대법관을 임명한다. 오늘날 대법관들은 그들의 사법 철학에 따라 보수, 중도 그리고 진보적 성향으로 분류되기도 한다. 연방대법원은 워싱턴에 있으며, 연방 의회와 마주 보는 자리에 위치하고 있다. (photo: capitalbooks)

격적이기까지 하다.

이 사건은 미국 내부자거래 법리에 관해 매우 복잡한 문제를 제기했다. 와이낸스의 주장처럼 이전에는 범죄가 아니었던 행동을 범죄로 모는 측면이 분명히 존재했으며, 특히 법무부가 《월스트리트 저널》이라는 언론사의 이해 상충 정책이 존재하지 않았다면 자신들이 와이낸스를 기소하지 않았을 것이라고 말한 부분을 보면, 미국의 법무부조차 당시 내부자거래 법리에 있어 헷갈리고 있었던 것을 볼 수 있다. 이 부분은 와이낸스의 말처럼 사실 어이없는 면이 있다. 어떻게 연방 증권법 위반 여부가 저널의 이해 상충 정책 여부에 따라 왔다 갔다 할 수 있는가?

제1심에서 스튜어트 판사는 와이낸스에게 유죄를 선고했다. 항소법원은 재판부가 2:1로 갈리면서 원심을 인용했다. 항소법원의 판결은 기존의 판결보다 한 걸음 더 나아갔다. 앞서 마테리아 사건과 뉴먼 사건에서 부정 유용 이론을 근거로 내부자거래 책임을 물었지만, 그 경우에는 마테리아와 뉴먼 모두 그들의 소속 회사가 내부정보의 소스인 거래처에 대해 신인의무를 가지고 있었고, 이러한 회사의 신인의무가 종업원에게까지 연결되는 논리였다. 그러나 이 사건에서 저널은 칼럼의 대상이 된 회사에 대해 신인의무를 가지고 있지 않았다. 그럼에도 불구하고 항소법원은 그러한 신인의무의 존재 여부를 따지지 않고 종업원이 회사의 정보를 무단으로 이용하는 행위, 즉 회사에 대한 신인의무를 위반하는 행위 역시 내부자거래의 책임이 발생한다고 판단한 것이다.

이제 공은 연방대법원으로 넘어갔다. 이 사건에서 와이낸스의 행동을 범죄로 인정하기 위해서는 새로운 법리가 탄생해야 했다. 치아렐라 사건과 덕스 사건의 법리를 따른다면 와이낸스는 무죄가 선고돼야 한다. 만약, 와이낸스에 대해 유죄를 선고해야 한다면 그 법리는 뉴먼 사건이나 마테리아 사건에서 적용된 부정 유용 이론보다도 한 발 더 나가야 한다.

이 두 개의 관문을 넘어서야 와이낸스의 유죄가 인정될 수 있다. 연방대법원이 두 개의 허들 중 하나라도 인정하지 않는다면 와이낸스는 유죄가 될 수 없다.

부치왈드 변호사는 이 두 번째 허들에 역점을 두었다. 와이낸스에게 뉴먼 사건과 마테리아 사건을 원용하여 부정 유용 이론을 적용한다 하더라도 사용자(여기서는 저널)가 특정 기업 및 주주에 대한 신인의무가 존재해야 하며, 이러한 신인의무의 존재가 피용자(여기서는 와이낸스)의 내부자거래 책임을 묻기 위한 최소한의 고리 또는 조건이 돼야 한다고 주장하면서 와이낸스의 내부자거래 책임을 부인했다. 이 부분이 와이낸스 방어의 법리적 핵심을 구성했다.

부치왈드는 1시간 동안 대법관들이 쏟아 내는 질문을 잘 버텨 냈다. 대법관들은 치아렐라 사건에서와 같이 다시 분열했고 투표 결과는 4:4로 갈라졌다. 당시 스티븐슨 대법관이 은퇴해서 한 자리가 공석인 관계로 8명의 대법관이 투표에 참여했다. 정확하게 반으로 나뉜 것이다. 따라서 연방대법원은 결론을 못 내렸고 항소법원의 판결이 그대로 유지됐다.

와이낸스에게는 안타까운 판결이었지만, 연방 제2항소법원의 판결은 일부 비판에도 불구하고 신인의무의 요건을 한층 더 완화시킴으로써 내부자거래 규제에서 거대한 법리적 도약을 이룬 판결로 평가되기도 했다. 그리고 와이낸스 사건에서 연방대법원을 뚫지 못했던 부정 유용 이론은 약 10년이 지난 후인 오헤이건 사건에서 다수의 연방 대법관에 의해 인정받았고, 오헤이건 판결은 미국 내부자거래 규제의 역사에서 가장 혁명적인 판결로서 우뚝 세워지게 된다.

밀려오는
회한

　　　　　　　　　　　　이 이야기는 탐욕과 과열로 상징되는 1980년대의 "탐욕의 시대"의 한 단면을 극적으로 보여 주는 사건이었다. 브랜트와 클라크는 사회적 신분 상승에 대한 욕구가 지나친 젊은이들이었고, 그들은 1980년대 초반의 주식시장 급등으로 큰돈을 벌자 무분별한 소비 벽으로 그들의 욕망을 채웠고, 시장이 무너지면서 돈을 잃게 되자 갈증 난 욕망을 채우기 위해 고객 돈을 횡령하고 내부정보를 이용한 내부자거래에 나섰다.

　여기에 저널리스트인 와이낸스는 재정적인 어려움을 이유로 무모한 작전에 유혹됐다. 그리고 브랜트라는 젊은 '위대한 갯츠비'의 카리스마적 매력에 이끌려 불법 거래에 가담했다. 그는 브랜트의 부를 보고 부러워했다. 자신도 돈을 벌어 그와 같은 풍요로운 인생을 살고 싶어 했다. 그러나 브랜트가 쌓아 올린 부와 명예는 모래 위에 세운 집이었다. 무너지는 그 집을 다시 쌓아 올리기 위해 그들은 넘지 말아야 할 선을 넘고 말았다. 그리고 그 대가는 참혹했다.

　와이낸스는 매일 《월스트리트 저널》을 받아보았다. 그의 집 부엌과 침실에서 그 신문을 만들어 내는, 허드슨강 건너편에 위치한 다우존스 빌딩을 볼 수 있었다. 또한 월가의 높은 빌딩들과 금융 지구의 다른 빌딩들도 눈에 들어왔다. 와이낸스는 기자로서 정보를 헌팅하기 위해 그 빌딩 사이를 열심히 뛰어 다녔던 시절을 생각하면서 쓸쓸한 추억에 잠겼다. 이미 끝난 지 오래지만, 가끔 그의 방 소파에 앉아서 만약 그가 브랜트를 만나지 않았더라면 지금 어떤 모습으로 살고 있을까 하는 생각을 떨쳐버릴 수가 없었다. 뼈아픈 회한만이 밀려올 뿐이었다.

제4장

월가의 황태자,
데니스 레빈의
영광과 몰락

INSIDERS ON
WALL STREET

두 마음을 품어 모든 일에 정함이 없는 자로다.

〈야고보서 1장 8절〉

Mr. 다이아몬드

데니스 레빈Dennis Levine이 탄 비행기는 바하마의 수도 나소Nassau의 국제공항에 착륙했다. 레빈은 열대의 강렬한 태양 빛에 눈을 찡그리면서 비행기 트랩을 천천히 내려왔다. 그는 여느 여행자들처럼 청바지에 스포츠 티셔츠를 입고 있었고 머리에는 밀짚모자를 쓰고 있었고, 나이는 이제 27세였다.

그날은 1980년 5월 26일 월요일이었고 미국에서는 메모리얼 데이로 휴일이었다. 바하마는 미국 플로리다 반도 바로 아래 쪽 대서양에 47만 km²에 걸쳐 약 700여개의 섬으로 구성되어 있는 영연방 국가이다. 마이애미에서 바하마까지는 비행기로 40분밖에 걸리지 않는다. 나소는 한때 전설적인 해적의 본거지이기도 했는데, 현대의 나소는 바하마의 가장 중요한 산업인 여행업의 중심 도시로서 대서양을 지나는 수많은 크루즈들이 반드시 기항하는 명소로 변해 있었다.

1층짜리 공항 터미널은 에어컨 시스템이 잘 되어 있지 않아 뜨거운 열기가 실내에 가득했다. 터미널을 빠져나온 레빈은 택시를 타고 다운타운으로 향했다. 다운타운까지는 약 20분 정도가 걸렸고, 창문 밖으로 야자수 등 열대지방의 독특한 풍경이 눈에 펼쳐졌다.

레빈은 휴가를 즐기러 나소를 방문한 것이 아니었다. 그는 동료들에게는 장인을 만나러, 아내에게는 회사 일로 출장을 간다고 거짓말을 하고 나소에 왔다. 그가 나소를 찾은 이유는 우호적인 세금 제도와 엄격한 비밀보호법이 작동되는 바하마의 금융 산업 때문이었다. 이러한 금융 시스템은 지난 10년 동안 바하마를 중요한 역외 금융 센터로 변화시켰다. 이제 영국, 스위스, 프랑스, 미국 등에서 진출한 250개가 넘는 외국의 은행들과 신탁회사들이 바하마의 금융 센터인 나소에 사무실을 두고 활동하고 있었다. 다운타운의 중심 거리인 베이 스트리트에는 뱅크 오브 아메리카, 시티은행, 체이스 맨해튼, 바클레이즈, 스위스 크레딧 등 세계 굴지의 거대 은행들이 모두 모여 있었다.

다음 날 레빈은 로이국제은행Bank Leu International을 찾아갔다. 이 은행은 스위스에서 가장 오래된 개인은행의 자회사였다. 로이은행의 총책임자인 장 피에르 프레스Jean-Pierre Fraysse는 뜻밖의 방문자를 맞이했다.

레빈은 자신을 미국의 투자은행가investment banker라고 소개했고, 미국 주식시장에 적극적으로 투자할 계획이라고 말했다. 레빈이 로이은행을 찾아간 것은 전화 부스의 전화번호부를 뒤지다가 "1755년에 설립된 스위스에서 가장 오래된 민간 은행"이라는 광고를 보았기 때문이다. 레빈은 프레스에게 로이은행을 선택하겠다고 말했다. 그는 제네바에 있는 또 다른 스위스 은행인 픽텍 앤 씨 은행P&C, Pictet & Cie Bank에 있는 계좌를 폐쇄하고 자금을 로이은행으로 이체하겠다고 말했다. 현재 금액은 13만 달러 정도지만 추가로 더 송금하겠다고 약속했다.

프레스는 은행의 간부인 브루노 플레처Bruno Pletscher를 불렀고, 그에게 새로운 고객을 소개하면서 계좌 개설을 돕도록 했다. 플레처는 제네바에 있는 스위스 은행 본사에서 바하마로 온 지 불과 몇 달 안 되었지만 당시 나이가 31세였음에도 은행 경력은 15년째였다.

레빈은 프레스와 플레처에게 자신은 전통적인 포트폴리오 분산투자를 하지 않으며 특정 종목에 집중적으로 투자할 계획이라고 말했다. 그는 미국 주식시장에 대해 아주 잘 알고 있기 때문에 은행의 투자 자문은 원치 않으며, 은행은 자기가 원하는 주식을 빠르게 매수하고 매도해 주기만 하면 충분하다고 말했다.

레빈은 다시 한번 은행의 비밀 정책에 대해 언급했다. 그는 콜렉트 콜로 은행에 주문할 것이라고 말하면서 은행이 자신에게 전화하는 것을 금지했고 전화번호도 알려 주지 않았다. 그는 자신이 먼저 연락하지 않는 한 구두로든 문서로든 은행과 어떠한 연락도 원하지 않았다.

레빈은 은행 담당자들에게 자신의 실제 이름을 알려 줬지만, 그는 자신의 익명성을 보호받기 위해 코드로 된 계좌 개설을 희망했다. 그는 "다이아몬드Diamond"라는 코드네임으로 계좌를 열었고 주문할 때마다 "Mr. 다이아몬드"를 사용했다. "다이아몬드"는 그의 어머니의 미들 네임이었다. 레빈은 이전에 거래했던 스위스 은행의 서비스가 불만족스러워서 계좌를 폐쇄했다고 말하면서 로이은행과 불편한 일이 없었으면 좋겠다고 말했다.

그러나 그 말은 거짓이었다. 레빈은 파리 체류 당시인 1979년 7월 초에 스위스 제네바를 방문해 P&C에 계좌를 개설했고, 스미스 바니에서 근무하면서 얻은 내부정보를 이용해서 거래를 했다. P&C의 매니저가 레빈이 합병 공시가 이루어지기 직전에 옵션거래를 포함하여 여러 번 거래가 있었던 것을 발견했고, 내부자거래를 의심한 은행은 거래를 중단시키며 레빈에게 계좌를 다른 곳으로 옮길 것을 제안했다. 그러나 은행은 레빈의 의혹 있는 거래를 정부 당국에 신고하지는 않았다. P&C는 스위스에서 역사와 명성을 자랑하는 개인 은행이었다.

프레스와 플레처는 이러한 사실을 몰랐다. 그들은 레빈에게 그가 원하는 정확한 서비스를 로이은행이 제공해 줄 수 있다고 말했다. 사실 레빈의 요구는 정상을 벗어난 것이 아니었다. 고객의 프라이버시와 비밀 보호는 스위스와 바하마에 있는 금융회사에 있어서 일상적인 일이며, 은행가들은 고객에게 너무 많은 것을 묻지 않도록 훈련을 받았다. 코드 계좌 역시 일상적인 것이었다. 모든 스위스 은행들은 고객이 계좌를 열 때 코드명을 사용할 것인지 여부를 물어보기 때문이다.

다음 주 초, 레빈은 제네바에 있는 P&C 은행으로부터 12만 8900 달러를 로이은행으로 보냈다. 6월 5일, 레빈은 첫 주문으로 콜렉트 콜을 통해 다트 인더스트리Dart Industries 주식 1500주를 매수했다. 다음 날 다트의 주가는 크래프트Kraft Inc.가 다트와 합병한다는 발표를 하자 상당할 정도로 상승했다. 레빈은 주가가 상승하자 다시 전화를 해서 매도했다. 레빈은 로이은행을 통한 첫 거래에서 하루 만에 4093달러를 벌었다. 이제 게임이 시작된 것이다. 이후 레빈은 6년 동안 내부정보를 이용해 주식을 거래하면서 약 1100만 달러라는 어머어마한 돈을 벌었다.

레빈은 자신의 비밀 거래가 완전범죄가 될 것으로 확신했다. 이미 SEC는 몇 차례 정보를 가지고 레빈을 조사했지만 확실한 증거를 잡지 못한 채 물러났다. 그가 적당한 때에 거래를 멈췄다면 아마 완전범죄로 끝날 수도 있었을 것이다. 그러나 그는 바하마에 있는 비밀 계좌를 지나치게 신뢰했다. 미국 정부가 나소에 있는 자신의 계좌에 절대로 접근할 수 없을 것이라고 굳게 믿고 있었다.

그러나 세상에 비밀이 있는가? 결국 레빈의 내부자거래는 SEC에 포착되었고, SEC는 오랫동안 레빈을 추적했다. 그리고 형사기소를 위해 뉴욕 남부지방 연방 검찰청(이하 '뉴욕 남부지검')과 모든 정보를 공유하고 있었다.

1986년 5월 12일, 마침내 레빈의 내부자거래 질주에 끝장을 내는 운명의 날이 왔다. 레빈은 그날도 아침 8시에 맨해튼 중심가에 위치한 드렉셀 번햄 램버트Drexel Burnham Lambert의 사무실에서 바쁜 일정을 시작했다. 그날따라 머릿속에서 바하마에 있는 돈이 안전한지 궁금했다. 그는 이 돈을 안전하게 지키기 위해 며칠 전 케이만 은행으로 이체를 요구해 놓았다. 돈은 안전하게 이체가 됐는지? 그는 추적이 안 되는 콘퍼런스 룸의 전화로 로이은행에 전화를 걸어 이체 여부를 확인했다. 은행은 모든 것이 순조롭게 진행되고 있다고 말했다. 그는 전화를 끊고 승리의 휘파람을 불었다.

레빈은 외부에서 중요한 M&A 미팅을 마치고 오전 11시경 사무실로 복귀했다. 그의 비서가 신분을 밝히지 않은 두 명의 남자가 레빈을 만나러 왔다 갔는데 옷차림이 고객 같지는 않다고 말했다. 얼마 지나지 않아 비서는 오전에 왔던 두 사람이 다시 찾아왔다고 연락을 했다. 갑자기 불안감이 엄습해 왔다. 레빈은 SEC가 지난 10개월 동안 자신의 거래와 관련해서 바하마의 로이은행을 조사해 왔다는 것을 알고 있었다. 그날 아침도 로이은행과 통화했지만 은행은 아무 문제가 없다고 했다. 그런데 무슨 일이란 말인가? 레빈은 비서에게 자기가 사무실에 없다고 전하라고 말하고는 사무실에서 달아났다.

그는 건물을 나서자마자 택시를 집어타고 집으로 갔다. 그가 집에 들어서자 아내인 로리가 놀라는 표정으로 "무슨 일이야?"라고 물었다. 때는 점심때였고, 그가 아무 연락도 없이 점심시간에 집에 온다는 것은 놀랄 만한 일이었다. 그녀는 놀라서 "도대체 무슨 일이야?"라고 물었다. 레빈은 그냥 "무언가 잘못된 것 같아"라는 말만 했다. 로리는 무슨 일인지 말하라고 재촉했지만 그는 지금 말할 시간이 없다고 말했다. 그는 자신의 BMW를 타고 집을 서둘러 나왔다. BMW에는 카폰이 있었다.

그는 사무실로 전화를 했다. 비서인 마릴린이 전화를 받았다. 그녀는 울음 섞인 목소리로 다우존스 뉴스를 보았냐고 말했다. 다우존스 뉴스에는 레빈이 오랜 기간에 걸쳐 바하마에 계좌를 두고 내부자거래를 했다는 긴급 뉴스가 올라오고 있었다.

그는 집으로 전화를 했다. 로리는 법무부에서 나온 두 사람이 레빈을 기다리고 있다고 말했다. 레빈은 그들 중 한 사람과 통화를 했다. 레빈은 오후 7시 30분에 집에 갈 수 있으니 그때 만나자고 했다. 그는 다시 로리와 통화를 했고, 7시 30분에 집에서 수사관들과 만나기로 했다고 말하자 그녀는 그럴 필요가 없다고 말했다. 아파트 건물 전체가 기자들로 둘러싸였고, CNN을 포함해서 모든 방송국 카메라들이 와 있다고 말했다. 레빈은 충격을 받았다. 그는 다시 법무부 수사관과 통화를 해서 다른 곳에서 만나기로 했다. 수사관은 연방 법원 뒤편인 '세인트 앤드류 플라자 1번지'에서 만나자고 했다. 그곳은 뉴욕 남부지검의 주소였다.

그는 정신없이 BMW를 몰면서 뉴욕시를 초조한 마음으로 헤매고 다녔다. 그는 변호사와 통화했다. 그는 모든 것이 끝났다고 느꼈다. 7시 30분까지 기다릴 것도 없었다. 그는 스스로 맨해튼 남쪽에 위치한 뉴욕 남부지검으로 운전해 갔다. 연방 수사관은 그에게 체포 영장을 보여주면서 수갑을 채웠다. 월가의 황태자의 귀에 미란다 원칙이 들려지고 있었다.

레빈의 체포 사실은 TV를 통해 전국에 방송되고 있었다. 뉴욕의 변두리 출신이 월가의 정상에 오르기까지 힘겹게 달려왔던 인생이 그렇게 산산조각 나고 있었다. 그는 바로 드렉셀에서 해고됐다. 그의 모든 재산은 압류됐다. 그의 가족도 무너졌다. 아내 로리는 "도대체 내부자거래가 무엇이냐?"라고 절규했다. 그의 화려한 경력, 재산, 명예, 모든 것이 무너져 내렸다. 월가 황태자로 인정받던 레빈은 이제 범죄자가 되어 법의 심판 앞에 서게 된 것이다.

뉴욕의 변두리에서
월가의 중심으로

데니스 레빈은 1952년 8월에 태어났고, 그가 25세가 될 때까지 뉴욕의 변두리라 할 수 있는 퀸즈의 베이사이드Bayside에서 부모님과 함께 살면서 평범한 성장기를 보냈다. 그의 집은 붉은 벽돌과 잘 깎여진 잔디가 있는 평범한 집이었다. 아버지 필립 레빈은 작은 규모의 건축업자였는데, 주로 동네의 집들을 수리해 주면서 생활을 이어 갔다. 어머니는 가정주부였다. 레빈의 가족은 평범했지만 가족끼리 우애가 있었으며 화목했다. 베이사이드의 고등학교들은 대학 진학률이 90%에 달해 부모들의 마음을 끌었다. 필립 레빈은 브루클린 등을 거쳐 베이사이드로 이사를 왔고, 레빈은 베이사이드에서 월가로 진출하는 오디세이를 꿈꾸고 있었다.

레빈의 이웃들은 그가 가끔 말썽을 일으키기는 했지만 '좋은' 소년으로 회상했다. 레빈의 집 건너편에서 30년 이상을 살았던 딘텐패스 부인은 자기 집 앞의 눈을 치울 때면 레빈은 그냥 지나가는 적이 없었다고 말했다. 레빈은 모든 스포츠와 게임을 좋아했고, 특히 수영을 잘했다. 그는 책을 많이 읽었고 끊임없이 새로운 도전을 추구하는 열정을 가진 소년이었다. 그러나 그는 고등학교 시절까지 남의 눈에 띄지 않는 평범한 소년이었다.

그는 맨해튼에 있는 뉴욕시립대학의 분교인 바루크 대학CUNY, Baruch

에 진학하면서 가족들을 놀라게 했다. 왜냐하면 그가 가족 중 최초로 대학에 들어간 사람이었기 때문이다. 그때 이미 레빈은 월가에 진출해서 투자은행가가 되겠다는 확고한 결의를 가지고 있었다. 그는 월가가 돈을 벌 수 있는 가장 좋은 기회를 준다고 믿고 있었다. 대학에서 그를 지도했던 교수 중 한 사람인 레오나르드 라킨 교수는 레빈이 자신의 나이 30세가 되었을 때 백만장자가 되는 것이 자기의 목표라고 말했다고 했다.

레빈은 대학에서 나름대로 두각을 나타낸 것으로 보인다. 바루크 대학의 교수들은 그가 열심히 공부했고, 특히 금융에 대해 많은 관심을 가졌다고 했다. 라킨 교수는 19년 교수생활 동안 레빈이 가장 인상 깊었던 2~3명 중 하나에 해당한다고 평가했다. 바루크 대학의 잭 프랜시스 교수도 라킨 교수와 비슷한 평가를 했다. 레빈은 특출한 학생은 아니었지만 말쑥한 용모에 매우 상냥했고 매력적인 면도 있었다고 했다. 그에게 가장 인상 깊었던 것은 금융을 공부하고자 하는 열정이었다. 그는 수업이 끝난 후에도 자주 질문을 했고, M&A 과정에서 이루어지는 일들, 컨설팅 그리고 큰돈을 버는 방법 등에 대해 관심이 많았다고 했다.

바루크 대학 시절 레빈은 로리 소콜닉을 만났는데, 후일 그녀는 레빈과 결혼하여 그의 아내가 된다. 그녀의 배경은 그와 비슷했다. 그녀의 아버지는 뉴욕 지역에서 성공하여 주유소 몇 개를 보유하고 있었다. 레빈의 어머니는 그가 23세가 되던 해인 53세의 젊은 나이에 뇌졸중으로 죽었는데, 그때는 소콜닉을 만나기 얼마 전이었다.

1976년 6월, 레빈은 드디어 바루크에서 희망과 야망을 가지고 MBA 학위를 받았다. 그는 월가 진출을 위해 투자은행과 인터뷰를 시작했다. 그러나 인터뷰 기회를 얻는 것조차도 쉽지 않았다. 그를 힘들게 했던 것은 그가 아이비리그의 MBA를 가지고 있지 않다는 것이다. 인터뷰는 그에게 고통스러웠다. 대형 투자은행은 20명을 뽑는데 4000명의 지원자가 몰렸다. 하버드 MBA를 비롯하여 명문대의 MBA들이 그를 비웃는 듯 했다. 그는 좌절감을 느꼈다.

그는 9개월이나 노력했지만 소득이 없었다. 그동안 레빈은 집에 있으면서 파트타임으로 아버지와 프랜시스 교수를 돕는 일을 했다. 드디어 1977년 3월, 그는 시티뱅크에 취직했다. 비록 상업은행이었지만 그곳에서의 경험이 월가로 진출할 수 있는 거점이 되리라는 희망을 가졌다.

레빈은 기업 외환 부서의 수습사원으로 한 주당 365달러를 받고 고용됐다. 당시 그 부서는 은행에서 유망한 부서였다. 레빈은 시티뱅크에서 로버트 윌키스Robert Wilkis라는 중요한 인물을 친구로 만나게 된다. 그는 레빈과 비슷한 환경에서 자랐지만 레빈과는 다르게 매우 세련된 분위기를 풍겼다. 그는 하버드를 나왔고 스탠퍼드에서 MBA 학위를 받았다. 그는 5개 국어인 불어, 독어, 이태리어, 아랍어 그리고 히브리어를 유창하게 말했다. 그는 시티에 오기 전에 월드뱅크World Bank와 미 재무성에서 근무했었고, 따라서 국제경제와 경제 이슈에 대한 감각이 뛰어났다. 그들은 친구가 됐고, 그는 레빈의 내부정보 서클의 중요한 멤버가 된다.

1977년 12월, 레빈은 로리 스콜릭과 결혼했다. 레빈은 그때쯤 시티은행의 경력을 이력서에 올릴 수 있다고 생각했고, 다시 투자은행에 자리를 얻기 위해 돌아다니기 시작했다. 결국 그는 스미스 바니에서 자리를 얻었다.

1978년 초, 스미스 바니가 레빈을 고용했을 때 월가는 변화를 시작하고 있었다. 경제는 70년대 초반의 침체를 벗어나 활기를 찾고 있었으며, M&A 활동은 뜨거워지고 있었다. 당시 미국 월가에는 새로운 시대가 열리고 있었다. 1975년 5월의 고정 수수료제 폐지는 증권회사에게 새로운 영역의 개척을 강요했고, 그것은 당시 저평가돼 있는 미국 기업들을 인수하려는 M&A 활동의 발흥과 맞물리면서 기업 인수·합병이라는 새로운 비즈니스의 시대가 열린 것이다. 증권회사들은 각자 M&A 부서의 규모를 키우고 새로운 인재를 영입하려고 노력했다. 스미스 바니도 마찬가지였다. 스미스 바니는 그해에 MBA 학위를 받은 사람을 10명 정도 새로 고용했다. 회사는 학벌은 딸리지만 아이비리그 출신들과 치열하게 경쟁해 줄 것을 기대하고 그를 고용했다.

1978년 6월, 그가 일을 시작한 지 두 달이 지난 후 스미스 바니는 레빈을 파리 사무소로 보냈다. 그것은 정례적인 훈련 과정이었지만 월가에서 성급한 성공을 꿈꾸고 있는 그에게는 마치 시베리아 유형과도 같았다. 파리에서 도대체 무엇을 하란 말인가? 이 과정은 신입들이 외국에서 비즈니스를 하고 있는 직원들과 교류할 수 있는 기회를 제공하기 위한 것이었다. 레빈은 파리에 근무하면서 유로채권을 유럽의 고객들에게 판매하는 일을 했고, 유럽의 여러 도시를 여행했다. 레빈과 그의 아내는 회사가 마련해 준 파리의 근사한 아파트에 정착했지만 그들은 불행했다. 레빈은 뉴욕 본사에서 진행되는 수많은 M&A 딜의 정보에서 배제돼 있는 것이 고통스러웠고, 부인 로리는 그녀대로 아무 친지도 없는 파리에서 외로움에 지쳐 병원에 입원하기까지 했다.

1979년 7월, 레빈은 뉴욕으로 돌아왔다. 레빈은 M&A 부서 근무를 반복해서 요청했고, 회사는 그에서 M&A 부서에서 일할 수 있도록 허락했다. 당시 스미스 바니는 소액 투자자를 대상으로 한 리테일 부문과 리서치 부문에서는 강했지만, 새롭게 떠오르는 M&A 부문은 취약했다. M&A 부문의 강자인 퍼스트 보스턴에서 최근 스미스 바니로 온 M&A 부서의 책임자인 토밀슨 힐은 레빈을 적임자로 보았다. 하버드나 스탠퍼드 출신의 샌님들보다는 시립대학 출신의 저돌적인 레빈이 신선한 변화를 가져올 수 있다고 판단한 것이다.

1979년 여름, M&A 부서로 발령이 난 레빈은 윌키스를 식당에서 만나 축하 자리를 만들었다. "누가 계산할 거지?" 레빈이 월키스에게 물었다. "너? 아님 웨이터? 하하. 나는 샤또 탈보 71을 주문할 텐데" 레빈은 프랑스에서 배운 와인 지식을 뽐내며 말했다. 그러나 레빈에게 M&A 업무는 수월하지 않았다. M&A 업무는 현금흐름의 할인 등 세부적인 수학적 작업이 요구됐지만 레빈의 수학 실력은 형편없었다. 그는 대부분의 작업을 부하 직원들에게 시켰다. 그중에 하버드 MBA 출신의 이러 소콜로우Ira Sokolow라는 직원이 있었다. 그는 레빈을 위해 충성했다. 매일 밤 야근을 했고 주말에도 일했지만 불평하지 않았다. M&A 부서의 책임자인 힐은 이러한 사정을 잘 알고 있었다. 그는 레빈을 불러 훈계했다. 진정한 M&A 부서의 리더가 되기 위해서는 그러한 작업을 직접 할 수 있어야 한다고 하면서, 기본적인 기술들을 배우라고 말했다. 그러나 레빈은 팀 전체를 잘 끌고 가는 것이 중요하지 기술적인 부분들을 중요하지 않다고 항변했다.

그해 말, 힐은 레빈에게 정기 급여를 포함한 보너스로 10만 달러를 지급했다. 그 금액은 다른 직원들에 비할 때 적은 금액이었다. 레빈은 분노했다. 그는 월키스를 만나 힐을 비난하면서 불평했다. 후일 힐은 레빈에 대해 매우 공격적이고 동기가 강했던 사람으로 평가했지만, 일처리는 부주의했고 기술적으로도 미숙했다고 지적했다. 레빈은 자신을 과대평가했다. 그는 아이비리그 출신들과 경쟁하기에는 능력이 턱 없이 딸렸다. 그는 월가에서 정상적인 경쟁을 통해서는 큰돈을 벌 수 없다고 생각했고, 내부자거래라는 위험한 도박에 승부를 건다.

브레이크 없는 페라리

1980년 5월 26일, 파리에서 돌아온 지 1년이 채 안 되는 시점에 데니스 레빈은 바하마에 있는 나소에 갔고, 스위스의 오래된 은행의 자회사인 로이국제은행을 찾았다. 제네바의 P&C 은행으로부터 계좌 폐쇄를 요구받은 지 얼마 지나지 않은 시점이었다. 로버트 윌키스가 이미 크레딧 스위스에 비밀 계좌를 가지고 있었기 때문에 레빈은 다른 스위스 은행을 선택할 수밖에 없었다.

파리에서 일하면서 외국 계좌와 트레이딩 구조에 대해 잘 알게 된 레빈은 뉴욕으로 복귀하면서 다시 비밀 거래를 본격적으로 시작할 준비를 했다. 그가 선택한 곳이 바하마였다. 바하마는 뉴욕에서 비행기로 3시간 거리여서 당일로 다녀오는 것이 가능했다. 레빈에게 최고의 장소였다. 그리고 바하마는 어떤 면에서 스위스보다 고객의 비밀 보호에 더 철저했다.

뉴욕으로 돌아온 레빈은 윌키스와 긴밀하게 연락하기 시작했다. 그때 윌키스는 라자 프레Lazare Freres에서 일했는데, 1979년 당시 라자 프레는 스미스 바니보다 더 활발하게 M&A 비즈니스를 하고 있었다. 그렇지만 윌키스는 국제 업무 부서에서 일했기 때문에 라자 프레에서 오는 정보가 너무 적었다. 정보에 목이 마른 레빈은 윌키스에게 대담한 요구를 했다. M&A 부서 사무실을 밤에 뒤져서 정보를 캐내라는 것이다. 윌키스는 너무 위험하다고 거절했다. 그러자 레빈은 자기가 직접 라자 프레 사무실을 뒤지겠다고 말했다. 윌키스는 레빈의 요구를 거절할 수 없었다.

5월 어느 금요일 밤 8시, 레빈은 라자 프레 건물에 도착했다. 금요일 밤이라 적막이 감돌았다. 윌키스가 망을 보는 동안 레빈은 M&A 부서 사무실을 뒤지기 시작했다. 망을 보는 윌키스의 가슴이 두근거렸다. 혹시 누가 들어오면 뭐라 말할까. 갑자기 인기척이 들렸다. 윌키스가 화들짝 놀랐다. 멀리서 다가오는 그녀는 청소부였다. 그녀는 윌키스를 그냥 지나쳐 갔다. 사무실 서류철을 뒤지던 레빈이 드디어 월척을 낚았다. 프랑스의 거대 석유회사인 엘프 애퀴테인이 다른 대형 석유회사인 커-맥기를 인수한다는 문건이었다. 만약, 이 거래가 진행된다면 역사상 최대의 인수전이 될 것이고, 이 정보를 이용해서 엄청난 돈을 벌 수 있을 터였다. 레빈은 빠르게 이 서류들을 복사하고 제자리에 돌려놨다. 레빈은 윌키스의 등을 두드리며 "봐, 쉽잖아?"라고 말했다. 두 사람은 행복감을 느끼며 주말을 즐기기 위해 라자 프레 사무실을 떠났다. 이때는 레빈이 파리에서 뉴욕으로 돌아온 지 한 달도 지나지 않은 시점이었다.

1979년 6월 5일, 레빈은 바하마 로이은행에서 계좌를 연지 얼마 안 되어 본격적으로 내부자거래를 시작했다. 다트 인더스트리스 주식을 시작으로 해서 레빈은 첫 두 달 동안 2번 이상의 거래를 했다. 8월 24일, 그는 대박을 친 거래를 했는데, 제퍼슨 내셔널 라이프 인슈어런스 컴퍼니 Jefferson National Life Insurance Company 주식 8000주를 매수했다. 이틀 후인 8월 26일, 취리히 보험회사는 제퍼슨과의 인수 협상을 발표했고, 레빈은 15만 5734 달러를 벌었다.

레빈은 회사나 정부 당국의 추적을 피하기 위해 나름대로 상당히 조심했다. 로이은행의 책임 매니저인 플레처에 따르면, 레빈은 은행을 방문할 때 뉴욕에서 직접 나소로 오지 않고 항상 우회해서 여행을 했고 가명을 사용했다. 바하마에는 캐나다 여행객이 많이 오는데, 그는 캐나다 여행객처럼 보이기 위해 일부러 몬트리올을 경유해서 나소로 오는 비행기를 타기도 했다. 또는 라스베이거스를 경유하기도 했다. 그는 바하마에서 거의 숙박하지 않았는데, 그것은 아마 그의 아내조차 바하마 여행을 모르게 하기 위해서였을 것이다. 그는 주소나 전화번호를 남기지 않았고 은행에 전화할 때는 보통 점심시간에 페이폰으로 콜렉트 콜을 사용했다. (은행은 전화요금으로 매번 10달러를 그의 계좌에서 차감했는데, 나중에 레빈은 은행이 너무 많이 차감한다고 불평했다.)

레빈은 로이은행에 연락할 때 은행의 포트폴리오 매니저인 베른하르트 마이어Bernhard Meier와 2인자인 플레처와 주로 연락했다. 은행의 간부들은 처음에는 레빈의 계좌에서 무슨 일이 벌어지고 있는지 몰랐지만, 점차 그의 거래가 범상치 않다는 것을 눈치채기 시작했다.

레빈은 스미스 바니에 14개월 있을 동안 내부정보를 이용하여 8번 이상 거래했고 계좌의 돈은 2배 이상 증가했다. 스미스 바니에서 그의 실적도 많이 올라갔다. 그는 아직 M&A 부서에서 보조자의 위치에 있었지만 거래의 많은 부분에 열성을 가지고 적극적으로 참여했다.

1981년 초, 레빈은 승진했지만 그가 원하는 자리는 아니었다. 승진으로 그의 급여(보너스 포함)는 2만 5000~3만 5000달러에서 약 5000달러가 더 올랐다. 그러나 그의 지위는 원했던 자리보다 2단계 낮은 지위였다. 레빈은 떠나기로 결심했다.

1981년 가을, 윌키스는 월가에서 레빈의 위상이 커지고 있었고 SEC의 감시를 회피하기 위해 레빈의 거래를 더욱 안전하게 숨길 필요가 있다고 제안했다. 위장 회사를 설립하자는 계획이었다. 10월 30일, 레빈은 윌키스의 자문에 따라 로이은행에 가서 그의 계좌명을 파나마법에 근거한 페이퍼 컴퍼니인 '다이아몬드 홀딩스'라는 이름으로 변경했다. 파나마법은 회사를 설립할 때 모든 서류에 실명을 기재하지 않아도 됐다. 레빈의 주문대로 거래를 하지만 마치 다른 사람들이 운용하는 것처럼 위장할 수 있었다. 다이아몬드 홀딩스의 임원들은 모두 서류 작업을 도와준 바하마 로펌의 변호사들과 직원들이었다.

그날 레빈은 처음으로 자신의 계좌에서 2만 5000달러를 인출했다. 그는 세관 통과를 위해 100달러짜리 지폐로 바꾸고 작은 플라스틱 여행용 백에 넣어서 미국으로 가지고 돌아왔다. 이후 4년 동안 그는 동일한 방법을 통해 190만 달러를 인출했다.

그해 11월, 리먼 브라더스는 레빈을 M&A 부서의 부책임자로 채용했다. 그 자리는 레빈이 스미스 바니에서 탐냈던 지위였다. 급여 또한 상당히 올랐다. 이러한 상황의 변화는 레빈이 항상 갈망해 왔던, 월가의 중심에 서 있는 제대로 된 투자은행에서 일할 수 있게 됐다는 것을 의미했다.

그러나 리먼의 M&A 부서 책임자였던 에릭 글리처는 곧 레빈의 능력에 실망했다. 글리처는 리만에게 리먼의 고객이 역사상 가장 큰 공개매수를 추진하려고 하니 유사한 선례를 급하게 찾아보라고 말했다. 그러나 레빈은 짧은 시간 안에 선례를 찾을 수도 없었고, 타깃이 어느 회사인지 감도 잡지 못했다. 그는 다른 사람의 도움이 없이는 투자은행 업무를 스스로 할 수 있는 사람이 아니었다. 글리처는 그의 무능을 보고 레빈에게 "네가 할 수 있는 것이 무엇이야?"라고 소리쳤다. 그는 리먼에서 웃음거리가 됐다.

리먼에서 망신을 당하고 있던 위기의 레빈에게 윌키스가 구원 투수로 등장했다. 윌키스는 자신의 로펌인 와크텔이 개인 투자 그룹인 다이슨-키스너-모란을 대리해서 시애틀에 근거를 둔 크립턴이라는 회사를 인수할 것이라는 정보를 건넸다. 레빈은 나는 듯이 사무실로 달려왔다. 크립턴의 주가와 거래량의 움직임이 심상치 않았다. 그는 글리처에게 달려가 크립턴에 대한 공개매수가 임박한 것으로 보인다고 말했다. 글리처는 아직 어떤 루머도 들은 적이 없었기에 레빈의 말에 회의적이었다. 거래량이 증가하고는 있었지만 심각한 상황은 아니었다. 아무튼 크립턴에 정보를 제공할 필요는 있었다.

크립턴의 법률 고문이 즉각 뉴욕으로 날아왔다. 그들은 방어 전술에 대해 논의했다. 글리처와 레빈은 시애틀을 방문해 크립턴의 적절한 주당 가치 등 필요한 작업을 했다. 리먼은 잠재적인 공개매수자인 모란을 만나 인수에 적절한 가격을 협상했고, 최종적으로 주당 46달러로 합의했다. 이 가격은 크립턴에게는 좋은 가격이었다. 크립턴은 만족했다. 공개 매수 제안은 바로 발표됐다. 며칠 안 되는 급박한 일정 속에서 커다란 딜이 성사됐고, 리먼은 수수료로 250만 달러를 벌었다. 갑자기 레빈은 웃음거리에서 영웅으로 변신했다. 그는 우쭐댔다. 그러나 그의 성공은 투자은행가로서의 능력이 아니라 내부정보를 이용한 추잡한 비즈니스의 결과였다. 물론, 레빈이 이 정보를 이용하여 로이은행에 있는 자기 계좌로 거래하지 않았을 리가 없다. 그는 크립턴 주식 26만 주를 매수했고, 지금까지 가장 큰 수익인 21만 2628달러를 벌었다.

1981년 말에 레빈은 아들인 아담이 태어나면서 가족을 갖게 됐다. 이제 그의 나이 아직 채 30세가 되지 않았지만, 그는 그가 원했던 직업을 가졌고, 그가 불법적인 거래를 일삼았던 첫해에 로이은행 계좌에는 잔고가 80만 달러가 쌓여 있었다.

리먼에 합류한 레빈은 더욱 적극적으로 움직였다. 특히 정보를 파내는 일에 집착했다. 1981년 여름, 레빈은 리먼에서 당시 27세이던 이러 소콜로우와 다시 만나게 됐다. 그는 펜실베이니아 대학을 졸업하고 하버드 경영대학원에서 MBA를 했는데, 스미스 바니 시절에 레빈 밑에서 잠깐 같이 일을 했었다. 소콜로우는 레빈보다 두 달 앞서 리먼에 합류했다. 두 사람은 내부정보를 공유하기로 약속했다. 레빈은 소콜로우에게 이익의 일정 부분을 지급하기로 약속했다. 소콜로우는 골드만삭스에서 변호사로 근무하는 가까운 친구뿐만 아니라 다른 중요한 정보원들을 레빈에게 소개했고, 레빈은 그들에게 정보의 대가로 이익을 제공하겠다고 약속했다. SEC에 따르면 그는 4년 동안 레빈에게 12건 이상의 비밀 정보를 건네주었다.

레빈은 이제 윌키스와 소콜로우라는 확실한 2개의 정보 소스를 가지게 됐고 한 달 간격으로 트레이딩을 했다. 그런데 작은 문제가 발생했다. 1982년 9월, 로이은행의 뉴욕지점 브로커가 SEC의 조사 대상이 된 것이다. 9월 14일, 취리히에 있는 로이은행의 고위 간부인 존 라데만은 플레처에게 연락해서 SEC가 지난해에 레빈이 행한 5건의 거래에 관심이 있다고 말했다. 라데만은 혹시 내부자거래 문제가 있는지를 물었다.

이 이야기를 전해들은 레빈은 플레처에게 그것은 SEC가 일상적으로 하는 일이라고 말하면서 안심시켰다. 9월 16일, 플레처는 라데만에게 레빈의 거래를 자세히 보고했고, 라데만은 플레처에게 큰 수량을 주문할 때에는 매우 조심하라고 자문했다. 레빈 또한 플레처에게 주문을 분산해서 처리하라고 부탁했다. 이에 따라 플레처와 마이어는 레빈의 주문을 여러 명의 브로커에게 분산하여 주문하기로 했다.

이처럼 SEC의 조사가 진행되고 있음에도 불구하고 레빈의 트레이딩 속도는 오히려 더 빨라졌다. 1982년 말에 그의 계좌 잔고는 이미 백만 달러를 넘어섰다. 1983년과 1984년 모두 레빈에게 큰돈을 벌어 준 해였다. 그의 불법적인 투자 성과는 해마다 거의 2백만 달러를 넘어섰다. 자금이 쌓이고 거래 규모가 커지면서 이익의 규모 역시 커지고 있었다. 그는 1983년과 84년에 각각 로이은행에서 정확히 49만 달러를 인출했다.

이처럼 레빈의 바하마 계좌에 계속해서 돈이 쌓이고 있었지만 레빈은 리먼에서의 지위에 만족하지 못했다. 그는 리먼에서 매니징 디렉터 managing director가 되고 싶었다. 1984년 초, 리먼이 시어슨/아메리칸 익스프레스에 인수가 되면서 회사에 커다란 변화가 발생했다. 새로운 회사는 매니징 디렉터 후보 명단을 작성했고 레빈도 그 명단에 들어 있었다. 그러나 그는 최종적으로 자격이 없다고 판단되어 밀려났다.

레빈은 리먼을 떠나기로 결심했고 헤드 헌터를 통해 3개의 투자은행에 접촉을 시도했다. 다행스럽게도 M&A 시장은 계속 커지고 있었고 투자은행들은 M&A 경험이 조금이라도 있다면 서로 뽑으려고 경쟁하던 때였다. 모건스탠리와 퍼스트 보스톤이 레빈에게 제안을 했지만 레빈은 이미 드렉셀을 마음에 두고 있었다. 드렉셀 역시 레빈이 스펙은 많이 딸렸지만, 당시 레빈은 M&A 분야에서 떠오르는 스타였고 패기가 넘치는 젊은 이로 평가받았기에 드렉셀은 그의 공격적이고 새로운 비즈니스를 만들어 내려는 능력을 높이 평가했다. 여기에다 레빈과 함께 일했던 월가 최고의 M&A 변호사인 립톤과 플롬이 레빈을 적극적으로 추천한 것도 크게 작용했다.

1985년 2월 4일, 레빈은 드렉셀에 처음으로 출근했다. 드렉셀은 레빈이 원하는 것을 모두 수락했다. 드렉셀은 그에게 백만 달러의 보상패키지를 제공하면서 매니징 디렉터 자리를 허락했다. 당시 월가에서 가장 공격적으로 고수익 채권을 발행하며 새로운 세계를 개척해 가는 드렉셀과 레빈은 잘 맞는 것으로 보였다.

레빈이 드렉셀에 입사했을 즈음 그의 비밀 계좌의 잔고는 약 4백만 달러를 넘었다. 그리고 드렉셀에서의 수입도 한 달에 10만 달러에 접근하고 있었다. 레빈은 이미 부자가 되어 있었다. 레빈은 이제 소비하기 시작했다. 그는 초창기에 친구들에게 타인의 이목을 끌지 않도록 소비나 생활을 수수하게 하라고 강조했지만 이제는 스스로가 자신의 원칙을 깨는 행동을 했다. 아내에게 다이아몬드 목걸이를 선물했고, 맨해튼에서 가장 비싼 식당을 자주 들락거렸다. 아버지에게는 최고급 차인 재규어를 선물했다. 그는 파크 애비뉴에 방이 6개인 아파트를 샀다. 가격은 약 50만 달러였지만 집수리와 인테리어에 거의 50만 달러를 들였다. 갤러리를 방문하면서 피카소, 미로Miro, 로댕의 작품들을 사들였다. 붉은색의 페라리 테스타 로사Ferrari Testa Rossa도 샀다. 이웃들은 그가 아파트에 비싼 가구들을 구입했으며, 그는 빌딩 관리인들 사이에 가장 팁을 후하게 주는 사람으로 알려져 있었다.

모든 것이 완벽한 듯 보였다. 드렉셀에 진출한 레빈은 내부자거래에 더욱 속도를 내기 시작했다. 드렉셀에는 리먼이나 스미스 바니보다 훨씬 더 많은 내부정보들이 있었고, 회사에서의 지위도 올라 더욱 많은 딜 정보에 접근할 수 있었다. 로이은행에 쌓여있는 돈이 커지면서 거래 규모도 함께 커졌다. 거기다가 거래 빈도까지 증가하고 있었다. 그의 내부자거래는 더욱 대담해지고 있었다. 드렉셀은 레빈의 이러한 행각을 전혀 모르고 있었다. 레빈은 순조롭게 항해하고 있었다.

그해 5월, 리먼에서 같이 일하는 소콜로우가 R. J. 레이놀드가 나비스코를 인수한다는 엄청난 정보를 레빈에게 전달했다. 드렉셀은 이 딜에 주간사 투자은행으로 참여했다. 레빈은 5월 6일, 나비스코 주식 15만 주를 매수했고 R. J. 레이놀드가 합병 계획을 발표하자 매도하여 70만 달러를 벌었다.

나비스코 거래를 통해 레빈의 재산은 절정을 이루었다. 그의 계좌 잔고는 1000만 달러를 넘어섰다. 그는 또한 월가 최고의 투자은행 중 하나에서 매니징 디렉터가 되어 있었다. 레빈의 성공은 절정에 오르고 있었다. 그동안 의도적으로 줄였던 소비도 시작해서 누가 봐도 화려한 생활을 하고 있었다. 그러나 1985년 5월, 레빈이 아내와 함께 휴가를 즐기기 위해 바베이도스Barbados로 화려한 휴가를 떠난 다음 날, 운명의 여신은 그의 모든 것을 끝내기 위한 '한 방'을 준비하고 있었다. 그가 단단하다고 서 있던 기반은 이미 오래 전에 갈라지기 시작했던 것이다.

명문대
정보원들

　　　　　　　레빈은 정보원이 많지는 않았지만 중요한 정보원들을 가지고 있었다. 레빈은 이반 보스키나 다른 사람들과도 간헐적으로 정보를 주고받았지만 그의 핵심 정보원은 윌키스, 라이치 그리고 소콜로우였다. 그들은 월가의 핵심 투자은행이나 대형 로펌에서 일했기에 레빈은 그들을 통해 M&A 딜에 대한 최고의 비밀 정보를 빼낼 수 있었다.

　미국 최고의 대학을 졸업하고 월가 최고의 명성을 가진 투자은행이나 로펌에서 일했던 그들은 왜 자신의 인생과 경력을 끝장낼 수 있는 위험한 내부자거래에 가담했을까?

　윌키스는 앞서 언급한 것처럼 하버드를 졸업하고 스탠퍼드에서 MBA를 받은 뛰어난 인재였다. 그는 5개 언어를 능통하게 말했다. 세계은행과 미 재무성에서 일한 경험으로 국제경제에서 대해서도 뛰어난 감각을 가지고 있었다. 화려한 스펙, 그리고 아내와 두 자녀를 가진 그가 자신의 경력, 명예, 가정을 위협하는 내부자거래에 가담했는가? 당시 채권에만 투자해도 16%의 이자를 받을 수 있었다. 단지 친구를 잘못 만난 것인가? 그는 우유부단했다. 그는 돌아올 수 있는 기회가 있었지만 그 기회를 잡지 못했다. 그 대가는 참으로 고통스러웠다.

　1982년 9월, SEC가 레빈의 거래에 대해 처음으로 의혹을 가졌을 때, 윌키스의 거래 은행인 바하마의 스위스 크레딧 역시 SEC로부터 똑같은 요구를 받았다. 로이은행은 정말 부주의했지만 스위스 크레딧은 달랐다. 그들은 윌키스에게 바하마에 와서 거래 내역을 해명하라고 했다. 스위스 크레딧의 지점장인 조지프 모거는 이렇게 저렇게 변명하는 윌키스의 말을 믿지 않았다. 그는 윌키스의 거래가 내부자거래라고 판단하고 계좌 폐쇄를 요구했다. 윌키스는 두려웠다. 그는 4만 달러는 현금으로 인출하고 나머지는 뉴욕으로 이체했다.

뉴욕으로 돌아온 그는 레빈의 사무실을 찾아갔다. 그는 레빈에게 "데니스, 이제 다 끝났어. 우리는 법을 어겼어, 이제 어떻게 해야 할지 모르겠어"라고 말했다. 그의 눈에는 눈물이 흘렀다. 그러나 레빈은 침착했다. "괜찮을 거야. 우리는 잘하고 있어. 나는 이미 백만 달러를 벌었어"라고 말했다. 레빈은 이어 "게임은 쉬워. 정부는 바보들이야. 머리가 있다면 누구라도 우리같이 거래하고 있어"라고 말했다. 레빈은 책상 서랍을 열어 케이만 군도로 가는 항공편을 안내하는 작은 책자를 주면서 "케이만에 가서 새로운 계좌를 열어"라고 말했다. 윌키스는 그 책자를 보다가 레빈을 쳐다봤다. 레빈은 자신 만만하고 무언가에 중독된 사람처럼 보였다. 그러나 레빈은 그에게 필요한 사람이었다. 다음 주 윌키스는 케이만 군도에 도착했다. 그는 노바 스코티아 은행에 새로운 계좌를 열고 8만 달러를 예치했다. 그는 돌아올 수 있는 다리를 스스로 불살랐다. 이후 그는 적극적으로 레빈에게 내부정보를 제공했고 레빈이 주는 정보로 거래했다. 그의 계좌에도 엄청난 돈이 쌓였다.

다음으로 콜롬비아 로스쿨 졸업생인 일란 라이치 변호사가 있다. 그는 M&A 분야에서 유명한 로펌 와크텔 립톤에 있을 때인 1980년 3월에 레빈에게 포섭됐다. 라이치는 레빈을 와크텔 립톤이 스미스 바니를 대리해 M&A 딜을 자문할 때 만났다. 레빈은 라이치를 점심에 초대했고, 그들은 센트럴파크 공원 벤치에서 대화를 나누었다. 와크텔 립톤에는 M&A 정보가 넘쳐났다. 레빈은 라이치를 유혹했다. 레빈은 큰돈을 벌어 기업 인수를 전문으로 하는 차익거래 회사를 차리겠다는 야심을 라이치에게 말했다. 라이치가 그 돈을 어떻게 벌 것이냐고 물었을 때 내부정보를 이용할 것이라고 말했다. 그는 라이치에게 와크텔 립톤의 정보를 넘겨달라고 말했다. 놀란 라이치는 거절했다. 그것은 명백히 범죄행위였다.

레빈은 큰돈을 벌어 회사를 차릴 때 같이 일하자면서 계속해서 라이치를 유혹했다. 월가의 대부분의 사람들이 내부자거래를 하고 있다고 말했다. 그리고 레빈이 스위스 은행 계좌를 이용하기 때문에 미국 정부가 접근할 수 없으며, 만약 적발된다고 하더라도 라이치에게는 피해가 가지 않을 것이라고 말했다. 결국 라이치는 승낙했다. 라이치는 다른 많은 정보 루트를 통해 입수한 내부정보까지도 레빈에게 넘겨줬다.

그러나 라이치는 레빈에게 정보를 넘겨주면서 고통을 느꼈다. 그는 변호사로서 그러한 행동이 명백하게 위험한 불법적인 행동이라는 것을 잘 알고 있었다. 어느 날 라이치는 레빈에게 더 이상 정보를 제공할 수 없다고 말했다. 레빈에게 중요한 정보 파이프가 끊긴 것이다.

1983년 여름, 레빈은 클레비어 코퍼레이션이 리먼의 지원을 받아 HMW 인더스트리를 인수하는 작업을 진행했는데, 라이치의 로펌 와크텔 립턴은 리먼의 외부 로펌으로 인수전에 참여했고 라이치가 책임 변호사로 함께 일하게 됐다. 그런데 콜버그 크래비스 로버트KKR가 더 높은 가격을 부르면서 인수전에 끼어들어 인수전은 진흙탕 속으로 들어갔다. 공개매수 가격은 처음 가격의 3배를 넘고 있었다. 오랜 전투 끝에 최종적으로 클레비어는 인수를 포기했다. 라이치는 이 싸움에서 많은 기여를 했지만 패자의 측에 섰기 때문에 로펌의 수익은 크지 않았다. 라이치는 이 인수전을 포함해 1983년 한 해 동안 3000시간의 빌링 아워billing hours를 썼다. 놀라운 시간이었다. 그렇지만 그해 로펌은 그에 대해 매우 부정적인 평가를 했다. 그는 충격을 받았다. 그는 분노했다. 그는 불만을 노골적으로 표현했다. 고객과의 미팅에서 일부러 신문을 보았고 고객은 화가 나서 로펌에 항의했다. 로펌의 파트너들은 라이치에게 경고했다.

라이치는 마음을 고쳐먹고 다음 해에는 반드시 파트너가 되겠다고 미친 듯이 일을 했다. HMW 인수전이 마감된 뒤, 이 일에 참여했던 주요 인사들이 맨해튼의 최고급 식당인 클럽 21에 모여 만찬을 했다. 이때 레빈은 와크텔 변호사들이 앉은 테이블로 가서 라이치의 창의적이고 헌신적인 일에 대해 높이 칭찬했다. 자신을 떠난 라이치의 마음을 돌리기 위한 작전이었다. 이후 그들은 정기적으로 점심을 같이 하게 됐고, 라이치는 다시 레빈에게 정보를 제공하기 시작했다. 로펌에서의 실망이 새로운 동기가 된 듯 보였다.

1984년 봄과 여름, 라이치는 그가 정보의 광산임을 레빈에 확증시켜 주었다. 레빈에게 제공된 정보는 다시 윌키스에게 넘어갔다. 라이치는 레빈에게 6만 달러를 벌게 해 준 G.D. 시얼에 관한 정보를 비롯하여 6건의 내부정보를 건네줬다.

그해 여름, 라이치는 워버그 핀커스가 SFN 컴퍼니를 인수한다는 정보를 레빈에게 제공했다. 이 정보는 라이치가 레빈에게 제공한 마지막 정보였다. 그런데 이 사건은 라이치의 경력에 분수령이 되는 사건이 됐다. SFN 컴퍼니의 지분 30%를 가족들이 보유하고 있었다. 그들은 회사의 매각을 반대했고 SFN의 인수는 어두워 보였다. 그런데 라이치가 SFN의 정관에서 가족의 구성원은 기업 인수에 대한 투표에 참여할 수 없다는 "공정 가격fair price"이라는 결정적인 조항을 발견했다. 와크텔 립톤은 이 내용을 공개했고 가족들은 굴복했다. 고객은 뛸 듯이 기뻐했고 라이치는 로펌 내부에서 영웅이 됐다. 이 사건은 라이치가 로펌의 파트너로 가는 길에 파란색 신호등을 켜 줬다. 로펌의 톱 파트너인 제임스 포겔슨이 라이치를 불렀다. 그는 라이치에게 로펌을 대표해 감사를 표했다. 파트너로 승진시켜 주겠다는 말을 공식적으로 하지는 않았지만 라이치는 그러한 분위기를 감지했다. 더욱이, 그는 최근 아내와의 불화를 극복했고, 아내는 둘째 아이를 임신한 상태였다.

그는 레빈과의 위험한 관계를 끝내고자 했다. 그는 레빈의 전화에 회신하지 않았다. 그를 직접 만나는 것도 싫었다. 그렇지만 그는 레빈을 만나 점심을 같이 하기로 했다. 레빈은 그를 구슬러도 보고 협박도 했지만 라이치는 굴복하지 않았다. 점심을 마치고 걸으면서 라이치는 레빈에게 말했다. "데니스, 그것은 잘못된 일이야." 그는 너무 불안하며, 레빈에게 정보를 넘길 때마다 고통을 느꼈다고 말했다. 레빈은 마지못해 라이치의 결정을 받아들였다. 그는 라이치에게 라이치 계정에 30만 달러가 쌓여 있으니 그 돈을 주겠다고 말했다. (레빈은 라이치의 이름으로 계정을 만들어 내부정보를 이용해 돈을 불려 주고 있었다.) 그러나 라이치는 그 돈을 거부했다. 그것이 레빈과 있었던 모든 일을 그의 인생에서 지워 버리는 길이라고 느낀 듯 했다.

몇 주 후, 와크텔 립턴은 연례 미팅을 소집했고 새로운 파트너를 발표했다. 라이치는 파트너로 임명됐다. 톱 파트너인 립톤은 진정으로 축하하는 미소를 지으며 라이치에게 "축하하네"라고 말하면서 악수를 했다. 라이치는 기쁨과 자부심을 느끼며 사무실로 달려가 친구들과 지인들에게 소식을 전했다. 그날 밤, 그는 아내와 함께 최고의 프랑스 식당에서 저녁을 함께 했다. 그는 알코올이 뇌 세포를 죽인다는 기사를 본 후 술을 자제했지만 그날만큼은 마음껏 마셨다. 그는 와인에 마음껏 취했다. 레빈과의 일을 잊고 싶었다. 그러나 악마와의 거래가 잊고 싶다고 해서 지워질 수 있는 것일까? (와크텔 립톤은 레빈이 내부자거래로 문제가 된 54건의 기업 인수 또는 합병 중 30건에 관여했다.)

베네수엘라에서
날아온 총알

　　　　　　　　1985년 5월 22일, 뉴욕 금융센터의 중심에 위치한 메릴린치 뉴욕 본사에 익명의 이상한 편지가 도착했다. 편지에는 발신자의 이름이나 주소도 없었고, 단지 베네수엘라 카라카스의 우체국 소인만 찍혀 있었다. 이 편지는 문법도 틀리고 철자에도 오류가 있었지만 놀라운 내용을 담고 있었다. 메릴린치 카라카스 지점의 두 명의 증권 브로커가 내부정보를 이용하여 거래를 하고 있다는 투서였다.

　레빈이 주도면밀하게 내부자거래를 했지만 전혀 상상도 못 한 일이 벌어지고 있었다. 레빈만이 그 '링'에서 수익을 내는 유일한 사람이 아니었다. 레빈이 만들지 않은 링, 그러한 링이 있을 것으로 상상도 못 했던 다른 링들이 작동되고 있었고, 그 링에서의 거래가 파열음을 내면서 링에 연결된 비밀 거래 전체를 수면 위로 끌고 올라온 것이다

　레빈의 트레이딩이 엄청난 이익을 내고 있는 것을 본 로이은행의 관계자들이 그의 거래를 따라 했다. 그들은 레빈의 내부자거래에 무임승차piggybacking를 한 것이다. 로이은행의 은행장인 프레스, 책임 매니저 플레처, 그리고 포트폴리어 매니저인 마이어 모두가 레빈의 거래를 따라 했다. 더욱 심각한 것은 당시 뉴욕에서 로이은행의 많은 주문을 처리했던 메릴린치의 브로커였던 브라이언 캠벨도 레빈의 거래를 따라 한 것이다. 캠벨은 그의 여자 친구에게 정보를 전달했고, 베네수엘라 카라카스 지점의 증권 브로커인 카를로스 쥬빌라가에게도 전달했다. 그리고 쥬빌라가는 같은 지점의 동료인 맥스 호퍼에게 다시 정보를 전달했다. 이처럼 레빈의 비밀 거래는 나소에서 출발해서 뉴욕, 그리고 베네수엘라의 카라카스까지 확대되고 있었다.

이 편지는 겉장에 컴플라이언스 부서가 수신인으로 되어 있었지만, 외국의 우체국 소인이 찍힌 관계로 국제부를 거쳤다가 2~3일이 지난 후에야 컴플라이언스 부서의 부책임자인 리차드 드루Richard Drew의 책상 위에 놓여졌다. 드루는 뉴욕증권거래소에서 14년간 근무한 후 1981년에 메릴린치에 들어온 변호사였다. 메릴린치는 당시 컴플라이언스 인력을 75명이나 두는 등 월가에서 가장 컴플라이언스를 중요하게 생각하는 회사였다. 메릴린치는 상황의 심각성을 인식하고 즉각 조사에 착수했다. 드루는 문제의 두 증권 브로커인 호퍼와 쥬빌라가의 지난 12개월간 트레이딩 내역과 은행 계좌를 조사했다. 조사 결과 흥미로운 사실은 두 사람 모두 월가에서 주목을 받았던 M&A 거래들, 예를 들면 텍스트론, G.D.시얼, 스퍼리 코퍼레이션, 휴스톤 내추럴 가스 등을 거래했다는 사실이다. 그리고 은행 계좌를 조사한 결과 쥬빌라가가 캠벨에게 총 8000달러를 2번의 수표를 통해 보낸 사실도 발견했다.

캠벨은 뉴욕 메릴린치 본사의 국제부에서 기관투자자들을 상대하는 증권 브로커였는데, 베네수엘라의 증권 브로커가 캠벨에게 수표를 보냈다는 것이 납득이 가지 않았다. 캠벨은 지난 2월에 메릴린치를 떠나 스미스바니로 자리를 옮겼다. 드루는 캠벨과 쥬빌라가와의 관계를 조사한 결과, 1982년 메릴린치에서 증권 브로커를 위한 교육 프로그램에 두 사람이 같은 클래스였다는 사실을 발견했다. 다시 캠벨의 트레이딩 내역을 조사한 결과, 캠벨, 쥬빌라가 그리고 호퍼가 거래한 주식이 모두 동일하다는 사실을 발견했다. 단지 차이는 캠벨이 베네수엘라의 브로커들보다 하루 먼저 매수했다는 점이었다.

그렇다면 캠벨의 정보는 어디서 오는 것일까? 그것을 알아내는 데 별로 시간이 걸리지 않았다. 캠벨의 기관투자자 고객 35명의 명단과 그들의 거래 내역을 대조해 보면 간단하게 정리될 일이었다. 캠벨의 가장 큰 고객은 나소에 있는 로이은행이었다. 로이은행의 거래 내역을 들여다 본 그는 충격을 받았다. 캠벨과 베네수엘라의 증권 브로커가 매수한 주식과 로이은행이 매수한 주식은 모두 일치했기 때문이었다. 차이라면 로이은행의 매수 규모가 훨씬 더 컸을 뿐만 아니라 은행은 브로커들보다 더욱 많은 M&A 주식을 거래했다는 사실이었다. 캠벨은 로이은행의 주문을 그대로 따라한 것이었다. 그렇다면 로이은행은 어떻게 이렇게 신출귀몰하게 M&A 공시가 나기 직전에 매수해서 엄청난 이익을 남기고 매도할 수 있었을까? 내부정보를 이용한 거래가 아니면 상상을 불허하는 행운의 연속인데, 어느 쪽 확률이 높을까?

뉴욕증권거래소에서 오랫동안 내부자거래를 조사했던 드루가 볼 때, 로이은행의 거래 내역은 행운의 연속으로 보기에는 너무 의혹이 많았다. 그는 메릴린치에서 내부자거래 분야에서 최고의 전문가라 할 수 있는 로버트 로마노를 불렀다. 로마노는 1970년대 중반까지 뉴저지주에서 연방검사로 일했고, 1977년에 SEC에 조인해서 집행국 변호사로 활동하다가 1983년에 메릴린치로 옮겨 온 그 분야의 최고 전문가였다. 드루의 설명을 들은 로마노는 단번에 로이은행의 거래는 내부정보를 이용한 내부자거래라고 확신했다.

이제 전체 그림이 그려지게 되었다. 누군가가 M&A 정보를 공개 전에 입수하고 로이은행의 계좌를 통해 거래를 해서 엄청난 이익을 올렸고, 그의 거래가 확실하게 이익을 보는 것을 알게 된 캠벨이 그 거래를 따라했고, 캠벨은 이 정보를 쥬빌라가에게 전달했고, 쥬빌라가는 다시 호퍼에게 전달했고, 그들은 캠벨에게 사례로 8000달러를 보낸 것이라는 그림이 그려졌다.

6월 중순, 로마노는 호퍼와 쥬빌라가를 뉴욕의 메릴린치 본사로 소환했다. 예상대로 쥬빌라가는 로이은행의 메인 브로커인 캠벨로부터 정보를 받아 거래를 했다고 실토했다. 그러나 그들은 내부자거래는 부인했다. 쥬빌라가는 단순히 캠벨이 중요한 고객의 거래를 따라 하면서 그 정보를 전달해 주는 것으로 생각했다고 말했다. 물론, 캠벨은 쥬빌라가에게 정보를 제공하면서 대가를 요구했다. (메릴린치는 둘을 즉각 해고했지만 내부자거래로 보기는 어려웠다. 그들은 해당 정보의 출처에 대해서는 모르는 리모트 정보 수령자였기 때문이다. 그러나 고객의 거래 정보를 타인에게 누설하거나 고객 포지션을 이용하여 거래하는 행위는 문제가 된다.)

드루와 로마노는 문제에 봉착했다. 그들은 쥬빌라가와 호퍼로부터 캠벨까지는 추적이 가능했지만 외국 은행에 대해서는 비밀보호법 때문에 접근이 불가능했다. 그들은 로이은행에 관해서는 SEC에 사건을 넘길 수밖에 없었다. 6월 28일, 로마노는 SEC의 집행국 책임자인 개리 린치Gary Lynch에게 전화를 해서 메릴린치가 조사한 내용을 자세히 설명하고 사건을 넘겼다.

메릴린치로부터 자료를 넘겨받은 SEC는 여름이 끝날 무렵 로이은행이 거래했던 28건의 의문스러운 리스트를 확보했다. SEC는 쥬빌라가와 호퍼를 소환했다. 그들은 SEC 조사관에게 메릴린치에서 했던 이야기를 그대로 반복했다. 캠벨 역시 소환되어 3일간 조사를 받았다. 캠벨은 로이은행의 거래를 따라한 것은 맞지만 메릴린치의 조사보고서도 참고하면서 거래했다고 변명했다. 캠벨은 만약 로이은행의 거래가 내부정보를 이용한 거래라 할지라도 자신은 그 사실을 몰랐고, 자신은 그냥 무죄한 모방자일 뿐이라고 항변했다. 캠벨의 주장대로 그를 증권법 위반으로 엮기에는 어려움이 있었다. SEC 역시 메릴린치가 도달한 지점까지는 쉽게 올 수 있었다. 사건의 전모도 파악했다. SEC가 총구를 겨눠야 할 타깃은 로이은행이었다. 이제 문제는 로이은행의 계좌를 이용하여 내부자거래를 한 계좌의 실제 주인공이 누구인지 밝혀내는 일만 남아 있었다. SEC는 정면으로 부딪치기로 했다. SEC는 비밀보호법이라는 엄청난 보호 장벽으로 둘려 쌓여 있는 외국 은행의 계좌를 추적해야 하는 힘겨운 싸움을 눈앞에 두게 됐다. 향후 월가를 뒤흔들게 될 세기의 내부자거래 스캔들은 이렇게 해서 공식적으로 시작됐다. SEC가 부여한 사건 번호는 〈HO-1743〉이었다.

여기서 아이러니한 것은 세기의 내부자거래 스캔들은 투서에 의해 시작되었다는 사실이다. 레빈이 1980년부터 86년까지 내부자거래를 밥 먹듯이 했고, 그의 계좌에 1천만 달러 이상이 쌓일 때까지 뉴욕증권거래소와 SEC는 무능할 정도로 아무 것도 눈치채지 못하고 있었다. 이를 어떻게 이해해야 할까? 지금은 그들의 무능이 어느 정도 개선되었을까?

1985년 8월 28일 정오쯤 SEC 조사관은 로이은행의 계좌 관리자인 마이어에게 직접 전화를 했다. SEC는 캠벨을 조사하면서 마이어가 로이은행의 접촉 창구라는 사실을 알았다. 조사관은 SEC의 조사 상황을 이야기하면서 로이은행이 계좌 내역을 자발적으로 넘겨줄 것을 요청했다. SEC의 전화를 받은 마이어는 충격을 받았다. SEC가 본격적으로 로이은행의 거래 내역을 조사하고 있다는 사실을 알게 된 그는 플레처의 사무실로 황급하게 달려가서 소리쳤다. "우리 이제 똥 됐어." 플레처 역시 다가오고 있는 위험을 느꼈다.

SEC 조사관이 언급한 거래 리스트는 명확하게 레빈의 거래를 의미했다. 그리고 SEC가 캠벨의 거래를 역추적해서 로이은행까지 오게 된 것도 알게 됐다. 사실 이 상황은 이미 지난 7월, 캠벨이 이 사실을 알게 된 직후 로이은행으로 전화를 했기 때문에 로이은행은 레빈의 거래가 문제가 되고 있다는 사실을 알고 있었다. 그러나 SEC가 로이은행의 담당자에게 직접 전화하자 로이은행 관계자들은 다가오는 위험을 온 몸으로 느끼게 됐다.

며칠 후 레빈이 은행으로 전화를 했을 때 플레처는 SEC와의 통화 내용을 전했다. 그러나 레빈은 조금도 당황하지 않으면서 어떻게 대처할지를 논의하기 위해 미팅을 요청했다. 그에게는 믿는 구석이 있었다. 그것은 바하마 은행법의 엄격한 비밀 보호 조항이었다. 9월 2일, 그는 나소로 왔고 플레처와 마이어에게 SEC의 조사는 특별한 것이 없을 것이며, 이 문제는 잘 처리될 것이라고 안심시켰다. 그리고 SEC의 조사에 어떻게 대처할 것인지에 대한 계획을 제안했다.

그는 은행의 간부들에게 그의 투자는 은행이 관리하는 포트폴리오 계좌에서 이루어진 것이라고 말을 맞추자고 했다. 플레처가 레빈에게 그의 트레이딩은 은행의 포트폴리오와 관계가 없다고 말했지만, 레빈은 SEC는 그러한 사정을 알 수가 없을 것이고, 그렇지 않다는 증거를 댈 수 없을 것이라고 말했다. 은행은 이 조사가 조용해 질 때까지 거래하지 말 것을 제안했지만 레빈은 거절했다. 그는 자신이 겁먹었다는 것을 보여 주는 것은 오히려 유죄의 증거가 될 것이라고 말했다.

레빈은 이 미팅에서 로이은행에게 중요한 제안을 했다. 만약 로이은행이 변호사를 선임해서 대응해야 한다면 미국의 하비 피트Harvey Pitt를 선임하라고 말했다. 레빈은 나소로 오기 전에 비즈니스 파트너인 이반 보스키를 만났는데, 보스키는 그 자리에서 정부의 내부자거래 조사를 피하는 방법을 알려 주면서 SEC를 상대로 하는 문제라면 자신의 변호사인 피트를 고용하라고 소개해 준 것이다. 피트는 SEC에서 오래 근무한 경력을 바탕으로 SEC를 상대로 하는 사건에서 매우 유명한 변호사였다. 레빈의 말대로 로이은행은 피트를 변호사로 선임했다. 운명의 장난인가? 레빈의 추천에 의해 로이은행을 대리하는 변호사가 된 피트는 최후에 로이은행을 구하기 위해 SEC에게 레빈을 팔아넘기는 아이러니를 연출한다.

로이은행의
배신

　　　　　　SEC의 전화를 직접 받은 로이은행은
불안감에 휩싸였다. 바하마의 비밀보호법을 이유로 SEC에게 고객의 거
래 내용을 제공하지 않을 수 있다는 확신이 있었지만, 나름 이 사태에 대
해 적절한 대응을 준비하지 않을 수 없었다. 9월 초, 로이은행은 레빈의
추천대로 하비 피트에게 연락을 했다. 로이은행의 책임자인 장 프레스는
피트에게 SEC를 상대하는 법적인 문제에서 로이은행을 대리해 줄 수 있
는지 물었다.

　피트는 당시 미국의 증권법 소송 분야에서 매우 유명한 변호사 중 한
사람이었다. 그는 SEC에서 오래 근무했고, 마지막으로 수석 변호사를
역임한 후 민간 로펌인 프리드 프랭크 해리스 슈리버 앤 제이콥슨에 조
인했다. 이후 그는 SEC의 조사와 관련한 분야에서 명성을 날렸다. 프레
스의 전화를 받은 피트는 뉴욕, 런던, 워싱턴의 사무소에 연락해서 로이
은행을 대리해도 이해 상충이 없는지를 확인했다. 뉴욕 사무소의 선임
소송 파트너인 마이클 라우치가 이 사건에 자신도 참여하고 싶다는 전화
메시지를 남겼다. 그는 프린스턴과 하버드 로스쿨을 졸업한 후 연방 검
찰에서 4년간 근무한 후 1983년에 로펌 프리드 프랭크에 조인했다. 그
역시 증권 소송 분야의 최고 전문가 중 한 사람이었다.

　피트는 그가 자주 가는 뉴욕의 웨스트버리 호텔 라운지에서 프레스를
만났다. 프레스는 피트에게 자세하게는 아니더라도 사건의 기본을 이야
기했다. 프레스의 이야기를 들은 피트는 상황이 심각하다고 보았다. SEC
가 문제로 제기한 거래가 한두 건이 아니라 28건이나 됐다. 잘못하면 대
형으로 갈 수도 있는 사건이었다.

피트는 정말 비싼 변호사였다. 그는 한 시간에 300달러를 청구했고, 사안이 복잡한 경우에는 그 몇 배를 청구했다. 그는 정열적으로 일했고, 항상 비행기 1등석을 이용했으며, 급할 경우에는 전세 비행기를 이용하기도 했다. 그리고 최고급 호텔만을 이용했다.

피트는 곧 동료인 마이클 라우치 변호사와 함께 나소를 방문했다. 피트가 나소에 왔을 때 마이어는 싸구려 호텔을 예약해 놓았다. 호텔에는 더운 물이 나오지 않아 피트는 중학교를 졸업한 이후 처음으로 찬물로 샤워를 해야 했다. 이러한 정황은 로이은행이 피트를 신뢰하지 않았다는 것을 보여 준다. 피트는 나소에 와서 마이어, 플레처 그리고 리처드 쿨손 변호사를 만났다. 쿨손은 로이은행을 위해 일하고 있던 미국 변호사였다. 로이은행은 피트를 변호사로 선임했지만 누구에게도 레빈의 정보를 제공하지 않았으며, 은행 계좌를 통해 이루어진 거래는 마이어의 증권 분석과 리서치에 근거한 것이라고 말하기로 입을 맞췄다. 그들은 자신들의 변호사인 피트에게 결코 진실을 말하지 않았다.

11월 말까지 로이은행의 간부들은 레빈의 은폐 계획을 적극적으로 지원했다. 가장 중요한 논거는 바하마 은행법에 근거해서 고객의 정보를 SEC에 제공할 수 없다는 입장이었다. 그러나 SEC의 압박은 커지고 있었고 중간에 있는 피트는 상황이 점점 더 어려워지고 있었다. 피트는 마이어를 비롯해서 로이은행이 리서치 자료를 분석해 투자했다는 말이 거짓이라고 생각했지만 달리 방법이 없었다. 피트는 바하마 은행법상 고객의 정보를 제출할 수는 없지만 은행의 옴니버스 계좌*의 구성 내용까

● **omnibus accounting**_ 옴니버스 계좌란 통합 계좌라는 의미인데, 글로벌 자산운용사, 증권사, 은행 등은 하나의 계좌를 통해 다수 고객의 주문을 통합해 한 번에 주문과 결제를 처리하는데 이러한 계좌를 옴니버스 계좌라 한다.

지는 제출하겠다는 타협안을 SEC로부터 받아 냈다. 그러나 은행의 입장에서는 옴니버스 계좌가 몇 명의 투자자로 구성되어 있는지를 SEC에 제공하는 것 역시 스위스 본국의 허락 없이는 불가능한 일이었다.

로이은행의 수석 변호사인 리처드 쿨손은 피트에게 물었다. "계좌 수가 적다면 문제가 안 될 것 같은데요?" 피트는 "그것은 얼마나 작은가에 달려 있지요"라고 답했다. 피트는 "만약 계좌 수가 20개 정도라면 우리는 SEC와 거래를 할 수 있을 것입니다. 그러나 만약 계좌 수가 5개 미만이면 문제가 있을 수 있어요. 계좌 수가 몇 개나 되나요?"라고 물었다. 쿨손은 답변할 수 없었다. 지금 스위스 본국에서 변호사가 이번 주말에 나소로 올 예정이라고 말했다. 그러나 피트는 SEC에게 금주 말까지 옴니버스 계좌의 구성 내역에 대한 자료를 제출하겠다고 약속한 상황이어서 일요일 저녁까지 기다릴 수 있는 상황이 아니었다. 피트는 이 사건은 대단히 중요한 사건이며, 쿨손에게 지금 비행기를 전세 내어 뉴욕에서 런던으로 가고, 런던에서 콩코드를 타고 취리히로 가겠다고 말했다. 쿨손과 마이어는 피트의 제안을 거부했고 주말에 취리히에서 오기로 한 본사의 수석 변호사인 한스 피터 샤드를 기다리기로 했다. 샤드는 일요일에 바하마에 도착할 예정이었다.

월요일에 다시 나소를 방문하기로 한 피트는 뉴욕으로 돌아갔다. 피트는 로이은행이 자신에게 사실을 숨기고 있다는 생각이 들자 머릿속이 복잡해졌다. 더 이상 SEC에게 로이은행의 이야기가 진실이라고 계속해서 말하는 것은 자신의 명예가 달린 문제가 될 수 있었다. 로이은행이 지금까지 거짓을 말했다면, 자신 역시 SEC에게 거짓말을 한 셈이었다. 대안은 2가지 밖에 없었다. 하나는 더 이상 SEC와 접촉하지 않기 위해 로이은행을 대리하는 일을 사임하는 것이고, 다른 하나는 SEC에게 진실을 말할 수 있도록 고객의 허락을 받아내는 일이었다. 아무튼 그 결정은 월요일에 스위스 본사에서 날아온 수석 변호사인 샤드를 만난 후에 하기로 했다.

샤드는 예정대로 일요일 밤에 바하마에 도착했다. 샤드는 공항에 마중을 나온 플레처와 함께 로열 바하마 호텔로 갔다. 쿨손과 마이어가 기다리고 있었다. 플레처가 지금까지의 상황을 자세하게 설명했다. SEC로부터 제출 요청을 받은 28건의 거래 리스트, 그리고 그 계좌는 한 명의 것이지만 은행이 관리하는 계좌라고 거짓 답변했다는 사실 등을 설명했다. 플레처는 미국 변호사들에게 사실을 말하면 SEC에 그대로 전달될까 봐 그들에게 거짓말을 했다고 말했다.

샤드는 처음으로 이 사건의 전체를 알게 됐다. 그는 은행 직원들이 은행을 대리하는 변호사에게조차 거짓말을 했다는 사실에 화가 났다. 그는 이 문제를 어떻게 풀어 가야 할지 마음의 결정을 했다. 그는 "우리는 피트와 라우치에게 진실을 말해야 합니다. 여러분들이 자신의 변호사에게 거짓말을 했다는 사실은 이해가 가지 않아요. 그것은 여러분들이 한 가장 최악의 행동입니다"라고 말했다. 이제 방향은 정해졌다.

월요일, 피트와 라우치는 개인 비행기를 전세 내어 나소를 방문했다. 피트는 화요일에 워싱턴 연방 항소법원에서 중요한 구두변론이 예정돼 있었다. 정기 항공편으로는 하루 만에 뉴욕에서 나소를 방문했다가 다시 돌아가는 것이 불가능했기 때문이었다. 샤드는 나소를 방문한 피트와 라우치에게 잠깐의 형식적인 인사를 마치자마자 직설적으로 진실을 말했다. 은행의 옴니버스 계좌 뒤에는 오직 한 계좌만이 존재한다고 말했다. 이 말을 들은 피트와 라우치는 충격을 받았다. 그렇다면 그것은 분명한 내부자거래였기 때문이다. 이제 어떻게 할 것인가? 피트와 라우치는 은행을 보호할 수 있는 방안을 내놓아야 했다. 피트는 SEC 출신으로서 증권법과 SEC가 일하는 방식에 대해 전문적인 지식을 가지고 있었다. 그는 SEC 내부의 핵심적인 인물들도 잘 알고 있었다. 라우치는 소송 전문가로서 법정에서 판사의 성향을 파악하고 이에 대한 전략을 짜거나 필요한 법 이론을 개발하는 데 전문가였다.

이제 로이은행의 운명은 두 명의 변호사 손에 맡겨졌다. 샤드는 두 변호사에게 은행은 이 건에 대해 전폭적으로 협력할 것을 약속했다. 샤드는 현명했다. SEC에게 지금까지 이야기했던 것이 더 이상 사실이 아니라는 것을 알린다는 것에 동의했다. 그리고 그동안 은행 직원들이 자신들의 변호사들에게조차 사실을 말하지 않고 은폐 작업을 해 왔다는 사실까지도 SEC에 말하는 것을 허용했다.

플레처와 마이어는 문제가 된 계좌에 대해 처음부터 일어났던 모든 일을 피트와 라우치에게 이야기했다. 두 변호사는 이제 이 계좌에서 발생한 모든 일을 알게 됐다. 그리고 SEC의 조사와 관련해서 진행된 은폐 작업도 고객의 요청에 따른 것임을 알게 됐다. 아직은 레빈을 "Mr. X"라고만 불렀지만, 그가 드렉셀의 뉴욕 본사에 있는 투자은행가라고까지 알았다. 그들은 이 사건이 엄청난 내부자거래 사건이 될 것으로 직감했다. 월요일 밤 늦게 전세 비행기의 트랩을 오르는 두 변호사는 지칠 대로 지쳐 있었다.

피트와 라우치는 SEC와 어떻게 협상을 할 것인지 고민했다. 전모가 드러난다면 이 사건은 거대한 내부자거래 사건이 될 수 있다는 생각이 강하게 밀려왔다. 은행의 피해를 최소화하기 위해 어떠한 전략이 필요한가? 피트와 라우치는 로이은행이 취할 수 있는 몇 가지 전략에 대해 의논했다. 현 상황에서 로이은행이 선택할 수 있는 옵션은 여러 가지가 가능했지만, 기본적으로 바하마 은행의 비밀보호법을 근거로 SEC와 전면전을 벌인 것인지, 아니면 SEC와 딜을 해서 고객의 모든 정보를 넘겨주되 은행과 직원에 대해 민형사상 모든 면책을 얻어낼 것인가의 선택으로 보였다.

피트와 라우치는 SEC와 딜을 하는 것이 은행을 보호하는 최선의 선택이라고 생각했다. 만약, 피트와 라우치가 처음부터 이 사실을 알았더라면 좀 더 강력한 방어를 할 수 있었을 것이다. 시간이 지나면서 SEC에게 거짓말을 한 셈이 됐고, 이러한 상황은 SEC와의 협상에서 자신들의 입지를 많이 약화시키는 결과를 초래했다.

12월 12일, 오후 늦게 피트와 라우치는 다시 나소로 가서 샤드를 만나 여러 가지 옵션을 제시했다. 스위스 변호사는 건조한 목소리로 어느 것도 만족스럽지 않다고 말했다. 라우치는 변명 아닌 변명을 했다. "만약 3개월 전에 이 사실을 알았더라면 더 좋은 대안이 가능했을 것입니다"라고 말했다. 라우치의 말은 사실이었다. 피트와 라우치는 은행이 어떤 옵션을 선택할 것인지 결정하라고 말했다. 샤드는 고객 정보를 SEC에게 넘겨주고 은행을 구하는 방안을 선택했다.

은폐 계획을 포기하겠다는 이러한 결정에 마이어는 흥분했다. 그것은 프레스, 플레처 그리고 마이어 간에 어떠한 상황에서도 레빈의 이름을 줄 수 없다는 당초의 합의와 어긋나는 것이었다. 더더욱 고객의 비밀을 보호하는 것은 700년 역사를 자랑하는 스위스 은행의 전통 중 핵심이었다. 바하마의 법 또한 고객의 정보를 은행 밖의 누군가에게 주는 것을 엄격하게 금하고 있다. 이러한 법과 전통은 플레처나 마이어가 고객의 이름을 타인에게 제공해서는 안 된다는 것을 의미한다. 그러나 주사위는 던져졌다. (SEC는 이미 스위스 은행 본사의 미국 영업에 제재를 가하겠다고 으름장을 놓고 있었고, 본사는 긴장하고 있었다.)

마이어는 미국의 두 변호사에게 거부감이 매우 컸고, 프레스와 플레처와 합의한 대로 진실을 결코 말하지 않았다. 미국 변호사들은 단지 자신들의 입장을 SEC에 전달하는 역할을 하는 정도로만 생각했다. 그러나 화살은 시위를 떠났다. 그는 바하마를 떠나 스위스로 복귀하기로 결정했다. 그리고 그동안의 모든 경과를 아내에게 설명했다. 마이어는 두 변호사를 저녁 식사에 초대했다. 마이어의 초대는 놀라운 것이었지만, 그의 아내가 앞으로 어떤 일이 벌어질지에 대해 매우 궁금해 했기 때문이었다. 마이어는 두 변호사에게 저녁 식사에 자기 아내를 초대해도 좋겠냐고 물었다. 그들은 동의했고 저녁 식사 장소로 이동하는 동안 차 안에서 두 변호사는 마이어와 편안하게 대화할 기회를 가졌다. 피트는 이 기회를 놓치지 않고 고객의 이름을 물었다.

그렇지만 마이어는 여전히 망설였다. 은행가였던 마이어는 고객의 이름을 차마 자기 입으로 발설할 수 없었던 것이다.

피트가 재차 고객의 이름을 묻자 마이어는 당신들은 이미 회사 이름을 알고 있고, 그 회사 사람들도 잘 알고 있지 않느냐고 반문했다. 변호사들은 그 회사가 드렉셀이라는 것은 알고 있다고 말했다. 잠시 침묵이 흘렀다. 마이어는 누구를 알고 있냐고 물었다.

이제 변호사들은 게임의 승기를 잡았다. 피트는 이름을 대었고, 마이어는 아니라고 고개를 흔들었다. 변호사들은 연이어 이름을 대었고, 마이어는 계속 고개를 흔들었다.

그렇지만 데니스 레빈의 이름을 확인하기까지는 얼마 걸리지 않았다.

자기 스스로 고객의 이름을 말할 수 없었던 마이어는 이런 방법을 통해 Mr. 다이아몬드의 실명을 변호사들에게 알려 주었다

바다가 눈앞에 펼쳐진 근사한 식당에서 두 변호사는 마이어의 아내에게 앞으로의 일들에 대해 말해 주었다. 은행의 변화된 입장에 대해 미국 정부가 어떤 태도를 취할지 아직은 불확실하지만, 은행과 직원들에 대한 처벌을 피할 수 있는 협상은 가능하다고 말했다. 두 변호사는 매우 현실적으로 이야기를 했다. 마이어의 아내는 말을 거의 하지 않았고, 가끔 고개를 끄떡였다. 그녀는 변호사의 말에 동의한 듯 보였고, 계속 자신의 남

편 곁에 남아 있겠다는 생각을 하고 있는 것으로 보였다.

그들은 많은 대화를 나누었다. 미국의 두 변호사와 마이어는 이제 많이 친해졌다. 호텔로 돌아오는 차 안에서 피트는 마이어에게 물었다.

"당신들은 어떻게 나를 선임했지요?"

"레빈이 당신을 추천했어요"라고 마이어가 직설적으로 말했다.

피트는 잠시 당황했다. 이렇게 큰 건에 자신을 로이은행 대리인으로 추천한 사람이 레빈이었고, 그는 자신의 고객인 은행과 직원들을 보호하기 위해 레빈을 팔아야 하는 딜을 성사시켜야 하는 입장이 된 것이다.

호텔 방으로 돌아온 피트는 잠시 마음을 정리했다. 레빈 생각에 잠시 마음이 어지러웠다. 이전에 드렉셀과 미팅할 때 보았던 레빈의 모습이 떠올랐다. 그는 레빈을 잘 알지는 못했지만 그를 기억할 수 있었다. 그러나 피트에게 다른 탈출구는 없어 보였다. 로이은행을 구하기 위해 레빈을 SEC에 파는 방법 외에는 갈 길이 없어 보였다. 피트는 호텔 방에서 SEC로 전화를 걸었다. 피트는 1985년 12월 17일 오전 10시 워싱턴 SEC 본부에서 이 사건의 책임자인 개리 린치와 미팅을 잡았다. 레빈의 운명이 결정되는 시간이었다.

레빈의 체포와 퍼펙트 스톰

이제 피트의 미션은 SEC에게 레빈의 정보를 넘겨주고 로이은행에 대해 면책을 얻어 내는 것이었다. 여기에는 플레처와 프레스의 면책도 포함됐다. SEC로서도 밑지는 장사가 아니었다. SEC가 레빈을 잡게 된다면 대단한 성과임이 분명했다. SEC는 지금까지의 조사 과정에서 확인한 것만으로도 엄청난 대어大漁가 눈앞에 와 있음을 직감했다. 그러나 마지막 벽을 넘지 못하고 있었고 로이은행이 끝까지 법적 다툼을 계속한다면 SEC의 승리도 보장된 것이 아니었다. 로이은행이 바하마 은행법을 근거로 고객의 정보를 제공하지 못한다고 버틴다면 SEC로서도 힘든 싸움을 치러야 할 판이었다. 상당히 오랜 기간 동안 혈투를 벌여야 할지도 몰랐다.

사실 로이은행은 SEC의 주요 관심이 아니었다. 그들은 미국인도 아니었다. 따라서 그들에게 민형사상 면책을 주는 것은 크게 문제될 것이 없었다. 만약, 로이은행이 문제가 된 고객의 정보를 넘겨준다면 SEC로서는 완승이었다. 바하마 은행법 위반 문제는 로이은행이 알아서 할 문제였다. 이것이 피트의 협상 포인트였다. 피트는 SEC와의 딜을 성공시킬 수 있을 것으로 기대했다. 그는 SEC가 가진 패를 정확히 꿰뚫고 있었다.

12월 17일 오전 10시, 피트와 라우치는 SEC 집행국 책임자인 린치의 사무실을 방문했다. 린치는 이 일에 관여한 SEC 변호사들을 모두 이 미팅에 참여토록 했다. 린치는 피트가 자신이 꼭 미팅에 참석해야 한다는 말을 들었을 때 무언가 중요한 얘기가 있을 것으로 예상했다. 피트가 SEC에 근무할 때 린치는 그의 부하 직원으로 일한 적이 있었다. 피트는 신중한 성격의 인물이었다.

린치의 회의실 테이블에 둘러앉은 그들은 서로 반갑게 인사를 나누었다. 잠시 후 피트는 무서운 말을 하기 시작했다. 자신이 그동안 SEC에 한 말은 사실이 아니라고 했다. 고객인 로이은행이 자신에게조차 거짓말을 한 사실과 28종목의 거래는 한 사람의 것이라고 말했다. 린치와 SEC 변호사들은 충격을 받았다. 그는 월가의 유명한 거물이고, 은행의 간부들과 캠벨이나 메릴린치의 증권 브로커들은 모두 그의 거래를 따라한 것이라고 말했다. 피트는 여기서 승부수를 꺼냈다. 그 사람의 이름을 넘겨

줄 테니 은행과 은행 간부들의 면책을 요구한 것이다. SEC에 그 사람의 이름을 넘겨주기 위해 필요한 바하마 당국의 동의는 로이은행이 해결할 것이라고 말했다. 피트는 추가로 법무부의 동의도 필요하다고 했다. 은행 간부들에 대한 형사 불기소도 분명하게 약속돼야 한다고 말했다.

린치는 피트와 라우치에게 잠시 방에서 나가 있어 줄 것을 요청했다. 린치는 피트에 제안에 대해 SEC 변호사들과 논의했다. 모두 피트의 제안에 동의했다. 다만, 은행 직원들에 대한 완전 면책은 부담스러웠다. 그들은 고객의 요청이긴 했지만 증거를 인멸했다. 30분이 채 못 되어 린치는 피트를 다시 불렀다. 피트의 제안에 원칙적으로 동의하지만 은행 서류를 파기한 마이어에 대해서는 문제가 있다고 말했다. 그러자 피트는 서류를 가방에 집어넣으면서 그러한 딜은 받아들일 수가 없다고 했다. 피트는 물러서지 않았다. 전 은행 간부의 완전한 면책을 요구했다. 린치와 SEC 변호사들은 움칠했다. 린치는 곧 피트의 제안에 동의했다. 사실 마이어의 면책은 중요한 문제도 아니었다. 린치와 변호사들은 미스터 X가 누군지 궁금했다. 그러나 피트는 쉽게 그 이름을 말해 주지 않았다. 피트는 서류를 가방에 집어넣으면서 말했다. "걱정하지 마세요. 여러분들은 곧 고래를 잡게 될 것입니다." SEC가 잡게 되는 고래는 평범한 고래가 아니라 '모비-딕'이라는 사실이 확인되는데 그리 얼마 걸리지 않았다.

SEC와의 미팅이 있은 지 몇 주 후 피트는 로이은행 문제를 협의하기 위해 뉴욕 남부지검을 방문했다. 연방 검사들은 이미 SEC로부터 얘기를 들었고 피트의 방문에 커다란 기대감을 가지고 있었다. 피트의 제안은 전혀 무리가 없어 보였다. 미스터 X는 월가의 거물로 보였다. 검찰로서도 새로운 승전보를 울릴 수 있을지도 몰랐다. 줄리아니 검사장은 피트의 제안에 동의했다.

이제 피트 앞에는 딜을 성사시키기 위한 마지막 허들만 남아 있었다.

로이은행의 바하마 은행법 위반 문제였다. 레빈은 자신의 신원을 공개하면 로이은행을 고소하겠다고 위협하고 있었다.

바하마 당국을 설득하기 위해 미국 연방 검사들과 SEC 변호사들, 그리고 미국 바하마 대사와 로이은행의 수석 변호사가 바하마 검찰총장인 폴 애덜리Paul Adderly를 방문했다. 피트와 라우치도 동행했다. 미국의 거물급 인사들이 갑자기 나소에 나타나자 애덜리는 놀랐다. SEC의 린치는 애덜리에게 증권의 거래 기록은 바하마 은행법에서 말하는 "은행 거래"에 해당하지 않는다고 주장했다. 주식이 현금의 입출금과 다르다는 주장이 다소 모호하긴 했지만, 그 논리는 로이은행에게는 결정적인 의미를 가지고 있었다.

뜻밖에도 바하마의 검찰총장은 증권거래는 은행업이 아니라 증권업이라고 하면서 잠정적으로 린치의 의견에 고개를 끄덕였다. 이틀 후, 그는 로이은행이 미스터 X의 신원을 공개하더라도 은행법 위반으로 기소하지 않겠다는 문서를 로이은행에 보내왔다. 애덜레이의 입장은 레빈의 계좌 정보를 SEC에 제공하는 것은 은행법의 규제 영역이 아니라는 것이다. 사실 법리적 논거는 매우 취약했고, 미국과 바하마 사이에 조약이 체결되어 있는 것은 아니었지만 바하마 정부는 SEC에게 레빈의 정보를 주지 않을 수 없었던 로이은행의 입장을 옹호해 준 것이라 볼 수 있다. 이제 게임은 끝났다. 1986년 5월 9일 금요일, 피트는 린치에게 전화를 걸어 거침없이 말했다. "모비 딕은 드렉셀의 데니스 레빈입니다."

피트는 SEC와의 딜에 성공했고 은행과 직원들의 면책을 얻어 냈다. 그러나 로이은행의 명성에는 금이 갔다. 자기가 살기 위해 자발적으로 고객의 정보를 SEC에 제공한 행동은 스위스 은행으로서 치명적인 불명예였다. 피트는 이 점이 너무 아쉬웠다. 처음부터 변호사인 자신에게 진실을 이야기했더라면, 비록 고객의 정보를 넘겨주더라도 합법적으로,

그리고 은행으로서 명예롭게 넘겨줄 수 있었는데 고객을 배신한 꼴이 된 셈이었다.

로이은행과 SEC와의 딜이 이렇게 깊이 진행되고 있었지만 레빈은 아무 것도 모르고 있었다. 1985년 4월 말, 레빈은 일상적으로 계좌 상황을 체크하기 위해 마이어에게 전화했다가 깜짝 놀랄 이야기를 들었다. SEC가 레빈의 주식거래를 추적해 왔으며, 정확히 로이은행을 통해 거래한 28개 종목의 리스트를 가지고 있다는 것이었다. 레빈은 메이데이인 5월 1일에 급히 바하마를 방문했다. 그러나 이미 일은 터져 버린 상황이었다. SEC가 어떻게 자신의 거래를 추적했느냐는 질문에 마이어와 플레처는 캠벨뿐만 아니라 자신들도 레빈의 거래를 따라 했다고 고백했다. 스위스 본사까지 이 상황을 다 알고 있다고 말했다. 레빈은 충격을 받았다.

레빈은 마이어에게 몇 개의 계좌가 자신의 거래를 따라 했냐고 물었다. 마이어는 25개에서 30개 정도라고 말했다. 레빈은 기가 막혔다. 레빈은 마이어에게 그 주문들을 어떻게 처리했냐고 다시 물었다. 마이어는 그 많은 주문의 대부분을 뉴욕의 캠벨을 통해서 처리했다고 했다. 레빈은 "오 마이 갓Oh, My God!" 외마디 비명을 질렀다. 경악할 일이었다.

그러나 레빈은 침착했다. 그에게 아직 마지막 믿는 구석이 남아 있었다. 그것은 강력한 바하마의 비밀보호법이었다. 이 법에 따르면 로이은행은 SEC에 자신의 거래 정보를 제공할 수 없었다. 레빈은 이 점을 로이은행 측에 다짐하고 또 확인시켰다. 마이어와 플레처는 "알겠다"라고 말했지만 로이은행은 이미 오래전에 루비콘강을 건넜고 레빈만 그 사실을 눈치채지 못하고 있었다.

뉴욕으로 돌아온 레빈은 로이은행에게 그의 계좌에 있는 돈 1000만 달러를 케이만 군도의 은행으로 이체해 줄 것을 요청했다. 레빈은 SEC의 조사가 코앞까지 왔고, 로이은행은 더 이상 안전하지 않다고 판단했다.

그날은 1986년 5월 8일 목요일이었다. 그다음 날이 피트가 SEC에게 레빈의 이름을 넘긴 날이었다. 로이은행은 레빈의 요구대로 1000만 달러를 케이만 은행으로 이체할 수 없었다. 로이은행은 피트에게 연락했고, 피트는 SEC의 린치에게, 린치는 뉴욕 남부지검에 연락했다. 시간이 없었다. 레빈이 그 돈을 케이만으로 빼돌린다면 영원히 그 돈을 찾을 수 없을지도 몰랐다.

5월 12일 월요일, 뉴욕 남부지검은 법원에 급히 레빈에 대한 체포영장을 신청하면서 로이은행에 있는 레빈의 계좌 압류를 신청했다. 그것으로 레빈의 돈은 동결됐다. 신속한 조치였다.

5월 12일 저녁, 레빈은 맨해튼에 있는 연방 검찰로부터 소환장을 받았고 바로 그날 내부자거래 혐의로 체포됐다. 동시에 드렉셀에서 해고됐다. 레빈은 SEC와 싸울 것인지 고민했다. SEC가 로이은행을 압박해서 계좌 정보를 빼내간 것 등 나름 다투어 볼 여지가 없는 것은 아니었다. 그러나 그의 변호사인 아서 리먼Arthur Liman은 정부와 화해하는 것이 좋겠다는 의견을 제시했다. 리먼의 판단은 옳았다. 레빈이 재판에서 이기기는 어려웠다. 만약 재판에 가서 진다면 레빈은 완전히 초토화될 것이다. 그는 정부와 화해하고 정부의 수사를 돕는 것이 차선이라는 것을 인식하고 받아들였다. 6월 5일, 레빈은 그의 변호사인 리먼과 함께 4가지 범죄에 대해 유죄를 인정했고 연방 검찰과 SEC에 협조하겠다고 말했다.

그에 대한 판결은 11월까지 연기됐다. 레빈에 대한 죄목은 4가지였는데 그것만으로도 징역 20년이 가능했다. 정부는 그가 유죄를 인정하고 정부에 협력하기로 한 대가로 상당한 감형을 해 주었다. 레빈은 로이은행의 계좌를 포함하여 1150만 달러의 자산을 포기했고, 드렉셀에 있는 그의 주식(약 26만 달러의 가치), 페라리, 그의 연금까지 모두 포기했다. 그래도 레빈에게 현재 살고 있는 아파트, 그의 1983년형 BMW, 생명보험,

IRA 자산, 베이사이드 집에 대한 그의 지분, 그리고 2개의 시티은행 계좌의 보유가 허용됐다. 이는 레빈의 변호사인 리먼의 뛰어난 협상력 덕분이었다.

1986년 6월 5일, 레빈에게 징역 2년형과 벌금 36만 2000달러가 선고됐다. 벌금은 SEC와 합의한 불법 이익 반환과 민사 제재금과는 별개로 납부해야 했다. 레빈에게 선고된 형사처벌은 그가 행한 범죄에 비하면 매우 가벼운 편이었다. 레빈은 내부자거래에 대한 정부의 수사에서 첫 번째 협력자였다. 그러한 협력 덕분에 레빈은 많은 형량을 감경받을 수 있었다. 판사는 투자은행가가 정부에 협조하여 더 많은 내부자거래 사건을 파헤치는 데 도움을 주는 레빈의 모습에 감동을 받았다. 정부로서도 정부에 협조하는 사람에 대해 관대한 조치를 해 준다는 것을 보여 줄 필요가 있었다. 이것이 레빈에게 행운이었지만 정부 역시도 레빈의 협력이 절대적으로 필요한 상황이었다.

레빈은 자기에게 정보를 제공해 준 사람들, 그리고 자기가 정보를 제공한 사람들을 불지 않을 수 없었다. 그것은 매우 고통스러운 일이었다. 자기와 정말 가까웠던 사람들이 FBI에 의해 체포됐다. 회한이 밀려오는 일이었다. 그러나 많은 내부자거래 사건에서 대부분의 사람들은 자신의 감형을 위해 회한의 눈물을 흘리면서 정부에 협력했다.

레빈의 변호사인 리먼은 연방 검찰과 협상하면서 4명의 공범자 명단을 주겠다고 했다. 특히 그중 하나는 월가의 거물이라고 말했다. 연방 검찰은 레빈을 감옥에 보내는 것은 일도 아니었다. 내부자거래를 떠나서 이미 탈세와 위증죄만으로도 레빈은 20년형을 받을 수가 있었기 때문이다. 그렇지만 레빈의 변호사인 리먼은 큰 패를 들고 연방 검사들을 흔들었다. 정말 큰 거물의 이름을 넘겨주겠다고 유혹한 것이다. 담당 검사인 카버리는 당시 뉴욕 남부지검의 검사장인 줄리아니에게 갔다. 협상 조건에 대한 승인이 필요했다. 줄리아니는 흔쾌히 승낙했다. 아직 리먼 자신도 월가의 거물이 누구인지 몰랐다. 이렇게 해서 리먼은 레빈을 위해 연방 검찰과의 딜을 성사시켰다.

먼저, 레빈은 윌키스, 라이치 그리고 소콜로우의 이름을 불었다. 그가 친구들에게 자신은 정부와 싸울 것이라고 큰소리 친지 얼마 되지도 않은 시점이었다. 연방 검사들은 너무도 솔직하게 공범자들과 있었던 일을 이야기하는 레빈을 보고 놀랐다.

FBI는 즉시 윌키스, 라이치 그리고 소콜로우를 체포했다. 윌키스는 유죄를 인정했고, 징역 1년 1일과 벌금 330만 달러를 선고받았다. 그는 징역형이 선고될 때 눈물을 흘렸다. 소콜로우 역시 유죄를 인정했고, 징역 1년 1일과 상당한 금전적 제재를 받았다. (레빈은 소콜로우에게 정보 제공의 대가로 12만 달러를 주었다고 말했다.)

라이치는 앞서 살펴본 것처럼 와크텔 립튼의 M&A 파트의 변호사였다. 라이치는 자신의 이름으로 거래한 적이 없었다. 레빈이 그동안 정보 제공의 대가로 라이치의 계좌로 거래해 남긴 30만 달러를 주겠다고 제안했을 때도 그 돈을 거부했다. 그는 불법적인 정보 제공을 끝내고 이제 로펌의 변호사로 충실히 살겠다고 결심했다. 라이치는 레빈이 체포된 날 저녁에 골드만삭스에 있는 친구로부터 레빈의 체포 소식을 들었다. 그는 숨이 막히는 것 같았다. 불안과 긴장이 폭풍처럼 몰려왔다. 그는 밤에 잠을 이룰 수 없었다.

며칠 후 고객과의 미팅을 위해 로스앤젤레스를 방문했다. 그는 차를 렌트했고 로스앤젤레스 시내를 빙빙 돌다가 태평양을 바라보는 해안가 절벽 위로 차를 몰았다. 다가올 수치와 불명예를 견딜 수 없을 것 같았다. 그냥 죽고 싶었다. 그는 절벽 끝을 향해 자동차의 엑셀을 밟았다. 순간 아내와 아이들이 생각났다. 가족을 두고 그렇게 죽을 수는 없었다. 그는 달리는 차의 브레이크를 급히 밟았다.

그는 연방 검찰에 유죄를 인정했다. 로버트 스위트 판사는 라이치가 레빈으로부터 돈을 받은 일이 없지만 내부정보를 제공한 행동에 대해 엄중한 책임을 물어 징역 1년 1일을 선고했다. 그는 SEC와 화해 조건으로 48만 5000달러를 정부에 납부하고 뉴욕 웨스트사이드에 있는 아파트, 올스모빌 자동차, 그리고 현금 1만 달러만 남기는 것에 동의했다.

그러나 이들은 레빈에 비해 조연급에 불과했다. 연방 검찰은 레빈보다 더 큰 거물급이 필요했다. 리먼이 약속했던 월가의 거물이 누구인지 궁금했다. 레빈의 입에서 정말 놀라운 이름이 흘러나왔다. 그는 이반 보스키였다. 그는 당시 월가에서 차익거래의 왕으로 불리는 사람이었다. 보스키의 이름을 들은 연방 검사들은 흥분했다. 보스키를 잡을 수만 있다면 연방 검찰로서는 그야말로 대박을 치게 될 것이었다. 게임의 판이 극적으로 커지고 있었다. 게임은 누구도 예상치 못했던 더 큰 전투를 향해 가고 있었다. 베네수엘라 카라카스에서 발사된 총알은 월가의 황태자를 쓰러뜨리고, 이제는 1980년대 월가를 지배했던 한 명의 "KING"을 향해 날아가고 있었다. 그리고 그 "KING"의 심장을 뚫은 그 총알은 다시 그 시대의 "마지막 황제"의 심장을 뚫으면서 한 시대를 마감시키게 된다.

제5장

차익거래의 황제,
이반 보스키의
비밀 거래

INSIDERS ON
WALL STREET

탐욕은 항상 정당하다.
나는 여러분들이 그것을 알기를 원한다.
나는 탐욕은 건강한 것이라고 생각한다.

이반 보스키
〈UC버클리 경영대학원 졸업식에서〉

보스키의
야망과 성공

　　　　　　　　　이반 보스키Ivan Boesky는 디트로이트에서 러시아 이민자의 아들로 평범하게 성장했다. 그의 아버지는 여러 개의 델리숍을 운영했다. 평범한 학생이었던 보스키는 대학을 세 군데나 다녔지만 졸업은 하지 못했다. 그 후 이란을 잠시 다녀온 후에 디트로이트 로스쿨에 진학했다(그 학교는 대학 졸업장이 없어도 입학이 가능했다). 보통 로스쿨은 3년이면 졸업하는데, 그는 5년을 다니고 졸업했다. 이처럼 특별하지 않은 학력 때문에 보스키는 디트로이트의 주요 로펌에 자리를 얻지 못했다.

　그는 연방 지방법원에서 1년간 판사 보좌관law clerk으로 일하게 됐는데, 그곳에서 그의 운명을 결정하는 여인 시마 실버스타인Seema Silberstein을 만났다. 젊은 보스키는 시마와 곧 결혼을 했는데 그녀의 아버지는 디트로이트의 부동산 재벌이었다. 디트로이트가 너무 좁다고 느낀 보스키는 1966년 월가에서 경력을 쌓기 위해 뉴욕으로 이사를 갔다.

시마의 아버지는 두 사람을 위해 파크 애비뉴에 우아한 아파트를 마련해 주었고, 보스키는 로스차일드에서 직업을 얻어 1년을 일했다. 그는 곧 퍼스트 맨해튼First Manhattan으로 자리를 옮겼고, 그곳에서 처음으로 아비트라지*의 맛을 느꼈다. 그는 다시 칼브 브히즈Kalb Voorhis로 옮겼지만 거기서 단 한 번의 거래로 2만 달러를 잃으면서 해고당했다. 보스키는 크지도 않은 돈에 그렇게 매정하게 대하는 회사에 실망했다. 그는 잠깐 동안의 실직을 접고 뉴욕증권거래소의 회원사인 에드워드 앤 핸리Edward & Hanly에 다시 취직했다. 그들은 보스키가 경험이 많이 부족했지만 그에게 아비트라지 부서를 만들어 운용할 수 있도록 허락했다. 그러나 보스키는 서툴렀고, 불법적인 공매도로 인해 SEC로부터 벌금 1만 달러를 얻어 맞기도 했다. 그는 무리하게 레버리지를 일으켜 위험한 거래를 하면서 회사를 궁지로 몰아넣었고, 결국 에드워드 앤 헨리는 파산했고 그는 다시 직장을 잃었다.

보스키는 이제 직업을 구하러 다니기 보다는 자신의 회사를 설립하기를 원했다. 그는 《월스트리트 저널》에 광고를 내어 투자자를 모집했지만 그가 원하는 자금을 조달할 수 없었다. 그에게 참으로 다행스러운 것은 그의 부인이 엄청난 부자라는 사실이었다. 보스키는 일이 잘 풀리지 않아도 장인 덕택에 항상 잘 살았다. 보스키의 재물 복은 그의 장모가 1975년에 세상을 떠나면서 다시 찾아왔는데, 그녀는 시마에게 75만 달러를

● **arbitrage_** 아비트라지란 우리말로 '차익거래'라고 하는데, 일반적으로 서로 다른 두 개의 시장, 예를 들어 뉴욕의 주식시장과 시카고의 선물시장 간의 가격 차이를 이용해 이익을 노리는 거래 등을 말한다. 그러나 미국에서 1970년대 M&A의 열풍이 불면서 M&A가 발생할 거래를 찾아 딜(deal)이 공개되기 전에 대량으로 타깃 기업의 주식을 매수해서 딜이 공개된 후에 가격이 오르면 매도하는 거래를 의미하기도 한다.

유산으로 남겼다.

1975년 4월 1일, 보스키는 70만 달러로 주로 차익거래에 집중하는 이반 보스키 앤 컴퍼니Ivan Boesky & Company를 설립했다. 보스키는 매일 아침 7시에 사무실에 도착했고, 출근하지 않는 날은 직원들의 출근 상태를 확인하기 위해 7시 1분에 전화를 했다. 외근 중일 때도 수시로 사무실로 전화해서 감시했다. 직원들이 점심시간에 자리를 뜨는 것도 싫어해서 도시락을 주문해서 사무실에서 먹도록 했는데, 도시락 가격은 1인당 5달러가 한계였다. 그는 직원들에게 매우 인색했다.

이러한 그의 유별난 업무 스타일에도 불구하고 보스키의 회사는 아주 성공적이었다. 1976년부터 79년까지 4년 동안 수익률이 97%, 95%, 18%, 51%를 기록했다. 가장 나빴던 해인 1980년에도 여전히 6%의 이익을 냈다. 보스키의 이러한 성공은 그와 그의 투자자들을 부자로 만들어주었다. 보스키의 투자금 70만 달러는 이제 9천만 달러에 달했다. 그는 '돈맛'을 제대로 보고 있었다.

1981년, 보스키는 기존 회사의 지분을 모두 청산하고 이반 보스키 코포레이션Ivan Boesky Corporation이라는 이름으로 새로운 회사를 설립했다. 파트너십 체제가 아니라 주식회사 형태로 설립했고 주식은 우선주와 보통주를 발행했다. 대부분 투자자들은 보통주에 비해 이익을 많이 주는 우선주를 선호했고, 보통주는 거의 모두 보스키가 보유했다. 회사는 4000만 달러로 출범했다. 이전의 회사에 비하면 약 60배 정도 몸집이 커진 규모였다.

새 회사 역시 기업 매수를 중심으로 한 차익거래에 집중했지만, 이제는 회사의 몸집이 커졌기 때문에 메가톤급의 기업 매수에 베팅해서 더 많은 돈을 벌 수 있는 기회가 생겼다. 그는 여러 거래에 참여해서 상당한 지분을 보유하게 됐고 월가에서 중요한 차익거래자가 되어 있었다. 그의 재산은 엄청나게 증식되고 있었다.

그의 성공과 투자 규모는 그에게 M&A 기업가, 투자자, 투자은행가 들로 연결되는 거대한 네트워크를 만들어 주었다. 그는 비밀리에 진행되는 잠재적인 딜에 대한 정보를 얻기 위해 정보 망을 최대한 활용했다. 누구도 그의 전화를 거절하지 않았다. 1984년 여름, 《포춘》은 보스키에 대한 특집 기사를 실었다. 그 기사는 보스키의 업적을 평가하면서도 불길한 코멘트를 잊지 않았다. "보스키의 경쟁자들은 그의 완벽한 거래 타이밍이 무언가 불안하다고 속삭인다." 이것은 앞으로 다가올 일의 예언이 됐다.

보스키는 지붕에서 떨어지기 전까지 수억 달러의 재산을 모았고 부동산도 상당했다. 뉴욕의 마운트 키스코Mount Kisco에 있는 그의 집은 침실만 20개였고, 대부분의 침실에는 대리석이 깔려 있는 욕실이 있었다. 스쿼시 코트와 테니스 코트를 비롯하여 2개의 수영장이 있었다. 수영장 하나는 겨울에도 사용이 가능하도록 실내에 있었다. 집에는 고가의 미술품과 골동품이 즐비했고, 부엌 하나가 맨해튼의 웬만한 아파트보다 더 컸다. 작은 자갈돌을 깔은 현관 앞 안뜰에는 롤스로이스가 서 있었다. (차고에는 그의 빈티지 롤스로이스 팬텀 V 한 대가 더 주차되어 있었다.) 정문 입구에서 현관까지 너무 멀어 가끔 방문자들이 다른 길로 들어서 길을 잃기도 했다. 보스키의 집을 한 번 방문한 사람들은 그에 대해 경외감을 느끼기도 했다. 그 집은 보스키가 얼마나 부자인지 보여주는 상징이었다. 맨해튼에도 호화로운 아파트를 가지고 있었다. 기사를 포함한 리무진이나 개인 전용기로 여행하는 것은 일상적인 일이었다.

그는 미국 역사상 가장 강력한 차익거래자를 넘어 거대한 제국을 건설하기를 원했다. 그는 현대의 로스차일드가 되길 희망했다. 그것은 그의 부인의 꿈이기도 했다. 이를 위해 거대한 자본이 필요했고 보스키는 마이클 밀켄에게 도움을 요청했다. 보스키는 기존의 이반 보스키 코퍼레이션을 청산하고 새로운 회사를 설립하고자 했다. 총 10억 달러의 자금을 모으려 했다. 2억 2000만 달러는 투자로 유치하고 6억 6000만 달러는 밀켄이 정크본드를 통해 조달하기로 했다. 10억 달러 규모의 회사가 설립된다면 레버리지를 일으켜 30억 달러를 조달할 수 있기에, 가히 월가를 뒤흔드는 딜을 성사시킬 수 있었다. 보스키의 제국이 건설되는 것이다.

1986년 3월 1일, 보스키는 이 꿈을 달성했다. 그러나 그는 이 거대한 돈을 독자적으로 움직일 역량이 너무 부족했다. 그는 자신이 대단한 월가의 거물이라고 자만했지만, 사실 그동안 번 돈도 정보원이 물어다 준 불법정보를 이용한 사기극에 불과했다. 아무튼 그는 이 돈을 제대로 사용도 못해 보고 같은 해 가을 FBI에 의해 체포되면서 그의 제국은 종말을 고하게 된다.

보스키는 차익거래를 통해 엄청난 돈을 벌었지만 재산만으로 만족하지 못했다. 그는 존경과 명예를 원했다. 특별하지 않은 학력으로 인해 위축됐던 보스키는 자신을 그럴듯하게 돋보이는 이미지를 만들려고 애를 썼다. 그는 자신이 자수성가했고, 밑바닥에서 일어나 자기의 세계를 일구고 궁극적으로 월가를 정복한 사람으로 비춰지도록 노력했다. 그는 하버드 대학에 커다란 기부를 했고, 하버드 대학은 그에게 뉴욕에 있는 하버드 클럽의 멤버십을 내주었다. 그는 마치 하버드 출신인 것처럼 이 클럽을 자주 들락거렸다. 보스키는 공화당, 유대인 단체나 문화 단체에도 많은 기부를 했다. 그의 기부에 대한 감사의 표시로 유대인 신학 대학, 브랜다이스 대학, 뉴욕 대학, 그리고 아메리칸 발레 극장은 보스키에게 자신들의 기금 관리를 부탁했다. 그는 세계 정상에 선 것이다.

보스키의 명성이 높아지자 많은 곳에서 그를 연설자로 초대했고, 그는 차익거래의 미덕, 자본주의, 그리고 부의 추구에 대해 찬양했다. 그는 이러한 주제로 책을 쓰기도 했는데 책의 제목은 그럴듯하게도 『머저매니아

보스키는 242쪽으로 되어 있는 이 책을 발간하면서 월가로부터 높은 평가를 받았고, 학문적으로도 자신의 이미지를 근사하게 세탁했다. 그는 이 책을 통해 월가에서 유명세를 톡톡히 누렸다. 이 책을 쓰는 데 3년이 걸렸다고 말했다. 주로 아비트라지에 대한 기술적인 면을 기술했는데, 아비트라지의 기술, 예측, 그리고 산업 분석에 대한 모델을 제시했다.

그는 뉴욕대 MBA 과정의 교수로 초대됐고, 콜럼비아 대학에서도 강사로 초빙했다. 그는 너무도 많은 곳에서 강사로 초대를 받아 일부는 사양을 해야 할 정도였다. 그가 강단에 나타나면 모두 기립 박수를 치는 일은 이상한 일이 아니었다. 그러나 그는 얼마 안 있어 FBI에 의해 체포되고 연방 교도소에 수감된다. 보스키라는 별이 비참하게 땅에 떨어져 사람들의 발에 짓밟히는 일이 곧 발생하게 된다.

Mergermania』였고, 부제는 "아비트라지: 월스트리트에서 돈을 버는 최고의 비밀"이었다. 그는 책을 쓴 이유에 대해 모든 사람들이 자기 자신에 대한 믿음과 결단을 가지면 자신들이 꿈꾸는 것을 이룰 수 있다는 영감을 주기 위한 것이라고 말했다.

다시 한번 보스키의 명성이 빛나는 순간이 있었다. 1986년 5월 18일, 보스키는 UC 버클리 대학 경영대학원 졸업식에서 연설을 했다. 월가의 차익거래자가 명문 대학의 졸업식에서 연설을 한다는 것은 매우 이례적인 일이었다. 졸업식 연사는 전통적으로 학생들의 투표로 결정되는데, 마이클 밀켄(제6장의 주인공)의 후배들은 당시 월가에서 명성을 날리던 보스키를 원했다. 이것은 당시 미국의 1980년대의 시대정신처럼 등장한 금융의 발흥과 영광을 상징적으로 보여 주는 사건이었다. 그는 대학 졸업장도 없는 사람이었다. 그러나 그는 마치 자신의 삶을 변호하듯 졸업생들에게 미국은 기회의 땅이라 말하면서, 러시아 이민자의 아들로 디트로이트에서 성장한 자신이 월가를 정복한 이야기를 자랑스럽게 말했다. 이어서 그는 대담하게 다음과 같이 말했다.

"탐욕은 항상 정당합니다. 나는 여러분들이 그것을 알기를 원합니다. 나는 탐욕은 건강한 것이라고 생각합니다. 여러분은 탐욕스러울 수 있으며, 그것은 여러분에게 좋은 것입니다."

졸업생 중 많은 사람들이 보스키의 말을 의심하지 않았고, 자신들도 보스키와 같은 월가에서의 화려한 경력을 꿈꾸었다. 보통, 졸업식 연사는 식이 마친 후 만찬에 참석해서 졸업생들, 그들의 부모, 그리고 교수들과 어울리는 것이 관례였지만 보스키는 연설을 마친 직후 자신의 전용기를 타고 뉴욕으로 돌아갔다. 그가 연설하기 6일 전에 데니스 레빈이 체포됐고 그는 즉시 정부에 협조하기로 했다. (보스키의 죄가 공식적으로 발표된 날은 1986년 11월 14일이지만, 그는 연방 검찰의 조사를 받고 유죄를 인정한 후 정부의 수사에 협조하기로 한 날은 훨씬 이전이다.) 그는 레빈의 체포 소식에 정신이 아뜩했을 것이다. 보스키가 단단하다고 생각했던 그의 기반은 이미 오래전에 흔들리고 있었던 것이다.

앞에서 살펴본 것처럼 레빈의 협조는 레빈과 거래했던 사람들의 몰락을 초래했다. 대표적으로 시어슨 리먼의 이러 소콜로우, 골드만삭스의 데이비드 브라운, 라자 프레의 로버트 윌키스, 로펌 와크텔 립톤의 변호사인 일란 라이치 등을 들 수 있다. 보스키 역시 밀려오는 이 폭풍을 피할 수 없었다. 레빈이 자신의 감형을 위해 연방 검찰을 상대로 가진 가장 큰 협상 카드가 보스키였기 때문이다.

차익거래의 실체

보스키는 어떻게 그 짧은 기간에 월가에서 그렇게 많은 돈을 벌 수 있었을까? 그의 거래의 비결은 무엇인가? 후술하는 헤지펀드의 제왕들, 라자라트남이나 스티븐 코언은 '모자이크 이론mosaic theory'을 제시했다. 그러면 보스키의 비결은 무엇인가? 그는 그의 저서를 통해 '아비트라지 거래'가 비결이라고 했다.

그렇다면 보스키가 말하는 '아비트라지' 즉 '차익거래'는 어떤 것인가? 일반적으로 자본시장에서 말하는 차익거래는 두 개 시장에서 발생하는 가격 차이를 이용하여 이익을 추구하는 무위험 거래를 의미하지만 보스키가 말하는 차익거래는 좀 다른 개념이다.

일반적으로 어느 기업이 다른 기업에 의해 인수가 되면 인수되는 기업의 주가가 상승한다. 매수자는 타깃 기업의 경영권 장악에 필요한 지분을 확보하기 위해 소위 '경영권 프리미엄'을 지불하는데, 프리미엄은 보통 시장가에 50% 정도가 붙기 때문이다. 보스키는 이러한 잠재적 거래를 찾아내어 딜이 공개되기 전에 매수하고, 딜이 공개된 후 타깃의 주가가 상승하면 매도한다고 주장한다. 이것이 보스키가 말하는 차익거래다. 그렇다면 어떤 기업이 기업 매수의 잠재적 대상인지 어떻게 알 수 있는가? 이것만 아는 비결이 있다면 월가에서 돈 버는 것은 누워서 떡 먹는 것보다 쉬울 것이다. 그러나 정상적인 상황에서 그러한 정보를 안다는 것은 불가능한 일이고, 설혹 입수한다고 하더라도 그러한 정보를 이용한 거래는 명백한 범죄행위가 아닌가?

보스키는 이러한 비밀 정보를 빼내기 위해 수단과 방법을 가리지 않았다. 어느 회사에 대한 M&A 루머가 돌면 그 회사의 핵심 인물에게 뇌물을 주고 내부정보를 빼내기도 했다. 그가 말하는 차익거래란 내부자를 통해 빼낸 기업 인수 정보를 불법적으로 이용해서 돈을 버는 것이었다. 그는 다양한 채널을 통해 내부정보를 빼냈고, 기업 인수 정보가 공개되어 주가가 상승하면 매도하여 엄청난 돈을 거머쥐고 빠져 나갔다. 결론적으로, 그는 차익거래를 한 것이 아니라 내부자거래를 한 것이다. 그러한 거래는 명백히 연방 증권법상 범죄에 해당한다.

그의 범죄의 핵심은 하얀 카펫이 깔려 있는 맨해튼 사무실의 마호가니 책상 위에 놓여 있는 전화였다. 약 300개에 달하는 전화 회선들은 월가의 대형 은행을 비롯해 수많은 정보원들과 연결돼 있었다. 보스키는 각 회선 끝에 누가 있는지 알고 있었다. 전화선 끝에는 산업계의 고위급 임원들은 물론이고, 최고급 레스토랑의 웨이터에서 호텔 도어맨, 운전기사, 회사의 인수에 대해 내부정보를 알 수 있는 모든 사람들이 있었다.

대부분은 기업의 고위급 임원들로서 기업 내부의 비밀 정보에 쉽게 접근할 수 있는 중요한 위치에 있는 사람들이었다. 보스키는 심지어 뉴욕 공항의 관리들과도 접촉했는데, 이들로부터 개인 전용기를 이용하는 거물들이 언제, 어디로 항공 일정을 잡는지에 관한 정보를 얻었다. (이 부분은 영화 〈월스트리트〉에서 폭스가 기업 인수의 거물인 와이드만을 미행하여 그가 개인 전용기를 이용하여 에리Erie로 가는 것을 알아내고 이 정보를 게코에게 알려주는 장면을 기억나게 해 준다. 게코는 와이드만이 에리에 있는 에니콧 철강 회사를 인수할 것을 예상하고 에니콧 철강 주식을 사전에 매집해 와이드만에게 되팔면서 상당한 이익을 실현한다.)

그는 중요한 정보를 받으면 반드시 답례를 했는데, 주로 돈이나 다른 비즈니스 정보, 그리고 섹스를 제공했다. 그는 맨해튼의 최고급 매춘부들과 직접 라인을 가지고 있었고, 그에게 정보를 제공한 사람들에 대한 보답의 수단으로 최고의 섹스 서비스를 제공하기도 했다.

보스키와 레빈의 밀약

보스키의 정보원 가운데 가장 최고의 자리에 있었던 사람 중 하나가 데니스 레빈이었다. 레빈은 1985년 2월, 드렉셀 M&A 부서의 매니징 디렉터의 자리를 맡으며 드렉셀에 조인했다. 당시 그는 인수·합병 비즈니스에 아주 명석한 재주를 보이는 야망이 넘치는 32세의 젊은이였다. 보스키는 가능한 모든 내부자들로부터 뇌물과 현금을 쥐여 주며 정보를 빼내고 있었고, 당시 그는 드렉셀의 중요한 고객이 되어 있었다.

보스키의 드렉셀 접근은 현실적으로 돈과 정보라는 양면성이 있었다. 보스키는 정크본드를 통해 M&A 시장의 강자로 부상한 드렉셀을 통해 차익거래를 위해 엄청난 돈을 조달할 필요가 있었고, 또한 드렉셀 내부의 정보를 엿듣기 위해 늑대처럼 어슬렁거리고 다녔다. 드렉셀의 CEO인 프리드 조지프에게도 자주 전화를 걸어 정보를 물었다. 그는 위험을 느끼고 직원들에게 보스키를 조심하라고 경고했다. 보스키가 전화를 하면 그는 모른다고 말하면서 나중에 확인하고 알려주겠다고 답했다. 그리고 그 정보가 시장에 공개가 된 시점에야 보스키에게 전화를 했다.

드렉셀에 합류한 레빈은 자연스럽게 드렉셀의 가장 큰 개인 고객인 보스키와 만나게 됐다. 두 사람은 너무도 같은 유형의 인물이었다. 레빈은 보스키에게 좋은 인상을 남기고 싶었고, 그것은 드렉셀 내부에서 그의 입지를 확고하게 해 줄 수 있기에 절박한 측면도 있었다. 레빈은 보스키에게 한 주에 20번이나 전화하면서 정보를 제공했지만 대가를 받지 않았다. 그러다가 1985년 초 두 사람은 정보 제공과 대가 지급이라는 밀약을 맺게 된다. 레빈이 제공한 정보를 통해 보스키가 처음 매수한 종목에서 이익이 발생한 경우 이익금의 5%를 주고, 이미 보유하고 있는 주식에 관한 정보가 유익한 경우에는 1%를 주기로 했다. 그러나 만약 레빈의 정보로 손해가 발생하면 그 금액만큼 감액하기로 했다. 레빈은 이미 바하마에 있는 계좌에 엄청난 돈이 쌓이고 있었지만 보스키가 제시하는 보상에 구미가 당겼다.

레빈은 보스키에게 정보를 제공하기 시작했고, 거의 49억 달러 규모의 R. J. 레이놀드와 나비스코의 합병 정보를 사전에 알려 준 사건은 악명이 높다. 이 거래에서 보스키는 레빈이 제공한 정보를 이용하여 4백만 달러를 벌었고, 레빈 또한 269만 달러를 벌었다. 또한 그해 보스키는 인터노스가 휴스턴 내추럴 가스HNG에 대한 인수 건에서 다시 4백만 달러를 벌었다. 이 건 역시 HNG의 자문을 맡았던 라자 프레의 내부자로부터 나온 레빈의 정보 덕분이었다. 이외에도 보스키는 보이스 캐스케이드, 제너럴 푸드, 유니온 카바이드, 아메리칸 내추럴 리소스 등의 기업 인수 또는 기업 재편 정보를 이용하여 총 5억 달러를 벌었다. (《월스트리트 저널》은 보스키가 번 돈 중 2억 달러는 레빈이 제공한 정보로 벌었다고 보도했다.)

야망의
함정

보스키에게는 레빈보다 더 중요한 정보원이 있었는데, 그는 키더 피바디에 있는 마틴 시겔Martin Siegel이었다. 하버드 경영대학원을 졸업한 그는 키더 피바디에서 M&A 전문가로 활동하고 있었고, 소위 '차익거래'를 즐겨하는 보스키와 자연스럽게 만나게 됐다. 그들은 1982년 처음 만난 이후 급속도로 친해졌고, 월가에서 거대한 야망을 가진 두 사람은 내부자거래라는 밀약을 통해 더욱 결속을 다졌다.

한번은 보스키가 시겔을 마운트에 있는 자기 집으로 초대했는데, 그 집의 규모와 화려함에 충격을 받은 시겔은 보스키에게 경외감을 가졌다. 그도 보스키처럼 되고 싶었고, 그의 친구가 되고 싶었다. 할리우드의 영화배우처럼 잘 생긴 시겔은 부인이 낭비벽이 심했고, 코네티컷의 멋진 집과 뉴욕의 아파트를 오가며 화려하게 생활했기에 아무리 벌어도 항상 돈이 부족했다. 보스키는 시겔의 허영심을 건드렸고, 결국 그를 자기 사람으로 낚는데 성공했다. 이후 시겔은 키더 피바디가 관련된 거의 모든 내부정보를 보스키에게 전달한다.

1983년 1월, 시겔은 다이아몬드 샴록이 나토마스 인수를 검토하고 있다는 정보를 보스키에게 전달했는데, 아직 타깃이 정해지지는 않은 상태였다. 여러 후보 중 가장 유력한 타깃이 상대적으로 규모가 적은 나토마스였다. 보스키는 즉각 나토마스 주식을 매집하기 시작했다. 시겔은 나름 많은 조심을 했다. 보스키의 전화가 감청당할까봐 직접 만나서 정보를 전달했다. 보스키의 사무실로 전화를 걸어 "커피 한잔 할까요"라는 말은 전달할 정보가 있으니 만나자는 암호였다.

그런데 다이아몬드 샴록은 인수 자금의 조달에 어려움을 느껴 인수 계획을 포기했고, 나토마스의 주가는 하락했다. 보스키는 충격을 받았지만 샴록의 내부 사정을 잘 알고 있는 시겔은 매도하지 말라고 말했다. 아직 끝나지 않았다는 것이다. 결국 다이아몬드 샴록은 자금조달에 성공했고, 5월에 나토마스 인수를 마쳤다. 80만주를 매수했던 보스키는 이 거래에서 480만 달러를 벌었다.

시겔은 9월에 다시 게티 오일의 매각 정보를 보스키에게 넘겼다. 보스키는 게티의 옵션거래를 비롯해 이 건에서 5백만 달러를 벌은 것으로 추정된다. 다시 시겔은 브라운-포먼 디스틸러가 레녹스를 인수한다는 정보를 보스키에게 제공했고, 보스키는 무려 레녹스 주식 9%에 달하는 물량을 매집했고, 공개매수 공표 후 매도해서 400만 달러를 벌었다.

이렇게 보스키에게 엄청난 돈을 벌게 해 주었지만 정작 시겔의 주머니에 떨어지는 돈은 없었다. 시겔은 실망했고 정보의 일부분만을 전달하기 시작했다. 이를 눈치 챈 보스키는 시겔에게 돈을 주겠다고 유혹했다. 1983년 12월, 시겔은 보스키에게 그동안 자신이 제공한 정보에 대한 보상으로 25만 달러를 요구했고 보스키는 쉽게 동의했다. 보스키는 100달러짜리 현금 뭉치로 25만 달러를 담은 가방을 택배를 통해 뉴욕 플라자 호텔 로비에서 시겔에게 전달했다.

그로부터 몇 달 안 되어 보스키를 정말로 부자로 만들어 주는 딜이 발생했다. 이 정보는 시겔이 제공한 것은 아니었다. 그는 곳곳에 정보원을 심어 놓고 있었다. 유명한 기업사냥꾼인 T. 부니 피켄즈가 걸프 오일에 대한 공개매수를 발표했다. 드렉셀이 피켄즈의 자금을 지원하고 있었다. 이 정보를 입수한 보스키는 피켄즈를 따라 걸프 주식을 매집하기 시작했다. 이 거래는 당시까지 합병 거래에서 최고의 규모로 인해 월가에 충격을 주었고, 드렉셀이 지원하는 기업 매수의 강력한 힘을 보여주기에 충분했다. 보스키는 걸프 주식 5%까지 매집했고, 이 거래에서 6500만 달러를 벌었다. 보스키는 1984년 3월 기준으로 1년 동안 7650만 달러를 벌었다.

1984년 봄, 카네이션은 지분을 대량으로 매각하기 위해 키더 피바디를 고용했다. 그들은 시겔에게 가능한 최고의 가격을 받아달라고 요구했다. 시겔은 카네이션이 경영권을 매각한다는 것을 눈치챘다. 그는 즉각적으로 보스키에게 알렸고 보스키는 그해 8월까지 카네이션 주식을 매집하기 시작했다. 보스키의 이러한 집중 매집으로 인해 카네이션 거래량이 급증했고, 다른 아비트라져들이 추종 매수를 하면서 주가도 올랐다. 주가가 오르고 거래량이 급증하자 뉴욕증권거래소는 카네이션 경영진에게 공시를 요구했다. 경영진은 회사에 특별한 일이 없다고 해명했다. 주가가 계속해서 상승하자 몇 주 후 회사는 다시 주가 변동에 원인이 될 만한 특별한 일은 없다고 재차 해명했다. 이러한 해명으로 월가의 차익거래자들은 패닉 상태에 들어갔지만 보스키는 흔들리지 않았다. 시겔이 경영진의 해명을 무시하고 물량을 그대로 보유하고 있으라고 말했기 때문이다. 카네이션 주가가 떨어지자 보스키는 오히려 추가로 매수에 나서 그의 지분을 늘려갔다. 시겔은 "이번 건은 게티 건 만큼 대단해"라고 말했다. 시겔의 말대로 이 거래는 게티 건보다 훨씬 단기간에 거대한 이익을 보스키에게 선물했다. 결국, 카네이션은 스위스의 거대 식품 회사인 네슬레에 인수됐다. 보스키는 이 거래에서 다시 2830만 달러를 벌었다.

이러한 보스키의 놀라운 연승 행진은 월가의 다른 아비트라져들의 질투와 시기심을 초래했다. 어쩌면 그렇게 족집게 같이 절묘한 타이밍에 들어가고 나올 수 있었을까? 나토마스, 레녹스, 게티, 걸프, 그리고 카네이션까지 그저 놀라울 뿐이었다. 보스키의 거래 규모는 놀라웠고, 월가의 사람들은 그를 질투하는 의미에서 "돼지Piggy"라고 불렀다. 그들은 증거는 없었지만 보스키가 내부정보로 거래하고 있음이 틀림없다고 확신했다. 오직 SEC와 뉴욕 남부지검의 연방 검사들만이 무능할 정도로 모르고 있을 뿐이었다.

그동안 침묵을 지켰던 언론에서 서서히 보스키에 대한 기사를 다루기 시작했다. 1984년 여름 《포춘》의 기자인 그웬 킨키드가 보스키의 투자 성공을 본격적으로 다루는 기사를 썼다. 그 기사의 대부분은 보스키에게 악의가 없었고 보스키의 투자 성공과 야망을 다루었다. 다만 보스키와 그의 정보원들을 섬뜩하게 만드는 기사가 일부 있었다. 그녀는 "보스키의 경쟁자들은 그의 절묘한 거래 타이밍에 대해 불안하게 속삭인다. 그가 키더 피바디와 퍼스트 보스턴이 관련된 딜의 정보를 알고 있었다는 루머가 돌고 있다. 그러나 보스키는 단호하게 내부정보 이용을 부정했다"고 썼다.

보스키의 정보원들은 이 기사를 보고 패닉 상태에 빠졌다. 특히 시겔의 충격이 컸다. 시겔이 보스키와 자주 통화하고 가까운 사이라는 것은 보스키 회사의 직원들은 물론 키더 피바디의 사람들도 잘 알고 있었다. 골드만삭스의 아비트라지 부서의 책임자였던 로버트 프리만은 시겔에게 전화해서 "당신이 보스키와 너무 친하다는 소문이 돌고 있으니 조심하라"고 말하면서 충고했다. 그 역시 시겔이 제공하는 내부정보로 거래하고 있었다. 충격을 받은 시겔은 카네이션 정보 제공이 마지막이라고 자신에게 약속했다. 그는 보스키와 거리를 둬야 했다. 아니면 루머에 잡아먹히게 될지 몰랐다.

이러한 상황에서 시겔을 두렵게 하는 일이 다시 발생했다. 《포춘》의 기사를 읽은 코니 부룩Connie Bruck이라는 기자가 소문의 당사자가 시겔이라는 글을 쓰겠다는 연락이 왔다. 시겔은 그녀에게 자신을 기사에서 언급하지 말아달라고 사정했지만 효과가 없었다. 놀란 시겔은 키더 피바디의 사장인 드넌지오DeNunzio에게 어떻게든 기사를 막아보라고 부탁했다. 시겔은 키더 피바디의 수익에 상당한 기여를 하는 인물이었다. 드넌지오가 나섰고 키더 비파디의 변호사들이 잡지사를 위협했다. 만약 시겔이 소문의 당사자라는 기사가 날 경우 잡지사를 상대로 소송을 제기하겠다는 것이다. 결국 잡지사의 변호사들은 부룩에게 전화해서 기사에서 시겔 부분을 삭제하지 않으면 기사를 내보낼 수 없다고 말했다. 그녀가 항의했지만 변호사들은 물러서지 않았다.

사실, 이미 오래전에 키더 피바디의 시겔이 보스키에게 정보를 전달한다는 소문이 돌고 있었는데, 월가 사람들은 시겔이 "키더 피바디에서 근무하는 보스키의 부사장Boesky's vice president at Kidder Peabody"이라고 농담을 했고, 코네티컷 해안가에 있는 시겔의 3백만 달러짜리 저택을 보스키가 지어줬다는 루머까지 돌 정도였다. 아무튼 부룩은 이 소문을 확인하고자 했지만 포기해야 했다.

이 사건으로 시겔은 두려움에 몸서리를 쳤고 더 이상 보스키에게 연락하지 않았다. 거의 날마다 보스키와 통화했지만 이제 통화 횟수는 극적으로 줄었다. 그는 더 이상 보스키에게 내부정보를 제공하지 않았다. 그러나 그해 연말이 되자 돈이 필요했던 시겔은 그동안 제공했던 정보의 대가를 받고 싶었다. 1984년 시겔의 실적은 아주 좋지 않았다. 그해 시겔이 회사로부터 받은 급여와 보너스는 1백만 달러를 겨우 넘었다. 마침 그해 아파트를 리노베이션 했는데 비용이 50만 달러가 들었다. 예상보다 훨씬 많은 금액이었다. 원래 시겔과 그의 부인은 낭비벽이 심했다. 그해에도 보스키는 시겔이 건네준 정보로 엄청난 돈을 벌었다. 왜 보스키에서 돈을 받지 못할까?

1985년 1월, 시겔은 보스키에게 40만 달러를 요구했다. 그 돈은 아파트 수리비에 사용할 계획이었다. 보스키는 쉽게 동의했다. 보스키는 돈을 전달하는 방법을 다르게 제안했다. 지난번 플라자 호텔 로비는 너무 위험해 보였다. 보스키는 55번 스트리트와 퍼스트 애브뉴 교차로에 있는 공중전화 박스를 지정하고, 거기서 오전 9시에 전화를 받으라고 지시했다. 그러면 배달원이 그곳에서 전달하겠다는 것이다. 스파이 소설에나 나올만한 이런 방법에 대해 시겔은 호텔 로비에서 전달받는 것보다 더 우스꽝스럽게 생각했다. 그러나 보스키는 양보하지 않았다.

시겔은 약속한 날 일찍 공중전화 박스 앞에 도착했다. 그는 시간을 보내기 위해 건너 편 커피숍 창가에 자리를 잡았다. 공중전화 박스가 잘 보이는 자리였다. 시간이 되자 배달원으로 보이는 남자가 가방을 들고 나타났다. 그는 검정색 코트를 입고 있었다. 그때 시겔은 반 블록 뒤쪽에 또 다른 한 사람을 발견했다. 그는 공중전화 박스를 쳐다보며 어슬렁 거리고 있었다. 시겔은 갑자기 두려움이 밀려왔다. 도대체 무슨 일인가? 그는 갑자기 보스키에 대해 두려운 생각이 밀려왔고, 혹시 전직 CIA 출신을 고용해 자신을 죽이려는 것이 아닌가 하는 생각이 들었다. 시겔은 마시던 커피를 그냥 놔두고 사무실로 도망쳤다.

시겔이 사무실에 도착하자마자 전화벨이 울렸다. 보스키였다. "어떻게 됐어?"라고 물었다.

"아무도 안 왔어"라고 시겔이 말했다.

"뭐라고?" 보스키의 목소리는 불안한 듯 들렸다.

"한 사람이 아니었어." 시겔이 설명하기 시작했다. "누군가가 보고 있었어."

"물론이지." 보스키가 답했다. "나는 항상 그렇게 해. 돈이 전달되는지 확인해야 하지 않아?"

시겔은 놀랐다. 보스키는 자신의 배달원을 믿지 않은 것이다. 보스키는 시겔에게 다시 공중전화 박스로 가서 돈을 받으라고 말했다. 시겔은 불안했지만, 그렇다고 돈을 안 받을 수는 없었다. 보스키와 몇 주간 연락을 하지 않았다. 시겔은 스스로 그 돈을 포기했다. 돈의 일부가 날아가 버렸지만 시겔은 스스로에게 더 이상 보스키에게 정보를 전달하지 않겠다고 다짐했다. 불안과 공포 속에서 더 이상 살고 싶지 않았다.

어느 날 오후 시겔은 보스키의 전화를 받았다. 보스키의 목소리는 슬픔이 깃들어 있었다. "마티, 무슨 일이야?" 보스키는 조용하게 시겔에게 물었다. "너는 나에게 통 전화를 하지 않네? 나를 더 이상 사랑하지 않는 거야?"

유죄 인정과 정부와의 협상

이렇게 정교한 보스키의 사기 행각이 어떻게 무너지게 되었는가? 보스키의 거래는 SEC나 증권거래소의 감시망에 걸리지 않았다. 레빈이 먼저 연방 정부에 덜미가 잡혔다. 레빈은 자신이 살기 위해 정부에 협조하겠다고 했고, 자신과 공모했던 사람들의 이름을 불었다. 이 명단에서 보스키가 빠질 수는 없었다.

레빈은 조사 과정에서 SEC 변호사들과 연방 검사들에게 보스키와의 거래에 대해 자세하게 이야기했다. 자신이 보스키에게 건네준 기업 인수 정보, 그가 어떻게 보스키에게 전화를 했는지, 정보 제공의 대가와 조건 등에 대해 상세하게 털어놓았다.

8월 초, SEC는 레빈이 제공한 정보를 근거로 보스키에게 여러 가지 이유를 적시한 소환장을 보냈다. SEC의 문서 제출 명령을 받은 보스키는 충격에 빠졌다. SEC가 요청한 자료는 보스키 회사가 그동안 거래했던 거의 모든 자료를 요구했기 때문이다. 이전에도 SEC로부터 자료 제출을 요청받은 경우가 있었지만, 이번에는 예사롭지 않았다. 보스키는 급히 하비 피트 변호사에게 전화했다. 피트는 그동안 보스키 회사의 법률 자문을 맡아왔다. 보스키는 피트에게 SEC의 소환에 대비해 줄 것을 부탁했다.

피트는 로이은행을 대리하면서 SEC에 레빈의 이름을 팔았던 사람이었다. 보스키가 피트를 자신의 변호사로 선임했다는 사실은 매우 아이러니하다. 피트는 로이은행을 살리기 위해 솜씨 좋게 레빈을 SEC에 넘겨주었고, 레빈은 결과적으로 보스키를 공범으로 지명했다. 피트를 자신의 변호사로 고용한 보스키는 그를 현재의 고통으로 이끈 일련의 사건을 촉발시킨 사람의 손에 자신의 미래를 맡긴 꼴이 됐다.

레빈 사건에서 언급됐지만, 피트는 SEC의 고위직 출신이었던 만큼 SEC로부터 엄청난 신뢰를 받는 사람이었다. 고객들은 SEC와 협상할 때 그가 가진 이러한 신뢰를 이용하기 위해 그를 자주 고용했다. 이것이 보스키가 피트를 고용했던 이유이기도 했다. 그렇다면 이제 피트는 어떻게 보스키를 살릴 것인가?

피트는 보스키로부터 모든 내용을 들었다. 당시 월가의 전설이었던 보스키의 어두운 진실을 들었을 때 충격을 받았다. 보스키는 밀켄을 두려워했다. 그와 이야기를 할 때에도 마치 밀켄이 듣고 있는 것처럼 조심스러워할 정도였다. 레빈이나 시겔과의 많은 정보 거래, 그리고 밀켄과 얽힌 수많은 거래에 대해서 들었을 때 피트는 이 사건이 미국을 뒤흔들 중대한 사건으로 발전할 수 있다는 예감이 들었다.

밀켄과 보스키는 내부자거래를 떠나 이미 5% 보고 의무, 주식 파킹, 기업의 경영권 장악을 위한 음모 등 상당한 불법행위에 얽혀있는 것으로 보였다. 당시 밀켄은 보스키를 뛰어넘는 월가의 황제였다. 노련한 피트는 보스키가 살아날 수 있는 중요한 카드를 가지고 있다는 생각이 들었다. 그것은 밀켄 카드였다. 아직 보스키조차 그 카드가 얼마나 강력하게 작동할 수 있는지 몰랐다. 정부는 그 카드를 받을 것으로 보였다.

물론 정부와의 싸움에서 승산이 없는 것은 아니었다. SEC는 보스키의 내부자거래에 대해 무능할 정도로 모르고 있지 않았던가? 연방 검찰은 더 무능해 보였다. 연방 정부는 믿을 수 없는 증인인 레빈만 가지고 있는 형국이었다. 그러나 보스키가 법정에서 다툰다면 정부는 모든 자원을 동원해서라도 보스키와 전쟁을 치룰 것이 분명했다.

피트는 주판알을 튕겨 보았다. 그는 최종적으로 재판으로 가는 것보다는 밀켄의 패를 이용하여 정부와 협상하는 것이 최선이라고 판단했고, 보스키에게 법정에서 무죄를 다투기보다는 정부와 협상하는 것이 더 좋을 것이라고 권고했다. 정부에 협조하는 일은 고통스러운 일이 될 것이라는 말을 잊지 않았다. 그리고 시간이 없다고 했다. 만약, 밀켄이나 시겔이 먼저 정부와 협상을 한다면 최종 타깃이 보스키로 바뀔 수가 있었다. 보스키가 밀켄 카드를 들고 먼저 협상 테이블에 나가는 것이 급했다.

보스키는 피트의 권고에 대해 3가지 질문을 했다. 그의 아내와 아이들에게 무슨 일이 생기는가? 그의 직원들과 투자자들에게 어떤 일이 생기는가? 그는 감옥에 가야 하는가?

이 질문에 대해 피트는 다음과 같이 답변했다. 그의 가족 재산과 고객의 펀드는 불법 거래에 관련돼 있지 않기 때문에 아마 영향을 받지 않을 것이다. 보스키는 앞으로 평생 증권산업에서 활동하는 것이 금지될 것이다. 이것은 그의 직원들이 직업을 잃는 것을 의미했다. 그러나 투자자들에겐 별다른 피해가 없을 것이다. 징역형의 선고는 피할 수 없지만 수감 기간은 재판에 가서 무죄를 주장하다 유죄가 선고되는 경우보다는 정부에 협력하는 편이 훨씬 단축될 것이라고 설명했다. 피트의 설명은 단순하면서도 정확했다. 피트의 설명을 들은 보스키는 회의실의 변호사들을 바라보면서 SEC와 화해하기로 결정했다. 피트는 시간이 없었다. 그는 신속하게 움직였다.

8월 중순경, 피트는 마인Main주의 오두막에서 휴가를 보내고 있던 SEC의 집행국 책임자인 개리 린치Gary Lynch에게 전화를 걸었다. 피트는 린치의 휴가를 포기시키고 중간 지역인 보스턴으로 불러냈다. SEC 워싱턴 본사의 변호사들이 급히 보스턴으로 날아왔다. 피트를 비롯해 보스키를 대리하는 변호사들은 뉴욕에서 보스턴으로 왔다. 그들은 SEC의 보스턴 지역 사무소에서 만났다. 소환장을 받은 지 한 달이 지난 1986년 9월 중순경, 양측은 기본적인 거래 조건에 합의했다. 아주 빠른 진행이었다.

피트와 그의 변호사들은 보스키가 유죄를 인정하고 자발적으로 증권시장을 영원히 떠날 것이고, 상당한 벌금을 납부할 테니 형사 기소만 막아 달라고 SEC를 설득했다. 그러나 SEC는 기소 여부는 법무부에 달려 있기 때문에 자신들의 영역이 아니라고 말했다. 다만, 린치는 피트와 변호사들에게 뉴욕 남부지검이 양형 협상을 할 수 있도록 최선을 다하겠다는 약속을 했다. 피트 일행이 떠나자 린치와 SEC 변호사들은 책상을 치며 기뻐했다. 별 수고도 없이 대어를 잡은 것이다. 그리고 보스키는 기가 막힌 이름 여러 명을 불 예정이었다. 그리고 그 명단에는 월가의 정말 큰 대어가 있다고 했다. 정말 SEC로서는 손도 안 대고 코푸는 격이었다.

휴가에서 돌아온 린치는 급히 뉴욕 남부지검의 카버리 검사에게 전화를 했다. 전화로 너무 많은 얘기를 하는 것이 부담스러운 린치는 카버리에게 워싱턴으로 오라 했다. 카버리는 급히 워싱턴으로 날아왔다. 카버리는 워싱턴의 로펌에서 린치를 비롯해 피트를 만났다. 피트는 린치에게 했던 유사한 제안을 카버리에게 했다. 카버리는 줄리아니 검사장의 승인이 필요하다고 말했다. 뉴욕으로 돌아온 카버리는 줄리아니를 만났다. 카버리는 줄리아니에게 지난 1~2년 동안 보스키를 조사했는데 증거를 못 잡았다고 말하면서 보스키의 제안이 가치가 있다고 말했다. 피트는 월가를 뒤흔들만한 정보를 주겠다면서 검찰을 유혹했다. 이 말은 들은 줄리아니는 거의 망설이지 않고 보스키와의 협상을 승인했다. 사실 줄리아니도 급했다. 남부지검장에 취임한 후 시간이 지나고 있었지만 별 성과를 내지 못하고 있었던 것이다.

SEC와 줄리아니의 뉴욕 검찰은 보스키에게 너무 많은 양보를 했다. 양보라기보다는 특혜라는 표현이 더 적절할 것이다. 무엇보다도 보스키의 범죄에 대해 정부가 발표하기 전에 차익거래 펀드의 주식을 비밀리에 매도할 수 있도록 허락했다. 특혜는 여기서 끝나지 않았다. 검찰은 보스키에게 자신에게 형량을 선고할 판사를 선택할 권한을 허용하여, 피고인에게 관대하기로 악명 높은 모리스 라스커Morris Lasker 판사를 선택하도록 했다. 그리고 펀드를 청산할 수 있도록 18개월을 허용했다. 마지막 혜택, 그리고 가장 최고의 혜택은 나중에 밝혀졌는데, 정부는 보스키의 불법거래에 대한 부당이득에 대해 1억 달러만을 회수하기로 한 것이다. 뉴욕 검찰은 왜 보스키에게 이렇게까지 은혜를 베풀었을까? 보스키의 혐의가 공개적으로 발표된 지 2일이 지난 1986년 11월 24일, 《월스트리트 저널》은 보스키가 레빈이 제공한 불법 정보를 이용해서 취득한 불법 이득이 2억 달러가 넘는데, 불과 1억 달러만을 회수하는 것은 납득하기 어렵다고 정부를 강하게 비난했다.

이러한 혜택에 대해 줄리아니는 보스키가 자발적으로 유죄를 인정하지 않았다면 정부는 그의 유죄를 입증하기가 어려웠을 것이라며 그가 정부에 협조하는 가치를 강조하며 방어했다. 줄리아니의 주장은 부분적으로 정당한 부분도 있었다. 사실, 보스키의 케이스는 약한 부분이 있었다. 레빈이 검사에게 보스키와의 밀약에 대해 말했지만, 만약 보스키가 그런 약속을 한 적이 없다고 부정한다면 어찌할 것인가? 정부는 전적으로 레빈의 증언에만 의존하는 상황이 될 것이고, 보스키의 내부자거래를 증명하기 위해 힘든 시간을 보내야 했을 것이다.

이런 상황에서 보스키가 다투지 않고 쉽게 유죄를 인정한 것은 정부와 줄리아니에게 대단히 고마운 일이었다. 결과적으로 보스키는 그렇게 가벼운 형을 받지 않았다. 보스키에게 형량을 선고하기로 보스키가 선택한 라스커 판사는 보스키로 하여금 형량 선고 판사를 선택하도록 했다는 비판에 부담을 느꼈다. 그는 보스키에게 3년 징역형을 선고했다. 그것은 그때까지 내부자거래 사건에서 가장 긴 감옥형이었다.

아무튼 딜은 성사됐고, 1986년 10월 중순경 보스키는 밀켄을 만나기 위해 로스앤젤레스행 비행기를 탔다. 이번 기회는 보스키가 정부를 도울 수 있는 마지막 기회였고, 만약 밀켄과의 대화에서 밀켄을 옭아맬 중요한 내용을 녹음할 수만 있다면 그는 엄청난 감형을 기대할 수 있었다. 보스키는 옷 안쪽에 마이크로폰을 장착했다. 두 사람의 대화는 당시 비버리힐스 호텔에 자리 잡은 피트의 방에서 녹음되고 있었다. 연방 검사인 톰 두난이 상황을 지휘하고 있었다. 보스키는 자연스럽게 보이도록 양복을 입었다. 두 사람은 금융시장에 대해 일반적인 이야기를 나눈 후, 보스키는 밀켄에게 SEC가 모든 거래 기록을 제출하라고 요구했고 SEC가 계속해서 자신의 목을 죄고 있다고 말했다. 그는 밀켄이 그들이 함께했던 거래에 대해 더 분명하게 이야기하도록 유인했다.

밀켄은 보스키가 마이크로폰을 차고 자기를 만나고 있다는 사실을 잘 알고 있었다. 레빈의 내부자거래 스캔들로 미국 전역이 충격을 받았고, 그가 관련자들을 정부 측에 다 불었다는 소문이 쫙 깔려 있는 상황이었다. 그리고 보스키 역시 정부에 협조하고 있다는 소문이 돌고 있었다. 그런데 갑자기 뜬금없이 보스키가 LA로 그를 찾아온 것이었다. 그러나 밀켄은 보스키에게 함께했던 거래에 대해 이야기하는 것을 망설이지 않았다. 특히 밀켄은 보스키가 드렉셀에 지불한 530만 달러에 관한 거래에 대해서도 부정하지 않았다. 밀켄은 그것을 불법 거래라고 생각하지 않았다.

결과적으로 보스키의 밀켄 방문은 정부 측에 아무런 도움이 되지 못했다. 보스키는 밀켄을 잡기 위해 정부가 필요로 하는 어떤 증거도 제공해 주지 못했다. 그는 타고난 사기꾼답게, 마치 그가 밀켄을 잡을 수 있는 정보를 가지고 있는 것처럼 허세를 부렸고, 줄리아니는 그 자신의 욕망을 채우기 위해 보스키의 허세를 믿어 보기로 한 것으로 보인다. 줄리아니는 실망했다. 그러나 여기서 물러날 줄리아니가 아니었다.

보스키의 날

보스키의 형량에 대한 협상이 보스키의 변호사들과 SEC · 법무부 사이에서 비밀리에 진행됐다. 모든 미팅은 SEC나 연방 검찰의 사무실이 아니라 보스키를 변호하는 로펌인 프리드 프랭크 해리스 슈리버 앤 제이콥슨 사무실에서 진행됐다. 그들은 전화 통화를 할 때에도 실명을 거명하지 않았으며 코드명으로 SEC는 '어빙 Irving'을, 법무부는 '이고르Igor'를 사용했다. 협상 과정에서 보스키는 증권 사기의 유죄를 인정하고, 법무부가 기소를 하되 최고 징역 5년으로 논의 가 됐다. 피트는 최고 징역 3년으로 낮추고자 노력했지만 검찰은 양보하 지 않았다.

그러나 피트는 결정적인 패를 가지고 있었다. 피트는 아직 보스키가 제공할 월가 거물들의 명단을 말하지 않았다. 공명심과 명예욕이 강한 연방 검사들을 자극할 필요가 있었다. 최고 징역형을 3년으로 하지 않는 다면 중요한 명단을 줄 수 없다고 버텼다. 연방 검사들과 SEC 변호사들 은 보스키가 제공하겠다는 정보가 정말 거물급인지, 아니면 뻥인지 믿을 수가 없었다. 최종 협상 서류에 이름을 적을 수는 없지만 구두로 알려주 겠다고 했다. 연방 검사들은 이를 수락했다. 피트의 입에서는 정말 놀라 운 이름들이 흘러나왔다. 당시 미국의 금융 세계를 지배하는 인물들이었 다. 정크본드의 황제 마이클 밀켄, 드렉셀의 스타 투자은행가 마틴 시겔, 웨스트 코스트의 유명 브로커 보이드 제프리스, 유명한 기업 사냥꾼인 칼 아이칸이었다. 피트는 더 명단을 가지고 있지만 최고 3년 징역형 협상 을 서면으로 확정한 후 제공하겠다고 했다.

피트로부터 놀라운 인물들의 명단을 들은 연방 정부는 이 딜을 하지 않을 이유가 없었다. 보스키가 제공한 이름들은 연방 검사나 SEC 변호 사들이 예상할 수 있는 그 수위를 한참 넘어섰다. 보스키가 제공한 인물 들은 1980년대 미국을 요동치게 했던 M&A 파도를 주도했던 핵심 인물 들이었다. 카버리 검사는 줄리아니 검사장에게 보고했고, 그는 즉각적으 로 딜을 승인했다. SEC는 위원회에 협상안을 보고했고, 역시 즉각적인 승인을 얻어냈다. 그렇게 보스키와 연방 정부 간의 딜을 성사됐다.

연방 검사들과 SEC의 변호사들은 보스키의 증언을 듣기 위해 뉴욕으로 모였다. 보스키의 변호사들도 워싱턴에서 뉴욕으로 날아왔다. 그들은 맨해튼을 조금 벗어난 지역에 위치한 웨스트버리 호텔 스위트 룸에서 만났다. 연방 정부의 인사들은 보스키를 그날 처음 보았다. 보스키의 진술이 시작됐다. 그는 의외로 너무도 쉽게 모든 얘기를 망설임 없이 털어놨다. 연방 정부의 인사들은 감탄했다. 연방 정부의 인사들은 보스키를 중심으로 했던 월가의 파워와 조직에 대해 충격적인 이야기를 들었다.

그들은 증권법을 위반하는 행위가 월가에 그렇게 만연했다는 이야기를 듣고 믿을 수가 없었다. 더욱 충격적인 것은, 그들은 보스키가 월가에서 가장 중요한 인물이라고 생각했는데, 그는 2류에 지나지 않았다는 사실이었다. 그는 밀켄과 드렉셀에게 너무도 의존하고 있었다. 카버리와 SEC 변호사들에게 밀켄이 그의 인생에서 가장 중요한 인물이 되었다고 말했다. 밀켄은 그를 죽일 수도 살릴 수도 있었다. 보스키의 증언에 따르면 당시 월가의 지배자는 밀켄과 드렉셀이었다. 보스키의 증언은 레빈의 증언과 거의 일치했다. 연방 검사들과 SEC 변호사들에게 보스키의 증언은 너무나 만족스러웠고, 이제 새로운 전쟁을 준비할 일만 남았다.

1986년 11월 14일 금요일 오후 3시 20분경, 보스키의 사무실에 피트가 이끄는 일군의 변호사들이 모여들었다. '아니 무슨 일이지?' 보스키의 직원들은 갑자기 사무실로 들이닥친 변호사들을 보고 무언가 예사롭지 않은 일이 진행되고 있다고 생각했다. 보스키는 직원들 앞에서 사전에 준비한 성명서를 읽기 시작했다. 그는 지난 몇 주 그의 직원들과 어떤 것도 상의하거나 접촉할 수 없었기 때문에 매우 힘든 시간을 보냈다고 말했다. 그는 지금 그가 직원들에게 할 수 있는 말은 오후 4시까지는 누구도 이 방을 떠나서는 안 된다는 것이며, 4시 15분까지는 누구에게도 전화를 해서는 안 된다는 것이었다. 그는 깊은 한숨을 쉬고 난 후, 장이 끝난 후인 오후 4시에 SEC가 중대 발표를 할 것인데, 자신이 증권 범죄를 저질렀고 SEC와 화해에 도달했으며, 화해금으로 SEC에 1억 달러를 지불할 것이라는 내용이 공표될 것이라고 말했다. 정부는 자신의 행동에 대해서 책임은 물었지만, 다행스럽게도 직원들과 회사에 대해서는 책임을 묻지 않았다고 말했다. 그는 이어서 훈계조보다는 침울한 어조로 다음과 같이 말했다.

> "나는 지난날의 실수에 대해 깊이 뉘우칩니다. 그리고 나 혼자서 그러한 행동의 결과에 대한 책임을 감당해야 한다는 것을 알고 있습니다. 내 인생은 영원히 바뀌어 버릴 것이지만, 그러나 나는 이러한 상황에서라도 무언가 긍정적인 것들이 나올 수 있으리라 희망합니다. 나는 이 사건의 여파로 많은 사람들이 개혁을 요구할 것으로 생각합니다. 나의 실수를 계기로 우리 금융시장의 규칙과 관행에 대한 재검토가 이루어진다면 아마 좋은 결과가 있을 것입니다."

보스키의 진술이 끝났다. 그는 직원들을 바라보면서 질문이 있는지 물었다. 완전한 침묵이 흘렀다.

오후 4시 28분, 미국 전역의 딜링룸, 금융회사, 그리고 뉴스룸에서 이 충격적인 뉴스가 보도되고 있었다. "*SEC CHARGES IVAN BOSKY WITH INSIDER TRADING*(SEC, 이반 보스키의 내부자거래 혐의 고발)"그리고 헤드라인 밑에는 "SEC는 데니스 레빈이 제공한 내부정보에 근거하여 내부자거래를 한 이반 보스키를 고발"했다고 쓰여 있었다.

오후 4시 30분, 뉴욕에서는 줄리아니가, 워싱턴에서는 SEC 위원장인 존 사드가 동시에 기자회견을 준비해 놓고 있었다. 4시 30분이 되자 줄리아니는 뉴욕 남부지검 1층의 기자회견장에 나타났다. 그는 보스키가 연방 범죄에 대해 유죄를 인정하고 형사 양형 협의에 들어갔다고 발표했다. 사드는 보스키가 월가에서 내부자거래 조사를 확대하고 있는 SEC에 협력하기로 했다고 말했다. 줄리아니와 사드를 비롯해 연방 검사들과 SEC 변호사들은 연방 정부의 아찔한 승리를 만끽했다. 그것은 부패하고 타락한 1980년대의 탐욕스런 질주에 대한 두 번째 심판을 의미했다. 첫 번째 승리는 레빈을 잡은 것이고, 두 번째 승리는 보스키를 잡은 것이다. 이제 세 번째 승부처를 남겨두고 있었다. 첫 번째 승리가 지역 예선 통과라면, 두 번째 승리는 전국 대회 승리를 의미했고, 세 번째 승리는 세계 챔피언 대회에서의 승리를 의미했다.

그러나 보스키의 범죄에 대한 발표가 있자마자 연방 정부는 생각지도 않게 언론의 집중포화를 맞았다. 언론은 연방 정부가 보스키의 범죄에 비해 지나치게 관대한 처벌을 했다고 비난했다. 뉴욕 남부지검과 SEC 본부에 비난 전화가 빗발쳤다. 특히 《워싱턴 포스트》는 11월 21일자 신문 첫 페이지 헤드라인에 SEC가 보스키에게 범죄 사실을 공개하기 전에 그의 보유 물량을 매도하게 한 조치를 신랄하게 비난했다. 미국 역사상 가장 거대한 내부자거래를 SEC가 도와줬다는 것이다.

도대체 SEC는 왜 보스키의 비밀 매도를 지원했을까? SEC의 린치는 보스키의 대량 물량이 쏟아질 경우 시장 충격을 우려했다고 말했지만, 그것은 사실이 아니었다. 보스키는 SEC에 합의금을 1억 달러를 내기로 합의했다. (당시 SEC의 1년 예산이 1억 5백만 달러였다.) 보스키는 잠재적인 타깃 기업의 주식을 엄청나게 보유하고 있었는데, 만약 보스키의 범죄 사실 발표로 인해 시장이 붕괴되면 보유 주식 가치의 하락으로 그 돈을 못 받을까봐 걱정한 것이다. 어찌 보면 본말이 전도된 어리석은 결정이었다. 그 돈이 SEC 변호사들의 주머니로 들어가는 것도 아니고, 주가가 하락하여 보스키의 재산이 줄어 1억 달러를 다 못 받게 된다 한들 SEC가 왜 그것을 걱정해야 하는가? 그 돈을 다 받기 위해 미국 역사상 가장 거대한 내부자거래를 연방 정부가 도와줘야 하는가? 정말 SEC 역사에서 스스로의 얼굴에 먹칠하는 가장 치욕적인 결정이었다.

3일 후인 11월 24일 월요일, 《워싱턴 포스트》는 다시 SEC를 비난하는 2탄 기사를 보도했다. 보스키가 레빈에게 받은 내부정보를 통해서 번 불법이익만 2억 3천만 달러에 달하는데, 겨우 1억 달러만을 화해금으로 받기로 했다는 보도였다. 거기다 11월 14일 발표 전에 보스키로 하여금 보유 주식 4억 달러를 매각하도록, 즉 내부자거래를 도와줬다고 다시 비난했다. 《월스트리트 저널》 역시 같은 입장의 비난 기사를 실었다.

월가의 변호사들은 연방 증권법은 불법이익의 3배까지 SEC가 제재금을 부과할 수 있는데, 50%에도 미치지 못한 SEC의 조치는 도무지 납득하기 어려운 결정이라고 말했다. 심지어 보스키가 스위스나 바하마와 같은 역외 계좌로 돈을 숨겨 놓고 있는 건 아닌지 제대로 조사나 했냐고 비난했다. 미국 전체가 들끓었다. SEC는 충격을 받았다.

연방 의회는 SEC 위원장과 린치를 청문회에 소환하기까지 했다. SEC로서는 수치스러운 일이었다. 일이 이렇게까지 번지자 SEC 내부에서는 위원장이 협상을 주도했던 린치를 비난하기까지 했다. 린치는 밤에 잠을 잘 수가 없었다. 그는 고통스러워했고 사임까지 생각할 정도였다. 약아빠진 남부지검의 줄리아니는 "그것은 SEC의 결정이었다"라고 발뺌을 했다.

보스키와 밀켄은 1980년대 활황기의 연료를 제공했다. 사실, 전국을 흔들었던 M&A 열풍에 두 사람은 상당한 책임을 가지고 있었다. 보스키가 유죄를 인정했다는 것은 한 시대가 끝났다는 것을 상징한다. 그리고 그것은 많은 사람들에게 두려웠던 시간이 끝나고 새로운 시간이 시작됐음을 의미했다. 왜냐하면 월가의 최고위층에 있는 사람들이라면 보스키와 한두 번쯤은 이야기를 나누지 않은 사람이 없었기 때문이었다. 이제 SEC와 검찰이 소환할 리스트가 최종적으로 정리됐다. 한동안 뉴욕의 마천루를 휩쓸었던 두려움과 피해망상이 가라앉고 있었다.

1986년 11월 14일, 보스키의 내부자거래 유죄 인정이 미국 월가를 뒤흔든 날, SEC는 후일 이날을 "보스키의 날Boesky Day"이라고 불렀다. 어느 한 트레이더는 《비즈니스 위크》에서 보스키의 유죄 인정의 중요성에 대해 "어느 날 갑자기 기업 인수 전쟁이 끝났다. 오늘이 그날인가?"라고 했다. 《타임》도 유사한 내용을 보도했다.

그러나 기업 인수 전쟁의 시대가 아직 끝났다고 할 수 없었다. 진정한 황제는 아직 건재했다. 이제 SEC와 연방 검찰은 마지막 황제와 그의 거대한 제국을 향한 최후의 공격을 남겨 놓고 있었다. 밀켄에 대한 정부의 총공세가 강화되면서 드렉셀이 밀켄을 버린 날, 밀켄이 유죄 판결을 받은 날, 그리고 1989년 블랙 먼데이가 발발하며 1980년대의 광란의 질주를 끝냈을 때 비로써 '탐욕의 시대'가 역사의 무대에서 종언을 고했다고 할 수 있을 것이다.

제6장

정크본드의 제왕,
마이클 밀켄의 금융 혁명과
제국의 최후

INSIDERS ON
WALL STREET

그들은 드렉셀의 무덤 위에서 춤추기를 원했다.

대니얼 피셀
〈시카고대 경제학 교수, 『보복(Payback)』의 저자〉

밀켄의
금융 혁명

미국의 1980년대 금융의 발흥, 금융 혁신 그리고 월가를 뒤흔들었던 M&A 파도를 논하면서 마이클 밀켄Michael Milken을 빼놓고 이야기하는 것은 아마 불가능할 것이다. 그는 그 시대에 가장 강력한 힘과 영향력을 가졌던 인물이었다. 그는 금융의 천재, 그리고 미국 경제의 영웅으로까지 평가받았다. 일부 사람들은 그의 이름 앞에 '왕King'이란 호칭을 붙이는 데 망설임이 없었다. 혹자는 밀켄을 가리켜 J. P. 모건 이후 미국 금융의 역사에서 가장 강력한 인물이었다고 평가하기도 한다.

그러던 그가 자신의 증권 범죄를 인정하고 연방 교도소에 수감됐다. 밀켄의 몰락은 미국 현대 경제사에서 가장 격동했던 한 시대가 역사의 뒤안길로 저물고 있다는 것을 의미했다. 그러나 밀켄 사건은 레빈이나 보스키의 범죄와는 근본적인 차이가 있다. 그것이 밀켄 사건에 대해 수

많은 논쟁을 불러일으킨 배경이 된다.

밀켄의 내부자거래 스캔들 이후 그의 삶, 비즈니스, 정크본드 그리고 재판에 대해 여러 권의 책이 출판됐다. 대부분이 그에 대해 부정적이었고 그를 범죄자로 표현하는 데 서슴치 않았다. 그중 대표적인 책으로 코니 브룩Connie Bruck의 『약탈자들의 무도회Predators' Ball』와 제임스 스튜어트의 『도둑들의 소굴Den of Thieves』, 벤자민 스타인의 『도둑질 할 면허 License to Steal』를 들 수 있다. 앞의 두 권은 출간되자마자 베스트셀러가 됐다. 제목이 말해주듯 이 책들은 밀켄을 금융 범죄자로 표현하는 데 망설이지 않았다.

반면, 시카고 대학의 저명한 교수인 대니얼 피셀Daniel Fischel은 그의 저서 『보복: 마이클 밀켄의 파괴 음모와 금융 혁명Payback: The Conspiracy to Destroy Michael Milken and His Financial Revolution』에서 밀켄의 무죄를 주장했다. 그는 밀켄의 재판은 정치인, 언론, 판사, 검사 들의 무지와 부패의 결과라고 신랄하게 비판했다. 오히려 밀켄은 당시 아무도 몰랐던 정크본드의 가치를 개발해서 금융 혁신을 이루었고, 그러한 금융 혁신은 미국의 산업 발전에 커다란 기여를 했다고 주장하면서 그를 미국 경제의 영웅이라고 평가했다.

펜톤 베일리Fenton Bailey 역시 그의 저서 『영광의 추락Fall from Grace』에서 피셀과 같이 밀켄 사건은 연방 정부, 언론 그리고 월가 기득권층의 사악한 결탁 이외에 아무것도 아니라고 비난했다.

밀켄은 레빈이나 보스키 같이 내부자거래로 기소되지 않았다. 보스키는 내부자거래로 체포된 이후 자신의 죄를 탕감받기 위해 정부에 협조했고, 그는 밀켄이 내부자거래, 주가조작, 불법 거래, 스톡 파킹*에 가담했다고 증언했다. 이후 연방 정부의 수사는 당시 월가를 지배하던 밀켄과 드렉셀을 조준했다. 보스키가 당시 월가의 거물급이긴 했지만 그는 밀켄의 허락 없이는 혼자서 오줌도 못 싸는 잔챙이에 불과했다. 당시 월가에서 정크본드junk bond 시장의 황제로 미국 금융시장을 호령하는 밀켄을 잡을 수 있다고 생각한 연방 검찰과 SEC는 흥분하지 않을 수 없었다. 그렇게 해서 밀켄과 드렉셀에 대한 연방 정부의 무서운 공격이 시작됐다.

밀켄은 중산층인 유대인 가정에서 태어났고 로스앤젤레스 북쪽에 위치한 엔치노에서 성장했다. 그의 아버지는 회계사였고, 세금 시즌이 되면 온 가족이 아버지를 도왔고, 밀켄 역시 10살 때부터 아버지를 도와 수표를 정리하거나 세금 신고를 도와주면서 용돈을 벌기 시작했다. 그는 어린 시절부터 수학 능력이 뛰어나서 학교 친구들을 좌절시켰는데, 그는 머릿속으로 아주 복잡한 계산을 할 수 있었기 때문이다. 그는 버밍험 고등학교에 진학했고, 후일 영화배우가 된 샐리 필드와 신디 윌리엄스와는 급우였다.

그는 UC 버클리 대학에 진학했고 최고의 성적으로 졸업했다. 버클리 시절 그는 운명 같은 논문을 만나게 되는데, 전 클리블랜드 연방준비은행 총재였던 브래독 힉만Braddock Hickman이 저술한 신용credit에 대한 연구에 빠져들게 된 것이다. 1950년대에 발표된 힉만의 논문 〈회사채의 가치와 투자자의 경험Corporate Bond Quality and Investor Experience〉은 신용 등

● **stock parking**_ 스톡 파킹은 주식의 실제 소유자를 숨기기 위해 다른 사람 명의로 주식을 보유하는 것을 말한다. 즉 실제 보유자와 보유 명의자가 다르게 만드는 것이다. 미국은 특정 주식의 의결권 있는 주식의 5%를 보유하게 되면 SEC에 보고해야 한다. 이는 우리나라도 마찬가지이다. 스톡 파킹은 이러한 보고 의무를 회피하기 위해 주로 사용된다.

급이 우수한 투자 포트폴리오보다 신용 등급이 낮은 투자 포트폴리오가 리스크를 감안하더라도 더 좋은 수익률을 제공한다는 결과를 보여 주었다. 이 힉만의 글은 후일 밀켄의 운명을 이끄는 논문이 됐다.

밀켄은 UC 버클리를 졸업하자마자 학교 시절의 친구였던 로리 핵클과 결혼했다. 그들은 필라델피아로 이사했고, 밀켄은 펜실베이니아 대학 와튼 스쿨에 진학했다. 그러나 힉만의 논문은 그의 머릿속을 떠나지 않았다. 그는 와튼에서 열심히 공부했고 모든 과목에서 A를 받았다. 졸업 후 그는 투자은행인 드렉셀 번헴 램버트에 취직했다. 당시 그는 필라델피아 근교에 살고 있었는데, 정확히는 체리 힐Cherry Hill에 살았다. 체리 힐은 델라웨어강 건너에 있기 때문에 필라델피아가 아니라 뉴저지에 속했다. 그는 거기서 매일 버스를 타고 드렉셀의 본사가 있는 맨해튼으로 출퇴근을 했다.

코니 부룩은 그녀의 저서 『약탈자들의 무도회』의 시작 부분에서 이를 흥미 있게 묘사하고 있다. 1970년대 초, 매일 새벽 5시 30분 버스가 체리 힐의 버스 정류장에 멈춰 서면 서류더미로 불룩한 백팩을 맨 젊은 청년이 버스에 올라탔다. 매일 왕복 4시간의 출퇴근 버스 속에서 힉만의 글, 그리고 저등급 채권의 수익률과 리스크의 상관관계는 그의 머릿속을 떠나지 않았다. 맨해튼 출퇴근은 기차가 편했지만 통근자들끼리의 가벼운 대화조차 방해가 된다 하여 그는 버스를 이용했다. 버스에 올라타면 옆자리가 빈 좌석에 앉아 가방에서 서류들을 꺼내 빈 옆자리에 쌓아놓았다. 겨울에는 하늘이 짙은 어둠에 싸여 버스 안이 어두울 때는 광부들이 사용하는 것과 유사한 랜턴이 달린 모자를 쓰고 차 안에서 기업들이 SEC에 신고한 채권의 투자설명서와 공시 서류들을 읽었다는 일화가 있다. (코니 부룩이 소개한 이 일화에 대해 베일리는 자신의 저서에서 밀켄은 그런 일이 없었다고 부정했다고 썼다.) 그는 그토록 열정적으로 저등급 채권시장에 몰입했다.

　필자는 1996년부터 1998년까지 필라델피아에 있는 펜실베이니아 대학 로스쿨에서 유학을 했다. 와튼 스쿨이 워낙 유명해서 로스쿨 위쪽에 있는 와튼 스쿨에 몇 번 가 본 기억이 난다. 체리 힐 지역도 가끔 방문할 기회가 있었는데, 한번은 미국인 친구가 나에게 어느 버스 정거장을 가리키면서 이 정거장이 밀켄이 매일 아침 맨해튼으로 출근하기 위해 버스를 기다리던 정거장이라고 말했던 기억이 난다. 그는 와튼 출신 중 영웅으로 기억되는 인물이었다.

　그는 촉망받는 MBA 출신들이 보통 투자은행의 기업 금융corporate finance 쪽으로 진출하는 것과는 달리 '세일즈 앤 트레이딩sales and trading' 부서를 희망했다. 그는 그곳에서 등급이 없거나 아니면 저등급의 채권에 관심을 가지고 일을 했다. 그리고 그 채권들은 그의 미래와 운명을 바꾸어 버렸다. 아니 그는 스스로 운명을 개척하고자 저등급의 채권을 만나기 위해 그 부서로 갔을 것이다.

　결국 그는 '정크본드'라는 경멸적인 이름으로 불리던 저등급 채권의 잠재적 가치를 발견하면서 한 시대의 신화를 창조하며 영웅으로 탄생한다. 그러나 밀켄이 새로운 비밀을 만들어 낸 것은 아니다. 버클리 시절 우연히 힉만의 글을 만났고, 그가 조사하고 분석했던 결과를 이해한 것에 불과했다. 콜럼버스의 신대륙 발견도 같은 이치가 아닌가? 사실, 1900년과 1943년 사이의 회사채 실적을 분석한 힉만은 낮은 등급의 채권의 장기간 포트폴리오가 블루칩 회사의 포트폴리오보다 오히려 더 높은 수익률을 기록했고 위험도 높지 않다는 것을 보여 주었다. 이후의 기간인 1945년부터 1965년 사이의 연구도 동일한 결론을 보여 주었다.

　힉만 종교의 열심 당원이 된 밀켄은 이러한 특별한 '복음gospel'을 열정적으로 전파했다. 문제는 유동성이었다. 고객을 만들어야 했다. 월가에서 저등급 채권에 대한 리서치 자료를 찾을 수가 없었다. 거의 모든 보고서가 널리 거래되고 있는 기업들의 주식에 대한 것이었다. 따라서 C 등급 채권을 발행한 기업들에 대한 보고서를 밀켄이 직접 작성해야 했는데, 이를 위해서는 해당 기업의 경영진, 제품, 수익 전망이나 현금 흐름 등에 대해 정확하게 알아야 했다. 그것은 고되고 힘든 일이었다. 밀켄은 두툼한 보고서들로 불룩 튀어나온 가방을 들고 새로운 복음을 전파하기 위해서, 즉 투자자들이 고수익 채권에 투자하도록 설득하기 위해 많은 여행을 했다. 고수익 채권이 위험하다는 이유로 저평가되고 등급rates이 낮아 가격이 싸지만 상환 능력이 충분하다는 것이 그의 주장이었다.

당시 미국의 채권시장은 2개의 거대한 채권 평가 기관인 무디스Moody's 와 스탠다드 앤 푸어스S&P, Standard & Poor's가 지배하고 있었다. 두 회사는 수 세대 동안 투자자들에게 채권 투자의 리스크를 측정할 수 있는 가이드를 제시해 주었다. 채권의 가치는 발행자가 약속된 이자를 지급하고 만기일에 원금을 상환할 수 있는지에 달려 있다.

당시 통신 분야의 거물인 AT&T나 컴퓨터 업계의 IBM 같은 정상급의 블루칩 회사들은 S&P에 의해 '트리플 A'가 부여됐다. 이것은 원금이나 이자의 상환 위험이 전혀 또는 거의 없다는 것을 의미했다. 재무 상태가 취약하거나 문제가 있는 회사들은 그에 상응하는 낮은 등급을 부여받았고, 일부 회사들은 너무 위험해서 아예 등급을 받지 못하기도 했다. 회사채의 이자율은 이러한 시장의 등급에 의해서 출렁거린다. 따라서 회사채의 등급이 낮을수록 투자자를 유인하기 위해서 지불해야 하는 이자율이 높아진다.

1970년대 중반에 낮은 등급 또는 전혀 등급을 받지 못하는 회사들이 그렇게 많은 것은 아니었지만, 대부분의 투자자들은 이러한 회사들이 발행한 채권에는 투자를 꺼렸다. 대형 투자은행들 역시 관심이 없었다. 그들은 회사의 평판 때문에 위험한 채권들을 취급하지 않았다. 만약 저등급 채권들을 취급하면 오히려 주류를 형성하는 최고 등급의 발행자들과 소원해지는 경향이 있었다. 그러나 대부분의 저등급 채권도 한때는 높은 등급을 받았던 회사들이 발행한 채권이었다. 이들은 회사가 경영상 어려운 시기를 거치면서 신용을 잃게 됐고, 월가는 이들 회사들 또는 이들이 발행한 저등급의 채권을 "타락한 천사"*라고 불렀다. 밀켄은 월가가 외면했던 이 시장을 공략했다. 실제로 그 채권들은 위험한 채권이 아니었던 것이다.

그의 노력은 서서히 빛을 보기 시작했다. 일부 부유한 유대인 금융 그룹이 밀켄의 말을 믿고 투자를 시작했다. 그리고 밀켄의 이론은 사실로 입증됐다. 그들의 투자 수익률은 밀켄의 예상과 맞거나 그 이상을 넘어섰다. 그들은 밀켄과 드렉셀의 든든한 후원자가 됐다. 1977년 초까지 밀켄의 비즈니스는 고수익 증권에서 25%라는 놀랄 만한 수익률을 기록했다. 지금까지 월가에서 누구도 고수익-고위험 채권을 다루지 않았다. 단지 리먼 브라더스 정도가 고수익 채권의 마켓메이커market maker 역할을 했는데, 일부 새로 발행된 증권을 인수하고 이를 거래하는 정도였다. 그러나 이것은 밀켄의 비즈니스와는 차원이 달랐고 대부분 기존 고객에 대한 서비스 차원을 벗어나지 못했다.

이러한 상황에서 밀켄은 새로운 시장을 연 것이다. 그가 달성하고 있는 새로운 수익률은 경이적이었다. 이러한 놀라운 수익률은 지극히 정상

---

* **fallen angels_** 타락한 천사는 기독교에서 사용하는 용어다. 루시퍼(Lucifer)는 하나님을 섬기는 천사장 중 가장 영광스러운 직분을 맡은 천사장이었다고 한다. 그런데 그가 자신의 지위를 떠나 하나님의 자리를 넘보다가 심판을 받아 하늘에서 쫓겨났고 마귀가 됐다고 한다. 한때는 영광스러운 지위에 있었지만 타락하여 저주를 받은 것이다. 루시퍼가 하늘에서 쫓겨날 때 그를 추종했던 하늘의 천사 1/3이 함께 쫓겨났다고 한다. 저등급 채권을 발행한 회사들도 한때는 신용이 매우 높았던 회사들이었다는 것에 빗대어 그들이 발행한 채권인 정크본드를 '타락한 천사'라고 불렀다.

적인 방법을 통해 달성한 것이었다.

그는 놀라운 기억력을 가지고 있었다. 누가 어떤 채권을 얼마나 많이 발행했고, 만기일, 수익률, 콜 조건 등 그리고 누가 그것을 원하는지를 정확히 알고 있었다. 심지어 약 150건의 딜을 동시에 진행하면서 특정 회사 CEO의 고양이 이름까지 기억하고 있을 정도였다.

그의 명성이 높아질수록 그의 능력에 대한 고객들의 신뢰도 함께 높아졌다. 밀켄은 고객들에게 특별한 증권에 투자할 것을 권유했고, 그들은 밀켄의 자문에 따랐다. 그들은 무등급 채권이 공개된 (즉 신뢰할만한) 가격이 없다는 사실에 염려하지 않았으며, 또한 밀켄이 중간에서 얼마나 벌고 있는지에 대해서도 알려고 하지 않았다. 그들의 유일한 관심은 오로지 그들 손에 떨어지는 이익의 규모였다.

밀켄은 초기부터 두드러진 성공을 보였고, 그것은 이제 막 위기를 딛고 합병을 통해 새롭게 출발한 드렉셀에게도 축복이었다. 드렉셀은 1973년 밀켄에게 2백만 달러를 맡겼는데, 밀켄은 한 해 동안 2백만 달러를 벌어들였다. 100%의 이익을 기록한 것이다.

이후 밀켄과 드렉셀은 정크본드 시장을 개척하면서 놀라운 수익을 매년 기록했지만 1977년은 그들에게 의미 깊은 해였다. 그해 텍사스 인터내셔널이 자금 조달을 원했는데 회사의 부채가 너무 많아 보통 방법으로는 투자 유치가 어려운 상황이었다. 밀켄은 고수익 증권을 '공모'로 발행하기로 결정했는데, 투자은행인 드렉셀을 중심으로 하는 제2차 발행이 아니라 일반 투자자를 직접 대상으로 하는 방법이었다. 그는 쉽게 3천만 달러를 모집했고 이 거래에서 3%의 수수료를 받았다. 그는 이와 유사한 회사들을 위해 그해에만 6건의 발행을 추진했다. 또한 그는 정크본드와 일반 펀드를 결합시킨 새로운 상품을 만들어 소액 투자자들에게 팔았다.

밀켄과 드렉셀은 그다음 해인 1978년에 더욱 놀라운 기록을 달성했다. 그해 드렉셀은 14건의 발행을 주관하면서 4억 3950만 달러어치의 정크본드를 팔았다. 이는 전체 시장의 70%에 달하는 수치였다. 이제 드렉셀은 정크본드 시장을 주도하는 강자로 떠올랐다. 월가의 기득권층 바로 눈앞에서 새로운 금융 혁명 시스템이 작동하기 시작한 것이다.

밀켄의 혁명은 성공했다. 그는 투자자에게 놀라운 수익률을 안겨 주었다. 정크본드의 상환 불능 리스크까지 감안한 최종 수익률이었다. 자금 조달을 원하는 기업들도 만족했다. 월가의 다른 투자은행들이 할 수 없었던 자금 조달을 밀켄과 드렉셀이 해낸 것이다. 이러한 밀켄의 비즈니스가 성공하면서 체리 힐에서 버스를 타고 출발한 그의 긴 여정은 미국 금융의 역사에서 영광스러운 왕좌의 자리까지 올라갔고, 드렉셀은 밀물처럼 밀려드는 거대한 자금으로 엄청난 딜들을 성공시키면서 일약 월가 최고 투자은행의 반열에 올라서게 된다.

약탈자들의 무도회

드렉셀은 위험이 높지만 고수익을 원하는 투자자들과 자금 조달을 원하지만 신용도가 낮은 기업들이 서로 만날 수 있도록 매년 콘퍼런스를 열었다. 1970년대 말, 캘리포니아 비벌리 힐튼 호텔에서 시작된 콘퍼런스는 약 50명 정도가 참석하는 작은 모임에 불과했지만, 정크본드 시장이 팽창하면서 이 콘퍼런스는 곧 월가의 관심을 끌었다. 1984년 콘퍼런스에는 약 800명 정도가 참석하면서 주요 좌석에는 웬만큼 힘쓰는 사람들도 앉기 어려울 정도의 유명한 모임으로 발전했다. 금요일 밤 만찬에 1500명 정도가 참석했고, 당시 최고의 가수였던 프랭크 시나트라가 깜짝 등장해 45분간 메들리로 노래를 불렀다.

콘퍼런스는 투자 엑스포 또는 투자 갈라investment gala와 같은 성격의 모임으로 출발했지만 이후 콘퍼런스의 성격이 변하기 시작했다. 밀켄과 드렉셀이 제공하는 정크본드 비즈니스를 통해서 얼마든지 자금을 조달할 수 있게 되면서 이 콘퍼런스에 LBO*나 적대적 기업 인수를 노리는 기업 사냥꾼들이 많이 참석하게 된 것이다.

1988년 봄, 코니 브룩이 쓴 『약탈자들의 무도회』가 출간됐다. 브룩은 이 책의 제목이 의미하듯 드렉셀과 밀켄을 금융의 사악한 무리, 기업 사냥꾼 그리고 차익거래자들의 조종자로 묘사했다. 이 책은 출간되자마자 베스트셀러가 됐다. 브룩은 드렉셀이 주최하는 이 콘퍼런스를 "약탈자들의 무도회"로 비난했다. 그녀가 이러한 용어를 사용한 이후 "약탈자들의 무도회"는 기업 사냥꾼과 높은 수익률을 기대하는 투자자들 사이의 미팅을 가리키는 의미로 많이 사용됐다. 그녀의 이러한 표현은 다소 지나친 면이 있지만, 1984년 모임 때부터 콘퍼런스는 그 성격이 바뀌기 시작한 것은 사실이다. 드렉셀의 기업 금융 부문 책임자인 프레드 조지프(그는 후일 드렉셀의 CEO가 된다)는 1984년 콘퍼런스에서 회사의 새로운 전략을 야심차게 발표했다.

"우리는 적대적 기업 인수를 재정적으로 지원하는 여러 방법을 개발하고 있습니다." 조지프는 정크본드를 발행해 M&A 자금을 적극적으로

● **Leveraged Buy Out_** 보통 '레버리지 차입 매수' 또는 '레버리지 차익거래'로 번역된다. 기업을 인수할 때 많은 비용이 드는데, 대부분의 인수 비용을 인수 대상 기업의 자산을 담보로 하여 투자은행 등을 통한 대출 또는 채권 발행 방식으로 조달한다. 차입 비율이 자신이 가진 돈보다 월등하게 높은 경우를 보통 LBO라고 한다. 드렉셀은 LBO를 원하는 기업 또는 기업 사냥꾼들에게 정크본드의 발행을 통해 엄청난 돈을 지원해 주었다.

지원할 계획이었다. "우리는 역사상 최초로 모든 사람에게 기회를 제공하게 됐습니다. 누구라도 대형 회사를 인수할 수 있게 됐습니다." 조지프의 이러한 선언은 충격적이었다. 밀켄과 드렉셀을 중심으로 한 정크본드 시장은 강력한 수익률을 근거로 무제한의 자금을 조달할 수 있으며, 적대적으로 기업을 인수하고자 하는 누구에게나 자금을 지원하겠다는 말이었다.

이제 미국 기업계의 지축을 뒤흔드는 거대한 시장이 열린 것이다. 이후 드렉셀과 밀켄은 적대적 기업 매수에 대한 찬반 여론과 함께 논쟁의 중심에 서게 된다. 코니 부룩은 드렉셀이 주최한 콘퍼런스에 매춘부까지 동원됐다고 비난했다. 부룩의 지적처럼 그런 부분은 비판의 여지가 있을 수 있지만, 1984년 드렉셀 콘퍼런스가 미국 자본주의 역사에서 중요한 전환점이 됐다는 사실을 부인하기는 어렵다. 그날은 미국의 1980년대가 "탐욕의 시대"로 질주하기 위한 고속도로의 톨게이트 문이 열린 날이기 때문이다. 그리고 그 사실은 1984년 콘퍼런스에 참여한 당사자들조차 알지 못했다. 앞으로 그들이 얼마나 엄청난 돈을 벌게 될 것인지를.

그날 밤, 콘퍼런스에 참여한 미국의 핵심 기업 사냥꾼들은 호텔 옆 방갈로 8번지에 모여 드렉셀의 인사들과 조용히 담소를 나누고 있었다. 불과 몇 주 안에 미국 기업계에 지진이 발생할 터였다. 부니 피킨스는 유노칼Unocal을, 넬슨 펠츠는 내셔널 캔National Can을, 제임스 골드스미스 경은 크라운 젤러바크Crown Zellerbach를, 윌리암 팔레이는 노스웨스트 인더스트리를, 스테판 윈은 힐튼 호텔을 공격할 예정이었다. 모든 실탄을 드렉셀이 제공하기로 했다. 실로 혁명 전야였다. 무서운 혁명의 쓰나미가 곧 월가와 미국 주요 기업 이사회실에 들이닥칠 예정이었다. (브룩은 이러한 공격을 정상적인 미국 기업들의 경영에 대혼란을 야기하는 테러로 비난했다.)

드렉셀의 콘퍼런스에는 후발 주자로 정크본드 비즈니스에 뛰어든 월가의 대형 투자은행들 역시 적극적으로 참여했다. 거대한 자금을 필요로 하는 많은 잠재적 고객들을 콘퍼런스에서 만날 수 있기 때문이었다. 이후 많은 대형 투자은행들이 독자적인 콘퍼런스를 개최하면서 적대적 기업 매수와 LBO 시장에 적극적으로 뛰어들었다. 골드만삭스는 대형 백화점 매시를 인수하기 위한 40억 달러의 LBO를 성사시켰고, 모건스탠리는 레블론 인수 작전에 드렉셀과 공동으로 진행하면서 기존의 대형 투자은행들에게 충격을 주었다. (지금까지 드렉셀이 지원하는 적대적 기업 매수에 대해 비판적인 시각이 많았는데, 모건스탠리라는 유수의 투자은행이 드렉셀과 손을 잡고 이러한 전쟁에 직접 뛰어 들었기 때문이다.) 메릴린치와 리먼은 더욱 공격적으로 움직였고 퍼스트 보스턴 역시 마찬가지였다.

그러나 월가의 대형 투자은행들이 고수익 채권시장에 뛰어들었지만 선두 주자인 드렉셀을 따라 잡기 어려웠다. LBO와 적대적 기업 매수를 계획하는 기업 사냥꾼들은 밀켄과 드렉셀에게 자금 지원을 부탁했다. 드렉셀은 이들에게 "의향서highly confident letter"를 발행해 주었다. 이 문서는 법적인 의무는 없지만 밀켄의 명성과 능력을 고려할 때 매우 신뢰할 만한 것이었다. 밀켄과 드렉셀은 자신들의 든든한 투자자들을 동원해 무제한의 LBO의 실탄을 지원하면서 월가 M&A 시장의 지배자로 떠올랐다.

드렉셀과 밀켄의 성공과 질주는 1986년 가을에 절정에 달했다. 드렉셀은 정크본드 시장을 거의 독식하고 있었다. 1986년 말, 드렉셀의 수익은 40억 달러에 달했고, 이는 당시 최고의 투자은행인 샐러먼 브라더스와 골드만삭스의 수익을 제치는 것이었다.

또한 많은 언론에서 밀켄의 성공을 추겨 세웠다. 《포브스》는 이미 1984년에 커버스토리로 밀켄의 성공 드라마를 "한 사람에 의한 혁명 One-Man Revolution"이란 타이틀로 다루었다. 이 글은 밀켄이 월가의 동료들이 도저히 따라올 수 없을 정도로 앞서가면서 자신만의 우주를 창

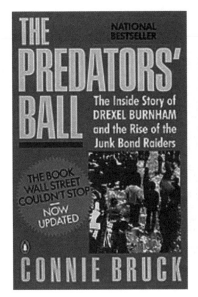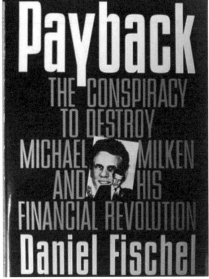

이 두 책은 마이클 밀켄에 대해 극적으로 상반된 입장을 보여 준다. 코니 부룩의 『약탈자들의 무도회』는 마이클 밀켄을 금융의 사악한 조종자로 묘사하며 그 시대의 가장 타락한 자로 묘사했다. 또한 제임스 스튜어트의 『도둑들의 소굴』 역시 부룩과 같은 입장을 취했다.

반면, 시카고 대학의 저명한 교수인 대니얼 피셀은 그의 저서 『보복: 마이클 밀켄의 파괴 음모와 금융 혁명』에서 밀켄의 무죄를 주장했다. 그는 밀켄의 재판은 정치인, 언론, 판사, 검사 들의 무지와 부패의 결과라고 신랄하게 비판했다. 오히려 밀켄은 당시 아무도 몰랐던 정크본드의 가치를 개발해서 금융 혁신을 이루었고, 그러한 금융 혁신은 미국의 산업 발전에 커다란 기여를 했다고 주장하면서 그를 미국 경제의 영웅이라고 평가했다.

조했다고 높이 평가했다. 《비즈니스위크》는 J.P. 모건에 비유하면서 정
크본드 혁명은 높이 평가받을 가치가 있다고 썼다. 《인스티튜셔널 인베
스터스》는 밀켄을 가리켜 "위대한 밀켄"이라고 했다. 심지어 진지한 언
론인 《이코노미스트》까지 나서 정크본드를 통한 기업 인수 활동은 미국
기업의 비즈니스를 보다 경쟁력 있게 작동하도록 도움을 주고 있으며,
보다 훌륭한 경영진을 통해 효율적인 경영이 가능하도록 해 주고 있다
고 높이 평가했다.

　그러나 밀켄과 드렉셀의 이러한 놀라운 성공은 많은 적을 만들었다.
밀켄은 수십억 달러의 정크본드를 팔면서 월가의 귀족들을 열 받게 하
는 행동을 했다. 월가에서 자금 조달을 할 경우 투자은행들 중 하나가 대
표 주관 회사 역할을 맡고, 여러 투자은행들로 신디케이트syndicate를 구
성해서 위험과 수익을 나누어 갖는 것이 관례였고 에티켓이었다. 그런데
밀켄과 드렉셀은 이런 방식으로 채권을 인수한 적이 거의 없었고 혼자서
수익을 독식했다. 또한 뒤늦게 정크본드 시장에 뛰어든 기존 투자은행들
에게 양보할 마음이 조금도 없었다. 드렉셀과 밀켄은 시장 점유물 100%
를 목표로 했고, 오히려 다른 투자은행들이 진행하는 딜을 깨려고까지
했다. 어찌 보면 이러한 드렉셀과 밀켄의 행동은 오만이었고 기존 투자
은행들의 분노를 사기에 충분했다.

　또한 밀켄은 본의 아니게 미국의 《포춘》 500대 기업의 이사들도 모두
적으로 만들었다. 밀켄이 정크본드의 발행을 통해 기업의 경영권을 위협
하는 세력들을 키웠다는 것이다. 이처럼 밀켄과 드렉셀의 거침없는 성공
과 함께 새로운 적대 세력들의 분노 역시 숨죽이며 크고 있었다.

세기의
소송 전쟁

월가의 유수한 투자은행들을 제치고 질주하는 드렉셀과 밀켄의 아찔한 성공을 질투하듯 그들 앞에 무서운 폭풍이 다가오고 있었다. 비바람은 1986년 5월 12일 데니스 레빈의 체포된 날 불기 시작했다. 레빈은 감형을 위해 연방 검찰에 협조하기로 했고, 자신이 내부정보를 제공한 사람들을 불었다. 그러나 레빈의 공모자들은 월가에서 2류 M&A 플레이어들에 불과했고, 따라서 월가의 많은 사람들은 레빈을 둘러싼 스캔들은 곧 잠잠해질 것으로 생각했다. 그러나 레빈의 입에서 나온 이름 중 커다란 폭탄 하나가 있었다. 그 이름은 이반 보스키였다.

1986년 11월 14일, 레빈이 체포된 지 약 6개월이 지난 후 연방 검찰은 보스키와의 딜을 공개적으로 발표했다. 보스키는 자신의 감형을 위해 정부에 적극적으로 협조했고, 그의 불법행위와 관련된 인물들의 이름을 정부에 제공했다. 보스키 입에서 흘러나온 월가의 거물들은 레빈 스캔들에서 드러난 인물들과는 체급이 달랐다. 정크본드의 황제 마이클 밀켄, 드렉셀의 스타 투자은행가 마틴 시겔, 웨스트 코스트의 유명 브로커 보이드 제프리스, 유명한 기업 사냥꾼인 칼 아이칸 등의 이름이 보스키의 입에서 흘러나왔다. 그들은 당시 월가의 지배자들이었다. SEC는 즉각적으로 이들에게 보스키가 내부정보를 제공한 거래 내역에 대한 제출명령서를 보냈다. 그러나 다가올 전쟁의 진정한 타깃은 밀켄과 드렉셀이라는 점은 너무나 분명했다. 칼 아이칸을 비롯해 당시 월가의 여러 거물들이 있었지만, 밀켄이 왕이라면 그들은 작은 마을의 영주에 불과했기 때문이다.

밀켄은 정부의 조치를 납득할 수 없었다. 자신은 잘못한 것이 없다고 생각했다. 밀켄은 1986년 11월 14일, 보스키의 딜이 발표됐을 때 즉각적으로 에드워드 윌리엄스를 자신의 변호사로 고용했다. 그는 로펌 윌리엄스 앤 콘놀리의 파트너로서 밀켄이 진행했던 많은 M&A 과정에서 알게 된 변호사였다. 윌리엄스는 워싱턴의 전설적인 형사 전문 변호사였다. 그는 상원의원이었던 조지프 맥카시를 변호하는 등 화려한 경력에 있어서 그를 따라갈 변호사가 없을 정도로 유명했다. 그는 오래 전부터 밀켄의 비즈니스와 관련해서 자문을 해왔다.

또한 밀켄은 로펌 폴 와이스 리프킨 와튼 앤 개리슨Paul, Weiss, Rifkind, Wharton & Garrison의 아서 리먼을 고용했다. 리먼은 데니스 레빈를 대리했던 변호사로서 기업 소송 전문가였다. 밀켄은 리먼을 잘 알고 있었는데, 그는 밀켄의 고객이었던 기업들이 M&A 하는 과정에서 법률 자문을 했다. 밀켄은 그가 증권법이나 적대적 기업 인수 그리고 정크본드를 통한 자금 조달 분야를 잘 알고 있다고 판단했다. 밀켄은 역사상 가장 거대하고, 가장 화려하고, 가장 돈이 많이 드는 변호인단을 꾸렸고, 드렉셀 역시 화려한 변호인단을 구성했다. 이제 세기의 소송 전쟁이 시작될 터였다.

연방 검찰은 아직 드렉셀과 밀켄에 대한 조사가 시작되기도 전이었는데 언론에 그들의 유죄를 입증할 증거를 찾아냈다는 식의 정보를 흘리고 있었다. 언론은 정부가 흘리는 이야기를 그대로 받아썼다. 언론의 이러한 태도는 1980년대 '탐욕의 시대'에 대한 대중의 분노를 반영하는 듯 보였다. 특히 《월스트리트 저널》이 가장 공격적이었는데, 이는 전통적으로 월가의 입장을 대변하는 입장에 섰던 《저널》로서는 매우 이례적인 일이었다.

따라서 밀켄 사건에서 검찰이 보여 준 이러한 행보는 정치적인 냄새가 강했다. 검찰은 우호적인 언론에게 정보를 흘리면서 밀켄과 드렉셀에 대한 부정적 여론을 조성했고, 그동안 밀켄과 드렉셀의 강력한 성공을 질투하는 모든 세력을 연합군으로 묶어 공동전선을 구축하려는 것으로 보였다.

정부의 이러한 공세는 드렉셀의 비즈니스에도 현실적인 충격을 가했다. 매출revenue은 1986년의 40억 달러에서 1987년에는 32억 달러로 줄었고, 이익profit도 5억 4550만 달러에서 약 1억 2500만 달러로 줄었다. 이처럼 이익이 대폭적으로 준 것은 여러 이유가 있지만, 정부의 민사소송과 형사소송의 제기로 발생할 수 있는 손해에 대비해 쌓은 유보금의 규모가 컸기 때문이다. 그리고 드렉셀 스스로도 정부의 조사가 진행 중인 동안 적대적 기업 매수를 지원하는 비즈니스를 적극적으로 하지 않겠다고 결정했기 때문이다.

1988년에는 더 많은 문제가 발생했다. 4월에 존 딩겔 하원의원이 정부의 조사와 관련하여 의회에서 청문회를 개최했는데, 청문회의 목적은 오로지 드렉셀과 밀켄을 공개적으로 비난하기 위한 것으로 보였다. 딩겔 의원은 청문회에서 기업 매수와 정크본드에 대해 장황하게 비난했다.

이러한 상황에서 1988년 봄, 코니 브룩의 『약탈자들의 무도회』가 출간됐다. 드렉셀과 밀켄을 전방위로 압박하고 있던 정부 측은 강력한 우군을 만났다. 이 책은 밀켄을 금융의 사악한 무리, 기업 사냥꾼 그리고 차익거래자들의 조종자로 묘사했다. 그러나 피셀 교수는 그의 저서에서 이 책을 평가 절하했다. 이 책은 기업의 구조조정restructuring이 가지는 경제적 중요성에 대한 이해가 없는 기자가 쓴 책으로써 그동안 《월스트리트 저널》에 정기적으로 기고됐던, 드렉셀과 밀켄을 공격했던 글들을 다소 확장한 것 이상의 의미가 없다고 평가했다.

그러나 브룩은 일반 대중이 듣고자 하는 것이 무엇인지 알고 있었다. 경제에 있어서 기업 매수와 고수익 채권의 기능과 역할을 분석하는 대신에 그녀는 드렉셀이 매년 개최하는 콘퍼런스에 도덕적으로 타락한 도박

꾼들의 즐거움을 위해 매춘부를 고용했다고 비난했다. 1979년에 처음으로 개최된 이 콘퍼런스는 드렉셀의 명성과 함께 월가에서 매우 중요한 콘퍼런스로 발전했고, 이 콘퍼런스에는 월가의 주요 인사뿐만 아니라 에드워드 케네디와 같은 거물급 상원의원을 비롯한 정관계 주요 인사, 연예인, 모델 들도 참석했다. 그러나 브룩의 책은 정크본드와 밀켄을 비판하는 다른 책들과 함께 밀켄과 드렉셀에 대한 부정적 여론을 형성하는 데 중요한 기여를 했다.

1988년 6월, 《월스트리트 저널》은 SEC가 드렉셀과 밀켄을 상대로 엄청난 증권사기 소송을 진행하기로 결정했다고 보도했다. 그러나 연방 검찰 내부에서 아직 조사도 마무리되지 않았고, 따라서 최종적으로 어떤 혐의를 문제 삼을지도 결정되지 않은 상태였다. 정부는 법정에서 싸우기 전에 싸움을 끝내려는 듯 언론을 통해 일반 대중을 세뇌시키려고 하는 것 같았다. 이 전략은 매우 효과적이었다. 이에 대해 피셀 교수는 법을 공정하게 집행해야 할 정부가 언론에 비밀 정보를 누출시키고, 재판 전에 언론 플레이를 통해 드렉셀과 밀켄에 대한 부정적인 여론을 조장하는 것이 과연 적절한 행동인지 의문을 제기했다.

SEC의
드렉셀 고소

'보스키의 날' 이후 약 2년이 지난 1988년 9월 7일, SEC는 184쪽의 방대한 소장을 법원에 제출하며 드렉셀과 밀켄, 그의 동생인 로웰, 그리고 다른 4명을 증권사기 혐의로 제소했다. 이러한 SEC의 고소는 이미 오래 전부터 예상됐었다. 184쪽의 방대한 소장에는 피고들이 행한 내부자거래, 주가조작, 주식 보고 의무 위반, 투자 설명서의 부실기재, 허위 장부기재, 고객에 대한 기만 등 엄청난 내용이 기재돼 있었다.

이 소장은 1930년대 증권법의 제정 이후 가장 광범위한 증권법 위반 행위를 담고 있었지만 SEC의 주장은 근거가 매우 취약해 보였다. SEC의 핵심 주장은 밀켄과 보스키가 1984년에 "비밀 협약"을 맺었고, 두 사람은 서로를 대신해서 증권을 사고팔았다는 것이다. SEC가 사악하다고 주장한 비밀 협약은 보통 '주식 파킹'이라고 부르는 것을 말한다. 이것은 밀켄과 보스키가 서로 얽힌 여러 거래에서 발생한 채권·채무를 나중에 한 번에 정산하기로 한 약속으로 볼 수 있다. 그리고 그들의 모든 거래는 밀켄의 개인 계좌가 아니라 드렉셀이라는 법인의 공식 계좌로 이루어졌다. 이 협약에 따라 보스키가 드렉셀에게 '자문 서비스consulting services' 명목으로 530만 달러를 지급했는데, SEC는 이 돈이 밀켄의 내부정보 제공으로 발생한 불법 이익 중 밀켄의 몫이라고 주장했다.

그러나 투자은행과 고객 사이에 빈번한 금전 거래가 있었고, 거래가 최종적으로 완료된 후 적당한 시점에 정산한다는 합의가 문제될 수는 없다. 만약 정부가 이러한 거래에 대해 '주식 파킹' 이상의 혐의를 주장하려면, 예를 들어 특정 거래가 어느 한 측이 제공한 비밀 정보를 이용하여 거래했고, 그에 대한 보상으로 돈이 지급됐다는 식의 구체적인 증거가 제시될 필요가 있다. 그러나 연방 검찰은 530만 달러가 정상적으로 지불된 돈이면 왜 세부 내역이 없냐고 주장했고, 보스키가 드렉셀에게 이미 수수료로 지급한 2400만 달러와는 별 건으로 지급된 것이 수상하다고 주장했다.

이처럼 정부는 내부자거래나 주가조작에 대한 구체적인 증거를 제시하지 못했고 보스키의 증언에만 의존하고 있었다. 보스키는 이미 유죄를 인정했고 자신의 형량을 줄이기 위해 어떠한 진술이라도 할 수 있는 '신뢰하기 어려운' 증인이었다. 드렉셀과 밀켄이 보유하고 있는 증권을 SEC에 신고하지 않았다면, 그것은 연방 증권법상 보고 의무 위반에 해당될 수 있다. 결론적으로 투자은행과 고객 사이에 비밀 협약과 관련하여 구체적인 불법행위의 존재를 증명하지 못한다면 비밀 협약의 존재만으로 그들을 감정적으로 비난하는 것은 곤란하다.

정부는 소장에서 밀켄과 드렉셀의 가장 중대한 혐의로 피시바흐 Fischbach 거래를 들었다. 피시바흐는 뉴욕주에 있는 전기 회사였다. 밀켄의 고객 중 한 사람인 빅터 포스너는 자신이 지배하고 있는 펜실베이니아 엔지니어링Pennsylvania Engineering을 통해 피시바흐의 인수를 희망하고 있었다. 포스너는 미국의 원조 기업 사냥꾼 중 한 사람이었다. 1980년, 포스너는 피시바흐 주식 5%를 매입하고 SEC에 5% 보유 신고를 했다. 그는 피시바흐 경영진에게 적대적으로 기업을 인수하겠다고 위협했다. 그러나 오히려 피시바흐 경영진은 공정거래법 등을 이유로 포스너를 고발하겠다고 위협하면서 방어에 나섰다. 양측은 타협책으로 펜실베이니아 엔지니어링과 아무런 관계가 없는 제3자가 피시바흐의 주식을 최소한 10% 이상 소유하는 일이 발생하지 않는 이상 펜실베이니아 엔지니어링이 피시바흐의 주식을 추가로 매입하지 않는다는, 소위 '정지 협약standstill agreement'을 체결했다. 후일 포스너는 이 협약을 뼈아프게 후회했다.

이 상황에서 보스키가 나선 것이다. 보스키는 왜 피시바흐 주식을 매수했는가? 검찰은 밀켄이 보스키에게 손해를 보전해 주겠다고 약속했기 때문이라고 설명했다. 보스키에게 주식을 매수하도록 함으로써 걸림돌을 제거한 밀켄이 5600만 달러에 달하는 정크본드를 발행해서 포스너가 피시바흐를 인수하도록 도와주었다는 것이다. 이 거래에서 밀켄이 정크본드 수수료로 거액을 챙긴 것은 물론이었다. 그러나 밀켄은 보스키의 주장을 부정했다. 밀켄은 보스키에게 단지 피시바흐 주식에서 경영권 다툼으로 인한 고전적인 차익거래의 기회가 보인다고 말했을 뿐이라는 것이다. 보스키는 자기 판단으로 피시바흐 매수에 나선 것이라고 했다. 그러나 경영권 분쟁이 법정 다툼으로 번지면서 피시바흐 주가가 하락했고, 보스키는 커다란 손해를 입었다. 보스키는 이 거래에서 피시바흐 주가가 오르면 큰 이익을 챙기게 될 것이고, 만약 손해를 입는 경우에는 밀켄이 손해를 보전해 주기로 약속했다고 주장했다. 보스키는 거짓말을 상습적으로 하는 인물로 유명했다. 아무튼 정부는 보스키의 말을 전적으로 신뢰할 수밖에 없었는데, 이는 다른 물증을 찾을 길이 없었기 때문이다.

정부의 주장처럼 보스키의 말이 사실이라 하더라도 밀켄의 죄는 모호하다. 설혹. 밀켄이 포스너를 위해 보스키로 하여금 피시바흐 주식을 매수하도록 지시했고, 이를 위한 자금 조달을 위해 정크본드를 발행했고, 드렉셀이 거액의 정크본드 발행 수수료를 챙겼고, 보스키의 손해 본 주식을 후일 피시바흐가 고가로 재매입했더라도 연방 증권법 위반으로 볼 수 있는가?

'스톡 파킹' 위반 여부도 불확실한 부분이 있다. 그러나 밀켄을 비난하는 책들은 보스키가 5% 보고를 할 때 밀켄이 손실보전 약속을 했다는 내용을 같이 공시했어야 하고, 그렇게 하지 않은 것은 투자자를 기망하는 범죄라고 주장했다. 그러나 어느 나라도 이러한 사인 간의 손실보전 약정은 가능하며, 또한 그러한 약속을 공시하도록 요구하지 않는다. 그리고 이 거래에서 주주들은 피해를 보지 않았다. 오히려 주주들은 정지 협약이 무효가 되면서 이익을 보았다고 할 수 있다. 이에 대해 월가의 사람들은 1980년대 당시 월가에서 스톡 파킹은 관례였고, 만약 벌을 준다면 15달러짜리 티켓이면 적절하다고 연방 정부를 조롱하기도 했다.

SEC의 내부자거래 혐의 주장 역시 모호한 면이 있다. 1985년 초, 드렉셀의 고객인 옥시덴탈 페트롤레움Occidental Petroleum은 다이아몬드 샴록Diamond Sharmrock과 합병을 논의하고 있었다. 합병 발표라는 중요한 공시를 앞두고 보스키는 다이아몬드 주식을 매수하기 시작했고 옥시덴탈에 대해서는 공매도를 쳤다. 두 회사가 1:1로 주식을 서로 교환할 예정이었는데, 당시 다이아몬드는 주당 17.75달러에, 그리고 옥시덴탈은 26.75달러에 거래되고 있었다. 합병 비율이 사실이라면 다이아몬드 주주들은 주당 9달러의 이익을 보게 되어 있는 반면, 옥시덴탈의 주가는 하락하게 되어 있었다. 그렇다면 합병 비율 정보는 중요한 내부정보이며, 이 정보를 이용한 거래는 전형적인 내부자거래에 해당된다고 볼 수 있다. 보스키는 밀켄이 제공한 정보에 따라 다이아몬드 주식을 매수했고 옥시덴탈 주식은 공매도했다고 주장했다.

그런데 다이아몬드의 이사회가 이 딜을 거부하면서 합병은 무산됐다. 밀켄을 비난하는 스튜어트는 다이아몬드를 대리했던 밀켄이 즉시 보스키에게 보유 물량을 처분하라고 전화했는데, 이사회의 부결 정보를 입수한 시점이 장이 끝난 오후 4시 18분이어서 보스키가 매도 타임을 놓쳐 손해를 입었다고 주장했다. SEC는 보스키의 이러한 거래는 비밀 협약에 따라 밀켄이 내부정보를 가지고 있는 상태에서 지시한 것이라고 주장했다. 이에 대해 밀켄은 말도 안 되는 억지라고 반박했다.

설혹 보스키의 주장이 사실이라 하더라도 최종적으로 합병 안은 다이아몬드 이사회에서 부결됐다. 어떻게 이 정보가 미공개 중요 정보가 될 수 있는가? 이렇게 불확실했던 정보로 손해를 입은 거래를 내부자거래로 비난할 수 있는가? 더욱 정부 측의 주장이 신뢰를 받기 어려운 것은 이 모든 주장이 오로지 보스키의 증언에만 의존하고 있다는 것이다.

이처럼 SEC가 소장에서 제기한 혐의들은 매우 취약했다. 그러나 소장에 게재된 자세한 내용을 분석할 능력이 없는 언론은 SEC가 제기한 소송에 대해 대대적으로 보도했다. 《워싱턴 포스트》는 "SEC 역사상 중요한 월스트리트 회사에 대한 가장 광범위한 증권사기 사건"으로, 《뉴욕타임스》는 정부의 입장은 "기대했던 것보다 강경하다"고 보도했다. 《월스트리트 저널》을 포함한 다른 언론들도 정부의 소송은 월가에 퍼져 있는 광범위한 부패를 드러냈고, 그리고 드렉셀과 밀켄이 기소되는 것은 시간문제라고 보도했다. 게임은 무대 위에 올려졌고, 이제 드렉셀과 밀켄을 압박해서 항복을 받아내는 일은 뉴욕 남부지검의 검사장인 루돌프 줄리아니의 몫이었다.

악마와의
거래

연방 검찰은 드렉셀과 밀켄을 기소할 타이밍을 보고 있었다. 그들은 먼저 드렉셀을 치고 나중에 밀켄을 치기로 했다. 드렉셀을 먼저 항복시키면 밀켄을 치기에 매우 유리할 것으로 생각했다. 일반 대중이나 언론은 몰랐다 하더라도 줄리아니는 드렉셀에 대한 혐의가 그렇게 강하지 않다는 사실을 잘 알고 있었을 것이다. 그러나 그는 정부가 강력한 무기를 가지고 있다는 것도 잘 알고 있었다. 그것은 드렉셀과 그의 핵심 인력들을 RICO 위반*으로 기소하는 것이었다.

● **Racketeer Influenced and Corrupt Organization Act of 1970_** RICO는 주로 조직 폭력배 조직을 기소할 때 활용됐던 법이다. RICO는 연방 검찰에게 강력한 권한을 부여하는데, 즉 RICO가 적용되면 장기간의 징역형이 가능할 뿐만 아니라 불법 이익의 몰수 그리고 기소가 되면서 회사의 자산을 동결시킬 수 있다. 이러한 조치는 재판 과정에서 기소되지 않은 자들이 회사의 재산을 빼돌리는 것을 막기 위한 것이다.

RICO는 주로 조직범죄나 마약 카르텔에 관련된 자들을 체포하고 유죄를 받아내는 데 검사에게 강력한 수단을 제공해 주는 법인데, 특히 RICO로 기소되면 조직의 자산을 동결시킬 수 있었다. 금융회사의 경우에 자산동결 조치가 이루어진다는 것은 바로 죽음을 의미했다. 금융회사의 돈은 투자자들의 돈이며, 자산의 동결은 투자자 돈의 동결이므로 RICO의 위협이 있는 금융회사에 돈을 그대로 놓아둘 투자자는 존재하지 않기 때문이다.

연방 검찰은 SEC가 드렉셀과 밀켄을 고소하기 한 달 전인 1988년 8월에 이미 프린스턴/뉴포트 사건에서 RICO를 사용했는데 아주 잘 작동했다. 다시 그것이 똑같이 효과적으로 작동하지 않을 이유가 없었다.

또한 줄리아니는 보스키 이외에 추가적으로 정부 협력자를 찾아낸다면 검사들이 이 사건을 진행하는 데 훨씬 유리할 것으로 생각했다. 이것도 별문제가 없는 것으로 보였다. RICO 기소의 위협에 직면한 드렉셀의 여러 임직원들은 면책을 조건으로 더욱 협조적으로 나왔다. 드렉셀의 직원으로서 첫 번째 협조자가 된 찰스 터너는 보스키가 드렉셀에 컨설팅 수수료로 지불한 530만 달러가 거짓이라고 증언했다. 이어서 많은 드렉셀의 직원들이 회사와 밀켄에 대해 불리한 증언을 했다. 이들은 이러한 협조 덕분에 대부분 면책을 받았다. 이들의 증언은 마치 드렉셀과 밀켄이 중죄를 지은 것과 같은 분위기를 조성했고 검찰의 기소에 더 큰 명분을 제공해 주었다.

쥐들이 침몰하는 배에서 탈출하고 있다는 이미지를 만들어 낸 줄리아니는 마지막으로 최강수를 두었다. 그는 드렉셀에게 유죄를 인정할 것인지, 아니면 RICO로 기소될 것인지의 선택을 요구했다. 줄리아니의 요구는 드렉셀이 유죄를 인정하는 것뿐만 아니라 밀켄에 대한 반대 증언을 요구함으로써 회사를 분열시켰다. 그러나 대다수가 정부와의 딜에 반대했다. 밀켄과 회사는 잘못한 일이 없다는 것이다. 특히 밀켄과 함께 일하는 임직원들은 더욱 강하게 반대했다.

CEO인 프레드 조지프는 중간에 있었다. 그는 싸우고자 하는 의지와 줄리아니와 타협할까 하는 생각 사이에서 흔들리고 있었다. 1988년 12월 19일, 드렉셀의 이사회는 조지프의 권고를 따라 만장일치로 줄리아니와의 거래를 거부하기로 결의했다. 조지프는 드렉셀의 임직원들이 참석한 크리스마스 파티에서 이사회의 결정을 전하면서 정부와 어떠한 타협도 하지 않겠다고 선언했다. 임직원들은 조지프의 말에 대해 박수를 치며 환영했다.

그러나 줄리아니는 동요하지 않았다. 그는 다음 날인 12월 20일에 조지프에게 최후통첩을 보냈다. 드렉셀이 줄리아니의 조건에 즉각 동의하지 않으면 회사는 12월 21일 오후 4시에 RICO 법에 의해 기소된다는 것이었다. 어제까지만 해도 강한 입장이었던 조지프는 패닉 상태에 빠졌다. 24시간 동안 회의와 협상이 이어지면서 딜은 4시 30분까지 연장됐다. 결국 드렉셀은 유죄를 인정하고 정부와 화해하기로 결정했다. 드렉셀 이사회는 검찰과의 딜에 대해 16:6으로 승인했다. 드렉셀은 줄리아니에게 무릎을 꿇었다.

격렬했던 전투가 끝나고 연기가 가라앉자 드렉셀의 항복 조건들이 명백해졌다. 드렉셀은 6가지 죄에 대해 유죄를 인정하고, 벌금과 부당이득 반환으로 역사상 최고 기록인 6억 5천만 달러를 지급하기로 했다. 또한 밀켄을 해고하고 그에게 1988년 상여금으로 예상되는 2억 달러를 지급하지 못하도록 했다. 밀켄의 동생인 로웰 밀켄에게도 예상된 보너스의 반만 지급하도록 했다.

드렉셀의 이사회가 검찰과의 딜을 승인한 것은 회사가 공중분해 되는 것을 막기 위한 고육지책이었다. 아무튼 정부와의 딜은 드렉셀이 월가에서 공중분해 되지 않을 것을 보장했다. 그러나 드렉셀은 6가지 죄목에 대해 유죄를 인정하면서 회사의 명예는 땅에 떨어졌다. 드렉셀에 대한 중죄 혐의가 그동안 누구도 범죄로 생각하지 않았던, SEC의 고소장에 기재된 '장부기록 위반죄books-and-records-type offense'라는 사실은 이해하기 어려웠다. 드렉셀의 불법행위로 인해 피해를 입은 피해자들에게 지급하기 위한 벌금과 부당이득 반환액 6억 5천만 달러 역시 가혹했다. SEC나 연방 검찰은 드렉셀의 불법행위로 누가 피해를 입었는지 결코 거론한 적이 없었기 때문이다.

딜의 다른 조항도 이해하기 어려웠다. 정부와 드렉셀이 무슨 권한으로 밀켄이 1988년에 받기로 예정된 보너스 지급을 거부할 수 있단 말인가? 그 돈은 회사에 대한 기여로 인한 보상이었고, 어떤 불법행위로 인해 취득하는 돈이 아니었다. 당시 밀켄은 어떤 범죄 혐의로도 기소된 상태가 아니었는데, 결과적으로 드렉셀은 어떠한 청문이나 재판도 없이 밀켄의 재산권을 몰수해서 자기들이 납부해야 하는 6억 5천만 달러의 일부분으로 지급해 버린 형국이 되어 버렸다.

정부는 드렉셀에게 밀켄의 조사와 재판에 증인으로 협조해 줄 것을 요구했다. 드렉셀이 밀켄을 해고하고 그에 대한 정부의 형사 조사에 협조하겠다는 동의는 모욕적인 것이었다. 더욱 모욕적인 것은 드렉셀의 모든 직원들은 밀켄 형제와는 말도 섞어서는 안 된다는 것이었다. 정부는 보스키나 레빈과 같은 진짜 형사 범죄자들에 대해서도 이러한 조치를 취하지 않았다. 아무튼 이러한 모든 조치는 밀켄이 중대한 금융 범죄자라는 인식을 일반 대중에게 각인시켜 주기 위한 정치적인 성격으로 보이기에 충분했다.

정부는 드렉셀이 결코 마음을 바꾸어 옛날로 돌아가지 못하도록 여러 가지 조치를 확실하게 취했다. SEC가 회사의 준법감시인을 지명했고, 이

사회 의장으로 전 SEC 위원장을 지낸 존 샤드를 앉혔다. 정부가 드렉셀을 공중분해 시키지 않기로 약속했지만 드렉셀은 스스로 파멸의 길을 걸어가고 있었다.

이제 줄리아니는 검사로서 더 성취할 것이 없었다. 그는 드렉셀을 파괴했고 밀켄의 기소는 시간문제였다. (밀켄은 1989년 4월에 기소됐다.) 1989년 1월, 줄리아니는 뉴욕 시장 선거에 나가기 위해 뉴욕 남부지검 검사장 자리를 물러났다.

조지프의 크리스마스이브의 항복은 드렉셀 종말의 시작이었다. 그가 정부의 잔인한 처벌에 동의한 것이 옳은 일이었을까? 그에게 다른 선택이 없었다고 주장하는 것은 어렵지 않다. 조지프는 최선을 다해 싸우려 했다. 보스키의 날 이후 2년 동안 한 번에 투입된 변호사 수가 많을 경우에는 115명이었고, 법률 자문료가 1억 5백만 달러, 정부가 제출 요구한 150만 페이지 서류의 수집·복사비만 4600만 달러가 들었다. 그러나 RICO 앞에서는 속수무책이었다.

줄리아니는 그가 원하는 것을 얻기 위해 무자비하고 부도덕하게 행동했고, RICO라는 괴물을 풀어놓는 것을 포함해서 어떠한 수단이라도 사용할 의지가 있었다. 드렉셀을 포함해서 모든 금융회사는 RICO로 기소되면 살아남는다는 것은 거의 불가능하다는 것을 알고 있었다. 유죄 인정은 최소한 회사에게 살아남을 기회는 줄 것이고, 기회가 있는 편이 없는 것보다는 나을 것이었다.

드렉셀이 재판에 갔다면 이길 수 있었을까? 불가능한 일이었을 것이다. 삼류 투자은행에서 비약적으로 성공해서 월가를 제패한 드렉셀이 동정받는 방어자가 되긴 어려웠을 것이고, 특히 드렉셀은 "탐욕의 시대"의 '과도함'을 상징하는 회사로 비난받는 상황이었다. 드렉셀의 죄가 비록 '장부 기록' 위반에 불과했지만, 대중은 이미 정부와 언론에 의해 그것이 화이트칼라 세계에서는 살인과 맞먹는 것으로 세뇌 교육을 받았기 때문에, 아마 배심원들도 같은 견해를 가지고 있었을 것이다.

정부에 협력하는 증인도 결코 부족하지 않았다. RICO에 의한 기소 위험 앞에서 정부에 협력을 거부하는 사람은 거의 없었다. 아마 전직 드렉셀의 직원들은 증언대에 서서 회사의 범죄를 비난했을 것이다. 재판에서 이긴다는 기대는 비현실적이었고, 만약 그렇다면 길어지는 조사와 재판으로 인한 고통과 비용을 최소화하기 위해서라도 유죄를 인정하는 편이 나았을 것이다. 조지프의 선택은 정부의 무자비한 공격에 대한 합리적인 대응이라고 할 수 있었다. 조지프와 드렉셀의 이사들은 회사 존립이라는 절체절명의 위기 속에서 6억 5천만 달러의 벌금이라는 고통스러운 희생을 받아들였다고 볼 수 있었다.

그러나 피셀 교수와 베일리는 밀켄과 그의 동생을 해고함으로써 정부에 팔아넘기고, 보너스를 유예하고, 그들에 대한 불리한 증언으로 정부에 협조하기로 한 조지프의 결정은 비겁한 행동이었다고 비난했다. 그들은 조지프와 다른 이사들이 정부와 딜을 한 것은 악마와 거래한 것이라고 비난했다. 명분은 회사의 존속이었지만, 그들은 정부가 밀켄 형제를 감옥에 보내는 것을 돕는 대가로 그들의 자리와 급여를 보장받았다는 것이다. 그들의 놀라운 성공과 높은 급여는 밀켄의 덕분이었음에도 불구하고 그 자리를 지키기 위해 밀켄을 팔아넘겼다는 것이다.

베일리는 드렉셀이 유죄를 인정했음에도 불구하고 어떻게 조지프가 CEO 자리를 유지할 수 있었고, 또한 어떠한 책임도 지지 않고 살아남을 수 있었는지에 대해 의문을 제기하면서, 밀켄을 정부에 팔아넘기는 대가로 자신의 목을 지켰다고 비난했다.

그러나 정부와 딜을 한 드렉셀은 현실적인 문제에 부딪혔다. 이제 조지프는 밀켄의 도움 없이 심하게 손상된 드렉셀의 불확실한 미래를 끌고 가야했다. 그러나 악마에게 드렉셀의 영혼과 밀켄을 팔아넘긴 조지프가 그 일을 제대로 해낼 수 없다는 것을 확인하기까지 시간이 얼마 걸리지 않았다.

제국의 최후

조지프는 드렉셀이 유죄를 인정하기 바로 직전에 드렉셀의 직원들에게 정부의 조사 진행 상황에 관한 메모를 보냈다. 그는 조사에 대비한 비용으로 잠재적 수익에서 15억 달러를, 그리고 법률 비용과 기타 비용으로 1억 7500만 달러를 처리했다고 말했다. 그리고 그는 이러한 비용들은 딜을 성사시킴으로써 회복할 수 있을 것이라고 말했다. 1988년 12월 드렉셀은 유죄를 인정했고, 같은 달 KKR(콜버그 크래비스 로버트)이 RJR 나비스코를 250억 7000만 달러 규모의 LBO로 인수하는 거래에서 드렉셀이 고수익 채권 발행의 주간사를 맡게 되자 조지프는 마치 예언자 같았다. 연방 검찰에 유죄를 인정했음에도 불구하고 1988년은 믿을 수 없을 정도로 좋은 한 해였다. 상반기에만 총수익이 1억 1070만 달러였고, 드렉셀은 고수익 채권시장에서 전년도 대비 40% 상승해서 42.8%의 점유율을 보이면서 1위를 계속 지켰다. 드렉셀은 마침내 법적인 문제를 해결하고 앞으로 전진할 수 있는 것으로 보였다.

그러나 곧 그렇지 않음이 판명됐다. RJR 나비스코 거래는 드렉셀의 마지막 빅딜이었다. 드렉셀이 유죄를 인정하기 전부터 월가의 투자은행들은 드렉셀과 고수익 채권시장의 점유율을 놓고 치열하게 싸워왔다. 밀켄이 떠난 드렉셀은 예전의 드렉셀이 아니었다. 투자자들은 밀켄이 없는 드렉셀에게 이전과 같은 신뢰를 주지 않았다.

더욱 중요한 문제는 드렉셀이 스스로 유죄를 인정한 범죄자가 됐다는 사실이다. 이에 대해 한 경쟁자는 "드렉셀은 이제 방사능을 맞아버렸다"라고 말했다. 드렉셀의 오랜 고객들조차 더 이상 드렉셀과의 거래를 꺼리거나 거래하지 않겠다고 선언했다. 특히 정부 조직이나 공공 연기금들은 드렉셀과 비즈니스를 하는 데 어려움이 발생했다. 드렉셀이 유죄를 인정하자마자 뉴욕시는 드렉셀이 2개의 채권 공모에 참여하는 것을 금지했고, 뉴저지주는 카지노 호텔 건설에 필요한 자금 조달에 드렉셀이 참여하는 것을 금지했다. 드렉셀은 크게 상처를 입었다.

밀켄이 추진했던 딜 역시 다른 사람들이 해야 했다. 밀켄의 전 측근인 피터 에커만은 50년 된 파산한 정유 회사인 파라마운트 페트롤레움의 매수를 위해 드렉셀이 4300만 달러를 조달하는 것을 계획했다. 투자자들이 이 거래에 관심을 보이지 않자 드렉셀은 위험을 무릅쓰고 자기 자금을 투입해서 딜을 추진했다. 드렉셀은 자신이 인수한 고수익 채권을 팔거나 이미 투입된 돈을 회수하기 위해 새로운 인수자를 찾았지만 모두 실패했다. 게다가 정유 회사는 돈을 잃고 있었다. 결국 파라마운트가 다시 파산하면서 드렉셀은 4300만 달러를 손해 보았다.

애커만이 다시 추진했던 오딧세이 파트너스가 JPS 텍스타일 그룹을 인수하는 LBO 거래에 드렉셀이 3억 8500만 달러를 투입했을 때도 드렉셀은 투자자를 찾지 못했다. 드렉셀은 이 거래에서 2억 달러를 손해 보았고 애커만은 고수익 채권 비즈니스에서 쫓겨났다. 다시 레온 블랙이 밀켄의 자리를 채우려 했지만 실패는 계속 이어졌다. 드렉셀은 곳곳에서 피를 흘리고 있었고 경쟁자들은 이를 즐기고 있었다.

고수익 채권시장의 구조와 환경도 옛날과는 크게 달라졌다. 고수익 채권시장이 부상하던 초기와는 다르게 1980년 말에는 너무나 많은 새로운 돈들이 너무 적은 좋은 딜을 찾고 있었다. 너도나도 고수익 채권시장에 뛰어든 결과였다. 1985년 이후의 많은 거래들은 가격이 너무 높거나 거래 구조가 비효율적으로 짜여 있었다. 이는 투자은행이나 프로모터들이 딜의 성공 여부와 관계없이 너무 많은 돈을 선불 수수료로 떼어 갔기 때문이었다.

1989년은 드렉셀에게 재앙의 해가 됐다. 회사는 그해에 4000만 달러의 손실을 기록했다. 그것은 처음 발생한 손해였다. 회사의 근간이었던 소매 영업, 그리고 지방채 거래와 외국 주식거래도 포기했다. 직원의 수도 1만 명에서 5200명으로 줄였다. 고통스러운 선택이었지만 회사가 살기 위해서는 어쩔 수 없었다. 1989년 11월 말, S&P는 드렉셀의 CP등급을 트리플 A-로 하향 조정했다. 이는 월가의 주요 회사 중에서 가장 낮은 등급이었다.

얼마 전 드렉셀의 가장 큰 고객인 인터그레이티드 리소시스Integrated Resources가 절박하게 드렉셀에게 자금 지원을 요청했을 때 드렉셀은 도와줄 수가 없었다. 드렉셀은 자신의 가장 큰 고객이 피 흘리며 죽어 가는 것을 보고 있을 수밖에 없었다. 과거에 이런 일이 발생하면 밀켄은 다른 채권으로 교환 발행을 하거나 레버리지를 가미해 채권의 거래 구조를 변경하면서 간단히 해결했다. 밀켄 자신이 시장이었기 때문이었다. 그러나 이제 그런 밀켄은 존재하지 않았다.

정크본드 시장이 무너지면서 급락하는 정크본드의 가치는 드렉셀의 중요한 고객들뿐만 아니라 드렉셀이 보유한 정크본드 포트폴리오에도 충격을 가했다. 채권들을 시장에 팔기도 어려워졌고 드렉셀의 자산을 위험 수위로 끌고 갔다. 이제 드렉셀 자신이 위태로운 상황으로 몰리고 있었다.

조지프는 위기를 느꼈다. 1989년 9월이 시작되면서 조지프는 드렉셀을 매각하기 위해 비밀리에 월가의 주요 회사들과 접촉을 했지만 아무도 관심을 보이지 않았다. 회사의 CEO로서 굴욕적인 상황이었다. 많은 회사들이 조지프의 전화에 회신조차 하지 않았고, 일부 회사들은 드렉셀이 유죄를 인정했고 향후 투자자들이 제기할 수 있는 민사소송에 따른 잠재적인 책임을 언급하며 합병에 겁을 먹었다.

조지프는 그동안 드렉셀이 잘 나갈 때 보인 오만의 대가를 뼈아프게 치르고 있었다. 월가에 더 이상 드렉셀의 친구는 없었다. 오히려 월가의 투자은행들은 이미 1986년 가을, 보스키가 유죄 인정을 한 후부터 드렉셀의 고객들을 사냥하고 있었다. 일부 드렉셀에 충성스러운 고객들을 제외하고 많은 대기업들이 드렉셀로부터 서서히 떨어져 나가고 있었다. 참혹한 현실이었다.

드렉셀이 가진 유일한 선택은 돈을 빌리는 것뿐이었다. 그러나 돈을 빌리는 것도 점점 어려워졌다. S&P가 1989년 11월에 드렉셀의 신용 등급을 낮춘 이후 CP시장이나 단기 자금 조달을 위한 전통적인 방법들은 작동하지 않았다. 드렉셀은 절실하게 돈이 필요했지만 가야할 곳은 점점 없어지고 있었다. 드렉셀의 CFO인 리처드 라이트는 유럽 투자자로서 드렉셀의 최대주주인 브룩시레스 램버트 그룹에게 긴급 자금을 요청하기 위해 파리로 급히 날아갔다. 그러나 그들은 드렉셀의 민사책임과 이익의 감소를 이유로 들면서 라이트의 요청을 거절했다.

1989년 12월, 뉴욕증권거래소의 존 펠란 이사장은 드렉셀에게 회사의 위반 행위에 대해 수백만 달러의 제재금을 부과하겠다는 통지를 했다. 비 오는데 우산을 뺏는다는 말은 드렉셀의 이러한 상황을 놓고 하는 말이었다.

1990년이 시작되면서 드렉셀의 위기는 더욱 가속화되었다. 모든 것이 떨어져 나가고 있었지만 조지프는 드렉셀의 붕괴가 임박했다는 사실을 인정하지 않았다. 그는 1990년 2월 5일《월스트리트 저널》에 "나는 빚을 보고 있다. 최악은 우리 뒤에 있다"라고 말했다. 그러나 조지프는 현실을 제대로 보고 있지 못했다. 드렉셀은 만기가 되어 돌아오는 CP들조차 막을 수가 없었다. 조지프는 디폴트를 피해 보려고 월가를 미친 듯이 돌아다녔지만 소용이 없었다. 조지프는 회사를 구하기 위해 전면적인 구조 개편 계획을 준비했다. 그것은 드렉셀이 보유한 고수익 채권을 포함하여 자산을 매각하는 것이었다. 그러나 이것은 짧은 시간 안에 처리할 수 있는 일이 아니었다. 드렉셀의 마지막 희망은 규제기관의 개입이었다. 규제기관이 드렉셀에게 단기로 돈을 빌려주라고 은행의 옆구리만 찔러 준다면 회사는 구조 개편 계획을 실행할 수 있을 것이었다.

조지프는 규제기관과 접촉했고 은행들에게 2월 12일 월요일 미팅을 요청했다. 그러나 월요일 미팅은 성사되지 않았다. 은행들은 드렉셀을 제공할 담보도 제대로 없는 곧 붕괴할 상황에 처한 회사로 보았다. 규제기관은 드렉셀의 구명을 위해 전혀 나서지 않았고, 은행들은 드렉셀에 구제 금융을 투입하는 대신 아예 플러그를 빼기로 결정했다. 그들은 드렉셀에게 대여했던 돈을 회수하지 못한다 할지라도 아무 것도 하지 않기로 한 것이다. 누구도 드렉셀에게 우호적인 조치가 될 수 있는 어떤 행동도 하기를 꺼려했는데, 마치 정부와 보이지 않는 동맹이라도 맺은 것처럼 보였다.

2월 12일, 조지프는 뉴욕 연준 의장인 제널드 코리건에게 절박하게 전화를 했다. 연준이 대형 은행들의 옆구리만 찔러준다면 그냥 해결될 문제로 보였다. 뉴욕의 대형 은행들에게도 긴급 자금을 지원해 달라고 절박하게 매달리며 전화를 했다. 대형 은행의 대표들이 오후 4시 드렉셀의 사무실에 모였고, 조지프는 그들을 설득하기 위해 노력했지만 그들은 아무런 답변도 주지 않고 회의실을 떠났다. 조지프는 밤 11시에 다시 코리건에게 전화를 했지만 연준은 전혀 움직이지 않고 있었다. 연방 정부는 이미 드렉셀을 죽이기로 합의한 상태였다.

화요일, 새벽 1시 30분, 조지프, SEC 위원장인 리처드 브리든, 그리고 뉴욕 연준의 코리건 사이에 콘퍼런스 콜이 예정되어 있었다. 조지프는 기적을 희망했지만 아무 일도 일어나지 않았다. 브리든과 코리건은 조지프에게 재무장관인 니콜라스 브래디와 연준 의장인 앨런 그린스핀과 상의했고 결론에 도달했다고 말했다. 드렉셀이 그날 디폴트를 선언하지 않는다면 정부에 의해 지불 불능으로 압류될 것이라고 말했다. 브리든과 코리건은 조지프에게 그날 아침 7시까지 결정할 시간을 주었다. 주사위는 던져졌고 조지프은 끝이 왔다는 것을 알았다. 끝은 갑자기 왔지만 파멸의 씨앗은 분명했다.

조지프는 급하게 새벽 6시에 이사회를 열었다. 그는 이사회에서 강력한 4개 규제기관의 수장들이 드렉셀의 파산을 요구했다고 말했다. 이사회는 만장일치로 드렉셀의 파산 신청을 결의했다. 조지프는 그와 이사회가 지난 3년 동안 회사를 살리기 위해 투쟁했던 모든 노력들이, 그리고 그들의 모든 경력이 끝나고 있다는 것을 절감했다. 2월 13일 화요일 오후 11시 15분, 드렉셀은 파산을 신고했다.

조지프는 드렉셀의 파산까지 중요한 부분에서 여러 번 오판을 했는데, 그중 하나가 당시 재무장관이었던 닉 브래디의 도움을 기대했다는 것이다. 그는 전에 유노칼에 대한 적대적 기업 인수 경쟁에서 드렉셀에 의해 완패를 당한 투자은행인 딜론 리드에 있었던 경쟁자였다. 그런데 그의 도움으로 드렉셀이 살아날 수 있으리란 조지프의 희망은 너무나 비현실적이었다. 그는 결코 드렉셀을 용서하지 않았다.

정부와의 딜은 회사의 목숨을 3년간 연장해 주었지만, 결국 그 딜은 죽음으로 가는 길이었음이 확인됐다. 사실, 조지프는 그들이 요구했던 모든 것을 했다. 그는 정부가 요구했던 드렉셀의 유죄 인정, 6억 5천만 달러라는 말도 안 되는 벌금, 그리고 밀켄의 포기를 받아들였다. 조지프는 정부와의 모든 약속을 지켰지만 아무것도 받은 것이 없었다. 정부는 드렉셀의 경쟁자와 기업의 기득권층과 같이 드렉셀이 죽기만을 바랐으며, 그 이외에 그들을 만족시킬 수 있는 것이 아무것도 없다는 사실을 조지프는 결코 깨닫지 못했다. 그가 유죄를 인정했을 때부터 마지막까지 따랐던 유화정책은 단지 드렉셀을 약화시켰을 뿐이다. 드렉셀이 약해졌고, 규제기관의 도움을 가장 필요로 했을 때 그들은 망설이지 않고 드렉셀을 한 칼에 죽여 버렸다. 그들은 드렉셀의 무덤 위에서 춤을 추기를 원했던 것이다. 이러한 상황을 피셀 교수는 그의 책 제목에서 『보복Payback』이라는 한 단어로 압축해서 표현했다.

드렉셀의 붕괴는 시장이나 업계에서 거의 동정을 받지 못했다. 예를 들어 《뉴스위크》는 드렉셀은 "정크본드를 옹호했고 월가에서 기업 인수 열풍을 주도했던" 회사라고 보도했다. 그리고 그의 파산에 대해 "80년대 탐욕의 마지막 증언"이었다고 결론을 내렸다. 《타임》 역시 비판적인 논조로 "드렉셀의 붕괴는 돈에 미쳤던 적대적 기업 인수 시대, 호화로운 삶, 그리고 부채에 대해 주의를 기울이지 않았던 탐욕의 끝을 의미한다"고 했다. 드렉셀에 대한 이러한 비난의 화살은 벤자민 스타인이 《배론Barron》에서 드렉셀의 몰락을 나치 제국의 패망과 비교하면서 독설의 절정을 이루었다.

이제 마지막 남은 카드가 테이블 위에 놓여졌다. 그것은 마이클 밀켄이었다.

밀켄은
유죄인가?

          1986년 9월 17일, 보스키의 내부자거래 혐의가 발표되자마자 정부는 즉시 보스키의 입을 통해 나온 월가의 주요 인물들에게 소환장을 보냈다. 그러나 그중 가장 중요한 인물은 마이클 밀켄이었다. 당시 밀켄보다 더 큰 거물은 없었기 때문이다. 사실 정부의 목표는 1986년 11월과 12월에 드렉셀이 받은 소환장을 볼 때 이미 분명했다. 정부가 문제가 있다고 지적한 드렉셀의 딜은 모두 밀켄이 주도했던 딜이었기 때문이다. 대표적으로 피시바흐, 퍼시픽 룸버, 그리고 위키스와 같은 거래들이 포함되어 있었다. 그리고 드렉셀이 보스키로부터 받은 컨설팅 보수 530만 달러 역시 포함되어 있었다.

    그로부터 약 2년 후인 1988년 9월, 밀켄은 자신을 기소한다는 정부의 통지를 받았다. 드렉셀은 이미 밀켄을 공격하는 정부의 협조자로 돌아섰다. 밀켄에 대한 기소는 시간문제였고 오래 기다릴 필요가 없었다. 검찰은 1989년 4월, 밀켄과 그의 동생을 공갈, 증권사기, 우편 전신 사기 등 무려 98개 죄목으로 기소했다. 520년에 해당하는 징역형이 필요했다.

    그리고 약 1년이 지난 1990년 4월, 밀켄은 6개의 죄목에 대해 유죄를 인정했고 6억 달러를 정부에 지불하는 데 동의했다. 6억 달러 중 2억 달러는 벌금이었고 4억 달러는 피해자에 대한 배상금 명목이었다. 1990년 11월, 킴바 우드 판사는 밀켄에 대해 징역 10년을 선고했다. 밀켄은 유죄 인정을 전후로 해서 그는 화이트칼라 범죄의 역사에서 가장 최악의 인물로 비난받았다. 이러한 표현이 빈번히 인용됐고, 심지어는 오늘날까지도 그를 그렇게 보고 있다.

    그러나 피셀 교수는 이러한 판결을 신랄하게 비판했다. 밀켄을 중죄인으로 비난하기 위해서는 1980년대의 탐욕에 대한 감정적 거부감이나 밀켄의 성공에 대한 질투심이 아니라 객관적 증거에 근거해야 한다고 주장했다. 피셀 교수는 이제 밀켄이나 그가 관련된 딜에 대한 소송들이 모두 끝났으니, "정말 밀켄은 유죄인가?"라는 질문에 답하기 위해 역사가들의 진지한 토론이 시작될 필요가 있다고 했다.

밀켄은 월가와 기득권을 가지고 있던 자들에 의해 경멸당했던 거칠고 가공스러운 경쟁자였다. 그의 성공은 금융 세계의 안이나 밖이나 수많은 사람들로 하여금 그를 질투하게 만들었다. 어쩌면 그의 유일한 죄는 다른 사람들이 현기증이 날 정도로, 그것도 월가에서 돈 꽤나 버는 사람들조차 충격을 받을 정도로 많은 돈을 벌었다는 것일지도 모른다.

그는 월가의 이방인으로서 스스로 분수를 알아야 했던 불문율을 거칠게 무시했고, 깨뜨려서는 안 될 판을 깨뜨렸다. 기득권들도 먹을 수 있는 부스러기를 남겨야 했다. 그러나 그렇다고 해서 그가 범죄를 저지른 것인가? 그러한 행동이 범죄가 되는가? 피셀 교수는 그의 저서『보복』에서 이러한 의문들을 강하게 제기했다. 베일리도 같은 주장을 전개했다.

그의 행동이 범죄에 해당한다는 정부의 주장은 취약한 면이 많다. 역사상 개인의 비즈니스에 대해 이처럼 철저하게 조사한 사례가 없었지만 정부는 찾아낸 것이 별로 없었다. 사실, 정부는 밀켄의 행동이 월가에서 일상적으로 일어나는 관례 이상의 어떤 "범죄"를 저질렀다는 증거를 제대로 제시하지 못했다. 그렇다면 왜 밀켄은 유죄를 인정했는가?

정부가 밀켄과 그의 동생에 대해 98가지의 죄목으로 기소했지만 새로운 내용은 거의 없었다. 대부분이 SEC가 드렉셀에 대해 민사소송을 제기했을 때 알려진 것들이며, 언론을 통해서도 이미 보도된 내용들이었다.

그러나 공소장에는 새로운 내용이 있었는데, 그것은 정부가 일반 대중의 관심을 끌기 일으키기 위한 전략으로 보인다. 110페이지짜리 공소장 중 2페이지에 밀켄이 드렉셀로부터 받은 보수가 적혀 있었다. 그가 드렉셀로부터 받은 보수가 1983년에 4571만 달러, 1984년에 1억 2380만 달러, 1985년에 1억 1353만 달러, 1986년에 2억 9477만 달러, 1987년에 5억 5천만 달러였다. 사실 충격을 넘어 경악할 만한 금액이었다. SEC 한 해 예산이 1억 3700만 달러였고, 가나의 GNP가 4억 6900만 달러였으니 실로 가공할 액수임이 틀림없었다.

정부는 밀켄이 받은 놀랄 만한 보수를 전면에 공개함으로써 공소장의 다른 부분들은 거의 문제가 되지 않는다고 생각한 것으로 보인다. 밀켄의 보수 자체만으로 그의 유죄를 증명하는 데 충분하다고 생각했다. 정부의 이 생각은 틀린 것이 아니었다. 《뉴욕타임스》는 "밀켄에 대한 기소는 월가에서 힘 꽤나 쓰는 자들을 망연자실하게 만들었는데, 그 이유는 법적인 문제 때문이 아니라 그가 받은 보수 때문이었다"라고 썼다. 그리고 1987년에 밀켄이 받은 5억 5천만 달러의 보수는 아무리 탐욕의 시대라 할지라도 이해할 수 없다고 했다. 밀켄이 받은 엄청난 보수는 즉각적으로 수많은 비판을 불러왔다.

그러나 정부가 1980년대에 부자를 증오했던 일반 대중의 반감을 밀켄의 기소에 이용했던 전략은 근본적으로 잘못된 것이었다. 돈을 많이 번 것이 범죄가 될 수는 없다. 연방 검찰의 공소장 어디에도 밀켄이 믿기 어려울 정도의 돈을 번 것이 범죄가 될 수 있다는 주장은 없었다. 그러나 정부는 밀켄을 금융계의 알 카포네에 비유하고 있었다. 미국 역사상 1년에 이렇게 많은 돈을 번 사람은 마피아 두목인 알 카포네 이외에는 없었다. 알 카포네는 사기와 살인을 통해 큰돈을 벌었다. (알 카포네가 한 해에 가장 많이 돈을 번 경우는 6억 달러였다.) 그렇다면 밀켄은? 정부는 밀켄이 사기를 치지 않았다면 그렇게 큰돈을 벌 수 없었다는 주장을 간접적으로 하고 있는 것이었다.

정부는 밀켄이 그 어머어마한 돈을 어떻게 벌었는지에 대해서 일반 대중은 관심이 없다는 것을 알고 있었다. 검찰은 밀켄의 현기증 나는 보수를 앞세워 자신들의 취약한 증거를 숨기고 있었다. 정부의 핵심적인 주장은 밀켄과 보스키가 불법적인 비밀 협약을 맺었다는 수준을 넘고 있지 못했다. 1년 6개월의 조사와 정부 측 협력자의 증언, 그리고 드렉셀까지 동원했지만 정부는 밀켄의 불법행위를 입증할 결정적인 증거를 찾아내지 못한 것이다.

마이클 밀켄은 정부의 기소에 대해 무죄를 주장하며 끝까지 싸우겠다고 성명을 발표했다. 밀켄과 그의 화려한 변호사 군단은 즉각적으로 세기의 재판이 될 재판을 준비했다. 그러나 밀켄은 기소된 지 약 1년 후 그의 유죄를 인정했고 영원히 무죄를 주장할 기회를 포기했다.

밀켄은 여러 가지 이유로 정부와의 싸움을 포기하기로 결정했다. 1989년에 그와 그의 변호사들은 이 재판에서 이길 수 있다는 확신을 잃기 시작했다. 그해 연방 검찰은 드렉셀의 전 직원이었던 리사 존스에 대한 형사재판에서 승리했다. 그해 여름, 프린스턴/뉴포트 사건에서 드렉셀과 특정한 세금 거래를 한 행위에 대해 유죄를 선고한 것이다. 배심이 존스와 같이 드렉셀의 직급이 낮은 직원의 행동에 대해서 유죄를 평결했고, 드렉셀과 지저분한 세금 거래를 한 프린스턴/뉴포트에 대해서도 유죄를 평결했다면 밀켄에 대해서는 어떻게 나오겠는가?

만약, 밀켄이 재판에서 이겨서 무죄가 선고된다면 모든 것이 끝나는가? 그것도 아니었다. 밀켄은 주택대부조합S&L, saving and loan 위기의 주범으로 비난받고 있었다. 밀켄은 S&L 위기와 관련한 책임 문제로 다시 기소될 가능성에 직면했다. 여러 주들에 의한 기소가 우려됐다. 헌법상 이중 처벌 금지 조항은 동일한 범죄에 대해 연방 정부에 의해 두 번 처벌되는 것은 막아 주지만, 주정부가 기소하는 것까지는 막아 주지 못한다.

정부는 목적을 달성하기 전까지 결코 물러서지 않을 터였다. 밀켄은 눈앞에 직면한 소송은 고사하고 잠재적인 소송에서도 이길 수 있다는 확신이 없었다.

드디어 1989년 말경, 언론은 새로운 이야기를 보도하기 시작했다. 정부가 기존의 죄목에 추가해서 새로운 기소를 한다는 내용이었다. 이제 밀켄과 그의 변호사들은 무엇을 변호해야 할지조차 몰랐다. 1988년, 정부는 드렉셀에게 했던 것처럼 밀켄에게도 최후통첩을 했다. 검사는 밀켄이 6개의 죄목을 인정하고 6억 달러를 지급한다면 새로운 기소는 피할수 있다고 말했다. 그 대가로 정부는 동생인 로웰에 대한 모든 혐의를 내려놓을 것이며, 밀켄에 대해 어떠한 추가적인 기소도 하지 않을 것을 보장했다. 또한 검사는 법정에서 밀켄에 대한 형량 구형을 하지 않을 것이며, 형이 선고된 이후에도 정부 측에 협력하지 않아도 좋다고 약속했다. 지난 3년간 그를 괴롭혔던 조사로 심신이 약해진 밀켄은 처음으로 흔들리기 시작했다.

이제 밀켄은 결단을 내려야 할 시점에 왔고 그의 가슴은 찢어졌다. 정부와의 딜은 마지막 기회를 제공했고, 그것은 시련의 끝이었다. 밀켄에게 동생 로웰의 면책은 중요했다. 정부 측에 협조하지 않아도 된다는 조건은 추가적인 선물이었다. 마지막으로 검사가 형량을 구형하지 않겠다는 의도는 밀켄에 대해 관용을 베푸는 것을 의미했다. 그러나 어찌됐든 밀켄은 6가지 죄목에 대해 유죄 인정이 요구됐다. 다시는 자신의 무죄를 주장할 수 없을 것이다. 그가 정부의 조건을 받아들인다면 그의 전설은 이제 범죄로 끝나는 것이었다.

결국, 밀켄은 보스키와의 거래를 포함해서 6개의 죄목에 대해 유죄를 인정했다. 밀켄은 권력과 부, 그리고 미국 최강의 변호사 팀을 꾸릴 수 있는 능력을 가졌지만 그를 파괴하고자 올인하는 정부에게는 상대가 되지 못했다.

첫 번째 죄목은 밀켄, 보스키 그리고 머니 매니저인 데이비드 솔로몬이 "일련의 불법적인 증권거래를 하는 것"에 동의했다는 공모 혐의였다. 두 번째 죄목은 이러한 공모와 관련하여 주식을 파킹했다는 것이다. 이 죄목과 관련해서 밀켄은 보스키가 피시바흐 거래에서 허위로 신고하는 데 불법적으로 교사·방조했다는 것을 인정했다. 세 번째 죄목은 보스키 회사가 "골든 너깃이 MCA 주식을 매도하고 있다는 것을 시장이 알지 못하게 할 목적"으로 MCA 주식을 매입하도록 불법적으로 "유인"했고, 드렉셀이 이 거래에서 보스키가 입을 수 있는 손실을 보장했다는 것이다. 네 번째 죄목은 이러한 약속을 추가적으로 확인해 주었다는 것이다. 다섯 번째 죄목은 밀켄이 솔로몬과 펀드의 지분 매각과 관련해서 수수료 보장 거래를 했다는 것이다. 여섯 번째 죄목은 솔로몬과 상호 거래를 하면서 솔로몬이 허위의 세금 신고를 하도록 불법적으로 "방조aiding and assisting"했다는 것이다. 이 여섯 가지 죄목이 1980년대 금융의 제왕인 마이클 밀켄이 최고의 악당으로 비난받은 죄목이었다.

실패한 혁명

1990년 4월 24일, 운명의 날이 왔다. 밀켄은 검은색 리무진을 타고 맨해튼 연방 지방법원에 도착했다. 가장 큰 법정이 사람들로 꽉 찼고, 킴바 우드 판사가 재판의 관례에 따라 밀켄에게 변호사를 고용할 경제적 여유가 없으면 법원에서 국선 변호사를 제공하겠다고 말했다. 방청석에서 웃음이 터져 나왔다. 세계에서 가장 부자인 피고인에게 국선 변호사라니.

밀켄의 진술이 시작됐다. 밀켄은 진술서를 읽으면서 자신이 증권 산업을 규율하는 법과 규정을 위반했다면서 공식적으로 유죄를 인정했다. 밀켄은 자신의 유죄 인정은 자발적인 것이며 어떤 협박이나 약속 때문이 아니라고 말했다. 그리고 그는 최고 28년의 징역형이 선고될 수 있음을 알고 있으며, 그리고 유죄를 인정함으로써 배심이 무죄로 평결할 기회를 포기하는 것을 인정했다.

그는 눈물을 훔치면서 "이 조사와 절차는 4년 동안 진행됐습니다. 이 긴 기간은 나 자신뿐만 아니라 나의 가족과 친구들에게도 극도로 고통스럽고 힘들었습니다. 나는 나의 행동으로 인해 나와 가장 가까웠던 사람들을 다치게 했습니다"라고 말했다. 그는 공개적으로 흐느꼈고, 잠시 물을 마시기 위해 멈추었고, 다시 마지막 진술을 했다. "나는 진심으로 미안하게 생각하며, 나에게 사과할 수 있는 기회를 허락해 준 법원에게 감사하고, 또한 이 복잡한 사건을 공정하게 처리해 주어서 감사하게 생각합니다."

그가 진술을 마쳤을 때 우드 판사가 물었다 "당신의 행동에 대해 어떻게 생각합니까?" 밀켄은 "유죄입니다"라고 답변했다. 밀켄은 이제 범죄자가 됐다.

밀켄이 공개적으로 자신의 유죄를 인정하자 SEC 위원장이었던 리처드 브리든은 즉각 기자회견을 열어 정부의 입장을 밝혔다. "밀켄은 중소기업의 자금 조달을 위해 헌신했으며 그에 대한 기소는 잘못된 것이라는 주장들이 있었습니다. 공공의 여론을 조작하기 위한 이러한 노력에도 불구하고, 오늘 밀켄의 유죄 인정은 그가 주가조작, 증권사기의 중심에 서 있었음을 보여 주었습니다"라고 말했다.

브리든의 성명이 잘못됐다고 하기는 어렵지만, 밀켄이 인정한 6개의 죄목을 자세히 살펴보면 어느 것도 그가 주가조작과 증권사기의 중심에 서 있다고 보기 어려운 측면이 있다. 그러나 정부는 밀켄을 마피아의 두목이나 조직범죄의 우두머리에 비유하는 것을 서슴지 않았다. 그리고 그가 드렉셀 붕괴의 원인이었고, 수많은 젊은 프로페셔널들을 타락시켰고, 궁극적으로 그들이 누렸던 수천 개의 직업을 잃어버리게 만든 장본인이라고 비난했다. 더 나아가 브리든은 밀켄에게 장기간의 징역형이 필요하다고 말했는데, 이는 밀켄 측과 연방 정부와의 합의를 위반하는 말이었다. 연방 검찰은 법정에서 밀켄의 형량에 대해서는 언급하지 않기로 합의하지 않았는가?

밀켄에 대한 형량 선고가 임박하자 밀켄의 적들은 의기를 투합했다. 먼저 딩겔 하원의원이 선고가 있기 10일 전에 어떻게 드렉셀의 파트너들이 1980년대 동안에 20억 달러가 넘는 돈을 나누어 가졌는지에 대한 보도자료를 뿌렸다. 《월스트리트 저널》은 11월 12일, 딩겔 의원의 최측근으로부터 자료를 받아 이 보도자료를 상세하게 보도했다. 그리고 이 20억 달러는 유엔 회원국 반의 GNP보다 많은 것이라고 보도했다.

보도자료가 뿌려진 시점, 그리고 《저널》이 보도한 시점은 밀켄에 대한 여론을 악화시키기 위해 명백히 의도된 것으로 보인다. 드디어 선고 하루 전인 1990년 11월 20일, 《저널》은 헤드라인에 "정크 왕의 유산Junk King's Legacy"이라는 타이틀로 드렉셀의 붕괴, 고수익 채권시장의 붕괴 그리고 고수익 채권이 좋은 투자라고 투자자들을 호도했던 모든 책임이 밀켄에게 있다고 비난했다. 《저널》의 메시지는 분명했다. 밀켄은 선처를 받아서는 안 되며 중범죄로 감옥에 보내야 한다는 것이다.

밀켄의 선고일인 11월 21일, 우드 판사는 이제 결정을 내려야 했다. 정부 측은 밀켄에게 약속한 대로 구형은 안 했지만 그에게 상당한 징역형이 선고돼야 한다고 주장했다. 법정에 있던 누구도 밀켄에게 가벼운 형이 선고될 것이라고 생각하지 않았다. 대부분이 보스키에게 내려진 3년 정도가 적당할 것이라고 생각했고 많아야 5년 정도로 생각했다.

우드 판사는 밀켄이 "탐욕의 시대"의 희생양이 되어서는 안 된다고 말했지만, 직업을 창출하고 비즈니스 기회를 만들어 냈다고 해서 특혜를 받을 수도 없다고 말했다. 그녀는 밀켄의 행동은 리더로서의 책임을 오용했고, 자기가 감독해야 할 직원들을 오히려 범죄에 가담하도록 했다고 지적하면서, 이러한 행동은 엄중한 처벌이 요구되는 중대한 범죄이며 우리 사회에서 제거돼야 할 악이라고 말했다.

우드 판사는 밀켄에게 일어서라고 요청했고 징역 10년을 선고했다. 이는 2번부터 6번까지의 죄에 대해 각각 2년씩을 연속적으로 더해 계산한 것이었다. 판사가 법정을 떠났지만 밀켄은 무슨 일이 일어났는지 모르는 것 같았다. 그는 그에게 징역 2년형이 선고된 것으로 생각하는 것처럼 보였다. 앞서 말한 죄목들이 동시에 집행이 된다면 2년이 될 것이기 때문이었다. 밀켄의 변호사들은 4년 정도를 예상하고 있었다. 그것은 보스키의 형량에 1년을 더한 것이었다. 어제 밤, 밀켄의 아내 로리가 아서 변호사에게 몇 년을 예상하냐고 물었을 때 그는 답변하지 않았다. 사실, 4년도 충격적인 형량이기 때문이었다. 그런데 우드 판사는 10년을 선고한 것이다.

증인들이 대기하는 방으로 옮겨지고 얼마나 많은 시간을 감옥에서 보내야 하는지를 깨닫는 순간 그는 기절했다. 마지막까지 버티던 아내 로리는 견딜 수 없는 슬픔에 비명을 질렀다. 밀켄을 증오했던 사람들도 그렇게 강한 처벌은 예상하지 못했다.

밀켄에 대한 이러한 중형 선고는 충격적이었고 그의 유죄 인정이 과연 올바른 선택이었는지 생각하게 했다. 그의 변호사들은 도대체 무엇을 했단 말인가? 밀켄은 최고의 변호사들을 고용할 수 있는 능력과 돈을 가지고 있었다. 그들은 정부와 협상을 했다. 만약 정부와 싸웠더라도 이보다는 더 좋은 결과를 얻어낼 수 있지 않았을까? 내부정보를 밥 먹듯이 이용한 레빈과 보스키가 얼마의 징역형을 선고받았는가? 우드 판사의 선고는 밀켄이 보스키보다 3배나 더 나쁜 놈이고 월가 역사상 가장 나쁜 범죄자라는 것이 아닌가? 밀켄을 이렇게 감옥에 몰아넣은 그들은 이제 자유의 몸으로 세상을 활보하고 있었다.

밀켄은 1991년 3월 3일, 캘리포니아의 플리산톤 교도소에서 그의 10년 징역형을 시작하면서 처음 몇 달간 자신에게 발생한 이러한 상황을 도무지 납득할 수 없었다.

밀켄이 소송에서 이길 수 없다고 판단했던 중요한 이유 중 하나가 존 뮬헤렌, 제임스 셔윈, 프린스톤/뉴포트의 피고인들이 모두 유죄를 선고받았기 때문이다. 하지만 1991년 연방 제2항소법원은 하급심을 파기하면서 이들에 대해 모두 무죄를 선고했다. 후회가 밀려왔다. 법정에서 싸웠더라면 이길 수도 있지 않았을까 라는 생각을 떨쳐 버릴 수가 없었다. 이처럼 항소심의 판결은 정부가 이 사건을 정치적으로 밀어부쳤다는 정황을 여실히 보여 주었지만, 언론은 밀켄의 10년 징역형과 드렉셀 붕괴의 아이러니에 대해서는 아무런 언급도 하지 않았다.

오히려 《월스트리트 저널》의 기자인 제임스 스튜어트가 1986년부터 드렉셀과 밀켄을 공격했던 글들을 모은 책이 1991년 가을에 출간됐는데, 책의 제목도 대담하게 『도둑들의 소굴』이었다. 스튜어트는 이 책에서 월가의 전설적인 4명의 범죄자, 즉 시겔(1년에 1백만 달러밖에 벌지 못한 착한 사나이), 레빈(능력은 부족하지만 야망은 부족하지 않은 사나이), 보스키(헬리콥터를 타고 파티에 참석한 차익거래의 거물), 그리고 밀켄(정크본드를 황금으로 바꾼 금융의 천재)을 주인공으로 등장시켰지만, 밀켄이야말로 모든 범죄의 주모자라고 주장했다. 그의 이야기는 거의 대부분 보스키의 주장에 터

잡고 있었다. 그는 밀켄 측 사람들은 거의 만난 적이 없었고, 만난 사람이 있다면 CEO 조지프를 비롯한 드렉셀의 최고위직이었는데, 그들은 이미 정부 측 협력자로 돌아섰기 때문에 밀켄에게 적대적 입장에 있는 인물들이었다.

스튜어트는 밀켄의 범죄는 단순한 내부자거래가 아니라 그 이상을 넘어서는, 복잡하고 상상력이 넘치며 야망에 가득찬 것으로 묘사했다. 그리고 그는 "금융의 역사에서 가장 거대한 범죄 음모"의 중심에 밀켄이 서 있다고 말했다. 스튜어트는 자신의 587페이지짜리 책에 대해 "월가를 지배한 범죄에 대한 완벽한 이야기" 그리고 "스캔들을 밝히기 위해 헌신했던, 박봉과 과로를 마다하지 않은 정부 측 변호사들의 영웅적 노력"에 대한 이야기라고 스스로 설명했다. 그는 연방 제2항소법원의 판결은 관심이 없었다. 그의 적은 이미 결정되어 있었기 때문이다.

이 책은 즉각적으로 성공했다. 그러나 피셀 교수는 이 책에 대해 희망이 없을 정도로 편견이 가득 찼다고 비판했다. 예를 들어, 페이지마다 검사도 입증하지 못한 범죄 혐의에 대해 밀켄의 가상 범죄를 늘어놓고 있다고 했다. 그리고 이러한 그의 편견보다 더 나쁜 것은 1980년대 기업구조조정 거래에 대한 그의 설명이라고 비판했다. 그는 경제가 무엇인지 제대로 이해하지 못하고 있으며, 특히 《월스트리트 저널》의 기자가 1980년대 발생한 일들이 미국 경제에서 무엇을 의미하는지조차 이해하지 못하는 것은 충격적이라고 비난했다.

이 책이 얼마나 편견이 가득한지를 상징적으로 보여주는 에피소드로 밀켄을 잡아넣은 장본인인 줄리아니조차 이 책의 너무 나간 주장에 대해 "스튜어트는 밀켄이 제2차 세계대전에 대해서도 책임이 있다고 주장하는 것으로 보인다"라고 말했을 정도였다.

밀켄은 교도소에서 복역 중에 두 번 법정에서 증인으로 증언했다. 첫 번째는 정부 측 증인이었고, 두 번째는 피고 측 증인이었다. 밀켄은 이 두 번의 증언에서 모두 정부 측에 불리한 증언을 했다. 밀켄의 이러한 행동은 검사의 속을 뒤집어 놓는 행동이었다. 어찌 보면 장기형을 선고받고 판사의 감형을 기대하는 밀켄에게 이러한 행동은 도전적인 행동이라 할 수 있었다. 그는 검사에 비난에도 불구하고 법정에서 자신의 주장을 굽히지 않았다.

1992년 8월, 밀켄이 법정에서 증언한 2주 후 우드 판사는 밀켄이 정부에 대해 "상당한 협력substantial cooperation"을 했다고 언급하면서 밀켄의 10년 징역형을 24개월로 대폭 줄여 주었다. 누구도 밀켄의 협력이 그 정도의 감형을 받을 정도로 "상당하다"고 믿지 않았지만, 이유야 어쨌든 우드 판사의 엄청난 감형은 밀켄 측을 행복하게 만들었다.

우드 판사에게 있어 "상당한 협력"의 이유는, 아마 그녀가 처음 내렸던 10년 징역형의 판결이 지나쳤다는 것을 인정하는 것보다는 더 나았을 것이라고 피셀 교수는 말했다. 우드 판사는 판결 이후 여러 사정을 고려할 때 정부는 자기들이 주장하는 밀켄의 어느 범죄에 대해서도 입증하지 못하고 있다는 것을 알았다. 그녀는 자신의 동료인 스탠턴 판사가 밀켄이 인정한 6개의 죄목 중 한 개는 범죄에 해당하지 않는다고 공개적으로 말한 것을 알고 있었다. 그리고 그녀는 밀켄이 기소된 동일한 행동과 관련하여 줄리아니가 기소한 사건들이 연방 제2항소법원에서 줄줄이 패소한 것도 알고 있었다. 아마 우드 판사는 밀켄이 "탐욕의 시대"의 상징으로서 불공정하게 재판을 받았다고 생각을 고친 것 같았다. 그리고 그녀는 그 것을 바로 잡을 기회를 얻었던 것이다.

1992년 8월, 우드 판사의 밀켄에 대한 형량 감경은 밀켄에 대한 모든 법적 분쟁이 마무리됐음을 상징했다. 1992년 초, 밀켄과 드렉셀의 전 직원들은 13억 달러를 지급하는 수백 건의 민사소송을 합의했다. 밀켄은 이미 4억 달러를 지불할 것을 합의했음에도 불구하고 가장 많은 몫을 지불했다. 밀켄이 그의 유죄 인정의 한 부분으로 2억 달러를 추가로 지불했고, 밀켄은 그에 대한 소송을 해결하기 위해 총 10억 달러를 지불했다. 드렉셀, 밀켄, 그리고 드렉셀의 전 직원들이 총 20억 달러를 지불했는데, 어떤 피해나 피해자가 존재하지 않는다는 것을 고려할 때 이 금액은 엄청난 규모였다. 피셀 교수는 이것을 "법적 강탈legal extortion"이라고 표현했다. 밀켄이 1993년 3월, 감옥에서 풀려났을 때 모든 법적인 문제가 끝이 났다.

밀켄이 감옥에서 나오자마자 전립선암에 걸렸다고 발표했다. 암세포는 전립선을 넘어 퍼져 있었다. 누구도 확실하게 말할 수 없지만, 아마 그가 감옥에서 받은 열악한 치료 때문에 더욱 악화됐을 것이다. 그러나 밀켄의 생명을 위협하는 질병에 대한 공개는 일반 대중의 동정을 불러오지는 못했는데, 아마 그것은 밀켄이 부와 유명세 덕분에 가벼운 처벌을 받았다는 생각이 많았기 때문일 것이다. 많은 사람들은 그가 감옥에서 너무 일찍 나왔고 너무나 많은 재산이 보전되도록 허락받았다고 생각했다.

이처럼 밀켄이 치룬 대가가 가벼웠다는 견해가 많았지만 그렇게 보기만은 어려운 면이 있다. 그는 금융 비즈니스에서 영원히 퇴출됐고, 이전에는 존재하지도 않았던 범죄에 대해 유죄를 인정하도록 강요받았다. 스탠톤 판사가 밀켄이 인정한 6가지 죄목 중 한 개는 범죄가 아니라고 말한 것처럼, 나머지 5개 역시 동일하게 범죄가 아닐 가능성도 존재한다. 그러나 여전히 밀켄이 중범죄를 인정한 사실은 변함없으며 그의 남은 생애동안 그럴 것이다. 그리고 많은 사람에게 그는 악의 화신으로 남아 있을 것이고, 이것 역시 바뀌지 않을 것이다.

피셀 교수는 『보복』에서 밀켄의 몰락은, 그리고 밀켄이 시도한 금융 혁명의 실패는 단지 게임의 진행 중에 게임의 규칙을 바꿀 수 있는 무제한의 능력을 가진 정부가 어떤 개인보다도 강력하다는 사실을 증명해 줄 뿐이라고 조소했다. 미국의 민주적 시스템 안에 설치된 보호 장치들은 기소된 자의 헌법적 권리를 포함해서 개인이 자의적으로 범죄자로 선언하는 것을 보호해 주고 있지만, 아주 예외적으로 작동되지 않는데 밀켄이 바로 그런 케이스라고 말했다. 그리고 그는 밀려났던 기득권층, "탐욕의 시대"의 부자들을 증오하는 사람들, 그리고 줄리아니 같은 야망 있고 고삐 풀린 정부의 변호사들의 동맹은 밀켄을 파괴하기 위해 의기를 투합했고, 밀켄 드라마는 미국의 추악한 모습이라고 비판했다.

베일리는 그의 저서 『영광의 몰락』에서 코니 부룩의 "약탈자들의 무도회predators' ball"에 빗대어 밀켄을 "약탈적인 검사들의 무도회predatory prosecutors' ball"에서 살해당한 무고한 인물로 묘사하기도 했다.

제7장

연방대법원,
루비콘강을
건너다

INSIDERS ON
WALL STREET

오늘의 범죄에 관대함을 베푸는 것은
내일의 범죄에 용기를 주는 어리석은 행동이다.

〈프랑스 법률 격언〉

미니애폴리스의
충격

　　　　　　　제임스 오헤이건James O'Hagan은 미국
미니애폴리스에서 유명한 로펌인 도로시 앤 휘트니D&W, Dorsey & Whitney
의 선임 파트너 변호사였다. D&W은 당시 275명의 변호사가 일하던 대
형 로펌이었다.

　1988년 여름, 런던에 본사를 두고 있는 영국 기업인 그랜드 메트로폴
리탄Grand Metropolitan은 미국 미네소타주 미니애폴리스에 본사를 두고 있
는 대형 식품 회사인 필스버리Pillsbury를 인수하기 위하여 크래바스 스웨
인 앤 무어Cravath Swaine & Moore를 자문 로펌으로 고용했다. 크래바스는
필스버리와 발생할 수 있는 만약의 소송에 대비하기 위해 미니애폴리스
의 지역 로펌인 D&W를 추가로 고용했다. 그런데 미니애폴리스가 활동
의 본거지인 D&W는 필스버리의 여러 자문에 관여했었기 때문에 이해
상충 문제가 제기됐다. D&W 내부에서 기업 금융 팀과 소송 팀 간에 필

스버리 공개매수 자문을 수임할 것인지 논란이 있었고, 이 건의 책임자였던 소송 팀의 토마스 팅크햄은 이해 상충 문제와 관련하여 오헤이건에게 의견을 물었다. 오헤이건은 팅크햄에게 문제가 없다는 의견을 주었고 D&W는 최종적으로 크래바스를 도와 그랜드 메트가 필스버리를 인수하는 건에 관여하기로 결정했다.

오헤이건은 필스버리 인수 업무에 직접 관여하지 않았지만 팅크햄과의 대화를 통해 누군가가 필스버리를 인수하고자 한다는 정보를 알게 됐다. 변호사로서 내부자거래 법리에 대해 잘 알고 있던 오헤이건은 이 사실이 자신에게 '백지 위임장'을 주었다고 믿었다. 왜냐하면 그는 두 회사 모두에게 신인의무가 없었기 때문이다. 그때 마침 그는 자금 사정이 어려워 고객 계좌에서 돈을 횡령한 상황이었고, 다시 그 돈을 돌려놓는 데 약 40만 달러가 부족했다. 그는 필스버리 거래를 통해 그 부족한 돈을 채워야겠다는 유혹을 느꼈다.

그는 필스버리 주식을 매입하기 시작했다. 1988년 8월 18일, 9월물 필스버리 옵션 100계약을 매수했다. 한 계약당 100주의 필스버리 주식을 살 수 있는 권리가 부여된 옵션이었다. 그는 필스버리 옵션을 계속 매수했고 8월 25일에는 총 500계약을 보유하게 됐다. 그런데 그랜드 메트의 공개매수는 내부 사정 때문에 계속 미루어졌다. 오헤이건은 10월물과 11월물 필스버리 옵션을 추가로 매수했고, 이에 필요한 자금을 조달하기 위해 은행에 집을 담보로 잡히고 20만 달러를 빌렸다.

필스버리의 주가는 9월 동안 별로 움직임을 보이지 않았고, 오헤이건이 8월에 매수한 9월물의 행사가격은 시장가격보다 높았기 때문에 9월물 거래에서 2만 7825달러를 손해 보았다. 공개매수 발표는 계속 미뤄지면서 오헤이건은 속이 탔지만 그는 계속해서 10월물과 11월물 옵션을 매수했다. 9월 말까지 그는 필스버리 옵션 2500개를 보유하고 있었다. (그는

8월 중순부터 9월 말까지 필스버리 옵션 총 3000계약을 매수했는데, 500개는 9월물로 만기일인 9월 17일에 청산됐다.) 그는 또한 필스버리 주식 5000주를 매수했다. 그의 총 투자 규모는 약 40만 달러에 이르렀다.

드디어 1988년 10월 4일, 그랜드 메트는 필스버리에 대한 공개매수를 발표했고 필스버리의 주가는 주당 39달러에서 즉각 60달러까지 치솟았다. 주가가 오르자 오헤이건은 바로 콜옵션을 행사했고 보통주도 동시에 매도했다. 오헤이건은 이 거래를 통해서 약 430만 달러를 벌었다. 불과 2개월 만에 10배의 이익을 올린 것이다. 주가가 2배 이상도 오르지 않았는데 10배 정도의 이익을 얻은 것은 콜옵션의 레버리지 효과 때문이었다.

필스버리의 주가가 급등하면서 상당한 양의 콜옵션 거래가 발생한 사실이 아메리칸증권거래소AMEX, American Stock Exchange의 주가감시 팀Stock Watch Team에 의해서 포착됐다. AMEX 주가감시 팀은 엄청난 규모의 콜옵션 거래 내역을 발견했고, 전문 트레이더가 아닌 변호사가 문제의 옵션거래를 한 사실을 밝혀냈다. 변호사가 대규모의 옵션거래를 한다는 것은 매우 이례적인 일이었고, 특히 그는 공개매수자의 자문 로펌 소속이었다. 매수 타이밍 역시 절묘했다. 주가감시 팀은 여러 가지 정황을 고려할 때 이 거래는 공개매수 정보를 이용한 내부자거래라는 의혹이 갔고, 바로 SEC로 사안을 이첩했다.

후일 오헤이건 사건이 언론에 보도되면서 사회적으로 센세이션을 일으키자 AMEX 주가감시 팀은 CBS의 〈60 Minutes〉라는 유명한 TV 프로그램에 출연해서 특이한 옵션거래의 적출부터 오헤이건을 잡기까지 일련의 과정에 대해 인터뷰를 했다. 필자가 1992년 AMEX를 업무차 방문한 적이 있었는데, 그때 그들은 자랑스럽게 당시 방송된 녹화 테이프를 선물로 주었다.

AMEX로부터 자료를 넘겨받은 SEC는 오헤이건 변호사의 내부자거래를 확신했고 빠르게 조사를 진행했다. 11월 2일, SEC의 변호사는 오헤이건에게 직접 전화를 했다. 오헤이건은 SEC로부터의 갑작스러운 전화에 충격을 받았고, 어떻게 SEC의 조사에 대응해야 할지 당황했고 SEC의 질문에 우왕좌왕하는 답변을 했다. 그는 매수 동기를 도널드 트럼프가 필스버리를 인수한다는 루머 때문이라고 답변했는데, 그것은 자신의 거래 상황과는 맞는 않는 말이었다. 그 뉴스가 언론에 등장했을 때는 8월 초 경이었는데, 그때는 오히려 오헤이건은 보유하고 있던 필스버리 주식을 매도해서 이익을 실현했기 때문이다. 그는 유럽 출장을 떠났던 9월 9일 또는 10일 이후에는 필스버리 주식을 매입하지 않았다고 진술했는데, 그것 역시 거짓말이었다. 그랜드 메트가 필스버리를 인수한다는 사실을 유럽에서 귀국한 후인 9월 18일경 알게 됐다고 진술했다가, 후에 공개매수가 발표됐던 10월 4일 이전에는 알지 못했다고 진술을 번복하기도 했다.

최종적으로 SEC는 오헤이건에 대한 형사처벌을 위해 미네소타 연방 검찰청으로 사건을 이첩했다. 연방 검찰은 오헤이건을 연방법 위반 혐의로 기소했는데, 기소 항목은 증권사기, 연방 통신법 위반, 돈세탁 등 무려 57건이나 됐다. 연방 검찰의 공소장이 공개되자 미니애폴리스는 충격에 빠졌다. 미니애폴리스 최고 로펌의 선임급 변호사가 자신이 속한 로펌이 자문했던 기업의 공개매수 정보를 이용하여 내부자거래를 했다는 혐의였다.

이 사건은 초반부터 관심을 끌었다. 제1심에서 배심원들은 오헤이건의 유죄를 인정했다. 오헤이건은 D&W에서 일하면서 알게 된 내부정보를 이용하여 거래했다. 당시 D&W는 변호사들에게 고객의 내부정보를 이용한 거래를 절대로 금지한다는 정책을 운영했다. 이 정책은 말할 것도 없이 모든 변호사들은 고객의 비즈니스와 관련한 비밀을 철저히 유지해야 한다는 것을 의미했다. 이것은 그랜트 메트도 같은 입장이었다. 그랜트 메트로서는 공개매수 정보가 새나가면 인수 비용이 높아질 수 있다는 우려가 있었기 때문이었다.

오헤이건의 항변

　　　　　　　　　　　오헤이건은 초반에 우왕좌왕하며 SEC의 조사에 제대로 대응하지 못했지만 나름대로 법정에서 자신을 변호할 수 있는 충분한 근거를 가지고 있었다. 오헤이건은 변호사였지만 평소 매우 활동적으로 주식 투자를 하고 있었다. 그는 변호사로 활동하면서 전국에 있는 많은 증권 브로커들의 법률문제를 대리했다. 그는 남부 지역의 유명한 브로커인 스튜어트 에반스를 알게 됐는데, 에반스는 8월 말에 오헤이건에게 필스버리에 대한 기업 인수 루머가 돌고 있으니 필스버리 주식을 매수하라고 권유했다. 오헤이건은 약 18만 달러를 가지고 필스버리 주식 5000주를 매수했다. 그러나 며칠이 지난 후 도널드 트럼프가 잠재적인 인수자라는 루머가 돌며 주가가 상승하자 그는 매도했고, 짧은 기간이지만 이 거래에서 8000달러를 벌었다. 에반스는 기업 인수 상황에서는 주식보다 옵션을 사라고 권유했다. 에반스는 오헤이건이 18만 달러를 가지고 8000달러를 벌었지만, 옵션을 매수한 다른 투자자들은 같은 기간 동안 2배 이상을 벌었다고 설명했다.

　1988년 8월 9일, 《월스트리트 저널》과 《USA 투데이》는 그랜드 메트가 자회사인 인터콘티넨탈 호텔을 매각하고 음식료 산업에 영역을 확대할 계획에 대해 보도했다. 8월 12일, 《월스트리트 저널》은 다시 그랜트 메트가 다른 회사를 인수하기 위한 자금을 마련하기 위해 호텔을 매각하려 한다는 기사를 보도했다. 8월 18일, CNN의 《머니라인》은 그랜트 메트와 가까운 사람의 이야기라면서 그랜트 메트가 필스버리 인수에 관심이 있다는 보도를 냈다. 같은 날, 오헤이건이 정기적으로 통화하는 제임스 콘시디엔스가 오헤이건에게 중요한 정보를 제공했는데, 콘시디엔스는 샌프란시스코에서 활동하는 몽고메리 증권회사에서 주로 외국 기관투자자의 주문을 처리하는 증권 브로커였다. 그는 오헤이건에게 런던의 기관투자자로부터 필스버리 주식 25만주를 시장가market price로 매수해 달라는 주문을 받았다는 정보를 주었다.

이러한 정보에 근거해서 오헤이건은 8월 18일부터 8월 25일 사이에 에반스를 통해 필스버리 콜옵션 9월물 500계약을 매수했다. 8월 19일에는 다른 증권 브로커인 킨내한Kinnahan을 통해 100계약을 매수했다. (가격 문제 때문에 이 주문은 8월 30일에 50계약, 9월 7일에 나머지 50계약이 체결됐다.) 킨내한은 그녀가 일하는 증권회사에서 최고의 족집게로 유명했는데, 그녀는 오헤이건에게 필스버리가 누군가에 의해 반드시 인수될 것이니 필스버리 옵션을 매수하라고 강하게 권유했다.

이처럼 오헤이건이 필스버리 주식에 대한 투자를 시작한 이후 필스버리에 대한 기업 인수 소문은 계속해서 커지고 있었다. 8월 22일, 《인베스트먼트 딜러스 다이제스트》는 시장의 애널리스트들은 그랜드 메트가 필스버리를 인수하기 위해 필요한 자금을 확보하기 위해 곧 인터콘티넨탈 호텔을 매각할 것이라고 믿고 있다는 보도를 냈다.

8월 25일, 에반스는 오헤이건에게 필스버리 콜옵션 10월물 2000계약을 매수하라고 권유했다. 에반스는 오헤이건에게 올해 투자 수익이 15만 달러라고 말하자 오헤이건은 15만 달러 범위 내에서 콜옵션 매수를 승인했고 매수 가격은 1계약 당 0.75달러로 지정했다. 이러한 오헤이건의 지정가 주문• 상황을 보면 오헤이건은 필스버리 주식에 대한 미공개 중요 정보를 가지고 있지 않은 것으로 보인다. 에반스는 오헤이건을 위한 옵션 거래를 8월 29일에 시작해서 9월 중순까지 완료했다.

여기서 오헤이건이 D&W로부터 필스버리 인수에 대한 정보를 얻은 상황을 다시 살펴본다. 오헤이건과 팅크햄과의 대화는 8월 26일경에 있었다. 그러나 팅크햄은 필스버리를 인수하고자 하는 회사의 이름을 오헤이건에게 말하지 않았다. 또한 필스버리에 대한 공개매수와 관련하여 고객의 자금 소스, 공개매수 일정, 공개매수 가격 등 어떠한 정보도 이야기하지 않았다. 따라서 오헤이건 입장에서는 그가 몰랐던 새로운 정보를 팅크햄으로부터 들은 것이 없었다. 어찌 보면 가까운 증권 브로커들이나 언론 보도의 내용이 오헤이건에게 팅크햄으로부터 들은 이야기보다 더 많은 정보를 제공하고 있었다.

그랜드 메트가 필스버리를 인수한다는 계획도 계속 지연되고 있었는데, 이는 인터콘티넨탈 호텔의 매각 규모가 약 20억 달러나 됐기 때문에 매수자를 찾는 것이 쉽지 않았기 때문이었다. 오헤이건 재판에 증인으로 나온, 당시 그랜트 메트의 CEO였던 폴 왈시는 9월 18일까지도 필스버리에 대한 인수 계획이 결정되지 않았었다고 증언했다. 인터콘티넨탈 호텔에 대한 매각은 일본인 매수자가 나오면서 9월 30일에야 최종적으로 확정됐는데, 이때는 D&W가 자문 업무를 철회한 지 1주일이 지난 시점

• **limit order_** 지정가 주문이란 매도/매수 주문을 내면서 특정한 가격을 지정한 주문이다. 이 경우 오헤이건은 옵션 1계약당 0.75달러로 매수 주문을 했으니 시장가격이 0.75달러를 넘어서면 오헤이건의 주문은 체결되지 못한다. 이에 비해 시장가 주문(market order)은 현재의 가격으로 무조건 사달라는 의미인데, 지금 시장에서 옵션이나 주식을 꼭 사려는 의지가 강한 경우에는 지정가 주문이 아니라 시장가 주문을 제출한다.

이었다. 호텔 매각은 D&W가 그랜트 메트를 자문할 때까지도 완료되지 못했었다. 그랜트 메트는 호텔 매각이 최종적으로 합의된 후인 10월 4일, 필스버리에 대한 공개매수를 발표했다.

이처럼 오랫동안 기다렸던 그랜드 메트의 공개매수 발표가 있자 AMEX와 SEC는 필스버리 주식과 콜옵션 매수자들을 조사하기 시작했다. 9월 말과 10월 초에 필스버리 옵션에 대한 거래량이 급증했기 때문이었다. 트레이딩 내역을 조사한 결과 에반스를 중심으로 대량의 거래가 발생한 사실을 확인했다. 에반스는 필스버리 옵션거래를 통해 약 35만 달러를 벌었고, 그의 고객들은 약 750만 달러를 벌었다. 물론 오헤이건은 이 고객들 중 가장 큰 고객이었다. 이들은 모두 에반스의 권유에 따라 옵션을 매수한 사람들이었다.

그러나 연방 정부는 오헤이건을 제외한 누구도 연방 증권법 위반으로 기소하지 않았다. 연방 검찰이 오헤이건만을 형사 법정에 세운 이유는 그가 팅크햄과의 대화에서 필스버리 공개매수에 대한 비밀 정보를 들었고, 그 정보를 이용해서 거래했다는 것이다. 오헤이건이 팅크햄으로부터 그랜드 메트의 공개매수 계획에 대해 들었지만, 그는 이미 여러 증권 브로커들로부터 필스버리에 대한 루머를 듣고 있었고, 언론 역시 유사한 정보를 보도하고 있었으며, 무엇보다도 오헤이건은 팅크햄과의 대화가 있기 이전에 이미 필스버리 옵션을 대량으로 매수한 상황이었다. 그럼에도 불구하고 연방 검찰은 오헤이건을 내부자거래 혐의로 형사 법정에 세운 것이다. 누가 이길 것인가?

오헤이건의 변호사였던 존 프렌치John French는 오헤이건의 무죄를 주장했다. 오헤이건이 필스버리가 인수될 수 있다는 정보를 로펌 내부에서 듣기는 했지만 그는 이미 많은 콜옵션을 매수한 상태였고, 이는 다른 소스에 근거한 거래라고 주장했다. 이어진 이후의 콜옵션 매수 역시 필스버리 인수에 대한 루머들과 거래하는 증권 브로커들의 지속적인 매수 권유 탓이라고 항변했다. 또한 프렌치 변호사는 법률적으로 매우 중요한 문제를 지적했는데, 비록 오헤이건이 내부정보를 이용하여 거래를 했다고 가정하더라도 그러한 행위는 '신인의무 이론'에 근거해서 볼 때 연방증권법상 내부자거래에 해당되지 않는다고 주장했다. 즉 공개매수를 진행하는 로펌 D&W의 변호사인 오헤이건이 D&W의 다른 변호사와의 대화 속에서 공개매수 정보를 알게 된 경우, 해당 공개매수 정보를 이용하여 거래를 했더라도 내부자거래의 책임이 발생하지 않는다는 주장이었다.

그러나 제1심은 오헤이건의 주장을 배척하고 57개 항목 모두에 대해 유죄를 인정하며 오헤이건에게 41개월의 징역형을 선고했다. 지금까지 미국의 대부분 연방 법원들이 내부자거래 책임을 논할 때 신인의무 이론을 근간으로 하고 있음을 고려한다면, 제1심에서의 패배는 오헤이건에게 당혹스러운 것이었다.

오헤이건은 바로 항소했고 연방 제8항소법원은 원심의 판결을 파기하며 오헤이건에게 무죄를 판결했다. 항소법원이 오헤이건에 무죄를 판결한 가장 근본적인 이유는 항소법원이 '부정 유용 이론'을 인정하지 않고 '고전적 이론'에 근거해서 오헤이건의 행위를 보았기 때문이다. 고전적 이론에 따른다면 오헤이건은 필스버리의 내부자가 아니었기 때문에 내부자거래의 책임이 발생하지 않는다. 그러나 부정 유용 이론에 따른다면 오헤이건은 그랜드 메트와 주주들에 대해 간접적으로 알게 된 미공개 정보에 대해 신인의무를 부담하며, 또한 자신의 로펌인 D&W에 대해서도 회사의 허락 없이 해당 미공개 정보를 이용해서는 안 되는 신인의무를 부담한다. 로펌의 파트너십은 각 파트너들이 고객에 대해 신인의무를 부담할 뿐만 아니라 다른 파트너에 대해서도 신인의무를 부담하기 때문이다. 따라서 오헤이건은 이 의무를 위반했기 때문에 내부자거래의 책임이 발생한다.

항소법원은 신인의무 이론의 입장을 따라 오헤이건의 거래는 내부자거래가 아니라고 하급법원의 판결을 뒤엎었다. "구체적인 부실표시나 불공시가 없었다면 SEC Rule 10b-5의 책임을 부과할 수 없[기]" 때문에 오헤이건의 거래행위는 Rule 10b-5 위반으로 볼 수 없다는 것이다. 만약 선례를 충실히 따른다면 항소법원의 법리가 더 설득력이 있다고 볼 수 있었다.

연방 법원은 다시 분열했다. 전통적인 신인의무가 없는 경우에 부정유용 이론을 적용하여 내부자거래의 책임을 물을 것인지 논쟁에 불이 붙었다. 항소법원은 오헤이건이 주식을 매수할 때 매도하는 필스버리의 주주들에 대해 공시의무가 없다고 판단했고, 부정 유용 이론을 외면했다.

연방 제8항소법원의 판결이 나오자 오헤이건은 안도의 한숨을 쉬었다. 그러나 반대로 미국 사회의 여론은 서서히 들끓기 시작했다. 법원이 지나치게 보수적이며, 이래서는 미국 증권시장이 내부자거래의 천국이 될 것이라는 우려가 언론과 여론의 지배적인 분위기를 형성했다.

결국 마지막 볼은 연방대법원으로 넘어가게 됐고 대법관들은 심리적으로 상당한 압박을 받지 않을 수가 없었다. 연방대법원은 와이낸스 사건을 다룬 지 정확히 10년 만에 다시 한번 부정 유용 이론과 정면으로 부딪치게 된 것이다. 그 사이에 대법원장을 비롯해 대법원의 구성도 다소 바뀌었다. 그런데 대법원의 분위기는 과거보다 더 연방 증권법을 문자적으로 해석하려는 경향이 강했다. 따라서 이 싸움에서 연방 검찰의 승리를 점치는 사람들은 별로 없었다.

그래서인지 언론과 많은 시민 단체들은 오헤이건의 유죄 판결을 강력하게 요구하고 나섰다. 사법부가 내부자거래를 규제하여 증권시장을 공정한 시장으로 만들려고 하는 연방 정부의 의지를 더 이상 꺾어서는 안 된다고 주장했다. 저명한 경제 주간지인 《비즈니스 위크》도 미국 증권시장의 발전을 위해 연방 정부가 주장하는 부정유용이론을 채택할 것을 연방대법원에 강력하게 촉구했다.

혁명의 광장에
서다

1997년 6월 25일, 연방 검찰은 기나긴 전쟁에서 드디어 승리의 깃발을 올렸다. 연방대법원이 부정 유용 이론을 인용하면서 오헤이건에게 유죄를 선고한 것이다. 예상외의 승리였다. 이 판결은 지난 20년 동안 미국의 증권사기 분야에서 가장 혁명적인 판결로 평가된다. 연방대법원은 많은 논쟁 끝에 6대 3으로 부정 유용 이론을 인정했고 내부자거래 규제에 있어서 새로운 지평을 열었다. 대법원장인 렌퀴스트Rehnquist는 정부의 주장에 회의적이었다. 그는 이전부터 증권사기의 범위는 좁게 해석될 필요가 있다고 생각했다.

연방대법원에서 열린 구두변론에서 렌퀴스트 대법원장은 정부를 대신한 법무부의 송무차관 마이클 드리번Michael Dreeban에게 "오헤이건에게 내부자거래 책임을 묻기 위해서는 오헤이건의 '증권의 매수 또는 매도'와 '사기적 수단' 사이에 연결이 있어야 하는데, 오헤이건이 자신에게 필스버리 주식을 매도한 주주들에게 어떤 '사기적 수단'을 사용했습니까?"라고 물었다. 이에 대해 드리번은 "특정인이 비밀 정보를 유용하여 이익을 얻기 위해 거래하거나 타인에게 정보를 제공할 수 있는 증권시장의 독특한 특성을 고려할 때, 오헤이건의 행동은 독특한 유형의 '사기'라고 볼 수 있습니다"라고 답변했다.

이에 대해 프렌치 변호사는 연방 검찰과 SEC의 주장은 부정 유용 이론을 지나치게 확장하는 것이라고 비난하면서 "만약 의회가 부정 유용 이론을 의도했다면 법에 명시적으로 반영되어야 했습니다"라고 반박했다. 프렌치 변호사의 주장은 일부 대법관들의 생각과 다르지 않았다.

부정 유용 이론에 터 잡은 정부의 주장에 대해 부정적이었던 토마스Thomas 대법관은 판결문만큼이나 긴 장문의 반대 의견을 개진했다. 그러나 이번에는 승부가 명확하게 갈렸다. 대법관의 다수가 오헤이건의 유죄에 표를 던진 것이다. 다수를 대변하여 폭풍 같은 판결문을 썼던 긴스버그Ginsberg 대법관은 연방 정부가 주장하는 부정 유용 이론은 1934년법 제10조(b)의 목적과 일치한다고 판단하며 오헤이건의 내부자거래 책임을 인정했다.

연방대법원이 오헤이건의 내부자거래 책임을 인정한 이유는 다음과 같다. 첫째, 오헤이건은 딜에 대한 정보가 회사(로펌)의 것임을 알고 있었기 때문에, 그의 거래는 회사에 대해 "기만적deceptive"인 행동이라고 보았다. 둘째, 그는 매수하기 전에 시장 전체에 대해 해당 정보를 공개하지 않았고, 해당 정보의 비밀 유지 의무가 있는 사람으로부터 그 정보를 실질적으로 훔쳤거나 또는 부정하게 "유용流用, misappropriate"했다고 판단했다. 셋째, 그는 오로지 개인적인 이익을 위해 그러한 행동을 했다는 것이다.

이 판결이 가진 중요성은 이제 내부자거래의 규제 범위가 '내부자insider'를 넘어서 '외부자outsider'까지 확장됐다는 점이다. 부정 유용 이론이 연방 정부가 도달하고자 하는 마지막 고지는 아니지만, 이 판결은 내부자거래를 공격적으로 규제하고자 하는 연방 정부에게 강력한 무기를 제공해 주었다. 일단, 연방 정부는 정상 바로 아래 지점에 베이스캠프를 구축하는 데 성공한 것이다.

연방 정부가 오르기를 원하는 정상은 1968년 연방 제2항소법원의 텍사스걸프 법정에서 쟁취했던, 그러나 1980년 치아렐라 사건에서 연방대법원의 반격으로 물러나야 했던 '정보 소유 이론'의 회복이었다. 이 이론에 따르면 신인의무의 유무에 관계없이 미공개 중요 정보를 아는 '모든 자'가 규제 대상이 된다. 현재 영국을 비롯해서 EU는 정보 소유 이론을 근거로 미공개 정보를 아는 모든 자에 대해 해당 정보를 이용한 거래를 금지하고 있다.

아무튼 새로운 지평이 열렸다. 이제 월스트리트는 문제의 정보가 '기만적 행동'을 통해 얻은 것이라면 심각하게 주의를 해야 할 필요가 생겼다. 물론 정부가 기만적 행동을 입증하는 것은 쉬운 일은 아니다. 루머, 투기, 그리고 배고픈 언론이 끊임없이 정보를 넘치도록 쏟아내는 비즈니스 업계에서 누군가가 기만적 행위를 통해 비밀 정보를 훔쳤는지를 입증하는 것은 결코 쉬운 일이 아니기 때문이다.

그럼에도 불구하고 오헤이건 사건을 통해 연방 정부는 놀라운 승리를 쟁취했다. 판결에 대해 찬사와 비판이 뒤따랐다. 언론과 여론은 연방대법원의 판결을 환영했지만 일부 로스쿨 교수들과 법조계 인사들은 비판을 제기했다. 대법원의 논리가 명확치 않으며, 오히려 증권시장에서 '명확성certainty'이 '유용misappropriating'된 감이 있다고 비판했다. 대법원의 판결은 그동안 줄기차게 논쟁을 불러왔던 부정 유용 이론에 대해서 상당한 해답을 제공했지만 여전히 문제를 남기고 있다는 것이다.

핵심 포인트는 연방대법원이 "주주와 기업 내부자 간의 신임과 신뢰 관계 위반 대신 인정한 정보원source of information에 대한 신뢰 위반이 정확히 무엇이냐"라는 것이다. 오헤이건 사건에서 오헤이건은 정보원에 대한 신뢰를 위반했는데, 오헤이건이 침해한 신뢰의 상대방, 즉 정보원은 자신의 로펌인 D&W를 의미했다. 이렇게 혼돈을 거듭하느니 차라리 의

회가 내부자거래에 대한 정의를 내릴 때가 되지 않았느냐는 주장도 만만치 않게 제기됐다. (미국은 흥미롭게도 연방 증권법에서 내부자거래를 직접 규제하고 있지 않으며, 단지 1934년법 제10조(b)에서 모든 사기적 거래와 부실표시 행위를 금지한다는 "포괄적catch-all" 조항을 근거로 내부자거래를 규제하고 있다.)

오헤이건 판결은 계속해서 증가하는 내부자거래에 쐐기를 박기 위하여 현실적 필요성을 반영한, 시대의 요구를 받아들인 정치적 성격의 판결이라는 견해가 가능하지만, 순수하게 법리적인 판결이라는 주장도 가능하다. 왜냐하면 내부자의 범위를 어디까지로 할 것이냐는 입법 정책이나 사법적 해석으로 결정할 수밖에 없기 때문이다. 미국의 경우 판례법 국가로서 연방대법원의 해석은 그 자체로 순수한 법리적 해석으로 볼 수 있기 때문이다.

이제 내부자의 범위가 극적으로 확대됐다. 앞으로 문제의 정보가 비밀 정보라는 사실을 알면서, 해당 정보의 정보원에 대한 믿음과 신뢰의 관계를 깨뜨리면서 그 정보를 이용하여 거래한 모든 자들이 내부자거래로 처벌받게 됐다. 연방대법원은 혁명의 광장으로 나왔고, 그 혁명의 칼바람은 오헤이건의 목을 가차 없이 내려쳤다. 변호사로서 그의 빛나는 경력은 무너졌고, 그는 범죄자가 되어 연방 교도소의 깊은 어둠 속으로 던져졌다.

제8장

가사(家事) 제국의 여왕,
마사 스튜어트의
투쟁과 눈물

INSIDERS ON
WALL STREET

자기가 범하지도 않은 죄를 반박하다
사실이 아닌 말을 했다는 이유로 감옥에 보내는,
도대체 이렇게 해괴한 재판이 어디 있는가?

로버트 모빌로 변호사
〈스튜어트의 변호사인 모빌로의 법정 항변 중에서〉

운명의
전화

　　2001년 12월 27일, 마사 스튜어트 Martha Stewart는 자신의 전용 제트 비행기 안에서 친구인 마리안나 파스터나크와 가벼운 대화를 나누고 있었다. 그들은 국경의 남쪽인 멕시코에서 뜨거운 태양의 낭만을 즐기기 위해 또 다른 친구인 샘 왁살 Sam Waksal을 만나러 가는 중이었다. 뉴욕을 떠나온 비행기는 급유를 위해 텍사스의 샌안토니오 공항 활주로에서 잠시 대기 중이었다.

　　그때 스튜어트의 핸드폰에 문자가 들어왔다. 그 문자가 그때까지 잘 나가던 스튜어트의 인생 전체를 뒤흔들 운명의 전화로 이어질 줄을 그녀는 전혀 몰랐다. 비서인 앤 암스트롱으로부터 온 메시지에는 "*Peter Bacanovic thinks ImClone is going to start trading downward.*(피터 바카노비치는 임클론 주가가 곧 하락할 것으로 예상합니다.)"라고 찍혀 있었다. 스튜어트는 즉시 메릴린치 뉴욕 지점의 피터 바카노비치에게 전화했다. 시간은 미국 동부 시간으로 오후 1시 39분이었다.

바카노비치는 스튜어트 계좌의 관리 책임자였다. 마침 휴가 중이었던 그는 휴가지에서 오전 10시가 조금 지나 조수인 도그 파뉴일Doug Faneuil 로부터 전화를 받았다. 오늘 아침부터 샘 왁살과 그의 가족이 메릴린치에 있는 모든 임클론 주식을 매도하고 있다는 충격적인 소식이었다. 왁살 가족의 임클론 주식 매도는 9시에 장이 열리면서 시작되었고, 9시 48분까지 왁살의 가족들은 임클론 주식 3만 9472주를 매도했고, 금액으로는 약 490만 달러어치 규모였다. 이어 10시가 조금 넘은 시간에 왁살이 메릴린치로 "*URGENT, IMMEDIATE ACTION REQUIRED*(긴급, 즉시 조치 요망)"이라는 메시지를 보내며, 그가 메릴린치에 보유하고 있는 임클론 주식 7만 9797주 전량을 매각하라고 지시했다.

이 충격적인 사태를 접한 파뉴일은 바카노비치에게 이 소식을 알렸고, 바카노비치는 즉시 스튜어트에게 전화를 했다. 시간은 오전 10시 4분이었다. 그러나 스튜어트는 비행 중이었기 때문에 연락이 닿지 않았다. 그는 스튜어트의 비서에게 메시지를 남겼다. 텍사스 공항에서 잠시 급유 중 문자메시지를 확인한 스튜어트는 메릴린치 뉴욕 지점으로 전화해 파뉴일과 통화했고, 그로부터 왁살의 매도 정보를 들었다. 스튜어트는 즉시 파뉴일에게 그녀의 임클론 주식 3928주 모두를 매도하라고 지시했고, 오후 1시 52분에 주당 58.23달러에 모두 매도됐다. 약 22만 8000달러에 해당하는 돈이었다. 이것이 스튜어트의 인생 전체를 뒤흔들게 되는 그녀의 임클론 주식 매도 사건의 전말이다.

마사 스튜어트는 당시 홈메이킹 분야에서 성공을 거두어 이미 억만장자의 반열에 올라 있었지만, 그녀 일행이 만나기로 한 비즈니스 관계에서 스튜어트의 오랜 친구였던 왁살은 아직 그리 유명한 인사는 아니었다.

당시 왁살은 바이오 회사인 임클론ImClone의 CEO였고, 임클론은 야심적인 프로젝트로 '어비툭스Erbitux'라는 이름의 항암제를 개발하고 있었다. 당시 외부에서는 몰랐지만 왁살은 재정적으로 어려운 상황에 처해 있었다. 그는 어비툭스가 성공하리라 확신했고, 어비툭스가 성공하면 모든 문제가 해결될 것으로 믿고 있었다. 그는 어지러운 마음을 정리하기 위해 멕시코에 휴가차 와 있던 중이었다.

그런데 멕시코로 날아온 소식은 청천벽력 같은 소리였다. 미국식약청 FDA, Food and Drug Administration이 어비툭스의 판매를 승인하지 않았다는 소식이었다. 그는 충격을 받았다. 임클론의 주가는 하락할 것이고 재정적으로 더욱 심한 고통에 직면할 수 있었다. 그는 놀란 나머지 메릴린치의 브로커에게 전화를 해서 자기가 보유하고 있는 임클론 주식 전량을 모두 매각하라고 지시했다. 그리고 그는 가족들과 지인들에게도 임클론 주식을 즉시 매각하라고 연락했다.

임클론은 12월 28일 장이 끝난 후 FDA로부터 어비툭스가 승인받지 못했다는 사실을 공시했다. 임클론의 주가는 그날 55.25달러로 마감되었지만, 공시 후 다음 날 주가는 18%가 하락한 45.39달러로 시작했다. (스튜어트가 이 가격으로 주식을 매도했을 경우를 가정한다면 그녀는 51,222달러의 손실을 회피한 것이 된다.) 불승인 공시가 있기 전에 임클론 주식을 매도한 사람은 스튜어트만이 아니었다. 왁살은 물론, 왁살의 여러 가족들이 매도했고, 임클론의 임원들 역시 매도에 가담했다. 이들은 다음 날의 주가 하락으로부터 상당한 손실을 회피할 수 있었다.

후일 재판 과정에서 스튜어트의 변호사인 밥 모빌로Bob Morvillo는 "왁살이 한 행동은 미친 짓이었다"고 말했다. 과학자들이 법률문제에 취약한 면이 있다고는 하지만 회사의 최대주주이면서 CEO인 사람이 내부정보를 이용해 보유 주식을 대량으로 매도한다는 것은, 그리고 주변 친인

척들에게 매도하라고 정보를 주는 행동은 정말 미친 짓이었다. 그의 딸은 12월 27일에 250만 달러를, 그의 아버지는 27일과 28일에 걸쳐 810만 달러를 매도했다. 임클론의 임원들도 매도에 가담했는데, 법률 고문인 란데스와 마케팅 부문의 부사장인 마르텔 이외에도 4명의 임원이 매도에 가담했다.

어비툭스에 대한 FDA의 불승인 공시와 이어진 임클론 주식의 대량 매도 사태는 나스닥Nasdaq 시장의 감시 레이더에 포착됐고, SEC와 FBI 그리고 뉴욕 남부검찰청은 즉시 내부자거래 조사에 착수했다. 스튜어트는 왁살, 왁살의 가족, 임클론의 임원들과 함께 조사 대상에 올랐다.

2월 초, 스튜어트는 자발적으로 연방 정부에 출두했다. 그녀는 조사관들에게 2001년 12월 27일에 이루어진 임클론 주식 3928주의 매도는 주가가 60달러에 도달하면 자동으로 매도하는 '스톱 로스 주문stop loss order'● 계약에 근거해서 이루어졌다고 설명했고, 그 합의는 바카노비치와 임클론 주가가 74달러 수준에서 거래되고 있던 12월 6일에 했다고 주장했다. 그녀는 12월 27일 통화에서 임클론과 왁살에 대해 어떠한 정보도 들은 바가 없다고 부인했다.

또한 그녀는 12월 27일 비서가 바카노비치의 메시지를 남긴 사실을 몰랐다고 이야기했고, 당일 바카노비치가 임클론 60달러 근처에서 거래가 되고 있으니 매도할지 여부를 물었고, 그녀는 휴가를 방해받고 싶지 않아 그에게 매도하라고 지시했다고 주장했다. 이 통화에서 바카노비치와 그녀의 회사인 MSLO의 주가 방향과 K-Mart에 대해 이야기를 나누었고, 12

● '스톱 로스 주문'은 증권시장에서 빈번하게 사용되는 여러 주문 형태 중 하나로 특정 주식의 가격이 일정 가격에 도달하면 무조건 매도 주문이 나가도록 사전에 브로커와 합의 또는 세팅해 놓은 주문을 말한다.

월 28일부터 다음 해 2월 4일까지 그러니까 연방 정부의 임클론 조사가 공개적으로 알려질 때까지, 스튜어트는 바카노비치와 임클론 주식에 대해 논의한 사실이 없다고 주장했다. 그녀는 단지 바카노비치로부터 메릴린치가 SEC로부터 임클론 주식의 매도와 관련해서 조사를 받고 있을 뿐이지, 자신의 매도가 조사 대상이라는 사실은 들은 바가 없다고 주장했다.

그러나 연방 정부는 그녀가 정부의 조사 4일 전에 비서가 자신에게 남긴 메시지를 변조하도록 조치했고, 그녀가 통화한 사람은 바카노비치가 아니라 파뉴일이며, 그녀는 파뉴일과의 통화에서 왁살의 매도 상황에 대해 들었으며, 그녀의 임클론 주식 매도는 왁살의 매도 정보 때문이라고 주장했다. 그녀의 주장은 바카노비치와 파뉴일과 사전에 입을 맞춘 뒤 정부 조사관에게 거짓말을 한 것이라고 주장했다.

매거진 《비즈니스 위크》는 그다음 주에 마사 스튜어트 사건을 커버스토리로 다루었다. 정부는 임클론에 대한 조사를 본격적으로 시작했고 연방 하원은 스튜어트를 증인으로 불러 청문회를 개최했다. 스튜어트가 매도한 주식은 3928주에 불과했고, 그녀가 회피한 손실은 5만 달러 정도에 불과했지만 언론이나 정부, 그리고 연방 의회는 오로지 스튜어트만 물고 늘어졌다.

왁살은 2002년 6월 12일에 내부자거래 혐의로 체포됐다. 10월 5일, 그는 내부자거래, 사법 방해, 위증 등 모든 혐의를 인정했다. 그는 2003년 3월 3일, 1500만 달러 가치의 예술품에 대한 판매세 150만 달러를 탈세한 혐의도 인정했다. 2003년 10월, 법원은 왁살에게 징역 7년 3개월, 그리고 벌금과 세금 추징을 합하여 4백만 달러 이상을 납부할 것을 선고했다. 그것은 법이 허용하는 최대한의 형량이었다. 왁살이 이처럼 긴 징역형을 선고받은 것은 그가 끝까지 내부정보를 제공한 사람들의 이름을 정부 측에 불지 않았기 때문이다. (내부자거래 사건에서 보기 드물게 의리 있는 행동이라 할 수 있다.)

2003년 6월 4일, 맨해튼의 대배심은 스튜어트와 바카노비치를 기소했다. 같은 날 SEC는 스튜어트가 증권법을 위반했다며 민사소송을 제기했다. 그다음 날 스튜어트는 자신을 변호하기 위해 전국 일간지인 《USA 투데이》에 전면 광고를 냈고, 웹사이트에 다음과 같은 공개서한을 발표했다.

"나의 친구들과 친애하는 지지자들에게,
내가 무죄하다는 사실을 여러분들에게 알리고 싶습니다. 나는 내 이름
의 명예를 위해 싸울 것입니다. (…) 나의 행동을 범죄로 몰고 가려는
정부의 시도는 말도 안 되는 행동입니다. 이러한 근거 없는 혐의가 무
죄로 밝혀질 것으로 확신합니다."

신문에 전면 광고로 실린 그녀의 주장은 그녀가 연방 정부의 수사관들에게 했던 이야기와 동일했다. 그녀는 내부정보를 받은 적이 없기 때문에 내부자거래에 대해서 죄가 없으며, 그녀의 매도는 주가가 60달러로 떨어지면 매도하기로 사전에 약속된 계획에 따른 것이라고 주장했다. 이러한 내용은 6월 초 언론에 다시 보도됐고, 6월 18일에는 마사 스튜어트의 회사인 마사 스튜어트 리빙 옴니미디어MSLO, Martha Stuart Living Omnimedia를 담당하는 애널리스트들과 투자자들을 대상으로 한 콘퍼런스에서 다시 발표됐다.

그런데 갑자기 상황이 돌변했다. 지난 6개월 동안 스튜어트의 주장에 동조했던 파뉴일이 자신의 내부자거래 책임을 인정하고 자신의 죄에 대한 면책을 보장받으면서 정부 측 증인으로 돌아선 것이다. 정부는 파뉴일의 증언을 통해 스튜어트의 주장과 공개 발언들이 모두 거짓이라는 것

을 알게 됐다. 즉 사전에 합의된 '스톱 로스 주문'은 없었으며, 그러한 이야기는 스튜어트와 바카노비치가 정부의 조사가 진행되고 있다는 사실을 알게 된 후에 꾸며낸 이야기라는 것이었다.

길을 잃은 연방 검찰

연방 검찰은 스튜어트에 대한 조사를 시작한 지 수개월이 지났지만 그녀를 내부자거래 혐의로 엮는 데 어려움을 겪고 있었다. 무엇보다도 법리적으로 그녀의 거래를 문제 삼는 것이 어려웠다. 파뉴일 증언의 신빙성은 그다음 문제였다.

연방 정부의 주장처럼 스튜어트가 거짓말을 하고 있다고 하더라도 그녀는 물론 바카노비치와 파뉴일조차도 당시 임클론 내부에서 무슨 일이 벌어지고 있는지 모르고 있었다. 그것은 바카노비치가 스튜어트에게 남긴 메시지에서 "*Something's going on with ImClone, and I want to know what it is.*(임클론에 무슨 일이 발생한 것 같은데 무슨 일인지 알고 싶습니다.)"라고 한 것을 볼 때 분명했다. 이 메시지는 그날의 통화에서 임클론의 거래 상황이 거론됐을 가능성을 보여 주지만, 동시에 임클론 내부에서 무슨 일이 발생했는지 메릴린치 역시 모르고 있었다는 것도 함께 보여 주었다.

쟁점은 분명해졌다. 메릴린치의 브로커가 고객의 거래 정보를 입수했고 스튜어트에게 해당 정보를 전달하면서 매도를 권유했다면, 이러한 권유에 따른 스튜어트의 매도 행위가 연방 증권법상 내부자거래에 해당되는지 여부였다. 정부는 이러한 행위는 1934년법 제10조(b)와 규칙 10b-5

위반에 해당된다고 주장했다. 그러나 최종적으로 연방 검찰은 스튜어트를 내부자거래 혐의로 기소하지 못했다. 그렇다면 왜 연방 검찰은 기소를 포기했는가?

사건을 담당한 검사에 따르면 스튜어트의 매도 행위를 내부자거래로 몰고 갈 "선례가 없었기unprecedented" 때문이다. 그렇다면 왜 스튜어트의 거래를 내부자거래 혐의로 기소하는 것이 전례 없는 일이었는가?

앞에서도 설명한 바가 있지만, 미국의 내부자거래 법리는 크게 두 개의 트랙track이 작동되고 있다. 첫째가 고전적 이론이다. 기업 내부에 있는 내부자가 회사의 미공개 정보를 이용하여 거래하면 내부자거래에 해당된다는 이론이다. 그리고 내부자로부터 미공개 정보를 전달받은 정보수령자가 거래하는 행위 역시 동일한 차원에서 처벌된다. 왁살은 내부자였고, 따라서 왁살의 거래 행위는 전형적인 내부자거래에 해당했다.

두 번째 이론이 부정 유용 이론이다. 이 이론은 내부자가 아닌 외부자가 거래한 경우에 내부자거래 책임을 묻기 위한 이론인데, 연방대법원은 1997년 오헤이건 사건에서 이 이론을 받아들였다. 부정 유용 이론에 따르면 발행인이나 주주들에 대해 신인의무가 없더라도 미공개 중요정보의 정보원情報源, source of information에 대해 믿음과 신뢰의 관계에 있는 자가 해당 정보를 부정하게 이용하여 거래한 경우에도 내부자거래의 책임이 발생한다. 오헤이건 사건에서 오헤이건은 필스버리를 공개매수 하려는 그랜드 메트의 자문 로펌 소속 변호사로서, 비록 직접 공개매수의 법률 자문 업무에 관여하지 않았지만 그랜드 메트의 공개매수 계획을 로펌의 업무와 관련하여 알고 있었기 때문에 그랜드 메트에 대해 신인의무를 부담하는 정보원, 즉 로펌에 대한 신인의무를 위반하여 해당 정보를 이용하여 거래했기 때문에 내부자거래의 책임이 인정됐다.

스튜어트의 거래 행위에 대해 고전적 이론을 적용할 수 없다는 것은 명백했다. 그녀는 임클론의 내부자도 아니며 임클론의 내부자로부터 내부정보를 전달받은 적도 없었다. 그렇다면 부정 유용 이론밖에 없는데, 그녀에게 부정 유용 이론을 적용할 수 있는가? 그렇다고 말하기 어렵다.

스튜어트에게 정보를 제공한 사람은 메릴린치의 증권 브로커였다. 따라서 스튜어트의 정보원은 메릴린치의 브로커 또는 메릴린치였다. 그런데 스튜어트는 메릴린치에 대해 신인의무, 즉 비밀 유지 의무가 없었다. 또한 메릴린치와 임클론 사이에도 그러한 계약이나 관계가 존재하지 않았다. 메릴린치의 브로커가 알았던 정보는 임클론의 CEO와 그의 가족들이 임클론 주식을 급히 매도하고자 했던 사실이 전부였다. 메릴린치의 브로커들도 그들이 왜 급하게 매도하려 했는지 몰랐다.

따라서 메릴린치의 브로커들은 임클론의 주주들에 대해 임클론의 비밀 정보를 부정하게 유용한 사실이 없다. 그렇다면 메릴린치나 브로커들이 왁살에 대해 명시적이든 묵시적이든 그의 거래 정보에 대한 비밀 유지 의무를 가졌다고 볼 수 있는가? 그것도 모호하다. 메릴린치의 브로커들이 왁살의 거래 정보를 부정하게 유용했다고 주장하는 것도 불확실한 상황에서, 그다음 단계인 스튜어트의 거래를 내부자거래로 비난할 수 있을까? 아직까지 그러한 거래를 내부자거래로 판단한 선례가 없었던 것이다.

임클론의 내부자거래 사건이 사회적 이슈로 떠올랐고, 문화계의 거물인 스튜어트까지 수사선상에 오르자 연방 검찰은 내부자거래의 조사에 있어서 유명 인사라고 해서 예외가 없다는 입장을 발표했다. 언론은 이를 대서특필했다. 그런데 막상 사건을 들여다보니 그게 아니었다. 스튜어트를 내부자거래로 엮기에는 법리적으로 너무 취약했던 것이다. 연방 정부는 막다른 벽 앞에 서게 됐다. 그러나 뒤로 돌아가기에는 너무 멀리 왔다. 이제 어찌해야 한단 말인가?

브로커가 메릴린치에 "속한belonged" 정보를 유용했다는 주장은 가능하고, 따라서 회사에 대한 비밀 유지 의무를 위반했다는 주장은 성립될 수 있다. 브로커들은 메릴린치의 내규를 위반했다는 이유로 제재를 받을 수 있었다. 그러나 그것은 메릴린치 내부에서 알아서 할 일이지 스튜어트와는 아무 관계가 없었다.

미국에서 증권 브로커를 규제하는 NASD*의 규정은 '미공개 중요 정보를 다른 사람에게 전달하거나 이용하게 하는 것, 또는 그러한 정보를 소유한 상태에서 거래하는 것은 불법이다'라고 규정하고 있다. 여기서 '미공개 중요 정보'란 일반적으로 회사의 내부에서 발생한 미공개 정보를 의미하며, 왁살의 거래 정보까지 포함할 수 있는지는 불확실했다. 다만, 금융 산업의 종사자들 사이에는 고객의 거래 정보를 다른 고객에게 제공하는 것은 불법은 아니더라도 일반적으로 전문가로서의 윤리를 위반하는 것으로 알려져 있다. (우리 자본시장법은 명확하게 증권회사 임직원이 고객의 주문 정보를 다른 고객에게 알리는 것을 금지하고 있다. 그러나 알린다 하더라도 내부자거래의 책임이 발생하는 것은 아니고, 증권회사 직원에게 금지한 불건전 행위의 하나로 제재를 한다. 그 정보를 받아 거래한 고객은 아무런 책임이 발생하지 않는다. 그러나 2015년 12월, 시장질서 교란행위 제도가 도입되면서 이러한 행위는 시장질서 교란행위에 해당될 수 있으며, 그럴 경우 거래 정보를 받아 거래한 고객도 정보 수령자가 되어 과징금 처분을 받을 수 있다.)

다른 한편, NASD 규정은 증권 브로커에게 '고객을 위해, 고객의 이익

● **NASD, National Association of Securities Dealers_** 우리말로 전미증권업협회로 번역되어 사용되는데, 장외에서 거래되는 주식을 감시하고 규제하는 자율규제기관이다. NASD는 당시 나스닥시장(Nasdaq market)에서 거래되는 주식의 불공정 거래를 감시하고 조사하는 기능을 수행했다. 또한 모든 증권 브로커는 NASD에 등록해야 하며, 증권 거래에 관한 NASD 규정을 준수해야 한다. 현재는 FINRA(Financial Industry Regulatory Authority) 즉 금융산업감독청으로 명칭이 바뀌었다.

이 우선하도록, 그리고 최선을 다해 정직하게 서비스를 제공할 것'을, 즉 "최선집행의무best execution"를 요구한다. 이러한 측면에서 볼 때, 스튜어트 같은 중요한 고객을 보호하는 바카노비치의 행동은 메릴린치의 입장에서 볼 때 바람직 할 수도 있었다. 바카노비치가 스튜어트에게 정보를 제공했던 행위가 월가에서 공공연하게 인정되고 있다는 사실은 놀랄 만한 일이 아니었다.

더더욱 바카노비치의 행동을 이해할 만한 배경도 있다. 그동안 스튜어트의 투자 실적은 좋은 편이 아니었다. 그녀는 임클론과 같은 바이오주나 기술주들을 주로 보유하고 있었는데, 2000년과 2001년에 발생한 기술주 붕괴로 상당한 손해를 입었다. 그녀의 포트폴리오는 (MSLO 주식을 제외하고) 2000년 6월에는 453만 730달러였는데 2001년 12월에는 251만 973달러로 줄어들었다. 스튜어트는 이러한 손해 발생과 관련하여 분명히 바카노비치와 메릴린치를 비난했을 것이다.

바카노비치는 12월에 그녀를 만났고, 12월이 끝나기 전에 세금 문제 때문에 보유 주식의 매도를 설득했을 것이고, 12월 21일과 24일에 그녀의 포트폴리오에서 22개의 주식을 손절매 했다. 이 매도에서 그녀는 103만 7874 달러를 손해 보았다. 그녀는 이러한 매도를 "속이 뒤집히는 일stomach turn"이라고 표현했다. 그러나 임클론을 보유하기로 결정한 것은 그녀의 포트폴리오 중에서 유일하게 이익이 난 종목이기 때문이었다.

이러한 상황에서 12월 27일의 일이 터진 것이다. 속이 뒤집어 지는 손절매를 한 지 3일이 지난 후, 그녀는 바카노비치의 조수로부터 전화를 받았다. 그녀가 유일하게 이익을 내고 있는 임클론의 주가가 하락하고 있으며, CEO인 왁살이 매도하려 하고 있다는 내용이었다. 바카노비치나 파뉴일도 왁살과 그의 가족이 왜 주식을 매도하려는지 그 이유는 몰랐다. 어비툭스에 대한 FDA의 승인 여부가 12월 안에 발표될 것은 예정되어 있었고, 스튜어트는 잘은 모르지만 어비툭스에 대한 어떤 발표가 있었고, 그래서 왁살이 임클론 주식을 매도하려는 것으로 생각할 수도 있었다. 그렇지만 임클론의 CEO가 주식을 불법으로 매도한다고 생각하는 것은 일반적으로 생각하기 어렵다.

따라서 스튜어트는 임클론의 주가가 하락하고 있으니 왁살의 매도에 따라 자신도 매도하는 것이 좋겠다고 판단했을 수 있다. 이러한 스튜어트의 사정이 내부자거래에 대한 완벽한 방어 논리를 제공해 주는 것은 아니지만, 연방 정부가 그녀의 매도를 내부자거래로 비난하기 어렵게 만드는 배경이 될 수 있었다.

법리적 근거가 부족한 것은 SEC 역시 마찬가지였다. SEC가 주장했던 의무 위반은 왁살에 대해서가 아니라 바카노비치와 파뉴일의 고용주인 메릴린치에 대한 것이었다. SEC는 메릴린치가 직원들에게 (왁살의 거래 정보와 같은) 비밀 정보에 대해 보안을 유지하라고 지시했다고 주장했다. SEC의 주장처럼 바카노비치와 파뉴일이 자신의 고용주에 대한 비밀 유지 의무를 위반해서 고객 정보를 스튜어트에게 전달했다고 하더라도, 그렇게 정보를 부정하게 유용한 자들로부터 정보를 받은 스튜어트에게 내부자거래의 책임을 물을 수 있는가? SEC 역시 거기서 막혀 있었다.

이렇게 자신 없고 불안한 이론 위에서 연방 검찰과 SEC는 헤매고 있었다. 연방 정부는 임클론 스캔들이 언론에 보도되고 문화계의 거물인 스튜어트가 조사선상에 올라오자 내부자거래 조사에 있어서 유명 인사라 하더라도 예외가 없다고 큰소리친 지가 불과 얼마 전이었다. 그렇다고 이처럼 불안한 법리로 스튜어트를 형사 법정에 세워 이길 자신도 없었다. 연방 검찰이 스튜어트가 내부자거래를 했다고 비난하며 법정에 세우겠다고 큰소리쳤지만 1년 6개월이 다 되도록 그녀를 기소하지 못한 이유가 여기에 있었다.

최종적으로 연방 검찰은 스튜어트에 대한 기소 내용을 변경했다. 내부자거래 혐의는 포기하고 증권사기, 거짓 진술, 사법방해obstructing justice 그리고 공모죄conspiracy로 기소한 것이다.

2004년 10월 8일, 법원은 그녀에게 징역 5개월, 벌금 3만 달러, 가택연금 5개월, 보호관찰 2년을 선고했다. 그녀를 연방 교도소에 가둔 죄목은 내부자거래가 아니라 내부자거래 수사 과정에서 수사관에게 거짓말을 했고, 그것은 사법방해에 해당되며, 그리고 바카노비치와 사전에 입을 맞추었다는 공모죄였다. 연방 검찰은 법리적 한계로 결국 그녀를 내부자거래로 기소하지 못했고, 수사 과정에서 그녀가 거짓말을 했고 비협조적이었다는 이유로 법원의 유죄 판결을 받아낸 것이다.

이에 대해 스튜어트의 변호사인 모빌로는 "자기가 범하지도 않은 죄를 반박하다 사실이 아닌 말을 했다는 이유로 감옥에 보내는, 도대체 이렇게 해괴한 재판이 어디 있는가?"라고 배심원들에게 항변했다. 그러나 배심은 스튜어트가 사전에 '스톱 로스 주문' 계약이 있었다는 주장에 대해서는 무죄를 인정했지만, 거짓 진술과 사법방해에 대해서는 유죄를 평결했다. 연방 검사는 배심원들에게 스튜어트가 연방 검사에게 거짓말을 했다고 비난하면서 배심원들의 분노를 이끌어 냈고, 그 전략이 성공한 것이다.

스튜어트의 변호사들은 항소를 주장했다. 판결을 뒤집을 가능성이 매우 커 보였다. 그들의 주장은 설득력이 있었다. 그러나 스튜어트는 고민했다. 그녀의 입장은 변호사들과는 달랐다. 그녀에게는 뉴욕증권거래소에 상장되어 있는 MSLO라는 거대한 기업이 있었다. MSLO는 스튜어트에게 분신과도 같은 회사였다. 스튜어트가 내부자거래 혐의로 조사받는 동안 MSLO의 주가는 하락했고 수익도 크게 감소했다. 많은 사람들이 스튜어트가 무죄 판결을 받더라도 과연 MSLO가 살아날 수 있을지 의문을 제기했다. 그런데 그녀는 유죄 판결을 받았다. 다시 MSLO의 주가는 요동쳤다.

법원의 판결은 억울했다. 변호사들의 의견처럼 항소한다면 이길 승산이 컸다. 그러나 기나긴 항소 재판 기간 동안 MSLO는 다시 고통을 받을 것이다. 스튜어트가 없는 MSLO는 폭풍을 만난 배처럼 요동치고 있었다. 주주들과 직원들은 불안에 떨고 있었다. 이러다가 MSLO가 침몰한다면 어찌할 것인가? 경쟁자들은 이 틈을 치고 들어오고 있었다. 그녀는 결단했다. 회사를 살리기 위해서는 이 법적 공방을 가능한 한 빨리 끝내야 한다고 결심했다. 그녀는 즉각 기자회견을 열었다. 그녀는 항소를 포기하고 빠른 시일 내에 5개월의 징역형을 마칠 것이라고 발표했다. 그녀의 이러한 즉각적인 결정에 모두가 놀랐다. 그녀는 마지막에 "*I will come back!*"이라는 말을 잊지 않았다. 그녀는 '반드시 돌아온다'라고 힘주어 말했다.

그녀의 판단은 현명했다. 많은 비평가들이 그녀의 판단이 훌륭했다고 평가했다. 가능한 한 빨리 5개월의 형을 끝내고 회사로 복귀하는 것이 회사를 살리는 길이었다. 그리고 자신도 하루빨리 이 소송이라는 악몽을 끝내고 싶었다. 그러나 일부 언론은 스튜어트가 기자회견에서 후회나 사과의 말을 전혀 하지 않았다고 비난했다. 그녀는 그렇게 항소를 포기하고 스스로 올리슨 교도소행을 택했다.

자신의 무죄 주장이
주가조작인가?

　　　　　　　　　　스튜어트에 대한 형사 절차가 공개되면서 뜻하지 않은 여러 부작용이 나타났다. 일반적으로 누군가의 내부자거래가 언론의 헤드라인을 장식하면 우선적으로 그의 가족들이 타격을 입는다. 부인은 밖에 외출을 못 하고 자녀들은 학교에서 '왕따'가 되어 학교를 못 간다. 친구들로부터도, 모든 모임으로부터도 비난의 대상이 된다.

　스튜어트의 경우는 자신의 회사를 가지고 있었기 때문에 문제가 좀 더 심각했다. 그녀의 회사인 MSLO의 여러 제품들은 스튜어트 자신이 너무 이미지화 되어 있었기 때문에, 그녀에 대한 내부자거래 조사는 회사에 치명적인 타격을 입혔다. 조사가 시작됐던 2002년 1월부터 판결이 선고된 2004년 3월까지 회사의 전반적인 순이익은 17% 하락했고 매출은 68.5%가 떨어졌다. 주가도 많이 하락했다. 주주들이 MSLO의 주가 하락과 스튜어트의 미래에 대한 불확실성에 대한 책임을 이유로 스튜어트와 MSLO를 상대로 제기한 민사소송이 13건이나 됐다.

　정부는 스튜어트에 대해 내부자거래에 대한 형사 기소는 포기하는 대신 그녀를 다른 증권사기 혐의로 기소했다. 스튜어트가 사기적인 방법으로 MSLO 주주들의 오해를 유발시켰다는 것이다. 2002년 6월, 임클론 주식에 대한 스튜어트의 매도 행위와 왁살의 체포가 보도된 후 그녀는 회사의 주주들을 대상으로 공개서한을 발표했다. 그녀는 자신이 어떠한 잘못도 하지 않았다고 주장했고, 매도의 이유에 대해 설명했다. 즉 자신의 매도는 임클론의 주식이 60달러로 떨어지면 매도하기로 사전에 바카노비치가 약속해 놓았기 때문에 이루어진 것이라고 설명했다.

연방 검사들은 스튜어트의 이러한 발표가 MSLO의 주가를 조작하기 위하여 적극적으로 '허위표시misrepresentation'를 한 것이라고 문제 삼았다. 스튜어트가 대주주이기 때문에 그녀는 자신의 재산을 보호하기 위해 그렇게 할 동기가 있었다는 것이다. 이로 인해 투자자들은 약 4억 달러의 손해를 입었으며, 이러한 스튜어트의 행위는 새로운 증권사기에 해당한다고 주장했다. 연방 검찰은 스튜어트의 이러한 행위가 주가조작에 해당한다고 주장하면서 추가로 기소했다.

그러나 많은 언론의 논평들은 거의 즉각적으로 이러한 전례가 없는 혐의에 대해 검찰이 "소설novel"을 쓰고 있다고 비난했다. SEC 출신 변호사들조차도 정부가 자신의 무죄를 주장하는 행동이 주가를 조작한 행위라고 판단했던 사례는 없었다고 말했다.

사실 연방 검찰의 이러한 주장은 의외였다. 검찰의 이러한 주장은 파뉴일이 정부 측 증인으로 돌아선 이후에 나왔다. 파뉴일의 증언 하나만 가지고는 배심원들을 설득하기 힘들었다. 스튜어트를 내부자거래로 기소하는 것이 어렵다고 판단했기 때문에 새로운 카드를 꺼낸 것이다. 그러나 검찰의 이러한 주장이 증권사기를 규제하는 1934년법 제10조 및 규칙 10b-5의 구성요건을 조금만 들여다보더라도 얼마나 무리수인지 금방알 수 있다.

무엇보다도 그녀의 진술을 증권사기로 묶기 위해서는 그녀의 진술이 '사기적manipulative'인 행위여야 하며, 그러기 위해서는 그 진술에 '기만적deceptive'인 요소가 있어야 한다. 그리고 그 '기만적 진술'은 '중요한material' 내용이어야 한다. 그런데 스튜어트의 진술을 중요한 것으로 볼 수 있는가? 그녀의 진술은 개인의 거래에 관한 것이지 MSLO 또는 MSLO의 비즈니스와 관련된 것이 아니었다. 게다가 그녀가 공개서한을 통해 진술한 내용은 그동안 그녀가 매도의 이유에 대해 언론에 발표했던 것과 전혀 차이가 없었다. 따라서 투자자들은 이미 스튜어트의 주장에 대해 익히 알고 있었다고 볼 수 있다.

마지막으로 연방 증권법상 기만의 요건이 충족된다 하더라도 "증권의 매도 또는 매수와 관련in relation with purchase or sale"되어 있어야 한다. 따라서 스튜어트의 공개 발표가 투자자들로 하여금 MSLO 주식을 매수 또는 매도할 것인지에 대한 결정에 영향을 미쳤다고 보아야 하는데, 스튜어트의 발언에는 새로운 내용이 없었다. 지금까지 했던 자신의 무죄 주장을 단순히 반복한 것에 불과했다.

더더욱 스튜어트에 대한 이러한 비난은 미국의 사법적 정의 체계의 근간이 되는 원칙에도 반한다. 미국법의 근본 원칙은 개인은 유죄로 확정될 때까지 무죄로 추정되며, 모든 사람이 "나는 무죄다"라고 주장할 권리가 있기 때문이다. 어떤 사람이 그러한 권리를 행사하는 것을 또 다른 범죄라고 기소하는 것은 왜곡된 것이라 할 수 있다. 그것은 그 혐의가 무죄라는 근본적인 전제를 처음부터 거부하는 것이기 때문이다.

그녀가 공개서한을 통해 발표한 내용은 적어도 법리적으로는 명확한 진실로 확인됐다. 왜냐하면 배심원들은 스튜어트가 사전에 브로커와 매도 결정을 했다는 주장을 인정했기 때문이다. 재판 과정에서 스튜어트와 바카노비치가 주장하는 '스톱 로스 주문' 약정서가 진짜인지 아니면 사후에 만든 것인지 여부를 판단하기 위해 약정서의 잉크가 언제 사용된 것인지에 대한 전문가 증언도 있었지만, 아무튼 배심원들은 최종적으로 이 부분에 대해 스튜어트의 무죄를 평결했다.

결론적으로 스튜어트에 대한 새로운 증권사기 혐의, 즉 주가조작 혐의는 무죄가 인정됐다. 재판을 주재한 세다바움Cedarbaum 판사는 스튜어트가 MSLO 주주들을 오도하기 위한 계책으로 자신이 무죄라고 주장한 것을 주가조작이라고 추가로 기소한 검찰에게 "차라리 소설을 쓰라"고 비웃었다. 판사는 검사의 주가조작 주장에 대해 충분한 증거를 제출하지 못했다고 판단하고 배심에게 평의를 위해 보내지도 않고 기각해 버렸다.

아름다운 성공과
올더슨에 비취는 아우라

스튜어트는 1941년 미국 뉴저지주 너틀리의 폴란드계 이민 가정에서 태어났다. 스튜어트는 어린 시절부터 요리와 살림과 관련된 모든 것에 대하여 집안 어른들로부터 철저한 교육을 받았다. 특히, 스튜어트의 아버지는 전문적인 정원 가꾸기 기술을 가지고 있었는데, 그는 딸에게 조경에 관한 모든 지식과 경험을 전수해 주었다.

그녀는 10살에 베이비시터로 일을 했고 15세 때부터 TV 광고와 잡지에서 모델로 활동했다. 총명하고 아름다웠던 스튜어트는 뉴욕의 명문 대학인 버너드 칼리지를 장학생으로 입학하여 역사학을 공부했다. 대학 시절에도 부족한 학비를 보충하기 위해 샤넬의 패션모델로 활동하기도 했다. 대학 졸업 후, 그녀는 예일대 로스쿨을 나온 앤드류 스튜어트를 만나 결혼했고 딸 알렉시스를 낳았다. 결혼 후엔 7년간 증권 브로커로 일하면서 큰 수익을 올리기도 했다.

1973년, 그녀는 남편과 함께 코네티컷주에 있는 오래된 농가를 매입하고 현대식으로 개조하면서 그녀의 재능이 빛을 보는 계기를 맞게 됐다. 지하에 꾸민 부엌에서 그녀가 가장 잘 할 수 있고 열정을 갖고 있는 '요리'를 시작했고 케이터링 사업을 시작했다. 이 부엌이 미래의 〈마사 스튜어트 리빙〉의 TV 모델이 됐다. 스튜어트의 음식 솜씨와 환상적인 테이블 세팅은 순식간에 입소문으로 번져 나갔고, 그녀는 곧 유명 인사가 됐다.

스튜어트의 재능과 경험들이 축적되어 1982년에 그녀의 첫 번째 요리책 『엔터테이닝』이 출간됐다. 이 책은 선풍적인 인기를 끌었고, 이후 스튜어트는 다양한 요리책을 출판했다. 또한 그녀는 신문과 잡지에 칼럼을 기고했고, 〈오프라 윈프리 쇼〉와 〈래리 킹 라이브〉에 출연하면서 더욱 유명세를 굳혔다. 1990년, 그녀는 《타임》의 출판 사업 부문과 계약을 맺고 《마사 스튜어트 리빙》이라는 새로운 잡지를 출간했고, 그녀가 직접 편집장을 맡았다. 초반에는 25만부를 발간했지만, 2002년 피크 때에는 한 호 발행이 2백만 부를 넘기기도 했다.

그녀는 여러 방송의 프라임 프로그램에 초대됐고 《뉴욕 매거진》은 1995년 5월 커버에서 그녀를 "우리 시대를 대표하는 미국 여성"으로 선정했다. 1997년 9월, 스튜어트는 TV, 출판, 머천다이징 등 마사 스튜어트의 브랜드 사업들을 모두 통합하여 새로운 회사인 마사 스튜어트 리빙 옴니미디어MSLO를 설립하고 CEO가 됐다. 1999년 10월, MSLO는 뉴욕 증권거래소에 상장되어 시가총액 10억 달러의 초대형 기업으로 성장했고, 스튜어트 자신은 여러 개의 잡지와 TV 프로그램, 웹사이트를 소유한 미국 최초의 여성 억만장자 기업가가 됐다.

그렇게 멈출 줄 모르고 성공 가도를 달리던 스튜어트에게 갑자기 시련이 닥쳤다. 2002년 12월의 임클론 주식 매도가 그녀를 고통의 나락으로 떨어뜨린 것이다. 그녀가 연방 정부의 조사와 재판 기간 동안 겪는 고통은 이루 말할 수가 없었다. 그녀는 매일 아침 악몽에 시달리다가 깨어났다. 그녀는 제1심에서 유죄를 선고받았다. 미국 문화계의 아이콘이며 별이었던 그녀가 이제 범죄자가 되어 연방 교도소에 수감된 것이다.

그녀는 코네티컷주에 있는 연방 교도소에서 복역할 것을 희망했다. 그녀에게 징역 5개월을 선고한 세다바움 판사도 연방 교도국이 그녀의 요청을 받아줄 것을 권고했다. 그녀가 코네티컷주를 희망한 이유는 90세인 어머니와 딸이 사는 집과 가까워서 면회를 오는 데 큰 어려움이 없었기 때문이다. 그러나 연방 교도국은 이를 허락하지 않았고 웨스트 버지니아의 산골에 위치한 올더슨Alderson 교도소에서 복역할 것을 명령했다. 스튜어트가 워낙 거물급이기에 뉴욕에서 멀지 않은 교도소는 언론에 쉽게 노출될 수 있다는 부담 때문이었다.

작은 마을인 올더슨의 주민들은 스튜어트가 올더슨에 온다는 소식을 듣고 흥분했다. 마을의 비즈니스까지 활기를 띠었다. 많은 언론들이 스튜어트가 도착하기 2주 전부터 올더슨에 내려와서 카메라를 설치하는 바람에 마을에 하나밖에 없는 모텔의 방이 동나기도 했다.

올더슨에서 여성용 옷가게를 하는 베티 올더슨(지역의 이름과 그녀 가족의 성이 같다)에게 딸아이가 흥분한 목소리로 전화를 했다. 딸아이는 엄마에게 즉시 스튜어트의 올더슨 도착을 환영하는 T-셔츠와 스웨터를 제작해야 한다고 말했다. T-셔츠에는 "*WEST VIRGINIA, IT'S GOOD THING*(웨스트버지니아, 좋은 일)" 그리고 스웨터에는 "*LONDON, PARIS, NEW YORK, ALDERSON*(런던, 파리, 뉴욕, 올더슨)"으로 인쇄하라고 했다. 스튜어트 덕분에 웨스트 버지니아주 산골 도시인 올더슨이 세계 최고의 패션 도시들과 이름을 나란히 한 것이다. 그녀는 딸아이의 말을 듣고 48벌의 옷을 제작했고, 그 옷들은 스튜어트가 도착한 지 이틀 만에 모두 팔렸다. 스튜어트가 올더슨에 가까이 오고 있다는 소식이 들리면서 마치 스튜어트의 아우라가 올더슨 전체에 비치는 것 같았다.

스튜어트는 10월 8일 오전 6시 15분에 올더슨 교도소에 도착했다. 그녀에게 전혀 상상도 할 수 없었던 시간이 시작됐다. 그러나 그녀는 의외로 새로운 환경에 잘 적응했다. 재소자들은 대부분 불우한 환경에 처해 있던 여성들이었고, 그들은 인생에서 어려운 문제에 부딪혔을 때 제대로 된 조언이나 자문을 받아본 적이 없는 사람들이었다. 그런 그들 가운데 스튜어트가 온 것이다. 재소자들은 스튜어트에게 그녀의 지혜와 경험을 배우기를 원했고 스튜어트는 그녀들을 돕기를 망설이지 않았다.

그녀는 재소자들에게 요리에 대해서, 영양과 음식에 대해서, 정원 가꾸기에 대해서, 특히 출소 후 그녀들의 재활과 관련한 창업과 비즈니스 계획에 대해서는 물론 가족들과의 재회에 대해서도 멘토로서 조언을 아끼지 않았다. 그녀는 요가 클래스를 만들어 요가를 강습하기까지 했다. 그녀는 가사 제국Home Making Empire의 여왕이었다. 그녀는 못하는 게 없었다. 하다못해 재소자들에게 왁스를 어떻게 사용하면 바닥floor이 더 빛이 나는지에 대해서도 강의했다. 올더슨 교도소에 새로운 활기와 에너지가 넘쳐나고 있었다.

크리스마스가 다가왔을 때 그녀는 재소자들과 함께 교도소에서 구할 수 있는 모든 것을 동원해서 크리스마스트리와 크리스마스 화환wreath을 만들었다. 그녀가 만든 크리스마스 화환 하나를 행정실의 문에 걸었을 때 교도관들은 탄성을 질렀다. 교도소 안에서 감동과 희망을 연출하는 스튜어트의 모습에 재소자들은 열광했다. 그리고 이러한 그녀의 이야기는 언론을 통해 교도소 밖으로 전달되면서 많은 이들에게 잔잔한 감동을 주었고, 스튜어트의 팬들은 밖에서 열광적으로 그녀를 응원했다.

재소자들은 모두 스튜어트의 팬이 됐다. 그녀는 진정 사람을 끄는 매력이 있었다. 그것은 그녀의 진심에서 우러난, 약자에 대한 배려와 연민에서 비롯된 것이었다. 그녀는 진정한 리더였고, 그녀가 MSLO 제국을 건설한 것이 결코 우연한 일이 아니었음을 보여 주었다.

그녀가 약자에 대한 배려와 대담한 결단력을 보여 주었던 일화가 있었다. 교도소에서 돈이 있으면 편했다. 일부 재소자들은 돈을 벌기 위해 매니큐어나 머리를 다듬어 주는 일을 하거나, 아니면 교도소 밖에 있는 가족이나 친척들로부터 매월 290달러를 도움 받았다. 그들은 그 돈으로 치약, 비누, 신발, 담배와 같은 소소한 물건을 구입했다. 그러나 많은 재소자들은 그런 도움을 줄 수 있는 가족이나 친척이 없었다. 스튜어트는 그들에게 미안한 마음을 느꼈다. 그녀는 비서에게 전화를 해서 외부에서 도움을 주는 가족이 없는 재소자들의 계좌로 290달러를 보내라고 지시했다. 놀라운 결정이었다. 교도소에서는 모든 통화가 감청되고 있었는데, 스튜어트의 전화를 감청한 교도관은 "그녀는 망설임 없이 즉시 지시했다"고 말했다.

그녀는 연방 교도소에서 새로운 경험을 하게 됐다. 그녀는 교도소에서 사회에서 뒤처지고 몰락했던 많은 여성 재소자들을 만났다. 스튜어트는 그들을 위로했고, 격려했고, 그리고 아픔을 함께 나눴다. 특히 재소자들이 출소한 후 성공적으로 사회에 복귀할 수 있도록, 재소자들이 생각한 비즈니스 계획에 대해 공개적으로 세미나를 진행하면서 조목조목 컨설팅을 해 주었다. 현실성이 떨어진 계획에 대해서는 냉정하게 비판을 하면서 그들에게 사업과 경영의 마인드를 심어 주었다. 그녀는 그들이 설계하는 새로운 삶에 희망과 지혜의 메시지를 던졌다.

스튜어트가 교도소에서 겪은 새로운 경험은 그녀 자신에게도 많은 영감을 주었다. 그녀는 출소 후 2006년에 『마사의 법칙: 기업의 창업과 경영의 성공을 위한 10가지 핵심Martha Rule: 10 Essentials for Achieving Success As You Start, Build, or Manage a Business』이라는 책을 출간했는데, 특히 교도소에서 재소자들의 창업 비즈니스에 대한 컨설팅 세미나에서 얻은 영감이 기초가 됐다. 그녀는 이 책을 딸인 알렉시스와 더 좋은 미래를 위해 희망과 꿈을 가진 젊은 기업가들에게 헌정한다고 밝혔다.

스튜어트에 대한 책은 많고, 그녀가 직접 요리나 정원 가꾸기 등에 대해 쓴 책도 셀 수 없이 많지만, 그녀 자신의 인생과 비즈니스에 대해 쓴

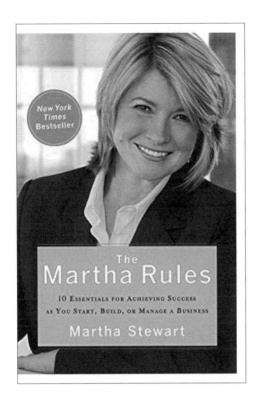

그녀는 출소 후 2006년에 『마사의 법칙The Martha Rules』이라는 책을 출간했다. 이 책은 올더슨에서 재소자들의 창업 비즈니스에 대한 컨설팅 세미나에서 얻은 영감이 기초가 됐다. 그녀는 이 책을 자신의 딸인 알렉시스와 더 좋은 미래를 위해 희망과 꿈을 가진 젊은 기업가들에게 헌정한다고 밝혔다. 이 책은 출간 즉시 《뉴욕타임스》 베스트셀러에 올랐다.

책은 이 책이 유일했다. 이 책은 우리나라에서 『마사 스튜어트의 아름다운 성공』이란 제목으로 번역 출간됐다. 그녀는 이 책에서 자신을 성공으로 이끌었던 10가지 비결을 제시하면서, 앞으로 세상을 향해 새로운 길을 개척하고자 하는 모든 사람들에게 영감과 지혜를 던져 주고 있다.

이 책이 출간된 지 약 10년이 더 지났지만, 이 책에서 스튜어트는 자신의 삶을 토대로 보석 같은 경험과 지혜를 제시하고 있어서 여성 독자들은 물론 창업을 준비하는 젊은이들에게 일독을 권하고 싶은 책이다. 아쉽게도 국내 번역본은 절판이 됐고 미국 아마존에서는 구입이 가능하다.

《피플》은 "미국을 뒤흔든 스캔들!Scandals! That Rocked America"이라는 제목을 붙인 특집호에서 스튜어트의 성공적인 복귀를 축하했다. 잡지는 "일부 사람들은 미국 가사 제국의 여왕이 극도의 절망에 빠져 버렸을 것이라고 예상했지만, 그 대신 그녀를 억만장자로 만든 그녀의 에너지와 추진력은 교도소 복역이라는 레몬을 가지고 레몬 수플레lemon souffle를 만들어 냈다"라고 평가했다. 그녀는 자신이 고통스러운 환경에 처했지만, 더 어려운 상황에 처해 있는 누군가를 도울 수 있는 자신을 발견했고, 그 역할을 마다하지 않았다. 그녀는 역경을 감동적으로 극복했고, 이러한 그녀의 감동적인 스토리는 마사 스튜어트 인생에 새로운 역사를 쓰게 된다.

허망한 재판

스튜어트를 둘러싼 내부자거래 사건은 《피플》의 특별 판 타이틀처럼 "미국을 뒤흔든 스캔들"이라 할 수 있었다.

그러나 안개가 모두 걷힌 뒤에 이 사건을 들여다보면 허망하기 짝이 없는 사건이었음을 알 수 있다.

연방 검찰은 그녀를 내부자거래 혐의로 기소하지 못했고, 설혹 그녀가 왁살의 거래 정보를 이용했다고 하더라도 그녀가 회피한 손실액은 4만 5673달러에 불과했다. 그 돈은 일반적으로 내부자거래 사건에서 볼 수 있는 큰 이익이 아니었고, 더더욱 억만장자인 스튜어트에게는 돈이라고 할 수도 없는 금액이었다. 그런데 왜 이 사건이 "미국을 뒤흔든 스캔들"이 되었는가?

그것은 그녀가 미국 사회와 문화계에서 대단히 유명한 여성 인사였기 때문이다. 그리고 연방 검찰은 법리적으로 충분한 검토도 하지 않은 채 월척을 잡았다고 생각하고 그녀를 비난하고 나섰고, 언론은 이를 대서특필하면서 사건이 지나치게 증폭됐기 때문이다.

또한 법리적으로도 부정 유용자의 정보 수령자가 미국 판례법상 내부자거래의 책임을 물을 수 있는지 여부도 관심을 불러일으킨 원인 중 하나였다. 그리고 연방 검찰이 스튜어트가 언론에 발표한 공개서한을 주가 조작이라고 새로운 혐의로 추가하면서 다시 논쟁에 불이 붙었다. 이런 여러 이슈들이 복잡하게 서로 얽히면서 사회적으로 커다란 논쟁과 관심을 불러일으켰다고 볼 수 있다.

이 사건에서 가장 중요한 이슈는 과연 스튜어트의 매도 행위를 연방 증권법상 내부자거래로 볼 수 있는가 여부였는데, 법무부는 최종적으로 스튜어트를 내부자거래 혐의로 기소하는 것을 포기했다. 그런데 당초 조사의 본질을 떠나 곁가지에 불과한 거짓 진술, 사법방해로 기소하여 유죄를 받아낸, 어찌 보면 우스꽝스러운 수사였고 이해가 가지 않는 결론이었다. 형사처벌이 가능하지도 않는 행위를 가지고 연방 검찰이 난리법석을 떤 꼴밖에는 되지 않은 형국이 돼 버린 것이다. 비록 가정이지만,

스튜어트가 처음부터 전화 통화 내용에 대해 사실대로 이야기했다면, 증권 브로커가 매도하라고 권유해서 그대로 따랐다고 말했다면 그녀는 무죄로 끝났을 수도 있었다.

물론 법무부로서도 많은 고민이 있었을 것이다. 스튜어트라는 사회 유명인에 따라 붙는 언론의 관심은 기소의 찬반에 대한 논쟁을 불러일으켰고, 그들은 미국의 내부자거래 규제 법리의 복잡성을 이해하기 보다는 유명인이라 해서 증권 브로커로부터 비밀 정보를 받고 거래하는, 그런 특혜적 행위는 처벌해야 된다는 논리가 강했다. 그녀의 기소에 대해 여론은 반으로 갈라졌다. "마사를 구하라Save Martha"와 "마사를 굴복시켜라Surrender Martha"로 나뉘어 논쟁이 붙었다.

그녀에 대한 악평이 연방 검찰로 하여금 그녀를 기소하지 않을 수 없게 만들었을 가능성이 있다. 스튜어트는 미국 사회에서 매우 유명한 인물이었고, 언론계에서도 힘이 있는 인물이었다. 그녀는 개인적으로나 직업적으로 세간의 이목을 끄는 지위에 있었다. 일반 투자자는 그녀의 삶과 부를 질투했고, 특히 증권 브로커로부터 고급 정보를 받는 특권층에 대한 질투와 분노가 있었을 것이다. 당시는 2000년대 초반의 닷컴버블 붕괴 이후라 수많은 일반 투자자들이 월스트리트에 대해 분노하고 있을 때였다. (물론 스튜어트의 투자 포트폴리오 역시 닷컴버블로 인해 반 토막이 났다. 그러나 일반 대중은 그러한 세부적인 내용까지는 알려고 하지 않았을 것이다.) 연방 검찰이 그녀를 기소하지 않는다면 검사들은 부유하고 유명한 인사들에 대해서는 관대하게 처리하는 것으로 보일 수 있었다.

그러나 그럼에도 불구하고 이 재판은 허망한 면이 없지 않다. 연방 검찰은 언론의 지나친 관심과 스튜어트라는 유명 인사의 중압감에 눌려 길을 잃은 것으로 보인다. 처음, 이 사건을 접했을 때 그들에게 그녀를 기소할 만한 명분이 없었던 것은 아니었다. 그러나 사건은 검찰에게 불리하게 진행됐다. 법리적으로 길이 막혀 버린 것이다. 거기서 끝을 냈어야 했다.

그런데 연방 검찰은 스튜어트의 공개서한이 주가조작이라는 전례 없는 카드를 꺼냈다. 가서는 안 될 길이었다. 이에 대해 연방 검찰의 무제한적인 재량권을 비난하는 학자들의 글이 많이 발표됐다. 스튜어트의 공개서한을 주가조작으로 기소한 것은 사법정의라기보다는 연방 정부가 가진 무한한 힘을 과신한 결과로 보인다. 아무튼 스튜어트는 그녀의 매도 행위가 받을 수 있는 비난에 비해 그녀가 치른 대가는 너무 혹독했다.

물론 그녀의 조사와 재판이 미국 사회 전체의 이슈가 된 것은 연방 검찰의 책임이 아니라 그녀가 사회 유명 인사였기 때문인 것은 분명하다. 그러나 그럼에도 불구하고 사회 유명 인사는 잃을 것도 더 많다는 사실을 기억할 필요가 있다. 사회 유명 인사라 해서 특혜를 주는 것도 옳지 않지만, 그렇다고 더 비난받아야 할 것도 아니다. 스튜어트 재판은 내부 자거래 집행에 관한 미국법 체계에 많은 문제점을 지적해 준 사건으로 평가할 수 있다.

여왕의 귀환

2005년 3월 4일 새벽 2시, 웨스트버지니아주 그린브라이어 밸리 에어포트Greenbrier Valley Airport에는 스튜어트를 집으로 데려갈 전용 비행기가 대기하고 있었다. 새벽 시간이었지만 그녀의 팬이 된 올더슨 주민들이 올더슨을 떠나는 그녀를 마지막으로 보기 위해 비행장 활주로에 모여 있었다. CNN의 리포터인 낸시 그레이스도 여왕이 교도소를 떠나는 모습을 보기 위해 군중들 틈에 섞여 있었다. 청바지에 판초 점버를 입은 그녀는 CNN 생방송을 통해 시청자들에게 "마사 스튜어트가 이제 복귀를 준비하고 있습니다. 그녀는 인생의 새로운 장을 쓰기 위해 이륙을 준비하고 있습니다"라고 말했다. 스튜어트는 비행기에 올랐고, 주민들은 "*WE'LL MISS YOU MARTHA! GOOD LUCK! COME BACK AND VISIT US!*(마사, 보고 싶을 거예요! 행운을 빌어요! 우리를 보러 다시 방문해 주세요!)"라고 쓴 현수막을 흔들었다. 비행기에 오르기 전, 새벽 시간에도 불구하고 자신을 배웅하기 위해 모인 올더슨 주민들을 보았을 때 스튜어트는 가슴이 울컥했다. 비행기가 활주로를 달릴 때 올더슨 주민들은 현수막을 흔들었다. 비행기는 활주로를 힘차게 이륙했고, 상공에 이르자 창문 너머로 멀리 올더슨 교도소가 보였다. 지난 5개월 올더슨에서의 생활이 파노라마처럼 눈앞을 스쳐갔다. 스튜어트의 눈에 눈물이 고였다. '아, 이제 집으로 가는가.'

스튜어트는 꿈에도 그리던 집에 도착했다. 아직 6개월의 가택 연금이 남아 있었지만 그녀는 점점 더 자유로운 시간을 누릴 수 있었다. 2006년 1월 6일, 그녀는 항소법원에 항소했지만 법원은 항소를 기각했고, 배심의 평결을 유지했다. 사실, 이미 형 집행이 끝났기 때문에 항소법원이 그녀의 청원을 받기에는 너무 늦은 감이 있었다.

그녀는 무너진 제국을 일으키기 위해 전력을 다했다. 사실, 올더슨 교도소에서 복역을 시작하기 전부터 MSLO의 부활을 위해 노력했다. 그녀에게는 항소보다 회사가 더 중요했다. 그녀는 올더슨 교도소의 수감 생활을 기다리는 동안 TV 프로듀서인 마크 버네트와 2개의 TV 프로그램 계약을 체결했다. 버네트는 방송계의 거물이었다. 이 2개의 쇼는 그녀가 출소하고 가택 연금이 완전히 풀리는 2005년 9월에 방송될 예정이었다. 그녀는 올더슨에 가기 전에 "나의 인생이 나의 비즈니스이고, 나의 비즈니스가 나의 인생이다"라고 말하면서, "나는 반드시 돌아온다"고 힘주어 말했다.

그녀는 2005년부터 대대적인 컴백 캠페인을 시작했고 MSLO는 2006년부터 흑자로 돌아섰다. 2005년 스튜어트는 『마사의 법칙』 출간을 시작으로 해서 계속 가사家事와 관련한 책들을 출판했다. 그녀는 〈마사 스튜어트 쇼〉라는 타이틀로 낮방송 TV에 출연했고 〈어프렌티스〉 쇼에도 출연했다. 이 2개의 방송은 스튜어트가 올더슨에 가기 전에 버네트와 계약한 것이었다. 이외에도 그녀는 많은 방송에 출연했다.

MSLO의 모든 부분이 정상적으로 작동하는 것으로 보였다. 스튜어트는 MSLO의 주식 2910만 주를 보유하고 있었다. 2004년 3월 그녀가 유죄 판결을 받았을 때 주가는 8.8달러까지 내려갔는데, 그녀가 출소한 후인 2005년 5월에는 35.35달러를 기록했고, 그녀의 주식 가치는 10억 달러를 넘었다.

그녀가 출소한 지 1달 후인 4월에 《타임》은 "세계에서 가장 영향력 있는 인물들"을 선정했는데, 거기에 마사 스튜어트가 포함됐다. 연방 검찰에 의해 기소되어 법정에서 싸웠고, 법정에서의 투쟁이 공개적으로 보도됐고, 그리고 유죄 판결을 받고 교도소에서 복역하고 출소한 지 한 달밖에 지나지 않은 스튜어트가 그 명예로운 명단에 포함된 것은 놀랄 만한 일이었다. 스튜어트의 명성은 스캔들에도 불구하고 미국인들의 가슴에 살아 있었던 것이다.

많은 전문가들은 스튜어트의 교도소 수감이 그녀의 대중성을 오히려 높여 주었고, 그녀의 팬들에게는 더욱 놀라운 동정심을 유발시켰다고 평가했다. 그녀가 사는 동네인 터키힐Turkey Hill의 주민들도 유명한 주민의 귀환을 맞이할 준비를 했다. 그녀가 집에 돌아온 후, 그녀를 다시 보려고 팬들이 몰려들었다. 그녀의 팬들보다 기자들이 더 많이 몰려들었고 동네 전체가 시끄러울 지경이었다. 그러나 그녀의 주민들은 그러한 풍경을 즐겁게 바라보고 있었다.

2005년 4월호《마사 스튜어트 옴니 리빙》은 스튜어트의 귀환을 특집으로 다루었다. 4월호의 표지는 스튜어트의 사진과 함께 "웰컴 홈, 마사 Welcome Home, Martha"로 장식됐다. 2003년 3월 이후 잡지에서 스튜어트의 사진과 칼럼 등 그녀와 관련된 모든 것들이 사라졌는데, 2005년 4월호에는 그녀의 칼럼이 다시 실렸다. 이제 회사는 여왕의 귀환을 알리고 있었다.

주가는 많이 회복됐지만 2005년 1/4분기 실적은 전년과 대비할 때 좋지는 않았다. 아직 회사의 재무 상태나 실적이 완전히 회복된 것은 아니었다. 그러나 회사는 그녀의 복귀와 함께 에너지가 넘쳤다. 그녀는 MSLO의 부활을 위해 조심스럽고도 전략적인 계획을 준비했다. 그녀는 MSLO가 생산하는 다양한 제품들, 타임워너와 같이 제작한 DVD, 소니와 같이 제작한 음반 등을 K마트와 시어스에 공급하는 라인을 확장했고, 시리우스 위성방송과 24시간 여성 방송을 위해 3천만 달러 계약을 체결했다. 시리우스 위성방송은 요리, 정원 가꾸기, 엔터테이닝 프로그램들을 다룰 예정이었다. 코닥과는 사진 생산 계약을, 페더럴 백화점과는 가정용 제품의 판매 확대 계약을 체결했고, 또한《블루프린트》와《몸+영혼》이라는 새로운 잡지를 출간하는 등 전 방위적인 계획을 세웠다.

특히, 2006년에는 스튜어트의 〈데일리 토크 쇼〉는 '데이타임 에이미상' 6개 분야에 후보로 올랐다. 그녀는 2006년 11월에 코미디 드라마인 〈어글리 베티Ugly Betty〉에 특별 출연한 것을 비롯해서 수많은 방송 프로그램에 출연했다. 그녀는 2011년에 MSLO의 이사회에 복귀했고, 2012년에는 이사회 의장에 취임했다. 그녀는 완벽하게 그녀의 제국을 부활시켰다. 가사 제국의 여왕은 다시 왕관을 쓰고 화려하게 왕좌로 복귀했다.

제9장

월가의 무적함대
갤리언의 침몰

INSIDERS ON
WALL STREET

욕심이 잉태한 즉 죄를 낳고
죄가 장성한 즉 사망을 낳느니라.

〈야고보서 1장 15절〉

세기의
스캔들

2011년 5월 11일, 연방 검찰은 내부
자거래의 역사에서 유례가 없을 정도로 초대형 사건인 갤리언 스캔들에
서 주모자인 라자라트남에 대해 배심의 유죄 평결을 받아 냈다. 그리고
2011년 10월 13일, 연방 지방법원은 라자라트남에게 징역 11년형을 선
고했다. 고되고 힘들었던 싸움이었지만 그만큼 값진 승리였다.

2009년 10월 16일 새벽 6시, FBI는 라자라트남을 비롯해서 그의 핵심
정보원 5명을 전격적으로 체포했다. 미국의 모든 언론과 TV는 라자라트
남이 아파트에서 수갑을 차고 FBI 수사관들에 의해 끌려 나오는 장면을
긴급 뉴스로 보도했다. 미국인들은 아침에 출근하면서 이 충격적인 뉴스
를 듣거나 보고 있었다.

라자라트남이 주도한 갤리언 스캔들의 전모가 속속 드러나면서 미국
사회는 충격에 휩싸였다. 과거에도 월가에서 발생한 대형 내부자거래 스

캔들이 있었지만, 이번 사건처럼 내부자거래의 규모, 대담성, 지속 기간, 거미줄같이 뻗어 나간 정보 네트워크, 정보원들의 사회적 지위, 이들을 잡기 위한 연방 정부의 조사 기간과 투입 인력, 그리고 내부자거래 수사 역사상 최초로 광범위한 감청 작전이 이루어졌다는 사실 등은 미국 사회를 충격으로 몰아넣기에 충분했다. 가히 세기의 내부자거래 스캔들이라 할 수 있었다.

한편, 법정에서 밝혀진 이 사건의 엄청난 수사 기록은 내부자거래를 뿌리 뽑겠다는 미국 SEC의 변호사, FBI 수사관, 그리고 뉴욕 남부지검 연방 검사들의 분투, 희생, 그리고 헌신에 대한 증언이기도 했다. 라자라트남을 비롯해 약 100여명에 달하는 월가의 프로들에 대해 유죄 판결을 받아냈으니, 연방 정부는 1980년대 대형 내부자거래 스캔들 이후 약 20년 만에, 가히 내부자거래 역사상 전무후무한 대전투에서 기념비적인 승리를 쟁취한 것이라 할 수 있었다.

이 사건의 주모자는 라지 라자라트남Raj Rajaratnam으로 세계적인 헤지펀드인 갤리언Gallion의 설립자 겸 대표였고, 그가 움직였던 내부정보의 링에는 미국 최고의 기업과 금융회사의 고위급 임원들을 비롯하여 컨설턴트, 정치인, 그리고 월가를 쥐락펴락했던 파워 엘리트들이 대거 포함돼 있었다. 라자라트남은 주도면밀하게 정보망을 움직였고, 연방 정부(SEC, FBI, 뉴욕 남부 연방 검찰청)의 감시망에 걸리지 않도록 극도로 조심했다. 그들은 연방 정부의 조사에 대비해서 위장 이메일을 만들어 놓거나 위장 거래를 해 놓는 등 치밀하게 움직였다.

SEC와 FBI는 인내를 가지고 분투했다. 라자라트남의 내부자거래에 대한 최초의 조사는 1999년, 인텔의 내부자가 인텔의 실적 정보를 라자라트남에게 팩스로 보내는 행동이 내부 감시카메라에 찍히면서부터 시작됐다. 그러나 FBI 샌프란시스코 지국은 추가 증거를 잡지 못했다. 샌프란

시스코 지국은 뉴욕에 라자라트남 자료를 보내면서 공조 수사를 요청했지만, 2001년에 비극적인 9/11 사태가 터지면서 라자라트남에 대한 수사는 흐지부지 끝나 버렸다.

그러나 점점 더 대담하고 광범위해진 그의 내부자거래는 뉴욕증권거래소, SEC, FBI 등 도처의 감시망에 떠오르고 있었다. 이들 기관들은 서로 협력하며 라자라트남과 정보원들을 잡기 위해 포위망을 좁혀 갔다. 2008년 1월, SEC와 FBI는 라자라트남에게 정보를 제공하는 핵심 정보원을 잡아 정부의 협력자로 전향시키는 데 성공했다. 그것은 사건 수사에 있어서 대단한 진전이었다. 그녀(정보원)는 자신의 범죄에 대한 감형을 조건으로 라자라트남과의 전화 감청을 허용했다. FBI는 감청을 통해 라자라트남의 내부자거래에 대한 증거를 잡았고, FBI는 라자라트남의 전화에 대한 직접 감청 허가를 법원으로부터 받아 냈다.

이제 연방 수사기관은 결정적인 승기를 잡았다. 법무부는 라자라트남의 전화 감청을 통해 입수한 정보를 근거로 다시 새로운 혐의자들의 전화로 감청 범위를 확대해 나갔다. 총 10대의 전화가 감청됐다. 라자라트남을 비롯해서 이 사건의 핵심 주인공들의 집과 사무실, 전화가 감청됐다. 법원에 제출된 기록은 16개월 동안 10대의 전화기에 550명의 통화자가 등장했고, 녹음된 통화 건수는 1만 8150건이었다고 밝히고 있다.

2009년 10월 16일을 "D-Day"로 잡은 연방 검찰과 FBI는 새벽 6시, 라자라트남을 포함해서 그의 핵심 정보원 5명을 전격적으로 체포했다. 이 사건에서 라자라트남을 비롯하여 주요 핵심 인물들에 대한 전화 감청은 범죄자들을 일망타진하는 데 결정적인 역할을 했다. 그들만의 은밀한 통화가 FBI에 의해 감청됐다는 사실을 알았을 때 그들은 충격과 두려움 속에서 몸을 떨었다. 연방 정부에 의해 기소된 많은 사람들이 유죄를 인정하고 정부 측에 협력했다. 그러나 라자라트남을 비롯해서 일부 혐의

자들을 끝까지 무죄를 주장하며 저항했다. 그들은 화려한 변호사 군단의 호위를 받으며 법정에서 싸웠다.

그러나 전투의 승세는 이미 기울고 있었다. 연방 검사들은 너무나 강력한 증거들을 가지고 있었다. FBI와 연방 검찰은 라자라트남의 거래 타이밍과 직간접으로 연결된 정보원들과의 수많은 통화 기록 등 내부자거래의 강력한 정황증거[●]를 포함하여, 내부정보를 직접 전달하는 통화 내용이 녹음된 감청 테이프를 가지고 있었다. 검사가 법정에서 그들만의 은밀한 대화를 녹음한 테이프를 틀었을 때 그것은 충격 그 자체였다. 그들만의 은밀하고 불법적인 대화가 법정의 배심원들뿐만 아니라 방송을 통해 전 미국에 방송됐을 때 게임은 이미 끝난 것이었다.

갤리언의
출항

라지 라자라트남은 당시 53세의 스리랑카 출신으로 월가에서 헤지펀드 매니저로 성공한 인물이었다. 그가 설립하고 운용했던 갤리언 그룹은 2009년 10월 기준으로 운용 자산이 70억 달러에 달했고 세계 최고의 대형 헤지펀드 중 7위에 올랐다.

● **circumstantial evidence_** 정황증거란 소송에서 특정 혐의를 입증할 수 있는 직접 증거는 아니지만, 정황상 또는 경험칙상 특정 혐의를 추정할 수 있도록 해 주는 간접 증거를 말한다. 내부자거래에서 정황증거란 대표적으로 정보 수령자가 대량 거래를 하기 전에 내부자와 통화를 한 사실을 들 수 있다. 그 통화에서 정보의 전달이 있었는지에 대한 직접 증거는 없지만, 통화 시각과 그 직후 이루어진 거래 사이의 관계를 볼 때, 경험칙상 그 통화에서 정보의 전달이 있었을 것으로 추정할 수 있다. 여기서 통화 기록과 통화 시각이 정보 전달의 정황증거가 될 수 있다.

라자라트남은 1957년 6월, 스리랑카 콜롬보에서 태어났고 그곳에서 어린 시절을 보냈다. 그의 가정은 스리랑카에서 성공한 집안이었고, 1971년에 영국으로 이민을 갔다. 그는 17세에 런던에 있는 덜위치 대학 부속학교에 진학했다. 그 학교는 유명한 『잉글리쉬 페이턴트English Patient』의 작가인 스리랑카 출신의 마이클 온다트 같은 사람을 배출한 학교였다. 그는 브리튼에 있는 서식스 대학에 진학했고, 그곳에서 엔지니어링 학사 학위를 받았다. 그는 미국으로 건너갔고 펜실베이니아에 있는 와튼 스쿨에서 MBA 학위를 받고 졸업했다.

그는 졸업 후 뉴욕에 근거를 둔 증권회사인 니드햄 앤 컴퍼니Needham & Company에서 애널리스트로 일을 시작했다. 그는 1998년에 이 회사를 인수하면서 이름을 '갤리언Galleon'으로 바꿨다. '갤리언'이라는 이름은 16세기에서 18세기 사이에 유럽에서 사용했던 거대한 항해선의 이름에서 따온 것이다. 그래서 회사의 로고도 항해선을 상징하는 배 그림을 사용했다. 갤리언 펀드의 출범 자금은 3억 5천만 달러였는데, 그 돈은 주로 남아시아계 출신들로 이루어진 그의 추종 세력들과 함께 어렵사리 모든 돈이었다. 그는 뉴욕의 비좁은 사무실에서 세계적인 헤지펀드 플레이어가 되겠다는 야망을 키우기 시작했다.

갤리언 펀드는 초기부터 놀라운 성공을 보여 주었다. 1999년에 그는 크리스마스 파티에 고객과 브로커 약 300명을 초대해서 거대한 파티를 열었다. 그는 놀랄 만한 수익률로 그의 능력을 시장에 보여 주었는데, 그해 갤리언 펀드의 수익률은 96.3%로 치솟았다. 갤리언 펀드는 2001년까지 인텔과 AMDAdvanced Micro Devices 같은 기술주에 주로 투자했고, 당시 기술주 버블 바람을 타고 갤리언은 출범한 지 얼마 안 되어 50억 달러의 거대한 펀드로 빠르게 성장했다.

2008년, 《포브스》는 그가 미국에서 262번째의 부자이며 재산은 15억 달러라고 발표했다. 갤리언 펀드는 세계 10대 헤지펀드에 들었으며 운용 자산은 70억 달러에 달했다. 갤리언 펀드는 기술주에 주력하면서도 2000년의 기술주 붕괴에서도 살아남았고, 이후 오히려 더 크게 발전했다. 1999년부터 2002년 동안 미국의 S&P 500 지수가 37.6% 하락한 반면 갤리언 펀드는 43.7% 상승했다. 1992년부터 2009년까지 갤리언 펀드는 매년 평균 21.5% 상승을 기록한 반면, S&P 500 지수는 7.6% 상승에 그쳤다. 이러한 수치는 라자라트남이 갤리언 펀드를 얼마나 성공적으로 운용해 왔는지를 잘 보여 주고 있다.

갤리언 그룹의 특징은 빠른 의사 결정과 신속한 매수/매도였다. 예를 들어, 갤리언 그룹이 2009년 9월에 발표한 자료에 따르면 9개월 동안 갤리언 그룹은 600개 이상의 기업을 매수/매도했고, 평균 수익률은 22.3%였다. 이때는 금융위기가 전 세계를 강타하면서 뒤흔들고 있었을 때였다. 그렇다면 갤리언이 기록한 놀라운 수익률의 비결은 무엇인가?

오래 전부터 라자라트남에게는 기업 내부자들로부터 내부정보를 얻는 대가로 돈을 제공한다는 루머가 따라 다녔다. 세계 최고의 헤지펀드를 만들겠다는 그의 거대한 야심은 출발 때부터 법을 우습게 생각하게 만들었다. 그가 루미 칸으로부터 인텔의 실적 정보를 불법적으로 빼낸 것이 적발된 때가 1999년인데, 이 시점은 갤리언이 출범한 지 1년이 지났을 때였다. 그는 갤리언 펀드를 처음 시작했을 때부터 불법 정보를 통해 커다란 돈을 벌려고 작심했던 것이다. 따라서 그의 중요한 전략은 조심스럽게 핵심 기업마다 내부자를 개발해 회사 내부에 깊숙이 심어 놓는 것이었다. 그들로부터 얻은 비밀 정보를 중심으로 투자 종목과 거래 타이밍을 결정할 수 있다면, 그것은 월가에서 확실하게 성공할 수 있는 비결이었다.

그가 선호했던 정보원들은 그와 같은 남아시아계 출신들이었다. 라자라트남은 그들이 월가에서 매우 경쟁력이 있다는 사실을 알고 있었다. 금융계에서 일하는 많은 인도 출신들은 초등학교 입학 이후 최고의 명문인 인도과학기술대학IIT, Indian Institute of Technology에 입학하기 위해 열심히 공부했다. 그들은 미국에 입국하기 전에 이미 하버드 대학보다 훨씬 더 뚫기 어려운 학교에 입학하기 위해 피나는 노력을 했던 사람들이었다.

많은 남아시아계 출신들이 배타적이고 공부에만 몰두한 반면, 라자라트남은 매우 낙천적이고 외향적이었으며 또한 사교적이었다. 와튼 스쿨 시절, 그는 수업도 자주 빠졌지만 나름 좋은 학점을 유지했다. 그는 친구들의 노트를 빌리기 위해 아부를 꺼리지 않았으며, 자기 노트를 빌려주는 경우에는 반드시 대가를 요구했는데, 예를 들어 마리화나를 구해 달라든지 아니면 관심 있는 여학생을 소개시켜 달라곤 했다. 후일 와튼 스쿨의 많은 친구들이 그에게 내부정보를 제공해 주는 정보원들이 된다.

라자라트남의 내부자거래 스캔들에는 많은 정보원들이 등장한다. 라자라트남은 처음부터 내부정보를 이용하여 돈을 벌고자 했기 때문에 주요 기업에 믿을 만한 내부자를 심어 놓는 일이 매우 중요했다. 이 글에서는 가장 핵심적인 인물이었던 루미 칸, 라지브 고엘, 아닐 쿠마르, 라자트 굽타, 그리고 대니얼 치에이지만 다룬다. (라자트 굽타와 대니얼 치에이지 사건은 각각 별도의 장으로 분리해서 다룬다.) 라자라트남은 이들로부터 얻은 내부정보를 이용하여 갤리언 펀드의 수익률을 높이 끌어올렸고, 이러한 놀라운 수익률은 투자자들의 펀드 이탈을 방지하면서 꾸준히 새로운 투자자들의 펀드 가입을 유인했다. 그 결과 갤리언 펀드는 2009년 10월 기준으로 운용 자산이 70억 달러에 달하면서 헤지펀드 세계에서 7위에 오르는 기염을 토했다.

라자라트남이 이처럼 강력한 자신의 내부정보 네트워크를 바쁘게 움직이며 월가에서 승승장구하고 있었을 때, SEC와 FBI 역시 보이지 않게 그를 추적하고 있었다.

남아시아계 동맹군들

2007년 6월 7일, SEC는 라자라트남에게 로어 맨해튼의 세계무역센터에 위치한 SEC 뉴욕 본부로 출두해 줄 것을 요청했다. 라자라트남은 SEC 사건을 전문으로 담당하는 로펌인 셔만 앤 스털링의 변호사 2명과 함께 SEC를 방문했다. SEC의 조사 책임자는 그와 같은 인도계 출신인 산제이 와드와Sanjay Wadwha였고 SEC 변호사인 마코위츠(와드와의 상사)와 마이클슨이 동석했다. 3명의 SEC 조사관은 모두 검은색 양복을 입고 있었고 기록원이 그들의 모든 대화를 타이핑하고 있었다.

조사가 시작된 지 얼마 지나지 않아 이 사건의 실무 책임자인 와드와는 라자라트남에 대한 조사가 제대로 진행이 안 되고 있다는 생각이 들었다. 그들은 SEC에 소환되어 온 사람 중에서 그렇게 확신에 차서 떠드는 사람을 본 적이 없었다. SEC 조사관들이 라자라트남의 의혹 있는 거래를 조사하는 자리가 아니라 라자라트남 자신이 어떻게 월가에서 성공적인 펀드매니저가 될 수 있었는지 장광설을 늘어놓는 자리가 된 것 같았다. 그는 자신의 내부자거래 의혹에 대해 단호하게 부정했다. 그리고 그의 펀드가 돈을 번 이유는 그가 똑똑했고, 스마트한 사람들을 고용했고, 그들에게 아주 좋은 보수를 지급했기 때문이라고 설명했다. 이와 함께 갤리언 펀드가 세계에서 가장 성공적인 헤지펀드로 발전하게 된 배경으로 '모자이크 이론Mosaic Theory'에 대해서 장황하게 늘어놓았다.

모자이크 이론이란 명성 높은 투자자인 필립 피셔Phillip Fisher에 의해서 개발된 것으로 1958년에 출간된 그의 기념비적인 저서인『보통주와 보통이 아닌 이익Common Stocks and Uncommon Profits』에 자세하게 설명돼 있다. 피셔는 이 책에서 주식 투자를 모자이크 작업과 비교하면서, 실제 투자 과정을 산업이나 주식에 관한 다양한 정보와 여러 소문들을 모은 결과를 토대로 주식을 살 것인지 팔 것인지를 결정하는 과정으로 설명했다.

그러나 와드와를 비롯한 SEC 조사관들이 볼 때 라자라트남이 떠드는 모자이크 이론은 그의 불법 거래를 그럴듯하게 포장하는 수단으로 밖에 볼 수 없었다. 만약 모자이크 이론이 그렇게 현실적으로 강력한 투자 이론이라면, 왜 다른 헤지펀드 매니저들을 비롯해서 투자 전문가들은 돈을 못 벌고 있단 말인가? 그들은 모자이크 이론도 모르고 월가에서 트레이딩하고 있다는 말인가?

사실, 와드와를 비롯한 SEC의 조사관들이 라자라트남을 소환해서 조사를 벌일 때만 해도 이 사건이 미국 역사에서 가장 커다란 내부자거래 스캔들로 발전하리라고는 전혀 상상도 하지 못했다. 많은 대형 금융 스캔들이 그렇듯이 갤리언 사건도 전혀 엉뚱한 곳에서 출발했다.

2006년 8월, 스위스 투자은행인 UBS의 뉴욕 지점 사내 변호사인 존 문John Moon이 SEC를 방문해서 와드와와 그의 팀을 만났다. UBS는 헤지펀드인 세드나의 프라임 브로커로서 주문 처리 서비스 등을 제공하고 있었는데, 세드나 펀드는 라지 라자라트남의 친동생인 당시 35세의 렌간 라자라트남이 운영하는 작은 펀드였다. 주로 가족들이 투자했고 투자 규모도 2백만 달러에 불과했다. 그런데 세드나 펀드는 출범하자마자 한 달 만에 2백만 달러로 4백만 달러를 만들었다. 불과 30일 만에 100%의 투자 수익률을 올린 것이다. 이러한 엄청난 수익률 뒤에 10건의 거래가 있었는데 10건 모두 장타를 쳤다.

UBS가 세드나의 거래에 의문을 갖기 시작한 것은 2006년 6월 26일에 있었던 애리스 그룹Arris Group에 대한 공매도 거래였다. 세드나는 140만 달러를 공매도하면서 펀드의 거의 모든 돈을 다 쏟아 부었다. 다음 날인 27일, 애리스 그룹은 부진한 2/4분기 실적을 공시했고 주가는 20% 하락했다. 세드나는 바로 숏 커버링*을 통해 하루 만에 27만 달러를 벌었다. UBS가 볼 때 이러한 거래는 불법적인 내부정보 없이는 생각할 수 없는 거래였다. 렌간은 이 정보를 형인 라지 라자라트남에게도 전달한 것으로 보였다. 왜냐하면 갤리언 펀드도 렌간과 거의 비슷한 시간에 애리스 그룹 주식을 1백만 달러 이상 공매도했기 때문이다.

와드와는 UBS와의 미팅을 끝낸 후 약간 고민했다. 세드나 펀드를 조사해 보았지만 세드나는 별 볼 일 없는 펀드였다. 그러나 세드나의 설립자인 렌간 라자라트남의 형이 당시 50억 달러 규모의 대형 헤지펀드를 운용하고 있는 라지 라자라트남이라는 사실이 마음에 걸렸다. 갤리언 펀드는 당시 놀라운 수익률을 자랑하며 월가에서 제일 잘나가는 펀드 중 하나였기 때문이다.

와드와는 라자라트남과 갤리언 펀드를 검색해 보았다. 그는 언론에서 라자라트남의 놀라운 수익률을 높이 평가하는 글을 발견했다. 이쪽 분야에 남다른 감각을 가진 와드와는 라자라트남의 놀라운 수익률과 언론의 칭찬 일변도의 기사에서 무언가 냄새가 나는 것 같았다. 와드와는 라자

● **short covering**_ 숏 커버링은 공매도를 한 후 주가가 하락했을 때 공매도를 위해 빌려온 주식을 반환하기 위해 공매도한 주식을 시장에서 매수하는 행위를 말한다. 이렇게 매수한 주식으로 공매도를 위해 빌려온 주식을 되갚게 되는데, 공매도됐던 가격과 시장에서 매수한 가격과의 차이가 공매도자가 취하는 이익이 된다. 주가의 하락이 확실하다고 판단되는 경우 공매도 전략을 취한다.

라트남이 언론의 기사처럼 탁월한 헤지펀드 매니저인지, 아니면 냄새를 풍기는 범죄자인지 헷갈렸다. 대형 펀드인 갤리언이 세드나의 의혹 있는 거래를 따라 하고 있었다. 누가 누구에게 정보를 전달하고 있는 것인가? 존 문 변호사의 제보처럼 어딘가 구린 구석이 있어 보였다. 그때가 라자라트남과 갤리언 펀드가 SEC의 블랙리스트에 올라가면서 SEC의 지루한 조사가 시작된 시점이었다.

와드와가 라자라트남을 SEC 뉴욕 본부로 소환하기 한 달 전인 5월, 익명의 투서가 SEC 뉴욕 본부에 도착했다. 갤리언 펀드는 테크놀로지와 헬스 케어 분야에 전문적으로 투자하는 펀드였다. 따라서 펀드 운용을 위해 해당 산업과 주력 기업들에 관한 리서치가 중요했고, 관련 기업들은 갤리언 펀드가 필요로 하는 정보를 제공했다. 투서는 그 정보에 단순한 산업 동향이나 일반적인 데이터가 아니라 내부정보들이 포함돼 있다고 주장했다. 그리고 갤리언은 정보 제공의 대가로 매춘이나 불법적인 향략을 제공하고 있다고 주장했다. 투서의 소스도 알 수가 없었고 매춘의 주장도 증명할 수가 없었다.

그러나 이 투서는 작년에 있었던 UBS의 존 문 변호사의 제보에 이어 갤리언 펀드에 대한 의혹을 강하게 불러 일으켰다. SEC의 조사관들은 갤리언의 모든 거래 내역을 본격적으로 조사하기 시작했다. 라자라트남의 이메일도 분석했다. '루미Roomy'라는 여성과 이메일을 교환한 것 중에 문제가 될 만한 내용들이 발견됐다. 그녀의 이메일 주소는 'Roomy81@aol.com'이었다. 그녀는 라자라트남에게 AMD 주식 매수 타이밍에 대한 의미심장한 이메일을 보낸 적이 있었다. SEC 변호사인 앤드류 마이클슨은 라자라트남에게 "루미가 누구인가?"라고 물었다. 라자라트남은 그녀는 갤리언에서 트레이더로 잠깐 일했으며 인텔의 전직 임원이었다고 말했다. 라자라트남은 AMD에 대해 그녀와 무슨 대화를 했는지 기억나지 않는다고 말했다.

　그러나 미국에서 잘 나가는 헤지펀드의 대표가 그녀와 왜 그렇게 많은 대화를 했단 말인가? 라자라트남이 SEC에서 조사를 받은 지 5일 후, 라자라트남과 루미 사이에 이루어진 수많은 이메일 더미 속에서 SEC 조사관들은 중요한 메시지를 발견했다. 루미는 라자라트남에게 "내가 가이드를 줄 때까지 폴리컴을 사지 마세요"라는 메시지를 보냈다. 1월 말, 폴리컴은 분기 실적을 발표했고, 루미는 폴리컴 거래에서 30만 달러를, 라자라트남은 두 배인 60만 달러를 벌었다. 루미는 "루미 칸Roomy Khan"을 의미했다. SEC는 칸의 전화를 추적한 끝에 인도 출신이며 폴리컴의 간부인 수닐 발라Sunil Bhalla를 찾았고, 그가 칸의 정보원일 것으로 추측했다. 그리고 칸은 라자라트남의 내부정보 서클에서 중요한 인물일 것이라는 확신이 들었다.

　SEC가 라자라트남을 소환하고 2달 반이 지난 후, SEC 조사관은 인텔의 다른 임원이 라자라트남과 빈번하게 연락하고 있는 사실을 발견했다. 인텔은 갤리언이 거래하기 좋아했던 몇 안 되는 기술주 중 하나였다. 그의 이름은 라지브 고엘Rajiv Goel이었다. 그는 라자라트남과 와튼 스쿨 친구였다. 고엘은 찰스 슈왑에 증권 계좌를 가지고 있었다. 그런데 그 계좌에서 이루어진 거래는 모두 갤리언 그룹의 IP 주소를 달고 나간 것으로 확인됐다. 이것은 갤리언의 누군가가 그의 계좌를 관리해 주고 있다는 것을 의미했다.

　그렇다면 왜 갤리언이 그를 대신해서 거래를 해 주고 있는가? 그리고 고엘의 계좌에서 거래된 주식들은 모두 라자라트남이 대량으로 거래했던 의혹 있는 주식들과 일치했다. 이것은 매우 중요한 발견이었다. 아마 고엘이 제공한 내부정보의 대가를 지급하는 방법으로 고엘의 계좌에 이익을 남겨 주는 것은 아닐까? SEC 조사관들은 고엘 역시 라자라트남 내부정보 서클의 리스트에 올려놓았다.

라자라트남에 대한 조사가 더 진행되면서 라자라트남의 와튼 스쿨 동창인 아닐 쿠마르Anil Kumar가 나왔다. 그는 유명한 컨설팅 회사인 맥킨지McKinsey & Co의 선임 임원이었다. 내부정보를 원하는 사람에게 있어서 맥킨지 같은 컨설팅 회사는 매우 중요한 정보원일 수 있다. 맥킨지 정도라면 미국에서 중요한 회사들과 비즈니스를 하고 있으며, 특히 M&A 같이 주가에 직접 영향을 미칠 수 있는 활동에 대해서도 자문해 주고 있기 때문이다. SEC 조사관은 쿠마르에 이어 맥킨지의 전 CEO였던 라자트 굽타Rajat Gupta도 라자라트남과 빈번하게 통화하고 있는 사실을 발견했다. 이 두 사람은 모두 라자라트남과 같은 남아시아계 출신들이었다.

이처럼 라자라트남은 주로 남아시아계라는 인종적인 유대 관계, 그리고 대학 동문이라는 친밀감을 이용하여 내부정보 링ring을 구축했다. 그들은 서로 신뢰할 수 있는 사이였기 때문이다. 탐욕으로 얽힌 그들의 부패한 욕망은 월가의 정상적인 금융 시스템의 작동을 비웃고 있었다. 와드와가 라지브 고엘에 이어 아닐 쿠마르의 개입 가능성을 보고받았을 때, 그는 "망할 놈의 와튼 스쿨 83년 학번 모두를 기소해야 하는가?"라고 내뱉었다.

SEC가 볼 때 사건은 당초 생각보다 점점 더 규모가 커지고 있었고, 로우 맨해튼의 뉴욕 남부 연방 검찰청(이하 '뉴욕 남부지검')과 긴밀한 협조가 필요하다고 느꼈다. 결국 검찰이 이들을 형사사건으로 기소해야 하기 때문이었다. 와드와는 지금까지 확보한 자료와 증거들을 뉴욕 남부지검과 FBI에 보냈다.

정복자들의
파티

2007년 6월, 한여름의 밤이 깊어 가는
시간, 커다란 한 척의 유람선이 뉴욕 허드슨강 위에 떠 있었다. 배의 옆으
로는 맨해튼의 마천루들이 어두운 밤을 배경으로 휘황찬란한 불빛을 뿜어
내며 환상적인 자태를 연출하고 있었다. 검은 바다 위에 그림처럼 떠 있는
배에는 많은 사람들이 있었다. 그들은 흥겨운 파티 중이었다. 그들은 월가
에서 가장 잘 나가는 헤지펀드 중 하나인 갤리언 펀드의 설립자 겸 펀드매
니저인 라자라트남의 생일을 축하하기 위해 모인 사람들이었다.

라자라트남은 자신의 50세 생일을 축하하기 위해 커다란 유람선을 빌
렸고, 약 200명의 동료와 친구들 그리고 그들의 가족들을 초대했다. 술
을 마시고 흥에 겨워 소리 지르며 춤을 추는 축하객들을 태운 유람선은
허드슨강을 따라 맨해튼 남단을 향해 서서히 움직이고 있었다. 갤리언
과 라자라트남의 동지들이 모두 모였다. 그들은 눈앞에 펼쳐진 월스트리
트의 화려한 마천루들을 바라보며 승리의 축배를 들었다. 그것은 월가를
지배하는 정복자들의 축제였다.

라자라트남은 배의 제일 위층 꼭대기에서 친구들과 마리화나를 피우고
있었다. 대서양의 싱그러운 여름 바람이 바다 냄새와 함께 밀려왔다. 그는
친구들에게 "나는 내가 원한다면 이 배를 살 수 있어"라고 뻐기고 자랑했
다. 라자라트남 생애 최고의 시간이었다. 그는 세계 정상에 선 것이다.

그가 운용하는 헤지펀드 갤리언은 자산 규모로 세계 7위에 올랐다. 놀
라운 성공이었다. 다음 해인 2008년, 그는 처음으로 《포브스》가 선정하
는 "미국에서 가장 부유한 사람 400"에 포함됐다. 그는 스스로가 성공했
다고 자축할 만한 상황에 와 있었다. 그는 자신의 성공을 축하하기 위해

그해 여름, 무려 3개나 되는 파티를 준비했다. 약 3주 전, 그는 SEC 뉴욕 본부에서 내부자거래 혐의에 대한 조사를 받았지만 SEC 변호사들을 성공적으로 물리쳤다고 생각했다. 그는 SEC가 자기를 못 잡을 것으로 확신했다. 그는 망설이지 않고 그가 준비했던 2007년의 여름 축제를 시작했다.

2007년 7월 초 라자라트남은 유럽 여행을 다녀왔다. 그는 가족들과 가까운 친구들을 포함해서 약 20명 정도의 사람들을 프랑스 남부에 위치한 17세기의 성인 샤또 그리말디Chateau Grimaldi로 초대했다. 그 성은 11개의 침실과 9개의 욕조를 갖추고 있었고, 특히 멋진 정원을 가지고 있었다. 라자라트남의 핵심 동지들이 함께한 럭셔리한 파티였다.

그는 프랑스 휴가 이외에 또 다른 커다란 이벤트를 준비했다. 8월에 비행기를 전세 내어 가장 가까운 동료들과 친구들, 그리고 그들의 가족들까지 아프리카 케냐로 초대했다. 이 여행에는 약 70명이 참석했다. 이 케냐 여행 역시 그가 그해 맞이하는 50세 생일 축하 모임의 하나였다.

유람선은 맨해튼의 남단 끝을 돌아 세계금융센터 옆을 지나고 있었다. 라자라트남은 야경에 빛나는 눈앞의 거대한 빌딩을 바라보고 있었다. SEC 뉴욕 본부가 위치한 그 빌딩의 16층이 유난히 밝게 빛나고 있었다. 불과 3주 전, 라자라트남은 그곳에서 내부자거래 혐의에 대해 조사를 받았다. 그는 자신이 SEC 변호사들을 물리쳤다고 생각했지만 그렇게 쉽게 끝날 일이 아니었다. 라자라트남이 허드슨강에 유람선을 띄워 놓고 동료와 친구들을 대거 초청해서 질펀하게 술을 마시며 환호하던 바로 그 시간, 세계금융센터 16층에서는 라자라트남을 잡기 위해 SEC 변호사들은 구슬땀을 흘리고 있었다. 그들은 그날 밤에도 갤리언의 트레이딩 데이터, 이메일, 통화 기록을 뒤지고 있었다. 아직 승부는 끝나지 않았다.

떠오르는 표적과
내부자의 포섭

　　　　　　　　라자라트남은 프랑스로 휴가 여행을
떠나기 이틀 전인 2007년 7월 2일 오후 4시 직전에 루미 칸으로부터 급
한 전화를 받았다. 칸은 그녀의 남아시아계 정보원으로부터 입수한 뜨거
운 정보를 라자라트남에게 전달했다. 사모펀드인 블랙스톤이 힐튼호텔을
주당 11.45달러의 프리미엄을 얹어 주당 47.50달러에 매수한다는 정보
였다. 칸은 이 정보를 무디스에서 근무하는 애널리스트로부터 입수했다.
무디스는 이 거래에서 힐튼의 재무적 가치를 평가하는 일을 맡았다.

　칸은 이 정보를 입수하자마자 콜옵션 550계약을 매수했고, 다음 날
100계약을 추가로 매수했다. 그리고 라자라트남에게 이 정보가 내일 공
시될 것이라고 전달했다. 라자라트남과 갤리언은 이 정보를 받은 다음
날인 7월 3일, 갤리언 테크놀로지 펀드 계좌로 힐튼 주식 40만주를 매수
했다. 그 펀드는 테크놀로지 분야에 전문적으로 투자하는 펀드였지만 호
텔 주식 매수에 나선 것이다.

　7월 3일, 시장이 끝난 후 힐튼은 블랙스톤과의 거래를 발표했는데, 블
랙스톤이 당일 종가인 36.05달러에 주당 11.45달러의 프리미엄을 얹어
힐튼을 인수한다는 내용이었다. 7월 4일은 미국 독립기념일로서 국경일
이었고, 다음 날인 7월 5일 시장이 열리면서 힐튼 주식은 주당 45.39달
러로 치솟았다. 칸은 즉시 콜옵션을 모두 매도해서 63만 달러의 이익을
얻었다. 그녀는 정보원에게 사례비로 1만 달러를 지급했다. 갤리언 펀드
는 410만 달러를 벌었다. 7월 3일, 라자라트남은 갤리언의 거래 이외에
찰스 슈왑에 있는 라지브 고엘의 계좌로 7500주를 매수했다가 7월 6일
매도해서 약 7만 8000달러의 이익을 챙겨 주었다.

라자라트남이 프랑스에서 고엘을 만났을 때 힐튼호텔 건에 대해 뻐기며 자랑했다. 고엘은 라자라트남에게 고마움을 표시했다. 그러나 후일 그 거래가 고엘의 운명을 비틀며 칠흑 같은 감옥 속으로 끌고 가는 비극적인 증거가 될 줄은 꿈에도 생각하지 못했을 것이다.

힐튼 거래가 있은 지 1주일도 채 못 되어 칸은 다시 구글의 2분기 실적 정보를 다른 정보원을 통해 입수했다. 실적 정보는 7월 19일, 시장이 끝난 후에 발표될 예정이었다. 구글의 정보원은 구글을 대신해서 IR 활동을 하는 컨설팅 회사의 내부자였다. 칸은 정보원을 통해 7월 10일경, 구글의 주당순이익EPS, Earing Per Share이 25센트 떨어질 것이라는 정보를 입수했다. 이 정보를 입수한 칸은 7월 12일부터 발표가 나는 날까지 구글의 풋옵션 566계약을 매수했다.

칸은 구글 정보를 얻자마자 바로 라자라트남에게 전달하면서 공매도를 하라고 말했다. 그녀는 이 정보가 실적 정보에 접근할 수 있는 구글의 컨설팅 회사로부터 나온 것이라고 말했다. 이 정보를 받은 라자라트남과 갤리언은 갤리언 테크 펀드를 통해 풋옵션을 매수하기 시작했고, 7월 19일까지 계속해서 매수했다. 이외에도 갤리언의 다른 펀드 역시 풋옵션을 매수하고 콜옵션을 매도했다. 그리고 구글 주식은 공매도했다.

구글은 7월 19일에 2분기의 주당순이익이 지난 분기에 비해 25센트가 떨어졌다고 발표했다. 정보원이 알려준 정보와 수치가 정확히 일치했다. 구글의 주가는 548달러에서 532달러로 하락했다. 칸은 풋옵션을 매도해서 50만 달러를 벌었다. 갤리언 테크 펀드는 약 8백만 달러를 벌었고, 갤리언 캡틴 펀드는 130만 달러를 벌었다. 따라서 갤리언이 칸이 제공한 구글 정보를 이용하여 불법적으로 번 돈은 9백만 달러가 넘었다.

SEC의 변호사들은 급증하는 힐튼호텔의 거래 상황을 보고 있었다. 7월 4일 휴일이 끝나자마자 그들은 뉴욕증권거래소에 힐튼호텔 거래에 관한 모든 자료를 요청했다. 당시만 해도 거래 내역이 파일 상태로 전산화가 되어 있지 않아 전산 시트에 프린트 된 자료를 일일이 눈으로 확인해야 했다.

힐튼호텔의 매수자 명단에서 낯익은 이름들이 눈에 들어왔다. 가장 대량으로 거래한 사람은 라자라트남이었다. 그의 동생 란겐 라자라트남 역시 세드나 계좌와 자신의 개인 계좌로 거래했다. 라지브 고엘도 있었다. 그러나 가장 흥분시키는 이름은 루미 칸이었다. 그녀의 이름이 힐튼호텔 매수자 명단에 들어 있었던 것이다.

이제 그림이 그려지기 시작했다. 블랙리스트에 올라 있는 이들은 모두 블랙스톤의 힐튼호텔 인수라는 내부정보로 연결되고 있었다. 내부정보가 이 망을 타고 전달되고 있는 것이다. 그러나 아직 누가 소스인지는 알 수 없었다. 아무튼 힐튼호텔 거래는 그동안 진척이 없이 지지부진했던 갤리언 조사에 탄력을 제공하는 중요한 계기가 됐다. 라자라트남을 중심으로 작동하는 내부정보 네트워크의 링 하나를 분명히 잡은 것이다.

마이클슨은 힐튼호텔 거래장에서 쿠마르의 이름이 나오지 않자 실망했다. 라자라트남과의 사이에서 어떤 불법적인 메신저도 없었고 범죄로 의심되는 거래 행위도 없었다. 쿠마르는 아직 수면 위로 떠오르고 있지 않았다. 그러나 힐튼호텔 매수자 명단에 칸이 포함돼 있다는 사실은 SEC를 흥분시키기에 충분했다. 지난 6월, SEC에서 있었던 라자라트남 조사 이후에 SEC는 칸에 대한 정보를 계속해서 뒤지고 있었다.

SEC 뉴욕 본부에서 라자라트남을 조사한 지 5일이 지난 후, SEC 조사관들은 칸과 라자라트남이 2006년 1월 9일에 서로 교환했던 결정적인 메신저를 찾아냈다.

　rajatgalleon: hey (헤이)

rajatgalleon: u back (너 돌아왔니)

roomy81: I am here (나 여기 있어)

roomy81: did not go any where (아무 데도 가지 않았어)

rajatgalleon: call me… just get back today (전화해, 오늘 막 돌아왔어)

roomy81: please let me know on JNPR (JNPR에 대해 알려 줘)

roomy81: donot buy plcm till I get guidance (plcm을 내가 가이드를 입수
할 때까지 사지 마)

roomy81: want to make sure guidance OK (가이드가 확실한 지 확인하고
싶어)

PLCM은 폴리컴, JNPR은 주니퍼 네트워크의 각각 티커 이름이다. 마지막 문장에 SEC 조사관들의 시선이 집중됐다. 이 메신저에 따르면 칸은 폴리컴 내부에 정보원을 가지고 있고, 그가 칸에게 폴리컴의 내부정보를 제공하고 있다는 추론이 가능했다. 이 메신저는 칸이 라자라트남에게 비밀정보를 제공하고 있다는 중요한 증거로 볼 수 있다. 그리고 칸과 라자라트남이 같은 날 힐튼호텔 주식을 대량으로 매수했다는 사실은 두 사람 사이에 비밀스러운 정보 채널이 작동하고 있다는 의혹을 더욱 굳혀 주었다.

이제 SEC 변호사들은 칸에게 정보를 제공하는 폴리컴의 내부자가 누구인지 밝혀내는 것이 필요했다. 이 작업은 처음에 생각했던 것보다 시간이 많이 걸렸다. 칸은 너무 많은 통화를 했다. 그녀가 집에서 업무로 사용하는 전화가 6개였고 핸드폰은 3개를 사용했다. 2007년 8월, 전화기록을 뒤지기 시작한 지 몇 주가 지나지 않아 SEC 조사관은 폴리컴의 내부자가 수닐 발라라는 사실을 잡아냈다. SEC 조사관은 흥분했다. 칸에게 폴리컴 내부정보를 제공한 내부자를 잡은 것이다.

칸은 발라를 통해 폴리컴의 내부정보를 얻었고 그 정보를 다시 라자라

트남에게 전달했다. 칸과 라자라트남 사이에 중요한 메신저 교환이 있었고, 칸과 발라의 통화는 바로 그 직전에 이루어졌다. 이것은 칸이 라자라트남과 폴리컴의 임원 사이에 연결점으로 역할을 했다고 보는 데 무리가 없었다. 정말 중요한 돌파구였다.

2007년 여름이 끝나갈 무렵, 라자라트남 사건에 매달렸던 SEC 조사관들은 2개의 주식, 즉 폴리컴과 힐튼호텔의 거래를 통해 라자라트남을 중심으로 움직이는 내부정보의 네트워크를 보게 되었다. 이들 거래는 전형적인 내부자거래였다. 그러나 SEC가 가지고 있는 것은 아직까지는 정황증거들이었다.

내부자거래의 혐의를 잡는 데 있어서 오헤이건 사건같이 한 사람이 우연한 거래를 한 경우에는 정황증거만으로도 크게 문제가 되지 않지만, 수많은 주식을 매일 사고파는 대형 펀드인 갤리언의 경우는 사정이 달랐다. 따라서 정보 제공자의 증언 같은 결정적인 증거 없이 이 정도의 정황증거만 가지고 갤리언의 거래가 정보 네트워크를 이용한 내부자거래라고 법정에서 주장해 가지고는 승산이 크지 않아 보였다. 그들은 갖가지 이유를 들어 내부정보를 이용한 거래가 아니라고 반박할 것이 분명했다.

와드와를 비롯해서 SEC 조사관들은 자신이 직접 정보를 제공했다고 증언해 줄, 라자라트남의 내부정보의 링에 속한 누군가를 반드시 찾아야 했다. 매우 어렵고 조심스러운 일이었다. 가능한 표적을 찾아서 정부 측 증인으로 돌아설 수 있도록 한 방에 해결해야만 했다. 만약 이러한 딜이 실패한다면 지금까지의 노력이 통째로 날아가 버릴 수 있었다. 표적은 라자라트남에게 이 사실을 전달할 것이고, 그는 모든 불법적인 거래를 중단할 것이기 때문이었다.

SEC 조사관들은 칸이 최적의 표적이라고 생각했다. 힐튼호텔의 조사를 끝낸 SEC 조사관들은 칸의 이름과 거래 상황을 FBI 특별 수사관인

B.J. 강B.J. Kang에게 보냈다. (그는 한국인으로 그의 이름이 발음하기 어렵다고 미국인 친구들은 그의 이름의 이니셜을 따서 그렇게 불렀다.) 그는 짧은 머리에 날카로운 눈을 가진 전형적인 FBI 수사관이었다. 정부는 그녀의 범죄에 대해 충분한 증거를 가지고 있었다. 그녀는 정부 측에 협력하지 않는다면 혹독한 대가를 치러야 할 상황에 몰려 있었다. 이러한 상황을 충분히 알고 있는 SEC 조사관들은 B.J. 강에게 그녀의 약점을 압박해서 반드시 정부 측 증인으로 만들어야 된다고 말했다. SEC는 그녀를 라자라트남을 잡기 위한 정보원으로 반드시 포섭해야 된다고 말했다. 연방 검찰도 SEC의 생각에 적극 동의했다.

갤리언을
격침시킨 여인

루미 칸은 뉴델리에서 중산층 가정에서 태어났다. 그녀는 인도의 델리 대학교에서 물리학을 공부했다. 그녀는 대학을 졸업한 후 미국으로 건너왔고, 23세 때 오하이오주의 켄트 주립 대학에서 광고학을 공부했다. 그녀는 콜롬비아 대학의 엔지니어링학과에 다시 입학했는데, 그곳에서 미래의 남편인 사카와트 칸을 만났다. 그는 방글라데시 출신으로 매우 똑똑한 사람이었고 자신의 이름으로 30개 이상의 특허를 가지고 있었다. 그들의 만남은 처음부터 문제가 많았지만 그녀는 그에게 끌렸다. 칸과는 다르게 그는 무슬림이었다. 그녀는 그러한 것들을 무시했고, 특히 그녀의 부모가 단호하게 반대했음에도 불구하고 그와 결혼했다.

그들은 캘리포니아로 이사를 갔고, 그녀가 인텔에서 근무하게 되면서 라자라트남을 만났다. 1995년 경, 그녀는 UC 버클리 경영대학원에 진학했고, 인텔은 그녀에게 인텔의 경쟁사인 AMD에 대해 조사하도록 과제를 주었다. 그녀는 리서치를 위해 당시 뉴욕에 근거를 둔 작은 투자은행인 니드햄 앤 컴퍼니에서 테크놀로지 담당 애널리스트로 일했던 라자라트남과 연락했고, 그들의 관계는 그렇게 시작됐다.

그녀는 라자라트남의 첫 번째 타깃이 됐다. 그들은 모두 남아시아계 출신이었고, 특히 라자라트남의 부인이 칸과 같이 편잡punjab 출신이어서 그들은 곧 직업적인 대화를 넘어 친구 사이로 발전했다. 칸은 월가 진출에 대한 꿈이 있었고, 라자라트남은 칸에게 인텔의 내부정보를 요구했다. 처음에 칸은 당황했지만 바로 그의 제안을 받아들였고, 거대한 테크놀로지 회사였던 인텔의 내부정보를 라자라트남에게 제공하기 시작했다.

1998년, 칸이 인텔에 근무할 때 회사는 내부의 누군가가 미공개 실적 수치를 외부로 유출할 가능성을 인지했고, 회사의 팩스 머신 옆에 아무도 모르게 감시카메라를 설치해 놓았다. 칸이 이 감시카메라에 걸렸는데, 그녀는 인텔의 예상 실적에 관한 자료를 라자라트남에게 팩스로 보내고 있었다. 감시카메라에 선명하게 찍힌 팩스 번호는 갤리언 펀드의 번호였다. FBI는 2001년까지 그녀에게 딜을 제시할 정도로 충분한 정보를 모았다. FBI가 칸을 기소한다면 그녀는 연방법에 의해 징역 6년형과 벌금 3만 달러에 처해질 수 있었다. 그러나 FBI의 표적은 칸이 아니라 라자라트남이었다.

FBI는 칸을 불렀고 그녀와 딜을 했다. 칸의 모든 형사 범죄에 대해 면책을 부여하되 그녀가 라자라트남을 잡을 수 있도록 정부의 정보원으로 협력한다는 조건이었다. 그녀는 정부의 제안을 수락했다. 정부는 칸과의 딜에 대해 대외적으로 발표하지 않았다. 그 후 2001년에 비극적인 9/11 사태가 터졌다. FBI는 끔찍한 테러 공격 이후 추가 테러에 대비하기 위해 모든 수사력의 방향을 바꾸어야 할 상황에 처했고, 결국 2002년에 FBI는 라자라트남에 대한 수사를 포기했다.

그녀는 라자라트남이 갤리언 펀드를 확장할 때 인텔을 떠나 갤리언에 조인했다. 그녀의 연봉은 12만 달러였고 보너스가 있었다. 그녀는 개인 컴퓨터 사업 부문을 담당했다. 그녀는 이 새로운 직업에 잘 적응했다. 그러나 그녀는 갤리언에 조인한 지 몇 달 되지 않아 트레이더들의 개인 거래를 허용하지 않는 갤리언의 규정에 갑갑해 했다. 결국 그녀는 갤리언을 나와 디지털 에이지 캐피털이라는 이름의 독립적인 금융 컨설팅 회사를 차렸다. 그녀는 하루에 수도 없이 통화를 했다. 그녀의 사무실에는 6개의 전화가 있었고, 컴퓨터 스크린도 5개가 있었다. 그녀는 2000년에 당시 하늘을 날았던 기술주 덕분에 4천만 달러를 벌었다. 당시 헤지펀드 매니저의 1년 연봉이 약 12만 달러였음을 고려할 때 그 금액은 놀라운 것이었다. 그녀의 투자 성공을 듣고 많은 친구들이 돈을 들고 그녀를 찾아왔다. 그중 한 사람이 수닐 발라였다.

발라는 폴리컴의 고위급 매니저였다. 폴리컴은 캘리포니아에 기반을 둔 비디오 콘퍼런스 장비 지원 회사였다. 칸은 발라를 2002년에 처음 만났는데, 그가 그녀의 절친 중 한 사람과 데이트를 시작하면서부터였다. 그들은 데이트 할 때 칸을 초대했고, 그들은 함께 캘리포니아의 차이나 식당에서 식사도 하면서 친해졌다. 그는 끔찍한 이혼을 마치고 보스턴에서 막 캘리포니아로 온 상태였고, 그는 서부 지역에 친구가 별로 없었다. 그는 그녀에게 쉬운 먹잇감이었다.

칸은 기술주 버블 시기에 4천만 달러를 벌었다. 인터넷 버블이 꽃피는 동안 칸은 다른 많은 사람들처럼 자신의 놀라운 성공에 도취했다. 그리고 그것이 오래갈 줄 알았다. 그러나 2005년경 칸의 승리는 급속도로 무너지고 있었다. 기술주 버블의 붕괴는 참혹했다. 버블 붕괴의 파열음만큼이나 무섭게 그녀의 계좌도 무너져 내렸다. 이러한 금융적 우환은 그녀의 결혼 생활까지 위협했다. 남편 사카와트는 무슬림이었고, 여성이 자신의 직업에 지나치게 몰두하는 것을 좋아하지 않았다. 그는 그녀의 손실을 비난했다.

칸은 돈을 물 쓰듯이 썼다. 그녀는 정말 사치스러웠다. 그녀는 17캐럿의 다이아몬드를 샀고, 백화점은 그녀가 올린 매출이 1백만 달러를 넘자 BMW를 선물하기까지 했다. 2000년에 그들은 실리콘 밸리에서 가장 부유한 타운인 아세톤에 약 2700평 규모의 저택을 모기지 없이 현금 1050만 달러를 주고 구입했다. 그 집은 6개의 침실과 6개의 욕조가 있었고 6개의 대리석으로 된 벽난로가 있었다. 그 타운은 정말 '믿을 수 없을 정도의 부자들'이 사는 지역이었다. 그 타운에 오라클의 억만장자인 래리 엘리슨과 야후의 전 CEO였던 캐롤 바츠 등이 살았다.

칸 부부는 믿을 수 없을 정도로 돈을 많이 벌었지만 그에 못지않게 호사스럽게 살았다. 그들은 너무 많이 돈을 썼다. 그들은 사치스러운 생활을 지탱하기 위해 빚까지 졌다. 거기에다 기술주 버블의 붕괴는 칸에게 치명상을 입혔다. 칸 부부가 2000년에는 아세톤 집을 구입할 때 전액을 현금으로 지불했음에도 불구하고 기술주 버블이 끝난 후 그 집은 5백만 달러의 저당이 잡혀 있었다. 아세톤 저택의 재산세는 1년에 20만 달러였고, 그들의 매월 생활비는 약 6만 달러였다. 설상가상으로 2005년에는 도이치은행이 칸을 60만 달러의 트레이딩 수수료를 지급하지 않았다고 고소하는 일이 발생했다. (이 문제는 도이치은행이 요구한 돈을 칸이 물어 주기로 합의하고 종결됐다.)

칸은 궁지에 몰렸다. 이제 어떻게 해야 하는가? 2005년 중반, 재정적인 고통에 직면한 칸의 머릿속에 떠오른 사람은 라자라트남이었다. 그녀는 그에게 전화를 했다. 그는 반갑게 그녀의 전화를 받았다. 그는 그녀가 자신의 부인과 동향 출신이어서 그런지는 몰라도 항상 그녀를 일반 비즈니스 지인들과는 달리 대했다. 칸은 지금 자기가 부딪혀 있는 현금 경색을 말하면서 갤리언에 일자리job를 요청했다.

그는 칸에게 어떤 회사에 중요한 콘택을 가지고 있냐고 물었다. 이전에 라자라트남과 일했던 칸은 그 말이 어느 회사에 정보원을 가지고 있는지를 묻는 것으로 이해했다. 그녀는 폴리컴에 정보원이 있다고 말했다. 라자라트남은 그녀에게 갤리언에서의 자리를 약속했고, 그녀는 자신이 얻는 정보를 라자라트남에게 알려 주겠다고 말했다.

2005년 12월, 그녀는 발라와 그의 새로운 아내를 휴일 저녁에 초대했다. 칸은 그들과 즐겁게 대화를 나누었다. 파티가 끝나고 발라가 떠나려고 할 때에 칸은 이번 분기 실적이 어떠냐고 물었다. 그는 아주 좋을 것이라고 말했다. 발라가 칸에게 준 정보는 폴리컴의 4분기 실적은 월가의 예상치인 1억 4500만 달러를 훨씬 넘어선다는 것이었다.

칸은 이 뜨거운 정보를 라자라트남을 포함해서 그녀의 링에 있는 사람들에게 전달했다. 칸은 1월 10일에 콜옵션 3000계약을 매수했다. 1월 20일, 그녀는 추가로 콜옵션 500계약을 매수했다.

1월 10일, 칸은 라자라트남에게 메신저로 이 정보를 보냈다. 라자라트남과 갤리언은 폴리컴 주식을 매수하기 시작했다. 1월 11일, 칸은 발라와 다시 통화했고, 칸은 다시 라자라트남에게 메신저를 보냈다. 라자라트남은 이 메신저를 받고 3분 후에 그의 트레이더에게 "buy 60 PLCM"을 지시하는 메신저를 보냈다. PLCM은 뉴욕증권거래소에서 거래되는 폴리컴의 코드명이었고, '60'은 6만주를 의미했다.

라자라트남과 갤리언은 칸이 제공한 정보에 근거해서 1월 10일부터 폴리컴이 실적 발표를 했던 25일까지 폴리컴 주식 24만 5000주와 콜옵션 500개를 매수했다. 1월 21일 토요일, 라자라트남은 그의 동생인 렌간에게 전화를 했다. 렌간은 월요일 시장이 열리자 개인 계좌와 헤지펀드인 세드나 이름으로 폴리컴 주식을 매수했다. 1월 25일 수요일, 시장이 폐장된 후 폴리컴은 2005년 4분기 실적을 발표했다. 그 수치는 벨라가 약속한 것처럼 월가의 예상치를 쉽게 넘어서는 1억 5610만 달러였다. 다음 날 폴리컴 주식은 약 8% 상승했다. 이 거래에서 칸은 약 33만 달러를 벌었다. 갤리언 펀드는 57만 달러를 벌었다. 다음 날 라자라트남은 칸에게 폴리컴 정보가 고마웠다는 메일을 보냈다.

칸은 발라로부터 빼낸 폴리컴의 2006년 1분기 실적 정보를 다시 라자라트남에게 제공했다. 이 거래에서 갤리언 펀드는 16만 5000달러를 벌었고, 칸은 콜옵션 거래를 통해 2만 2000달러를 벌었다. 그리고 2007년 7월, 유명한 힐튼호텔 거래 건이 다시 발생했다.

2007년 여름이 끝나갈 무렵, SEC는 폴리컴과 힐튼호텔의 거래를 통해 라자라트남을 중심으로 돌아가는 내부정보의 네트워크를 분명하게 보게 됐다. 이 링의 중요한 고리가 루미 칸인 것도 분명했다. 그러나 아직은 정황증거 수준이었다. 이 상태에서 이들을 법정으로 끌고 간다는 것은 위험했다. 보다 확실한 증거가 필요했다. '내부자insider'가 필요한 것이다. 가장 취약한 타깃이 칸이었다. 칸을 위협해서 정보원으로 전형시켜야 했다. 절박한 과제였다.

2007년 11월 28일, FBI의 B. J. 강은 다른 수사관과 함께 실리콘 밸리에 있는 칸의 대저택을 통보 없이 방문했다. 그들은 살이 좀 찐 50세가량의 여성과 마주 앉았다. 당시 그녀는 재정적 어려움에 처해 있었고, 결혼생활 또한 어려움에 직면해 있었다.

B. J. 강과 다른 FBI 수사관은 칸과 한 시간 정도 대화를 나누었다. 그녀는 자유롭게 이야기했고, 2001년 FBI와의 약속을 깨뜨린 것에 대해 별로 미안해하지도 않았다. 그들이 폴리컴의 임원인 발라에 대해 이야기를

꺼내자 그녀는 그를 잘 알고 있지만, 회사의 정보에 대해서는 아는 것이 없다고 잡아떼었다. 그녀는 라자라트남에게 메신저나 이메일을 보낸 적이 없다고 말했다. 한 시간 정도가 지났지만 대화는 진전이 없었다. B.J. 강은 타이밍을 보고 있었다. 강은 칸에게 그녀가 라자라트남에게 내부 정보를 제공한 증거를 가지고 있다고 말했다. 강은 그녀가 라자라트남에게 보낸 폴리컴 관련 메신저를 보여 주었다. 강은 오랜 기간 동안 SEC와 FBI가 그녀의 거래를 조사해 왔다고 말하면서 그녀의 내부자거래와 관련된 증거들을 보여 주었다. 그녀는 충격을 받았다. 그녀는 화장실에 다녀오겠다고 말했다. 돌아왔을 때 그녀의 눈은 젖어 있었다. 울고 왔음이 분명했다.

그녀는 매우 현실적이었다. 그녀는 눈앞에 닥친 현실을 받아들였다. 그녀는 강에게 "내가 정부에 협조하지 않는다면 감옥에 가겠지요?"라고 물었다. 그녀는 FBI가 라자라트남을 잡는 데 협력하겠다고 약속했다. 먼저, 그녀는 그녀가 라자라트남과 통화하는 핸드폰의 감청을 허용했다. 이제 FBI와 연방 검찰은 라자라트남에 대한 수사에 있어서 새로운 전기를 만들었다. 칸의 협조는 라자라트남을 체포하는 데 결정적인 기여를 했다. 강이 칸의 집을 방문한 후 약 2년이 못 되어 FBI와 연방 검찰은 라자라트남과 그의 내부자거래에 가담한 거의 모든 관련자들을 체포하거나 기소했다.

라자라트남의 체포 소식이 미국 전역을 뒤흔들었을 때, 이 사건의 결정적인 정보원인 루미 칸은 캘리포니아에 있었다. 그녀는 아세톤의 저택을 처분했고, 그 집에 비하면 아주 작은 집에 살고 있었다. FBI에 협력을 했던 약 2년 동안 그녀는 그 사실을 남편에게 말하지 않았다. 라자라트남이 체포되고 얼마 지나지 않았을 때, 그녀의 남편은 신문에서 이 사건을 파헤치는 데 결정적인 기여를 한 증인에 대한 기사를 읽고 있었다. 그는 칸을 보면서 "당신이지?"라고 말했다. 그 기사는 FBI의 말을 인용하면서 증인에 대해 "뉴욕에 근거를 둔, 헤지펀드에 자문을 해 주는 독립적인 컨설턴트로서 일정 기간 캘리포니아에서 트레이더로 일했던 사람"으로 소개했다.

SEC의 판단은 옳았다. 칸의 협조는 라자라트남과 그 일당을 소탕하는 데 결정적인 돌파구를 열어 주었다. 그러나 2009년 11월 9일, 라자라트남과 주요 일당들이 체포된 후 한 달이 못되어 그녀 역시 FBI에 의해 체포됐다. 그녀 자신도 연방 교도소를 피하지는 못했다. 2013년 1월 31일, 54세의 증권 트레이더인 칸은 증권사기, 공모, 그리고 정부에 대한 사법 방해를 이유로 징역 1년을 선고받았다. 법원은 그녀가 정부 측에 중요한 협력자로 공헌한 것은 인정했지만, 그녀가 이전에 정부와의 약속을 배신했다는 사실을 그냥 지나갈 수는 없었다.

그녀는 올랜드 근처의 여성 교도소에서 1년을 복역한 후 플로리다의 포트 로더데일에서 살고 있다. 그녀는 《뉴욕타임스》와의 인터뷰에서 "감옥 생활은 오히려 쉬웠다. 내가 감옥에서 나왔을 때 모든 것이 끝나 있었다. 그것이 가장 힘들었다"고 말했다.

그녀는 재활을 위해 노력했다. 그녀는 내부자거래와 화이트 컬러 범죄에 대해 공부하기 원해서 펜실베이니아 대학 와튼 스쿨을 포함해서 몇 개 대학에 박사 학위 과정에 입학을 신청했다. 그러나 라자라트남이 다녔던 와튼 스쿨은 그녀의 입학 신청을 거부했다. 그녀는 평생 커리어 우먼으로 열정적으로 살아 왔다. 그녀는 출옥 후 "나의 인생에서 가장 최악의 시나리오는 나의 남은 인생을 가정주부로 보내는 것"이라고 말했다. 그녀는 새로운 인생을 개척할 수 있는 뛰어난 능력을 가졌지만, 그녀는 향후 증권 산업에서 일하는 것은 금지되었기 때문에 그녀의 선택에는 제한이 있을 것이다.

아닐 쿠마르의
탐욕과 타락

아닐 쿠마르Anil Kumar는 세계적인 경영 컨설팅 회사인 맥킨지의 선임 파트너 겸 이사였다. 그는 라자라트남이 운영했던 내부정보 링에 있어서 핵심적인 인물 중 하나였다.

쿠마르는 인도의 엘리트 고등학교인 둔 스쿨Doon School을 수석으로 졸업했다. 그리고 인도 최고의 명문으로 평가되는 인도과학기술대학IIT을 졸업했다. 그는 봄베이의 IIT에서 기계공학을 전공했고 3등으로 졸업했다. 그는 IIT 출신 중 유일하게 장학금을 받고 런던 대학의 임페리얼 칼리지에서 진학했다. 그는 임페리얼 칼리지에 입학하면서 미국의 와튼 스쿨의 입학 허가도 받았다. 그는 와튼 스쿨에 입학 유예를 요청했는데 학교 측은 1년의 유예를 허락했다. 그는 임페리얼 칼리지의 2년 과정을 10개월에 마친 유일한 학생이 됐고, 그것도 수석으로 졸업했다. 그는 미국으로 건너가 아이비리그 중 최고의 명문으로 꼽히는 와튼 스쿨에서 경영학을 공부했다. 그는 빛나는 학력을 자랑하며 최고의 엘리트 코스를 밟아 왔다.

쿠마르는 맥킨지에 조인하기 전에 휴렛 팩커드에서 생산 매니저로 경력을 시작했다. 1986년, 그는 맥킨지에 입사했고 후일 맥킨지의 파트너 중 가장 잘 나가는 스타 중 한 사람이 됐다. 쿠마르는 맥킨지의 CEO인 굽타와 함께 인도 IIT의 미래 전략을 위한 로드맵을 맥킨지가 제공하도록 했고, 또한 인도에 세계적인 수준의 인도 경영대학원을 세우는 프로젝트도 같이 진행했다. 1988년, 쿠마르는 굽타와 함께 실리콘 밸리에 맥킨지 사무소를 설립했는데, 이 사무소는 1992년에 맥킨지 전 매출액의 35%를 차지했다.

또한 두 사람은 1993년에는 인도의 뉴델리와 뭄바이에 맥킨지 사무소를 오픈했고, 그곳에서 컨설팅 업무를 시작했다. 그는 인도에서 '지식 프로세싱 아웃소싱knowledge processing outsourcing'과 같은 당시 최첨단의 경영 기법을 인도에 전수하기 위해 노력했다.

쿠마르는 미국으로 돌아왔고 닷컴 버블 기간 동안 맥킨지의 인터넷 사업을 주도했다. 그는 인터넷 회사들을 대상으로 서비스를 제공하는 새로운 비즈니스 영역을 개척했다. 이 사업은 수익이 좋을 때는 맥킨지 전 세계 수익의 25~30%를 차지하기도 했지만, 이어진 닷컴 버블로 인해 이 사업이 증발되면서 비난을 받기도 했다.

그는 뉴델리, 뉴욕, 그리고 실리콘 밸리에 사무실이 있었고, 한 달에 3만 마일을 여행하며 일했다. 쿠마르의 친구들은 그가 인생의 대부분을 비행기 안에 있거나 아니면 핸드폰과 함께 지낸다고 조크를 할 정도였다. 쿠마르는 3개의 핸드폰을 사용했는데, 3개 대륙 즉 아시아, 유럽, 그리고 아메리카 대륙별로 구분하여 사용했다. 그는 정신없이 바쁘게 살았지만 자신의 삶에 자부심을 가졌다. 그가 델리에서 런던으로 이동할 때는 항상 브리티시 에어라인 1등석을 이용했다. 그는 비즈니스 이외에도 많은 사회 활동을 했는데, 대표적으로 인도의 가장 큰 비즈니스 로비 단체인 인도산업연맹Confederation of Indian Industry의 미국 지역 의장을 맡기도 했다.

그는 라자라트남과 와튼 스쿨 동문이었다. 쿠마르는 라자라트남의 정보원 중에서 핵심적인 인물이었다. 그는 라자라트남의 "VIP 5" 명단에 들어 있었다. 쿠마르는 수년 동안 라자라트남에게 맥킨지에서 알게 된 비밀 정보를 제공했고, 라자라트남은 그 정보를 이용해서 거래했다. 라자라트남은 정보 제공에 대한 대가로 꾸준히 돈을 지급했다. 그들은 정부 당국의 추적을 피하기 위해 쿠마르의 가정부 이름(그녀의 이름은 '만주 다스'였다)으로 갤리언에 차명 계좌를 열었고, 그 계좌를 통해 스위스의 유령 회사로 돈을 보냈다. 쿠마르가 정보 제공의 대가로 라자라트남으로부터 받은 돈은 약 210만 달러였다.

2009년 10월 16일, 라자라트남이 체포되던 같은 시각, FBI 수사관들은 쿠마르를 체포하기 위해 그가 살고 있는 타임워너 센터를 방문했다. 쿠마르는 FBI를 보고 얼굴빛이 하얘졌다. 그는 다리에 힘이 풀려 쓰러지면서 대리석 바닥에 머리를 부딪쳤다. FBI는 그를 급히 병원으로 우송해야 했다. 라자라트남의 체포 소식은 이미 블룸버그에 뜨기 시작했고, 동시에 쿠마르의 이름도 옆에 올라오고 있었다.

쿠마르는 맨해튼에서 가장 유명한 변호사 중 한 사람인 로버트 모빌로를 변호사로 고용했다. 그는 71세의 나이로 화이트 컬러 증권 사건의 변호 분야에서 매우 유명한 사람이었다. 모빌로는 법적으로 어려움을 겪는 정치인들과 비즈니스인들을 변호하는 영역을 개척하면서 명성을 쌓았다. 그가 변호했던 유명 인사로는 AIG의 대표였던 마우리스 그린버그와 마사 스튜어트가 있었다.

뉴욕 남부지검의 스트리터 검사는 쿠마르가 모빌로를 변호사로 고용했다는 말을 들었을 때 얼굴이 어두워졌다. 쿠마르가 법정에서 전면전으로 싸울 것이라는 생각이 들었다. 스트리터 검사는 정부와 합의할 생각이 있다면 누구도 모빌로 같은 거물급 변호사를 고용하지 않을 것이라고 생각했기 때문이다. 11월 중순, 모빌로는 자신의 옛 고향과 같은 뉴욕 남부지검을 방문했다. (모빌로는 콜럼비아 로스쿨을 졸업하고 뉴욕 남부지검에서 연방 검사로 약 10년간 일했다. 그는 남부지검의 증권수사 팀장을 거쳐 형사부 부장 검사를 역임한 후 민간 로펌으로 나왔다.) 그는 스트리터와 다른 검사들을 만났다. 그는 검사들이 쿠마르에 대해 어느 정도의 증거를 가지고 있는지 확인할 필요가 있었다.

스트리터는 검찰이 가지고 있는 증거들, 감청 자료와 만주 다스의 계좌 정보 등을 보여 주었다. 쿠마르가 라자라트남에게 정보 제공의 대가로 돈을 받은 사실, 만주 다스의 계좌를 통해 스위스 역외 계좌로 돈을 빼돌린 사실, 세금을 탈루한 사실 등은 방어하는 데 어려움이 있을 것으로 보였다. 증거들은 강력했다. 쿠마르가 떳떳했다면 왜 스위스 계좌로 돈을 빼돌렸는가? 배심원들에게 무엇이라 변명할 것인가? 모빌로는 결코 만만한 사건이 아니라고 생각했다.

노련한 모빌로 변호사는 고민스러웠다. 싸울 것인가 아니면 딜을 할 것인가? 어느 것이 쿠마르를 위해 최선의 선택인가? 모빌로가 볼 때 정부와 법정에서 싸워 이길 확률은 크지 않았다. 만약 재판에 가서 쿠마르가 진다면 그 충격은 대단할 것이다. 모빌로는 쿠마르에게 정부에 협력하고 딜을 할 생각이 있는지 물었다.

사실, 쿠마르는 연방 검사가 탐낼 만한 정보를 가지고 있었다. 쿠마르는 연방 정부가 라자라트남의 핸드폰을 감청하기 전 2년 동안 라자라트남에게 내부정보를 제공했다. 검사들은 라자라트남이 AMD가 ATI 테크놀로지를 인수한다는 내부정보를 이용하여 돈을 벌었다는 의심을 갖고 있었지만, 그를 기소할 증거는 갖고 있지 못했다. 그때는 감청이 시작되기 전이었다. 2006년에 AMD가 54억 달러에 ATI 테크놀로지를 인수한다는 정보는 쿠마르가 라자라트남에게 제공한 것이었다. 이 거래에서 갤리언은 2300만 달러를 벌었다. 이 거래는 쿠마르가 라자라트남에게 제공한 정보 중에서 가장 대박을 친 거래였다. 라자라트남은 쿠마르에게 전화를 해서 "영웅"이라고 치켜세웠고, 그에게 정보 제공의 대가로 1백만 달러를 주겠다고 약속까지 했던 거래였다.

쿠마르에게도 딜을 할 충분한 이유가 있었다. 만약 재판에 가서 진다면 엄청난 금전적인 제재금에 직면할 것이다. 그는 라자라트남으로부터 받은 210만 달러를 국세청에 신고하지 않았다. 그러나 그가 정부에 협력한다면 금전적 제재도 상당 부분 탕감 받을 수 있으며 장기간의 투옥도 피할 수가 있었다.

쿠마르는 시간을 질질 끄는 재판에 휘말리고 싶지 않았다. 이 사건이 재판으로 간다면 재정적으로 타격을 입을 것은 분명했고, 이미 피를 본 그의 명성 또한 더욱 고통스럽게 망가질 것이었다. 그러나 정부 측에 협력을 한다면 제대로 해야 했다. 쿠마르는 자신이 알고 있는 모든 정보를 연방 검사에게 다 줘야만 했다. 쿠마르는 반평생 친구였던 라자라트남을 공격해야 했다. 쿠마르는 갈림길에 섰지만 가야 할 길은 분명한 것 같았다. 그는 결심했고, 모빌로에게 정부에 협력하는 조건에 대한 협상을 일임했다. 2009년 12월 초, 모빌로는 스트리터 검사에게 전화를 해서 쿠마르가 협력하겠다는 뜻을 전했다.

그로부터 몇 주 후 쿠마르는 지난날의 범죄 사실을 자백하기 위해 뉴욕 남부지검을 찾았다. 뉴욕 남부지검은 라자라트남 재판이 시작되자마자 거대한 원군을 얻었다. 쿠마르는 2003년 라자라트남이 그에게 접근했던 때부터 최근까지의 이야기를 연방 검사들에게 설득력 있고 직선적으로 설명했다. 그는 그의 범죄행위에 대해 축소하지도 않았고 과장하지도 않았다. 그는 힘든 재판을 예상하고 있던 정부 측에게 정말 중요한 증인이 됐다.

2010년, 쿠마르는 내부자거래 혐의에 대해 유죄를 인정하면서 비즈니스 세계의 정점에서 극적으로 추락했다. 그러나 그가 정부 측 증인으로 돌아선 것은 최선의 선택이었음을 곧 확인할 수 있었다. 그는 현명했다. 물론, 그 뒤에는 노련한 모빌로의 소송 전략이 있었다.

쿠마르는 정부 측에 정말 광범위한 협력을 제공했다. 2009년 말부터 2012년 6월까지 약 30개월 동안 쿠마르는 연방 검찰과 SEC의 요청이 있을 때마다 적극 협조했고, 특히 라자라트남 재판에 협력하기 위해 연방 검찰의 요청에 따라 수천 건의 문서들을 검토하는 데 50일 이상을 일하기도 했다. 관련된 감청 테이프도 50건 이상을 들으면서 정부 측에 엄청난 도움을 주었다.

2012년 7월 19일, 대니 친 판사는 쿠마르에게 2년의 보호관찰과 쥐꼬리 같은 벌금 2만 5000달러를 선고했다. 물론, 라자라트남으로부터 받아 스위스 은행에 예치돼 있는 230만 달러는 몰수당했다. 이러한 형사절차와는 별개로 쿠마르는 이미 2010년 5월에 SEC와 230만 달러를 민사 제재금으로 지급할 것을 합의했는데, 그 금액은 그의 가정부의 이름으로 된 갤리언 계좌를 통해 스위스 은행으로 보낸 돈의 총액과 같았다.

쿠마르에 대한 보호관찰 선고는 매우 관대한 판결이었다. 그는 감옥에 가지 않았다. 그것은 그가 이전의 친구였던 라자라트남과 이전의 상사였던 굽타에 대해 정부 측 증인으로 충분히 협력했던 것에 대한 보답이었다. 친 판사는 쿠마르의 내부자거래 행위의 동기는 돈이 아니었다고 언급했다. 쿠마르의 행동은 그가 그동안 법을 준수하며 성실한 삶을 살아왔던 것을 고려할 때 "이례적인 행동aberrational conduct"이었다고 말했다. 쿠마르가 정부에 협조한 대가로 관대한 판결을 받은 것은 충분히 이해가 가지만, 그의 내부자거래 동기가 돈이 아니었다는 것은 무슨 말인가?

언론과 미디어들은 라자라트남에게 정보를 제공했던 쿠마르의 행동과 그 배경에 대해 많은 논평을 쏟아냈다. 여론은 쿠마르의 정확한 동기가 무엇인지 궁금해 했다. 돈인가, 존경인가, 아니면 관계인가? 《뉴욕타임스》는 "부, 명예, 대단한 직업, 그리고 퍼스트 클래스의 사람들과 마음대로 교제할 수 있는 위치에 있는 사람들이 왜 위험을 감수하면서까지 스리랑카 출신의 억만장자인 라자라트남에게 내부정보를 제공했는가?"라고 물었다.

로이터의 한 블로그는 "그는 돈의 액수가 아니라 직업적 성공의 측면에서 볼 때 라자라트남보다 더 성공한 사람이라 할 수 있다. 라자라트남은 헤지펀드 매니저로서 많은 돈을 가지고 있었지만, 쿠마르는 사회적으로 더 높은 명성을 가지고 인정받는 인물이었기 때문이다"라고 썼다. 쿠마르는 맥킨지 시절 회사에서 상당한 돈을 받고 있었기 때문에 라자라트남으로부터 받은 돈이 결코 큰돈이 아니었다. 그렇다면 왜 쿠마르가 라자라트남에게 내부정보를 제공했단 말인가? 친 판사의 말대로 "이례적인 행동"인가 아니면 가진 자의 "끊임없는 탐욕"인가?

영화 〈월스트리트〉에서 폭스는 블루스타항공의 경영을 개선하기 위해 노조의 약속을 얻어 내고 대주주 지분을 취득한 게코가 노조와의 약속을 배신하고 블루스타항공을 분할 매각해서 큰돈을 움켜쥐려는 게코에게 얼마나 돈이 더 필요하냐고 들이대자, 게코는 "꿈이 현실이 될수록 더 목이 마른다"고 대답했다.

쿠마르는 사회적인 명예를 가진 사람이었고, 자신의 조국인 후진국 인도의 발전을 위해 많은 노력을 했고, 사회적 활동 및 박애주의적 활동에도 많은 노력을 했다. 그런 그가 정작 자신의 아픈 아들을 돌보는 유모이며 가정부로서 힘들게 일했던 만주 다스에게 최저임금도 주지 않으면서 비인간적으로 대했다는 것은 어떻게 이해할 수 있는가? 그녀가 미국에서 10년간 쿠마르의 가정부로 일하면서 받은 돈은 고작 8500달러였다.

그는 그녀의 허락 없이 허위로 작성한 서류를 가지고 그녀의 이름으로 갤리언에 계좌를 열었고, 갤리언으로부터 불법적으로 받은 돈을 스위스에 만든 유령 회사로 빼돌렸다. 그는 다스를 인도에 거주하는 외국인으로 등록하여 갤리언으로부터 받은 돈에 대한 세금 납부를 회피했다. 그리고 쿠마르는 수년 동안 미국법을 위반하면서 그녀에게 최저임금도 지급하지 않았다. 그녀는 지금 인도에서 매우 가난하게 살고 있고, 쿠마르와 그의 부인은 아직까지 그녀에게 보상을 하지 않고 있다. 그의 이런 이중적인 행동의 배경에 '탐욕' 이외에 또 다른 이유가 있을 수 있을까?

쿠마르는 법정에서 자신의 범죄에 대해서 뉘우쳤다. 그의 변호사인 그레고리 모빌로(로버트 모빌로가 쿠마르의 변호사였지만, 그는 소송이 진행되는 과정에서 세상을 떠났고, 그의 아들인 그레고리 모빌로 변호사가 소송의 대리를 이어 받았다)는 쿠마르가 라자라트남이 주도하는 내부자거래 작전에 가담하기 전까지 "법을 준수하는 삶"을 살았다고 말했다. 모빌로는 "쿠마르는 라자라트남의 거대한 작전의 먹잇감이 됐다"라고 말했다. 쿠마르는 검사에게 그가 행한 것이 범죄에 해당한다는 것을 몰랐다고 말했다. 아마 시작은 그랬을 것이다.

2003년 9월, 와튼 스쿨 동창이었던 라자라트남과 쿠마르는 맨해튼의 자선 파티에서 만났고, 쿠마르는 맥킨지가 갤리언에게 컨설팅을 하고 싶다는 이야기를 꺼냈다. 그러나 라자라트남은 맥킨지의 컨설팅에는 관심이 없고 쿠마르의 개인 컨설팅을 원한다고 말했다. 그의 개인적인 비즈니스 아이디어를 원한다고 했다. 라자라트남은 쿠마르에게 맥킨지에서 하는 일에 비해 제대로 대우를 받고 있지 못하다고 유혹하면서, 갤리언을 위한 개인 컨설팅 비용으로 1년에 50만 달러를 주겠다고 제안했다. 조건은 단순했다. 한 달에 한 번 전화해서 테크놀로지 산업에 대한 그의 '아이디어'를 논의하는 것이었다. 쿠마르는 라자라트남의 제안을 쉽게 수락했다. 그러나 그 돈은 쿠마르의 발목을 잡았다. 특별한 정보가 없을 때 라자라트남은 쿠마르를 질책했고, 결국 쿠마르는 돈값을 하기 위해 내부 정보를 넘겨주기 시작했던 것이다.

그는 라자라트남이 주는 유혹을 거부하지 않았다. 그는 라자라트남이 쥐여 주는 돈을 계속 받았다. 그러한 행동의 원인은 본인의 고백처럼 "탐욕과 타락greed and corruption"이었다. 라자라트남보다 사회적으로나 지적으로나 더 높은 위치에 있었던 그가, 라자라트남이 흘리는 과자 부스러기를 먹기 위해, 그리고 세계적으로 유명한 헤지펀드의 대표와 좋은 관계를 유지하기 위해 고객의 내부정보를 빼돌렸다. 그는 그 '탐욕과 타락'의 대가로 빛나고 화려한 명성을 잃어버리고 고통스러운 지옥으로 떨어졌다.

그가 와튼 스쿨에서 라자라트남을 만나지 않았더라면 그의 인생은 어떻게 달라졌을까? 그가 영국 임페리얼 칼리지를 보통 사람들처럼 정상적으로 졸업했더라면?

FBI의
새벽 급습

2009년 10월 15일 목요일, 라자라트남은 IBM 빌딩 34층에 위치한, 유리벽으로 투명한 그의 코너방 사무실에 앉아 있었다. 2009년 갤리언 그룹은 자산 규모 70억 달러, 직원들 수는 애널리스트와 펀드매니저를 포함해서 130명에 달했다. 갤리언은 아무것도 없는 밑바닥에서 시작했지만 이제는 월가에서 성공적인 헤지펀드가되어 있었다. 라자라트남은 즐거움을 만끽할 모든 이유를 가지고 있었고, 그의 투자 제국은 미국을 넘어 인도 뭄바이, 그리고 스리랑카까지 넓게 퍼져 있었다.

그가 '뜨거운 정보'를 얻으면 그가 해야 하는 일은 유리문을 열고 나가 충성스러운 트레이더들에게 매매를 지시하는 것으로 충분했다. 보스가지시하는 종목들은 언제나 큰돈이 되었다. 그렇게 기업의 내부정보는 라자라트남의 사무실에서 황금으로 바뀌었다. 갤리언 펀드가 위치한 뉴욕

IBM 빌딩 34층은 가히 '21세기의 엘도라도'라 할 수 있었다.

지난여름, 그는 자신의 50세 생일을 축하하기 위해 거나한 파티를 열었다. 그러나 그 여름, SEC, FBI 그리고 뉴욕 남부지검은 라자라트남을 잡기 위해 비지땀을 흘렸다. 그들은 라자라트남과 그 일당이 상상도 못할 감청까지 하며 증거를 모으고 있었다. 뉴욕 남부지검과 FBI는 D-Day를 기다리고 있었다. 파티가 끝날 시간이 다가오고 있었다.

10월 15일, 아주 이른 새벽 시간, 갤리언 사건을 추적해 온 FBI의 특별 수사관인 B.J. 강은 출입국 관리소 직원과 통화를 하고 있었다. 그는 라자라트남이 10월 16일 런던행 비행기를 탄다는 정보를 들었다. 그는 런던에서 스리랑카 주식시장에 투자하기 위한 2억 달러 규모의 펀드 론칭에 참여하기 위해 아내와 함께 영국으로 갈 예정이었다. 강은 이 정보를 급히 뉴욕 남부지검에 알렸다. 뉴욕 남부지검은 긴급회의를 열었다. 원래 라자라트남과 정보원들에 대한 체포는 10월 말쯤 예정돼 있었다. 일부 FBI 수사관들에게는 할로윈 데이에 있을 것이라고도 알려져 있었다. 아무튼 비상 대기 상태였다. FBI는 월요일이나 금요일의 체포는 가급적 피하고 있다. 월요일은 주말 동안 급박하게 상황이 바뀔 수도 있으며, 금요일은 보석 문제가 잘 되지 않으면 혐의자가 주말 동안 감옥에 있게 되는 부담 때문이었다.

뉴욕 남부지검은 10월 16일 새벽에 라자라트남과 그의 정보원들을 급습하기로 결정했다. 검찰과 FBI는 6개 팀을 구성했다. 3개 팀이 맨해튼을 급습하기로 했다. 라자라트남이 살고 있는 아파트에 한 팀, 대니얼 치에이지가 살고 있는 써튼 플레이스에 한 팀, 그리고 쿠마르가 살고 있는 타임워너 센터로 나머지 한 팀이 가기로 했다. 맨해튼에서 3명을 동시에 체포하는 것이다. 다른 2팀은 대기 상태에 있다가 치에이지의 반응에 따라 다른 2명을 체포할지 여부를 결정하기로 했다. 다른 2명이란 IBM의 부사장인 로버트 모팻과 헤지펀드 뉴캐슬의 공동 설립자이며 대표인 마크 커랜드였다. 마지막 여섯 번째 팀은 서부가 새벽이 되었을 때 라지브 고엘을 체포하는 것이었다.

2009년 10월 16일 새벽 6시, B.J. 강을 포함한 몇 명의 FBI 수사관들은 라자라트남을 체포하기 위해 맨해튼에 있는 그의 집으로 갔다. 그는 써튼 플레이스에 있는 타운하우스에서 아내와 자녀들, 그리고 부모님과 함께 살고 있었다. 그들은 라자라트남의 집 도어벨을 눌렀다. 그 시간 라자라트남은 창문 밖으로 이스트 리버를 바라보면서 바이크 위에서 운동을 하고 있었다.

FBI 수사관들은 그의 아내와 자녀들이 보고 있는 가운데 라자라트남에게 수갑을 채워 끌고 나왔다. 라자라트남이 화장실을 가고 싶다고 말했지만 FBI 수사관은 허락하지 않았다. 그들은 밖에서 기다리고 있던 차에 그를 태워 FBI 뉴욕 본부로 압송했다.

오전 10시경, 라자라트남의 체포 소식이 CNBC를 비롯해서 뉴스 채널에 올라오기 시작했다. 갤리언의 직원들은 충격 속에서 대형 TV 화면을 통해 그들의 보스가 FBI 수사관들에 의해 수갑을 차고 끌려가는 긴급 뉴스를 보고 있었다. 갤리언 사무실은 공포에 휩싸였다. 직원들은 이제 무슨 일이 닥칠지 사내 변호사에게 물었다. 다음 수순은 분명했다. 라자라트남의 체포 소식에 신경이 곤두선 투자자들은 갤리언 펀드에서 돈을 인출할 것이다. 기관투자자들의 경우 불법행위를 저지른 펀드에 돈을 더 이상 투자하는 것이 허용되지 않는다. 더더욱 펀드에 어떤 법적인 책임이 발생할지도 몰랐다. 갤리언 펀드의 해체가 눈에 보였다. 갤리언 사무실에는 전화가 빗발처럼 쏟아지기 시작했다. 갤리언은 2008년 금융위기의 쓰나미 속에서도 살아남았지만 라자라트남의 체포는 갤리언을 확실하게 격침시킬 것으로 보였다.

라자라트남이 체포된 후 얼마 지나지 않아 뉴욕 남부지검은 2개의 공소장을 공개했다. 하나는 CC-1, 즉 라자라트남, 쿠마르, 고엘을 공동 피고인으로 하는 소송이었고, 다른 하나는 CC-2, 즉 치에이지, 모팻과 커랜드를 공동 피고인으로 하는 소송이었다. "CC"는 "*co-conspirator*"의 약자로 '공동 공모자'라는 뜻이다. 이와 동시에 SEC는 이들을 상대로 민사소송을 제기했다. SEC와 뉴욕 남부지검이 함께 조사를 진행하지만 SEC는 민사소송을, 뉴욕 남부지검은 형사소송을 제기한다. 그들은 대부분 소송을 동시에 제기한다.

SEC와 뉴욕 남부지검은 곧 다가올 소송 전쟁을 준비해야만 했다. 그들은 다가오는 재판을 위해 모든 에너지를 집중했다. 여기에 맥킨지가 도움을 제공했다.

맥킨지는 선임 파트너 중 한 사람인 쿠마르가 체포당함으로써 회사의 명성에 큰 타격을 입었다. 그들은 쿠마르를 무기한으로 정직시켰고, (그는 한 달 반 후 완전히 맥킨지를 떠났다.) 즉시 쿠마르의 범죄행위를 조사하기 위해 조사 팀을 꾸렸다. 쿠마르가 체포된 지 한 달이 못 된 11월, 맥킨지의 자문 로펌인 크래바스 스웨인 앤 무어의 변호사들이 뉴욕 남부지검을 방문했다.

비록 맥킨지는 기소되지 않았지만 회사는 고위급 임원에 대한 감독 책임과 관련해서 책임이 발생할 가능성이 있었다. 그들은 엔론 사태 때 아서 앤더슨이 어떻게 무너졌는지를 잘 알고 있었다. 정부는 맥킨지를 기소할 것인지 여러 조건들을 따져 보고 있었고, 맥킨지는 정부의 비난을 차단하기 위해 빨리 움직여야 했다. 크래바스의 변호사들은 쿠마르와 관련된 많은 이메일과 서류들을 싸들고 왔다. 거기에는 깜짝 놀랄 만한 정보들이 들어 있었다.

맥킨지와 크래바스의 변호사들은 만주 다스에 대해서 중요한 자료를

연방 증권거래위원회

연방 증권거래위원회SEC는 미국 연방 정부의 행정위원회 중 연방 증권법령을 집행하고, 증권법령의 하위 규정인 SEC Rule을 제정하고 또한 증권 산업을 감독하는 권한을 가진 독립 행정위원회independent agency of the United States federal government이다. SEC는 1930년대 초반 미국 증권시장이 붕괴하고 대공황으로 빠져들 때인 1934년에 미국 증권시장의 회복이라는 절대적인 사명을 가지고 설립됐다. SEC는 1명의 위원장과 4명의 위원으로 구성된다. 정치적 독립을 위하여 특정 정당에서 3명 이상을 차지할 수 없도록 하고 있고, 모든 중요한 사안에 대해 위원들이 표결로 결정하며 미국 자본시장에서 투자자보호와 건전한 시장질서를 지키기 위해 노력한다. 갤리언 사건의 재판에서 SEC 조사관들의 노력은 결정적인 역할을 했다.

(photo: capitalbooks)

제공했다. 만주 다스는 쿠마르의 가정부였다. 쿠마르가 모건스탠리에 계좌를 열 때 다스 계좌의 돈에 대한 세금을 회피하기 위해 다스가 인도에 살고 있다고 말했지만, 맥킨지는 그것이 거짓이라는 증거를 가지고 왔다. 맥킨지는 이민국을 통해 그녀가 쿠마르의 가정부로 미국에 입국했다는 이민 카드를 발견했다. 연방 검찰은 처음으로 라자라트남에게서 나간 돈이 어떻게 쿠마르에게 이동했는지를 추적할 수 있었다. 그것은 쿠마르를 내려칠 수 있는 커다란 망치였다.

왕의 죽음

　　　　　　　　　라자라트남의 재판일은 2011년 3월 8일로 결정됐다. 이제 재판 전쟁이 시작됐다. FBI는 라자라트남을 체포한지 1주일이 지나면서 갤리언의 트레이더들을 방문하기 시작했다. 2009년 11월, FBI는 펀드매니저인 마이클 카딜로의 집을 찾아갔다. 카딜로는 라자라트남의 체포 소식을 들었을 때 눈물을 터뜨렸던 사람이지만, 그는 정부 측에 협조하기로 약속했다.

　또한 애덤 스미스 역시 정부 측에 협조하기로 동의했다. 스미스는 갤리언 펀드에서 라자라트남의 심복이었다. 스미스는 몰랐지만 라자라트남이 체포됐을 때 그 역시 정부의 감시망에 올라 있었다. FBI가 라자라트남의 핸드폰을 감청하고 있었을 때인 2009년에 그가 라자라트남에게 내부정보를 건네주는 것이 녹음됐다. 2010년 여름, 정부는 법원으로부터 스미스의 핸드폰에 대한 감청 허가를 받아냈다. 7월 28일, 스미스가 대만에 있는 정보원으로부터 엔비디아Nvidia의 분기 실적이 예상보다 떨어질 것이라는 내부정보를 받는 것이 포착됐다. 다음 날, 스미스는 엔비디아 주식 10만주를 매도했고, 시장이 끝나자 엔비디아는 스미스의 정보원이 말한 것처럼 저조한 예상 실적을 발표했다.

2010년 12월, 스미스는 연방 검사에게 많은 불법 거래 사실을 실토했고, 최근 라자라트남의 동생인 렌간이 요청한 미팅에 대해서도 고백했다. (라자라트남이 체포된 후 렌간은 라자라트남의 사무실에 와서 상당히 많은 노트와 서류를 가지고 갔는데, 그러한 그의 행동에 대해 모른 채 해 달라고 스미스에게 부탁했었다.) 그는 라자라트남 재판에서 자신의 보스에게 불리한 증언을 했다.

뉴욕 남부지검이 2009년 12월 15일에 라자라트남을 기소했을 때 문제가 된 혐의 종목들은 폴리컴, 힐튼호텔, 아카마이 테크놀로지를 포함해서 약 10개 종목 정도였다. 아직 골드만삭스 주식은 포함되지 않은 상태였다. 연방 검사들은 재판이 시작되기 전까지 공휴일도 신년 휴일도 반납하고 감청 테이프를 계속해서 듣고 있었다. 불필요한 부분들을 걸러 내고 또 걸러 냈다. 최종적으로 약 1천개 중에서 다시 400개를 추려 냈다.

검사들은 라자라트남의 골드만삭스 주식거래에 집중했다. 감청 테이프와 라자라트남의 통화 기록을 집중적으로 조사했다. 그러한 노력은 보람이 있었다. 골드만의 사외이사인 라자트 굽타가 라자라트남과 빈번하게 통화한 사실을 찾아냈고, 그것도 골드만 이사회가 끝난 직후 굽타가 라자라트남에게 전화한 사실을 발견했다. 굽타로부터 내부정보가 갤리언으로 건너간 여러 정황증거들이 쏟아져 나왔다.

연방 검사들은 2011년 1월 21일, 법정에서 골드만삭스의 CEO인 로이드 블랭크페인의 증언을 들었고, 그의 증언 2주 후 라자라트남에 대해 7개 종목에 대한 혐의를 추가했다. 그중 하나가 골드만삭스 주식이었다. 골드만 주식거래는 라자라트남의 머리를 강타할 수 있는 강력한 증거였다. (굽타와 라자라트남 사이에 이루어진 골드만의 내부정보 전달과 그들 사이에 이루어진 감청의 공개, 그리고 그 충격에 대해서는 제10장에서 자세히 다룬다.) 법무부가 최종적으로 라자라트남이 내부정보를 이용하여 거래했다고 주장한 사례는 총 19건이었다.

2011년 3월 9일 수요일 오후, 따뜻한 햇볕은 법정의 유리창을 통해 배심원들이 앉아 있는 좌석 앞에 세워져 있는 짙은 브라운 색의 파티션까지 밀고 들어왔다. 배심원석에는 9명의 여성과 3명의 남성이 앉아 있었다. 그들은 한 세대에서 볼까말까 할 정도의 초대형 내부자거래 스캔들의 심판관으로 앉아 있었다.

미국 대 라자라트남 사건의 공판이 열린 첫날, 스트리터 검사는 피고인이 어떻게 내일의 기업 정보를 오늘 알아냈고 거래했는지에 대해 자세하게 설명했다. 그는 뉴욕 남부지검에서 10년의 경력을 가진 베테랑 검사였고, 이미 여러 큰 건들을 처리한 경험이 있었다. 라자라트남은 피고인석 중앙에 앉아 있었고 변호사 12명이 그를 둘러싸고 있었다. 이에 비해 정부 측 검사들은 숫자나 경험에 있어서 엄청나게 열세였다. 그렇지만 스트리터 검사는 이 싸움에서 반드시 이겨야만 했다. 그것이 정의였다. 그리고 그가 승리한다면 법정의 뒤쪽에 앉아서 이 재판을 지켜보고 있는 자신의 상사인 프리트 바라라Preet Barara 검사장은 월가의 새로운 보안관으로 등극할 터였다.

재판이 시작되면서 쿠마르의 증언은 강력한 인상을 주었다. 그는 당시 정신과 치료를 받고 있었고 불안증과 신경쇠약 때문에 약을 복용하고 있었다. 그러나 그는 법정에서 분명하고도 명쾌하게 라자라트남과 있었던 모든 일에 대해 증언했다. 그는 이전의 친구였던 라자라트남을 쳐다보지 않았다. 라자라트남에게 비밀 정보를 제공하는 대가로 230만 달러를 받았다고 말했고, AMD가 ATI를 인수한다는 정보를 제공한 것에 대해 자세하게 증언했다.

고엘 역시 2007년 4월 인텔의 수익과 관련한 다수의 불법 정보를 라자라트남에게 제공했고, 2008년에는 클리어와이어에 대한 수십억 달러 규모의 투자 정보를 제공했다고 증언했다. 그리고 라자라트남이 고엘에게 대가로 준 선물, 그리고 내부정보를 이용하여 고엘의 계좌에 이익을 남겨 준 사실에 대해서도 증언했다.

갤리언에서 라자라트남의 핵심 트레이더였던 스미스는 ICST 인수를 비롯해 다른 회사들의 수익과 관련된 불법 정보를 라자라트남에게 제공했다고 증언했다. 또한 그는 라자라트남이 그들의 범죄행위를 어떻게 위장할 것인지 그가 했던 지시에 대해서도 증언했다.

이외에도 라자라트남에게 비밀 정보를 제공했던 여러 상장법인들의 임원들도 증언했다. 정부 측 증인들의 증언은 강력했다. 이러한 증인들의 증언은 라자라트남과 증인들의 통화 기록, 라자라트남의 거래 시점들과 정확하게 일치했고, 상당 부분 감청 테이프가 정보 전달 상황을 직접적으로 확인해 주었다.

그러나 라자라트남의 변호사인 다우드는 격렬하게 저항했다. 그는 정부가 제시한 증거들은 잘못된 것들이며, 정부는 믿을 수 없는 증인들이 하는 말을 근거로 하고 있다고 항변했다. 다우드는 법정에서 특히 쿠마르를 경멸적으로 대했다. 이는 다분히 의도적인 행동이었다. 다우드는 쿠마르가 거짓말을 하고 있다고 주장했다. 쿠마르는 자신의 죄를 탕감받기 위해 정부 측을 위해 일하고 있는 것뿐이라고 비난했다.

피고인 측은 갤리언의 고위급 임원인 리차드 슈트를 증인으로 요청했다. 그는 갤리언의 성공적인 거래는 심도 깊은 투자 분석을 토대로 이루어진 것이라고 증언했다. 그러나 슈트의 증언은 연방 검사의 반대신문을 통해 바로 박살이 났다. 그는 2010년 가을, 스폿테일SpotTail이라는 헤지펀드를 설립했는데 라자라트남이 이 펀드에 1천만 달러를 투자했다. 재판이 시작하기 8주 전에 라자라트남 가족은 이 펀드에 1500만 달러를 송금했다. 이 펀드 자산은 총 3500만 달러였는데, 그중 라자라트남이 2500만 달러를 투자하고 있는 꼴이었다. 대부분의 헤지펀드 매니저들처럼 슈트는 2%의 운영 수수료와 20%의 성과 보수를 받고 있었다. 그러니까 라자라트남이 그 펀드에서 돈을 빼지 않는 한 슈트는 매년 최소한 50만 달러를 벌 수 있었다. 그는 조작된 증인이었고 그의 증언은 신뢰할 수 없었다.

라자라트남 측은 총 5명의 증인을 불렀다. 그중 가장 강력한 증인은 조프리 캐나다였는데, 그는 할렘 칠드런스 존Halem Children's Zone의 책임자였다. 라자라트남은 이 단체에 기부를 해 왔다. 피고인 변호사들은 라자라트남의 자선 활동을 부각시키고 싶었다. 그러나 라자라트남이 설사 훌륭한 기부 활동을 해 왔더라도 그것이 그의 내부자거래 혐의와 무슨 상관이 있단 말인가?

로체스터 대학의 교수인 그렉 자렐이 전문가 증인으로 나왔다. 그의 임무는 라자라트남의 성공적인 투자가 모자이크 이론을 토대로 이루어진 것이라고 증명하는 일이었다. 그는 피고인 측으로부터 이 일을 위해 총 93만 달러를 받았다. 그는 의욕적으로 슬라이드까지 준비해서 장황하게 설명했지만 배심원들을 제대로 설득하지 못했다. 어떻게 가상의 분석이 연방 검사가 가지고 있는 감청 테이프와 통화 기록, 그리고 트레이딩 기록으로 강하게 뒷받침되는 압도적인 증거를 이길 수 있겠는가?

재판이 진행 중인 4월 17일, 연방 검사인 리드 브로드스키는 아내의 출산 때문에 병원의 분만실에서 대기하면서 변론서를 쓰고 있었다. 브롱스 공립학교의 교장인 그녀는 건강한 딸을 출산했는데, 그녀는 옆에 있는 남편을 보고 "당신 여기서 뭐하고 있어? 지금 여기 있으면 안 되잖아?"라고 말했다. 오후 5시, 브로드스키는 병원을 떠나 검찰청으로 복귀했다. 4일 후, 그는 법정에서 정부를 대신해서 마지막 구두변론을 위해 그의 보스인 바라라와 함께 청중들로 가득 찬 법정의 중앙에 서 있었다.

브로드스키는 배심원들에게 "라자라트남은 법의 비용으로 주식시장을 지배했습니다. 불확실한 세계에서 그는 확실한 것을 알고 있었는데, 그것은 내일의 뉴스를 오늘 알고 있는 내부자들을 가지고 있었기 때문입니다"라고 말했다. 브로드스키는 배심원들 앞으로 걸어가서 이 사건에서 이슈가 됐던 내부자거래 행위들을 차트를 이용하며 설명했다. 그리고 다시 검사의 주장을 뒷받침해 주는 감청 테이프의 중요한 부분을 틀었다. 라자라트남의 변호사인 다우드는 무언가 무너지는 소리를 듣는 것 같았다.

모든 진술이 끝났고 판사는 배심에게 평결을 부탁했다. 공은 배심원들에게 넘어갔다. 2011년 5월 11일 수요일 아침, 배심원들은 17B 법정 뒤에 있는 작은 대기실에서 잠시 기다리고 있었다. 오전 10시 20분, 배심의 대표는 홀웰 판사에게 배심의 평결을 전달했다. 두 달의 재판으로 많이 지쳐 보이는 배심원들이 법정에 들어왔고 5명의 법정 경찰들이 그들 뒤에 섰다. 홀웰 판사는 배심의 대표에게 배심원들이 만장일치의 결론에 도달했냐고 물었다.

"예, 판사님. 그렇습니다"라고 대표가 말했다.

그러자 홀웰 판사는 그 옆에 배석한 도널드 판사에게 평결을 읽으라고 말했다.

"*Guilty*(길티, 유죄)" 도널드 판사는 첫 번째 죄목에 대해서 말했다.

두 번째 죄목에 대해서도 "유죄"라고 말했다.

그리고 그는 나머지 12개의 죄목에 대해서도 동일하게 "유죄"라고 말했다. 그는 매 죄목마다 큰 소리로 똑같은 단어인 "유죄"를 반복했다. 배심은 라자라트남의 모든 혐의에 대해 유죄를 평결했다.

2011년 10월 13일, 헤지펀드 세계에서 가장 독특한 개성을 가진 사람 중 하나인 라자라트남에 대한 형량이 선고되는 날이었다. 지난 5월, 배심의 유죄 평결이 있은 지 5개월 정도 지난 시점이었다. 60명이 넘는 사람들이 펄스트리트 500번지에 위치한 연방 지방법원 17층에 있는 홀웰 판사의 법정을 가득 메웠다. 홀웰 판사는 라자라트남에게 최후 진술의 기회를 부여했지만 그는 최후 진술을 거부했다.

홀웰 판사는 라자라트남의 범죄행위는 고질적인 것이며 미국의 비즈니스 문화 속에서 뿌리 뽑아야 할 바이러스라고 말했다. 정의는 그에게 장기간의 징역형을 요구한다고 말했다. 홀웰 판사는 라자라트남에게 징역 11년형을 선고했다. 내부자거래의 역사에서 가장 긴 감옥형이었다. 라자라트남은 지난 2개월에 걸친 재판 과정에서도 그랬듯이 표정에 변화가 없었다.

스리랑카 출신으로 미국 월가에서 갤리언의 신화를 구가하며 한 시대를 질주했던, 헤지펀드의 제왕 라지 라자라트남의 화려하고 빛났던 영광은 그렇게 무너졌다. 갤리언의 명성과 놀라운 수익률은 그의 탁월한 투자 능력 덕분이 아니라 불법적인 내부정보 때문인 것으로 만 천하에 드러났다. 법과 역사는 헤지펀드의 왕에게 죽음을 선고했다. 한때 월가의 무적함대였던 갤리언 호는 그렇게 침몰했고 역사의 뒤안길로 영원히 사라졌다.

제10장

인도의 빛나는 별,
라자트 굽타의 추락

INSIDERS ON
WALL STREET

월스트리트에서 신뢰보다 더 값진 통화는 없다.

마이클 파 (투자은행가)
〈SEC가 굽타를 제소했을 때인 2011.3.2. CNBC와의 인터뷰에서〉

다가오는
폭풍

        2009년 12월 11일 금요일 오전, 라자트 굽타Rajat Gupta는 디트로이트 메트로 공항의 검색대를 빠져나가고 있었다. 갑자기 그의 핸드폰이 울렸다. 골드만삭스의 수석 변호사로부터 걸려온 전화였다. 굽타는 골드만삭스 이사회의 멤버였고 가끔 CEO인 로이드 블랭크페인Lloyd Blankfein이 전화를 하곤 했지만, 그날 아침 전화는 그의 오랜 하버드 경영대학원 동문이며 골드만삭스 수석 변호사인 그레고리 팜에게서 온 것이었다. 그의 목소리는 평소와는 달리 심각하게 들렸다.

    팜은 굽타에게 골드만삭스에 관한 정보를 라자라트남에게 제공한 적이 있냐고 물었다. 굽타는 팜의 예기치 않았던 전화와 질문에 잠시 당황했다. 굽타는 라자라트남을 잘 알고 있었다. 그는 헤지펀드인 갤리언의 대표이며 〈포브스 400 리스트〉에서 236번째에 위치한 억만장자였다. 굽타는 맥킨지의 대표를 물러났던 2003년 이후 갤리언의 비즈니스에 여러 모양으로 관여하고 있었다. 그러나 지난 10월 16일, 라자라트남은 그의 중요한 정보원 5명과 함께 내부자거래 혐의로 FBI에 의해 전격적으로 체포됐다. 라자라트남 스캔들의 엄청난 규모가 드러나면서 미국 사회 전체가 충격에 휩싸였다. 아직 그 충격의 여파가 많은 루머들과 뒤섞여 월가의 마천루를 음산하게 뒤덮고 있을 때였다.

굽타는 순간 섬뜩했지만 팜에게 골드만삭스의 중요한 정보를 라자라트남에게 전달한 적이 없다고 말했다. 그러나 팜은 골드만의 경영진은 굽타가 회사의 중요한 정보를 라자라트남에게 제공했다고 믿고 있다고 말했다. 굽타는 그러한 사실이 없다고 다시 한번 부정했다. 라자라트남을 잘 알고 있지만, 그는 새로 설립 중에 있는 '뉴 실크루트NSR, New Silk Route'라는 투자 펀드의 파트너일 뿐이라고 말했다. 이어서 굽타는 라자라트남이 운영하는 펀드에 1000만 달러를 투자했는데, 그가 말도 없이 그 돈을 빼내 가서 라자라트남과 심각한 분쟁 상태에 있다고 말했다. 만약, 라자라트남이 체포되지 않았더라면 이미 소송을 진행했을 것이라고 말했다. 그는 팜에게 "왜 내가 나와 분쟁이 있는 사람을 돕겠는가?"라고 되물었다.

그러나 골드만의 경영진은 이미 중요한 소식통을 통해 굽타가 라자라트남 스캔들에 깊숙이 관련돼 있다는 정보를 입수했다. 그들은 충격을 받았고, 오히려 굽타의 명예를 염려했다. 팜은 굽타에게 변호사를 고용하는 것이 좋겠다고 권고했다. 굽타는 월가에서 명망이 높은 개리 내프탈리스Gary Naftalis를 변호사로 고용했다. 그러나 그는 실제 문제가 있다기보다는 나중을 대비하는 차원이라고 말했다.

내프탈리스는 당시 69세로 화이트칼라 범죄의 방어 변호사 중 슈퍼스타로 유명했다. 그는 40년간 방어 변호사로 활약하면서 굵직굵직한 사건에서 피고인을 성공적으로 변호했다. 마침 굽타의 재판을 맡은 연방 지방법원의 제드 레이코프Jed Rakoff 판사와는 오랜 친구 사이였다. 그들이 서로 가까운 사이라는 것은 뉴욕 법조계에서 비밀도 아니었다. 뉴욕 남부지검에서 검사를 지냈던 내프탈리스는 당시 레이코프의 보스였고, 내프탈리스는 1974년에 검찰청을 떠났다. 그들이 함께 근무했던 기간은 1년에 불과했지만 이후에도 그들은 가깝게 지냈고, 레이코프 판사는 내프탈리스의 아들의 주례를 서 주기도 했다.

그러나 상황은 굽타의 생각처럼 간단하지 않았다. 굽타는 공항에서 골드만 수석 변호사의 전화를 받기 오래 전부터 이미 SEC와 연방 검찰의 블랙리스트에 올라 있었다. SEC는 2006년부터 라자라트남을 조사하기 시작했고, 라자라트남의 통화 기록을 뒤지다가 굽타가 빈번한 통화자 중 한 사람이라는 사실을 발견했다. 그리고 그의 통화 시간은 라자라트남과 갤리언 펀드의 의혹 있는 거래 타이밍과 절묘하게 일치한다는 사실도 확인했다. 만약 굽타가 라자라트남의 정보원이라면, 그것은 미국 사회가 뒤집어질 쇼킹한 뉴스였다. 그는 엄청난 거물이었다. 만약 그것이 사실이라면 SEC와 연방 검찰은 대박을 치는 것이었다. 갤리언 사건은 그야말로 절정을 향해 치달을 터였다.

2011년 3월, SEC는 굽타를 미국 역사에서 가장 커다란 내부자거래 사건에서 골드만과 프록터 앤 갬블P&G의 중요한 내부정보를 제공한 혐의로 고발했다. 몇 달 후 연방 검찰은 그를 동일한 혐의로 기소했다.

라자라트남과 주요 정보원들의 체포와 함께 드러난 갤리언 스캔들은 미국 내부자거래 역사에서 가장 거대하고 충격적인 사건이었다. 가히 세기적인 스캔들이라 할 만한 규모였다. 갤리언 사건의 전모가 드러났을 때 미국인들은 충격을 받았다. 월가가 이렇게까지 썩었단 말인가. 그러나 많은 사람들이 정말 충격을 받은 것은 굽타가, 천하의 라자트 굽타가 갤리언 스캔들에 연루됐다는 보도였다. 굽타가 라자라트남에게 미공개 정보를 지속적으로 제공했다는 것이다.

64세의 굽타는 자신의 무죄를 강하게 주장했다. 그러나 SEC와 연방 검찰의 주장이 맞는다면, 도대체 왜, 그의 세대에서 가장 존경받는 CEO 중 한 사람이었던 그가, 약 1억 달러나 되는 엄청난 재산을 가지고 은퇴한 사람이 그토록 어리석은 행동을 했을까? 미국 최고 기업들에게 자문을 해 주는 최고의 두뇌와 명예를 가진 사람이 라자라트남이라는 괴물과 도대체 어떤 일이 있었던 것일까?

빛나는 별

라자트 굽타는 지난 20년 동안 가장 부유한 비즈니스맨, 가장 헌신적인 박애주의자, 그리고 세계에서 가장 영향력 있는 정치인을 오가면서 그의 인생을 화려하게 살아온 인물이었다. 그는 세계적인 기업 맥킨지의 CEO를 3번이나 연임했고, 국가 지도자들의 컨설턴트였고, 'AIDS, 폐결핵, 말라리아 퇴치를 위한 글로벌 펀드'의 전임 의장이었고, 골드만삭스 같은 미국의 상징적인 기업의 이사회 멤버였다. 라자트 굽타는 미국 기업계의 전설이었다. 그는 글로벌 차원에서도 많은 자선 활동과 박애주의적 활동으로 크게 인정받는 리더였다.

그는 UN 사무총장이었던 코피 아난의 특별 고문이었고, 빌 게이츠가 설립한 '빌 앤 멜린다 게이츠 재단'의 고문도 맡고 있었다. 그는 맥킨지를 은퇴할 때 이미 1억 달러의 재산을 보유하고 있었다. 어느 면에서 보더라도 그는 성공한 사람이었고 더 이상 부러울 것이 없는 사람이었다. 그는

'아메리칸 드림'의 상징이었다. 그런데 왜, 무엇 때문에 자신이 성실하게 쌓아온 명예와 빛나는 인생을 송두리째 뒤흔드는 위험을 지면서 헤지펀드 매니저에게 지속적으로 내부정보를 건넸단 말인가? 굽타가 라자라트남의 내부자거래 스캔들에 휘말렸다는 이야기를 들은 모든 사람은 자신의 귀를 의심했다. SEC 조사관들이나 연방 검사들조차 납득하기 어려웠다. 골드만의 동료 이사들 역시 납득하기 어려웠다. 맥킨지에서 오랫동안 굽타와 일을 했고, 맥킨지의 내부정보를 라자라트남에게 넘긴 쿠마르조차 SEC 조사관들이 굽타의 혐의에 대해 묻자, "굽타는 나처럼 어리석은 행동을 할 사람이 아니다"라고 말할 정도였다. 미국의 언론 역시 '도대체 왜 굽타가 라자라트남 같은 인물과 어울렸단 말인가'라는 질문을 거듭해서 던졌다.

그렇다면 라자트 굽타는 어떤 인물인가?

굽타는 인도의 콜카타Kolkata에서 1948년 12월에 출생했다. 그의 아버지인 아쉬위니 굽타Ashwini Gupta는 저널리스트로서 인도의 독립을 위해 영국에 대항해서 싸웠던 자유주의자였다. 그는 독립운동 때문에 영국인들에 붙잡혀 투옥되기도 했다. 그는 안타깝게도 굽타가 15세 때 세상을 떠났다. 굽타의 어머니는 교사였는데, 그녀 역시 2년 후 세상을 떠났다. 감당할 수 없는 슬픔과 고통이 굽타의 가정을 덮쳤다. 굽타는 4남매 중둘째였고 남자로서는 제일 위였다. 다행히도 아버지의 회사가 그들이 살수 있는 집을 델리에 마련해 주었다. 그들은 헤어지지 않기 위해 독신인 숙모를 초청해서 한 집에서 같이 살았다. 4남매는 모두 장학금을 받을 정도로 열심히 공부했다.

당시 인도에서 새로운 세대의 엔지니어를 배출시키기 위해 인도과학기술대학IIT, Indian Institute of Technology이 설립됐다. 굽타는 전 인도에서 수재들이 모인다는 IIT 입학시험에서 15등으로 합격했다. 그는 엔지니어링

학위를 받았고, 전체 15% 안에 드는 우수한 성적으로 졸업했다. 그에게 여러 가지 옵션이 있었지만 장학금을 받고 미국 하버드 경영대학원에 진학하는 것을 선택했다. 그는 그렇게 미국 땅을 밟게 됐다.

1970년대 초반, 그는 하버드 경영대학원을 졸업하고 맥킨지에 입사했다. 당시는 기업에 대한 컨설팅 사업이 인기가 높았던 시절이었다. 1994년 굽타가 45세였을 때, 그는 맥킨지의 파트너 427명의 투표에 의해 CEO로 선임됐고, 외국에서 태어난 이민자로서 그 자리에 올라간 첫 번째 인물이 됐다.

굽타가 맥킨지에서 CEO로서 9년 동안 보여준 리더십은 놀라웠다. 회사의 수익은 12억 달러에서 34억 달러로 3배 증가했다. 파트너의 수는 427명에서 891명으로 증가했고 전 세계에 26개의 맥킨지 사무소를 오픈했다. 그러나 마지막 임기 때에 기술주 버블이 터지면서 이익이 급감했다. 그의 중요한 고객들이 파산했다. 가장 악명 높은 사건이 엔론 사태였다. 그는 버블의 붕괴 여파로 2003년 중반에 다소 초라한 모습으로 CEO 자리를 물러났다.

맥킨지의 CEO에서 물러난 그는 박애주의적 활동과 자선 사업에 헌신했고, 특히 인도와 관련된 자선 사업에 역점을 두었다. 그는 조국 인도에 세계적인 수준의 경영대학원을 세우는 꿈을 가지고 있었다. 자신의 네트워크를 활용해서 세계 톱 랭킹의 경영대학원과 파트너십 관계를 맺고 최고의 교수들을 초빙했다. 이렇게 설립된 인도 경영대학원ISB, Indian School of Business은 2001년에 처음 학생을 받았고, 지금은 세계적인 경영대학원으로 발전했다. 그는 다시 2001년에 빌 클린턴의 후원 아래 '아메리칸 인도 재단American Indian Foundation'을 설립했다.

특히 그는 교육과 질병 분야에 관심이 많았는데, 2002년에 'AIDS, 폐결핵, 말라리아 퇴치를 위한 글로벌 펀드' 설립위원회의 멤버로 활동했고,

후일 의장이 됐다. 글로벌 펀드는 AIDS와 같은 질병을 치료하고 퇴치하기 위해 정부, 시민 단체, 금융기관 등으로부터 지원을 받으면서 세계적인 질병 문제를 해결하기 위해 노력했다. 오늘날 이 글로벌 펀드는 151개국에 1천 개가 넘는 프로그램을 실시하는 세계적인 기구로 성장했다.

2009년 11월 24일, 라자트 굽타는 버럭 오바마 대통령과 영부인 미셸이 주최하는 국빈 만찬에 참석하기 위해 백악관으로 가고 있었다. 그날 저녁 만찬은 인도의 수상인 맨모한 싱Manmohan Singh의 방미를 축하하는 행사였다. 미국에서 성공한 인도 출신 중 거물급 인사들은 거의 다 모였다고 해도 과언이 아니었다. 할리우드 인사들도 참석했다. 〈식스 센스Sixth Sense〉를 감독했던 인도계 나이트 샤말란과 함께 스필버그 감독도 참석했다. 스필버그가 이 만찬에 초대된 이유는 그가 인도의 폰디체리Pondicherry(인도의 동부 해안 도시)에서 출생했기 때문이다.

굽타는 그가 원하기만 한다면 그날 만찬에 참석한 거의 모든 사람들과 편안한 대화를 나눌 수 있는 인물이었다. 미국에서 참석한 사람들뿐만 아니라 싱 수상과 함께 인도에서 날아온 유력 인사 모두와도 친분이 있었다. 그러나 굽타에게 있어 가장 중요한 관계는 수상인 싱과의 우정이었다. 굽타는 전화로 인도의 수상과 쉽게 통화할 수 있는, 미국에 있는 몇 안 되는 경영인 중 하나였다.

싱은 인도의 경제개혁을 위해 많은 구습을 타파하고 기업의 자유를 확대해 준 개혁가이도 했다. 그의 이러한 경제개혁은 인도 기업들의 구조조정이나 기업 재편을 가속화했고, 이는 맥킨지가 인도에서 사업을 확대할 수 있는 좋은 여건을 마련해 주었다. 마침 그때는 굽타가 맥킨지의 CEO를 맡고 있을 때였다. 맥킨지는 뉴델리 교외에 '지식센터'를 오픈했고 MBA 학위를 가진 많은 인도 젊은이들을 고용했다. 또한 미국의 많은 선진 기법들을 후진국인 인도에 전파하기 위해서 많은 노력을 했다. 굽타는 이러한 노력 덕분에 인도에서 유명세를 타면서 '록 스타'가 되었고 인도의 별로 떠올랐다.

인도 출신 이민자들은 미국에서 놀라운 성공을 이루었다. 미국에 거주하는 320만 명의 인도인 중 70%가 대학을 졸업했는데, 이는 미국인들의 28% 수치를 크게 앞서는 것이다. 그들의 1년 가계소득 역시 미국인 평균 소득에 비해 2배나 많았고 다른 아시아인 이민자들에 비해서도 높은 편이었다.

21세기에 들어오면서 이들의 약진은 더욱 두드러졌다. 모든 영역에서 걸출한 인물들이 배출됐다. 인도 출신 CEO들이 미국에서 가장 거대한 기업인 시티 그룹이나 마스터카드 같은 기업을 경영했다. 그러나 이들 중 어느 누구도 라자트 굽타와 같은 사람이 없었다면 그 길을 가기 어려웠을 것이다. 그는 수많은 남아시아계의 이민자들에게 길이 됐고 또한 빛이 됐다. 그는 암울하고 답답한 인도의 현실 속에서 내일의 희망을 꿈꾸었던 인도의 이민자들에게 미국으로 가는 8000마일의 길을 열어 준 사람이었다. 그는 자신의 노력과 능력으로 미국의 비즈니스 세계에서 편견의 장벽을 깨트리며 세계적인 다국적 기업인 맥킨지의 CEO를 3번이나 역임했던 인물이었다.

이처럼 탁월한 비즈니스 능력과 박애주의적 활동을 통한 굽타의 성공은 인도 출신인 동료들뿐만 아니라 내일을 꿈꾸며 도전하는 모든 인도의 젊은 세대에게 별이 됐고 모델이 됐다. 어린 시절 고아가 되어 인도의 어두운 뒷골목에서 눈물을 흘렸던 아이가 미국 권력의 중심인 백악관의 회랑을 걷는 인물이 된 것이다. 그런 천하의 굽타가 라자라트남이라는 괴물의 덫에 걸려 넘어진 것이다.

2010년 1월, 라자트 굽타가 스위스 다보스에서 열린 세계경제포럼WEF에서 "인도가 글로벌 시장의 기대를 만족시킬 수 있을 것인가"라는 주제로 연설하는 모습이다. 라자라트남과 그의 정보원들에 대한 체포가 2009년 10월에 있었고, 골드만삭스의 수석 변호사인 그레고리 팜이 굽타에게 골드만의 내부정보를 라자라트남에게 전달했는지 여부를 묻는 전화는 2009년 12월 11일에 있었으니, 이 연설은 굽타가 팜으로부터 심각한 전화를 받은 지 약 한 달 후에 이루어진 것이다.

2008년 12월에 굽타는 SEC의 조사를 받았고, 다음해 1월에는 대니얼 치에이지가 라자라트남에게 내부정보를 제공한 혐의에 대해 유죄를 인정했기 때문에, 당시 굽타에 대한 일반 대중의 의혹도 서서히 커져 갔던 때였다. 굽타는 2019년 펴낸 그의 자서전에서 다보스에서 만난 많은 사람들이 자신에게 말은 안 했지만 자신을 의혹의 눈초리로 쳐다보고 있었다고 기록하고 있다. (Rajat Gupta, *Mind Without Fear*, 37~38) (photo: World Economic Forum, swiss-image.ch/ by Sebastian Derungs, Wikipedia)

야망의
덪

굽타는 맥킨지의 CEO를 물러나면서
빌 게이츠, 헨리 크래비스(세계적인 사모펀드인 KKR의 설립자 중 한 명), 헨
리 폴슨(당시 골드만삭스의 CEO였고, 2006년 부시 행정부에서 제74대 재무부
장관이 됐다)과 같은 사람들과 어울리고 있었다. 이들은 세계의 거부들 중
에서도 거부였다. 굽타 역시 성공한 CEO로 은퇴했지만 월스트리트는 노
는 물이 달랐다. 굽타가 제아무리 성공했다 하더라도 돈으로 말한다면,
뉴욕 공립도서관에 1억 달러를 기부하기로 한 스테판 슈워츠먼(세계 제1
위의 사모펀드인 블랙스톤의 설립자)이나 샌디 웨일(시티은행의 CEO)과 같은
거부들과는 엄청난 격차를 느낄 수밖에 없었다.

굽타는 월스트리트라는 새로운 세계를 보았다. 그는 새로운 꿈을 꾸게
됐다. 더 큰 돈을 벌고 싶었다. 은행가이며 사모펀드의 설립자였던 피트
피터슨은 회사를 공개IPO하면서 엄청난 돈을 벌었다. 굽타에게 있어서
그의 경력이나 인맥을 볼 때 거대한 규모의 사모펀드 설립은 어려운 일
이 아닐 수 있었다. 슈워츠먼이나 피터슨이 자신의 모델이 될 수 있었다.
굽타는 그들과 어깨를 같이하고 싶었다.

그때쯤 굽타는 콜롬비아 대학에서 강연을 했는데, 그의 강연 내용을
보면 그의 새로운 야망을 엿볼 수 있다. 한 학생이 굽타에게 돈에 대한
그의 견해를 말해 달라고 요청했을 때 그는 다음과 같이 말했다. "나의
삶을 이끌어 온 강력한 동기는 돈이었습니다. 그리고 나는 이전보다 더
물질주의적이 됐습니다. 돈은 아주 유혹적입니다. 왜냐하면 돈은 우리에
게 큰 집, 휴가 때 사용할 수 있는 별장, 그리고 우리가 원하는 모든 것을
제공해 줄 수 있기 때문입니다." 이 강연은 당시 돈에 대한 굽타의 생각

을 잘 보여 주고 있는데, 1986년 버클리 경영대학원 졸업식에서 "탐욕은 정당하며 좋은 것"이라고 연설했던 이반 보스키를 생각나게 한다.

굽타 역시 성공한 인물이었지만 월가에서 성공한 사람들과 비교할 때 부의 규모는 차원이 달랐다. 그는 자신도 그들과 같이 되고 싶었고, 그럴 능력이 있다고 믿었다. 그는 더 큰 꿈과 명성, 부와 전설을 원했다. 그것을 이루어 줄 강력한 도구를 거대한 사모펀드의 설립과 성공적인 운용에서 찾았다.

쿠마르는 굽타의 재판에 증인으로 나와서 이 부분에 대해 "굽타는 미국과 아시아에 각각 최고의 투자 펀드를 설립하기를 원했습니다. 미국에 설립하는 펀드는 인도에 집중적으로 투자할 예정이었습니다"라고 증언했다.

굽타가 라지 라자라트남을 만났을 때 그는 놀라운 투자 실적을 자랑하면서 이미 억만장자 헤지펀드 매니저가 되어 있었다. 사모펀드라는 새로운 황금 사원에서 그의 경력을 빛내기 원했던 굽타에게 라자라트남은 최고의 커넥션이었다. 그는 자신의 야망을 달성하기 위해 라자라트남의 도움이 필요했다. 그는 사모펀드에서의 경력을 위해 이미 세계적인 사모펀드인 크래비스 콜버그 로버트KKR의 고문 자리를 얻었다. 라자라트남이 굽타에게 투자 펀드를 통해 부자가 될 수 있는 기회를 제공했다면, 굽타는 그에 대한 보답으로 세계적인 리더들과 기업의 CEO들로부터 얻은 비밀스러운 정보를 제공한 것이다.

굽타와 라자라트남은 여러 비즈니스를 함께 했다. 2005년, 굽타는 자신의 친구인 라비 트레한, 그리고 라자라트남과 셋이서 보이저 캐피털Voyager Capital이라는 펀드를 설립했다. 이 펀드는 5천만 달러로 출범했는데, 라자라트남이 4천만 달러를 투자해서 보이저 지분의 80%를, 트레한과 굽타는 각각 5백만 달러로 지분의 10%씩을 가져갔다. 보이저는 갤리언이 운용하는 여러 펀드에 투자하는 펀드 오브 펀드fund-of-funds였다.

보이저는 즉각적인 성공을 거두었다. 2006년 초, 출범한 지 3개월 만에 펀드 가치는 5800만 달러에 이르렀고, 약 17%의 수익률을 거두었다. 그러나 라자라트남은 그 펀드를 마치 자신의 것처럼 운영하기 시작했고, 그 펀드를 갤리언이 운용하는 것으로 해서 운용 수수료가 자신에게 떨어지도록 했다. 이러한 라자라트남의 행동에 화가 난 트레한은 자신의 지분을 매각했지만, 굽타는 라자라트남과의 관계 때문에 떠나지 못했고 오히려 돈을 빌려 트레한의 지분을 인수했다.

2007년, 굽타는 라자라트남을 비롯해 다른 2명과 함께 또 다른 투자펀드인 뉴 실크루트NSR를 설립했다. 굽타는 이 펀드의 회장을 맡았다. 이처럼 굽타는 갤리언 비즈니스에 깊이 관여했다. 그는 갤리언 펀드에 수백만 달러를 투자했다. 그는 갤리언이 추진하는 새로운 펀드인 갤리언 글로벌Galleon Global을 준비하는 데에도 관여했다(이 펀드는 궁극적으로 설립되지 못했다).

그는 갤리언 뉴욕 사무소의 출입 카드를 가지고 있었고 갤리언을 위해 잠재적인 투자를 발굴하는 일에도 깊이 관여했다. 2008년 초, 굽타는 '갤리언 인터내셔널'의 회장이 됐는데, 이 펀드는 2008년 4월 당시 약 11억 달러의 자산을 운용하고 있었다. 굽타에게는 15%의 지분이 주어졌다.

굽타는 갤리언에 투자를 유치하기 위해 갤리언의 간부와 2008년 3월 31일과 4월 1일, 아랍 에미레이트를 방문했다. 그때 갤리언의 간부는 굽타를 갤리언 인터내셔널의 회장으로 소개했다. 그리고 그 투자 유치는 성공적이었다. 아부다비 투자청은 갤리언에 7500만 달러를 투자하겠다고 약속했다.

이처럼 굽타와 라자라트남과의 관계는 잘 돌아갔고, 라자라트남은 그

의 메모에 굽타에 대해 '좋은 친구good friend'라고 썼다. 굽타 역시 라자
라트남의 환심을 사기 위해 노력했다. 그는 자신의 야망을 실현시켜 줄
수 있는 중요한 커넥션이었다. 이미 굽타는 골드만과 P&G에 관한 내부
정보를 라자라트남에게 제공하고 있었다. 그들은 그렇게 서로를 돕고
있었다.

50억 달러의
딜

2008년 7월 29일, 골드만삭스의 이사
회가 러시아의 상트 페테르부르크에서 있은 지 한 달 정도 지났을 때, 라
자라트남은 굽타에게 전화를 걸어 골드만이 상업은행을 인수한다는 루머
가 사실이냐고 물었다. 이 통화는 굽타와 라자라트남 사이에 이루어진 통
화 중 녹음된 유일한 통화였다. 감청을 통해 녹음된 이 통화는 17분 50초
동안 지속됐고, 미국 정부가 제공하는 공개 인터넷에 올라와 있어서 지금
도 두 사람의 통화 내용을 들을 수 있다. 이 대화에는 아래 내용 이외에도
굽타의 도덕성을 의심할 만한 문제가 있는 내용들이 들어 있었다.

Rajaratnam: There's a rumor that Goldman might look to buy a
commercial bank. … Have you heard anything along that
line? (골드만이 상업은행을 인수한다는 루머가 있는데, 들은 것
이 있나요?)

Gupta: Yeah. This was a big discussion at the board meeting. (예, 이사
회에서 커다란 논의가 있었어요.)

Rajaratnam: Buy a commercial bank? (상업은행은 산다고요?)

Gupta: Buy a commercial bank. (상업은행을 산다고 논의했어요.)

굽타는 이사회에서 커다란 논의가 있었고, 특히 '와코비아Wachovia 은행'에 대해서 논의했고, 'AIG' 같은 보험회사를 살 가능성까지 논의됐다고 말했다. 이사회는 의견이 갈라졌지만 매수가 "임박한imminent" 것은 아니라고 말했다. 그러나 이사회에서 논의된 내용은 비밀 정보였고, 이사회에서 그러한 논의가 있었다는 것 자체도 비밀 정보였다.

이로부터 약 2달 후, 굽타는 그의 인생에서 가장 중요한 콘퍼런스 콜에 참여하게 된다. 당시는 2008년 금융위기가 발생하면서 월가가 요동치고 있을 때였다. 골드만 역시 이 폭풍 속에서 빠져 나오기 위해 안간힘을 다하고 있었다. 골드만은 100억 달러의 유상증자를 원했지만 금융위기의 여파가 아직 가라앉지 않은 상황에서 금융회사에 거액을 투자할 투자자를 찾는 것은 쉬운 일이 아니었다.

2008년 9월 22일, 골드만의 공동대표인 존 윙켈리드John Winkelried는 바이론 트로트Byron Trott에게 전화를 걸어 골드만의 100억 달러 자금 조달 계획을 상의했다. 현재 금융위기가 진행 중이지만 자금 조달에 성공한다면 골드만에 대한 시장의 신뢰를 높일 수 있을 것이고, 시장에도 좋은 영향을 미칠 수 있을 것이라고 말했다. 트로트의 머릿속에 워런 버핏이 떠올랐고 윙켈리드에게 '코너스톤 투자자conerstone investor'로 버핏이 어떠냐고 물었다. 윙켈리드는 전적으로 동의했고 버핏과의 협상을 위임했다. 트로트는 버핏과 특별한 관계가 있었다. 트로트는 2002년 이후 골드만에서 버핏을 담당했으며 그를 위해 많은 딜을 추진했었다. 트로트는 버핏을 잘 알고 있었다. 따라서 그의 구미를 당길 수 있는 딜이 어떤 것인지도 잘 알고 있었다. 시카고에 있던 트로트는 급히 오후 비행기를 타고 뉴욕으로 왔다.

다음 날인 9월 23일 오전 10시경, 그는 뉴욕 골드만의 본부에서 버핏과의 통화를 기다리고 있었다. 리먼 브라더스가 무너진 지 1주일하고 하루가 더 지났다. 공포와 혼란이 아직도 주식시장을 지배하고 있었다. 금융주들은 더욱 고통을 받고 있었다. 이러한 상황에서 투자의 귀재에게 골드만에 투자하라고 전화를 할 참이었다. 버핏과 전화가 연결됐다.

트로트는 골드만의 제안을 전했다. 골드만은 버핏이 50억 달러를 투자하면 영구 우선주perpetual preferred shares를 발행해 주겠다고 말했다. 50억 달러에 대해 10%의 배당금을 지급할 것이며, 버핏이 원한다면 정해진 가격에 골드만 주식을 추가로 매입할 수 있는 권리까지도 얹어 주겠다고 했다. 버핏은 매우 중요한 인물이었고, 투자의 천재가 골드만에 투자한다면 골드만의 재무구조 개선과 미래에 대한 좋은 신호를 시장에 보낼 수 있었다. 버핏은 의외로 쉽게 트로트의 제안을 그 자리에서 수락했다.

버핏과 통화를 끝낸 트로트는 골드만의 대표들에게 버핏과의 통화 내용을 보고했다. 골드만의 주요 경영진들이 급히 뉴욕 본부로 모였다. 9월 23일 오후 12시 30분, 트로트는 골드만의 핵심 경영진에게 버핏과의 딜을 설명했고 그들은 그 딜에 동의했다.

골드만은 2008년 9월 23일, 오후 3시 15분부터 버핏의 골드만에 대한 50억 달러 투자 건을 승인하기 위해 특별 이사회를 열었다. 이 투자 건은 극도로 보안이 유지됐고, 투자 건이 공시가 되면 골드만 주가는 크게 요동칠 것이었다. 이 건에 대한 공시는 뉴욕증권거래소가 폐장하는 오후 4시 이후에 이루어질 예정이었다.

굽타는 이 회의에 맥킨지 뉴욕 사무소에서 전화로 참여했다. 굽타의 통화 기록은 굽타가 이 회의에 오후 3시 13분부터 3시 53분까지 참여했음을 보여 주었다. 골드만의 이사회가 끝난 지 약 16초 후에 굽타의 비서는 라자라트남의 직통 번호로 굽타를 연결해 주었다. 굽타는 골드만의 이사회에 참여했던 콘퍼런스 룸의 전화를 그대로 사용했다. 굽타와 라자라트남의 통화는 56초간 이루어졌다.

라자라트남의 비서인 캐린 아이젠버그가 굽타의 전화를 받았다. 그녀는 마침 사무실에 없었던 라자라트남을 찾아서 전화를 받도록 했다. 아이젠버그는 당시 전화를 건 사람의 이름을 기억하지 못했지만, 그 사람은 언제라도 라자라트남에게 전화를 연결해야 할 'VIP 5' 중 한 사람이었다는 것은 알고 있었다. 당시 굽타는 "급하다urgent" 그리고 "라자라트남을 찾아라"라고 말했다. 'VIP 5'이란 라자라트남이 아무리 바빠도 아이젠버그가 전화를 연결시켜야만 하는 중요한 사람들을 말한다. (당시에는 'VIP 5'였는데 아이젠버그가 일하는 2년 동안 10명으로 늘어났다.)

라자라트남은 급하게 자기 방으로 달려와서 전화를 받았다. 라자라트남은 굽타와의 통화를 끝낸 후 갤리언의 공동 설립자인 개리 로젠바크Gary Rosenbach를 불렀고, 두 사람은 문을 닫고 대화를 나누었다. 로젠바크는 라자라트남의 방을 나와 자신의 데스크로 가자마자 전화기를 들더니 "*Buy Goldman Sachs!*(바이 골드만삭스!)"를 외치기 시작했다.

골드만삭스 주식을 매수하기 시작한 것은 로젠바크만이 아니었다. 라자라트남은 갤리언의 트레이더인 애난스 무니얍파Ananth Muniyappa에게 3시 56분경 전화를 걸어 골드만 주식 10만 주를 매수하라고 지시했다. 무니얍파는 폐장 시간이 임박했기 때문에 6만 7200주밖에 매수하지 못했다.

로젠바크는 20만 주를 매수했다. 또한 골드만 같은 금융회사들로 구성되어 있는 금융 섹터 인덱스 펀드의 주식 150만 주도 매수했다. 이 모든 거래는 오후 3시 56분에서 4시 사이에 이루어졌다. 아주 짧은 시간이었지만 골드만 주식의 매수에 동원된 돈은 3300만 달러였다.

골드만은 그날 오후 6시경 버핏이 골드만에 50억 달러를 투자한다는 계획을 발표했다. 다음 날 골드만의 주식은 약 7% 상승했다.

아이젠버그는 후일 법정에서 이 상황에 대해 증언하면서 라자라트남은 굽타로부터 전화를 받은 후 평소보다 더 만족스러운 웃음을 짓고 있었다고 말했다. 다음 날 아침 7시경, 라자라트남은 그의 트레이더인 호로위츠에게 전화하면서, 어제 오후 3시 58분에 골드만에 좋은 일이 있을 것이라는 전화를 받았고, 어제 펼쳐진 '빅 드라마big drama'에 대해 떠벌렸다. FBI 수사관들은 이 대화를 감청하고 있었다.

이로부터 약 한 달 후, 굽타는 다시 골드만의 추정 실적 정보를 라자라트남에게 제공했다. 2008년 10월 23일, 골드만이 이사들에게 추정 실적을 보고하기 위해 비공식 이사회를 개최했다. 굽타는 집에서 전화로 이사회에 참여했다. 골드만은 상장된 이후 한 번도 분기 실적에서 손실을 낸 적이 없었기 때문에 시장의 애널리스트들은 이번에도 이익을 예상하고 있었다.

콘퍼런스 콜은 오후 4시 15분에 개최됐다. 골드만의 경영진은 4분기에는 손실이 발생할 것이라고 보고했다. 콘퍼런스 콜은 약 33분 동안 진행됐고 굽타의 전화는 4시 49분에 끊어졌다. 그리고 23초 후, 굽타는 라자라트남의 직통 번호로 전화를 걸었다. 그들은 오후 4시 50분부터 5시 3분까지 약 12분 30초 동안 통화했다.

다음 날 아침, 라자라트남은 3일전에 매수했던 골드만 주식 15만주를 3번에 걸쳐 매도했다. 골드만의 4분기 손실은 12월 6일에 발표될 예정이었다. 라자라트남은 공매도 이외에도 보유 중인 골드만 주식을 모두 매도해서 약 380만 달러의 손실을 회피했다.

같은 날 오후 12시 12분, 라자라트남은 싱가포르에서 갤리언 인터내셔널을 운용하는 데이비드 로David Lau에게 전화를 했다. 갤리언 인터내셔널 펀드는 주로 비미국 주식에 투자하는 펀드였지만 미국 주식에도 투자하기도 했다. 이 통화에서 라자라트남은 어제 "골드만 이사회에 있는 누군가로부터" 골드만 주가가 주당 2달러 하락할 것이라는 말을 들었다고 했다. 이 수치는 애널리스트들이 예상하는 주당 2.5달러의 이익에 비해 아주 안 좋은 수치였다. 그는 로에게 "나는 확 내려칠 것I'm gonna whack it, you know"이라고 말했다. 이 대화 또한 FBI의 감청 테이프에 녹음되고 있었다.

또한 정부의 주장에 따르면 굽타는 프록터 앤 갬블P&G의 내부정보도 라자라트남에게 지속적으로 제공했다. 가장 큰 건은 2008년 6월, P&G의 커피 부문을 스먹커Smucker에게 매각하는 건이었다. 거래 규모는 33억 달러였다. 굽타는 맥킨지 사무실에서 P&G 이사회에 전화로 참여했고, 동 거래를 승인한 이사회가 끝난 지 1시간이 채 못 되어 라자라트남에게 전화했다. 전화는 맥킨지의 콘퍼런스 룸에서 이루어졌는데, 이는 의도적으로 발신 번호가 찍히지 않도록 하기 위한 것으로 볼 수 있다. 이를 근거로 굽타의 변호사들은 그 전화가 굽타가 한 것이라는 증거가 될 수 없다고 주장했다.

2009년 1월 29일, 굽타는 스위스의 다보스에서 개최된 세계경제포럼World Economic Forum에 참가하고 있었는데, 그는 거기서 P&G의 이사회에 전화로 참여했다. 이사회에서 분기 실적이 안 좋을 것이라고 보고됐고 다음 날 발표될 예정이었다. 굽타는 회의가 끝난 지 몇 시간 후에 라자라트남에게 전화를 했고 두 사람은 8분간 통화를 했다. 그날 늦게 라자라트남은 P&G 주식 18만 주를 공매도했고, 곧 57만 달러를 챙겼다. 이 건 역시 굽타가 라자라트남에게 P&G의 정보를 제공한 것으로 보인다.

흔들리는
터전

　　2009년 10월 16일, 뉴욕 남부지검은 라자라트남을 체포했고 갤리언 스캔들 관련자 46명을 기소했다. 라자라트남에 대한 재판은 2010년 3월에 시작됐고 SEC 역시 그들에 대해 민사 소송을 제기했다. 그러나 아직 굽타는 명단에 없었다.

　SEC는 계속해서 굽타에 대해 조사를 했지만 결정적인 증거를 잡지 못하고 있었다. 굽타와 라자라트남 간의 통화 기록, 그리고 바로 이어진 라자라트남과 갤리언 펀드의 트레이딩은 굽타가 라자라트남에게 미공개 정보를 전달했다는 강력한 추정이 가능했지만, 그것은 어디까지나 정황증거였다. 굽타를 잡으려면 보다 직접적인 증거가 필요했다. 감청 테이프에 녹음된 시간이 무려 14만 시간이었고, 그중에는 굽타를 기소할 수 있는 증거가 있을 것으로 보였다. 그러나 SEC는 FBI나 연방 검찰이 가지고 있는 감청 테이프에 접근할 권한이 없었다.

　골드만삭스 역시 굽타의 정보 제공 행위와 관련하여 내부에서 조사를 진행하고 있었다. 조사는 외부 로펌에게 맡겼고, 그들은 갤리언 사건 피고인들의 변호사들과도 일정 부분 협력하고 있었다. 오히려 그들이 SEC 변호사들보다 얻는 정보가 훨씬 더 많았다.

　외부 로펌의 스티브 페이킨 변호사가 SEC 변호사들에게 중요한 정보를 흘렸다. FBI가 감청한 내용 중에 굽타를 잡을 수 있는 중요한 내용들이 있다는 것이다. 굽타가 골드만 이사회가 상업은행 인수를 논의했던, 러시아 상트 페테르부르크에서 있었던 이사회의 회의 내용을 라자라트남에게 전달하는 통화가 녹음됐다는 것이다. 또 하나는 버핏의 골드만 투자와 관련하여 라자라트남이 그 정보를 골드만의 이사로부터 입수했다고 자랑하는 통화가, 그리고 2008년 4분기 추정 실적 정보를 역시 골드만의 이사로부터 받았다는 라자라트남의 통화가 녹음됐다는 것이다.

이 이야기를 들은 SEC 변호사들은 흥분했다. 첫 번째 녹음은 내부자거래로 제소하기에 충분하지 않지만, 두 번째와 세 번째 녹음은 굽타를 제소할 수 있는 결정적인 증거가 될 수 있었다. SEC 변호사들은 이 정보를 기초로 해서 굽타의 통화 기록을 샅샅이 분석했다. 굽타의 통화에는 놀랄 만한 패턴이 있었다. 굽타는 골드만의 이사회가 끝나면 바로 라자라트남에게 전화를 한 것이다. 가장 극적인 상황이 골드만 이사회에서 버핏의 투자 결정을 승인한 후 굽타가 라자라트남에게 전화한 시각이었다. 그는 맥킨지 뉴욕 사무소 콘퍼런스 룸에서 전화로 골드만 이사회에 참여했고, 이사회가 끝나자마자 그 자리에서 비서를 통해 라자라트남에게 전화를 했는데, 이사회의 콜 미팅이 끝난 시간과 라자라트남의 직통 전화에 연결된 시간의 격차는 불과 16초였다.

SEC는 굽타에게 SEC에 와서 증언해 줄 것을 요구했다. 굽타의 변호사들은 굽타의 증언을 매우 꺼려했다. 증언 자체는 문제가 아니었다. 굽타는 아직 주요 기업의 이사회 멤버 자리를 유지하고 있었다. 그런데 굽타가 라자라트남 사건과 관련되어 SEC에 소환돼 증언했다는 뉴스가 나간다면 굽타의 명성에 치명타가 될 가능성이 있었다. 불과 한 달 전, 《포춘》은 "라자트 굽타, 스캔들에 연루되다"라는 제목으로 보도한 적이 있었다. 그러나 굽타가 서 있는 땅은 아직 갈라지고 있지 않았다.

내프탈리스 변호사는 굽타가 SEC에서 증언을 하더라도 라자라트남 판결이 끝날 때까지 증언 내용에 대해 보안을 요청했다. 그러나 SEC 변호사들은 거부했다. 2009년 12월 22일, 굽타는 변호사 3명과 함께 SEC를 방문해서 증언했다. 예상대로 굽타는 모든 것을 부인했다. 그리고 답변이 불편한 것은 수정헌법 제5조를 들이대며 회피했다. SEC는 굽타의 증언을 통해 새롭게 확인한 것은 없었지만 굽타의 혐의는 더욱 짙어지고 있었다. SEC는 굽타를 제소하기 위해 증거들을 정리할 필요를 느꼈다.

먼저, SEC의 조사 책임자인 산제이 와드와Sanjay Wadwha는 SEC가 굽타에 대한 증거를 확보를 위해 굽타가 골드만의 4/4분기 실적 감소, 그리고 버핏의 골드만 투자에 대한 미공개 정보를 알고 있었다고 증언해 줄 증인이 필요했다. 그것은 굽타를 공격하기 위한 준비 절차에 불과했다. 그가 골드만의 이사회에 전화로 참여했다는 사실은 이미 골드만의 이사회 의사록과 그의 통화 기록이 증명해 주고 있기 때문이다. 아무튼 SEC는 골드만의 CEO인 블랭크페인을 부르기로 결정했다. SEC는 골드만의 자문 로펌의 페이킨 변호사에게 전화를 했고 증언이 빠르면 빠를수록 좋다고 말했다.

그러나 골드만 자문 로펌의 입장에서 이 문제는 만만한 것이 아니었다. 증언 자체는 별거 아니었다. 사실만 확인해 주면 되는 일이었다. 그러나 골드만의 CEO가 SEC 로비에 있다는 것을 누군가가 본다면, 그날 오후 바로 골드만의 시가총액 10%가 날아갈 수도 있었다. 페이킨 변호사는 많은 궁리를 했고 SEC가 골드만에 와서 증언을 받는 방법까지 제안했다. 그러나 와드와 입장에서는 정부가 증언을 받으러 골드만으로 간다는 것은 어불성설이었다. 페이킨은 보안 검색대를 통과하지 않고 SEC로 들어가는 것도 제안해 보았지만 와드와는 그것도 거부했다. SEC로서는 블랭크페인에게 특혜를 제공할 수가 없었다. 결국, 블랭크페인의 증언은 2011년 1월 7일, 금요일 오전 10시에 SEC에서 이루어졌고, 그는 굽타가 문제가 된 골드만의 미공개 정보를 모두 알고 있었다고 증언했다.

2011년 3월 1일, 드디어 SEC는 굽타를 상대로 민사소송을 제기했다. 굽타가 SEC에서 증언한 지 3개월 후, 그리고 라자라트남 재판이 열리기 1주일 전이었다. SEC는 소장에서 굽타는 골드만삭스와 P&G 이사의 지위에서 얻은 미공개 정보를 라자라트남에게 제공했고, 라자라트남은 그 정보를 이용하여 2300만 달러를 벌었다고 주장했다.

2월 말, SEC가 굽타에 대해 소송을 제기한다는 소식을 변호사로부터 전해 들은 굽타는 충격을 받았다. 굽타는 화가 났다. SEC가 무리수를 두고 있다고 생각했다. 그는 즉각 반격에 나섰다. SEC가 소송을 제기하기 몇 시간 전에 비즈니스 지인, 친구, 파트너 들에게 이메일을 보냈다. "나는 SEC가 제기한 소송으로 충격을 받았습니다. 나는 잘못한 것이 없습니다. SEC의 주장은 전혀 근거가 없습니다. 나는 나의 변호사로부터 이 사건은 추측에 근거한 것이며, 믿을 수 없는 제3자로부터 들은 이야기에 근거한 것이라고 들었습니다." 그리고 "분명히 하자면, 내가 라자라트남에게 정보를 주었다는 감청 테이프나 직접적인 증거는 없습니다"라고 덧붙였다.

블룸버그 역시 FBI가 가지고 있는 감청 테이프에는 굽타가 라자라트남에게 직접 불법 정보를 제공한 대화는 녹음되지 않았다고 보도하면서, SEC가 소송에서 굽타의 혐의를 입증하는 데 어려움이 있을 것으로 전망했다.

그러나 SEC가 굽타를 상대로 소송을 제기했다는 소식은 굽타의 명성에 치명상을 입혔다. 더 이상 라자라트남 사건에 굽타가 연루됐다는 언론의 추측성 기사가 아니라 연방 정부가 공식적으로 굽타를 상대로 소송을 제기한 것이다. 2011년 3월 1일, 굽타는 P&G의 이사직에서 물러난 것을 시작으로 해서 그가 속해 있던 모든 자리에서 물러났다. 3월 7일에는 AMR, 아메리칸 에어라인, 하만 인터내셔널, 겐팩 등의 이사직을 모두 내려놓았다. 이어서 3월 10일에는 국제상공회의소의 의장직, 3월 15일에는 인도의 공공 의료 재단의 의장직, 3월 20일에는 인도 경영대학원 이사회 의장직, 3월 29일에는 빌 게이츠 앤 멜린다 재단의 고문직도 물러났다. 그는 4월까지 모든 의장직 또는 위원직을 사임했다. 그러나 그로 하여금 이 모든 자리에서 물러나게 한 것은 SEC의 소송 제기도 영향이 있었지만, 보다 직접적으로는 라자라트남 재판 과정에서 더 충격적인 사실이 공개됐기 때문이었다.

월스트리트의 새로운 보안관

　　　　　　　　　　　라자라트남 사건에서 승리를 거둔 뉴욕 남부지검의 검사장인 프리트 바라라Preet Barara는 축하와 칭찬에 흠뻑 젖어 있었다. 바라라는 이러한 놀라운 승리 덕분에 2012년, 《뉴요커》와 《타임》이 선정하는 "가장 영향력 있는 100인"에 선정되기도 했다. 그러나 그는 라자라트남과의 싸움에서 얻은 승리에 도취해 있을 때가 아니었다. 그는 검사들에게 가능한 한 빠른 시간 안에 굽타를 기소하라고 압박하고 있었다. 수시로 "언제 굽타를 기소하나?"라고 물으면서 휘하 검사들을 쪼고 있었다.

라자트 굽타는 라자라트남과는 다르게 사회 명사였다. 라자라트남 재판 이후 굽타는 기소되지 않은 유일한 공모자였는데, 언론은 왜 굽타를 기소하지 않느냐고 검찰을 들볶고 있었다. 2008년 금융위기 이후, 월가 투자은행의 거물급 중 누구도 감옥에 가지 않았고, 1929년 대공황 이후 가장 최악의 금융위기의 원인을 제공한 자들에 대해 검찰이 아무 것도 하지 못하고 있다는 비판이 있었다. 굽타의 기소와 대형 투자은행의 책임자 처벌에 대한 비판은 아무런 관계가 없었지만, 바라라는 왜 굽타를 기소하지 않느냐고 들끓는 여론에 매우 민감할 수밖에 없었다. 《뉴욕 매

미국의 94개 연방 검찰청 중 맨해튼 최남단에 있는 뉴욕 남부지방 연방 검찰청에 미국에서 가장 똑똑하고 유능한 검사들이 모여 있다고 해도 과언이 아닐 것이다. 뉴욕 남부지검의 검사는 아무나 쉽게 될 수 없다. 먼저, 최고 학교 출신에 가장 탄탄한 경력은 물론이고, 명망 있는 로펌의 대표 파트너 또는 존경받는 판사 또는 교수 등으로부터 후보자가 슈퍼스타로 성장할 뛰어난 자질을 가지고 있다는 추천이 필요하다. 뉴욕 남부지검은 웅장한 연방 제2항소법원 건물 바로 뒤에 위치하고 있다. 사진에서 보이는 것처럼 남부지검의 크지 않은 건물은 항소법원의 거대한 건물에 비해 다소 초라해 보일지라도 그들이 가지고 있는 막강한 권한과 자부심은 미국 자본시장의 정의를 바로 세우는데 결코 부족하지 않을 것이다. (photo: capitalbooks)

거진》은 바라라가 이전의 검사장이었던 줄리아나 스피처와는 다르게 이 시대의 "가장 나쁜 놈the biggest bad man"을 잡지 않으려는 것 같다고 비꼬고 있었다. 가장 나쁜 놈은 굽타를 의미했다.

뉴욕 남부지검에서는 브로드스키 검사가 굽타 사건을 이끌고 있었다. 그는 일 중독자였고, 지칠 줄 모르는 열정적인 수사력으로 명성을 가진 검사였다. 그는 라자라트남 재판에서도 유능한 면모를 보였다. 라자라트남의 비서였던 아이젠버그를 불러 2008년 9월 23일의 상황에 대한 진술도 확보했다. 그녀는 그날의 모든 상황을 생생하게 기억한다고 말했고 법정에서 증언할 것을 약속했다. 쿠마르 역시 정부 측 증인으로 나설 예정이었다. 브로드스키는 굽타를 기소하기 위한 모든 준비를 마쳤다.

9월 19일, 라자라트남에 대한 선고 예정일을 한 달 앞두고 내프탈리스는 굽타에 대한 검찰의 기소를 막기 위한 마지막 호소를 위해 바라라 검사장을 방문했다. 그는 전직 뉴욕 남부지검장이었고 바라라의 보스였던 메리 조 화이트Mary Jo White와 함께 갔다. 그녀는 바라라가 뉴욕 남부지검에서 젊은 검사로 일을 시작했을 때인 2000년에 검사장을 지냈던 인물이었다. 그들은 법리적 쟁점들을 포함해서 열심히 굽타를 변호했지만 바라라와 검사들은 동요하지 않았다. 검찰은 이미 굽타가 라자라트남에게 비밀 정보를 건네는 녹음테이프 1개와 이사회 직후 라자라트남에게 전화한 통화 기록 등 비밀 정보가 건너갔을 것으로 추정할 수 있는 결정적인 증거들을 확보하고 있었다.

화이트는 그 방에 있던 모든 변호사와 검사들로부터 크게 존경받는 인물이었다. 그녀는 "굽타의 행동에 대해 정부가 주장하는 것이 비록 진실이라 하더라도 그것은 범죄가 되지 않는다"고 말했다. 내부자거래 사건에서 검사는 개인적 이익의 존재와 신인의무 위반 이외에도 정보 제공자에게 '범죄의 의도'가 있었음을 증명해야 한다. 화이트는 굽타에게 그러한

'의도'가 없었다는 점을 지적했다. 약 1시간의 미팅이 끝난 후 내프탈리스와 화이트는 검찰청을 떠났다. 화이트가 지적한 '의도' 문제는 굽타가 라자라트남으로부터 '개인적인 이익'을 받았는지 여부와 함께, 굽타의 유죄를 끌어내기 위해 검찰이 돌파해야 할 이 재판에서 핵심 쟁점이었다.

10월 25일, 내프탈리스는 브로드스키로부터 전화를 받았다. 검찰은 내일 굽타를 기소한다고 말했다. 브로드스키는 내프탈리스에게 굽타가 자진해서 FBI 본부로 출두하는 것이 좋겠다고 말했다. 그는 굽타가 수갑을 차고 체포되어 연행되는 장면이 언론에 보도되는 것을 원하지 않았다. 나름 내프탈리스와 화이트에 대한 예우로 보였다. 만약, 그렇게 하지 않는다면 FBI 수사관들이 그를 체포하러 갈 것이라고 말했다.

굽타와 가족들은 FBI가 굽타를 체포하러 온다는 소식을 들었을 때 충격을 받았다. 올 것이 온 것인가? 이제는 선택의 여지가 없었다. 다음 날 새벽, 굽타는 변호사들과 함께 자진해서 FBI 본부에 출두했다. 굽타는 그렇게 체포됐다. 그리고 같은 날 보석금 1천만 달러를 내고 풀려났다.

굽타의 재판

2012년 5월 21일 월요일 아침, 굽타는 맨해튼 펄스트리트 500번지에 위치한 연방 지방법원에 도착했다. 그날 따라 폭우가 내렸다. 그는 검은색 우산을 쓰고 차에서 내렸고, 아내와 네 딸, 그리고 그의 변호사인 내프탈리스가 동행했다. 그들 앞으로 기자, 카메라 그리고 녹음기들이 몰려들었다. 아메리칸 드림의 상징이며 기업계의 전설인 굽타가 세기의 내부자거래 스캔들인 라자라트남 사건과 관련하여 내부자거래 혐의로 법의 심판 앞에 선 것이다.

굽타가 디트로이트 공항에서 골드만의 수석 변호사로부터 문제의 전화를 받은 지 정확히 2년이 지난 시점이었다. 라자라트남은 이미 1년 전에 11년의 징역형을 선고받고 메사추세츠주 연방 교도소에서 복역 중이었다. 굽타는 밀려오는 긴장과 중압감을 숨길 수 없었다.

굽타의 혐의는 골드만삭스와 P&G의 미공개 중요 정보를 라자라트남에게 제공했다는 것이다. 그러나 굽타는 자신이 무죄라고 확실히 믿고 있었고, 법정에서 쉽게 이길 것이라고 낙관하고 있었다. 그의 변호사인 내프탈리스 역시 처음부터 이렇게 증거가 빈약한 사건은 처음 본다고 말했다. 이제 지난 2년 동안 진행된 정부의 조사가 모두 끝났고, 굽타는 오히려 법정에서 자신을 방어할 기회가 온 것을 환영했다. 그는 자신에게 무죄가 선고될 것이라고 확신하고 연방 법정에 들어섰다.

연방 검찰은 2011년 10월에 굽타를 처음 기소했지만 다음 해 2월에 새로운 혐의를 추가했다. 그것은 2007년 3월, 굽타가 골드만의 감사위원회에 전화로 참여했고, 다음 날 발표 예정인 1/4분기 실적 정보를 라자라트남에게 제공했다는 혐의였다. 정부 측은 이 사실을 나중에야 알았다.

2007년 3월 12일, 굽타는 출입 카드 기록에 의하면 맨해튼의 갤리언 사무실에 오전 10시 36분에 도착했다. 그날 골드만의 감사위원회가 오전 11시부터 12시까지 예정돼 있었다. 그리고 12시부터 2시 30분까지 뉴 실크루트NSR 파트너 미팅이 예정돼 있었다. 그는 갤리언의 사무실에서 전화로 골드만의 감사위원회에 참석했다. 감사위원회에서는 골드만의 1/4분기 실적에 대해 논의가 있었다. 위원회가 끝난 지 25분 후에 갤리언은 골드만 주식 35만 주(9100만 달러)를 매수했다. 다음 날 골드만은 애널리스트들이 예상했던 것보다 좋은 실적을 발표했다. 갤리언은 즉각 매도해서 2백만 달러를 벌었다. 정부의 이러한 새로운 기소 내용은 라자라트남의 방어 진지를 강타했다.

그러나 새로운 혐의가 제기되기 1년 전, 이미 굽타는 치명상을 입었다. 라자라트남 재판 과정에서 검사는 굽타가 골드만 이사회에서 논의된, 상업은행 인수에 관한 정보를 라자라트남에게 제공하는 통화 녹음을 공개한 것이다. 이 통화 녹음이 공개되자 상황이 급변했다. SEC가 2011년 3월, 굽타에 대해 민사소송을 제기했던 바로 그 시기였다.

맥킨지와 파트너들은 CEO 자리를 3번 연임한 전 대표와 모든 관계를 빠르게 끊었을 뿐만 아니라 그를 비난했다. 맥킨지는 그동안 그에게 제공했던 모든 편의를 끊겠다고 연락했다. 그는 맥킨지의 동우회 명단에서조차 제거됐다. 그가 정말로 믿었던, 굽타로부터 커다란 도움을 받았던 오랜 친구들조차 그와 모든 연락을 끊었다. 굽타는 파괴됐다. 그는 그의 오랜 친구에게 지난 30년의 오점 없는 그의 경력이 이렇게 순식간에 파괴되는 것을 믿을 수 없다고 말했다.

그러나 더 심각한 문제는 이러한 평판의 파괴가 아니라 법적인 위험이었다. 굽타의 재판은 제드 레이코프 판사가 맡았다. 레이코프 판사는 결코 평범한 판사가 아니었다. 그는 69세의 나이로 머리와 수염이 흰 눈처럼 하얗지만 대단히 의욕적인 사람이었고, 특히 내부자거래 사건에 대해 아주 잘 알고 있었다. 그는 영국 옥스퍼드 대학에서 유학하면서 간디에 대해 석사학위 논문을 썼을 만큼 자유주의적 성향이 매우 강한 인물이었다. 그는 공개적으로 9/11 반테러법에 대해서도 '반테러의 이름으로 우리의 자유를 제한한다면, 그것은 우리가 승리하고자 하는 바로 그 전투의 한 부분을 이미 잃어버리는 것'이라고 비판하기도 했다. 언론과의 인터뷰에서 소수에게 부와 경제적 힘이 집중되는 것에 우려를 표명하기도 했다. 굽타의 운명이 12명으로 구성된 배심단에 의해 결정되겠지만, 이 의욕적이고 자유주의적 기상이 넘치는 판사가 법정을 지배할 것이라는 사실은 너무나도 분명했다.

5월 16일, 레이코프 판사는 라자라트남이 부하 직원들과 했던 대화 중 범죄성이 짙은 3개의 감청 테이프를 배심원들에게 듣게 하려고 생각했다. 라자라트남의 변호사들은 이 감청 테이프들은 '전문증거hearsay evidence' 즉 다른 사람으로부터 전해 들은 말이기 때문에 허용돼서는 안 된다고 주장했다. 그러나 연방 검사들은 이 감청 테이프의 공개가 필요하다고 주장했다. 레이코프 판사는 정부 측 의견에 따랐다. 레이코프 판사의 결정은 굽타에게 치명타가 됐다.

재판이 시작되면서 양측의 진술은 극명하게 대립했다. 내프탈리스 변호사는 굽타가 살아온 인생, 가족에 대한 헌신, 박애주의적인 활동 등에 대해 언급했다. 그러나 정부 측을 대변하는 브로드스키 검사는 "이것은 불법적인 내부자거래에 대한 사건입니다. 이 사건은 굽타가 기업의 내부자로서 어떻게 그의 의무를 위반했고, 그의 지위를 남용했는지 여부를 판단하기 위한 사건일 뿐입니다"라고 말했다.

이미 굽타와 라자라트남은 보이저 펀드에 공동으로 투자하고 있었고, 보이저는 갤리언의 여러 펀드에 투자하는 '펀드 오브 펀드'였기 때문에, 갤리언 펀드의 실적이 좋으면 자동적으로 보이저의 실적이 좋을 수밖에 없었다. 연방 검사는 굽타가 라자라트남에게 내부정보를 제공할 충분한 동기를 가지고 있었다고 주장하면서 배심원들에게 "라자라트남과 갤리언에게 좋은 것은 굽타에게 좋은 것이다What was good for Rajaratnam and Galleon was good for Gupta"라고 말했다.

연방 검사는 "굽타는 자신의 의무와 책임을 집어던졌고, 그리고 법을 위반했다"고 말했다. 연방 검사는 내부자거래는 부유하고 힘 있는 자들이 일반 투자자들의 등을 치는 행동과 같은 것이며, 라자라트남이 굽타로부터 정보를 얻는 것은 포커판에서 패를 미리 알고 치거나 내일의 비즈니스 뉴스를 오늘 아는 것과 같은 것이라고 주장했다.

이에 대해 내프탈리스는 정부가 주장하는 것은 이것저것 억지로 짜 맞춘 것에 불과하다고 말했다. 그는 "굽타는 내부자거래를 하지 않았습니다. 그는 누구를 속이거나 기망한 적도 없습니다"라고 말했다. 정부는 모든 권한을 다 동원했음에도 불구하고 굽타가 내부정보를 전달했다는 직접적인 증거는 하나도 찾지 못했다고 주장했다.

내프탈리스는 FBI가 8개월 동안 라자라트남의 전화를 감청했지만, 수천 개의 테이프 중 굽타가 라자라트남에게 정보를 제공한 내용은 단 한 개도 없다고 주장했다. 그는 "제로Zero"라는 말을 반복했다. 직접 증거는 단 한 건도 없다는 의미였다. 정부 측 주장은 단지 '추정'이나 '추측'에 불과하며 "미국은 추측으로 사람을 유죄로 판단하지는 않습니다"라고 강하게 항변했다.

그는 "비록 범죄가 있었다 하더라도 굽타는 그것과 전혀 관련되지 않았습니다. (여기서 범죄는 라자라트남의 유죄를 의미한다. 이때는 라자라트남에 대한 11년의 징역형이 선고된 후였다) 당신들은 여기 법정에 엉뚱한 사람을 데리고 와서 재판을 하고 있습니다. 정부의 증거는 라자라트남이 곳곳에 정보원을 가지고 있다는 것을 보여 줄 뿐인데, 그는 골드만에도 여러 정보원들을 가지고 있었습니다"라고 말했다.

내프탈리스는 굽타의 박애주의적인 여러 활동에 대해서도 언급했다. 레이코프 판사는 그러한 내용은 이 사건과 직접 관계가 없으니 그런 말은 그만하라고 이미 경고한 바 있었다. 레이코프 판사는 다시 화가 났다. 그는 배심원들을 퇴장시키고 내프탈리스에게 쓸데없이 시간만 버리는 그런 말을 삼가라고 경고했다. 그러자 내프탈리스는 검찰이 굽타의 행동이 '탐욕'에서 비롯됐다고 주장하기 때문에 굽타의 박애주의적 삶에 대해 말하는 것이 허용돼야 한다고 항변했다. 그는 에이즈AIDS, 폐결핵, 말라리아 퇴치에 굽타가 얼마나 헌신적이었는지에 대한 이야기가 허용돼야 한다고 항변했다. 그러나 레이코프 판사는 구체적인 질병에 대해 언급하지 말라고 하면서 내프탈리스의 요청을 거부했다. 두 사람은 절친한 사이였지만 레이코프 판사는 강경했다.

5월 22일, 정부는 캐린 아이젠버그를 증인으로 요청했다. 그녀는 라자라트남의 비서였다. 그녀는 증언을 시작하자마자 폭탄 발언을 쏟아 냈다. 아이젠버그는 그녀가 라자라트남의 비서로 일할 때 메모하며 사용했던 붉은색 노트가 있었다. 거기에는 라자라트남의 'VIP 5'의 이름이 적혀 있었는데, 그들로부터 전화가 오면 무조건 라자라트남에게 연결시켜야 하는 정말 중요한 인물들이었다.

5명의 리스트에 굽타는 두 번째에 있었다. 나머지 4명은 라지브 고엘, 패라그 삭세나Parag Saxena(굽타와 라자라트남이 함께 참여한 사모펀드인 뉴 실크 루트를 운용했다), 스탠리 드럭켄밀러(소로스의 오른팔로서 한 때 전설적인 투자자였다), 아닐 쿠마르였다. 그 노트는 굽타와 라자라트남의 관계는 굽타가 인정하는 것보다 훨씬 두 사람이 가까웠다는 것을 보여 주는 강력한 증거가 됐다.

아이젠버그는 9월 23일 오후에 굽타의 전화를 받은 상황에 대해 구체적으로 증언했다. 라자라트남은 굽타의 전화를 받은 후 수석 트레이더인 로젠바크를 자기 사무실로 불렀고, 둘은 라자라트남의 방에서 문을 닫고 잠시 이야기를 나누었다. 로젠바크는 라자라트남의 방을 나와 자기 데스크로 가서 전화에 대고 크게 "*Buy Goldman Sachs! Buy Goldman Sachs!*(골드만삭스 주식을 사! 골드만삭스 주식을 사!)"라고 외쳐댔다. 아이젠버그는 로젠바크의 행동을 그대로 재현하기 위해 법정에서 "*Buy Goldman Sachs! Buy Goldman Sachs!*"라고 큰 소리로 말했다.

재판은 첫날부터 열기가 더해 갔다. 그녀의 증언이 끝난 후 몇 분 동안, 법정에서 *"Buy Goldman Sachs! Buy Goldman Sach!"*라는 말이 조용하지만 에코를 울리면서 퍼지고 있었다.

아이젠버그의 증언에 대해 굽타의 변호사들은 반론을 펼쳤다. 골드만이 버핏의 투자 건을 공시한 다음 날, 라자라트남은 골드만의 집행 간부 2명과 함께 애틀랜틱 시티에서 열리는 풋볼 경기를 보기 위해 비행기를 타고 갔다고 하면서, 라자라트남은 굽타 이외에도 골드만에 많은 인맥을 가지고 있으며, 라자라트남이 얻은 버핏의 투자 정보는 반드시 굽타가 제공했다는 직접적인 증거는 없다고 반박했다.

정부 측 증인들의 증언은 계속됐다. 갤리언의 트레이더인 애난스 무니얍파는 9월 23일, 시장이 끝나기 직전에 라자라트남이 자신과 로젠바크에게 골드만 주식 2400만 달러를 매수하라는 지침을 내렸다고 증언했다.

쿠마르도 정부 측 증인으로 나왔다. 그는 이미 정부 측 증인으로써 라자라트남의 유죄 판결에 결정적인 역할을 한 바 있었다. 그가 맥킨지에서 보스였던 굽타에 대해 어떤 증언을 할지 모두가 긴장했다. 쿠마르와 굽타는 서로 불편한 듯 보였고, 그들은 의도적으로 서로의 눈을 피했다. 쿠마르는 굽타와 라자라트남 사이의 비즈니스에 대해서, 특히 뉴 실크루트가 어떻게 시작하게 됐는지에 대해서 증언했다. 그는 라자라트남이 보이저 펀드에서 굽타에게 말도 없이 돈을 빼내 간 시점에 대해서도 증언했다.

같은 날 오후, 골드만의 CEO인 블랭크페인이 증언대에 섰다. 그는 기자들을 피하기 위해 법원의 지하 주차장으로 직접 차로 들어갈 수 있도록 법원으로부터 특별한 허가를 받았다. 지난번 라자라트남 사건에서 증언하기 위해 법원에 출석한 후 두 번째 방문이었다. 골드만의 CEO는 정부 측에 있어서 스타급 증인이었다. 그는 2006년에 부시 대통령이 전임 CEO였던 헨리 폴슨을 재무장관으로 임명하자 CEO를 맡았다. 폴슨 못지않게 블랭크페인 역시 《포브스》가 2011년 11월 "세계에서 가장 영향력 있는 인물 리스트 중 43번째"에 올려놓을 정도로 명성을 가진 인물이었다.

블랭크페인은 문제가 된 골드만의 내부정보를 굽타가 알고 있었다고 증언했다. 그의 증언은 새로운 것이 없었지만 정부 측에게는 굽타가 골드만의 이사로서 신성한 의무를 저버렸다는 사실을 배심원들에게 분명하게 각인시켜 줄 수 있는 중요한 카드였다.

기탄잘리의 증언과 배심의 평결

6월 8일 금요일, 12일 동안에 20명의 증인이 정부 측을 위해 증언했다. 피고인 측도 굽타를 위해 증언할 많은 증인들의 이름을 제출했지만 레이코프 판사는 그 수를 상당히 제한했다. 굽타 자신도 직접 증인으로 나서 자신의 무죄를 배심원들에게 설명하고 싶었지만 굽타와 그의 변호사들은 그 카드를 포기했다. 정부 측의 집중적인 공격이 예상됐기 때문이다.

대신, 굽타의 장녀인 기탄잘리가 증언하기로 했다. 그녀는 하버드 대학에서 응용수학을 공부했고, 이후 하버드 로스쿨과 하버드 경영대학원을 졸업했다. 그녀의 증언은 굽타의 무죄를 주장하는 방어의 핵심을 구성했다. 그녀는 2008년 9월 20일경의 상황에 대해 증언했다.

2008년 9월 중순경, 굽타는 라자라트남이 보이저 펀드에서 2500만 달러를 통지도 없이 빼간 것에 대해 화가 나 있었다. 이러한 상황에서 굽타가 9월 23일, 골드만 특별 이사회에서 버핏의 투자 결정을 승인한 내용을 라자라트남에게 전달했겠느냐는 방어 논리였다. 굽타가 9월 23일과 10월 23일에 라자라트남에게 전화한 이유는 보이저에 대한 정보를 얻기 위한 것이라고 주장했다.

그해 추수감사절이었던 9월 20일경 가족들이 굽타의 집에 모였다. 그 때는 그녀에게 특별한 날이었는데, 9월 20일이 그녀가 서른 번째 맞이하는 생일날이기도 했고, 그다음 날은 그녀 어머니의 생일날이었기 때문이다. 기탄잘리는 당시 굽타가 보이저 펀드 때문에 매우 화가 나 있었다고 증언했다. 그는 그녀에게 라자라트남이 왜 펀드에서 자신에게 말도 없이 돈을 인출해 갔는지를 이해할 수 없다고 말했다고 했다. 그녀는 아버지가 스트레스를 받을 때면 두 손으로 머리를 감싸는 습관이 있었는데, 당시 굽타는 두 손으로 머리를 감싸 누르면서 괴로워했다고 증언했다. 배심원들은 완전히 몰입해서 그녀의 이야기를 듣고 있었다.

기탄잘리는 그녀의 아버지처럼 분명하고 논리적으로 증언했고, 그녀의 말은 신빙성이 있어 보였다. 반대신문에 나선 브로드스키는 기탄잘리에게 두 개의 질문만을 했다. 브로드스키의 질문에 대해 《뉴욕타임스》는 다음과 같이 묘사했다.

"당신은 당신의 아버지를 사랑하죠?"

"예"

"당신은 당신의 아버지를 위해 무엇이라도 할 수 있지요?"

"나는 내 아버지를 위해 무엇이라도 할 수 있지만, 그렇다고 증언대에서 거짓말을 하지는 않습니다."

배심원들이 법정을 떠난 뒤 그녀는 아버지에게로 걸어왔다. 두 사람은 서로 포옹했다. 한 달 전 재판이 시작된 이후 굽타는 처음으로 감정이 분출됐다. 그의 눈에는 눈물이 맺혔다. 기탄잘리의 증언은 매우 감동적이었다. 그러나 그녀의 증언이 진실이라고 가정하더라도 그러한 사정이 굽타가 라자라트남에게 9월 23일과 10월 23일의 이사회 정보를 제공하지 않았다는 증거로 인정될 수 있는가?

이에 대해 오히려 연방 검사는 보이저의 실패로 인해 굽타가 1000만 달러를 잃었기 때문에, 그는 라자라트남에게 오히려 내부정보를 제공해서 손해를 복구하기를 원했을 수 있다고 주장했다.

6월 13일, 레이코프 판사는 정부와 피고인 측 모두 할 말을 다했고, 이제 재판을 정리할 때가 됐다고 생각했다. 레이코프 판사는 굽타가 9월 23일과 10월 23일에 라자라트남에게 비밀 정보를 제공했다는 정부 측의 정황증거들이 압도적이라고 보았다. 판사는 굽타가 라자라트남에게 전화한 타이밍, 즉 9월 23일 건은 굽타가 골드만의 특별한 내부정보를 알게된 지 16초 후에, 10월 23일 건은 23초 후에 전화한 사실, 그리고 이어진 라자라트남의 골드만 주식의 대량 거래는 라자라트남이 굽타로부터 비밀 정보를 받았다는 강력한 추정이 성립된다고 보았다. 그리고 라자라트남이 그러한 거래 후 자신의 핵심 트레이더인 호로위츠와 라우와에게 전화로 통화했던 내용은 이러한 추정을 더욱 강하게 뒷받침해 주었다.

이제 모든 싸움이 끝났다. 2012년 6월 15일 오전 11시, 드디어 배심의 평결이 나왔다. 이렇게 평결이 일찍 나올지는 누구도 예상하지 못했다. 배심은 목요일 오후에 평의에 들어갔고 금요일 오전에 결론을 내렸다. 총 10시간 정도밖에 걸리지 않았다. 상대적으로 증거가 명확했던 라자라트남의 배심원단은 결론에 도달하기까지 2주간이나 토론을 벌이지 않았던가? 굽타 측 진영에 불안감이 엄습했고, 긴장된 분위기가 법정 전체를 휘감고 있었다.

전통적으로 평결이 빨리 나온다는 것은 정부 측에 유리한 신호였다. 11시 30분, 레이코프 판사가 법정에 들어섰다. 굽타는 매일 그랬던 것처럼 피고인석에 무표정하게 앉아 있었다. 그 뒤에는 아내와 딸들이 앉아 있었다. 11시 35분, 배심은 평결을 법정에 넘겼다. 레이코프 판사는 평결이 적정한 양식에 따라 잘 되었는지를 확인했다. 배심원의 대표가 평결을 낭독했다.

"제1죄목에 대해서 무죄"

"제2죄목에 대해서 무죄"

순간, 배심은 굽타에게 대해 무죄를 판단한 것으로 보였다.

그러나 배심의 대표는 이어서 나머지 죄목에 대해 계속해서 "유죄"를 선언했다. 굽타는 6개의 죄로 기소됐는데 그중 4개에 대해 유죄가 확정됐다. 배심의 의견이 갈린 것이다. 골드만의 내부정보와 관련된 3건에 대해 유죄가 인정됐고, P&G와 골드만과 관련된 각각 다른 건에 대해서는 무죄가 인정됐다. 유죄가 인정된 나머지 하나는 공모죄였다.

유죄가 선언되자 굽타는 표정을 잃은 채 돌처럼 앉아 있었다. 재판 동안 매일 방청석 제일 앞줄에 앉아 있었던 네 명의 딸들은 큰 소리로 흐느꼈고, 서로 끌어안으며 위로했다. 굽타의 아내인 애니타는 고통스러운 듯이 두 손으로 머리를 감싸 안았다. 배심원 중 몇 명은 법정을 떠나면서 눈물을 보였다.

재판이 진행되는 동안 굽타의 아내와 딸들은 그에게 힘을 보태 주었다. 그가 피고인석에서 뒤를 돌아 웃으면서 가족들을 바라보았을 때 그들은 위로의 손을 뻗거나 고개를 흔들면서 그에게 애정을 표현했다. 가족 간의 깊은 사랑은 배심원들에게도 감동을 주었다. 그러나 이제 굽타는 오래전 어린 시절, 부모님을 잃고 누나, 어린 남동생과 여동생을 끌어안고 울었던 그때만큼이나 그의 인생에서 가장 고통스러운 어둠 속에 던져졌다.

배심원의 대표였던 리처드 렙코우스키는 "우리는 연방 정부의 주장이 사실이 아니기를 원했지만, 합리적인 사람이라면 누구나 인정할 수 있을 정도로 정황증거들이 너무 강력했습니다"라고 말했다. 그는 배심원들이 가장 고민했던 부분이 '의도'였는데, 굽타가 정보 제공의 의도가 없었고 그의 행동이 탐욕에서 비롯된 것이 아니라고 말하기 어려웠다고 말했다. 라자라트남에게 굽타가 유혹을 당해 법을 위반한 것으로 보였다고 말했다. 그러나 배심원 중 한 사람인 로니 세쏘는 굽타가 라자라트남에게 정보를 제공한 동기는 "탐욕"이었다고 분명하게 말했다. 재판은 연방 지방법원에서 한 달 정도 진행됐고 배심은 평의에 들어간 지 2일 만에 유죄의 결론을 내렸다.

뉴욕 남부지검의 바라라 검사장은 즉각적으로 승리의 논평을 발표했다. 미국 사회에서 존경받던 굽타가 이제는 범죄자가 됐고, 그의 놀라운 성공과 지위를 모두 던져 버리게 됐다고 말했다. FBI의 놀라운 협력과 연방 검사들의 헌신 덕분에 값진 승리를 얻었고, 앞으로도 지위, 부, 영향력에 관계없이 누구라도 증권법을 위반한 자를 처벌하기 위해 최선의 노력을 다할 것이라고 말했다.

골드만은 "우리는 굽타가 이사로서 자신의 의무를 위반했고, 우리의 주주와 회사에 대한 신뢰를 저버린 것에 대해 매우 실망했다"라는 한 줄짜리 성명을 발표했다.

《뉴욕타임스》는 2012년 6월 15일 보도에서 "지난 3년간, 월가 최고의 헤지펀드들과 미국의 가장 명망 있는 기업들의 이사회실에 스며들었던 내부자거래 소탕 작전을 마무리 지은 이 사건은 연방 정부의 놀라운 승리"라고 평가했다. 그리고 이 사건은 연방 검사들이 통화 기록이나 거래 정보와 같은 정황증거만으로도 내부자거래 전쟁에서 승리할 수 있음을 보여 주었다고 말했다.

바라라는 기자회견에서 2009년 이후 뉴욕 남부지검이 내부자거래 혐의로 기소한 월가의 트레이더와 기업의 간부들은 모두 66명인데, 이 중 60명은 유죄를 인정했고, 굽타를 포함해 재판에 회부된 나머지 사람들 역시 모두 배심에 의해 유죄가 인정됐다고 말했다.

별이
떨어지다

굽타는 자신에 대한 선고일을 얼마 앞 두고 맨해튼의 어느 바Bar에서 오랜 친구와 위스키를 마시고 있었다. 그의 얼굴에 수심이 가득했다. 그는 친구에서 '운명이 나를 어디로 데려갈 지 모르겠다'고 말했다. 굽타는 이 말이 자신에게 곧 닥칠 불길한 운명에 대한 예언적인 말이 될지 전혀 알지 못했다. 그는 배심의 유죄 평결을 받은 후 코네티컷의 집에서 가족이나 가까운 친구들을 만나면서 조용하면서도 차분한 시간을 보내고 있었다. 선고일이 눈앞으로 성큼 다가왔다.

그는 선고를 앞두고 판사에게 보낼 탄원서를 가까운 지인들에게 부탁했다. 맥킨지에서 가까웠던 부하 직원들은 이를 거절했다. 탄원서는 본의 아니게 친구 사이의 신뢰를 확인하는 리트머스 시험지가 되어 버렸다. 그러나 마이크로소프트의 창립자인 빌 게이츠나 전 UN 사무총장인 코피 아난은 판사에게 굽타의 선처를 부탁하는 편지를 기꺼이 써 주었다. 빌 게이츠는 편지에서 굽타에 대해 "세계의 가난한 자들을 위한 열성적인 지지자"라고 표현했다. 많은 친구들과 동료들이 그를 위해 편지를 썼다. 아내인 애니타와 딸들도 눈물 어린 편지를 써서 보냈다.

배심이 굽타의 유죄를 인정한 후 모든 것이 변해 버렸다. 굽타는 변한 것이 없지만 그를 대하는 세상은 완전히 변했다. 그러한 현실은 굽타에

THE RISE OF THE
INDIAN-AMERICAN ELITE
AND THE FALL OF THE
GALLEON HEDGE FUND

《월스트리트 저널》에서 14년간 기자 생활을 했던 베테랑 기자인 애니타 래거번Anita Raghavan이 갤리언 스캔들을 추적한 책을 출간했다. 책의 제목은 『The Billionaire's Apprentice: The Rise of The Indian-American Elite and The Fall of The Galleon Group (억만장자의 견습생 - 인도계 미국 엘리트의 부상과 갤리언 그룹의 몰락)』이다. 책의 제목에서 볼 수 있듯이 이 책의 주인공은 세기적인 내부자거래 사건의 주모자인 라자라트남이 아니라 라자트 굽타다.

그녀는 왜 굽타가 라자라트남의 내부자거래 사건에 관여하게 되었는지에 대해 다음과 같이 말했다. "굽타가 1990년대에 뉴욕으로 돌아왔을 때 세상이 바뀌어 있었습니다. 그는 경력의 많은 부분을 스칸디나비아의 오지나 시카고 같은 곳에서 보냈습니다. 그가 뉴욕에 와서 월가 사람들과 어울리면서 전에는 관심이 없었던 것에 유혹되기 시작했습니다. 그는 그들이 가진 부와 권력에 위화감을 느꼈고, 그들처럼 되기를 원했다고 생각합니다. 그는 성취욕이 강했고, 그럴 능력을 가지고 있었습니다. 그는 사모펀드 세계에 눈을 떴고 라자라트남의 도움을 받아 새로운 전설을 쓰고 싶었습니다. 그러나 그가 라자라트남에게 내부정보를 제공하는 행동은 범죄였고, 그는 그 대가를 톡톡히 받았습니다."

게 충격으로 다가왔다. 명예가 모든 것인 사람에게 공개적인 모욕은 견디기 힘든 일이다. 그러나 더 견디기 힘든 것은 자신의 판단 실수로 가족들까지 고통 속으로 몰고 갔다는 자책감이었다.

굽타는 배심의 평결을 도무지 받아들일 수 없었다. 그는 여전히 자신은 무죄라고 열성적으로 믿고 있었다. 그는 라자라트남에게 정기적으로 내부정보를 제공했던 광범위한 정보 네트워크 안에 잘못 휩싸여 들어간 것으로 느꼈다. 배심은 이 부분을 제대로 보지 못했다고 생각했다. 그들의 평의는 너무 빨리 끝났고, 그래서 그들에게 제시된 증거들을 충분한 시간을 가지고 주의 깊게 검토하지 못했다고 생각했다.

2012년 10월 24일 수요일, 굽타에 대한 선고일이 잡혔다. 굽타는 오후 2시에 변호사들과 함께 레이코프 판사의 법정에 도착했다. 바라라 검사장은 굽타에게 97개월에서 121개월 사이의 징역형이 적절하다는 의견을 제시하며 유사한 범죄를 예방하기 위해선 상당한 징역형이 필요하다는 말도 잊지 않았다.

내프탈리스 변호사는 레이코프 판사가 형을 선고하기 전에 굽타에게 선처를 베풀어 달라고 요구했다. 그는 "굽타는 탁월한 인생을 살아왔습니다. 그는 훌륭한 삶을 살았고, 약자를 헌신적으로 돕는 삶을 살았다고 생각합니다"라고 말하면서 그의 박애주의적 헌신과 자선 활동에 대해 다시 언급했다. 그는 굽타에게 징역형보다는 보호관찰이 적절하다고 제안했다. 그는 굽타의 행동은 그의 전체적 삶에 있어서 지극히 작은 부분에 불과했고, 아주 '이례적인 행동'이었다고 말했다. 연방 검찰이 제출한 구형 제안서는 13페이지에 불과한 반면, 굽타의 변호사가 제출한 적절한 양형에 대한 서면은 225페이지에 달했다. 이와 함께 굽타의 선처를 구하는 400통 이상의 탄원서가 제출됐다.

레이코프 판사는 내프탈리스의 발언에 상당 부분 공감을 표명했다. 그러나 그는 "만약 이례적인 행동이 살인이었다면 어떨까요? 그가 전체적으로 훌륭한 삶을 살아왔다고 해서 그가 중대한 처벌을 받아서는 안 된다는 것을 의미하지는 않지요"라고 말했다. 또한 그는 "만약 마더 테레사가 강도 혐의로 여기에 와 있다 하더라도 배심은 그녀가 강도짓을 했는지 여부를 결정해야 할 것입니다"라고 말했다.

레이코프 판사는 이미 마음속으로 굽타에게 징역형을 선고하려고 생각한 것으로 보였다. 그는 사회 지도층 인사로서 굽타의 범죄를 심각한 것으로 보았다. 그는 이 사건에서 라자라트남이 얻은 이익은 엄청난데, 만약 그가 1페니도 못 벌었다고 해도 굽타는 여전히 유죄라고 말했다. 굽타는 이미 사회적으로 명예를 잃었고, 그가 겪은 고통과 손실은 너무 커서 그가 다시는 똑같은 행동을 하지 못하도록 상당한 벌이 필요하다고 생각하지는 않지만, 보호관찰만을 명한다는 것은 미래에 동일한 행동을 하고자 하는 사람을 억지하는 데는 효과적이지 못하다고 말했다.

레이코프 판사는 '굽타가 라자라트남으로부터 즉각적인 이익을 받지는 않았지만, 그는 미래의 이익, 기회 그리고 짜릿한 흥분을 기대하고 있었다는 것은 의심할 바가 없다'라고 생각하는 것 같았다. 레이코프 판사는 형을 선고하기 전에 마지막으로 발언했다.

우리 법정은 피고인과 같이 탁월하게 헌신적인 삶을 살아온 사람을 본 적이 없었습니다. 그러나 피고인이 행한 행동의 본질과 상황은 매우 중대하다고 봅니다. 재판 과정에서 확인된 증거들은 골드만에 대한 그의 신인의무와 책임을 잘 알고 있는 굽타가 금융기관들이 거대한 격변 속에 있었고, 안정과 신뢰가 가장 필요로 했던 2008년 9월과 10월에, 바로 그때에 뻔뻔스럽게 라자라트남에게 미공개 중요 정보를 제공했다는 것을 보여 주었습니다.

레이코프 판사는 굽타가 골드만의 이사로 있으면서 회사의 비밀 정보를 라자라트남에게 제공한 행동은 유다가 예수를 배신한 행위와 같다고 보았다. 오후 4시, 굽타가 레이코프 판사의 법정에 들어온 지 2시간이 지났다. 레이코프 판사는 굽타에게 2년의 징역형을 선고했다. 강제몰수는 정부의 요청에 따라 유예가 됐지만 레이코프 판사는 5백만 달러의 벌금과 부당이득 반환금 7백만 달러를 같이 선고했다. (SEC는 추가로 굽타에게 민사제재금 1400만 달러를 부과했다.) 레이코프 판사의 판결은 그가 법의 정신을 지키고 살아왔던 명성만큼이나 엄중했다. 내프탈리스는 레이코프 판사에게 항소 기간 동안 자유의 몸으로 있기를 간청했지만 레이코프 판사는 그것도 허락하지 않았다.

굽타는 내프탈리스 옆에 표정 없이 앉아 있었다. 굽타의 명예는 이제 확실하게 땅에 떨어졌다. 인도계의 빛나는 별이었던 그는 그렇게 추락했다. 한 때 인도 출신들에게 별이 되어 길을 가르쳐 주었고 희망을 주었던 그가 인도인들에게 실망을 준 인물로 기억될 터였다.

굽타는 연방 교도소에서 2년형을 살고 출소했다. 그러나 그는 여전히 자신은 잘못한 것이 없으며 무죄라고 주장하고 있다. 그는 법원의 판결을 뒤엎고자 최선을 다하고 있다. 그런 그에게 한줄기 광명이 비쳐졌다. 2014년 12월, 연방 제2항소법원이 뉴먼 사건에서 획기적인 판결을 내린 것이다. 정보 제공자가 정보 수령자로부터 '개인적인 이익'을 받되, 그에 대한 구체적인 증거가 있는 경우에야 정보 제공자를 처벌할 수 있다는 의외의 판결이었다. 굽타는 이 새로운 판결에 희망을 걸고 있다. 과연 굽타는 뉴먼 판결을 딛고 부활할 수 있을 것인가? (굽타의 마지막 희망에 대해서는 에필로그에서 설명한다.)

제11장

뷰티 퀸 펀드매니저의
섹스와
내부정보

INSIDERS ON
WALL STREET

내부자거래는 오르가즘과 같다.

대니얼 치에이지
〈매거진 《포춘》과의 인터뷰에서〉

IBM의
떠오르는 별

2009년 10월 16일 오전 7시 30분, 로버트 모팻Robert Moffat은 뉴욕 아몬크에 위치한 IBM 본부의 집무실에 있었다. 매우 이른 시간이었지만 그는 이미 1시간 30분 전에 회사에 도착해 있었다. 지난 31년간 매일 아침 오전 5시 30분이면 집에서 회사로 출발했다. 벌써 업무상 전화 한 통화를 막 끝낸 상태였는데 갑자기 전화벨이 울렸다.

"여보, 난데" 아내인 아모르Amor의 목소리였다.

"이 시간에 무슨 일이야?" 모팻은 말했다.

"FBI가 당신을 체포하겠다고 집에 들이 닥쳤어. 도대체 무슨 일이야?" 아모르의 목소리는 다급했다.

"FBI라고?"

"그래, 내부자거래 혐의로 당신을 체포하러 왔대"

모팻의 심장이 갑자기 급하게 뛰기 시작했고 등에는 식은땀이 흘러내렸다. 아내의 말로는 FBI 수사관 5명이 지금 이 시각에 자신을 체포하기 위해 집에 들이닥쳤다는 것이다. 도대체 이게 무슨 일이란 말인가? 그는 전화를 끊자마자 급히 선임 사내 변호사에게 전화를 했다. 그는 모팻에게 화이트칼라 형사사건에서 유명한 몇 명의 변호사 이름을 알려 주었다. 그는 대리석으로 되어 있는 로비를 쏜살같이 지나 그의 렉서스가 주차돼 있는 주차장으로 달려갔다. 출근하는 직원들과 거의 부딪힐 뻔했다. 그때가 직원들이 IBM 건물에서 그를 본 마지막 순간이었다.

모팻은 IBM 그룹의 선임 부사장이었다. 그는 라자라트남 스캔들과 관련하여 FBI에 체포된 많은 사람 중에서 유일한 테크놀로지 기업의 최고위직 임원이었다. 하이테크 산업의 고위직 임원과 유명한 헤지펀드 매니저 사이의 불법적인 내부정보 채널이 드러났고, 이러한 폭로로 월가는 또다시 진동했다.

모팻은 이 사건의 중심인물이 아니었다. 그는 세기적인 내부자거래 스캔들에 전혀 예상치도 않게 말려든 것이다. 모팻이 정보를 제공한 여성이 그 스캔들의 정보 체인에서 핵심에 있는 정보원이었을 줄이야. 모팻의 체포는 그를 알고 있던 모든 사람들에게 충격을 주었다. 그는 IBM의 CEO인 사무엘 팔미사노Samuel Palmisano의 신임을 받고 있었고, 그를 이어 CEO가 될 것으로 기대되고 있었다. 그는 이미 많은 돈을 가지고 있었고 가족들과 회사의 직원들 모두 그를 존경했다. 그런 그가 내부자거래를 했다니? 여러모로 생각해 보아도 도무지 납득이 가지 않았다. 도대체 그에게 무슨 일이 있었던 것일까?

IBM은 20세기 말 세계의 테크놀로지 산업을 선도해 왔던 대기업으로서 기업 문화도 잘 정착돼 있었고, 장기 투자자들이 선호하는 대표적인 블루칩 중 하나였다. 그런 기업의 차기 CEO가 될 사람이 회사의 내부정보를 외부에 제공했다는 것이다. 하지만 그는 정보를 제공한 대가로 1페니도 받지 않았다. 그는 내부정보로 주식을 거래한 적도 없었다.

모팻과 함께 일했던 IBM의 전 변호사였던 케네스 햄머는 모팻이 체포됐다는 소식을 들었을 때, "나는 모팻에게 도대체 무슨 일이 벌어졌는지 도무지 이해할 수가 없었다. 나는 정신을 차릴 수가 없었으며, 아무튼 내가 정신이 다 나갔었다"라고 말했다.

모팻은 2002년 콘퍼런스에서 한 매력적인 여인을 만났다. 그녀는 헤지펀드의 애널리스트로서 테크놀로지 산업 부문을 담당하고 있었다. 금발에 푸른 눈을 가진 그녀는 40대 초반이었음에도 불구하고 여성으로서의 치명적인 매력을 가지고 있었다. 그녀의 이름은 대니얼 치에이지Danielle Chiesi였고, 15세 때 뉴욕 남부 지역의 미인 대회에서 뷰티 퀸Beauty Queen 의 경력을 가지고 있을 정도로 미모를 자랑했다.

그녀는 첫눈에 모팻에게 매력을 느꼈고 한눈에 그가 자신의 남자라는 사실을 알았다. 모팻이 남성으로서도 매력이 있었지만 그녀에게 있어서 가장 중요한 포인트는 그가 차기 IBM의 CEO 후보라는 점이었다. 헤지펀드의 매니저로서 테크놀로지 산업을 담당하는 그녀에게 IBM의 차기 CEO는 왕관의 보석과 같았다. 그녀는 나이 많은 사람들을 좋아했고 그들이 가진 능력을 이용하는 것을 즐겼다. 그녀는 공개적으로 "나는 3개의 S를 사랑한다"고 말했는데, 3개의 S란 "*Sex*(섹스), *Stocks*(주식), *and Sports*(스포츠)"를 의미했다. 그녀는 내부자거래는 '오르가즘과 같다like an orgasm'고 말할 정도로 대담한 성격의 소유자였다.

치에이지는 헤지펀드 뉴캐슬에서 그녀가 담당했던 테크놀로지 회사들의 최고위직 사람들을 두루 잘 알고 있었다. 그녀는 그들을 통해 업계의 동향과 특정 기업의 최근 움직임에 대한 정보를 얻고 있었다. 여기에다 IBM의 차기 CEO라는 보석 같은 인물을 만난 것이다. 정부가 가지고 있는 감청 테이프에서 치에이지는 라자라트남에게 "모팻은 정말 멋진 사람이야. 그는 나에게 대단한 사람이야"라고 말했다.

모팻과 치에이지의 이야기는 욕망과 배신의 전형적인 이야기다. 치에이지는 모팻과 육체적 관계를 가졌지만, 그녀가 진정으로 사랑했던 남자는 그녀의 보스였던 마크 커랜드Mark Kirland였다. 그러나 뉴캐슬의 공동 설립자였던 커랜드는 아내를 떠나지 않았고, 결국 치에이지를 포기했다.

모팻은 치에이지와의 만남을 기뻐했고 그녀와 관계가 깊어지면서 IBM의 내부정보를 제공하기 시작했다. 모팻은 그녀가 헤지펀드의 트레이더라는 것을 잘 알고 있었다. 그가 제공하는 정보로 그녀가 트레이딩 할 것이라는 것도 잘 알고 있었다. 그는 그녀를 기쁘게 해 주고 싶었다. 그러나 그 은밀한 정보는 그녀를 통해 여기서 저리로 위험하게 전달되고 있었다. 그녀는 모팻을 배신했다. 아니 '배신'이라기보다 그를 '이용'했다고 보는 것이 옳을 것이다. 모팻에서 나온 위험한 정보는 결국 모팻의 운명을 파괴했다. 모팻은 언론과의 인터뷰에서 "치에이지가 내부정보를 위해 나를 이용했다"고 말했다.

IBM의 전설적인 CFO였던 고故 제리 요크는 얼마 전 뇌종양으로 사망했는데, 그는 《포춘》과의 인터뷰에서 모팻을 아주 능력이 뛰어난 사람으로 평가했다. 1990년대 중반, 요크는 재고 처리라는 아주 어려운 숙제를 안고 있었는데, 모팻에게 이 건을 해결하라고 하면서 서명할 서류를 내밀었다. 모팻이 연말까지 재고를 처리하지 못하면 IBM을 떠나야 하는 일이었다. 하지만 모팻은 망설임 없이 서류에 서명했고 그 일을 잘 마무리했다.

모팻은 IBM에서 밑바닥에서부터 승승장구하며 꼭대기로 정상까지 올라갔다. 그가 가진 중요한 특징으로 회사에 대한 충성심, 냉정한 업무 태도, 오케스트라 지휘자와 같은 폭넓은 리더십 등을 들 수 있다. 그는 가

정보다도 회사를 중시했다. 다른 경쟁 회사들이 그에게 몇 번의 오퍼를 제안했지만 그때마다 거부했다. 그는 너무 열심히 일했고, 아내와 저녁 한 번 같이 하기 어려울 정도였다. 한번은 너무 피곤해서 식사 도중에 식당 테이블 위에 쓰러져 잠들기도 했다. 그의 부인은 친구에게 그가 은퇴하면 해골만 남을까봐 걱정이 된다고 말할 정도였다.

모팻은 코네티컷에서 평범한 이웃들과 함께 조그맣고 나무로 지어진 2층 집에서 성장했다. 아버지는 타이프세터typesetter(식자공)였고 어머니는 전업주부였다. 부모님은 자녀들이 힘든 일이나 남과의 경쟁을 꺼려하거나 두려워하지 않도록 가르쳤으며, 무엇보다도 모팻 집안에 대한 헌신적인 사랑을 강조했다.

5명의 자녀 중 장남이었던 모팻은 그의 형제자매들에게 우상과 같은 존재였다. 그는 모든 면에서 뛰어났다. 의학이나 과학 분야에 재주가 많았고 괴짜적인 면도 있었다. 모팻은 어려서부터 육상 선수였다. 아버지는 그에게 달리기는 대학 입학을 위한 티켓이 될 것이라고 말했다. 매일 학교까지 7마일을 달려서 갔고, 아버지는 점심 도시락을 차에 싣고 따라갔다. 그는 자신감을 드러내기 위해 슈퍼맨이 그려진 티셔츠를 입고 다니기도 했다.

모팻은 뉴욕의 유니온 대학교에 진학했고 1학년 때 미래에 아내가 되는 여성을 만났다. 그녀는 그보다 한 살 많았는데 육상경기 팀의 매니저였다. 그녀의 이름은 아모르 블로사였다. 그녀는 그의 어머니처럼 가냘프고 흑발 머리에 미인이었다. 모팻은 육상을 매우 잘했고 대학을 졸업할 때까지 전미 중거리 육상 선수로 3번이나 출전하기도 했다.

1978년, 두 사람은 모팻이 대학을 졸업하자마자 결혼했다. 그들이 신혼여행에서 돌아오자마자 모팻은 IBM에 입사했다. 모팻은 IBM에서 연봉 1만 5120달러를 받는 주니어 프로그래머로 일을 시작했다. 1983년에 첫 아이인 바비가 태어났지만 곧이어 끔찍한 일이 발생했다. 바비가 태어난 지 3달 후 아모르는 그녀의 왼쪽 눈의 시력을 잃었다. 며칠 후에는 걸을 수조차 없었다. 그녀의 병명은 복합경화증이었다. 그 병은 관리될 수는 있지만 근본적인 치료는 불가능한 병이었다. 특히 스트레스를 받을 때 통증이 매우 심했다.

모팻이 IBM에서 승진하면서 미네소타, 프랑스, 다시 뉴욕으로 이사를 거듭했다. 그들은 3명의 아이를 더 가졌다. 모팻은 나중에 퍼스널 컴퓨터 부분에서 재무 담당 일을 맡았다. 그는 보스인 PC 비즈니스 부서의 책임자인 샘 팔미사노에게 충성을 다했다. 팔미사노도 모팻처럼 단순한 배경에서 시작했다. 그는 직설적으로 말했고 사람들이 실수하는 걸 참지 못했다. 팔미사노가 1999년 10월, 기업 시스템 그룹으로 옮겨갔을 때 모팻에게 같이 갈 것을 요청했다. 팔미사노는 모팻에게 "내가 믿을 만한 사람이 필요하다"고 말했다. 모팻은 팔미사노를 따라 다른 부서로 떠났고, 그가 떠난 후 IBM의 PC 비즈니스는 침몰했다.

2000년 가을, 모팻은 PC 부문으로 다시 복귀하게 됐는데, 그때 PC 부문은 1년에 10억 달러를 잃고 있었다. 팔미사노를 제외하고 거의 모든 사업 부문의 책임자들이 손실을 내고 있었다. 그때 CEO였던 루이스 거스트너는 모팻에게 "그 자리를 수락하기 전에 자네 묘비명을 준비하라"고 경고했다. 그때가 거대한 코끼리였던 IBM이 빌 게이츠의 마이크로소프트에게 고통을 당하고 있던 시기였다.

모팻은 바로 IBM 외부에서 명성을 얻기 시작했다. 《포브스》와 《월스트리트 저널》은 곤경에 빠진 PC 부문을 역전시키려고 노력하는 모팻을 소개했다. 모팻의 이미지는 금욕적인 군인으로 비쳐졌다. 그는 《저널》과의 인터뷰에서 "나는 팔미사노를 단 한 번도 실망시킨 적이 없다"고 말했다.

이처럼 가까운 두 사람의 관계는 모팻의 직원들 사이에 가십거리가 되기도 했다. 한 번은 직원들이 모팻의 사무실에 놓여 있는 그의 가족사진에 있는 부인과 자녀들 얼굴 위에 팔미사노의 사진을 그려 넣었다. 모팻은 이러한 장난을 웃으면서 받아들였지만, 이 사건은 그가 가족보다 얼마나 IBM과 팔미사노에게 충성을 다했는지를 잘 보여 주는 무서운 일화이기도 했다.

2002년에 팔미사노가 CEO가 된 이후, 그는 모팻에게 분리돼 있는 IBM의 여러 공급 체인들을 하나의 효율적인 조직으로 통합하는 일을 맡겼다. 이 일은 아우게이아스의 외양간*을 청소하는 일에 비견되는 것이었지만 모팻은 성공적으로 해냈고, 그 결과 IBM은 첫 해 비용을 56억 달러를 줄일 수 있었다.

| 'Hot' 플레이어의
| 등장

2008년 여름, 많은 뉴요커들이 휴가를 떠나면서 맨해튼은 텅 비어 있었다. 도로는 한산했고, 뜨거운 여름 햇살

● 아우게이아스의 외양간은 아주 더럽고 난잡한 일을 말한다. 아우게이아스는 3000마리의 소를 길렀는데, 그는 30년간 청소를 하지 않아 배설물로 역병이 돌고 농사짓는 데 방해가 됐다고 한다. 헤라클레스는 아내와 자식을 죽인 죄로 12가지의 과제가 주어졌는데, 그중 5번째 과제가 하루 만에 아우게이아스의 외양간을 청소하는 일이었다. 헤라클레스는 외양간의 양쪽 벽을 부수고 알페이오스 강을 끌어다 페네이오스 강으로 흐르게 하여 성공적으로 하루 만에 외양간 청소를 끝냈다는 그리스-로마 신화의 한 부분이다. ([그리스 로마 신화] 영웅 3 - 헤라클레스의 12가지 과업: (5) 아우게이아스의 외양간 청소) (http://blog.naver.com/ambodext/220713521152 참조).

과 아스팔트의 열기로 거리의 뉴요커들은 지친 듯 힘들어 보였다. 그러나 로우 맨해튼 페더럴 플라자 26번지 FBI 뉴욕 본부 26층에 있는 '감청실wire room'은 상황이 달랐다. 감청실의 FBI 수사관들은 긴장하며 라자라트남의 통화를 엿듣고 있었다. 지난 5월 7일, 연방 판사는 FBI에게 커다란 선물을 주었다. 라자라트남의 핸드폰에 대한 감청 허가를 내준 것이었다.

FBI 수사관들은 라자라트남의 핸드폰을 아침 6시부터 밤늦게까지 일주일에 7일을 감청하고 있었다. 라자라트남은 많은 사람과 통화를 했고, FBI 수사관들은 새로운 인물이 등장할 때마다 그들의 이름을 메모해 나갔다.

2008년 7월 24일 밤 9시 18분, FBI의 특별 수사관인 B. J. 강은 FBI 뉴욕 본부 건물 26층에 있는 '감청실'에서 헤드폰을 쓰고 책상 위에 구부리고 앉아 전화 통화를 듣고 있었다. 밖은 어둠이 짙었지만, 그는 아직 저녁도 못 먹고 있었다. 위에서는 허기가 심하게 느껴지고 있었다. 그러던 중 통화 속에서 갑자기 여성의 목소리가 튀어나왔다.

"라지, 내 말 듣는 게 좋을 거예요."

"제발, 이 건에서 날 엿 먹이면 안 돼요."

"회사는 가이드를 낮출 겁니다."

"나는 지금 막 내 사람과 통화를 했는데, 나는 그를 잘 조율된 피아노처럼 다루었어요."

"나는 당신이 위로 올라가길 원해요. 우리는 팀이 될 필요가 있어요."

"그냥 매일 계속해서 공매도하세요."

지루하게 전화를 감청하고 있던 B. J. 강은 정신이 버쩍 들었다. 여성의 목소리는 부드러우면서도 묘한 매력이 있었다. 위로 올라가라는 말이 이때는 섹스에 관한 말이 아니었다. 가이드를 낮춘다는 말은 월가에서 예상 실적이 기대보다 낮을 때 사용하는 말이었다. "회사"는 메사추세츠주 게임브리지에 소재하는 8억 달러 규모의 인터넷 서비스 기업인 아카마이 테크놀로지를 일컬었다. "내 사람"은 분명 아카마이 내부에 있는 이 여성의 정보원일 것이다. 그녀는 라자라트남에게 아카마이가 실적을 발표하기 전까지 매일 계속해서 공매도를 치라고 말하고 있었다.

갑자기 등장한 이 여성은 누구인가? 그녀는 라자라트남과 통화하면서 섹스에서부터 스포츠까지 이야기하며 사람을 흥분시켰다. 그녀의 통화가 녹음된 감청 테이프를 들어보면 그녀의 목소리에 매력을 느껴 그녀에게 빠진 남자들이 많았다는 말이 무슨 의미인가를 알 수 있다. 그녀의 목소리는 남자의 마음을 빨아들이는 흡인력이 있으며, 정말 섹시한 느낌이 있었다. (치에이지와 라자라트남의 이 대화는 미국 정부가 공개하는 인터넷 사이트에서 들을 수 있다.)

수사 팀은 즉시 이 여성에 대해 조사를 착수했다. 그녀의 이름은 대니얼 치에이지Danielle Cheisi였고, 뉴캐슬의 펀드매니저로서 테크놀로지 회사들을 담당하고 있었다. 그녀는 테크놀로지 산업에서 중요한 회사들의 CEO들을 포함해서 강력한 인물들과 화려한 네트워크를 가지고 있었다. 라자라트남이 결코 무시할 수 없는 수준의 독자적인 정보 네트워크를 가지고 있었다.

B.J. 강과 FBI 수사관들은 감청을 들으면서 충격을 받았다. 이러한 대화가 월가에서는 일상적인 것인가? 내부정보를 이렇게 쉽게 얻을 수 있는가? 월가가 이렇게 타락해 있었던가? 그들은 감청을 통해 떠오른 인물들의 연계도를 그려 나갔다. 여러 개의 정보 네트워크가 떠올랐고, 이들은 서로 다른 정보 네트워크와 오버랩 되고 있었다. (이 과정에서 FBI는 제12장에서 다루는 스티븐 코언과 SAC 캐피탈에 대한 정보를 입수했고, 라자라트남에 대한 수사와 함께 코언과 SAC에 대한 수사를 본격적으로 시작하게 됐다.)

그날 밤 치에이지가 라자라트남과 통화를 한 시점은 그녀가 아카마이에 있는 친구와 막 통화를 끝낸 직후였다. 아카마이의 내부자는 치에이지에게 회사의 2분기 실적이 월가 애널리스트들의 기대보다 밑돌 것이라는 정보를 주었다. 아카마이는 2분기 실적이 나빠질 것으로 예상하고 있었다.

B.J. 강을 비롯해서 FBI 수사관들은 흥분했다. 이 사건의 핵심인 라자라트남은 아카마이에 대한 비밀 정보를 치에이지로부터 얻었고, 치에이지는 아카마이의 내부자인 '그녀의 남자'로부터 얻었다. 이제 라자라트남과 치에이지가 어떻게 움직일 것이며, 회사는 과연 내부자의 정보대로 부정적인 실적을 발표할 것인지 지켜보는 일만 남았다.

치에이지는 아카마이 정보원과 많은 통화를 했고, 그녀는 아카마이가 2분기 실적을 발표하기 전에 뉴캐슬 계좌로 거래했다. 특히, 치에이지는 아카마이 정보원과 7월 2일부터 24일 사이에 많은 통화를 하면서 그 정보가 정확한지 거듭 확인했다. 치에이지는 아카마이의 내부정보를 입수하자마자 커랜드에게 연락했다. 7월 25일, 뉴캐슬의 여러 펀드들이 아카마이에 대한 풋옵션 1466계약을 매수하면서 상당한 쇼트 포지션shot position을 구축했다. 주가 하락을 예상할 때 주식을 공매도shorting하거나 풋옵션을 매수하는데, 이렇게 주가 하락에 베팅한 물량을 쇼트 포지션이라 한다.

치에이지의 전화를 받은 라자라트남 역시 다음 날 시장이 열리자마자 갤리언의 여러 펀드를 통해 아카마이에 대한 엄청난 쇼트 포지션을 취하기 시작했다. 갤리언 테크 펀드는 7월 18일까지 추가로 138만 주의 공매도를 쳤고 300개의 풋옵션을 매수했다. 라자라트남은 치에이지의 조언대로 매일매일 쇼트 포지션을 늘려 갔다. 7월 25일, 갤리언 테크 펀드는 아카마이 주식 13만 8550주를 다시 공매도했고, 7월 29일에는 추가로 17

만 3300주를 공매도했다. 7월 30일 오전, 2분기 실적이 발표되는 날 라자라트남은 치에이지와 계속 연락했고, 치에이지는 다시 아카마이 정보원과 통화하면서 정보를 거듭 확인했다. 갤리언 테크 펀드는 추가로 아카마이 주식 21만 1650주를 공매도를 치면서 쇼트 포지션을 더욱 늘렸다. 갤리언 펀드는 실적 발표 전날까지 광란의 공매도를 하면서 엄청난 규모의 쇼트 포지션을 구축했다.

2008년 7월 30일, 내부자의 정보대로 아카마이는 실망스러운 분기 실적을 발표했고, 아마카이 주식은 주당 31.25달러에서 25.06달로 약 20% 정도가 하락했다. 주가가 급락하자 갤리언과 뉴캐슬은 보유한 모든 주식과 옵션을 처분했다. 뉴캐슬은 이 거래에서 약 240만 달러를 벌었고, 갤리언은 320만 달러를 벌었다. 놀라운 승리를 거둔 거래가 끝나자마자 라자라트남은 치에이지에게 축하와 감사의 전화를 했다. 그녀 역시 이 환상적인 승리에 너무나 만족했다.

로우 맨해튼에 위치한 뉴욕 남부지방 연방 검찰청의 검사들과 FBI 수사관들에게 치에이지의 아카마이 통화는 지루한 수사에 숨통을 터 주는 결정적인 단서가 됐다. 그녀와 라자라트남 사이에 이루어진 7월 24일 밤의 통화 녹음은 그녀가 미공개 중요 정보를 라자라트남에게 제공하고 있다는 결정적인 증거였다. FBI는 치에이지의 전화에 대한 새로운 감청 허가를 법원에 신청했다. FBI와 연방 검찰은 새로운 '핫Hot'한 플레이어를 잡은 것이다.

연방 검찰은 아카마이 한 건만으로도 라자라트남을 기소할 수 있었다. 7월 24일 밤 치에이지와 라자라트남의 통화 내용, 치에이지와 아카마이 내부자 사이의 통화 기록, 이어진 그들의 엄청난 공매도와 풋옵션 매수, 그리고 아카마이의 부정적인 실적 발표 등은 치에이지와 라자라트남을 기소할 수 있는 완벽한 증거였다. 그러나 게임은 이제 시작이었다. B. J.

강은 흥분되는 기분을 억누를 수가 없었다. 라자라트남과 치에이지가 내부정보를 이용해서 거래를 하고 있다면, 라자라트남에게는 그녀 이외에도 다른 중요한 정보원들이 더 있을 것이라는 확신이 들었기 때문이다.

팜므파탈 애널리스트의 치명적인 유혹

블론드에 푸른 눈을 가진 자그마한 체구의 치에이지는 뉴욕의 빙햄톤에서 성장했고, 그녀는 그곳에서 15세의 나이로 뉴욕 남부 지역 미인대회에서 우승할 정도로 미인이었다. 치에이지는 1988년에 콜로라도 대학에서 경제학으로 학사 학위를 받았다. 그리고 월가에서 일하기 위해 다시 동부로 돌아왔다.

그녀는 마본 누전트Mabon Nugent & Co라는 증권회사에서 애널리스트 자리를 얻었다. 그곳에서 그녀는 자신의 보스가 되고 궁극적으로 앞으로 20년 동안 지속적이지는 않았지만 그녀의 애인이 되는 사람을 만났는데, 그의 이름은 마크 커랜드Mark Kirland였다. 그는 애널리스트로서 성장하려는 그녀에게 선생이면서 멘토가 됐다. 그는 그녀가 주식에 대한 정보를 심하게 파헤치도록 몰아붙였지만, 그녀 역시 열정을 가지고 애널리스트로서 성장했다. 그녀는 자신이 담당하는 기업의 유력한 인물들과 좋은 관계를 유지하려고 노력했다. 그녀는 나름대로 월가에서 자신의 게임을 즐기고 있었다.

치에이지와 커랜드의 사랑이 언제부터 시작됐는지는 확실하지 않지만, 그녀와 가까운 사람들은 그들의 관계는 그녀가 27세였을 때라고 말한다. 그녀는 1991년에 마본을 떠났고, 이 직장에서 저 직장으로 옮겨 다녔고,

결혼하고 이혼했고, 그리고 최소한 2번 이상 약혼을 했다.

그녀는 1997년에 커랜드와 다시 함께 일하기 시작했다. 그는 베어스턴스의 자산 관리 회사인 헤지펀드 뉴캐슬의 CEO가 되어 있었다. 그녀는 뉴캐슬에서 테크놀로지 기업들을 담당했다. 그녀의 보수는 월가 평균 수준이었다. 연봉은 1백만 달러가 못 됐지만 성과가 좋은 해에는 2백만 달러를 받았다.

치에이지가 일했던 월가의 헤지펀드 업계는 다른 미국 기업의 경우와 마찬가지로 거의 전체가 남성들로 구성된 요새 중 하나였다. 그녀는 도발적으로 옷을 입었다. 특히 가슴이 깊게 파인 옷과 짧은 치마를 즐겨 입었다. 그녀는 추파 던지는 것에 대해 수줍어하지 않았다. 감청 테이프의 녹음 기록은 그녀가 남자들처럼 욕도 잘했던 것을 보여준다. 그녀의 이러한 행동들은 어쩌면 남성들로 둘러싸인 월가에서 살아남기 위한 방책이었는지도 모른다.

그녀는 당시 40대 초반의 나이로 그녀가 일했던 헤지펀드 세계와 테크놀로지 기업의 임원들 사이에서 화제의 주인공이었다. 그녀의 미모와 매력, 그리고 테크놀로지 산업에 대한 전문적인 애널리스트로서의 능력은 월가 남성들의 마음을 흔들었다. 그녀는 남자들을 요리할 수 있는 자신의 힘을 알고 있었다. 어떤 남자들은 그녀의 목소리에 매력을 느껴 사랑에 빠지기도 했고, 어떤 남자들은 그녀의 몸매와 단정하지만 짧은 치마에 매력을 느끼기도 했다. 그러나 어떠한 경우에도 그녀가 남자를 만나는 최종 목적은 '내부정보'였다.

그녀는 라자라트남의 내부정보 서클의 중요한 멤버들처럼 와튼 스쿨 출신도 아니었고, 그 흔한 MBA 학위도 없었다. 그러나 그녀는 시장에 밝았고 내부자거래와 같은 어둠의 기술에 탁월했다. 헤지펀드와 테크놀로지 업계 전반에 걸쳐 중요한 임원들과 좋은 관계를 유지했고, 그들로부터 내부정보를 **빼내는** 일에 뛰어난 능력을 가지고 있었다. 그녀는 자신에게 내부정보를 제공한 사람들에게 섹스로 보상했다. 라자라트남과는 서로가 알게 된 내부정보의 공유를 조건으로 하는 보상관계를 유지했다. 그러던 과정에 그녀는 우연히 모팻을 만나게 됐다. 그녀의 IBM 접촉 창구 중 한 사람이 존 조이스였는데, 그는 IBM의 CFO였다. 2002년, 치에이지는 조이스에게 IBM에서 장래가 촉망되는 사람을 소개시켜 달라고 부탁했고, 조이스는 모팻을 소개했다. 두 사람은 뉴욕의 콘퍼런스에서 처음 만났을 때 서로 큰 인상을 받았다. 그녀는 한눈에 그가 자신의 남자라는 사실을 알았다.

모팻이 남성적으로도 매력이 있는 인물이었지만, 그녀는 그의 뒤에 존재하는 IBM을 중심으로 한 테크놀로지 산업의 무한한 정보를 보았다. 그녀는 망설임 없이 빠른 시일 내에 다시 만나고 싶다고 말했다. 모팻의 회사 동료인 캔 해머는 모팻이 치에이지를 처음 만난 후 자신에게 매력적이고 대단한 여성을 만났다고 말하면서, "그녀와 머지않아 다시 만나야 한다"고 말하면서 즐거워했다고 회상했다.

치에이지에게 그는 완벽한 접점contact point이었다. 모팻은 글로벌 공급체인의 책임자로서 세계적으로 거대한 테크놀로지 회사들, 벤더와 소비자 모두와 정기적으로 소통하는 인물이었다. 무엇보다도 그는 IBM CEO의 귀를 가지고 있었다.

모팻은 집에서나 회사에서나 압박을 가지고 있었다. 그의 가족들은 그의 전근 때문에 자주 이사했고, 최근에는 코네티컷의 교외로 가족들을 이사시켰다. 그리고 모팻의 어머니인 에디스는 죽어 가고 있었다. 모팻이 비즈니스로 빈번하게 출장을 다니고 있을 때, 그의 아내인 아모르는 모팻의 어머니를 병원으로 모시고 가야 했고, 그녀를 간호하며 밤을 보냈다. 그녀가 2002년 9월에 죽었을 때 모팻은 커다란 충격을 받았다. 몇 달 후 치에이지 또한 아버지가 세상을 떠나 슬퍼하고 있었다. 그들은 애널리스트 콘퍼런스에 다시 만났고, 서로의 슬픔에 대해 공감했고 서로 위로했다.

치에이지와 모팻의 관계는 비즈니스의 우정으로 시작했다. 모팻은 그녀가 테크놀로지 산업의 중요한 인맥들과 정보들을 가지고 있다는 사실을 알았다. 그녀는 아이디어로 흘러 넘쳤다. 그녀는 IBM이 구축할 필요가 있는 동맹에 대해서, 그리고 IBM이 맞서야 할 회사에 대해서까지 이야기할 정도였다. 이윽고 그들의 대화는 침실에서의 대화 수준으로 발전하게 됐다. 2003년 어느 날, 두 사람은 잠자리를 갖기 시작했다. 그렇게 두 사람은 연인이 됐다.

치에이지에게는 또 다른 중요한 남성이 한 사람 더 있었는데, 그의 이름은 AMD의 CEO인 헥토르 루이즈Hector Luiz였다. 치에이지는 가끔 그녀의 맨해튼 아파트에서 파티를 열었고, 이 파티는 실리콘 밸리의 임원들을 위한 동부 해안의 살롱이 되고 있었다. 한번은 손님으로 AMD의 CEO인 헥토르 루이즈가 왔다. 루이즈 정도의 인물이 일개 애널리스트가 자기 집에서 여는 파티에 참석해서 와인을 마시고 치즈볼을 먹는다는 것은 이상하게 보일 수 있었지만, 그들은 서로를 필요로 하고 있었다. 루이즈는 뉴캐슬이 AMD 주식을 보유하고 있었기 때문에 그녀를 필요로 했고, 그녀가 그를 필요로 했던 이유 역시 명백했다. 아무튼 이러한 이상한 모습은 두 사람이 특별히 가까운 사이였기 때문에 가능한 것으로 볼 수 있다. 일부 사람들은 그들의 관계가 매우 가까웠다고 했지만, 루이즈는 그들의 관계는 비즈니스 이외에는 아무 것도 없었다고 부인했다.

모팻의 정보 제공과 AMD 딜

2008년 10월 7일, AMD는 2개의 중동 국부펀드와 조인트벤처 설립을 발표했다. 먼저, AMD는 반도체 부문을 분사spin-off해서 아부다비 정부가 설립한 투자 펀드인 어드밴스드 테크놀로지 인베스트먼트ATI와 함께 조인트벤처를 설립한다고 발표했다. 이와 함께 아부다비의 국부펀드인 무바달라 인베스트먼트Mubadala Investment Co가 AMD에 3억 1400만 달러를 투자한다고 발표했다. 두 개의 투자 건은 2008년 10월 7일, 시장이 열리기 전에 공개적으로 발표됐다.

이 정보는 치에이지 이외에도 쿠마르를 통해, 즉 2개의 정보 채널을 통해 라자라트남에게 전달됐다. 당시 AMD는 칩 제조 부문에서 고전하고 있었고, 그 무거운 짐을 내려놓고 재력 있는 파트너가 주가를 올려 줄 수 있는 조인트벤처 설립을 검토하고 있었다. 이 딜에 중동의 국부펀드들이 참여한 것이다. IBM도 이 거래에 참여했는데, 그것은 AMD에서 분사되어 새로 설립된 회사가 IBM의 기술 사용을 위한 라이센스를 요청했기 때문이었다.

모팻은 이 딜에서 IBM 측 창구였고 루이즈는 AMD의 CEO였다. 딜을 책임지고 있는 두 사람 모두에게 접근이 가능한 치에이지는 다른 애널리스트들이 알 수 없는 세부적인 내용에 접근할 수 있었다. 그녀는 업데이트 되는 모든 정보를 즉시 커랜드에게 전달했다. 커랜드는 AMD의 주가가 회사 분할 이후에 상승할지 여부를 확실하게 확인하라고 주문했다. 그녀는 모팻과 루이즈를 통해 향후 주가 전망에 대한 추가 정보를 얻기 위해 노력 중이라고 말했다. 커랜드는 그녀에게 AMD 주식을 매수하라고 지시했고 뉴캐슬은 19만 9400주를 매수했다.

커랜드는 그녀에게 딜과 타이밍에 대한 구체적인 정보를 더 얻어내라고 압박했다. 8월 22일, 모팻은 그녀에게 "아랍이 21억 달러를 출자해서 파브코의 지분 50%를 가질 것"이라고 말했다. 치에이지는 AMD 정보를 커랜드에게만 제공하고 있는 것은 아니었다. 그녀는 모팻과 루이즈로부터 얻은 정보를 라자라트남에게도 제공하고 있었다. 당시 라자라트남은 세계 300대 부호에 들었고 순자산은 18억 달러에 이르렀다. 그의 비즈니스 정보는 맥킨지, 인텔 등의 최고위급 인사들에게서 나왔다. 치에이지는 정말 좋은 정보는 라자라트남에게만 제공했는데, 그것은 그가 자기보다 더 좋은 정보 서클을 가지고 있었고, 그들로부터 최고의 정보가 오는 것을 알고 있었기 때문이다. 그녀는 라자라트남과의 좋은 관계가 계속 유지되기를 진심으로 원했다.

그해 여름, 치에이지가 모팻으로부터 얻은 AMD 정보는 라자라트남에게 매우 중요했다. 그녀는 라자라트남에게 이 정보를 제공하면서 비밀 유지를 당부했다. 그녀는 "만약 이 정보가 샌다면 내 비즈니스는 끝나요. 누가 IBM을 알겠어요? 누가 AMD와 침실에 있겠어요?"라고 말했다. 9월 말경까지 뉴캐슬은 AMD 보유 지분을 230만 주까지 늘렸다. 갤리언은 8백만 주 이상을 보유했다.

그러나 그들에게 소름끼칠 일은 연방 정부가 그들의 전화 통화를 듣고 있다는 것이었다. 연방 정부는 2007년부터 라자라트남을 조사해 오고 있었다. 라자라트남에 대한 조사는 루미 칸이 정부 협력자로 전향한 이후부터 급진전을 이루었다. 처음에는 갤리언 대표의 전화만을 감청했지만, 2008년 여름에는 치에이지와 커랜드를 포함해서 라자라트남의 다른 동료들의 전화까지 감청이 확대되고 있었다. FBI는 치에이지의 전화 감청을 통해 모팻이 그녀에게 AMD 딜을 포함하여 IBM에 관한 여러 비밀 정보를 제공한 증거를 확보했다.

모팻은 치에이지와 연인 관계가 되면서 지속적으로 그녀에게 내부정보를 제공했다. 연방 정부에 따르면 갤리언과 뉴캐슬은 치에이지의 내부정보를 이용해 약 2천만 달러를 벌었다. 그렇지만 모팻의 내부정보로 뉴캐슬과 갤리언이 항상 돈을 번 것은 아니다. 예를 들면, 거대한 작전으로 생각했던 AMD 건에서 그들은 돈을 잃었다. 치에이지는 커랜드와 라자라트남에게 비밀 정보를 전달했고, 그것은 전형적인 내부자거래였다. 그런데 돈을 잃은 것이다. 그 이유는 2008년 금융위기의 영향과 월가가 그 딜에 대해 어떻게 반응할지 잘못 판단했기 때문이었다. 그들은 내부정보를 이용한 투자에서 돈을 잃었다. 그렇다면 이 건에 대해서도 내부자거래 혐의가 성립하는가?

여왕의 체포

2009년 10월 16일 금요일 새벽 6시경, FBI 수사관인 캐슬린 쿠엘리는 정복 차림에 권총을 차고 다른 FBI 수사관 4명과 함께 치에이지의 아파트로 향했다. 그날은 라자라트남을 포함해서 공모자들을 동시에 체포하기로 한 디데이D-Day였다. 치에이지는 그 체포자 명단에 포함돼 있었다.

그들은 아파트 로비에서 경비에게 치에이지를 만나러 왔다고 말했다. FBI 수사관 한 명은 경비가 그녀에게 전화하지 못하도록 지키기 위해 로비에 남았고, 나머지 4명이 그녀의 방이 있는 35층으로 올라갔다. 그들은 그녀의 아파트 문을 몇 번을 두드리며 "FBI"와 "경찰"이라는 말을 반복했지만 안에서는 대답이 없었다. 그들은 로비에 있는 FBI 수사관에게 전화를 해서 경비가 그녀에게 연락하도록 요청했다.

치에이지는 사람들이 문밖에서 "FBI, FBI"라고 시끄럽게 외치는 소리를 처음 들었을 때 사람들이 장난치는 것으로 생각했다. 마침 할로윈 데이도 가까이 와 있었다. 그러나 방문자들이 진짜 경찰이라는 것을 알았을 때 그녀는 충격을 받았다. 그녀는 막 침대에서 나온 모습이었다. 블론드 머리는 빗질이 되어 있지 않았고, 물론 화장도 하지 않은 상태였다. 미국의 엄청난 기업의 영향력 있는 임원들의 마음을 흔들며 내부정보를 즐겼던 유혹적인 여자로 보이지 않았다.

FBI 수사관은 그녀에게 체포영장을 보여 주었다. 그녀는 아파트가 엉망이어서 복도에서 이야기하고 싶다고 말했지만, 수사관들은 그녀의 집 안으로 밀고 들어갔고, 혹시 무기가 있는지 다른 사람이 있는지 간단하게 수색했다. 그녀의 고양이 이외에는 아무도 없었다. 아파트 안은 어제 밤 파티 때문인지 어질러져 있었다.

FBI 수사관인 쿠엘리와 웨너는 거실에서 치에이지와 마주 앉았다. 그들은 그녀에게 그동안 정부가 축적해 놓은 증거를 보여 주었다. 물론 FBI가 그녀의 전화를 오랜 기간 동안 감청한 것도 말해 주었다. 그녀의 친구인 라자라트남은 이미 체포됐다고 말했다. 그녀는 충격을 받았다.

이때를 놓치지 않고 FBI 수사관은 그녀에게 정부를 위해 협력할 수 있는 기회가 남아 있다고 말했다. 그녀가 이 제안을 받아들이고 협조한다면 FBI는 그녀를 체포하지 않을 것이라고 말했다. 치에이지는 고민했다. 그리고 어찌해야 할지 몰랐다.

FBI 수사관들은 그녀에게 종이를 내놓으면서 전화번호를 적으라고 말했다. 그들이 요구했던 번호는 AMD의 CEO인 헥토르 루이즈였다. FBI는 치에이지의 전화 감청을 통해 그녀와 헥토르의 관계를 알았지만 아직 헥토르를 기소하기에는 충분하지 못했다. 그녀는 전화하기를 꺼려했다.

그리고 서부에 있는 루이즈에게 전화하기에는 너무 이른 시간이었다. (미국은 동부시간과 서부시간은 3시간의 차이가 난다.) 새벽 4시에 루이즈에게 갑자기 전화해서 무슨 말로 내부정보를 건넨 사실을 유도한단 말인가? 사실, FBI 수사관의 요구는 시간적으로 볼 때 넌센스로 보였다.

그녀는 루이즈에게 전화하지 않았다. 오전 7시 30분경, FBI 수사관들은 그녀가 비협조적이라고 판단했고 그녀를 체포했다. 그들은 그녀가 입을 옷으로 하얀 스웨터를 찾았고, 그것을 입으라고 말했다. 그들이 그녀의 아파트를 나오려고 할 때, 치에이지는 FBI 수사관에게 그녀가 브라를 하지 않았다고 말하면서 브라를 해도 괜찮냐고 물었다. FBI 수사관인 웨너는 그녀에게 "지금 입은 옷은 크고 넉넉해서 괜찮을 것이다"라고 말했다. 치에이지는 그렇게 체포됐다.

치에이지가 당시 몰랐지만 FBI는 7시 30분을 그녀의 체포 여부를 결정하는 시간으로 이미 정해 놓았었다. FBI의 다른 2개의 팀은 그녀가 협조하지 않을 경우 모팻과 커랜드를 체포하기 위해 대기하고 있었다. 쿠엘리 팀은 모팻 팀과 커랜드 팀에게 그들을 체포하라는 신호를 보냈다. 쿠엘리 팀으로부터 사인을 받은 그들은 바로 모팻과 커랜드를 체포했다.

모팻의
몰락

2009년 10월 16일 새벽, 모팻과 치에이지는 동시에 체포됐고 그들은 FBI 뉴욕 본부로 연행됐다. 모팻은 지문과 사진을 찍고 소변검사를 했다. 경찰은 그를 유치장으로 안내했는데, 그곳에는 커랜드와 라자라트남이 와 있었다. 모팻은 두 사람을 치에이지를 통해 만난 적이 있었다. 정말 해괴하고 어이없는 상황이었다. IBM의 수석 부사장, 세계적인 헤지펀드 갤리언의 대표, 그리고 헤지펀드 뉴캐슬의 대표가 같은 유치장에 동시에 갇힌 것이다. 치에이지가 그 유치장으로 끌려오지 않은 것이 천만다행이었다.

모팻은 오후 7시쯤 2백만 달러의 보석금을 내고 풀려났다. 그는 남동생을 끌어안으며 자신은 잘못한 것이 없다고 말했다. 뉴욕 FBI 건물 옆에 붙어 있는 블루밍데일 주차장에 모팻의 렉서스가 주차돼 있었다. 그는 렉서스를 타고 아내인 아모르와 함께 집으로 갔다. 모팻은 그녀에게 "정말 미안하다"고 말했다. 그녀는 말없이 듣고만 있었고, 그녀는 그에게 경력과 명예를 잃어버리고 비통해 할 수 있는 충분한 시간을 줄 것이라고 말했다. 그녀는 정말 화가 많이 나 있었다. 모팻은 보석으로 풀려난 다음 날 IBM에 사의를 표명했다. 그곳은 그가 31년이라는 그의 인생을 바쳐 헌신했던 곳이었다.

연방 정부는 모팻에게 내부자거래 혐의를 제기했지만 아직 기소하지는 않았다. 그는 친구들에게 자신은 무죄하고 혐의에 대해 싸울 것이라고 말했다. 미국 내부자거래 법리상 정보 제공자인 모팻에게 내부자거래의 책임을 묻기 위해서는 정보 수령자인 치에이지로부터 '개인적인 이득personal benefits'을 받았어야 한다. 모팻은 그녀로부터 받은 것이 없었다. 그러나 맥더모트 사건(이 사건의 자세한 내용은 부록에서 소개)에서 연방 법원은 내부자인 맥더모트가 정보 수령자로부터 금전적으로 이익을 얻은 것이 전혀 없더라도 아름다운 여인과 섹스 관계를 유지한 것만으로도 '개인적 이득' 요건을 충족한 것으로 이미 판단했었다.

모팻과 그의 아내는 몇 달을 고민했다. 결국 모팻은 정부 측에 내부자거래를 인정하기로 결정했다. 그들은 맥더모트 사건의 선례를 볼 때 법정에서 싸우는 것이 너무 위험하다고 판단했다. 5월의 어느 날, 모팻은 그의 변호사인 케리 로렌스를 대동하고 법정에 섰다. 그는 자신의 유죄를 인정했다. "나는 나의 남은 인생을 괴롭힐 엄청나게 잘못된 판단을 했다"라고 말하면서 눈물을 흘렸다. 그는 치에이지의 일을 도와주고 싶은 마음에서 정보를 주었다고 말했다. 그는 그녀를 '친구'로 표현했다. 그가 법원을 나왔을 때 비가 옅게 내리고 있었다. 사진기자들이 사진을 찍기 위해 몰려들었다. 그의 눈에는 다시 눈물이 흐르고 있었다.

갤리언 스캔들의 파편은 모팻의 화려한 인생을 회복 불능한 상태로 망가뜨렸다. 그의 연인 치에이지 뒤에 라자라트남이 있었고, 그는 연방 정부의 요주의 인물로서 수년간 감청까지 동원돼 감시당하고 있었던 것이다. 거기에 치에이지의 전화까지 감청되고 있었다는 사실은 모팻으로서는 상상조차 할 수 없었던 일이었다. 모팻에게 더욱 충격적인 것은 그가 치에이지에게 제공한 정보는 라자라트남 이외에도 월가의 내부정보 링을 타고 번지고 있었다는 것이다.

모팻은 이제 IBM 없는 삶을 살아야 했다. 그것은 고통이었다. 가족 중에서 아내인 아모르가 가장 힘들었다. 아모르는 모팻이 체포된 이후에 오랫동안 잠잠했던 그녀의 병이 다시 스트레스로 인해 재발했다. 그녀의 눈이 흐릿해서 식료품 가게까지 운전해 가는 것도 어려웠고, 다리도 너무 약해져서 계단을 오르는 것조차 힘들었다.

모팻은 《포춘》과의 인터뷰에서 자신의 행동에 대해 후회했다. 그는 자신의 잘못으로 IBM, 동료들, 가족들을 당황스럽게 만들었다고 말하면서 눈물을 흘렸다. 그는 자신이 형사적으로 너무 관대하게 처벌받았다는 주장을 부인했다. 그는 IBM을 떠나면서 그가 60세까지 근무하면 받았을 스톡옵션과 연금을 포함해서 6500만 달러를 잃었다고 말했다. 그러나 그는 "내가 잃은 가장 큰 것은 나의 명예다"라고 말했다.

《포춘》은 그와의 인터뷰에서 치에이지와의 연인 관계에 대해서 관심이 있었지만, 그는 "모든 사람이 이 이야기를 섹스에 관한 것으로 만들기를 원하고 있다. 치에이지는 비즈니스 업계의 사람들과 폭넓은 관계를 가지고 있었다. 그녀는 업계의 일에 정통한 정보를 가지고 있었고, 그녀와의 관계는 비즈니스 환경에 대한 명확한 이해를 높이기 위한 것이었다"고 말했다.

그의 말이 부분적으로 진실이라고 할지라도 모팻이 그녀로부터 얻은 명확성에 대한 대가는 너무나 고통스러웠다. 모팻은 형사법정에서 징역 6개월과 5만 달러의 벌금을 선고받았다.

마크 커랜드는 갤리언 피고들 중에서 가장 먼저 선고를 받았다. 그는 그의 범죄를 인정하면서도 약한 처벌을 받아야 한다고 주장했다. 그는 자신의 죄는 정보 제공자인 모팻보다도 훨씬 약하며, 따라서 그와 유사한 가벼운 형을 받아야 한다고 주장했다. 더 나아가 그는 자신의 형량을 낮추기 위해 자신의 애인이었던 치에이지에게 내부자거래의 책임을 돌렸다. 그녀가 자신을 적극적으로 끌어들였다고 주장했다. 그의 변호사는 "치에이지가 불법적인 내부자거래 음모에 그를 끌어들인 책임을 져야 한다"고 주장했다.

그러나 리차드 홀웰 판사는 커랜드가 자신의 책임을 피하려는 행동에 대해 신랄하게 비난했다. 당시 미국의 금융위기가 발발한 상당한 원인이 커랜드 같은 사람의 태도 때문이라고까지 말했다. 판사는 커랜드가 자신의 권한을 남용했고, 보다 많은 돈을 보다 빠르게 벌기 위해서 미국의 경제를 거의 망가뜨린, 금융시장에서 사실상의 조직폭력배의 한탕주의에 굴복한 사람이라고 비난했다. 그는 커랜드에게 27개월의 징역형과 벌금 90만 달러를 선고했다. 홀웰 판사의 말처럼 커랜드는 비굴한 인간이었다. 그는 치에이지를 이용해 내부정보를 빼냈고, 그 정보를 이용하여 펀드를 움직였다. 그는 치에이지에게 업계 핵심 인물들과 "더 많은 관계를 가질 것"을 요구하면서 내부정보를 빼낼 것을 강요한 인물이었다.

치에이지는 유죄 인정을 거부했다. 그녀는 잘못한 것이 없으며 법정에서 싸우겠다고 했다. 그녀는 보석으로 풀려난 후 프랑스 요리학원에 등록했다. 그녀의 할아버지가 뉴욕에서 합스부르크 하우스 Hapsburg House 라는 유명한 식당을 운영하고 있었다. 치에이지는 뉴캐슬을 나와 자신의 헤지펀드를 설립하려고 했었고, 라자라트남은 이를 지원하겠다고 약속했다. 그녀는 그 펀드의 이름을 '합스부르크'로 지을 예정이었다. 그러나 이제 모든 것들이 물거품이 되어 버렸다.

치에이지는 재판이 시작되기 전에 정부와 싸우겠다는 생각을 바꿨다. 이 사건에 휘말린 사람들 거의 대부분이 유죄를 인정했고 정부 측 증인으로 돌아섰다. 재판 상황은 그녀에게 불리하게 돌아가고 있었다. 자신의 보스인 커랜드에게 책임을 돌리는 것도 한계가 있었다. 자신의 책임을 어느 정도까지 줄일 수 있는지 너무 불확실했다. 결국 그녀는 정부와 딜을 하기로 결정했다. 그녀는 법정에서 흐느끼며 "나는 내가 진정 사랑했고, 극도로 헌신했던 나의 분야에서 쌓아온 20년의 경력을 무너뜨렸습니다. 나는 명예로운 직업에 오명을 씌웠습니다"고 말했다. 그녀는 자신의 죄를 인정하며 사과했다.

치에이지에 대한 선고일인 2011년 7월 20일, 그녀의 변호사인 돈 부치왈드는 그녀의 보스인 커랜드가 지난 20년 동안 치에이지가 내부정보를 가져오도록 섹스 관계를 이용했다고 비난했다. 그가 책임이 더 크다고 주장했다. 그러나 홀웰 판사는 그녀에게 30개월의 징역형, 2년의 보호관찰, 250시간의 사회봉사를 선고했다. 그녀에게 선고된 징역형은 많은 사람들을 놀라게 했다. 그녀의 보스였던 커랜드보다도 더 길었기 때문이었다.

그녀의 형량이 커랜드보다 무거웠던 것은 그녀가 내부정보를 빼내는 실행자로서 역할을 한 부분도 있지만, 그녀가 내부정보를 주고받은 사람들의 이름을 밝히는 것을 거부했기 때문이었다. 커랜드는 법정에서 남자로서 비굴하게 행동했지만 그녀는 용기 있게 행동했다.

치에이지는 의지가 강했고 성격 또한 외향적이고 낙천적인 사람이었다. 그녀는 징역형 선고 후에 법정 앞에서 기자들과 인터뷰를 하면서도 웃음과 여유를 잃지 않았다. 그녀는 감옥에서 재소자들로부터도 존경을 받았는데, 그 이유는 연방 검사에게 정보를 팔지 않았기 때문이다. 그녀는 자신이 "쥐새끼같이 행동하지 않았다"고 말했다. 그녀는 출소 후에 기자들에게 "나는 지난날의 경력을 모두 잃었지만 여전히 야망을 가지고 있다. 나는 반드시 해낼 것이다. 나는 돌아왔다"라고 씩씩하게 말했다. (치에이지는 15개월을 복역하고 출소했고, 나머지 기간은 사회복귀훈련시설halfway house에서 생활했다.)

그녀는 증권 산업에서 일하는 것이 영구히 금지됐다. 따라서 그녀가 선택할 수 있는 비즈니스의 폭은 크게 제약을 받았다. 그녀는 프랑스 요리 학원을 다녔는데 요리업에 관심이 있었던 것으로 보인다. 아마 맨해튼을 방문한다면 합스부르크 하우스에서 치에이지의 모습을 볼 수 있을지도 모르겠다. 아니면 그녀가 독자적으로 운영하는 멋진 레스토랑에서 그녀를 볼 수 있을지도 모르겠다. 그녀의 말처럼 그녀는 아마 해낼 것이다.

제12장

헤지펀드의 왕,
스티븐 코언의
어두운 진실

INSIDERS ON
WALL STREET

최고의 성적, 최고의 학교, 최고의 보너스 이외에는
어떤 것도 받아들이려 하지 않는 의지, 그리고
그러한 결과를 얻기 위해서는 어떤 행동도 불사하려는
마토마의 삐뚤어진 성격이 오늘의 범죄를 일으켰다.

가더프 판사
〈마토마에게 징역 9년형을 선고하며〉

시카고
콘퍼런스

        2008년 7월 29일, 시카고의 하이야트 호텔에서는 국제 알츠하이머병 콘퍼런스가 열리고 있었다. 닥터 시드니 길먼Sidney Gilman은 콘퍼런스에서 신약의 임상시험 결과를 발표하기 위해 연단에 올랐다. 호텔의 그랜드볼룸은 수많은 청중으로 가득 차 있었다. 1700개나 되는 좌석은 이미 꽉 찼고, 많은 사람들이 복도와 뒤쪽 벽에 서 있었다. 그들은 숨을 죽이며 길먼의 발표를 기다리고 있었다.

    콘퍼런스에는 전 세계에서 모인 의학자와 과학자들뿐만 아니라 수백 명에 달하는 월가의 애널리스트들도 참석하고 있었다. 무슨 발표이기에 그렇게 많은 월가 사람들이 시카고에서 열리는 의학 콘퍼런스에 참석했을까?

    의학자들은 지난 수십 년간 알츠하이머병을 치료하기 위해 많은 노력을 했지만 실패했다. 그러던 와중에 최근 엘란Elan과 와이어스Wyeth라는 두 제약 회사가 '바피뉴주맵bapineuzmab'(이하 "바피")이라 부르는 신약을 개발하기 위해 공동으로 노력해 왔다. 두 회사는 바피를 개발하고 테스트하는 데 수백만 달러를 쏟아 부었다. 이 약은 알츠하이머병을 치료하는 데 희망을 보여 주었다. 동물에 대한 실험은 성공적이었고 일부 환자의 경우에도 효과가 있었다. 이후 240명의 환자를 대상으로 18개월에 걸쳐 2단계 실험을 했고, 이날 닥터 길먼이 그 결과를 발표하기 위해 연단에 오른 것이다.

미국에는 대략 5백만 명이 알츠하이머병으로 고통을 당하고 있었다. 기억력 감퇴와 언어 능력의 저하를 가져오는 알츠하이머병의 정확한 발병 원인은 아직까지 알려져 있지 않다. 향후 점점 더 많은 사람들이 이 무서운 질병에 걸릴 것으로 예상되면서 의학자들이 새로운 신약인 바피에 거는 기대는 매우 컸다. 그런데 의학자들 이외에 월가 역시 신약 개발에 관심이 매우 컸다. 왜냐하면 알츠하이머병을 치료하는 신약 개발이 성공한다면 그야말로 '대박'을 칠 수 있기 때문이었다. 따라서 월가의 투자자들도 바피가 과연 기적의 신약이 될 수 있을지 관심이 매우 높았다.

월가의 유명한 헤지펀드인 SAC 캐피털 어드바이저스SAC Capital Advisors가 오래전부터 바피에 대해 엄청난 배팅을 하고 있었다. SAC는 스티븐 코언Steven Cohen이 1992년에 설립한 헤지펀드로 2500만 달러를 가지고 출발했지만, 2008년에는 직원 1000명, 그리고 운용 규모가 140억 달러에 달하는 월가에서 가장 강력한 헤지펀드 중 하나로 성장했다. 그러나 코언은 월가에서 내부자거래의 루머가 끊이지 않는 인물이었다. SEC, FBI 그리고 뉴욕 남부지방 연방 검찰청(이하 '뉴욕 남부지검')이 코언을 잡기 위해 분투했지만 그는 교묘하게 수사망을 피해 갔다.

2008년 여름, SAC는 엘란과 와이어스 주식에 무려 7억 5000만 달러를 투자해 도박을 걸었다. 코언은 '캐탈리스트catalysts'에 근거한 투자로 유명한데, 이는 특정 주가의 상승 또는 하락에 결정적인 영향을 미치는 이벤트에 베팅하는 것을 말한다. 시카고에서 길먼의 임상시험에 대한 발표는 전형적인 캐탈리스트 투자였다. 만약 결과가 희망적이라면 주가는 하늘로 치솟을 것이고 코언은 엄청난 돈을 벌 것이었다.

콘퍼런스가 개최되기 3주 전, 엘란의 임원들은 길먼에게 발표를 부탁했다. 그러나 길먼은 프레젠테이션을 맡길 원하지 않았다. 그러한 제안은 커다란 명예이기도 했지만, 길먼은 최근 림프종을 앓고 있었고 화학치료 때문에 대머리가 된 상태였다. 건강 상태도 별로 좋지 않았다. 그렇지만 엘란은 길먼이 의학계에서 존경받는 인물이었고, 미시간 대학 의대에서 오랜 기간 신경학 분야의 책임자로 있었기 때문에 그를 적임자로 보았다. 길먼의 권위가 신약의 임상 결과 발표에 따르는 불안감을 해소해 줄 수 있을 것으로 기대했기 때문이다.

길먼은 파워포인트를 이용하여 13분 동안 발표했다. 공개된 바피의 임상 결과는 기대에 미치지 못했다. 그러나 그렇다고 크게 불만족스러운 것도 아니었다. 바피가 일부 환자에게는 효과가 있었지만 다른 환자들에게는 그렇지 못한 것이다. 길먼은 결과에 대해 낙관적인 입장이었고, 그는 친구에게 "희망적으로 보인다"고 말했다. 그러나 약의 상업적 전망이 중요한 월가는 생각이 달랐다. 월가는 바피가 그 정도의 임상 결과로는 가까운 시일 내에 연방 식품의약청FDA, Food & Drug Administration의 승인을 받기 어렵다고 판단했다. 어느 애널리스트는 임상 결과가 "재앙"에 가깝다고 혹평했다. 시카고 콘퍼런스에서의 발표는 진정한 '캐탈리스트'였지만 결과는 투자자들이 기대했던 방향이 아니었다. 코언이 엄청난 실수를 한 것으로 보였다. 다음 날 시장이 끝났을 때 엘란의 주가는 40%, 와이어스의 주가는 12% 하락했다.

그러나 길먼이 프레젠테이션을 했을 때 SAC는 엘란이나 와이어스 주식을 한 주도 보유하고 있지 않았다. 콘퍼런스가 있기 전 8일 동안 코언은 두 회사에 대해 보유하고 있던 7억 달러의 주식을 모두 매도했을 뿐만 아니라, 엘란 주식에 대해 9억 6000만 달러의 공매도까지 쳤다. 일주일 동안 코언은 거의 10억 달러의 포지션을 반대로 가져간 것이다. 도대체 SAC 안에서 무슨 일이 벌어진 것일까?

길먼은 코언을 만난 적이 없었다. 임상시험에 대한 상세한 내용은 철저하게 비밀에 부쳐졌지만 SAC는 여전히 낙관적인 기대를 가지고 두 회사 주식을 도박 수준으로 보유하고 있었다. 코언은 주식 투자에 대한 결정을 육감에 따라 한다고 주장한다. 코언이 주식 티커의 숫자들이 어디로 움직일지를 예견할 수 있는 비상한 능력이 있다고 말하는 사람들도 있다. 그의 오랜 기간 조수였던 챈들러 바크리지는 코언을 가리켜 "모든 시대를 넘어 가장 위대한 트레이더"라고 평가했다.

그러나 연방 정부의 생각은 달랐다. 어떻게 SAC만 이렇게 절묘한 거래를 할 수 있을까? 정말 신출귀몰한 거래였다. 거래 규모 또한 천문학적 단위였다. 리스크 관리가 생명인 헤지펀드의 경우 그러한 거래는 내부정보 없이는 있을 수 없는 거래였다. SAC는 바피의 임상시험 결과에 대해 계속해서 낙관적인 기대를 가지고 있었는데, 어떻게 콘퍼런스 발표 바로 직전이라는 완벽한 타이밍에 포지션을 바꿀 수 있었을까?

그 의문은 한참이 지나서야 확인됐다. 시카고 콘퍼런스가 있은 지 4년 후인 2012년 12월, 뉴욕 남부지검은 코언을 위해 일하는 젊은 펀드매니저인 매튜 마토마Mathew Matorma를 내부자거래 혐의로 기소했다. 연방 검찰은 SAC와 마토마가 바피에 대한 비밀 정보를 이용하여 역사상 가장 거대한 이익을 남긴 내부자거래를 했다고 비난했다. 마토마는 거의 2년 동안 임상시험 진행에 대한 비밀스러운 세부 정보를 받아왔으며, 2단계 실험에 대한 실망스러운 결과가 담긴 프레젠테이션 자료를 발표 직전에 입수했다. 그리고 SAC는 그 정보를 이용해서 긴박하게 거대한 포지션 전환을 한 것이다. 마토마에게 그 정보를 제공한 사람은 길먼이었다.

잘못된 만남

길먼의 아버지는 러시아 이민자였고, 그는 길먼이 10살이 되었을 때 집을 나갔다. 어머니는 혼자서 3명의 아들을 힘겹게 키워야 했다. 길먼은 모범생이었고 UCLA 의대를 졸업하고 하버드와 콜롬비아 대학에서 강의를 했다. 1977년, 그는 미시간 대학에서 신경학 분야를 맡아 달라는 부탁을 받고 아내, 두 아들과 함께 앤아버(미시간 대학이 위치한 도시)로 갔다.

길먼은 큰아들인 제프가 게이라는 사실을 알았을 때 이를 받아들이기 힘들었고 두 사람의 관계는 매우 소원해졌다. 제프는 어린 시절부터 정신 질환을 앓았다. 그는 학업을 포기하고 집을 나갔는데, 결국 1983년에 캠퍼스와 가까운 호텔에서 약을 먹고 자살했다. 길먼은 이전에도 비극을 경험했는데 그의 어머니가 67세 때 스스로 목숨을 끊었기 때문이다.

길먼의 인생에 커다란 위기가 찾아왔다. 큰아들이 죽은 후 길먼의 가정생활은 파탄이 났고, 결국 부인과 이혼했다. 1984년, 길먼은 정신과 의사와 재혼했지만 그들 사이에 자녀는 없었다. 길먼은 둘째 아들인 토드와의 관계도 원만하지 않았는데, 그 역시 형처럼 게이였기 때문이다. 길먼은 이러한 가정적인 고통을 잊으려는 듯 의학 연구에 몰입했다. 그는 일주일에 7일을 연구실에 출근했다. 그는 여러 연구 프로젝트를 주도했고 9권의 책을 직접 쓰거나 편집하면서 명성을 날렸지만, 특히 알츠하이머병 분야에서 최고의 전문가 중 한 사람이 됐다. 그는 치료약을 개발하는 것이 의사로서의 사명이라고 생각했다.

2002년 어느 날, 길먼은 거슨 리만 그룹GLG, Gerson Lehman Group이라는 회사로부터 연락을 받았다. 그 회사는 특정한 산업의 전문가와 투자자를 연결시켜 주는 일을 했다. GLG는 길먼에게 GLG의 전문가 네트워크에 조인해서 한 시간에 천 달러를 받을 수 있는 컨설턴트가 되기를 권유했다. 길먼은 동의했다. 《미국 의학 협회 저널》은 2005년에 미국 의사의 10%가 월가에 자문을 해 주고 있다고 밝혔는데, 이 수치는 1996년 대비 75배가 증가한 것이었다. 이러한 현상은 헬스케어 산업이 월가의 주요 관심 분야로 급부상했다는 것을 잘 보여 주는 것이었지만, 또한 공정 공시 규정Regulation Fair Disclosure의 제정으로 인한 영향 때문이기도 했다.(FD의 제정으로 상장기업이 미공개 중요 정보를 애널리스트들에게 선별적으로 미리 제공하는 것이 금지됐고, 따라서 헤지펀드의 애널리스트들은 회사의 IR팀으로부터 직접 회사 정보를 얻는 것이 불가능해졌다.)

길먼도 그 논문을 읽었지만 전문가와 산업계의 연결을 긍정적으로 생각했다. 그는 GLG에 보낸 이메일에서 투자자들과의 소통이 자신의 연구에 신선한 인사이트를 제공하기도 한다고 했다. 길먼의 말은 틀린 말이 아니었다. 그는 GLG를 통해 헬스케어 분야에 깊은 관심을 가진 펀드매니저나 애널리스트를 만날 수 있었다.

길먼의 대학 연봉은 32만 달러였다. 그는 돈이 부족하지는 않았다. 그러나 GLG를 통한 미팅은 나름 흥미로운 부분이 있었다. 그의 말대로 컨설팅은 그의 삶에 '변화diversion'를 주었고, 또한 돈이 부족하지는 않았지만 돈을 번다는 것은 즐거운 일이었다. 그는 30분 컨설팅에 1000달러를 받았는데, 이 금액은 기업 변호사들이 받는 돈의 2배 수준이었다. 직접 대면 미팅을 하는 경우에는 2000달러를 받았다. 길먼은 컨설팅을 시작하면서 1년에 수십만 달러를 더 벌기 시작했다. 물론, 길먼 혼자서 이러한 컨설팅을 하는 것은 아니었고, 많은 친구들이나 동료들도 컨설팅에 참여하면서 금융시장의 네트워크 안으로 들어가고 있었다.

2006년 여름, 길먼은 매튜 마토마로부터 전화를 받았다. 그는 자신을 SAC에서 펀드매니저로 일하고 있고 헬스케어 주식에 관심이 있다고 소개했다. 그들은 알츠하이머의 치료법에 대해 이야기했고, 특히 '바피'에 대해 이야기를 나누었다. 마토마는 듀크 대학 시절에 대학의 메디컬센터 알츠하이머 연구소에서 자원봉사를 한 적이 있었다. 이후 그는 알츠하이머에 대해 큰 관심을 가지고 되었고, 나름 의학적 지식도 갖추게 되었다.

마토마는 바피가 성공한다면 엘란과 와이어스는 엄청난 대박을 칠 것으로 생각했다. 그는 바피의 전망에 대해 낙관적이었고, 바피를 통해 엄청난 돈을 벌 수 있기를 희망했다. 그래서 그는 바피의 임상시험 진행과 관련된 모든 정보를 얻기 위해 필사적으로 달려들었다. 그러나 알츠하이머 치료약에 대한 그의 섣부른 의학적 지식은 집착으로 변했고, 집착은 욕망과 결탁되면서 그의 인생을 파멸로 이끌었다.

매튜 마토마는 1974년에 미시간에서 출생했지만 플로리다에서 성장했다. 그의 부모는 1960대에 남인도인 케랄라에서 미국으로 이민을 왔다. 그들은 크리스천이었다. 마토마란 이름은 남인도 케랄라에 있던 동방정교회 계통의 '마 토마스 시리아 교회Mar Thomas Syrian Church'에 대한 헌신의 의미로 교회로부터 그의 가정이 받은 이름이었다. 마토마의 아버지 바비는 19세에 미국으로 이민을 왔고 호워드 대학을 졸업했다. 마토마가 태어날 때 어머니는 미시간 의과 대학에서 레지던트였다. 바비는 미시간에 있는 포드자동차에서 엔지니어로 직업을 얻었지만, 그들은 마토마가 어렸을 때 플로리다로 이사를 갔다.

바비는 아들인 마토마에게 거는 기대가 매우 컸고, 아들에게 성공해야 한다는 상당한 압박을 가했다. 그는 마토마가 하버드에 진학할 수 있도록 매일 기도했다. 마토마는 순종적이었고 학교에서 우수한 성적을 보였지만 하버드에 입학할 수준은 되지 못했다. 마토마는 듀크 대학에 진학했고 아버지는 분노했다. 그는 너무 화가 나서 마토마의 18번째 생일날에 "아버지의 꿈을 깨트린 아들 Son Who Shattered His Father's Dream"이라고 쓴 명판을 선물하기도 했다.

마토마는 듀크 대학에서 생물학을 공부했고 우수한 성적으로 졸업했다. 그는 국립보건연구소에서 1년간 일을 한 후 저명한 학술지에 알츠하이머병에 대한 논문을 공저자로 발표하기도 했다. 이후 그는 하버드 로스쿨에 입학했고, 스탠퍼드 대학에서 MBA를 받았다.

마토마는 스탠퍼드를 졸업한 후 보스턴에서 시리오스 캐피털 매니지먼트라는 작은 헤지펀드에서 일하면서 행복하게 살고 있었다. 그러던 그에게 SAC가 접근해 왔다. SAC의 인사 담당자였던 샐러먼 쿠먼은 마토마가 바이오테크 분야에서 아주 기대가 큰 펀드매니저라는 말을 들었다. 당시 바이오테크 산업은 붐이 일고 있었고 많은 회사들이 신약 개발을 위해 경쟁하고 있었다. 쿠먼은 SAC에 이 분야의 탁월한 전문가가 필요하다고 생각했다. 쿠먼은 마토마에게 SAC에서 일해 보지 않겠느냐고 제안했다.

마토마는 망설였다. 헤지펀드 업계의 경력이 아직 짧기는 했지만 SAC에서 일한다는 것이 무엇을 의미하는지는 알고 있었다. SAC는 매우 공격적인 헤지펀드였다. 그가 SAC의 문화에 잘 적응할 수 있을지 자신이 없었다. 그는 조용하고 점잖은 타입이었다. 그렇지만 그에게는 야망이 있었다. SAC가 가진 강력한 매력은 돈이었다. SAC의 펀드매니저는 큰돈을 운용하고 있으며, 만약 돈을 벌어들인다면 아주 빠르게 부자가 될 수 있었다.

쿠먼은 마토마에게 구체적으로 입사 조건을 제시했다. 마토마에게 4억 달러를 맡기겠다고 말했다. 그가 벌어들이는 돈의 17% 이상을 성과급으로 주겠다고 약속했고, 코언에게 제공하는 아이디어를 통해 코언이 벌게 되는 돈의 일정 부분도 지급하겠다고 했다. 연말 기준으로 15%의 수익률을 기록하면 추가로 1천만 달러를 지급하겠다고 했다. 이것은 대단히 관대한 조건이었는데, 당시 SAC는 마토마를 꼭 데려가고 싶었던 것으로 보인다.

그날 밤 마토마는 아내 로즈메리와 SAC의 제안에 대해 논의했다. 그들은 SAC의 제안을 받아들이기로 결정했다. SAC는 그에게 기본 급여로 20만 달러를 지급하고 이적 보너스로 2백만 달러를 주었다. 쿠먼은 내부 보고서에 마토마는 바이오테크 세계에서 훌륭한 정보원들, 특히 의사들과 좋은 네트워크를 가지고 있다고 기록했다.

마토마는 마치 고등학교 시절로 되돌아 간 것처럼 열심히 일했다. 그는 유럽 주식시장이 열리는 새벽 4시부터 일을 시작했고, 미국 주식시장이 끝나면 집에 돌아와서 아내를 도와 아이들을 돌보았다. 그리고 밤늦게까지 리서치 보고서들을 읽었다. SAC는 마토마를 비롯해서 펀드매니저들에게 막강한 정보를 지원하고 있었다. SAC는 내부에 강력한 리서치 팀을 구축해서 지원했고, 이에 더해 외부의 독립적인 애널리스트, 그리고 다양한 투자 자문 회사들까지 고용하고 있었다. 또한 SAC는 GLG와 계약을 맺고 있었고, 그들은 마토마가 수천 명의 전문가들과 무제한으로 접근할 수 있도록 지원했다.

마토마는 SAC에서 일을 시작했을 때부터 바피에 투자하고 있는 엘란과 와이어스에 깊은 관심을 가지고 있었다. 2006년 8월 30일, 그는 접촉하고 싶은 22명의 의사 명단을 GLG에 보냈는데, 그들은 모두 바피의 임상시험에 관여된 사람들이었다. 대부분의 의사들은 이해 상충을 이유로 접촉을 거부했다. 임상에 참여한 사람들은 실험의 진행 내용에 대해 외부에 말해서는 안 된다는 비밀 약정에 서명했기 때문이다. 오직 한 사람만이 GLG의 요청을 받아들였다. 그는 알츠하이머 연구에서 선도적인 위치에 있는, 신경학 분야의 권위자인 미시간 대학의 길먼이었다. 물론, 그는 오직 공개가 가능한 정보에 대해서만 공유할 수 있다는 조건을 달았다.

마토마는 길먼과 처음 접촉한 후 계속해서 바피에 관한 정보에 매달렸다. 그는 2008년 6월 25일부터 엘란과 와이어스 주식을 매수하기 시작했다. 당시는 증권시장의 상황은 아주 좋지 않았고 대부분의 트레이더들이 주식의 보유를 꺼려했던 시기였지만, 그는 그의 트레이더에게 엘란 주식 75만 주에서 1백만 주를 매수하라고 지시했다. 그것은 시작에 불과했다. 마토마는 코언에게도 SAC가 엘란 주식을 매수할 것을 권유하는 이메일을 보냈다. 현재 엘란 주식이 26달러 수준이지만 목표 가격을 40달러에서 50달러로 제시했다. 그는 코언에게 엘란 주식 450만 달러를 매수할 것을 제안하면서 정보의 가치 수준에서 '확신conviction'을 나타내는 "9"를 표시했다. 최고치인 "10"은 '절대적인 확신absolute certainty'을 의미했다.

배신의
칼

마토마는 바피의 임상시험 정보를 추적하기 위해 닥터 길먼을 비롯해서 많은 의학 전문가들과 지속적으로 접촉했다. GLG의 기록에 따르면 마토마는 길먼과 2년 동안 42번의 공식적인 컨설팅 미팅을 가졌다. 이러한 기록은 마토마가 바피에 관한 내부정보를 캐내기 위해 집중적으로 길먼을 만났다는 사실을 보여 준다. 그리고 이러한 정황은 마토마가 바피에 대해 상당한 과학적 지식을 가졌고, 임상시험의 결과와 중요성을 충분히 이해할 수 있는 수준에 와 있었음을 보여 준다.

길먼은 마토마가 금융적 이해를 넘어 알츠하이머를 치료하기 위해 신약을 개발하는 자신과 의학자들의 열정과 노력을 높이 평가한 것에 대해 고무적으로 생각했다. 그는 이메일에서 길먼의 아내에게 안부를 전하기도 했다. 마토마는 항상 그를 "길먼 박사"라고 호칭하며 존경을 표했다. 그러나 마토마의 이러한 행동은 길먼의 신임을 얻기 위한 의도적이고 계획된 행동이었다. 그에게 길먼은 궁극적으로 엘란과 와이어스에 대한 SAC의 엄청난 투자 포지션을 어떻게 움직여야 할지를 판단하기 위한, 미공개 정보를 캐낼 수 있는 중요한 정보원에 불과했던 것이다.

길먼은 마토마를 볼 때 자신의 불행했던 큰아들 제프를 연상했다. 제프는 똑똑했는데 마토마에게서 그러한 모습을 발견했다. 마토마는 바피의 부작용에 대해 많은 세부적인 질문을 했고, 길먼은 그에 대한 모든 정보를 주었다. 그것은 분명 그가 엘란과 와이어스와 맺은 비밀 유지 협약을 위반하는 행동이었다. 길먼이 아무리 헤지펀드를 모른다고 해도 마토마가 자기가 준 정보를 가지고 무엇을 하려는지 잘 알고 있었다. 오히려 그는 마토마가 성공적으로 투자하기를 바랐다. 그것은 어쩌면 아버지가 아들에게 주는 선물과도 같았다. 그러나 그 선물은 마토마의 인생을 비참하게 파괴했고, 나아가 비극의 부메랑이 되어 길먼의 인생 전체를 무섭게 파괴할 줄은 전혀 상상도 못했을 것이다. 그 파멸의 시간이 서서히 다가오고 있었다.

2008년 6월 25일, 길먼은 마토마에게 "새로운 정보Some news"라는 제목의 이메일을 보냈다. 엘란과 와이어스가 7월에 있을 국제 알츠하이머병 콘퍼런스에서 제2단계 임상시험 결과의 발표를 자신에게 부탁했다는 내용이었다. 지금까지 길먼은 실험의 안전성 결과에 대해서만 접근이 가능했기 때문에 중요한 약효 전반에 대해서는 알 수 없었다. 이제 길먼이 프레젠테이션을 맡게 되어서 모든 것을 알 수 있는 상황이 된 것이다.

2주 후, 엘란은 전용 비행기를 준비해서 길먼을 디트로이트에서 샌프란시스코로 데려갔다. 엘란의 본사는 샌프란시스코에 있었다. 길먼은 콘퍼런스 발표를 위해 회사의 임원들과 2일을 같이 지냈다. 엘란은 길먼에게 그가 알게 되는 모든 내용에 대해 비밀을 유지해야 한다고 다시 한 번 강조했다. 그가 미시간으로 돌아왔을 때 엘란의 임원은 길먼에게 "보안, 배포금지Confidential, Do Not Distribute"라는 제목의 이메일을 보냈다. 그 이메일에는 24장의 슬라이드로 구성된 파워포인트 프레젠테이션의 최신 버전이 첨부돼 있었다. 그리고 한 시간 후 파워포인트를 열어볼 수 있는 패스워드가 다른 메일을 통해 도착했다.

길먼은 파워포인트를 열어 보았다. 바피의 임상 결과를 담은 많은 표와 차트, 그리고 수치들이 엉켜 있었다. 그때 전화벨이 울렸다. 마토마였다. 길먼은 1시간 45분 동안 통화하면서 프레젠테이션 내용을 전달했다. 그러나 자료는 전화로 내용을 전달하기에는 너무 복잡했다. 마토마는 갑자기 주제를 바꾸면서 이번 주 토요일에 길먼의 사무실을 들러도 좋으냐고 물었다. 길먼은 흔쾌히 승낙했다.

2일 후, 마토마는 뉴욕 존 F. 케네디 공항에서 디트로이트로 날아갔고, 앤아버까지는 택시를 탔다. 그는 캠퍼스에 있는 길먼의 사무실을 방문했다. 마토마는 단도직입적으로 콘퍼런스에서 발표할 슬라이드를 보고 싶다고 말했다. 길먼은 잠시 망설였지만 컴퓨터로 가서 파일을 열어 슬라이드를 마토마에게 보여 주었다. 마토마가 슬라이드를 보는 동안 길먼은 차트의 내용을 설명해 주었다.

신약의 테스트 결과는 일부 환자 그룹에서 효과가 있었지만 대부분의 경우에 그 효과가 불확실했다. 향후에 더 많은 실험이 필요했다. 길먼의 말처럼 의학적 관점에서는 나름 의미가 있을 수 있지만, 신약의 상업성을 판단해야 하는 월가의 입장은 달랐다. 마토마는 실험 결과에 크게 실망했다. 이 결과는 9일 후에 공개적으로 발표될 예정이었다. 마토마는 이 결과가 발표되면 엘란과 와이어스 주식은 박살이 날 것으로 생각했다. 마토마의 마음이 급했다. 그는 밖에서 대기 중인 택시를 집어타고 디트로이트 공항으로 가서 오후 4시 델타항공을 타고 뉴욕 JFK 공항으로 돌아갔다. 로즈메리가 공항에서 그를 기다리고 있었다.

다음 날 아침 일요일, 마토마는 코언에게 급히 통화하고 싶다는 이메일을 보냈고, 이메일 제목에 "중요한 일입니다It's important"라고 썼다. 코언은 마토마에게 통화가 가능한 전화번호를 보냈고, 오전 9시 45분에 마토마는 코언과 통화했다. 법정에 제출된 통화 기록에 따르면 그들은 20분간 통화했다. 코언은 그의 헤드 트레이더인 필립 빌하우어Phillip Villhauer에게 보유 중인 엘란과 와이어스 주식 전체를 매도하라고 메시지를 보냈다. 다음 날인 월요일, SAC는 보유하고 있던 엘란과 와이어스 전 주식을 매도하기 시작했다. 이에 더해, SAC는 상당한 물량의 엘란 주식을 공매도하기 시작했다.

SAC의 매도는 비밀스럽게 진행됐고 마토마는 자신의 애널리스트와 트레이더에게조차 이 사실을 알리지 않았다. 오직 마토마와 코언, 그리고 주식을 매도했던 코언의 헤드 트레이더인 빌하우어 이외에는 아무도 몰랐다. SAC는 이러한 거대한 물량을 매도하면서 누구도 눈치채지 못하도록 다크풀Dark Pool을 포함해서 여러 방법을 동원했다. 다크풀이란 익명으로 주식을 거래할 수 있는, 증권거래소 밖에서 운용되는 거래 시스템을 말한다.

정말 흥미로운 것은 SAC의 내부 시스템에는 엘란과 와이어스 주식이 모두가 처분된 한참 뒤까지 SAC가 여전히 엘란과 와이어스 주식을 보유하고 있는 것으로 나타나 있었다는 사실이다. SAC가 8일에 걸쳐 두 개 주식 보유 물량 전부를 매도했음에도 불구하고 시스템에는 일체 매도 사실이 나타나지 않도록 조치한 것이다. 완벽한 위장전술이었다. 코언의 오른팔이었던 보크라지는 법정에서 SAC가 이런 방법을 쓰면서 주식을 매도한 적은 한 번도 없었다고 증언했다.

이처럼 코언은 엘란과 와이어스 주식의 매도 작전을 극도로 비밀리에 진행했다. 월가는 SAC가 어마어마한 재앙에서 극적으로 탈출했고, 오히려 엄청난 수익으로 전환한 것에 대해 충격을 받았다. 이 엄청난 거래를 놓고 SAC의 트레이더들은 월가 역사상 최고의 전설을 만들었다고 자랑했지만 너무도 의혹이 많은 거래였다. SAC는 엘란과 와이어스의 임상시험 실패 정보를 사전에 입수하여 거대한 보유 물량 전체를 매도했고, 게다가 공매도까지 침으로써 약 2억 7500만 달러의 이익을 실현했다. 이러한 놀라운 실적 덕분에 그해 마토마는 930만 달러의 보너스를 받았다.

마토마가 길먼을 마지막으로 보았던 때는 프레젠테이션이 있었던 다음 날이었다. 그는 시카고에 있는 페닌슐라 호텔의 상하이 테라스에서 길먼과 점심을 함께했다. 마토마는 엘란의 주식이 급락한 것을 말하면서 길먼에게 "엘란의 주식에 어떤 일이 발생했는지 아시나요?"라고 물었다. 시장은 절반가량의 사람들만이 도움을 받는 그 약을 긍정적으로 평가하지 않았다고 설명했다.

콘퍼런스 이후 여러 달이 지난 2008년 9월, 길먼은 마토마에게 "*How are you?*(잘 지내요?)"라는 제목으로 이메일을 보냈다. 길먼은 항암 치료를 막 끝낸 참이었다. 몇 주 동안 그의 회신을 기다렸지만 마토마는 회신하지 않았다. 길먼은 마토마가 회신을 하지 않는 것을 믿을 수가 없었다. 항상 길먼에게 건강이 어떤지 물으며 관심을 보였던 마토마였기 때문이었다. 사실, 마토마는 길먼에게 회신할 이유가 없었다. 이미 목적을 달성했기 때문이었다. 그 후 그들이 다시 만난 곳은 법정이었다.

코언의
야망과 성공

SAC를 설립한 스티븐 코언은 뉴욕의 롱아일랜드에서 성장했고 중산층 출신이었다. 그는 어린 시절부터 조부모로부터 투자에 대해 배웠다. 그는 11살 때부터 《월스트리트 저널》을 통해 주식의 시세표를 읽기 시작했고 고등학교 시절에는 실제 투자를 했다고 한다. 그는 여덟 형제자매 중 셋째였다. 할머니는 특히 스티븐 코언을 사랑했다. 아마 그가 형제들 중에서 가장 똑똑했던 것 같다. 할머니는 스티븐을 가리켜 "필통에서 가장 예리한 연필"이라고 했다. 스티븐의 형은 어린 시절, 엄마가 스티븐에게는 스테이크를 구워 주면서 다른 형제들에게는 핫도그를 먹이는 것을 불평하곤 했었다고 회상했다. 그러면 그의 어머니는 "언제가 스티븐이 너희들을 먹여 살릴 거야"라고 말했다고 했다. 그는 영민했고 가족의 희망이었다.

그는 펜실베이니아 대학 와튼 스쿨에 입학했다. 그의 부모는 그가 와튼에 입학했을 때 아주 기뻐했다. 그는 대학 1학년 시절부터 필라델피아 시내에 있는 메릴린치 지점에서 주가를 알려 주는 티커테이프를 보며 시간을 보내곤 했다. 그는 그 숫자들이 움직이는 방향을 예측하는 재능이 있었다. 와튼 시절 대학 수업은 자기 인생에 별 도움이 안 된다고 생각하고 수업을 빠지면서 메릴린치 지점에 죽치고 앉아 있곤 했었다. 그는 대학 시절에 주식시장에 대한 기술을 거의 완벽하게 습득했다.

1978년, 대학을 졸업하고 작은 증권회사인 그런탈Gruntal & Co.에서 일을 시작했다. 뉴욕증권거래소 바로 옆에 위치한 그런탈은 1880년에 설립된 후 월가에서 격동의 세월 100년을 견뎌 온 회사였다. 그런탈은 월가에서 존경받는 회사는 아니었지만 코언에게 그것은 문제가 되지 않았다. 코언의 관심은 오직 돈에 있었다. 코언이 그런탈에 입사했을 때, 그런탈은 투자자들에게 주식을 파는 비즈니스보다는 자기자본 거래*를 막 시작하려 했던 때였다.

코언은 그런탈에서 새로운 세상을 만났다. 마치 파도같이 움직이는 주가는 그의 아드레날린을 솟구치게 했다. 베팅을 하고 위험을 감수하고 보상을 받는 이 새로운 세계에 코언은 흠뻑 빠져들었다. 트레이딩 플로어는 시끄러운 소리들로 가득했고, 수십 명의 젊은 트레이더들은 전화의 상대편에 대고 소리치고 있었다. 트레이딩 플로어는 에너지로 넘쳐 나고 있었다. 마치 거대한 숲속에 폭풍이 몰아쳐 거목들이 흔들리며 나뭇잎들이 흩날리듯 수많은 돈들이 트레이딩 플로어를 날아다니는 것 같았다. 그는 자신이 서 있어야 할 바로 그곳에 서 있었던 것이다.

그런탈은 트레이더가 버는 돈의 60%를 가져가게 했다. 첫해, 코언은 10만 달러를 가지고 거래했다. 두 번째 해에는 1백만 달러로 늘었다. 그는 20대 중반까지 매년 5백만 달러에서 천만 달러를 벌었다. 그런탈에서 그는 이름 없는 '스타 트레이더'였다. 이러한 성공은 트레이딩 플로어에서 그에게 자신감을 주었고, 그는 더욱 트레이딩에 몰입했다. 약간의 운도 있었지만, 상당할 정도는 아니더라도 나름 명성을 얻었다. 그는 그런탈 내부에 자신의 독립된 트레이딩 그룹을 만들 정도로 성공했다.

● **proprietary trading**_ 증권회사가 자기 돈을 가지고 자기 계정으로 직접 투자해서 이익을 도모하는 것을 말한다.

그는 거의 사생활이 없었다. 트레이딩에 몰입했고 매일 탈진한 상태로 귀가했다. 이러한 상황은 첫 번째 부인인 패트리샤와 불화의 원인이 되기도 했다. 그의 전 트레이더 중 하나는 코언의 일중독에 관한 재미있는 이야기를 전한다. 페트리샤가 아들을 출산하기 위해 병원에서 산고의 고통 속에 있을 때, 그는 병원 전화통에 매달려 주문을 내고 있었다는 것이다.

그는 주가의 향방을 맞추는 데 자신이 있었다. 그는 위험을 기꺼이 떠안았다. 자신의 포지션을 헤지hedge하지 않았다. 즉 주가가 반대 방향으로 움직일 때를 대비한 백업을 하지 않았다. 리스크가 컸지만 이익 또한 컸다. 그러나 그런탈은 리스크를 일정한 범위 내로 제한했고, 코언에게 허용된 운영 규모는 5천만 달러였다. 그는 실망했고, 그는 자신이 트레이더로서 성장했던 그런탈을 떠나기로 했다. 그때 그의 나이는 35세였다.

1992년, 코언은 자신의 이름을 딴 'SAC 캐피털 어드바이저스'를 설립했다. SAC는 2300만 달러의 자본금과 9명의 직원으로 출발했다. 코언은 자신의 돈 1000만 달러를 투자했고, 나머지는 그의 트레이더들, 친구들 그리고 투자자들의 돈이었다. 코언은 첫해 51%의 수익률을 기록했다. 1996년까지 그는 SAC의 자산을 4배로 키웠다.

1990년대 중후반, 기술주 버블을 타고 SAC의 규모와 명성은 급속히 커졌다. 1990년에서 2000년 사이에 SAC의 수익률은 매년 70%를 기록했다. 그야말로 돈이 쏟아져 들어왔다. SAC가 거래하는 주식의 거래량도 대단했다. 하루에 2천만 주를 거래했다. 거래량이 많을 때는 뉴욕증권거래소 전체 거래량의 3%에 달했으며, 나스닥시장에서도 전체 거래량의 1%에 육박했다. 코언은 월가 역사상 가장 위대한 트레이더라는 명성을 얻었는데, 이는 역사상 가장 최고의 수익률을 올렸기 때문이다. 2003년에 《비즈니스 위크》는 코언을 "월스트리트 역사상 최강의 트레이더The

Most Powerful Trader on Wall Street You've Never Heard of"라고 칭송하면서 그에게 왕관을 씌워 주었다.

　SAC는 고객으로부터 헤지펀드 업계 최고의 수수료를 받았다. 보통 헤지펀드는 자산의 2%를 운용 수수료로 떼고 성공 보수로 이익의 20%를 가져갔다. 반면, SAC는 운용 수수료와 성공 보수로 각각 3%와 50%를 가져갔다. 그러나 코언의 고객이 그렇게 많은 성공 보수를 기꺼이 지불한 것은 코언과 그의 트레이더들은 월가의 어떤 펀드보다도 탁월한 실적을 보여 주었기 때문이다. SAC는 이처럼 엄청난 수수료와 비용을 공제한 뒤에도 연평균 30%의 수익을 고객에게 돌려주었다. 이 수익률은 시장 수익률이나 다른 헤지펀드에 비해 상당히 높은 것이며, 이러한 높은 수익률을 20년 동안 계속해서 유지했다는 것은 정말 놀랄 만한 일이었다(2008년 금융위기 때에만 예외였다).

　2008년, 금융위기가 닥쳤을 때 SAC는 직원이 1200명이나 됐고 운용 자산은 170억 달러에 달했다. 운용 자산의 반은 코언과 직원들의 돈이었다. SAC의 본사 주차장에는 메르세데스, 마세라티, 페라리, 벤틀리 등 세계의 명차들을 모아놓은 딜러 숍을 연상케 할 정도였다. SAC 트레이더들은 주말에 골프를 치기 위해 자동차가 아니라 헬기로 여행한다고 알려져 있을 정도였다.

　코언의 개인 재산은 100억 달러가 넘는다. 그는 코네티컷의 그리니치에 대저택을 가지고 있는데, 그 집은 30개의 방, 스케이팅을 위한 아이스 링크, 농구장, 그리고 2개 홀의 골프코스를 가지고 있다. 또한 여름 휴양지로 유명한 이스트 햄튼East Hampton에도 대저택을 가지고 있다. 이 집 또한 수천만 달러에 이른다. 뉴욕에 있는 펜트하우스는 최근 1억 1500만 달러를 호가하고 있다. 그는 프로야구팀인 〈LA 다저스〉를 인수하려고 했지만 실패했고, 〈뉴욕 메츠Mets〉의 작은 지분을 보유하고 있다.

코언은 예술품 수집가로도 유명하다. 그는 거대한 조각품을 포함해서 300점 이상의 미술품을 가지고 있다. 그가 가지고 있는 그림에는 피카소, 세잔, 모네, 반 고흐, 앤디 워홀, 제프 쿤 등의 작품들이 포함돼 있다. SAC 본사에 코언의 개인적인 예술품들이 장식돼 있는데, 그중 냉동된 유리관에 보존되어 있는 마크 퀸Mark Quinn의 〈자아Self〉가 유명하다. 그가 소장하고 있는 예술품의 가격은 총 10억 달러에 이른다고 한다.

코언의 SAC 운영 방식은 매우 공격적이고 독특하다. 그는 SAC 본사에 있는 트레이딩 플로어의 온도를 매우 차갑게 유지했다. 따라서 직원들은 추워서 SAC 로고가 박힌, 회사에서 배급된 털 자켓을 걸치고 체온을 유지해야 했다. 코언의 여동생이 SAC에서 일했는데, 그녀는 사무실 온도가 너무 낮아 여름에도 책상 밑에 스토브를 켜고 있었다. 날씨가 추워야 정신을 차리고 제대로 집중해서 트레이딩을 할 수 있다는 그의 소신 때문이었다. 사무실 분위기는 아주 조용했고 전화는 벨소리 대신 불빛이 번쩍이도록 프로그램이 되어 있었다. 코언은 넓은 책상 앞에 앉아 있었는데, 그 앞에는 12대의 모니터가 있었다.

SAC는 펀드매니저들에게 참신한 투자 아이디어를 개발할 것을 요구했다. 2006년, 코언은 《월스트리트 저널》과의 인터뷰에서 헤지펀드들이 우글거리는 시장에서 남이 알지 못하는 새로운 투자 아이디어를 개발한다는 것은 힘든 일이라고 말했다. 헤지펀드 세계에서 예리하면서도 결정적인 우위에 서는 것을 '에지edge'라고 불렀다. 따라서 '에지'는 모든 펀드 매니저들에게 있어서 궁극적인 목표라 할 수 있다.

SAC는 약 100명 정도의 펀드매니저가 있는데, 이들에게는 2~3명의 애널리스트들이 붙어 있다. 이들은 대단한 경력들을 가지고 있었는데, 대부분이 하버드나 스탠퍼드의 박사 학위를 가지고 있었다. 이들은 한 팀을 이루어 트레이딩을 하면서 각 팀별로 치열한 경쟁을 한다. 그들은

피카소의 〈르 레브Le Reve〉

〈르 레브Le Reve〉는 피카소의 1932년 작품으로서 50세에 그린 작품이다. "르 네브"는 프랑스어로 "꿈"이라는 뜻이다. 모델은 당시 22세였던 '마리 테레제 월터'였다. 이 그림의 에로틱한 부분이 자주 언급이 되는데, 모델의 오른쪽 얼굴이 남성의 성기로 그려져 있다. 아마 그것은 피카소 자신의 것으로 추측되며, 당시 그녀에 대한 욕정을 표현한 것으로 볼 수 있다.

이 그림에는 재미난 에피소드가 있다. 2006년, 이 그림의 소유자였던 카지노 재벌인 스티브 윈Steve Wynn은 자신의 친구들에게 그림을 스티븐 코언에게 1억 3900만 달러에 팔기로 했다고 발표했다. 그런데 윈이 그림을 친구들에게 마지막으로 보여주는 과정에서 거친 동작을 하다가 그의 오른쪽 팔꿈치가 캔버스를 찢는 일이 발생했다. 거래는 중단됐고 그림은 수선 과정을 거친 후 뉴욕의 갤러리에 수년간 전시되어 있었다. 2013년, 코언은 이 그림을 1억 5500만 달러를 주고 매입했다. 그 금액은 당시 미국 미술품 가격 중에서 가장 높은 금액이었다. 당시 코언은 연방 정부의 조사를 수년간 받고 있는 상황이었는데, 그런 상황에서 이러한 과시적 거래를 한다는 것은 마치 정부에 반감을 표시하는 것처럼 보였다.

(출처: Le Reve (Picasso), Wikipedia)

돈을 벌지 못하면 해고된다. 펀드매니저의 평균 수명은 약 4년이고, 그들은 정말 개같이 일했다.

코언은 펀드매니저들에게 내부는 물론 외부 시스템까지 동원하면서 막강한 정보로 백업해 준다. SAC는 다른 헤지펀드와는 다르게 치열한 내부 경쟁 때문에 팀 간에 정보를 공유하지 않는다. 그렇지만 모든 중요한 투자 아이디어는 코언에게 제공해야 한다. 매주 일요일, 펀드매니저들은 코언을 만나야 한다. 이 "일요일 아이디어 미팅Sunday Idea Meeting"에서 코언은 모든 펀드매니저들과 각각 5분 정도 통화를 한다. 펀드매니저들은 돈이 될 만한 최고의 정보를 제시해야 하며, '에지'의 수준 즉 정보가 어느 정도로 확실한지를 가늠하게 해 주는 코드 숫자를 표시해야 한다.

월가에서 일하는 많은 애널리스트들은 SAC의 트레이더들에게 중요한 정보를 전화로 알려 주면서 환심을 사려고 한다. 예를 들어, 애널리스트의 보고서가 발표되기 전에 미리 해당 정보를 알려 주는 것이다. 왜 그럴까? 2000년에 SAC는 JP 모건 체이스나 제프리스 앤 컴퍼니 같은 월가의 회사들에게 수수료로 1억 5000만 달러 이상을 뿌렸다. 이러한 수수료 덕분에 SAC는 이들 회사들로부터 최고의 고객으로 대우를 받는 것이다. 2010년에 들어와서 이 숫자는 약 4억 달러 정도로 추산되는데, 따라서 SAC가 월가 회사들에 대한 영향력은 더욱 강해졌다고 볼 수 있다.

다른 헤지펀드들은 컴퓨터를 이용하여 주문을 해서 1주당 1페니 정도의 비용이 발생하지만 SAC는 여전히 옛날 방식으로 주문하면서 1주당 3~5페니를 지불한다. 다른 헤지펀드보다 약 3~5배를 지불하는 셈이다. SAC는 수천 종목을 거래하고 있고, 거래량 또한 NYSE 하루 거래량의 약 3%까지 육박할 정도이니 어느 회사가 SAC로부터 주문받기를 원하지 않겠는가? 그들은 SAC에게 잘 보이기 위해서 최신의 '핫hot'한 수많은 정보를 SAC와 코언에게 갖다 바치지 않을 수가 없는 것이다.

여기에 더해, SAC를 떠난 전 펀드매니저들이 운용하는 독립 펀드들이 최소한 30개가 넘는다. 코언은 이들 대부분의 펀드에 투자했는데, 그것은 그들이 자신에게 고급 정보를 계속해서 제공할 것에 대한 기대를 깔고 있다고 볼 수 있다. 이러한 상황을 빗대어 어느 전직 SAC 펀드매니저는 코언을 '대부Godfather'라고까지 불렀다.

이처럼 SAC와 코언은 월가에서 승승장구했다. SAC의 수많은 트레이딩이 뉴욕증권거래소나 나스닥의 시장 감시 시스템에 종종 경고음을 울렸고, 코언과 SAC를 둘러싼 내부정보 이용에 대한 루머들이 끊임없이 나돌았지만 SEC나 연방 검찰은 내부자거래 혐의에 대한 구체적인 증거를 잡지 못하고 있었다. SAC는 월가 회사들과의 수수료 구조, 새끼 펀드들과의 긴밀한 관계, 산업 전문가들과의 광범위한 네트워크 등을 통해 주식에 대한 모든 정보를 진공청소기처럼 빨아들였다. 이들 정보들 중에는 법의 경계를 넘는 불법적인 정보들이 다수 포함됐을 것으로 추정되지만 연방 정부는 어떠한 혐의도 증명하지 못하고 고전하고 있었다.

그러나 "꼬리가 길면 잡힌다"는 말이 있듯이 SAC와 코언의 불법거래에 대한 징후들이 여러 곳에서 터져 나왔다. 언론과 SAC가 코언을 가리켜 월가 최고의 트레이더라고 칭찬을 늘어놓고 있을 때, 연방 정부는 그에 대한 포위망을 좁혀 가고 있었고 결정적인 순간을 눈앞에 두고 있었다.

FBI의
마토마 체포

마토마는 SAC에서 바피 이후의 연이은 투자 실패로 해고당하고 플로리다로 이주했다. 2011년 11월 8일 저녘, 마토마와 로즈메리는 외출했다가 집에 돌아왔을 때 2명의 FBI 수사관이 집 앞에 서 있는 것을 보았다. 그들 중 한 명은 B.J. 강이었다. 그는 라자라트남 수사에서 중요한 역할을 했는데, 스티븐 코언의 수사에서도 핵심적인 인물이었다.

마토마는 두 명의 FBI 수사관을 보고 섬뜩했다. 그는 부인에게 "당신과는 상관이 없으니 집 안에 들어가 있어요"라고 말했다. 그러나 항상 마토마의 일에 깊이 관여했던 로즈메리는 그럴 수 없었다. 그녀는 FBI 수사관에게 마토마와 대화하는 모든 내용을 자신도 다 들어야 한다고 말했다.

강은 마토마에게 "당신이 아내에게 먼저 말하겠습니까, 아니면 내가 말할까요?"라고 물었다. 마토마는 몸을 떨었다. 로즈메리는 혼란스러웠고 두려웠다. 그녀는 도무지 무슨 상황인지 몰랐다.

그때 강은 로즈메리와 마토마에게 "우리는 하버드에서 무슨 일이 있었는지 알고 있어요"라고 말했다. 순간, 그 말을 들은 마토마가 실신했다. 웬 갑자기 '하버드'인가? '하버드'에서 도대체 무슨 일이 있었단 말인가?

마토마는 듀크 대학을 졸업하고 아버지의 소원대로 하버드 로스쿨에 입학했다. 아버지는 너무 기뻐서 아들의 이사를 돕기 위해 렌트카 업체에서 빌린 작은 트럭에 이사 짐을 싣고 플로리다에서 보스턴까지 직접 운전해서 갔다. 마토마는 그때까지 출생 당시의 이름인 '아자이 매튜 토마스Ajai Mathew Thomas'를 사용하고 있었고, 사람들은 보통 그를 '맷Mat'이라고 불렀다.

로스쿨 2년째 가을, 그는 23명의 판사에게 법원 인턴을 위한 신청서를 보냈다. 그러나 법원의 보좌관clerk 하나가 마토마의 성적표에서 무언가 이상한 것을 발견했고, 그는 하버드 학생처에 연락했다. 1999년 2월 2일, 학생처는 마토마를 불렀다. 그의 성적표가 조작된 것이 밝혀졌다. 마토마는 민사소송법 B, 계약법 B플러스, 그리고 형법 B 학점을 모두 A로 위조했다. 마토마가 성적을 조작한 것은 그의 학점이 전 과목 A 학점을 맞은 동료들에게 밀리고 있었기 때문이다. 그는 법원의 인턴 자리를 얻기 위해 그의 인생에 치명적인 상처를 입히는 행동을 한 것이다.

학생처의 담당자인 스테판 케인이 마토마를 소환했다. 마토마는 처음에는 장난이었다고 말했다. 그리고 나중에는 성적표를 조작한 것은 판사에게 보내기 위한 것이 아니라 부모님에게 보내기 위한 것이라고 했다. 마토마가 집을 비운 사이 동생에게 인턴 신청서를 법원에 보내 달라고 부탁했는데, 동생이 잘 모르고 조작된 성적표의 복사본을 보냈다는 것이다. 마토마는 변호사를 고용하면서까지 사력을 다해 변명하며 다투었지만 학교의 행정위원회는 마토마가 처음의 잘못된 행동을 덮기 위해 계속해서 거짓말을 했다고 판단했고, 1999년 5월 12일 마토마의 퇴학을 결정했다.

이후 그는 스탠퍼드 대학의 MBA 과정에 입학했다. 그러나 입학원서에는 그의 성이 바뀌어 있었다. 이는 하버드 대학에서 있었던 불미스러운 일을 스탠퍼드 대학이 추적하지 못하도록 하기 위한 것이었다. 스탠퍼드는 그 사실을 알지 못했고, 그는 스탠퍼드 경영대학원을 무사히 졸업했다. 하버드 사건은 마토마뿐만 아니라 그의 가족에게도 불명예스러운 일이었다. 그들은 가능하면 이 사건을 숨기려고 했다. 그의 절친한 친구들조차도 그가 하버드 로스쿨을 스스로 포기한 것으로 알고 있었다.

그러면 FBI는 하버드 로스쿨에서 마토마에게 있었던 일을 어떻게 알았을까? SAC의 엘란 거래를 추적하던 B. J. 강은 매튜 마토마를 알게 됐다. 그는 FBI 데이터베이스에 마토마의 사회 보장 번호를 입력했다. 그런데 놀라운 것은 마토마가 그의 실제 이름이 아니었다. 그의 인생의 전반부는 '아자이 토마스Ajai Thoma'로 알려져 있었던 것이었다. 무언가 이상하게 여긴 강은 그가 하버드 로스쿨을 갑작스럽게 떠난 사실을 알게 됐다. 무슨 일이 있었는가? 강은 즉시 연방 검사인 데블린-브라운과 와이츠만에게 연락했다. 그들 모두 하버드 로스쿨 출신이었고 마토마와 거의 같은 시기에 학교를 다녔었다. 그들은 즉시 모교를 방문했고 마토마의 성적 조작 사건을 알게 된 것이다.

마토마가 다시 의식을 되찾았을 때 강은 그에게 2008년 7월에 있었던 엘란 주식의 트레이딩에 대해서 알고 있다고 말했다. 로즈메리와 마토마는 그 말이 무엇을 의미하는지 바로 알아차렸다. 엘란은 그들의 인생을 바꾸어 준 주식이었다.

강은 공격적으로 말했다. "당신의 인생 전체가 기복이 심했지요. 당신은 모든 친구를 잃을 것이고, 당신의 자녀들은 당신을 증오하며 성장하게 될 것입니다. 왜냐하면 당신은 감옥에서 나머지 인생을 보내야 하기 때문입니다." 강은 마토마에게 연방 정부에 협력해 줄 것을 요청하면서 연방 정부는 코언을 원한다고 말했다. 만약, 마토마가 협력하지 않는다면 정부는 마토마의 인생을 완전히 부숴 버릴 것이라는 말도 잊지 않았다.

B.J. 강은 이미 길먼과 접촉했다. GLG 자료를 통해 그가 마토마와 긴밀하게 접촉한 사실을 알아냈다. 강이 볼 때 나이 많은 노신사는 쉬운 타깃이었다. 2011년 10월 1일 오전, 강은 파트너와 함께 앤아버에 있는 길먼을 방문했다. 강은 길먼에게 바피에 관한 내부정보를 마토마에게 제공했는지를 물었다. 길먼은 반복해서 거짓말을 했다. 강은 길먼에게 FBI는 길먼이 마토마와 통화한 내용을 감청했다고 거짓말을 했다. 마토마와의 통화 내용이 녹음됐다는 말을 들은 길먼은 움찔했다. 길먼은 계속 거짓말을 했지만 결국 자신이 마토마에게 정보를 제공한 사실을 인정했다. 그는 "정말 부끄럽습니다. 나는 동료들, 나 자신, 그리고 나의 대학을 배신했어요"라고 말했다.

강은 길먼에게 이 사건에서 연방 정부가 원하는 사람은 마토마와 스티븐 코언이라고 말했다. 길먼은 변호사를 고용했고, 최종적으로 그를 기소하지 않는다는 조건으로 정부를 위해 증언하기로 약속했다. 길먼은 SEC와 FBI에게 자신이 마토마에게 바피에 관한 내부정보를 제공했고, 엘란이 자신에게 보내온 파워포인트 자료를 마토마에게 이메일로 보냈다고 증언했다. FBI는 마토마를 체포할 수 있는 모든 준비를 끝냈다. 마토마를 압박할 수 있는 결정적인 증인을 얻은 것이었다.

그런데 놀라운 일이 벌어졌다. 마토마가 정부에 대한 협력을 거부한 것이다. 마토마의 반응은 의외였다. 그는 자기 보호 본능이 강한 사람이었다. 강은 당혹스러웠다. 그의 혐의는 너무나 강력했는데 왜 정부에 대한 협력을 거부했을까? 도대체 마토마는 무엇을 생각하고 있는 걸까?

코언은 마토마가 건네준 '바피'에 관한 비밀 정보의 덕분으로 엄청난 돈을 벌었다. 마토마는 길먼으로부터 비밀 정보를 입수했고, 다시 코언에게 그 정보가 넘어갔다는 정황증거는 완벽했다.

11월 20일, FBI 수사관들은 마토마를 체포하기 위해 플로리다의 보카 러톤에 다시 나타났다. 강이 플로리다에 있는 마토마의 집을 처음 방문한 지 3개월이 지난 시점이었다. 수사관은 마토마에게 정부의 수사에 협력해 줄 것을 다시 요청했지만 그는 거부했다. 그때는 마침 추수감사절 주간이어서 로즈메리의 부모님이 마토마의 집에 와 있었다. FBI 수사관들은 그의 아내와 세 자녀, 그리고 로즈메리의 부모님이 보는 앞에서 마토마에게 수갑을 채우고 끌고 나왔다. 마토마의 체포 소식은 전국에 긴급 뉴스로 보도됐다.

죄와
벌

마토마의 재판은 2014년 1월 7일에 시작됐다. 눈보라가 심해서 맨해튼 다운타운에 위치한 연방 법원 주위에 많은 눈 더미들이 쌓여 있었다. 매일 아침, 마토마와 로즈메리는 일군의 변호사들을 대동하고 법원에 도착했다. 그들은 세 자녀를 뉴욕으로 데려왔고 미드타운의 호텔에서 머물렀다. 마토마의 부모도 재판을 보기 위해 플로리다에서 올라왔다. 그들은 법정의 방청석 제일 앞줄에 앉았다. 로즈메리의 부모 역시 그들 옆에 앉았다.

그날 아침, 법정에서 《뉴욕타임스》를 손에 들고 있는 마토마의 변호사인 로베르토 브라세라스의 손이 떨리고 있었다. 《뉴욕타임스》가 "전 SAC 트레이더, 하버드 로스쿨에서 퇴학당하다"라는 타이틀로 마토마의 하버드 사건을 크게 보도한 것이다. 검찰은 판사에게 마토마가 하버드 로스쿨에서 퇴학당한 사실과 하버드에서 있었던 일에 대한 증거를 제출하는 것을 허락해 달라고 요청했다. 표면적으로 볼 때 하버드 사건은 이 재판의 핵심 이슈와는 관계가 없었다. 마토마의 변호사들은 극렬하게 반대했지만 가데프 판사는 하버드 사건의 증거 제출을 허용했다.

하버드 사건의 공개는 마토마에게 모욕이었다. 그 사건은 마토마에게 뿐만 아니라 그의 가족에게도 부끄러운 일이었다. 법정 제일 앞줄에 앉아 있던 마토마의 가족들은 고개를 떨구었다. 가족의 비밀이 만천하에 공개된 것이다. 마토마와 그의 가족들에게 내부자거래 혐의보다 하버드 사건이 더 고통스러운 것처럼 보였다.

하버드 사건의 공개는 마토마의 변호사들의 방어에도 커다란 제약을 초래했다. 아직 정부는 길먼이 마토마에게 이메일로 보냈다는 파워포인트를 못 찾고 있었다. 이러한 상황에서 하버드 사건은 마토마가 어떠한 인간이라는 것을 배심원들에게 강하게 심어 줄 수 있었고, 길먼이 직접 마토마에게 파워포인트 자료를 보냈는지 여부는 중요하지 않게 만들 수 있었다.

정부 측 수석 검사인 알로 데블린-브라운Arlo Devlin-Brown은 개정 진술을 시작하면서 배심원을 향해 말문을 열었다. 그는 이 사건은 생명공학이나 트레이딩, 또는 금융에 대한 것이 아니라, 단지 "사기cheating"에 대한 것이라고 말했다.

정부는 마토마가 코언과 다른 동료들에게 보낸 수십 개의 이메일을 증거로 제출했다. 그러나 무엇보다도 이 사건의 핵심은 길먼의 증언이었다. 그는 재판이 시작된 지 2주 후에 증언대에 섰다. 길먼은 미시간 대학을 사임했고, 대학은 그의 이름을 딴 건물, 강좌, 대학의 웹사이트 등 그와 관련된 모든 흔적을 지워 버렸다. 그에 대한 연방 지원금도 사라졌고 여러 동료 교수들도 그와 관계를 끊었다. 그는 캠퍼스 출입까지 금지됐다. 그는 철저하게 버림받았다.

"나는 대학에 많은 것을 기여했는데 갑자기 불명예스럽게 경력을 마치게 됐습니다"라고 그는 말했다. 길먼은 우아하게 옷을 차려 입고 있었고 단정하게 셔츠와 넥타이를 했다. 그러나 그는 81세였고 연약하게 보였다. 증언을 했던 5일 동안 증인석에 섰던 그는 난파된 사람 같았고, 마치 버려진 사람 같았다. 길먼의 동료들은 길먼이 바피의 발표 자료를 헤지펀드의 트레이더인 마토마에게 건네주었다는 사실을 믿을 수가 없었다.

마토마의 변호사인 스트라스버그는 마토마는 높이고 길먼은 깎아내리기 위해 노력했다. 그는 배심원들에게 마토마는 "전형적인 미국의 성공스토리"라고 말했다. 반면, 길먼은 정부에 의해 조종된, 혼란스러운 노인이라고 말했다. 길먼의 증언은 검사의 압박에 의해 조종된 것뿐이라고 주장했다. 길먼을 깎아내릴 수 있는 정보를 얻어 내기 위해 사설 조사관을 앤아버로 보내기까지 했다. 스트라스버그는 길먼에게 말할 때, 청각 장애자에게 말하는 것처럼 목소리를 높였다가, 다시 어린 아이에게 말하는 것처럼 보호자의 톤으로 천천히 말하기도 했다. 그러나 이러한 행동이 그의 의도적인 전략이었지만 호되게 반격을 받았다. 스트라스버그는 매번 길먼에게 말할 때마다 무슨 말인지 이해를 했는지 물었는데, 길먼은 발끈하며 "당신 발음이나 정확하게 하세요!"라고 소리를 버럭 질렀다. 노신사는 스트라스버그와의 기싸움에서 절대로 밀리지 않았다.

길먼의 전 동료들은 길먼의 행동을 이해하기도 했다. "그는 많은 사람들의 멘토였고, 그는 그 역할을 매우 즐거워했다. 누군가 그것을 교활하게 이용하려고 했다면, 충분히 그럴 수 있었을 것이다"라고 말했다. 그들은 길먼이 마토마에게 당한 것으로 생각했다.

사실, 이러한 설명이 왜 길먼이 마토마에게 바피에 대한 비밀 정보를 제공했는지 가장 설득력이 있어 보인다. 길먼은 증언을 마치는 날 무엇 때문에 마토마를 다른 투자자들과는 다르게 대했느냐는 질문을 받았다. 잠시 후 길먼은 "불행하게도 그의 호기심과 명석함은 볼 때마다 나의 첫째 아들이 생각나게 했습니다. 슬프게도 나의 첫째 아들은 아주 명석했고, 그리고 자살했습니다"라고 말했다. 그는 큰아들의 자살 이후 외로운 인생을 살았고, 그는 마토마에게서 큰아들의 모습을 보았다. 증인에 대한 심문 과정에서 밝혀진 나이 많은 닥터의 슬픈 사연은 배심원들의 마음을 아프게 했다.

배심은 평의에 들어간 지 3일째가 되는 날인 9월 8일 오후 1시 51분에 결론을 내렸다. 배심은 마토마의 3가지 죄목에 대해 모두 유죄를 선고했다. 로즈메리는 배심원의 대표가 유죄를 발표했을 때 눈물을 쏟았다. 마토마의 아버지 역시 세 번의 유죄가 선언될 때 마치 3발의 총알이 그의 가슴을 관통하는 고통을 느꼈다. 마토마의 인생과 그의 가족은 그렇게 무너졌다.

가데프 판사는 형량을 선고하기 전에 하버드에서 있었던 그의 사기적 행동을 언급하면서 "최고의 성적, 최고의 학교, 최고의 보너스 이외에는 어떤 것도 받아들이려 하지 않는 의지, 그리고 그러한 결과를 얻기 위해서는 어떤 행동도 불사하려는" 마토마의 삐뚤어진 성격이 오늘의 범죄를 일으켰다고 말했다. 가데프 판사는 마토마에게 징역 9년을 선고했다. 로즈메리는 울기 시작했다. 판사가 법정을 떠난 후 한참 동안 무거운 침묵이 흘렀다.

마토마의 가족들은 판사를 비난했다. 그러나 마토마에 대한 장기간의 징역형은 그가 자초한 일이었다. 코언은 분명 정황적으로 볼 때 마토마가 건네준 바피 정보로 엄청난 돈을 벌었다. 마토마는 코언에게 엄청난 돈을 벌게 해 주었고, 코언이 그 돈을 유지할 수 있도록 입을 닫았다. 만약, 마토마가 정부에 협조해서 정부가 코언을 잡을 수만 있었다면, 그는 상당한 감형을 받았을 것이다. 그러나 그는 정부의 협조 요청을 거부했다. 갑자기 자신이 정의로운 사람이라도 된 것처럼 생각한 것인가? 그는 그 대가를 스스로가 진 것이다. 누구를 비난할 것인가? 그의 가족 또한 이상한 사람들이었다.

월스트리트의 상어

SAC는 출범 이후부터 다른 헤지펀드들이 경악할 정도의 높은 수익률을 올렸다. 그것도 20년 동안 한 번의 예외도 없이 연평균 30%대의 수익률을 올렸다. 오직 단 한 번, 2008년 금융위기 때만을 제외하고 말이다. SAC와 코언은 자신의 성공 비결은 최고의 트레이더들에게 최고의 보상을 해 주기 때문이라고 한다. SAC의 일부 트레이더들은 코언을 "월스트리트 역사상 최고의 트레이더"라고 평가하기도 한다. 《월스트리트 저널》은 코언을 "헤지펀드의 왕Hedge Fund King"으로 칭찬했고, 《타임》은 그를 미국에서 가장 영향력 있는 인물의 리스트에 올려주면서 띄워 주었다.

그러나 SEC와 연방 검찰은 생각이 달랐다. 라자라트남이 밥 먹듯이 내부정보를 이용해 불법 거래를 했듯이 코언도 다르지 않을 것으로 생각했다. 그들은 코언을 잡기 위해 약 7년을 추적해 왔다. 그러나 코언을 직접 잡아넣는 데는 실패했다.

코언의 거래 중에 의혹이 가는 거래들이 많았지만, 가장 대표적인 거래가 마토마를 통해 이루어진 '바피' 거래였다. 약 7억 달러가 넘는 돈을 한 종목에 직감으로 투자하고, 순간 매수에서 매도로 전환한다는 것은 있을 수가 없는 일이다. 게다가 추가로 9억 6000만 달러의 공매도까지 쳤다. 이것은 시카고 콘퍼런스에서 발표될 임상시험의 결과가 실패라는 정보를 이미 알았기 때문에 가능한 행위였다.

연방 정부는 코언을 잡기 위해 수년간 노력했지만 코언은 생각보다 잡기 힘든 타깃이었다. 2009년 여름, FBI는 코언의 집에 대한 감청 허가까지 받았지만, 그는 연방 정부의 수사망을 교묘하게 피해갔다. 연방 정부는 '바피' 건에서 코언을 잡을 수 있는 정말 좋은 기회를 놓쳤다. 마토마는 피라미였다. 그는 트레이더로서 성공하지도 못했고, SAC에서 수익을 제대로 낸 건은 '바피' 한 건에 불과했다. 그것도 불법적인 정보를 이용한 거래였다. 그는 실적 저조를 이유로 2012년에 SAC에서 해고됐다.

그는 상당한 징역형의 위험 앞에서도 코언을 잡기 원하는 정부에 협력

2017년 2월, 전직 헤지펀드 애널리스트이자 뉴요커 기자인 실라 코하카는 『블랙 에지BLACK EDGE』를 통해 월가 역사상 가장 위대한 트레이더로 칭송받았던 스티븐 코언과 그의 헤지펀드 SAC 캐피털의 성공담과 어두운 진실을 파헤쳤다. '블랙 에지'란 월가에서 사용하는 용어로 주가를 움직일 수 있는 결정적인 정보를 의미한다.

『블랙 에지』는 이처럼 코언과 그의 부하 직원들을 쫓는 미국 연방 검찰과 FBI의 범죄 수사 다큐멘터리다. 합법과 불법의 경계가 모호한 회색지대에서 곡예를 벌이는 헤지펀드 트레이더들의 세계로 독자를 안내하면서 월가의 비리와 불편한 진실을 보여준다. 저자는 코언의 성공담에서 그치지 않고 어떻게 그가 연방 정부의 수사망을 피해갔는지, 연방 정부는 어떻게 코언의 주변을 좁혀나갔는지 마치 탐정소설처럼 이야기를 풀어낸다. 월가의 트레이더, FBI 요원, 연방 검사, 피고인들을 변호하는 미국 최고의 변호사들이 서로 얽히고설켜 빚어내는 이야기가 소설보다 더 흥미진진하다.

하지 않았다. 만약 그가 협력했더라면 코언은 감옥에 갔을 것이다. 마토마가 어떻게 길먼과 접촉했고, 길먼에게 신임을 얻으려고 노력했고, 최종적으로 2차 임상 결과를 어떻게 손에 넣었는지, 그리고 내부정보를 얻은 시점과 코언에게 전화한 시점, 이어 SAC의 대량 매도로 이어지는 흐름은 내부자거래의 전형적인 구조라고 할 수 있다.

그런데 마토마는 정말 엉뚱한 이유로, 하버드 성적 조작 사건으로 실추된 자신의 명예에 다시 한 번 내부자거래라는 불명예를 더할 수 없어서 자신이 무죄라는 주장을 굽힐 수 없었다. 그의 전 가족들 역시 무죄를 주장했다. 심지어 그의 아내인 로즈메리는 자기 할아버지가 간디와 같이 영국에 대항해 독립 투쟁하다고 감옥에 간 일이 있었는데, 자기 남편이 그와 유사한 옥살이를 하게 됐다는, 정말 이해할 수 없는 주장을 했다. 이처럼 어이없는 상황은 코언에게는 커다란 행운이었다. 마토마의 이해할 수 없는 사고 구조 덕분에 그는 법정에서 힘겨운 싸움을 하지 않아도 된 것이다.

그렇다면 연방 정부는 코언과의 싸움에서 패배한 것인가? 코언은 SAC의 내부자거래와 감독 실패 책임과 관련하여 SEC에게 6억 1600만 달러를 지불했다. 이 금액은 라자라트남이 지불한 금액의 4배에 달한다. 이에 추가해서 SAC는 형사법정에서 유죄를 인정하고 연방 검찰과 18억 달러(코언 측은 이미 SEC에 납부한 금액을 인정해 달라고 요청했고 검찰은 이를 수락했다. 따라서 코언이 연방 정부에 납부한 총 금액은 18억 달러다)를 추가로 지불할 것에 합의했다. 물론, 이 돈은 코언의 재산에 비하면 별 것 아닐 수 있다. 그러나 이러한 벌금의 부과와 부하 트레이더들의 내부자거래 유죄 판결로 그의 도덕성과 명예는 치명상을 입었다. 그동안 그를 따라 다니던 내부정보 의혹이 사실로 드러난 것이고, 그리고 일정 부분 법적으로도 확인된 것이다. 따라서 연방 정부가 최종 목표인 코언을 감옥에 집어

넣지는 못했지만 적어도 그의 팔 하나는 잘라낸 것으로 볼 수 있다.

SAC가 정부에 납부해야 하는 모든 금액은 코언 개인의 돈으로 납부했다. 그럼에도 코언은 아직도 100억 달러의 자산을 가지고 있다. SAC의 트레이더와 애널리스트 8명이 기소되어 유죄 판결을 받았고, 코언이 엄청난 벌금과 제재금을 정부에 납부했지만, 월가의 대형 투자은행인 모건 스탠리, JP 모건 체이스, 그리고 골드만삭스는 SAC가 너무나 중요한 고객이기 때문에 앞으로도 계속해서 거래하겠다고 말했다.

코언에게 있어 100억 달러라고 하는 숫자는 매우 중요하다. 이 숫자가 내뿜는 강력한 수수료 앞에 월가의 최고 투자은행들이 추파를 이미 던졌다. 코언과 그의 트레이딩 군단은 여전히 월가 대형 투자은행들을 호령할 것이고, 그들은 코언에게 '블랙 에지'를 갖다 바칠 것이고, 또한 기업공개IPO 주식 중 최고의 주식을 여전히 갖다 바칠 것이다.

코언과 SAC는 지능적이고, 대담하며, 막강한 정보력, 거대한 자금력으로 '블랙 에지'를 즐기면서 다른 시장 참가자들의 피를 먹고 사는, 21세기의 엘도라도인 월가의 진정한 최상위 포식자일지도 모른다. 단, 연방정부에 잡히지만 마라!

끝나지 않는
전쟁

INSIDERS ON
WALL STREET

정의는 내부자거래에 관심이 없는가?

《블룸버그 뷰》 (2015. 10. 28)
〈뉴먼 판결에 대한 연방 항소법원의 판결에 대한 비판 기사 제목〉

정의란
무엇인가?

          2010년대에 들어서면서 연방 검찰은 라자라트남 사건의 쾌거에 이어 SAC 스캔들에서도 파죽지세로 승전고를 울렸다. 두 개의 스캔들에서만 법무부가 기소한 사람이 무려 100명이 넘었고, 그중 거의 대다수가 유죄를 인정했거나 유죄 판결을 받았다. FBI와 연방 검찰은 월가의 암적 존재인 이들을 소탕하기 위해 막대한 예산을 투입했고 감청까지 실시하는 등 총력전 끝에 짜릿한 승리를 거두었다.

  월가의 새로운 보안관으로 등장한 뉴욕 남부지검장 프리트 바라라의 어깨에 잔뜩 힘이 들어갔고, 그의 미래는 전도가 양양한 것으로 보였다. (전임 검사장이었던 줄리아니는 뉴욕 시장에 출마했고, 처음에는 실패했지만 두 번째 도전에서는 성공했다. 그는 미국 민주당의 대통령 후보 출마까지 시도했었다. 그는 트럼프 행정부에서 요직을 맡을 것으로 보도되기도 했지만 최종적으로 내각에 들어가지 못했다)

그런 상황에서 갑작스럽게 2014년 12월, 연방 제2항소법원은 뉴먼 사건에서 지금까지의 내부자거래 법리를 근본적으로 뒤흔들며 연방 검찰의 공세를 무력화시키는 충격적인 판결을 내렸다. 헤지펀드 매니저들이 내부정보를 이용하여 약 7200만 달러를 챙긴 사건에서 제1심의 유죄 판결을 파기하며 무죄를 선고한 것이다. 연방 검찰은 전혀 예상치도 않았던 일격을 맞았다. 2015년 1월, 뉴먼 판결의 심각성을 인식한 법무부는 항소법원에 전원 합의체의 판결을 요구했지만 항소법원은 4월에 이를 기각했다. (2014년 12월의 판결은 3명의 판사로 구성된 재판부에서 판결했다.) 이후 법무부는 연방대법원에 상고했지만, 2015년 10월 24일 대법원은 아무런 코멘트 없이 상고를 기각했다. 항소심 판결을 인용한 것이다.

대법원의 이러한 결정은 파급 효과가 대단했다. 검찰은 이미 제1심에서 유죄를 받아 냈던 다수의 항소심 사건들을 포기drop해야만 했다. 연방 제2항소법원이 새로운 법리를 내세웠고 대법원이 이를 인용한 이상 그 요건을 충족할 수 없다면 소송은 하나 마나였기 때문이었다. 월가와의 내부자거래 전쟁에서 연방 정부의 전선에 거대한 구멍이 뚫려 버린 것이다.

뉴욕 남부지검장인 프리트 바라라는 대법원 판결이 나온 직후 기자회견에서 "뉴먼 판결은 잘못됐습니다. 이 판결은 미공개 중요 정보에 쉽게 접근할 수 있는 월가 부자들의 친구와 가족들에게 아주 수지맞는 복음이 될 것입니다"라고 말했다. 이어 그는 "앞으로 검사들은 정보를 제공한 기업의 임원들을 기소하는 데 커다란 어려움을 겪을 것입니다"라고 말했다.

성경의 〈전도서〉 저자는 "해 아래 새 것이 없다"고 했다. 미국에서 공개시장에서 발생한 내부자거래가 처음으로 처벌받은 1961년의 캐디 로버츠 사건 이후, 법원은 1934년법 제10조(b) 및 SEC 규칙 10b-5를 근거로 내부자거래 규제 법리를 전진과 후퇴를 반복하면서 발전시켜 왔다. 따라서 반세기를 넘긴 지금 내부자거래 법리에 더 이상 새로운 것이 있을 수 있다고 생각하기 어려웠다.

이런 상황에서 2014년 12월 연방 제2항소법원의 뉴먼 판결이라는 반동의 판결이 터져 나온 것이다. 항소법원의 판결이 나왔을 때 언론과 의회가 격분했지만 1년 후 대법원은 아랑곳 하지 않고 검찰의 상고를 기각했다. 다시 언론이 흥분했고 오바마 행정부도 발끈했다. 《블룸버그 뷰 Bloomberg View》는 "정의는 내부자거래 사건에 관심이 없는가?Justices Aren't Interested in Insider Trading Case?"라는 제목으로 연방대법원의 판결을 신랄하게 비난했다.

그렇다면 제2항소법원이 주도하고 대법원이 인용한 이 새로운 법리는 무엇이며, 누구를 위한 것인가? 항소법원은 왜 이들이 내부자로부터 받은 미공개 정보를 이용하여 거래했는데도 내부자거래로 인정하지 않았으며, 대법원은 왜 검찰의 상고를 기각했는가? 여기에 우리나라나 주요국에서 볼 수 없는 미국 내부자거래 규제 법리의 독특한 부분이 있다. 그것은 보통법에 근거해서 내부자거래 법리를 발전시켜 온 미국 증권법이 가진 태생적 한계에서 기인한다.

뉴먼의 전쟁

월가에서 주목을 받는 두 명의 헤지펀드 매니저인 토드 뉴먼Todd Newman과 리처드 치어슨Richard Chiasson은 델 Dell과 엔비디아NVIDIA 주식의 내부정보를 이용하여 상당한 이익을 챙겼다는 혐의로 기소됐고 제1심에서 유죄 판결을 받았다.

사건의 개요는 단순하다. 먼저, 델 주식 관련 정보의 전달 과정은 다음과 같다. 델의 IR 부서에서 일하는 롭 레이는 회사의 추정 실적에 관한 미공개 정보를 샌딥 고열이라는 애널리스트에게 제공했다. 고열은 이 정보를 뉴먼의 헤지펀드인 다이아몬드백 캐피털에서 일하는 애널리스트인 제스 토토라에게 전달했고, 그는 자기가 보좌하는 펀드매니저인 뉴먼에서 정보를 전달했다. 따라서 뉴먼은 제3차 정보 수령자가 되는 셈이다.

치어슨은 자신의 헤지펀드인 레벨 글로벌 인베스터스의 애널리스트인 애돈대키스로부터 델 정보를 전달받았는데, 애돈대키스 역시 토토라로부터 정보를 받았다. 그러니까 치어슨은 제4차 정보 수령자가 된다.

엔비디아의 내부정보 역시 유사한 과정을 거쳐 두 사람에게 전달됐다. 엔비디아의 금융 파트에서 일하는 내부자가 자신의 교회 친구에게 추정 실적 정보를 제공했고, 그는 다시 애널리스트에게, 애널리스트는 토토라에게, 토토라는 뉴먼에게 전달했다. 치어슨에게 전달된 정보의 전달 과정도 유사하다. 이 정보 전달 체인에서 치어슨과 뉴먼은 모두 제4차 정보 수령자였다. 연방 검찰의 주장에 따르면 엔비디아 거래에서 뉴먼은 4백만 달러의 이득을 챙겼고, 치어슨의 펀드는 6800만 달러의 이익을 챙겼다.

뉴욕 남부지검은 뉴먼과 치어슨은 각각 애널리스트로부터 델과 엔비디아의 추정 실적이라는 미공개 정보를 전달받았고, 해당 정보를 이용하여 거래함으로써 막대한 이익을 취득했다고 주장하면서 두 사람을 연방 증권법 위반 혐의로 기소했다.

이에 대해 피고인들은 자신들의 무죄를 주장했는데, 그 근거는 비록 미공개 정보를 이용한 거래라 할지라도 자신들이 거래에 이용한 델과 엔비디아의 내부정보가 델과 엔비디아의 내부자가 신인의무를 위반하여 타인에게 제공한 것이라는 사실을 알았거나 알았어야만 했고, 또한 델과 엔비디아의 내부자들이 정보 제공의 대가로 개인적인 이익을 받지 않았기 때문에 내부자거래의 책임이 발생하지 않는다는 것이다. 내부자가 신인의무를 위반하지 않은 이상 자신들은 SEC 규칙 10b-5에 근거한 내부자거래의 책임이 발생하지 않는다고 주장한 것이다.

이러한 내부자거래 책임의 법리에 기대어 피고인들은 모든 정보 수령자의 책임은 정보 제공자가 내부정보의 제공 대가로 개인적인 이익을 받았다는 사실을 정보 수령자가 알았다는 증거에 달려 있다는 것을 판사가 배심원에게 지시해 줄 것을 요구했다. (미국의 경우 배심이 평의를 하기 전에 판사가 배심이 결정해야 할 중요 쟁점에 대해 지시를 하는데, 이는 피고인의 유무죄를 결정하는 데 매우 중요한 의미를 가진다.)

그러나 뉴욕 남부 지방법원의 리처드 설리번Richard Sullivan 판사는 피고인들의 요구를 거부했다. 대신 설리번 판사는 "피고인들이 알게 된 정보가 내부자가 신인의무를 위반하여 전달된 것인지를 알았다면" 피고인들은 유죄가 될 수 있다고 지시하면서 이 문제에 대한 평결을 배심에게 지시했다. 이와 함께 설리번 판사는 내부자들이 타인에게 "미공개 중요 정보를 제공함으로써 믿음과 신뢰의 의무를 위반했다"는 것을 정부가 입증해야 하는데, 이 부분에 대해 배심이 논의할 것을 지시했다.

설리번 판사의 이러한 지시는 신인의무 위반과 개인적 이득과의 관련을 요구하지 않는 것이어서 정부 측에 유리한 것으로 평가할 수 있다. 배심은 설리번 판사의 지시에 따라 정부가 피고인들이 내부자의 신인의무 위반, 즉 미공개 정보가 내부자로부터 왔다는 사실을 알았다는 합리적인 의심을 넘어서는 증거를 제시한다면 배심은 피고인들을 유죄로 판단해야 한다. 최종적으로 배심은 유죄를 평결했다.

이에 뉴먼과 치어슨은 항소했다. 연방 제2항소법원은 2014년 12월 10일 미국 대 뉴먼United States v. Newman 사건에서 원심을 파기하며 내부자로부터 미공개 정보를 입수하고 해당 정보를 이용하여 엄청난 이익을 챙긴 두 명의 펀드매니저에 대해 무죄를 선고했다.

항소법원은 정보 수령자의 책임을 묻기 위해서는 ⑴ 내부자, 즉 정보 제공자가 정보 제공의 대가로 개인적인 이익을 얻었어야 하고, ⑵ 정보 수령자인 뉴먼과 치어슨은 내부자가 신인의무를 위반해서 제공한 정보로 자신들이 거래한다는 사실을 알아야 했는데, 검찰은 이를 입증하는 데 실패했다고 판단했다.

또한 법원은 정보 제공의 책임을 묻기 위해서는 정보 제공자인 내부자가 '개인적 이익personal benefits'을 얻었어야 하는데, 개인적인 이익이란 정보 제공의 대가로 지급되는 다른 증거 없이 단지 정보 제공자와 정보 수령자 사이가 친구 관계라는 사실만으로는 개인적 이익이 존재한다는 증거로 인정할 수 없다고 판결했다.

따라서 이 판결은 내부자로부터 직접 정보를 제공받은 경우보다는 정보의 전달이 몇 차에 걸쳐 이루어진 정보 수령자의 경우, 소위 '리모트 정보 수령자remote tipee'의 책임 요건을 매우 엄격하게 요구하는 결과가 되어 향후 정부가 리모트 정보 수령자의 내부자거래 책임을 묻는 데 심각한 장애물을 부과했다.

반동의 판결

연방 검찰은 '개인적 이익' 요건에 대해 뉴먼과 치어슨이 단순히 정보 제공자인 내부자가 비밀 유지 의무를 위반하여 정보를 제공했다는 사실을 알고 있는 정도라면 충분하고, 그리고 그들에게 제공된 델과 엔비디아 정보의 구체성specificity과 타이밍, 그리고 정보의 업데이트 빈도 등을 고려할 때 그들의 거래는 매우 의심스럽다고 주장했다. 그리고 내부자가 개인적인 이익을 받았다는 사실을 몰랐다고 해도 합리적으로 볼 때 알았어야 했고, 또는 알았어야 하는 사실을 고도의 방법으로 회피했다는 정황이 강하다면 유죄가 선고돼야 한다고 주장했다. 정부의 입장은 정보 제공자의 이익을 추정적으로 알 수 있었다면 그 요건을 충족했다고 보아야 한다는 것이다.

개인적 이익에 관한 증거가 충분한지 여부에 대해서도 정부는 델과 엔비디아의 정보 제공자들은 '경력 관리 이익 career advice'과 '명성의 이익 reputational benefit'을 받았다고 주장했고, 이것은 최근 제2항소법원이 다른 사건에서 "개인적인 이익은 금전적인 이익은 물론, 미래의 이익으로 전환될 수 있는 명성의 이익도 포함된다"고 판시한 예를 들면서 증거는 충분하다고 주장했다.

그러나 제2항소법원은 피고인들의 주장에 우호적이었는데, "내부자들이 신인의무를 위반했는지에 대한 판단 여부는 내부자들이 비밀 정보를 개인적인 이익과 교환하기 위해 제공했다는 사실을 반드시 인식했어야 한다"고 하면서, 이 사건에서 정보 제공자인 내부자가 정보 제공의 대가로 실질적으로 개인적인 이익을 받지 않았기 때문에 정보 수령자의 거래 행위는 내부자거래에 해당하지 않는다고 판단했다.

정부는 일반적인 경력 관리나 친구 관계의 존재만으로도 개인적 이익의 증거가 된다고 주장했지만, 법원은 개인적 이익이 존재한다고 추정되기 위해서는 "정보 제공의 대가로 받은 것이 객관적이고 현존하고, 그리고 최소한 금전 또는 그와 유사한 가치가 있는 잠재적 이익"이 있어야 한다고 판단했다. 따라서 정부는 이 수준에 이르는 증거를 제시하지 못했기 때문에 피고인들에게 내부자거래의 책임이 성립하지 않는다고 판결한 것이다.

이처럼 항소법정에서 다루어진 논쟁의 핵심은 정보 제공자의 '개인적 이익'이 존재하는지 여부였다. 그러나 이것은 본말이 전도된, 무언가 잘못된 것이라는 인상을 피할 수 없다. 이 판결의 중요한 배경으로 두 가지를 들 수 있다. 첫째는 SEC 규칙 10b-5의 해석을 보통법으로 접근한 결과 발생하는 약점이고, 둘째는 1983년 덕스 사건에서 연방대법원이 내린 법리 때문이다. 첫째는 둘째로 귀결되기 때문에(즉 연방 증권법에 내부자거래 규제에 대한 명문화된 내용이 없기 때문에 법원의 해석에 의존할 수밖에 없고, 대법원이 판례를 통해 선례를 세운 이상 그에 구속된다는 의미) 두 번째 배경에 대해서만 간단히 살펴본다.

1983년 덕스 사건(제2장에서 자세히 언급)은 정보 수령자의 책임을 묻는 가장 기본적이며 근간이 되는 판례다. 이 사건에서 연방대법원은 정보 수령자의 책임을 묻기 위해서는, (1) 내부자가 신인의무를 위반해서 정보를 제공했고, (2) 정보 수령자는 그러한 사실을 알았거나 알았어야 하며, (2) 정보 제공자가 정보 제공의 대가로 직간접적으로 개인적 이익을 얻었을 것이 요구된다고 판결했다.

대법원은 "개인적 이익"에 대해 몇 가지 예시를 들었는데, 금전적 이득이나 미래에 이익으로 바뀔 수 있는 평판 이익, 상호 정보 교환, 정보 제공자에게 가치 있는 다른 것들, 또한 친척이나 친구에게 정보를 선물로 제공하는 경우들을 들었다. 이처럼 대법원은 개인적 이익의 범위를 넓게 해석했다.

따라서 정보 제공을 통한 내부자거래 사건이 발생했을 경우, 연방 검찰이나 연방 법원 모두 세 번째 요건인 '개인적 이익' 요건은 정부에게 부담이 되는 중요한 요건으로 보지 않았다. 어떤 의미에서 1983년 판결 이후, 정보 제공자가 개인적인 이익을 얻었는지 여부를 정보 수령자가 알았거나 알았어야 할 합리적인 이유의 존재 여부는 사실상 무시돼 왔다고 볼 수 있다. 그런데 연방 제2항소법원이 갑자기 뉴먼 사건에서 그동안 전혀 중요하게 인식하지 않았던 3번째 기준을 엄격하게 들이대면서 뉴먼과 치어슨의 내부자거래 책임을 부정해 버린 것이다.

그렇다면 연방 제2항소법원은 그동안 스스로도 엄격한 기준을 적용해 오지 않았던 기준을 왜 갑자기 입장을 바꾼 것인가? 이에 대해 바라라의 뉴욕 검찰이 너무 공격적으로 내부자거래를 수사하는 것에 대한 제2항소법원 판사들의 반감으로 보는 견해들이 많다. 내부자거래를 규제하는 철학의 근본적 배경은 일부 특수한 지위에서 내부정보를 알게 된 자들이 내부정보를 이용하여 부당한 이익을 취득하는 것을 막고, 모든 투자자에게 공정한 거래 기회를 보장하기 위한 것이다. 따라서 개인적 이익의 존재 여부가 결코 내부자거래 책임을 묻기 위한 요건이 될 수 없다. 전 세계 주요국의 내부자거래 법제가 미국으로부터 수입한 것이지만 주요국 어느 국가도 미국처럼 정보 수령자를 처벌하기 위한 조건으로 정보 제공자의 개인적 이익의 취득을 요구하지 않는다. 우리 자본시장법도 마찬가지다.

오늘날 내부정보가 많은 단계를 거쳐 이동하는 증권시장의 현실에서 리모트 정보 수령자의 경우에까지 '개인적인 이득' 요건을 갑자기 엄격하게 요구하는 것은 넌센스로 보인다. 연방 제2항소법원은 뉴먼 사건에서 내부자가 도둑질한 회사 정보를 친구에게 제공하면서 사례만 받지 않으면 정보 수령자의 내부정보 이용 행위는 무죄라는 궤변을 제시했다. 델이나 엔비디아의 내부자들이 회사의 추정 실적 정보를 도둑질해서 친구들에게 돈을 벌라고 건넸다. 그리고 친구들은 천문학적인 돈을 벌었다. 뉴먼이 부당한 방법으로 4백만 달러를, 치어슨이 6800만 달러를 벌었는데, 항소법원이 정보 제공자들이 정보 수령자들로부터 개인적인 이익을 취하지 않았으니 그들의 거래 행위는 죄가 안 된다고 판결한 것이다.

월가의 승리와
밀려오는 후폭풍

　　　　　　　　　　　뉴먼 판결은 현재 진행 중인 내부자거래 사건의 피고인들에게 정말 '복된 소식good news'이었다. 뉴먼 판결의 충격은 상당한 파장을 미치며 진행 중인 재판에 직간접적으로 영향을 미쳤다. 항소법원은 내부정보의 제공 대가로 주어진, 즉 '답례 성격'의 개인적 이익의 구체적 증거를 요구함으로써 정보 제공자의 신인의무 위반과 그에 따른 책임을 묻기 위한 정부 측의 증거 부담 수준을 강화했다. 더더욱 정부는 정보 제공자의 개인적 이익에 대해 정보 수령자가 알고 있었다는 사실을 증명해야 하는데, 이것은 향후 정보 수령자의 내부자거래 책임을 묻는 데 있어서 커다란 장애가 될 것이다.

　아무튼 이로써 잠재적 내부자거래의 범위는 극적으로 줄어들게 됐다. 내부자거래 분야에서 명성이 있는 스테판 베인브릿지 교수는 뉴먼 사건은 단지 "내부자거래의 개념을 확대하여 실질적으로 정보의 모든 비대칭 거래를 포섭하고자 하는 검찰의 의욕에 사법적 굴레를 씌운 것뿐만 아니라, 기존의 법 체제에서 확고한 기반을 갖지 못한 법에 대한 고도로 공격적인 '해석'을 탈선시켰다"고 말했다.

　뉴먼 사건은 답변돼야 할 또 다른 새로운 문제를 제기했는데, 예를 들면 연방 제2항소법원은 내부자거래의 책임과 관련하여 정확하게 무엇이 "개인적 이익"을 의미하는지에 대해 가이드라인을 제시하지 않았다는 것이다. 법률가들과 판사들은 향후 많은 사건에서 '정보 제공에 대한 답례 성격'의 이익을 어떻게 해석해야 할지를 놓고 힘겨운 싸움을 계속할 것이다. 물론 법원이 뉴먼 사건에서 정부의 추정적 증거를 거부하긴 했지만, 그렇다고 해서 개인적 이익으로 볼 수 있는 상황증거가 상당한 경우까지 책임을 부정한 것은 아니다.

그러나 무엇보다도 제2항소법원의 판결은 상식이나 일반 국민의 입장에서 볼 때 납득이 가지 않는 것은 분명하다. 제2항소법원의 뉴먼 판결에 대해 미국의 언론들은 매우 비판적이었으며, 미국 국민의 감정은 편하지가 않았다. 그것은 돈 많은 월가 사람들이 비즈니스 관계에서 미공개 정보를 건네주더라도 그 대가로 직접적인 개인적 이익을 챙기지 않는다면 얼마든지 미공개 정보를 제공해도 된다는 허가증을 발급해 준 것과 같았기 때문이다.

연방 의회는 항소법원의 판결에 발끈했다. 먼저, 공화당의 스테판 린치Stephen Lynch 의원은 정보 제공자가 정보 제공의 대가로 개인적인 이익을 받아야 한다는 요건을 완전히 없애 버리는 법안을 제출했다. 이에 더해 내부자거래 규제를 더욱 강화하는 내용까지 담고 있다. 만약 이 법안이 통과된다면 뉴먼 판결을 통해 안도의 한숨을 쉰 월가는 이전보다 더 강한 규제 속으로 끌려 들어갈 것이다.

린치 의원의 법안보다 더 공격적인 법안이 잭 리드Jack Reed 상원의원과 로버트 메넨데즈Robert Menendez 상원의원에 의해 발의됐는데, 이 법안은 "일반인이 활용할 수 없는not available to the public" 정보를 이용한 모든 거래를 불법으로 규정하고 있다. 다만, 공개적으로 활용할 수 있는 소스로부터 독립적으로 발전시킨 정보는 예외다.

이 두 개의 법안은 정보 제공자/ 정보 수령자의 책임 구조 자체를 재정의하고, 나아가 1980년 치아렐라 사건에서 연방대법원이 내부자의 범위를 신인의무를 부담하는 자로 제한하기 이전으로 회귀할 것으로 보인다. 즉 1968년의 텍사스걸프 사건에서 판시됐듯이 미공개 정보를 아는 "모든 자anyone"를 규제 대상으로 포섭하는 예기치 않았던 혁명으로까지 발전할 가능성도 있다.

이 법안에 대해 미국의 로스쿨 교수들이나 전문가들은 대부분이 적극적으로 환영했다. 이제 그만 판례법에 의존해 온 불확실성을 끝낼 때가 됐다는 것이다. 대표적으로 미국 증권법의 대가인 토마스 리 헤이즌Thomas Lee Hazen 교수는 잭 리드와 로버트 메넨데즈 상원의원이 제출한 법안에 대해 "이 법안은 현행법상 일관성이 없는 부분이나 모호한 부분을 완전히 제거해 줄 것이고, 만약 이 법안이 통과된다면 모든 투자자들이 동등한 입장에서 증권시장에 참여할 수 있도록 보장해 주면서 미국 증권시장의 건전성을 놀라울 정도로 강화시켜 줄 것이다"라고 코멘트 했다.

Reed & Rounds Urge SEC to Update Insider Trading Rules

민주당의 잭 리드 상원의원은 2015년 3월 11일에 민주당 상원의원인 로버트 메넨데즈 의원과 공동으로 내부자거래 규제를 대대적으로 강화하는 법안(법안의 정식 명칭은 "Stop Ilegal Insider Trading Act")을 제출했다. 리드 의원은 이어 2015년 5월 6일에 공화당의 마이크 라운즈 상원의원과 함께 초당적 차원에서 SEC 위원장인 메리 조 화이트에게 공개서한을 보냈다. 이 서한에서 리드 의원은 연방 의회에 뉴먼 판결의 문제점을 보완하기 위해 몇 개의 법안이 제출됐는데, 이 법안이 입법 절차를 거쳐 제정될 때까지 내부자거래의 규제에 공백이 발생하지 않도록 SEC가 현재 보유하고 있는 모든 권한을 사용해 줄 것으로 요구했다. 사진은 상원 은행위원회에서 내부자거래 규제 강화의 필요성을 역설하는 리드 의원의 모습이다.

(photo: Senator Jack Reed's Homepage)

항소법원은 그동안 전혀 중요하게 인식하지 않았던 부수적 기준을 꺼내 들면서 증권시장의 정의를 위해 내부자거래를 공격적으로 대처하는 프리트 바라라의 뉴욕 검찰의 오른팔 하나를 잘라 버렸다. 법리의 구성이야 어찌 됐든 항소법원과 연방대법원은 증권시장에서 "정보의 평등한 접근성"을 통해 "공정한 거래"를 보장하고자 하는 내부자거래 규제 철학의 한 축을 스스로 무너뜨렸다.

내부자거래 규제에 있어서 정의란 무엇인가? 연방 법원이 판결을 통해 정의를 실현할 의지와 능력이 없다면 연방 의회가 나서야 할 것이다. 연방 의회는 연방 법원이 내린 반동의 판결을 엎어 버리기 위해 반격을 위한 시동을 걸었다. 국민의 법 감정이나 일반적 정의 개념과 괴리된 법리가 무슨 의미가 있는가? 헤겔의 정반합의 변증법처럼 연방 법원의 반동에 대한 연방 의회의 공격은 새로운 '합合'을 도출할 것이고, 그것은 월가의 목을 겨냥하는 더 날카로운 칼날이 될 것으로 보인다. 그렇게 된다면 월가가 뉴먼 사건에서 얻은 승리의 대가는 혹독할 것이다. 법관 위에 연방 의회가 있고, 연방 의회 위에 국민이 있기 때문이다.

굽타의 마지막 희망

2016년 1월 5일, 라자트 굽타는 연방 교도소에서 출소했다. 그가 재판에서 패배하고 교도소에서 복역하는 동안 연방 교도소의 창틀을 통해 전혀 예상치 못했던 구원의 햇살이 비쳐졌다. 2014년 12월, 연방 제2항소법원이 정보 수령자인 뉴먼과 치어슨에 대해 무죄를 선고한 것이다. 그 판결은 연방 정부에게는 충격이었지만 내부자거래 피고인들에게는 새로운 희망을 주는 구원의 판결이었다. 연방 제2항소법원의 판사들은 감옥에 갇힌 다수의 월가 트레이더들에게 철창문을 열어 주었고, 앞으로도 더 많은 트레이더들이 감옥에서 해방될 것이다. 굽타가 이 새로운 희망의 행렬에 참여하고자 했던 것은 너무나 당연했다. 과연 굽타는 이 부활의 행렬에 낄 수 있을까?

굽타는 제1심에서 유죄 판결을 받고 항소했지만, 2014년 3월 25일 연방 제2항소법원은 그의 항소를 기각했다. 그는 연방대법원에 상고했다. 굽타는 상고서에서 제1심 법원의 판사가 피고인의 증인 채택을 거부했고, 기탄잘리의 증언의 범위를 제한하는 등 과오를 범했다고 주장했다. 그러나 대법원은 그러한 제한은 제1심 법원의 재량적 범위 안에 있는 것이며 제1심의 증거와 관련한 판단은 잘못된 것이 아니라고 판단했다. 대법원은 항소법원이 제1심의 부분적 과오에 대해서 "해가 없는 과오harmless-error라고 한 결론은 정당하며, 이 사건에서 피고인이 유죄라는 증거는 충분했다"고 판단했다. 피고인이 라자라트남에게 전화한 후 라자라트남이 즉시 엄청난 규모의 골드만 주식을 거래했다는 사실은 피고인이 라자라트남에게 골드만에 관한 내부정보를 제공했다는 강력한 증거라고 인정했다. 대법원은 2014년 6월 11일에 굽타의 상고를 기각했고 굽타는 6월 17일부터 형기를 시작했다.

그런데 그로부터 불과 6개월 후인 2014년 12월에 뉴먼 판결이라는 새로운 판결이 나왔고, 다음 해 10월 대법원이 이를 인용했다. 정보 수령자의 내부자거래 책임을 묻기 위해 정보 제공자가 정보 수령자로부터 '개인적인 이익'을 받았어야 하며, 그 이익은 보다 구체적일 것을 요구한 것이다. 굽타는 항소법원의 이러한 판결에 터 잡아 자신이 라자라트남으로부터 '개인적인 이익'을 받은 것이 없으며, 설사 받았다 하더라도 뉴먼 판결에 따르면 정부는 그 구체적인 증거를 제시해야 한다며 다시 재판을 요구했다.

그러나 굽타에게 불리한 증거가 있다. 2008년 4월, 굽타는 재산의 일정 부분을 자선단체에 기부하기 위해 자산 관리를 담당하는 히더 웹스터 Heather Webster와 미팅을 했다. 웹스터가 정리한 메모에 따르면 당시 굽타는 약 120만 달러의 재산을 가지고 있었고, 메모에는 굽타의 향후 예상 수입이 적혀 있었다. 예를 들어, 2009년, 2010년, 2011년에 맥킨지로부터 매년 받을 예상 금액인 250만 달러, 골드만으로부터 매년 받고 있는 70만 달러, 다른 두 개의 회사로부터 각각 30만 달러, 그리고 러시아은행으로부터 받을 50만 달러가 표기돼 있었다.

이 메모 중에 검찰이 주목한 곳은 굽타가 갤리언 인터내셔널의 지분 15%를 받을 것이며, 이 가치는 13억 달러라고 기록된 부분이었다. 13억 달러는 엄청난 돈이었다. 이 펀드는 아시아 지역에 롱-쇼트 전략을 구사할 것이며 운용 수수료를 받는다고 했다. 실제 굽타는 갤리언의 간부와 갤리언에 투자를 유치하기 위해 2008년 3월 31일과 4월 1일 아랍에미리트를 방문했다. 그때 갤리언의 간부는 굽타를 갤리언 인터내셔널의 회장으로 소개했다. 그리고 그 투자 유치는 성공적이었고, 아부다비 투자청은 갤리언에 7500만 달러를 투자하겠다고 약속했다.

굽타 측은 굽타가 라자라트남에게 내부정보를 제공할 동기가 없다고 주장하지만, 만약 굽타가 갤리언 인터내셔널의 회장이 되기를 원했고 갤리언의 지분을 얻기를 원했다면 '개인적 이익'이 없다는 주장은 설득력이 약하다. 정부의 주장에 따르면 굽타의 중동 여행은 굽타가 골드만과 P&G의 내부정보를 라자라트남에게 제공하기 몇 달 전에 이루어졌다. 시간적인 관계에서 볼 때도 굽타의 동기가 추정될 수 있는 부분이다.

또한 감청된 라자라트남과의 통화에서 굽타는 "내가 갤리언 인터내셔널과 갤리언을 도울 수 있을지에 대해 계속해서 대화를 하고 싶다" "당신은 나에게 갤리언 인터내셔널의 회장 자리를 주었는데, 그것으로 충분하다"고 말했다. 여기서 "혜택"은 굽타가 라자라트남이 소유하고 있는 갤리언 인터내셔널의 회장 자리였고, 더 나아가 뉴 실크루트나 다른 갤리언 펀드 등을 통한 갤리언에 대한 투자 기회로 볼 수 있다.

검사는 웹스터를 배심원 앞에 세우고자 했고 굽타의 변호사들을 강하게 반대했다. 이것은 굽타가 라자라트남과의 관계로부터 금전적인 이익을 얻을 것을 기대했다는 증거가 될 수 있기 때문이었다. 비록 아직까지는 굽타가 라자라트남으로부터 직접적으로 돈을 받은 적이 없더라도 미래에는 받을 수 있을 것이라고 생각했다는 추정이 가능한 대목이었다. 이것이 굽타가 라자라트남에게 내부정보를 제공할 충분한 동기가 될 수 있다는 주장이었다. 레이코프 판사는 웹스터의 증언을 허용했고, 웹스터는 배심원들에게 굽타가 자신의 재산의 80%를 자선 단체에 기부하려고 했던 내용을 증언했다.

뉴먼 판결은 굽타에게 구사일생의 기회를 제공해 줄 수 있을까? 웨인 스테이트 로스쿨의 교수이며 《뉴욕타임스》 칼럼리스트인 피터 헤닝Peter Henning은 "정부의 기소는 굽타가 비밀 정보의 대가로 무엇을 받았는지 모호한 부분이 있다"고 말했다. 그는 단지 "라자라트남과의 친구 관계 또는 다양한 비즈니스 관계로부터 혜택을 받았거나 받기를 희망했던 정도"이고, 물론 그중에 "금전적"인 부분이 있을 수 있지만 여전히 모호하다고 했다.

아무튼 굽타는 다시 재판 전쟁을 시작했다. 그는 먼저 연방 지방법원에 제소했지만 레이코프 판사는 뉴먼 판결과 굽타 사건은 본질이 다르다고 하면서 그의 제소를 기각했다. 굽타는 다시 항소했다. 굽타에게 유죄를 선고했던 연방 제2항소법원이 뉴먼 판결을 내린 바로 그 항소법원이었다. 굽타는 내부자거래의 법리적 지평이 확연히 달라졌음을 이유로 항소했고, 2016년 2월 항소법원은 2014년 굽타에 대해 내린 내부자거래의 유죄 판결을 다시 검토하겠다고 밝혔다.

그러나 굽타가 이 새로운 전투에서 이길 가능성은 그리 커 보이지 않는다. 그에게는 불행하게도 2016년 10월 일리노이주를 관할하는 연방 제8항소법원이 SEC 대 샐먼 사건SEC v Salman에서 제2항소법원의 뉴먼 판결과는 대립되는 판결을 내렸는데, 연방대법원이 이를 인용한 것이다, 놀라운 변신이었다. 이 사건에서 투자은행에서 일하는 내부자는 업무 중에 취득한 내부정보를 형에게 제공했고, 형은 친구인 샐먼에게 다시 전달했다. 샐먼은 내부자의 처남이기도 했다. 제8항소법원은 내부자가 친구 또는 친척 관계에서 선물로 내부정보를 제공한 경우 정보 제공자는 '개인적 이익'을 얻은 것으로 판단했다. 사건의 구조는 뉴먼 사건과 매우 유사했다. 그런데 연방대법원은 왜 생각을 바꿨는가? 연방대법원의 뉴먼 판결 이후 뉴먼 법리를 끝장내려는 다수의 법안들이 의회에 제출되었다. 만약, 샐먼 사건에서도 연방대법원이 뉴먼 법리로 일관했다면, 아마 새로운 법안은 빠르게 통과됐을 것이다. 샐먼 사건에서 연방대법관들이 몸을 사린 것으로 보인다. 연방 의회의 새로운 입법으로 자신들이 뉴먼 사건에서 내린 판단이 뒤엎어지는 것을 보고 싶지 않아서였을까?

굽타는 샐먼 판결이 헌법 정신에 위반된다고 주장했지만 2019년 1월 연방 제2항소법원은 굽타의 항소를 기각하면서 그의 모든 법적 투쟁은 종결됐다.

굽타의 전쟁은 이제 끝났지만, 굽타의 승패와는 관계없이 야망의 덫에 걸린 굽타의 후예들은 법리와 증거의 허점을 찾아 자신의 무죄를 주장하며 법정에서 다툴 것이다. 21세기의 엘도라도가 지금처럼 강력하게 작동하는 한, 아마 그 전쟁은 영원히 끝나지 않을 것이다.

욕망이란
이름의 전차

INSIDERS ON
WALL STREET

욕망이라는 이름의 전차를 타야하는데요.
그 다음 묘비라는 전차로 갈아타고
여섯 정거장을 가면 엘리시안 필즈(천국)라던데요.

테네시 윌리엄스
〈욕망이라는 이름의 전차〉 도입부에서

이 대사는 미국의 극작가인 테네시 윌리엄스의 명작 〈욕망이라는 이름의 전차A Streetcar named Desire〉의 첫 장면으로 몰락한 상류층 여인 블랑슈가 뉴올리언스에 살고 있는 여동생의 집으로 가기 위해 저녁 무렵 전차 역에서 역무원에게 묻는 질문이다. 이 작품은 1947년에 발표한 희곡으로서 같은 해 12월부터 1949년 12월까지 2년간 뉴욕 브로드웨이에서 상연됐고, 1948년에 퓰리처상을 받았다. 이 희곡은 1951년 비비안리와 말론 브론도의 주연으로 영화로 제작되어 흥행에서 성공했고 아카데미 4개 부문에서 상을 받았다(비비안리가 여우주연상을. 그리고 여우조연상과 남우조연상 등을 수상했다). 이후 오페라와 발레 등으로 각색돼 수많은 무대에 올랐다.

01

택시 드라이버의 007 작전

뉴욕의 택시 드라이버인 스티븐 왈리스의 내부자거래 사건은 여느 내부자거래 사건과는 달리 마치 스파이가 등장하는 소설의 이야기 같다.

그는 대학을 졸업한 사람답게 정부 당국의 추적을 피하기 위해 스위스 은행의 바하마 지점에 계좌를 개설하고, 비밀 정보를 택시 안이나 영화관 또는 바Bar에서 전달받을 정도로 치밀하게 행동했다. 정보원이 정보를 제공할 때도 추적을 피하기 위해 페이폰을 쓰되 위치를 바꿔가면서 왈리스의 비퍼beeper로 연락을 했고, 비퍼에 남긴 메시지도 코드화해서 '1'은 전화를 해달라는 신호이고, '2'는 서로 만날 필요가 있다는 신호이며, '3'은 문제가 발생했으니 당분간 만나서는 안 된다는 메시지였다.

그는 모든 거래를 완벽하게 끝내고 애인과 함께 스위스로 도망가기 바로 직전에 FBI 수사관에게 체포됐다. 그의 모든 꿈이 물거품이 된 것이다. 그런데 왈리스의 내부자거래는 '완전범죄'로 끝날 가능성이 매우 컸다. 월가의 황태자 데니스 레빈의 사건이 그렇고, 대부분의 대형 스캔들의 실마리가 아주 뜻하지 않는 곳에서 잡히는 것처럼 왈리스의 드라마 같은 내부자거래도 전혀 예상치도 못한 일로 인해 덜미가 잡혔다.

이 이야기는 밤늦은 시간의 택시 탑승으로부터 시작된다. 케네스 패트릭Kenneth Patricig은 맨해튼의 유명한 로펌인 스캐든Skadden, Arps, Slate, Meagher & Flom에서 야간에 문서 교정자로 일을 하고 있었다. 패트릭은 밤 늦게 퇴근할 때 '드라이브-어-카Drive-A-Car'의 택시 드라이버인 스티븐 왈리스Stephen Wallis의 택시를 이용하곤 했는데, 이 회사는 밤늦게 퇴근하는 직원들을 위해 스캐든이 이용하는 택시 회사였다.

택시 탑승의 빈도가 높아지면서 두 사람은 점차 가깝게 됐고, 대화는 스캐든이 전문성을 가진 기업 인수 이야기로 자연스럽게 흘러갔다. 증권에 대해 나름 상당한 지식을 가지고 있었던 왈리스가 먼저 패트릭을 유혹한 것으로 보인다. (그러나 왈리스는 재판 과정에서 패트릭이 먼저 자기에게 전화번호를 요구했다고 말했다.) 스캐든은 당시 M&A 분야에서 유명한 로펌이었고 왈리스 생각에 기업 인수에 관한 비밀 정보가 많을 것으로 생각했다.

1982년 가을 두 사람 사이에 파트너 관계가 형성됐고 서로 모종의 약속을 한 것으로 보인다. 이러한 관계는 2년 6개월 후 왈리스가 체포되면서 끝이 났다. 그때는 왈리스가 스위스로 도망가려고 준비하고 있을 때였다.

그들의 거래 구조는 매우 단순했다. 패트릭이 스캐든 내부의 기업 인수 정보를 빼내어 왈리스에게 전달하고, 왈리스는 그 대가로 패트릭에게 돈을 지불하는 것이었다. 왈리스는 패트릭에게 이익이 발생한 정보에 대해 5000달러를 지급하고, 이익이 클 경우에는 그 이상을 지급하겠다고 약속했다. 왈리스가 패트릭으로부터 정보를 얻어 투자하는 과정은 마치 스파이 소설에서 나오는 장면들과 유사하다.

그들은 바Bar에서, 영화관에서 그리고 택시 안에서 은밀한 만남을 가졌다. 왈리스는 전화통화가 추적된다는 것을 알고 있었다. 그들은 페이폰으로 밤늦게 전화를 했고 코드번호를 이용했다. 계좌도 바하마에 있는 스위스 은행 계좌를 이용했다. 나름 연방 정부의 추적을 따돌리기 위한 최선의 방어책을 마련해 놓고 있었다.

스캐든에서 문서 교정자로 일했던 패트릭은 콜롬비아 대학을 졸업했고 조용하며 내성적인 성격의 소유자였다. 왈리스 역시 대학을 졸업했고 주식시장과 외국은행의 비밀보장법에 대해 나름 전문적인 지식을 가지고 있었다.

패트릭은 왈리스를 만나기 위해 페이폰 전화를 이용해 그의 비퍼로 연락을 했다. 그는 보안을 위해 숫자화 된 메시지를 보냈고, 왈리스가 다시 패트릭에게 전화하는 방법을 이용했다. 이 대화를 통해서 택시 안에서 만날 것인지, 아니면 이스트 34번가에 위치한 영화관에서 만날 것인지 간단히 이야기했다. 왈리스는 동거하고 있던 여자 친구인 샤론 윌리(그녀는 가축병원의 매니저였다)와도 내부정보를 공유했는데, 그녀는 가끔 왈리스를 따라오기도 했지만 주로 밖이나 식당에서 기다렸다.

왈리스는 패트릭에게 자기가 내부자거래에 대해 잘 알고 있다고 말하면서 유명한 치아렐라 사건을 이야기하기도 했다. 그는 그 사건에서 인쇄공이 금융 서류를 통해 얻은 정보를 이용해 주식시장에서 거래를 했는데, 그가 무죄를 받았다고 말했다.

왈리스가 주문을 제출할 때 증권회사의 기록에 자신의 이름이 남는 것을 피하기 위해 페이폰을 통해 외국에 개설된 증권계좌를 이용하여 거래했다. 그러나 그는 챨스 슈왑이나 배이트맨 같은 국내 증권사를 통해 주문을 하기도 했다.

뉴욕증권거래소의 감시망

뉴욕증권거래소NYSE, New York Stock Exchange의 이상매매 감시 시스템에 이상한 거래 패턴이 잡혔다. 1983년 봄, NYSE의 주가감시 팀은 여러 건의 합병 공시 이전에 일련의 주식거래가 발생하고 있다는 사실을 발견했다. 무언가 냄새가 나는 거래들을 조사한 결과 의혹 있는 거래들이 모두 동일한 증권회사를 통해 이루어지고 있었고, 매번마다 관련된 로펌은 스캐든이었다. 스캐든이 보유한 기업 인수 정보를 이용한 내부자거래의 냄새가 났다.

아직 내부자거래로 확신하기에는 증거가 부족했지만 NYSE는 이러한 정보를 SEC와 스캐든에 전달했다. 스캐든에 거래 정보를 제공한 것은 스캐든에서 내부정보가 새는 것으로 보았기 때문에 스캐든이 내부정보 관리를 보다 철저하게 하라는 의미였다.

NYSE로부터 뜻밖의 정보를 받은 스캐든은 충격을 받았다. 만약 내부에서 기업 인수에 관한 고객의 정보가 샌다면, 그것은 스캐든의 명성에 치명적인 영향을 미칠 수 있는 엄청난 일이었다. 스캐든은 보안 강화가 문제가 아니라 SEC보다 먼저 범인을 잡으려 했다. 스캐든은 사설 조사관을 선임해서 은밀히 내부 조사를 진행했다. 스캐든이 유력한 용의자를 찾아내는 데에는 그리 시간이 걸리지 않았다. NYSE가 보내온 거래 내역 중 스캐든이 자문한 건 모두에 관여한 변호사는 한 명도 없었다. 여러 건의 기업 인수 자문에 각각 다른 변호사들이 투입된 것이다.

그러나 행정직 직원들 중에는 모든 거래에 관한 정보에 접근할 수 있는 사람들이 있었다. 범위는 좁혀졌고 워드 프로세스 작업 부서의 야간 담당 매니저인 크로우Crow와 살바토르Salbatore가 유력한 용의자로 떠올랐다.

대머리에 중키였던 살바토르는 1982년에 기업 인수에 대한 정보를 푸르덴셜-바크Prudential-Bache의 전 증권 브로커였던 레먼Lerman에게 정보를 팔기로 약속했다. 레먼은 그가 직장이 없었을 때 어빙플레이스 아파트에서 함께 지냈던 룸메이트였다.

레먼은 약간 다리를 절었는데, 그는 살바토르로부터 받은 정보를 다시

카랜잘리스Karazalis와 공유했는데, 당시 그는 푸르덴셜-바크의 증권 브로커였다. 그러니까 레먼과 카랜잘리스는 푸르덴셜-바크에서 같이 일했던 동료였다. 그리고 크로우는 살바토르의 감독을 받는 직원이었다. 살바토르는 크로우와 패트릭을 이 정보 클럽에 합류시켰다. 스캐든이 가지고 있는 고객과 관련한 로펌의 코드를 해독하는 데 서로 힘을 합칠 필요가 있었기 때문이다. 이들은 이렇게 파악한 내부정보를 외부인에게 팔아 돈을 받기로 모의한 것이다. 스캐든은 보안 정책의 하나로 고객 이름을 '모짜르트'같이 코드화했고, 타이핑 또는 인쇄하기 직전까지 고객의 실제 이름이 드러나지 않도록 극도로 조심했다. 그러나 회사 사정을 잘 알고 있는 살바토르에게 코드를 해독하는 것은 어려운 일이 아니었다.

크로우는 오후 11시에서 오전 5시까지 일을 했고, 살바토르는 그보다는 약간 이른 시간에 근무를 했다. 그들은 회사의 워드 프로세스 센터에서 만나거나 바에서 만나 정보를 공유했다. 살바토르와 크로우는 M&A에 관여한 변호사들의 이름을 확인하기 위해 그들의 비밀 컴퓨터 파일에 접근했다. 크로우는 진행 중인 M&A 정보를 찾기 위해 비밀 코드를 달은 문서들을 검색하는 프로그램을 짜기도 했다. 그는 완전범죄라고 생각했다. 그러나 스캐든은 이미 NYSE로부터 로펌에서 비밀 정보가 새고 있다는 정보를 받았고, 크로우의 상사는 크로우가 하는 모든 행동을 비밀리에 모니터링하고 있었다.

1984년 3월, 크로우가 스캐든의 저장 화일에 접속하여 상당한 비밀문서들을 스캐닝 하는 것이 적발됐다. 그 문서들은 스캐든 변호사들이 작성한 것으로 고객들의 자사주 매입 계획, 공개매수 계획, M&A 계획 등에 대한 비밀 내용들이었다. 크로우가 접속한 대부분의 문서들은 그에게 접근 권한이 부여되지 않은 것들이었다. 그러나 이것만으로 크로우를 내부자거래로 잡기에는 부족했다. 이 정보가 누구에게로 가는지를 잡아야 했다. NYSE가 적발한 거래자들에게 크로우가 빼낸 정보가 가는지를 확인해야만 했다.

스캐든에 의해 고용된 사설 조사관들은 크로우와 살바토르를 미행했고 두 사람의 아파트 근처에서 잠복했다. 조사관들은 살바토르가 커다란 흰색의 쓰레기 백을 버리는 것을 보았다. 그들은 쓰레기 백을 뒤졌다. 그 백에는 구겨진 종이뭉치들이 들어 있었는데, 회사 컴퓨터의 비밀코드, 증권 브로커의 전화번호, 스캐든의 고객 리스트, 그리고 회사의 비밀문서에 대한 자료들이 들어 있었다. 일단 중요한 증거를 확보했다.

어느 날, 조사관들은 살바토르가 늦은 밤에 페이폰으로 전화를 하고 아파트를 떠나는 것을 보았다. 조사관들은 그들을 미행했다. 그는 증권 브로커인 레먼을 만나러 간 것이다. 그들은 수시로 근처의 바에서, 심지어 스캐든 빌딩의 로비에서도 만났다. 그들은 살바토르와 레먼이 만나는 장면을 촬영했다. 레먼은 NYSE의 주가감시 시스템 상에 이상매매로 이름이 올라온 사람이었다. 사설 조사관들은 이제 레먼도 미행을 했다.

또 다른 단서가 잡혔다. 1984년 3월 11일은 일요일이었다. 스캐든이 고용한 또 다른 사설 조사관이 레먼의 집을 밖에서 지키고 있었다. 저녁 늦게 승용차 한 대가 레먼의 집에 도착했고, 차에서 내린 그 남자는 레먼의 집으로 들어갔다. 조사관은 차량의 번호를 적어 회사로 보내 누구의 차량인지 조사를 요청했다. 그 차의 주인은 카랜잘리스의 소유였는데, 그녀는 레먼과 함께 NYSE의 감시망에 떠올랐던 증권 브로커였다.

이제 대략 작전의 구도가 보였다. 크로우와 살바토르가 스캐든의 내부 정보를 빼내어 증권 브로커인 레먼과 카랜잘리스에게 넘기고 있는 것이다. 증권 브로커들은 그 정보를 가지고 거래를 했고 이익의 대가로 크로우와 살바토르에게 돈을 지급했을 것이다. 스캐든은 이 정보를 SEC에 넘겼고, SEC은 다시 뉴욕 남부지검에 정보를 제공했다. 연방 검찰은 크로우와 살바토르에 대한 체포 영장과 수색 영장을 법원으로부터 받아냈고 스캐든 사무실 현장에서 크로우와 살바토르를 체포했다. 그때 레먼은 살바토르의 아파트에서 자고 있었다. 카랜잘리스는 어떤 이유에서인지 형사 기소되지 않았고 SEC에 의해 민사소송만 제기됐다.

무너진 꿈

그렇다면 택시 드라이버 왈리스는 어떻게 체포됐는가? 그는 크로우와 살바토르를 알지도 못했고 서로 연락한 적도 없었다. 크로우와 살바토르는 연방 검사에게 유죄를 인정했다. 연방 검사는 관대한 처벌을 해 주는 조건으로 이 작전에 가담한 모든 사람을 불라고 했다. 만약 정부에 협조하기 않으면 무거운 형벌을 받을 수 있다는 협박을 빼놓지 않았다.

살바토르는 스캐든 내부에 패트릭과 정보를 공유해 왔다고 말했다. 연방 검사는 패트릭을 불렀고 협박을 했다. 패트릭이 비밀 정보를 제공한 자가 누구인지 불라고 했고, 역시 협조하면 관대한 처분을 해 주겠다는 말을 빠뜨리지 않았다. 패트릭은 쉽게 포기했고 왈리스에게 내부정보를 제공한 사실을 모두 털어 놓았다. 만약 패트릭이 왈리스를 불지 않았다면 왈리스의 거래를 완전범죄로 끝났을 것이다. 연방 검사는 전혀 예상하지 않았던 또 다른 내부정보 '링'을 발견했고, 그 끝에 왈리스라는 택시 드라이버가 있다는 사실을 알게 됐다.

살바토르와는 달리 패트릭은 직접 거래를 하지 않았다. 패트릭이 살바토르와 정보를 공유했지만 그가 누구에게 정보를 전달했는지 증거는 전혀 없었다. 그는 버티려면 충분히 버틸 수 있었다. 누구도 왈리스의 존재를 알지 못했기 때문이다. 그러나 성격이 소심한 그는 연방 검찰의 추궁에 버티지 못했다. 그의 변호사는 패트릭에게 정부 측에 협조하는 것이 좋겠다고 자문했고, 결국 그는 왈리스의 이름을 팔기로 했다.

그는 감청 장치를 달고 왈리스와의 다음 만남 장소에 가서 모든 대화를 녹음하는 것에 동의했다. 자기가 증권법도 잘 알고 있고, 정부 당국의 감시를 어떻게 피할 수 있는지 자만했던 택시기사 왈리스의 운명은 여기서 끝이 났다.

1985년 4월, 패트릭은 비밀리에 왈리스와의 대화를 녹음하기 시작했다. 브루클린에서 맨해튼으로 택시로 이동하는 중에 왈리스는 휴스턴 내 츄럴 가스의 거래를 통해 얻은 이익의 대가로 패트릭에게 1000달러를 주었다. 그리고 왈리스는 자기의 말이 녹음되어 연방 검사의 손에 넘어갈 것도 모른 채 그의 거래 방식이 얼마나 보안이 철저한지, 그가 정부 당국의 감시를 피하기 위해 어떻게 스위스 은행에 계좌를 열었는지, 어떻게 그가 잡히지 않는지에 대해 자랑을 떠벌렸다.

5월 초, 왈리스는 패트릭에게 그가 스위스로 갈 계획이라고 말했고, 자신이 믿는 유일한 사람이 자기와 함께 동행할 것이라고 말했다. 두 사람은 마지막이 될 수 있는 미팅을 잡았는데, 5월 19일 이스트사이드에 있는 영화관에서 만나기로 했다.

영화관에서는 〈로맨싱 스톤Romancing the Stone〉이 상영되고 있었다. 왈리스는 영화관에서 패트릭에게 2000달러를 주었다. 영화관 밖에는 FBI 수사관들이 기다리고 있었다. 연방 수사관들은 왈리스가 영화관 밖으로 걸어 나왔을 때 그를 체포했다. 그들은 왈리스의 브루클린 아파트로 갔고, 그곳에서 그의 여자 친구인 윌리를 체포했다. 그녀는 왈리스와 스위스로 가기 위해 가방을 싸고 있었다.

FBI 수사관들이 브루클린 아파트로 간 것은 윌리를 체포하기 위한 것도 있지만, 녹음만으로는 증거가 취약할 수 있기 때문에 다른 증거들을 수집하기 위해서였다. 수사관들은 왈리스의 집에서 로펌의 활동에 대한 많은 메모, 파일, 문서들을 찾아냈다. 그리고 패트릭과 왈리스의 관계를 입증할 증거들도 찾아냈다.

그와 동거하는 여자 친구인 윌리도 주식을 거래했다. 그들이 거래한 주식들은 월가를 뒤흔들었던 유명한 M&A 사건과 관련된 주식들이었다. 메사 페트롤레움이 텍사스의 제네널 아메리칸 오일 컴패니를 인수한 건을 포함하여 약 10건 정도 됐다.

그들은 연방 검찰과 법정에서 싸우려고 생각했지만 정부 측이 너무 강한 증거들을 가지고 있다고 생각하고 싸움을 포기했다. 두 사람은 유죄를 인정했다. 왈리스와 윌리가 내부자거래를 통해 얼마를 벌었는지 정확한 액수는 알려지지 않았지만 패트릭은 총 5000달러를 받았다.

이렇게 해서 택시 드라이버 왈리스와 윌리를 비롯하여 완전범죄를 꿈꾸던 스캐든의 크로우, 살바토르, 크로우, 그리고 증권 브로커 레먼과 카랜잘리스의 내부자거래 드라마는 실패로 그 막을 내리게 됐다.

(이 사건에서 왈리스는 징역 18개월 형, 레먼은 6개월 형을 선고받았다.)

02

포르노 여배우의 환상적인 매매

1990년 초반에 개발된 뉴욕증권거래소와 나스닥Nasdaq의 시장감시 시스템은 시간이 지나면서 점점 더 정교해지고 강력해졌다. 고도화된 전산 시스템 덕분에 주가의 이상한 움직임이나 특이한 거래를 적발하는 기법이 놀라울 정도로 향상됐다. 특히 상장기업에서 중요한 공시가 발표되는 경우, 공시 이전의 특이한 거래를 추적하는 시스템이 정교하게 구축돼 있었다. 따라서 이제는 소규모의 거래라 하더라도 비밀 정보를 이용한 내부자거래는 거래소의 감시 시스템의 레이더망을 피하기가 어렵게 되었다.

어느 날, 나스닥시장을 감시하는 레이더망에 마이애미에서 여배우로 활동하는 한 여성의 이상한 매매가 포착됐다. 그녀는 성인 영화의 배우였고 출연한 영화로는 〈Babewatch〉, 〈Marylin Does Miami〉, 그리고 〈Marylin Whips Wall Street〉가 있었다. 그녀의 이름은 캐서린 갠논 Kathryn Gannon이었고, 보통 '마릴린 스타 Marylin Star'라는 예명으로 활동하고 있었다.

그녀의 거래 타이밍은 기가 막혔다. 그녀가 거래했던 업종은 주로 금융주였고, 합병 공시가 발표되기 직전에 매수해서 발표 후 주가가 상승하면 매도하고 빠져나왔다. 그녀의 트레이딩 상황을 보고 있는 나스닥의 시장감시 팀은 고개를 흔들었다. 내부자거래의 냄새가 너무 강했고, 그들은 그녀의 거래 내역을 SEC로 보냈다.

SEC는 그녀를 소환했다. 조사관은 그녀에게 어떻게 사는 주식마다 합병 정보와 관련이 있고, 어떻게 합병 공시가 나기 직전에 정확하게 매수 타이밍을 잡을 수 있었는지에 대해서 물었다. 이에 대해 그녀는 조사관에게 "나는 당신이 무슨 소리를 하고 있는지 모르겠다"고 말했다. 그녀는 조사가 시작돼서 끝날 때까지 SEC 조사관이 도저히 납득할 수 없는 말들만 했다. 그녀는 《월스트리트 저널》을 구독했으며, 비즈니스 때문에 사람들과 많은 접촉을 했고, 그 과정에서 많은 정보를 얻을 수 있었기 때문에 주식 투자를 잘 하게 되었다고 말했다. 그것이 그녀가 족집게처럼 합병 종목들을 고를 수 있었던 이유라고 설명했다.

조사관은 그녀의 말에 동의하기 어려웠지만 그가 더욱 납득하기 어려웠던 것은 그녀의 직업이었다. SEC 조사관이 인터넷을 검색한 결과 그녀는 '마릴린 스타Marylin Star'라는 이름으로 활동하는 성인 영화 여배우였고 고급 매춘부였다. 그녀는 MBA 학위는 물론 대학에 간 적도 없었다. 그녀의 온라인 프로필에 의하면 그녀는 〈Gang Bang 2000〉이라고 부르는 밀레니엄 이브에 출시될 영화를 위해 2000명의 남성과 섹스를 할 계획을 가지고 있었을 뿐이었다.

SEC 조사관은 갠논 뒤에 내부정보를 제공해 주는 누군가가 있을 것으로 직감했다. 그녀의 족집게 같은 주식 선정과 합병 정보가 공시되기 전에 매수하는 정확한 타이밍을 고려할 때, 그녀 뒤에는 정보를 제공하는 월가의 거물이 있을 것으로 생각했다. 어쩌면 갠논의 거래 기록은 거대한 빙산의 일각일지도 모르고, 월가의 거대한 정보 서클로 안내해 주는 단서가 될 수도 있다는 생각까지 들었다. 아무튼 그들의 경험으로 볼 때 갠논 뒤에는 거대한 정보 서클까지는 아니더라도 누군가 대형 투자은행의 '슈가 대디sugar daddy' 즉 돈 많은 스폰서가 있을 것으로 확신했다. 그들이 포르노 스타인 걸프렌드에게 내부정보를 제공했고, 그들의 관계는 돈과 섹스로 묶인 친구들일 것이고, 이것은 앉아 있는 대통령이 백악관의 오벌 오피스Oval Office에서 젊은 인턴으로부터 오럴 섹스를 제공받는 그 시대에 아주 잘 어울리는 그림이었다.

SEC 조사관들은 이러한 추론을 입증하기 위해 갠논의 거래 내역, 통화기록, 은행 계좌 등 모든 조사를 하면서 포르노 스타의 주식거래 조사라는 정말 기이한 사건에 많은 시간을 투입했다. SEC의 젊은 부국장인 리오넬 안드레는 그녀의 수표 계좌에서 놀라운 광맥을 발견했는데, 갠논이 제임스 맥더모트James McDermott라는 남성으로부터 정기적으로 돈을 받고 있었던 것이다. 그 이름은 은행 합병 분야에서 아주 널리 알려진 회사 중 하나인 키피 부르예트 앤 우즈KBW, Keefe Bruyett & Woods의 CEO 제임스 맥더모트와 같은 이름이었다. 갠논의 수표 계좌에서 나온 맥더모트가 그 맥더모트인지 확인하는 것은 시간문제였다. SEC로서는 흥분하지 않을 수가 없었다.

SEC의 조사가 더 진행되면서 새로운 남성이 한 명 더 등장했다. 그는 뉴저지에서 비즈니스를 하는 앤서니 폼포피노Anthony Pompopino였다. 그의 계좌를 조사해 보니 그 역시 갠논이 거래한 주식을 동일하게 거래했고, 매수/매도의 타이밍 또한 갠논의 거래 시점과 거의 일치했다. 이러한 거래 정황은 갠논과 이 남성이 특별한 관계가 있다는 것을 보여 주기에 충분했다. 그렇다면 맥더모트와 이 남성과는 무슨 관계인가? 최종적으로 SEC는 맥더모트가 회사의 업무와 관련한 비밀 정보를 그의 애인인 갠논에게 알려 주었고, 갠논은 그녀의 애인인 맥더모트 모르게 사귀고 있는 다른 젊은 애인에게 맥더모트로부터 얻은 정보를 다시 전달한 것으로 결론을 내렸다. 그림은 간단히 그려졌다. 이제 SEC와 연방 검찰은 이 세 사람을 내부자거래 혐의로 민사책임과 형사책임을 묻기 위해 필요한 절차만을 남겨 놓고 있었다.

섹스와 내부정보

포르노 여배우 갠논은 상대적으로 잘 알려지지 않은 지방은행 주식들, 예를 들면 센트럴 피델리티 은행Central Fidelity Bank, 퍼스트 커머스 코프 First Commerce Corp., 캘리포니아 스테이트 뱅크California State Bank, 아드반타 코포레이션Advanta Corporation 등을 거래했다. 갠논이 거래한 이들 은행 주식들은 합병 협상과 관련돼 있거나 외부에는 공개되지 않았지만 실질적으로 합병이 완료된 은행들이었다. 더욱이 갠논이 거래한 이들 은행 주식들은 맥더모트가 CEO로 있었던 KBW가 타깃 은행을 대리하거나 아니면 이 거래의 어느 한 당사자를 위해 역할을 했던 은행들이었다. 갠논은 이러한 내부정보를 이용한 불법거래를 통하여 8만 8135달러의 이익을 얻었다. 추가로 맥더모트는 그녀에게 1997년 9월 3일부터 1998년 9월 23일 사이에 3만 7000 달러를 송금했다.

그녀는 또 다른 애인인 폼포피노에게 내부정보를 전달했고, 그녀는 남자 친구에게 이 정보는 월가의 거물로부터 온 정보라고 자랑하기도 했다. 폼포피노 역시 갠논으로부터 얻은 합병 정보를 이용하여 5번의 거래를 했고 8만 6378 달러의 이익을 챙겼다.

SEC와 연방 검찰은 이 세 사람에 대해 내부자거래의 책임을 묻기 위해 1999년 12월 21일 민사소송과 형사소송을 제기했다. 당시 맥더모트는 KBW의 CEO이면서 이사회 의장이었는데, 이 사실이 알려지면서 그는 바로 KBW에서 해고됐고 월가에서 길고 화려했던 그의 경력은 끝이 났다. 그는 자신을 변호하기 위해 전 SEC 집행국의 책임자였던 개리 린치Gary Lynch를 변호사로 고용했다. 그는 SEC를 나와 민간 로펌에서 피고인을 변호하는 방어 변호사로 활동하고 있었다.

린치의 선택이 아이러니했던 것은, 바로 10년 전에 린치는 보스키와 밀켄에 대한 SEC의 조사 책임자로 있었으며, 당시 그는 왜 1980년대의 범죄들이 규제와 경멸의 대상이 돼야 하는지를 역설하며 사명감을 가지고 내부자거래를 비난하기 위해 싸웠던 인물이었기 때문이다. 이제 맥더모트를 위해 린치는 반대의 입장에서 서서 맥더모트가 내부자거래의 책임이 없다고 주장해야 했다. 맥더모트는 자신이 정보를 직접 이용하여 거래하지 않았고, 그의 걸프렌드에게 정보를 전달한 사실도 부정했다.

내부자거래 사건 중 정보의 전달이 문제가 되는 사건에서 대부분의 정보 제공자는 정보 수령자에게 미공개 정보를 전달한 사실이 없다고 주장한다. 왜냐하면 정부 측이 미공개 정보의 전달이 있었다는 증거를 제시해야 하는데, 전화통화를 녹취하던가 아니면 거래 당사자 중 한 명이 정부 측에 협조하는 경우 외에는 직접 증거는 존재하지 않기 때문이다. 결국 정보 전달이 문제가 된 사안의 경우는 정황증거에 의존할 수밖에 없으며, 이 경우 승패는 설득력 있는 정황증거를 누가 더 많이 제시하느냐에 달려 있다.

이러한 대표적인 사례를 마사 스튜어트 사건이나 넬슨 오부스 사건(이 책에서 다루지 않은 사건)에서 볼 수 있다. 스튜어트 사건의 경우 단 한 통의 전화가 문제가 됐는데, 당사자들은 끝까지 그 통화에서 미공개 중요 정보를 이야기한 적이 없다고 주장했고, 결국 정부 측은 증거의 부족으로 내부자거래 혐의에 대해서는 포기하고, 대신 스튜어트는 사법 방해죄와 위증죄로 유죄 판결을 받아 냈다. 오부스 사건 역시 한 통의 전화가 문제가 된 사건이었다. (이 사건에서 오부스는 SEC와 약 10년을 법정에서 다투었는데, 최종적으로 법원은 오부스에게 무죄를 선고했다.)

이 사건에서 맥더모트는 갠논에게 미공개 정보를 준 적이 없으며, 갠논 역시 자신의 종목 선택은 《월스트리트 저널》의 정기 구독, 많은 비즈니스 지인들과의 빈번한 접촉을 통해 얻은 정보를 바탕으로 한 것이지 결코 맥더모트로부터 내부정보를 받은 적이 없다고 주장했다. 그런데 갠논의 경우는 맥더모트로부터 내부정보를 받았다고 추정할 수 있는 정황 증거들이 너무 많았다. 전화 한 통이 전부였던 스튜어트 사건이나 오부스 사건과는 사정이 크게 달랐다. 결국 위대한 린치조차 맥더모트나 갠논을 구하지 못했다. SEC가 제시한 미공개 정보의 전달을 추정케 하는 증거들은 다음과 같다.

(1) 맥더모트와 갠논이 연인으로서 서로 교제한 시기 중에 갠논의 주식 거래가 상당할 정도로 증가했다.

(2) 갠논은 멕더모트가 준 돈으로 주식 계좌를 처음으로 열었던 초보적인 수준의 투자자였다. (그녀는 1997년 6월 13일, 찰스 슈왑에 주식 계좌를 개설했다.)

(3) 맥더모트와 갠논은 수시로 통화를 했는데, 갠논의 의심스러운 거래 기간 동안에 두 사람은 약 800통의 전화를 했으며, 많은 날은 하루에 29번을 통화했다.

(4) 전화통화 기록과 갠논의 주식거래 기록은 뚜렷한 상관관계를 보여준다.

(5) 갠논의 매수 타이밍은 합병 정보가 공시되기 직전이었고, 그 시점에 항상 전화통화가 있었다.

(6) 갠논이 거래한 주식들은 우량 주식이 아니라 잘 알려지지 않은 주식들이었고, 대부분 맥더모트가 속한 KBW가 딜에 관련된 회사의 주식들이었다.

(7) 폼포피노의 주식거래는 갠논으로부터 받은 정보를 이용한 거래인데, 그녀는 확신을 가지고 해당 정보를 남자 친구에게 전달했다.

(8) 갠논의 거래는 항상 이익이 발생했다.

이러한 정황증거를 고려할 때 맥더모트가 갠논에게 은행의 합병과 관련한 비밀 정보를 제공했다는 직접 증거는 없지만, 두 사람의 전화통화를 통해 미공개 정보가 흘러갔다고 볼 수 있었다. 법원은 정부가 정보의 전달이 있었다는, 합리적인 의심의 수준을 넘어서는 충분한 증거를 제시했다고 인정했다. 이러한 전화통화와 거래 패턴의 상관관계는 정보 제공이 있었다는 추론을 지지해 준다고 판단한 것이다.

남자의 불명예

이처럼 맥더모트와 갠논의 내부자거래를 추정케 해 주는 정황증거가 너무 압도적이어서 위대한 린치조차도 맥더모트를 구제하기에는 역부족이었다. 오헤이건 사건에서 연방대법원은 부정 유용 이론을 수용하면서 내부자거래의 책임이 인정될 수 있는 사람들의 풀pool을 대폭적으로 확대해 놓았기 때문이다.

결국, 맥더모트는 내부정보를 유용한 혐의에 대해 유죄를 인정했고, 연방 법원은 맥더모트에게 9개월의 징역형과 2년의 보호관찰, 2만 5000달러의 벌금을 부과했다. (그가 실제 복역한 기간은 5개월이었다.) 맥더모트는 형사 판결과는 별도로 SEC와의 민사소송에서 23만 464달러를 지불했다. 그 금액은 갠논의 이익인 8만 8135달러와 이자 5만4194달러를 합친 금액에다 민사 제재금의 1배인 8만 8135달러를 합친 금액이었다. (미국은 부당이득액의 3배까지 민사 제재금을 부과할 수 있는데, 보통 1배만 부과한다.)

갠논은 연방 정부가 수사에 나서자 두려워서 그녀의 고향인 캐나다로 도망갔다. 그녀는 미국으로 송환됐고 유죄 판결을 받고 여자교도소에서 8개월을 복역했다.

투자은행가로서 맥더모트의 인생은 끝났다. 그는 사랑을 위해 월가의 프로페셔널로서 자신의 커리어와 명예를 걸은 것인가? 맥더모트에게 있어서 가장 큰 치욕과 수모는 감옥에서의 복역도 아니었고, 궁극적으로 증권 산업에서 영원히 퇴출된 것도 아니었다. 검사를 통해 그가 알게 된 것은 자신의 사건이 월가에서 유명한 가십거리가 됐는데, 그것은 그가 갠논의 유일한 남자가 아니었다는 것이다.

맥더모트는 내부자거래 스캔들로 인해 불명예스럽게도 《타임》이 선정한 "*Top 10 Crooked CEO*(최고 사기꾼 CEO 10인)" 리스트에 올라갔지만 또 다른 소송에 휘말렸다. 그는 추잡스럽게도 가족들이 알츠하이머병에 걸린 어머니의 치료비용을 위해 만든 가족 펀드에 손을 대어 세금과 SEC 화해금을 냈다는 것이다. 맥더모트가 가족 펀드의 돈을 자신과 부인이 관리하는 계좌로 약 65만 달러를 빼돌렸다는 것이다. 맥더모트는 45만 4000달러는 빌린 것이고 곧 갚을 것이라고 말했다. 맥더모트는 최근 목재사업을 시작했지만 잘 되지 않았고, 밀리는 세금과 SEC와의 화해금 23만 달러를 지급하기 위해 가족 펀드에 손을 댄 것으로 보인다. 가족들은 이 돈의 반환을 포함해서 징벌적 손해배상과 함께 변호사 비용의 반환을 구하는 소송을 제기했다.

맥더모트 사건은 한 때 월가에서 잘 나가던 투자은행가가 내부자거래로 어떻게 비참하게 무너질 수 있는지를 잘 보여 주는 사건이다. 그의 애인인 갠논이 내부자거래를 통해 번 돈은 약 8만 달러에 불과했다. 그가 정말 그녀를 사랑했다면 그 정도의 돈은 그의 수입을 고려할 때 그녀에게 그냥 줄 수 있는 돈이었을 것이다. 그는 가족들에게 월가에서 내부정보를 이용하여 거래하는 것은 일상적인 일인데, 자신은 재수가 없어서 걸린 것이라고 말했다는데(맥더모트는 언론과의 인터뷰에서 자신은 그런 말을 한 적이 없다고 부정했다), 월가의 프로가 내부자거래에 대해 얼마나 안이하게 생각하고 있는지를 잘 보여 주는 대목이다.

맥더모트는 내부자거래 역사에서 애인에게 푼돈을 벌어주기 위해 월가의 투자은행의 CEO의 신분을 망각하고 내부정보를 밥 먹듯이 전해 준, 그러면서 그러한 행위가 얼마나 위험스런 것인지를 전혀 몰랐던, 그의 무지와 어리석음의 대가를 누구보다도 톡톡히 치렀던 인물 중 하나로 월가 역사에서 기억될 것이다.

KPMG 선임 회계사의 눈물

스캇 런던Scott London은 세계적으로 명성 있는 회계 법인인 케이피엠지 KPMG의 선임 파트너로서 존경받는 회계사였다. 2014년 4월 21일, 화창하고 아름다운 봄날에 그는 캘리포니아의 연방 중앙 지방법원 법정에 서 있었다. 연방 판사는 그에게 14개월의 징역형을 선고했다. 도대체 그에게 무슨 일이 있었던 것인가?

그는 이미 1년 전, 회계사 자격을 박탈당했다. 회계법인은 그를 해고했고 그는 전도가 유망한 좋은 직업을 잃어버렸다. 그는 모든 것을 잃고 법정에서 고통과 회한의 눈물을 흘리고 있었다. 그는 법정 진술에서 자신의 행동은 평생을 살아오면서 가졌던 가치관, 가족, 친구, 평생을 헌신해 온 직장 KPMG, 그리고 회사의 많은 동료들과 존경하는 경영진 모두에 대한 배신이었다고 말했다. 도대체 그는 무슨 일을 한 것인가? 이토록 참혹한 결과를 가져온 비극의 원인은 무엇인가?

그는 경제적으로 어려움을 겪고 있던 골프 친구를 돕기 위해 회사 업무를 통해 알게 된 고객의 비밀 정보를 넘겨주었다. 경제적으로 어려운 친구를 돕기 위해 회사의 내부정보를 제공했다니! 정말 어처구니없는 일이었다. 그러한 행동이 친구를 위한 것이었는지는 모르지만 그 대가는 너무도 참혹했다. 그러한 실수는 그가 오늘까지 자랑스럽고 명예스럽게 살아왔던 그의 삶, 가족, 직장, 그를 둘러싼 전 인생을 한 순간에 비참하게 무너뜨린 것이다.

스캇 런던은 캘리포니아 주립 대학 시절 농구 선수로 활동했었다. 그는 1984년부터 세계에서 가장 큰 회계법인 중 하나인 KPMG에서 일을 시작했고, 캘리포니아주와 네바다주에서 공인회계사CPA 자격증을 취득했다. 그는 평생직장인 KPMG에 헌신해 왔다. 사건 당시 그는 세계적인 회계 법인인 KPMG에서 선임 파트너의 지위에 올라 있었고, KPMG의 로스앤젤레스 사무소에서 일하고 있었다. 그는 미국 남서 지역 전체를 관장하는 KPMG의 회계 감사 업무를 책임지고 있었고, 50명의 다른 파트너들이 그에게 보고를 했고, 약 500명의 회계사들이 그의 책임 하에서 일을 하고 있었다. 그는 로스앤젤레스 비즈니스 서클에서 중요한 인물이었고, 시市 상공회의소의 이사회 멤버였고, 로스앤젤레스 스포츠위원회의 이사장도 맡고 있었다.

공개된 보고서는 그의 연봉이 90만 달러라고 밝히고 있다. 1년에 2주를 휴가 간다고 생각하면, 그는 1주일에 1만 8000달러를 버는 셈이다. 그리고 1주일에 6일 일한다면 매일 3000달러를 버는 셈이다. 그는 나중에 실제로 65만 달러의 연봉을 받았다고 했는데, 그렇게 계산해도 그는 매일 2200달러를 번 셈이다. 이러한 보상이 스포츠나 연예계 스타들의 수입에 비하면 초라할 수도 있지만 다른 회계사들의 입장에서는 꿈의 연봉이라 할 수 있다.

그는 존경받는 인물이었다. 회사에서 부여된 책임도 컸고, 권한도 있었다. 그는 향후 회계사로서 프로페셔널 세계에서 더 큰 미래가 약속돼 있었다. 앞으로 10년에서 15년 정도 더 일을 할 수 있다면 그의 수입은 약 1천만 달러에서 3천만 달러 사이일 것이다. 그는 꿈의 직업을 가지고 있었다. 그러나 이 모든 것은 그의 내부자거래가 적발되기 전의 상황이었다.

그가 정보를 제공한 골프 친구인 브라이언 쇼Bryan Shaw는 보석상을 운영하고 있었다. 그런데 금융위기의 영향으로 그의 비즈니스는 무너지고 있었다. 런던이 쇼에게 내부정보를 전달하게 된 직접적인 동기는 쇼의 이러한 경제적인 어려움을 덜어 주기 위해서였다.

두 사람이 처음 만난 것은 쇼가 런던이 회원으로 있던 골프 클럽에 가입했던 2005년부터였다. 두 사람은 자주 같이 골프를 쳤고 서로 가까운 친구가 되었다. 가족끼리도 정기적으로 교류하는 사이로 발전했다.

2010년부터 2012년까지 약 2년간에 걸쳐 런던은 쇼에게 업무상 알게 된 KPMG의 고객에 관한 비밀 정보를 건네주었다. 여기에는 허벌라이프, 스케쳐스, 데커스, RSC 홀딩스, 퍼시픽 캐피털 뱅코프 등이 포함돼 있었다. 런던은 쇼에게 비밀 정보를 전달할 때 주로 전화를 이용했다. 쇼는 런던으로부터 제공받은 정보를 이용하여 거래를 했고 약 127만 달러의 이익을 얻었다.

쇼는 재정적으로 어려움을 겪고 있었지만 자신에게 돈을 벌게 해 준 런던에게 당당하게 보상해 주었다. 그는 런던에게 현금으로 5만 달러를 제공했고 롤렉스시계를 선물했다. 그리고 가족들이 함께 했던 식사나 콘서트 비용을 부담했다. SEC가 법원에 제출한 소장에는 런던이 쇼로부터 받은 보상 금액은 약 10만 달러 이상이라고 적혀 있었다.

꼬리가 길면 잡힌다는 말이 있다. 내부정보를 이용한 거래의 횟수가 증가할수록 적발될 위험도 커지는 것은 당연했다. 쇼는 피델리티 증권을 통해서 거래하고 있었다. 쇼의 주문을 처리하던 증권 브로커는 쇼의 거래에 의문을 품기 시작했다. 회사의 중요한 실적 발표가 있기 바로 직전에 매수를 하거나 중요한 합병 발표 이전에 매수하는 행위가 빈번하게

스캇 런던이 스타벅스 주차장에서 쇼로부터 돈 봉투를 건네받는 장면이 잠복 중인 FBI 수사관에게 찍혔다. 오른쪽에 선 글래스를 낀 사람이 쇼다. 이 사진은 2013년 4월 12일자 《월스트리트 저널》이 스캇과 쇼의 내부자거래 사건을 첫 헤이지 헤드라인으로 보도하면서 공개한 것이다. 스캇이 친구를 너무 믿은 것인지, 아니면 정말 부주의한 사람인지 모르겠지만, 그는 불법행위에 대한 사례금을 조금도 의심하지 않고 공개적인 주차장에서 받았다. (photo: *Wall Street Journal*, FBI)

발생했다. 쇼는 보석상을 운영하는 평범한 투자자에 불과했는데 말이다. 누군가로부터 내부정보를 받아 거래하고 있다는 의심이 들지 않을 수 없었다. 피델리티는 연방 정부에 쇼의 거래 정보를 제공했고 정부는 바로 조사에 착수했다.

먼저, SEC가 쇼를 소환했다. SEC는 누가 정보를 제공했는지 불라고 했다. 쇼는 버틸 수가 없었다. 쇼는 SEC 조사관 앞에 모든 것을 실토했다. 그는 바로 자신에게 정보를 제공한 사람은 스캇 런던이라고 말했다.

SEC는 이제 런던을 잡아야 했다. 런던은 의외로 거물이었다. 그는 KPMG의 고위급 임원이었던 것이다. SEC는 쇼에게 죄를 탕감해 줄 테니 런던을 잡는 데 협조해 달라고 요청했다. 쇼의 변호사도 정부에 협조하는 것이 그의 죄 값을 줄일 수 있는 최선의 방법이며, 그것이 옳은 행동이라고 말했다. 쇼는 거부하기 힘들었다. FBI와 연방 검찰은 런던을 형사 재판에 회부할 증거가 필요했다. 쇼는 자신의 경제적 어려움을 도와주기 위해 비밀 정보를 건네주었던 런던을 배신해야 했다.

FBI는 런던을 잡기 위해 함정 수사를 준비했다. FBI는 현금 5000달러를 봉투에 넣고, 이 봉투를 다시 종이 백에 넣어서 쇼에게 주었다. 이 돈을 런던에게 주라는 것이었다. 쇼는 런던에게 연락했고 그들은 스타벅스 주차장에서 만났다. 쇼는 돈이 든 종이 백을 런던에게 주었고 런던은 그 종이 백을 받았다. 현장을 지키고 있던 FBI 수사관이 두 사람이 돈을 건네주고 받는 장면을 사진 찍었다.

2주가 지난 어느 날 오전 8시경, FBI 수사관 2명이 런던의 집 앞에 나타나서 문을 두드렸다. 그들은 런던의 가족들이 집을 떠나기를 기다렸다. 아침 일찍 문을 두드리는 소리에 런던은 외판원인줄 알았다. 그러나 그들은 FBI 배지를 보여주며 자신들을 소개했다. 집안에 들어온 FBI 수사관들은 사진을 내밀었다. FBI 수사관이 내민 사진 앞에 그는 눈앞이

캄캄해졌다. 런던은 버티기가 힘들다는 것을 순간 깨달았다. 모든 것이 끝난 것이다. 그는 그의 죄를 순순히 인정했다. 그는 쇼에게 14번에 걸쳐 내부정보를 전달했다고 인정했다.

그에 관한 기사와 함께 사진이 《월스트리트 저널》의 헤드라인에 실렸는데, 그 사진은 FBI가 제공한 사진이었다. 그 사진은 불명예스럽게도 스타벅스 주차장에서 골프 친구로부터 내부정보 전달의 대가로 돈뭉치를 건네받는 장면이었다. 전 미국인들 앞에 런던의 인생에서 가장 수치스러운 현장이 공개된 것이다.

《월스트리트 저널》에 실린 사진을 본 런던은 충격에 휩싸였다. 아! 누구를 원망하겠는가? 어떻게 아내를 보고, 아이들을 볼 것인가. 스캇은 처음부터 잘못된 길에 들어섰다. 경제적으로 어려운 친구를 돕기 위해 업무상 알게 된 내부정보를 제공하다니. 그것이 정말 친구를 돕는 방법이었단 말인가. 그렇게 도움을 주었던 친구는 자신이 위험에 처하자 친구를 FBI에 팔아넘기는 데 주저하지 않았다. 쇼의 배신을 비난할 수 있는가? 이미 데니스 레빈, 이반 보스키, 그리고 라자라트남 사건에서 보았듯이 수많은 사람들이 자신 앞에 다가온 법적 위험 앞에 굴복했다. 그들은 회한을 느끼면서 친구와 동료를 팔았다. 런던의 명예로운 인생은 끝이 났다. 정말 어리석은 행동의 결과로 그의 남은 인생은 어둠과 고통 속으로 던져졌다.

골프 메이저 챔피언,
필 미켈슨의 리커버리 샷

2014년 5월 30일, 《월스트리트 저널》에 세계적인 프로골프 선수인 필 미켈슨Phil Mickelson이 내부자거래 혐의로 FBI와 SEC의 조사를 받고 있다는 기사가 올라왔다. 같은 날, 《뉴욕타임스》 역시 비슷한 보도를 했다.

기업 사냥꾼으로 악명이 높은 칼 아이칸이 라스베이거스의 도박사인 윌리엄 월터스William Walters와 필 미켈슨에게 비밀 정보를 제공했고, 그들은 그 정보를 이용하여 불법 거래를 했다는 것이다. 세간의 흥미를 끄는 아주 기가 막힌 사건이었다.

미켈슨은 미국을 대표하는 스타급 남성 프로 골퍼이다. 그는 마스터스 대회에서만 3번 우승했고 메이저 우승만 통산 5회였다. 그는 잘생긴 얼굴과 좋은 매너로 미국 여성들이 가장 좋아하는 남성 프로골퍼의 최상위 리스트에 올라 있는 선수이기도 하다. 그는 칼 아이칸이나 월터스와 오랜 친분을 가지고 있었고 같이 도박도 즐기는 사이였다.

그러나 《뉴욕타임스》는 이후 보도에서 아이칸과 월터스는 조사 중에 있지만 미켈슨에 대한 보도는 과장된 것이라고 보도를 정정했다.

마법 같은 거래

2011년, 아이칸은 클로록스Clorox 주식을 비밀리에 9.14%를 매집해 놓은 후 클로록스를 인수하기 위해 100억 달러 규모의 지분 매수를 회사 측에 제시했다. 이 사실이 알려지면서 클로록스의 주가는 급등했다. 아이칸은 클로록스 인수 계획을 미켈슨과 월터스에게 미리 알려 주었고, 그들은 이 정보를 이용하여 클로록스의 주식을 매수했다는 것이다.

이 보도는 즉각적으로 월가와 골프계, 특히 법조계에 관심을 불러일으켰다. 아이칸의 정보 제공과 미켈슨의 거래가 미국 연방 증권법상 내부자거래에 해당되는지가 쟁점이었다. 이 부분은 다소 복잡한 이야기가 될 수 있지만, 이 책을 여기까지 읽어온 독자라면 충분히 이해가 가능할 것이다.

먼저, 정보 제공자로서 아이칸이 클로록스 및 그 주주에 대해 신인의무를 부담하는지가 중요하다. 만약 신인의무가 존재하지 않는다면 그의 정보 제공 행위는 법적으로 문제 되지 않는다. 그렇다면 아이칸은 클로록스 및 그 주주들에 대해 신인의무를 가지는가? 아이칸은 클로록스 CEO에게 기업 인수 의사를 담은 편지를 보냈고 CEO는 이를 거부했다. 클로록스는 적대적 기업 인수를 거부했기 때문에 아이칸이 비공개 협약NDA, non-disclosure agreement과 같은 약속을 하지 않았을 것이고, 따라서 클로록스 주주들에 대해 신인의무를 가지지 않을 것이다. (만약 NDA을 체결했다면 월터스와 미켈슨에게 해당 정보를 제공하는 행위는 NDA 위반으로 신인의무를 위반하는 것이 된다.)

여기서 아이칸은 자신의 투자자들, 즉 적대적 기업 인수를 위한 아이칸의 펀드에 자금을 투자한 투자자들에 대해서 비밀 유지 의무가 있다는 주장이 가능할 수 있다. 연방 정부는 아이칸의 비밀 유지 의무 위반을 근거로 내부자거래의 책임을 주장할 수 있다. 그러나 아이칸의 펀드는 헤지펀드이며, 그러한 정보 제공 또는 누설을 금지하는 문서로 된 규정이 없을 가능성이 매우 높다.

또한, 아이칸은 공개매수 형태를 취하지 않았다. 만약 그가 공개매수 형태를 취했다면, 공개매수 정보는 법이 규제하는 미공개 정보가 되고, 그 정보를 타인에게 제공한 경우에는 법을 위반하게 된다. 따라서 그는 이러한 법의 규제를 피해 가기 위해 의도적으로 공개매수의 형태를 취하지도 않았다. 그는 철저하게 프로답게 행동했다. 따라서 아이칸이 미켈슨에게 정보를 흘렸다고 하더라도 공개매수의 미공개 규정도 적용되지 않는다. 마법 같은 묘수였다.

아이칸은 클로록스 CEO에게 기업 인수 의사를 전달했고, CEO는 이에 대해 반대 의사를 표명했기 때문에 이러한 상황이 시장에 전달되는 것은 시간문제였다. 당연히 시장은 기업 인수 전쟁이 벌어지는 줄 알고 뜨겁게 반응했다. 클로록스의 주가가 상당히 뛰어 오른 것이다.

미켈슨은 자신은 잘못한 것이 없으며 정부의 조사에 적극적으로 협조하겠다고 성명을 발표했다. 연방 정부의 조사 결과 미켈슨은 클로록스 주식을 거래하지 않은 것으로 밝혀졌다. 아무튼 FBI는 미켈슨이 내부자거래 혐의로 기소당하지 않을 것이라고 발표했다. 이 건은 해프닝으로 끝났고 언론의 추측성 보도가 오버한 것으로 밝혀졌다. (아이칸과 미켈슨은 서로 모르는 사이라고 주장했다.)

삐뚤어진 우정과 위험한 거래

그러나 불과 며칠 후 《뉴욕타임스》를 비롯한 언론들이 미켈슨이 2012년에 있었던 딘 푸드Dean Foods 주식거래로 내부자거래 조사를 받고 있다는 사실을 다시 보도했다. 월터스로부터 딘 푸드의 자회사인 화이트웨이브WhiteWave가 기업 분할을 한다는 내부정보를 받아 거래했다는 혐의였다. 이 사실이 언론에 보도되자마자 미켈슨은 자신은 아무 잘못한 것이 없다고 다시 강하게 부인했다.

라스베이거스의 도박사로 유명한 월터스는 도박 못지않게 골프를 좋아했다. 2011년 〈60분〉에 출연해서 골프 도박 얘기를 늘어놓은 적이 있었다. 핸디 10 정도인 그는 결코 골프를 잘 치는 플레이어는 아니지만 한 홀에서 최대 40만 달러를 딴 적이 있었고, 한 라운딩에서 1백만 달러를 따기도 했다고 방송에서 너스레를 떨었다. 이러한 과정에서 그는 도박을 좋아하는 미켈슨과 친해지게 되었고 그들은 도박과 골프로 우정을 쌓게 됐다.

데이비스는 문제가 된 딘 푸드의 이사였는데, 그는 월터스와 1990년 중반에 만났다. 그때는 두 사람 모두 아주 잘 나가던 때였다. 두 사람은 골프와 도박을 사랑했다. 둘은 도박을 자주했는데, 충동적으로 도박을 하는 데이비스는 월터스에게 큰 도박 빚을 질 수밖에 없었다. 데이비스는 비즈니스를 통해 많은 돈을 벌었지만 도박판에서 잃는 돈을 충당하기에는 부족했다. 당시 월터스에 대한 도박 빚은 1백만 달러가 넘었다.

월터스는 도박을 그만두고 골프 비즈니스로 새로운 출발을 하고자 했다. 그는 호황기 때 라스베이거스에 있는 골프장 4개를 인수했다. 그러나 불운하게도 그가 사업을 시작하자마자 2008년 금융위기가 닥쳤다. 금융위기로 인한 불경기는 다른 곳보다 라스베이거스에 충격을 가했고, 그의 사업은 위기를 맞았다. 한때 라스베이거스에서 왕으로 불리던 사람이 파산 위기로 내몰린 것이다.

재정적으로 심각하게 무너진 월터스와 데이비스는 자연스럽게 내부자 거래를 모의했다. 데이비스가 넘기는 내부정보로 월터스가 거래하는 것이었다. 월터스는 대포폰을 구입해 데이비스에게 주었고, 내부정보 전달은 그 전화로만 하기로 했다. 데이비스가 "커피 한잔 할까?"라고 문자를 보내면 전화해 달라는 신호였다. 월터스는 데이비스가 전해 준 정보로 돈을 벌기 시작했다. 그 돈은 도박으로 버는 것에 비할 바가 아니었고, 월터스는 곧 재정적으로 회복하기 시작했다.

월터스는 데이비스가 제공한 정보를 이용하여 2008년부터 2012년까지 3200만 달러의 이익을 얻었고 1100만 달러의 손실을 회피했다. 이들 거래 중 월터스가 대박을 치게 되는 거래는 딘 푸드가 분할한다는 정보였다. 월터스는 이 거래를 통해 4300만 달러를 벌었다. 그러니까 데이비스는 월터스에게 2백만 달러의 빚을 탕감받기 위해 월터스에게 4천만 달러 가치의 정보를 제공한 것이다. 데이비스에게 딘 푸드 정보를 받은 월터스는 이 정보를 미켈슨에게 전달하면서 미켈슨까지 엮여들게 된 것이다.

2012년 7월 말, 미켈슨은 월터스로부터 전화를 받았다. 그리고 그는 3개 계좌를 이용해 23번의 거래를 통해 딘 푸드 주식 240만 달러 규모를 매수했다. 통화 기록은 미켈슨이 거래 직전에 월터스와 상당한 통화를 한 사실을 보여 준다. 기업 분할은 1주일 정도 후에 발표됐고 딘 푸드 주가는 40% 상승했다. 미켈슨은 즉시 매도하여 93만 1000달러를 주머니에 넣었다. 미켈슨 역시 월터스에게 빚을 지고 있었는데 차익 중 일부를 2012년 10월 월터스에 대한 도박 빚을 갚는 데 사용했다.

인생에서 가장 큰 베팅

FBI와 SEC는 즉각 딘 푸드 주식거래와 관련된 의혹 있는 거래들을 조사했다. 딘 푸드의 기업 분할 공시가 있은 지 약 2년 후, FBI는 댈러스에 있는 데이비스의 집을 방문했고 월터스와의 돈거래 관계를 물었다. 그는 FBI 수사관의 모든 질문에 대해 거짓말을 했다.

데이비스는 SEC에서 조사받을 때도 거짓말로 일관했다. 그러나 SEC는 데이비스가 2008년부터 2012년 사이에 월터스에게 딘 푸드 건을 비롯해 최소한 6번에 걸쳐 회사의 내부정보를 제공한 증거를 잡아냈고, 결국 그는 SEC와 FBI가 제시한 엄청난 증거 앞에 할 말을 잃었다. 그리고 조사를 받으면서 너무 심한 스트레스로 인해 건강에도 심각한 위기가 닥쳤다. 결국 그는 굴복했고 유죄를 인정했다. 그는 내부자거래 혐의 이외에 SEC와 FBI 조사관 앞에서 위증한 죄까지 포함하면 최대 190년 형에 처해질 수 있었다. 그는 정부의 월터스 조사에 협력하기로 했다. 강력한 증인을 확보한 FBI는 라스베이거스의 한 리조트에서 월터스를 전격적으로 체포했다.

2017년 3월 21일, 데이비스는 월터스 재판에 증인으로 섰고 자신이 월터스에게 딘 푸드의 내부정보를 제공했다고 증언했다. 이유는 자신이 월터스에게 진 도박 빚을 갚기 위한 것이라고 말했다. 그는 한때 자신의 가장 친했던 친구의 죄를 고백했다. 월터스의 변호사가 데이비스의 신뢰성을 비난하며 증언을 공격했지만, 데이비스가 연방 검찰에 제공한 대포폰에는 그들이 주고받은 모든 내용들이 그대로 보존되어 있었다. 배심원들이 데이비스의 주장을 믿지 못할 이유가 없었다. 데이비스는 고전적인 내부자에 해당됐고, 월터스는 전형적인 정보 수령자였다. 월터스는 명백한 유죄였다. 월터스의 변호사는 배심원들에게 연방 검사들이 거짓말을 늘어놓고 있다고 주장했지만, 배심원들은 월터스의 12개 혐의 모두에 대해 유죄를 평결했다. 배심원의 평결 후에 월터스는 "자신의 인생에서 가장 큰 베팅에서 패배했다"고 말했다. 그는 최대 징역 100년 형까지 받을 수 있었다.

미켈슨은 제1차 정보 수령자인 월터스로부터 내부정보를 다시 전달받은 제2차 정보 수령자였다. 그렇다면 미켈슨 역시 유죄인가? 여기서 복잡한 문제가 발생한다. 월터스는 정부의 조사에 협력하지 않았다. 그는 미켈슨에게 내부정보의 출처를 얘기했는지 여부에 대해 말하지 않았다.

따라서 연방 정부는 미켈슨이 알게 된 정보가 내부자로부터 나왔는지를 알고 있었는지, 그럼에도 그가 연방법을 어길 목적으로 딘 푸드 주식을 거래했는지 입증할 증거가 없었다. 그러나 SEC는 묘안을 생각해 냈는데, 민사소송에서 미켈슨을 "*relief defendant*"로 써 넣은 것이다. 이는 "보조 피고인"이라는 의미다. 미켈슨은 불법행위로 고소된 것은 아니지만 다른 사람의 불법행위의 결과로 부당이득을 얻었다는 의미였다. SEC는 미켈슨이 잘못했다고 주장하지는 않았지만, 그가 부당하게 얻은 93만 1000달러를 토해 놓으라고 암묵적으로 압박한 것이다.

SEC가 데이비스에 대해 제기한 소송은 연방 제2항소법원 관할이었는데, 이 항소법원은 2014년 12월에 뉴먼 사건에서 뉴먼에 대해 무죄를 선고한 것으로 유명하다. 이 뉴먼 판결은 즉각적으로 데이비스 소송에 영향을 미쳤다. 뉴먼 판결은 정보 수령자를 처벌하기 위해서는 (1) 정보 제공자가 정보 제공의 대가로 "개인적 이익"을 얻었어야 하며, (2) 정보 수령자는 그러한 사실을 알았거나 알 수 있었어야만 처벌이 된다는 것이다.

이 사건에서 데이비스가 월터스에게 정보를 제공하고 개인적인 대가를 받은 것은 분명하고 월터스는 그것을 알고 있었다. 그러나 미켈슨의 경우는 앞서 설명한 것처럼 직접적인 증거가 없었다. 월터스가 끝까지 입을 닫고 있었기 때문에 미켈슨의 이름을 소장에 넣으려면 월터스가 준 정보가 내부자인 데이비스로부터 부적절하게 온 것인지, 그리고 데이비스는 월터스에게 정보를 제공함으로써 이익을 얻었는지를 미켈슨이 알았다는 사실을 SEC가 증명해야 했다.

SEC는 그 힘든 길을 가고 싶지 않았고, 묘안을 내어 미켈슨을 "보조 피고인"으로 소장에 포함시킨 것이다. SEC가 소송을 제기할 수 없었던 것이 아니라 단지 그렇게 하고 싶지 않았다. 미켈슨의 혐의는 분명했지만, 혹시나 소송에서의 패배를 두려워 한 SEC는 미켈슨에 대한 벌은 부당이득을 뺏는 것으로 만족한다는 입장이었다. 이에 대해 언론들은 뉴먼 판결로 인한 혜택을 미켈슨이 톡톡히 누렸다고 논평했다.

최종적으로 미켈슨은 SEC에 약 1백만 달러를 납부하고 사건을 종결했다. 1백만 달러는 그가 챙긴 이익인 93만 1000달러와 이자인 10만 5000달러를 합한 금액이었다. 미켈슨의 변호사는 미켈슨은 SEC가 문제 삼는 거래에서 발생한 이익을 취할 생각이 없다고 말했다.

미켈슨의 입장에서도 연방 정부와의 법적 논란은 유익할 것이 없다. 정부가 계속해서 내부자거래의 의혹을 제기하고 물고 늘어진다면 그의 명성에 해가 될 뿐이었다. 그를 지원하는 스폰서들이 그의 불법행위 혐의와 관련하여 정부와 논란이 발생한다면 후원 계약을 끝낼 수 있기 때문이다. 그는 투어에서의 상금보다도 광고 후원을 통해 엄청난 돈을 벌고 있는데, 가진 자들이 더한다는 말이 미켈슨에게도 어울릴지도 모르겠다.

미켈슨은 스마트한 골퍼로 여겨졌는데 그는 정말 바보 같은 행동을 했다. 그가 딘 푸드 주식거래를 하면서 뉴먼 판결이 자기를 보호해 줄 것이라는 생각을 했다고 보기는 어렵다. 그렇다면 우승 상금과 광고 후원 등으로 1년에 5천만 달러를 버는 골퍼가 TV 광고 한 편 가격밖에 안 되는 푼돈에 자기 명예를 걸었는가? 도대체 무슨 생각으로 그런 행동을 한 것일까? 아무튼 미켈슨의 변호사는 미켈슨이 기업 후원자들이 계약을 그대로 유지하기로 한 것에 대해 감사하게 생각한다고 말했다. 미켈슨의 행동은 아직은 그의 후원 계약에 영향을 미치지는 않은 것으로 보인다.

미켈슨은 뉴먼 판결의 덕을 엄청나게 보았다. 연방 제2항소법원이 2014년 12월에 충격적인 뉴먼 판결을 내렸지만, 연방대법원은 2년 후 뉴먼 법리를 파기한 연방 제9항소법원의 판결을 인용했다. 연방대법원은 다시 옛날로 돌아가 정보 수령자는 내부자가 정보 제공의 대가로 무엇을 받았는지 모르더라도 내부자거래의 형사책임으로 기소될 수 있다고 판결한 것이다. 그러니까 미켈슨의 주식거래가 2014년 12월 이전에 또는 2016년 12월 이후에 발생했다면 그는 감옥에 갇혔을지도 모르고, 그렇다면 그의 골프 인생은 끝났을지도 모른다.

미켈슨은 2010년 마스터즈 대회 마지막 라운드 13번 홀에서 기가 막힌 트러블 샷을 통해 위기를 탈출하고 버디를 잡아 3번 째 그린재킷을 입었다. 그는 딘 푸드 주식거래와 관련한 법적 분쟁 역시 마스터즈 대회에서 놀라운 리커버리 샷을 구사하듯 기가 막히게 빠져 나왔다. 정말 그에게 뉴먼 판결은 엄청난 축복이었다.

그러나 모든 것이 끝난 것은 아니다. 어쩌면 미켈슨의 명성에 더 위험한 숙제가 남아있었다. 그것은 도박 이야기이다. 미국 프로골프협회PGA 규정은 모든 골퍼가 도박사들과 어울리는 것을 금지하고 있다. 그는 직업 도박사인 월터스와 어울렸고 명백하게 PGA협회 규정을 위반한 것으로 보인다. PGA협회는 미켈슨에 대해 아직 말을 아끼고 있다. 규정을 엄격하게 적용하여 미켈슨에게 징계를 내릴 것인지, 아니면 흥행을 고려할 것인지.

이 책에 대해서

이 책은 미국 증권법에 대한 나의 20년 연구의 한 결과물로 탄생했다. 그러나 이 책을 쓰겠다고 생각했던 것은 비교적 최근의 일이었다. 나는 1996년 미국 펜실베이니아 대학 로스쿨에 유학하면서 미국 증권법을 처음 접했다. 많은 증권 판례들을 접했지만 특히 내부자거래 사건에 관심이 끌렸다. 내부자거래 사건은 현대 증권시장에서 가장 빈도 높게 발생하는 대표적인 화이트칼라 범죄 때문이기도 했지만, 증권법의 어느 분야보다 법리적으로 복잡해서 법정 공방이 가장 치열한 분야였기 때문이다.

나는 미국의 내부자거래 사건들을 깊이 들여다보기 위해 판결문 이외에도 내부자거래 스캔들을 다룬 여러 단행본들이나 매거진의 특집 기사들을 찾아 읽곤 했다. 이러한 글들을 통해 판결문에서는 찾아볼 수 없는 주인공들이 살아온 삶과 비즈니스, 그들의 꿈과 야망, 그들이 어떻게 내부자거래를 시작했는지, 어떻게 연방 정부에 꼬리가 잡혔는지, 그리고 법정에서 벌어진 격렬한 법리 논쟁까지 흥미롭고 다양한 에피소드를 접할 수 있었다. 사실, 이러한 속 이야기들은 존 그리샴의 법정 스릴러보다 더 흥미로웠다.

그러던 중 2009년 10월에 라자라트남 스캔들이 터지면서 미국이 발칵 뒤집어졌다. 100년에 한 번 나올까 말까 하는 세기의 스캔들이라고 회자

됐다. 라자라트남 사건에 대한 언론 보도나 자료들을 추적하면서 갤리언 스캔들은 등장인물의 화려함이나 연방 수사기관의 감청 작전, 그리고 주인공들을 체포하기 위한 새벽 급습 등을 볼 때 영화 〈월스트리트〉를 능가하는 한 편의 초대형 드라마라는 생각이 들었다. 2013년에 갤리언 스캔들의 전모를 밝혀 주는 두 권의 책이 비슷한 시기에 출간됐는데, 하나는 애니타 래거번의 『억만장자의 견습생The Billionaire's Apprentice』이고, 다른 하나는 샌디판 뎁의 『타락한 천사, 굽타Fallen Angel, Gupta』였다. 나는 이 책들 덕분에 갤리언 스캔들의 시작부터 끝까지 모든 세부적인 내용을 알게 됐고, 이 책의 해당 부분 집필에 결정적인 도움을 받았다.

이어 2014년에 매튜 마토마가 체포되면서 스티븐 코언과 SAC 캐피털 사건이라는 초대형 스캔들이 다시 터졌다. 이 스캔들은 갤리언 사건 이후 다시 한 번 월가와 미국 사회를 뒤흔들기에 충분했다. 2017년 2월, 21세기 최고의 내부자거래 사건으로 일컬어지는 코언과 SAC 캐피털 사건을 추적한 실라 코하카의 『블랙 에지Black Edge』가 출간됐다. 이 책 역시 앞의 책들과 같이 스캔들의 주인공들의 삶, 비즈니스, 그리고 내부자거래 사건의 전모와 월가의 타락을 독자들에게 생생하면서도 충격적으로 전해주고 있다. 특히 코언 사건은 미국에서 〈빌리언스Billions〉라는 타이틀의 드라마로 제작되면서 더욱 사회적인 관심을 끌기도 했다.

나는 이처럼 월가에서 끊임없이 발생하는 초대형 내부자거래 스캔들을 보면서 세계 금융의 메카로 일컬어지는 월가에서 발생한 내부자거래 사건들과 이를 둘러싼 법리 공방을 역사적으로 펼쳐 보고 싶은 생각이 들었다. 판결문 속의 딱딱한 이야기보다는 주인공들의 꿈틀거리는 야망, 탐욕 그리고 부와 권력을 향한 질주를 다뤄보고 싶었다. 21세기의 엘도라도인 증권시장에서 '블랙 에지'를 얻기 위해 사력을 다하는 트레이더들의 현장, 가까운 친구들과 인종관계를 중심으로 작동하는 비밀 정보 네트워크, 내부정보를 얻기 위해 자신의 미모를 이용하는 뷰티 퀸 펀드매니저의 영화 같은 이야기, SEC와 FBI 그리고 연방 검찰의 숨 막히는 추적과 감청, 그리고 법정에서 벌어지는 최고 법률가들의 소송 전쟁을 한국의 독자들에게 소개하고 싶었다. 이것이 이 책을 집필하게 된 동기였다.

이런 생각에서 출발한 초안은 최초의 미공개 정보를 이용한 사건으로 평가되는 1817년의 레이드로 사건에서 시작해서 2014년 연방 제2항소법원의 충격적인 뉴먼 판결까지 포함했다. 그러다보니 초안의 분량이 약 800페이지가 넘었다. 나는 이 책을 일반 독자를 대상으로 집필한다는 목적과 지면 관계를 고려하여 12개 스캔들을 선정하여 소개하기로 했다. 따라서 다수의 흥미 있는 사건들을 포함시키지 못한 아쉬움이 남기도 한다. 이 책에서 소개한 12개 스캔들의 선정 기준은 다음과 같다.

첫째, 미국을 뒤흔든 가장 대표적인 대형 사건들을 우선적으로 선정했고, 그 중에서도 독자들이 흥미를 느낄 수 있는 드라마적인 요소가 있는 사건을, 그리고 미국의 퍼스트 클래스의 인물들이 주인공인 스캔들을 선정했다. 둘째, 대형 사건은 아니지만 판례법을 중심으로 발전해 온 미국의 내부자거래 법리를 이해하는 데 빠트릴 수 없는, 따라서 흥미는 다소 떨어질 수 있지만 중요한 의미를 가지는 사건들을 포함했다. 셋째, 이외에도 독자들이 흥미를 가지고 읽을 수 있는 독특한 사건들을 부록 형식으로 포함했다.

이 책은 기본적으로 법정 드라마이기 때문에 불가피하게 법리적인 설명을 피하기 어려운 부분이 있다. 그러나 일반 독자에게 부담되는 법리적인 논쟁은 최소한으로 줄였다. 혹시 법리적인 설명이 어렵거나 복잡하다고 생각하는 독자들은 그런 부분은 그냥 건너뛰어도 이 책을 읽는 데 크게 상관이 없다. (법리적으로 논쟁이 많은 부분들은 의도적으로 삭제하거나 지면을 적게 할애했다) 그리고 모든 사건들은 각각 독립적인 사건이어서 특별한 순서 없이 선별적으로 읽어도 문제가 없다.

이 책에 소개된 내용들은 법원의 판결문도 중요한 자료로 활용했지만 주요 사건을 직접적으로 추적한 단행본, 매거진, 언론 보도, 논문 등 많은 문헌에 의존했다. 최근의 사건일수록 참고할 문헌과 자료가 많았던 반면, 오래전 사건들은 자료들이 제한돼 있어 특정 문헌에 크게 의존한 경우들도 있다. 그러한 경우라도 제한된 지면 때문에 원문의 내용을 선별하고, 압축하고, 재정리하는 과정에서 새로운 글로 변환했다. 그렇지만 원전의 내용을 그대로 인용한 부분들도 꽤 있다. 이러한 경우는 물론, 글을 압축한 부분 역시 출처를 확인할 수 있는 경우에는 일일이 주석을 달아 출처를 밝혔다. 그러나 참고한 자료들 중에는 그때그때 메모를 해 놓지 않아 본의 아니게 추적이 되지 않아 출처를 밝히지 못한 부분도 있음을 밝힌다. 이러한 부분은 차후라도 출처를 확인하여 보완할 예정이다.

외국인인 내가 비록 미국에서 잠깐 유학을 했다고는 하지만, 한국에서 이러한 책을 쓸 수 있는 배경은 미국 사법제도의 개방적 태도 덕분이다. 미국은 판결문에 모든 실명을 적시하고 재판의 모든 내용을 공개한다. 연방 검찰청과 SEC는 공소장과 소장을 공개한다. 제3장에서 다룬 포스터 와이낸스 사건에서도 언급했지만, 1987년에 연방대법원의 법정에서 대법관들과 피고 측 변호사인 돈 부치월드가 논쟁했던 실황을 지금도 www.oyez.org를 통해 생생하게 들을 수 있다는 것은 충격적이다. 갤리언 스캔들에서 FBI가 감청한 결정적인 증거가 인터넷상에 공개되어 있기도 하다.

우리 법원은 판결문에 나오는 개인과 회사의 모든 이름을 익명으로 처리하고 비공개를 원칙으로 한다. 사건이 조금만 복잡해도 내용을 이해하기가 어렵다. 따라서 우리나라에서 소송 사건을 추적하고 조사해서 미국처럼 책으로 출간한다는 것은 매우 힘든 작업이 될 것이다. 미국에서 발생한 사건에 대해서 한 권의 책을 쓰는 것이 가능하지만, 정작 내 나라에서 발생한 사건에 대해서는 책을 쓰기 어렵다니 아이러니하다는 생각이 든다.

법원이 판결문에서 개인이나 회사의 이름을 익명으로 처리하는 것이 인권 보호의 차원으로 이해할 수 있지만, 법원의 판결은 시장, 기업 그리고 국민에게 무엇이 정의이며, 합법과 불법의 경계선을 분명하게 알려 주는 중요한 의미를 가진다. 특히 금융 관련 판결들은 상장기업이나 금융투자업자의 경영 정책에 중요한 방향을 제시해 주는 역할을 한다. 또한 판결의 자세한 내용과 함께 법을 위반한 자의 실명과 범죄 내용을 사회와 시장에 공개하는 것은 다시는 유사한 범죄가 발생하지 않도록 준엄한 판결을 통해 경고한다는 차원에서도 중요하다고 생각한다. 오늘날과 같은 금융 자본주의 시대를 맞이하여 개인의 인권보다 금융 시스템의 안전과 건전성이 더 중요하게 인식되는 상황에서, 금융 관련 사건의 판결문에 실명을 공개하는 문제를 전향적으로 검토할 필요가 있다고 생각한다.

끝으로 내부자거래의 위험에 대해 언급하자면, 많은 사람들이 내부자거래를 시속 60km 구간에서 70~80km 속도로 달리는 정도로 생각하는 것으로 보인다. 즉 내부자가 미공개 정보를 타인에게 넘겨주는 것이 얼마나 위험한 일인지 잘 인식하지 못하는 것 같다. 대표적으로 이 책의 주인공 중 맥킨지의 전 CEO였던 라자트 굽타, IBM의 수석 부사장인 로버트 모펫, 미시간 의대의 시드니 길먼 박사, 그리고 KPMG의 선임 회계사인 스캇 런던의 사례를 들 수 있다. 굽타, 모펫, 길먼 그리고 런던은 미국 사회의 슈퍼 엘리트였고 최고의 지식인들이었다. 그들이 전달한 달콤한 내부정보는 부메랑이 되어 그들의 인생을 송두리째 부서뜨리며 지옥으로 만들어 버렸다. 그들의 명예, 비즈니스, 재산, 그리고 가족의 삶까지 철저하게 유린되고 파괴됐다. 그들은 남은 인생 동안 어둠 속에서 고통의 눈물을 흘리며 뼈아픈 회한을 느껴야 했다.

최근 우리 사회에서도 사회 지도급 인사의 내부자거래 사건들을 포함하여 크고 작은 사건들이 자주 발생하고 있다. 미국에서 발생한 내부자거래 스캔들 이야기가 태평양 건너 먼 나라의 일만은 아닌 것이다. 어느 날 갑자기 내 앞에 '뜨거운' 내부정보가 와 있을 때 어떻게 할 것인가. 평소에 내부자거래의 위험과 파괴력, 한국거래소를 비롯하여 금융 당국과 검찰에 의한 적발 가능성을 충분히 인식하고 경계하지 못한다면 그 달콤한 유혹에 흔들릴 가능성이 존재한다. 그리고 그 대가는 참혹할 수 있다.

이 책에 소개된 다양한 내부자거래 스캔들은 탐욕의 유혹을 못 이기고 부과 야망을 향해 질주했던, 미국 파워 엘리트들의 영광과 몰락을 증언해 주고 있다. 미국에서 발생한 다양한 내부자거래 스캔들의 교훈을 통해 자본시장 관련 비즈니스에 종사하면서 내부정보에 수시로 접근할 수 있는 전문가들, 그리고 어느 날 우연히 내부정보를 접하게 될 수 있는 일반 독자들이 내부자거래가 얼마나 위험하고 치명적인 독성을 가지고 있는지 간접적으로 경험하는 것도 유익한 일이 아닐까 생각한다.

끝으로 이 책에 수록된 사진 중 일부는 필자가 2019년 4월 미국 뉴욕과 워싱턴을 방문하여 직접 찍은 사진들이다. 바쁜 일정에도 불구하고 워싱턴에서의 사진 작업을 위해 뉴욕에서 워싱턴까지의 여행에 라이드를 제공해주고 동행해 준 친구 계관영 사장에게 감사를 표한다. 이 책의 조판은 이미 4월 이전에 완성되어 있었던 관계로 조판을 흔들지 않는 범위 내에서만 사진 반영 작업이 가능했다.

미주

프롤로그 21세기의 엘도라도

15 **영화 〈월스트리트〉의 주요 내용:** 영화 〈Wall Street〉 (1987 film); Wall Street (1987 film), Wikipedia.

16 **영화 〈월스트리트〉의 주요 내용:** 같은 자료.

17 **영화 〈월스트리트〉의 주요 내용:** 같은 자료.

18 **영화 〈월스트리트〉의 후일 평가와 주연 캐스팅에 얽힌 이야기:** Wall Street (1987 film), Wikipedia; 월스트리트 〈Wall Street〉 (세계영화작품사전: 자본주의에 문제를 제기하는 영화, 씨네21); 영화 〈월스트리트〉 (네이버 통합검색); 영화 〈월스트리트〉 (두산백과).

19 **마이클 더글라스의 수상과 올리버 스톤 감독에 대한 감사 인사:** Wall Street (1987 film), Wikipedia.

19 **마이클 밀켄이나 이반 보스키의 삶을 연상케 하기도 한다:** Wall Street (1987 film), Wikipedia.

19 **밀켄은 평생 담배, 술, 커피, 그리고 탄산수조차 마시지 않았다:** Benjamin Stein, *A License to Steal* (Simon & Schuster, 1992), 30; Jesse Kornbluth, *HIGHLY CONFIDENT: The Crime and Punishment of Michael Milken* (Willian Morrow & Company, 1992), 24.

19 **보스키는 점심도 거르고 밤늦게까지 일했고, 오직 필요한 것은 하루에 커피 16~20잔이 전부였다:** Mark Stevens, *The INSIDERS: The Truths Behind the Scandal Rocking Wall Street* (G. P. Putnam's Sons, 1987), 123.

20 **〈머니 네버 슬립스〉에 대한 내용:** Wall Street: Money Never Sleep (2010 Film), Wikipedia.

22 **빌 클린턴이 1980년대를 "탐욕의 시대"라고 비판:** Charles Gasparino, *Circles of Friends* (Harper Business, 2013), 23~24.

22 **부시-레이건 정권의 썩은 유산에 대한 클린턴의 격한 비난:** Rich Lowry, " The new decade of greed," *Townhall,* Jun 27, 2003.

22 **그램-리치-블라일리법과 상품선물현대화법의 제정과 금융위기의 관계:** 라나 포루하, 『메이커스 앤 테이커스 (Makers and Takers)』, 이유영 옮김 (부키, 2017) 283, 289 쪽

23 **"탐욕은 선합니다. 탐욕은 정당합니다":** Wall Street (1987 film), 자막 대사.

24 **"탐욕은 좋은 것이고 정당하다":** James Stewart, *Den of Thieves* (A Touchstone Book, 1991), 261.

제1장 총구에서 나는 연기

27 **연방 규제기구의 권한을 강화하는 보고서에 대한 존 F. 케네디의 승인:** Joel Seligman, *The Transformation of Wall Street* (Wolters Kluwer, 2003), 190. 랜디스가 작성한 보고서의 정식 명칭은 「Report on Regulatory Agencies to the President-Elect」였다.

27 **SEC 초대 위원장 조지프 케네디에 대한 인생:** Gasparino, *Circles of Friends*, 23~24; Joseph P. Kennedy Sr., Wikipedia.

28 **"고양이에게 생선 가게를 맡기는 것과 같다":** John Steele Gordon, *The Great Game* (Charm Soul Publishing, 1999), 241; 존 고든, 『월스트리트 제국』, 강남규 옮김 (참솔, 2002), 347쪽.

28 **"과거 투기꾼이자 작전세력":** Gordon, Ibid; 『월스트리트 제국』, 347쪽.

28 **미국 상원은:** Ibid; 『월스트리트 제국』, 347쪽.

28 **"It Takes one to catch one.":** Gasparino, *Circles of Friends*, 23.

28 **루즈벨트 대통령이 케네디를 최적의 SEC 위원장으로 평가:** Ibid., 25.

28 **1929년 시장 대붕괴 이전 미국 증권시장의 규제되지 않은 상황:** Ibid., 24.

29 **케네디는 불법적인 거래를 통해 200만 달러에 이르는 믿을 수 없는 부를 축적:** Ibid; Gordon, Ibid., 240; 『월스트리트 제국』, 346쪽.

29 **케네디의 전설적인 옐로우 캡 코퍼레이션 주가조작 사건:** Gordon, Ibid., 239~240; 『월스트리트 제국』, 345~346쪽.

29 **케네디가 즐겨 했던 '펌프 앤 덤프':** Gasparino, Ibid., 24.

30 **차세대 주자라는:** Gordon, Ibid., 240; 『월스트리트 제국』, 347쪽.

30 **초대 SEC 위원장으로서 케네디에 대한 평가:** Gasparino, Ibid., 24; Gordon, Ibid., 241~242.

31 **SEC의 기능을 강화할 수 있는 실질적인 방법에 대한 랜디스의 생각:** Seligman, *The Transformation of Wall Street*, 191.

31 **로스 교수의 초대 SEC 위원장 자리 거부와 윌리엄 캐리의 수락:** Ibid., 121.

33 **군원 대 아가시 사건의 기본 구조:** Gasparino, Ibid., 27~28; *Goodwin v. Agassiz*, 186 N.E. 659 (Mass. 1933).

32 **"법은 모든 사람이 지식이나 경험, 그리고 지적인 면에서 똑같은 상황에 있다고 볼 수 없다":** Gasparino, Ibid., 28.

32 **"아가시가 군원의 머리에 총을 들이대고 매도를 강요":** Ibid.

33 **내부자거래는 연방 증권법이 지향하는 자유시장의 근본 질서를 파괴:** Ibid., 31.

34 **SEC 위원으로 케네디 대통령이 매뉴얼 코헨, 바이런 우드사이드 그리고 잭 휘트니를 임명:**

Seligman, *The Transformation of Wall Street*, 191.

34 내부자거래를 처벌할 수 있는 법적 근거를 1934년법 제10조(b)와 SEC 규칙 10b-5에서 찾은 캐리: Gasparino, Ibid., 29~30.

34 아가시 판결을 파기하지 못한다면 증권시장에 대한 공공의 신뢰는 떨어질 것이고, 투자자들의 중요한 정보에 대한 동등한 접근 기회가 보장되지 못할 것: Seligman, Ibid., 345.

34 SEC Rule 10b-5의 거대한 발전에 대한 로스 교수와 렌퀴스트 대법원장의 코멘트: Michael J Kaufman & John M. Wunderlich, *Rule 10b-5 Private Securities-Fraud Litigation* (Westlaw, 2014), 17.

35 "규칙 10b-5는 입법 당시에는 작은 도토리에 불과했지만 사법 세계에서 거대한 떡갈나무가 됐다": *Blue Chip Stamps v. Manor Drug Stores*, 421 U.S. 723, 737 (1975).

36 캐디 로버츠 사건의 개요와 설명: In the Matter of CADY, ROBERTS & Co., File No. 8-3925, Promulgated November 8, 1961, by SEC; 40 S.E.C. 907 (1961).

37 SEC의 "공시 또는 거래 단념의 원칙": Gaspirano, *Circles of Friends*, 33.

37 SEC가 긴텔이 내부자거래의 책임이 있다고 판단한 2가지 근거: In the Matter of CADY, ROBERTS & Co.

38 미공개 중요 정보를 이용하는 거래는 불법: Gaspirano, Ibid., 33.

39 텍사스걸프가 캐나다에서 황화물 발견을 위한 탐사 활동과 키드-55 구역: *SEC v. Texas Gulf Sulphur*, 401 F.2d 833 (2d Cir. 1968); John Brooks, *Business Adventures* (Open Road, 1969), 139; 존 브룩스, 『경영의 모험』, 이충호 옮김 (쌤앤파커스, 2015), 162~163쪽 참조. 이하에서 텍사스걸프 사건에 관해 브룩스의 책과 함께 우리말 번역서도 함께 참조했다.

40 키드-55의 첫 번째 시추공에서 나온 물질의 놀라운 성분과 이어진 보고: *SEC v. Texas Gulf Sulphur*; Brooks, Ibid., 140~141; 『경영의 모험』, 164~65쪽.

40 스티븐스의 함구령과 키드-55의 나머지 지역의 땅과 시추권 매입 계획: Brooks, Ibid., 141~142; 『경영의 모험』, 167쪽.

40 키드-55 구역에서 시추 장비의 철수와 자연 상태로의 복구: Ibid., 142; 『경영의 모험』, 167쪽.

41 부사장 포카티를 비롯한 텍사스걸프 주요 간부들의 주식 매수: Ibid; 『경영의 모험』, 167~68쪽.

41 다크의 주식 및 콜옵션 매수, 워싱턴 여행과 지인들에게 정보 전달: Ibid., 143~144; 『경영의 모험』, 168~70쪽.

42 키드-55-6에서의 두 번째 시추공과 세 번째 시추공의 결과: *SEC v. Texas Gulf Sulphur*; 브룩스는 그의 책 145면에서 4월 7일에 세 번째 시추공을 다 뚫었다고 썼지만, 판결문에서는 4월 10일에 세 번째 시추공을 뚫었다고 기록하고 있다.

42 4월 12일, 팀민스 발굴 상황에 대한 보도자료 발표와 사실적 근거가 없는 과장된 것이라는 발표내용: *SEC v. Texas Gulf Sulphur*; Brooks, Ibid., 147~148; 『경영의 모험』, 174~75쪽.

43 4월 12일 보도자료의 진정성 문제와 뉴욕증권거래소에서의 주가 상황: Brooks, Ibid., 148; 『경영의 모험』, 175~76쪽.

43 4월 15일과 16일, 클레이턴과 크로퍼드의 주식 매수: *SEC v. Texas Gulf Sulphur*; Brooks,

Ibid., 151, 144; 『경영의 모험』, 178~79쪽.

43 **4월 16일, 텍사스걸프의 정례 이사회와 스티븐슨의 기자회견을 통한 새로운 보도자료 발표:** Brooks, Ibid., 150~151; 『경영의 모험』, 180~81쪽.

44 **다우존스 뉴스 티커에 TGS의 기자회견 내용이 올라온 시각:** Brooks, Ibid., 153~154; 『경영의 모험』, 182쪽.

44 **코츠와 헤미세거의 통화 및 헤미세거의 매수:** *SEC v. Texas Gulf Sulphur*; Brooks, Ibid., 154.

45 **"다우존스 뉴스에 텍사스걸프에 관한 좋은 뉴스가 나왔거나 이제 나올 것":** Brooks, Ibid., 154~155; 『경영의 모험』, 184쪽.

45 **모건개런티 연금 담당 임원에 대한 힌턴의 매수 권유와 라몬트의 매수:** Brooks, Ibid., 155; 『경영의 모험』, 184~85쪽.

45 **텍사스걸프 주가의 꾸준한 상승과 1966년 말 주당 100달러 돌파:** Brooks, Ibid., 156; 『경영의 모험』, 185쪽

46 **SEC의 제소, 텍사스걸프의 4월 12일 보도자료에 대한 SEC의 비난과 법적 쟁점:** Brooks, Ibid., 157; 『경영의 모험』, 186쪽.

46 **첫 번째 시추공에서 나온 결과는 중요한 정보가 아니라는 피고 측 변호사의 주장과 전문가들의 증언:** Brooks, Ibid; 157; 『경영의 모험』, 187~88쪽.

47 **첫 번째 시추공에서 나온 결과는 중요한 정보라는 SEC 측 전문가들의 주장:** Brooks, Ibid., 158; 『경영의 모험』, 187~88쪽.

47 **'중요성의 정의는 보수적이어야 한다':** *SEC v. Texas Gulf Sulphur*; Brooks, Ibid; 158; 『경영의 모험』, 188쪽

47 **4월 9일 이전에는 중요 정보가 성립됐다고 볼 수 없다는 본설 판사의 판결:** Brooks, Ibid., 159; 『경영의 모험』, 189쪽.

48 **클레이턴과 크로포드의 매수 행위에 대한 본설 판사의 유죄 판결:** Brooks, Ibid; 159; 『경영의 모험』, 189~90쪽.

48 **4월 9일, 텍사스걸프의 보도자료에 대한 본설 판사의 무죄 판결:** Brooks, Ibid., 160; 『경영의 모험』, 190쪽.

48 **코츠와 라몬트의 매수가 회사의 공식 발표 이후에 발생했다 하더라도 불법적인 거래라는 SEC의 주장:** Brooks, Ibid., 161; 『경영의 모험』, 191~92쪽.

48 **"합리적이라고 생각할 수 있는 시간":** Brooks, Ibid; 161; 『경영의 모험』, 194~95쪽.

49 **CEO인 스티븐스가 기자들에게 보도자료를 배포하는 시점이 정보의 공개 시점:** Brooks, Ibid., 164; 『경영의 모험』, 196쪽.

50 **Rule 10b-5의 제정 목적:** *SEC v. Texas Gulf Sulphur.*

50 **중요 정보 여부를 판단함에 있어서 "개연성/중대성 원칙":** *SEC v. Texas Gulf Sulphur.*

52 **시추 결과를 알게 된 사람들이 대거 TGS 주식과 콜 옵션 매수에 나선 것은 시추 결과가 중요한 정보라고 판단할 수 있는 진정한 객관적 증거라는 판단:** *SEC v. Texas Gulf Sulphur.*

52 **모든 투자자에게 증권을 거래할 때 동등한 접근이 보장돼야 하며, 동일한 수준의 시장 리스크를**

제3장 월가를 뒤흔든 《월스트리트 저널》 사건

89   아메리칸증권거래소의 감시망에 적출: Ibid., 157.

90   TIE/커뮤니케이션 거래의 승리와 라켓클럽에서의 자축: Ibid.

90   브랜트의 키 파마슈티컬 주식거래가 다시 AMEX의 감시망에 적출: Ibid., 158~159.

90   키더 피바디의 컴플라이언스 팀이 브랜트의 거래가 칼럼 정보와 연결돼 있는 사실 적발: Ibid., 163.

90   뉴욕 세일즈 책임자인 빌 케네디의 브랜트와 펠릭스 사무실 방문 및 거래 중단 요청: *United States v. Winans*, 612 F.Supp. 827 (1985); Winans, Ibid., 163~164.

91   외부 로펌인 설리반 앤 크롬웰의 의견서: Winans, Ibid., 165~166.

91   웨스턴 헤미스피어 트레이딩 코프라는 이름으로 새로운 계좌를 개설: Ibid., 169.

92   그레이하운드에 대한 칼럼 정보와 브랜트의 콜옵션 매수: Ibid., 174.

92   그레이하운드 거래에서의 뼈아픈 실패: Ibid., 175.

93   웨스턴 계좌의 손해 발생과 웨스턴 계좌의 폐쇄: Ibid., 176~177.

93   와이낸스의 만족스럽지 않은 연봉과 S&P로의 이직 협상: Ibid., 191~192.

94   노름 펄스타인의 호출과 대화: Ibid., 193~194.

94   AMEX의 키더 피바디의 의문스러운 거래 내용에 대한 조사, 《월스트리트 저널》에서 정보가 새고 있다고 생각하고 SEC에 자료 이첩: Ibid., 194.

95   SEC의 셸라와 와이낸스 간의 통화 내용: Ibid., 200~202.

96   "혹시 개인 변호사가 필요하면 언제든지 나에게 이야기 하세요": Ibid., 202.

96   SEC의 셸라와 통화를 마친 후 와이낸스의 심정적 상황: Ibid., 203.

96   와이낸스의 좌절, 카펜터와의 대화, 자살에 대한 충동: Ibid., 204~205.

97   브랜트의 고객 돈 횡령과 자살에 대한 충동: Ibid., 213.

97   SEC가 브랜트에게 전화로 조사 실시, 브랜트와 클라크가 브라질로 도피하려는 계획: *United States v. Winans*; Winans, Ibid., 215~216.

98   1984년 3월 30일, 《월스트리트 저널》에서 와이낸스의 마지막 날 상황: Ibid., 219.

98   "SEC가 자네는 타깃이 아니라고 말했는데: Ibid., 220.

98   새크가 와이낸스에게 변호사로 돈 부치왈드를 추천, 뉴욕전화국으로부터 와이낸스의 통화기록이 정부에 제출된다는 통보: Ibid., 231~232.

99   와이낸스와 부치왈드의 만남, 소송 전략에 대한 논의, 진실을 말하지 못하는 와이낸스의 고통과 자살에 대한 충동: Ibid., 232~235.

99   부치왈드에게 진실을 털어놓기로 한 와이낸스의 결정, 부치왈드와의 미팅, 부치왈드의 "이렇게 근사한 사건을 절대로 질 수가 없다": Ibid., 235~236.

100 《월스트리트 저널》의 와이낸스에 대한 무차별적 공격: Ibid., 236~237.

100 변호사 비용으로 인한 와이낸스의 고전, 그럼에도 불구하고 소송 준비에 최선을 다하는 부치왈드 변호사의 모습: Ibid., 237~238, 276.

101 "포스터 와이낸스, 나는 딕 러스틴인데, 나는 네가 우리 사회의 쓰레기라고 생각해": Ibid., 244.

101 와이낸스 스캔들에 대한 언론의 집중 보도: Ibid., 252, 276.

102　이익의 50%를 서로 나누기로 합의: *United States v. Winans*.

102　"겨우 3만 달러 때문에 네 경력을 망치니?: Winans, Ibid., 273.

102　브랜트의 유죄 인정과 정부와의 딜, 그에 대한 관대한 면책 조치: Ibid., 278.

102　카펜터를 재판에서 제외하려는 부치왈드의 노력과 법무부의 최후통첩: Ibid.

102　와이낸스, 카펜터, 펠리스가 연방 정부와 법정에서 싸우기로 결정: Ibid., 278 ~279.

103　**1985년 1월 21일, 와이낸스 재판의 시작:** Ibid., 286.

103　《월스트리트 저널》이 이해 상충 정책을 운영했는지 여부에 대한 논쟁: *United States v. Winans*, 612 F.Supp. 827 (1985).

104　핑거톤이 와이낸스에게 컬럼의 내용이 매우 민감한 것이고, 주식투자를 해서는 안 된다고 말했다는 주장: *United States v. Winans*, 612 F.Supp. 827, 830 (1985); Winans, Ibid., 289.

104　"연방 검찰은 저널이 그러한 정책을 가지고 있지 않았다면 나를 기소하지 않았을 것이라고 말했다": Winans, Ibid., 282, 303.

104　증인으로 나온 브랜트의 모습에 대한 설명: Ibid., 291.

106　**1985년 8월 6일, 와이낸스 등에 대한 형량 선고:** Marianne Yen, "Insider Trading Figure Peter Brant Sentenced To 8 Months, Fined $10,000," *The Washington Post*, Feb. 27, 1988; Winans, Ibid., 304~306.

106　스튜어트 판사는 회사의 이해상충 정책에 대해 와이낸스의 주장보다 저널 측의 주장을 믿기로 결정: *United States v. Winans* 판결문은 《월스트리트 저널》이 주장한 "Inside Policy"에 대해 자세하게 언급하고 있다; Winans, Ibid., 302.

106　브랜트에 대한 형량: Winans, Ibid., 278.

107　**연방대법원의 개정기에 관한 설명:** 미국 연방대법원_나무위키 (https://namu.wiki/w/미국연방대법원).

107　**연방대법원에서 구두 변론할 수 있는 변호사의 자격:** 미국 연방대법원_나무위키(https://namu.wiki/w/미국 연방대법원); 미국 연방대법원 규칙 제5조.

110　**앞서 마테리아 사건과 뉴먼 사건에서 부정 유용 이론을 근거로 내부자거래 책임을 물었지만:** *United States v. Newman*, 664 F.2d 12 (2d Cir. 1981).

110　**회사에 대한 신인의무를 위반하는 행위 역시 내부자거래의 책임이 발생:** *United States v. Carpenter*, 791 F.2d 1024 (1986).

111　**연방 제2항소법원 판결이 보여준 거대한 법리적 도약:** David Brodsky, Daniel Kramer and Schulte Roth & Zabel, "A Critique of the Misappropriation Theory of Insider Trading," SB 93 ALI-ABA 105, 1997, 129.

112　**《월스트리트 저널》을 매일 받아보면서 밀려오는 와이낸스의 회한:** Winans, Ibid., 311~312.

115 **1980년 5월 26일, 레빈의 나소국제공항 도착과 바하마에 대한 소개:** Douglas Frantz, *Levine & Co.- Wall Street's Insider Trading Scandal* (Henry Holt and Company, 1987), 1~2; 레빈은 직접 쓴 자서전인 『INSIDE OUT』에서 바하마에 도착한 날을 5월 27일로 기록하고 있다. Dennis Levine, *INSIDE OUT, An Insider's Account of Wall Street* (Century, 1991), 93.

116 **레빈의 바하마 방문 목적과 바하마의 우호적인 세금제도와 엄격한 은행의 비밀보호법:** Frantz, Ibid., 2; Levine, Ibid., 80~81.

116 **레빈의 로이국제은행 방문:** Frantz, Ibid.

116 **"1755년에 설립된 스위스에서 가장 오래된 민간 은행":** 로이국제은행은 스위스에서 가장 오래된 민간 은행으로서 1755년부터 2007년까지 존재했다. 스위스 취리히에 본사가 있으며, 1997년에 스위스 크레딧의 자회사가 되었고, 2007년에 4개의 민간 은행과 합병하여 '클레리덴 로이(Clariden Leu)'가 되었다. 'Leu'는 '로이(Loy)'로 발음된다(http://en.wikipedia.org/wiki/Bank_Leu); Levine, Ibid., 93.

116 **로이은행에서 계좌 개설 희망:** Frantz, Ibid., 3; 이하 레빈이 로이은행에서 계좌를 개설하는 내용은 Levine, Ibid., 93~95 참조.

117 **로이은행의 브루노 플레처가 레빈의 계좌 개설을 도움:** Frantz, Ibid., 3~4.

117 **레빈이 로이은행에 요구한 사항과 "다이아몬드"라는 코드명으로 계좌 개설:** Frantz, Ibid., 5~6; James Stewart, *Den of Thieves* (A Touchstone Book, 1991), 85~86.

117 **P&C에서의 불미스러운 거래:** Frantz, Ibid., 6; Levine, Ibid., 92; Stewart, Ibid., 85.

118 **고객의 프라이버시와 비밀 보호는 스위스와 바하마에 있는 금융회사에 있어서 일상적인 일:** Frantz, Ibid., 6~7.

118 **제네바에 있는 P&C 은행으로부터 12만 8900 달러를 이체:** 제임스 스튜어트는 그의 저서 『도둑들의 소굴』에서 이 돈은 두 군데서 이체됐는데, 반은 제네바의 P&C 계좌에서, 나머지 6만 달러는 레빈의 아버지가 침대 밑에 보관하고 있는 돈이었는데, 아들에게는 대출받은 돈이라고 말했다고 쓰고 있다. Stewart, Ibid., 86.

118 **첫 주문으로 다트 인더스트리 주식의 매수:** Frantz, Ibid., 10.

119 **1986년 5월 12일, 운명의 날:** Levine, Ibid., 20~21.

119 **법무부 수사관의 레빈 사무실 방문:** Ibid., 22~24; Dennis Levine, "The INSIDE," *New York*, Sep. 16, 1991.

119 **"도대체 무슨 일이야?":** Levine, "INSIDE"; Levine, *INSIDE OUT*, 25~26.

120 **다우존스에 올라오는 레빈에 대한 긴급 뉴스:** Levine, *INSIDE OUT*, 26~27.

120 **레빈과 법무부 수사관과의 통화와 자수:** Levine, "The INSIDE"; Levine, *INSIDE OUT*, 28~33.

120 **레빈의 체포:** Levine, "The INSIDE".

120 **"도대체 내부자거래가 무엇이냐?":** Levine, *INSIDE OUT*, 33.

121 **레빈의 베이사이드에서의 성장기와 가정환경:** Frantz, Ibid., 12~14; Michael Stone, "INSID-ERS-The Story of Dennis Levine and the Scandal That's Rocking Wall Street," *New York*, July 28, 1986, 28; Stewart, Ibid., 70~71.

121 **레빈의 평범한 학창 시절:** Stone, Ibid., 28.

122 **레빈의 바루크 칼리지 진학과 월스트리트 진출의 꿈:** Frantz, Ibid., 15; Stewart, Ibid., 71; Stone, Ibid., 28.

122 **대학 시절, 레빈은 금융에 깊은 관심과 열정을 가짐:** Stone, Ibid., 28.

122 **레빈과 미래의 아내인 로리 소콜릭과의 만남:** Ibid.

123 **바루크에서 MBA 학위를 받은 후 월스트리트 투자은행과의 인터뷰와 좌절:** Levine, *INSIDE OUT*, 52; Stone, Ibid., 29.

123 **1977년 3월, 시티뱅크에 취직 성공:** Stone, Ibid., 29.

123 **시티은행에서 로버트 윌키스와의 만남:** Stone, Ibid. 레빈은 그의 저서 『INSIDE OUT』에서 윌키스가 먼저 내부자거래가 너무 쉽고 안전하다고 유혹했고, 또한 시티은행이 관련된 기업 인수 정보를 자신에게 제공했다고 썼다. Levine, *INSIDE OUT*, 54~56; 그러나 제임스 스튜어트는 그의 저서 『도둑들의 소굴』에서 레빈이 먼저 윌키스를 유혹했다고 쓰고 있다. Stewart, Ibid., 72, 77~78.

123 **윌키스의 프로필:** Stewart, Ibid., 68.

123 **로리 스콜릭과의 결혼, 스미스 바니로 이직, 그리고 월스트리트의 환경 변화:** Stone, Ibid., 29; Levine, *INSIDE OUT*, 59~62.

124 **1978년 6월, 스미스 바니의 파리 사무소로 발령:** Stone, Ibid., 29.

124 **레빈 부부의 파리에서의 생활:** Stewart, Ibid., 68.

124 **1979년 7월, 뉴욕으로 M&A 부서 발령:** Levine, *INSIDE OUT*, 73~74.

125 **윌키스와의 축하 저녁, 레빈의 M&A 업무 능력에 대한 힐의 평가:** Levine, *INSIDE OUT*, 74~75.

126 **파리에서 일하면서 외국 계좌와 트레이딩 구조에 대해:** Ibid., 74~75. 스위스 픽텍 앤 씨 은행에서 레빈이 사용한 코드 네임은 "미스터 윌키 웨이(Mr. Wilky Way)"였다. 그는 처음에 "미스터 골드(Mr. Gold)"를 사용하고자 했으나 다른 사람이 이미 그 이름을 사용하고 있었다.

126 **금요일 밤 8시, 레빈과 윌키스가 라자 프레 사무실을 뒤져 내부정보를 빼내는 내용:** Levine, *INSIDE OUT*, 80~81.

127 **프랑스의 거대 석유회사인 엘프가 미국 석유회사인 커-맥기를 인수:** 이 거래는 프랑스 정부가 미국 기업에 대한 적대적 기업매수를 허용하지 않아 성사되지 않았다. 윌키스와 라이치 양쪽으로부터 이 정보를 확인한 레빈은 타깃인 커-맥기 주식을 대량으로 매수했지만 거래의 불발로 주가가 하락해 상당한 손실을 입었다. Ibid., 85.

127 **레빈은 사람의 눈을 피하기 위해 뉴욕에서 직접 나소로 오지 않고 일부러 다른 도시를 경유하여 여행:** Stone, "INSIDERS-The Story of Dennis Levine and the Scandal That's Rocking Wall Street," 30.

128 스미스 바니에 14개월 있을 동안 8번 이상의 내부자거래: Stewart, Ibid., 86; Stone, Ibid.

128 레빈의 승진과 연봉의 상승, 레빈의 불만: Stone, Ibid.

128 바하마의 계좌명을 "다이아몬드 홀딩스"로 변경: Levine, *INSIDE OUT*, 110~111; Stewart, Ibid., 89; Stone, Ibid., 30.

128 2만 5000달러를 인출했다: Stewart, Ibid., 89.

129 레빈의 리먼 브라더스로 이직과 리먼에서의 웃음거리: Ibid., 89~90.

129 크립톤 공개매수 사건: Ibid., 91~92.

130 아들인 아담의 출생과 로이은행의 잔고: Stone, Ibid., 30.

130 리먼에서 소콜로우와의 재회와 정보 전달: Ibid., 31.

131 로이은행 뉴욕 지점 브로커에 대한 SEC의 조사: Ibid.

131 리먼에서의 직위에 대한 불만과 매니징 디렉터 탈락: Stewart, Ibid., 151~153.

132 헤드 헌터를 통해 3개의 투자은행에 접촉을 시도: Stone, Ibid., 32.

132 레빈이 드렉셀에 매니징 디렉터 자리를 얻어 이직: Stewart, Ibid., 154~155; Stone, Ibid.

132 레빈의 과소비 행태: Stewart, Ibid., 154~155; Stone, Ibid., 32. 스튜어트와 스톤이 소개하는 금액들이 다소 차이가 있다. 레빈이 구입한 파크 애비뉴의 집값에 대해 스튜어트는 50만 달러라고 했지만, 스톤은 85만 달러라고 쓰고 있다. 페라리 테라로사 가격도 스튜어트는 10만 5000달러, 스톤은 9만 달러(다운페이 3만 달러, 융자 6만 달러)로 쓰고 있다.

133 5월, R. J. 레이놀드가 나비스코를 인수한다는 엄청난 정보: Stewart, Ibid., 158.

134 1982년 8월, 바하마의 스위스 크레딧의 조치: Frantz, Ibid., 113; Stewart, Ibid., 93.

135 "데니스, 이제 다 끝났어": Stewart, Ibid., 94.

135 "게임은 쉬워. 정부는 바보들이야": Ibid.

135 그는 노바 스코티아 은행에 새로운 계좌를 열고 낫소에 있는 은행으로부터 8만 달러를 예치했다: Frantz, Ibid., 113; Stewart, Ibid.

135 레빈의 일란 라이치 변호사 유혹: Stewart, Ibid., 81~84.

136 1983년 여름, 레빈은 클레어비어 코퍼레이션을 대리해 HMW 인더스트리를 인수하는 작업을 진행과 라이치에 대한 로펌의 부정적인 평가: Stewart, Ibid, 142~145.

137 최고급 식당 클럽 21에서의 만찬: Ibid, 144.

137 1984년 봄과 여름, 라이치는 레빈에게 정보의 광산: Ibid.

137 워버그 핀커스가 SFN 컴퍼니를 인수: Ibid., 146~147.

138 "데니스, 그것은 잘못된 일이야": Ibid, 147.

138 라이치의 파트너 임명: Ibid, 148.

139 메릴린치 뉴욕 본사에 베네수엘라에서 온 투서 도착: Frantz, Ibid., 162; Levine, *INSIDE OUT*, 230.

140 투서가 국제부를 거쳐 컴플라이언스 부서의 책임자에게 전달, 투서 내용의 조사: Frantz, Ibid., 163~165; Levine, *INSIDE OUT*, 230~231; Stewart, Ibid., 269.

140 메릴린치의 컴플라이언스 인력과 즉시 조사 착수: Stewart, Ibid.

140 쥬빌라가가 캠벨에게 **8000달러를 보냈다는 사실도 발견했다:** Frantz, Ibid., 165; Levine, *INSIDE OUT*, 231; 스튜어트는 8000달러가 아니라 각각 4500달러와 839.39달러 수표가 캠벨의 CMA 계좌로 보내졌다고 쓰고 있다. Stewart, Ibid., 270.

140 **드루의 로이은행의 거래 내역 조사와 캠벨을 비롯한 관련자들의 주식거래 내용:** Frantz, Ibid., 165~166; Levine, *INSIDE OUT*, 232; Stewart, Ibid., 271.

141 **내부자거래 분야에서 최고의 전문가라 할 수 있는 로버트 로마노를 불렀다:** Frantz, Ibid., 166; Levine, *INSIDE OUT*, 232.

142 **호퍼와 쥬빌라가를 메릴린치 본사로 호출해서 거래 내역 조사:** Frantz, Ibid.

142 **드루와 로마노는 조사 내용을 SEC의 개리 린치에게 설명 및 이첩:** Ibid., 167~169.

142 **SEC의 쥬빌라가, 호퍼 및 캠벨의 소환과 조사:** Ibid., 169; Levine, *INSIDE OUT*, 232~233.

143 **1984년 8월 28일, SEC 조사관이 로이은행의 계좌 관리자인 마이어에게 직접 전화해서 자료 제공을 요청:** Frantz, Ibid, 173; Stewart, Ibid., 276.

143 **"우리 이제 똥 됐어":** Frantz, Ibid.

144 **9월 2일, 레빈이 낫소에 와서 대책 논의:** Frantz, Ibid., 176~177; Levine, *INSIDE OUT*, 234; Stewart, Ibid., 277.

144 **레빈이 로이은행을 대리할 변호사로 하비 피트를 추천:** Frantz, Ibid., 178; Levine, *INSIDE OUT*, 240; Stewart, Ibid., 278.

145 **로이은행은 SEC에 대한 대응을 위해 하비 피트에게 연락:** Frantz, Ibid., 181.

145 **피트와 라우치 변호사의 경력:** Ibid., 180~181.

145 **피트는 그가 자주 가는 뉴욕의 웨스트버리 호텔 라운지에서 프레스를 만났다:** Ibid., 181

146 **피트의 시간당 비용:** Ibid., 180~181.

146 **피트가 로이은행의 간부들을 만나기 위해 낫소에 왔을 때 호텔에서의 에피소드:** Ibid., 185~186.

146 **바하마 은행법에 근거해서 고객의 정보를 SEC에 제공할 수 없다는 입장:** Stewart, *Den of Thieves*, 280~281.

147 **피트와 로이은행의 수석 변호사인 쿨손과의 옴니버스 계좌에 관한 대화:** Frantz, Ibid., 246~247.

147 **로이은행 간부들이 자신에게 거짓말을 하고 있다고 생각한 피트의 고민과 SEC에 대한 갈등:** Ibid., 248.

147 **옴니버스 계좌의 구성 내용까지는 제출하겠다는 SEC와의 타협안:** Ibid., 247.

147 **"계좌 수가 적다면 문제가 안 될 것 같은데요?":** Ibid., 246.

148 **스위스 본사의 수석 변호사인 샤드의 도착과 내부 미팅:** Ibid, 249~250.

148 **"우리는 피트와 라우치에게 진실을 말해야 합니다":** Ibid. 251.

148 **피트와 라우치의 낫소 방문과 샤드와의 미팅:** Ibid., 251~252.

148 **피트와 라우치에게 SEC에게 모든 진실을 말해도 좋다는 샤드의 결정:** Ibid. 252.

149 **두 변호사는 이제 이 계좌에서 발생한 모든 일을 알게 됐다:** Ibid. 253~254.

150 **12월 12일, 오후 늦게 피트와 라우치는 다시 나소로 가서 샤드를 만나 여러 가지 옵션을 제시**

했다: Ibid., 255~56.

150 "만약 3개월 전에 이 사실을 알았더라면 더 좋은 대안이 가능했을 것입니다": Ibid., 256.

150 은폐 계획을 포기하겠다는 이러한 결정에 마이어는 흥분했다: Ibid., 256~257.

151 마이어가 두 변호사를 저녁 식사에 초대: Ibid., 257; Stewart, *Den of Thieves*, 284.

151 저녁 장소로 이동 중 마이어와 두 변호사 간의 대화: Frantz, Ibid., 258; Stewart, Ibid., 284~285.

151 마이어의 부인과의 식사와 향후 전개될 일에 대한 변호사의 설명: Franz, Ibid.

152 "당신들은 어떻게 나를 선임했지요?": Ibid., 259.

152 로이은행의 최종 선택과 SEC와의 딜을 위한 피트의 전화와 미팅: Ibid., 259~265.

153 12월 17일 오전 10시, 피트와 SEC의 린치, 변호사들과의 미팅: Stewart, Ibid., 286.

153 피트의 설명과 딜의 제안: Ibid., 286~287.

153 피트의 제안에 대한 SEC의 동의: Ibid., 287; Stone, "INSIDERS - The Story of Dennis Levine and the Scandal That's Rocking Wall Street," 34.

154 "걱정하지 마세요. 여러분들은 곧 고래를 잡게 될 것입니다": Stewart, Ibid., 288.

154 피트의 뉴욕 남부지점 방문과 딜의 제안: Ibid., 290~291.

155 바하마 당국의 미스터 X의 신원 공개 여부와 은행 간부의 면책 여부: Ibid., 291.

155 미국 측의 바하마 검찰총장 폴 애딜리 설득: Stone, Ibid., 34.

155 증권 거래는 은행 거래가 아니라는 SEC 린치의 주장: Stewart, Ibid., 293.

155 이틀 후, 그는 로이은행이 미스터 X의 신원을 공개하더라도 은행법 위반으로 기소하지 않겠다는 문서를 로이은행에 보내왔다: Penn, Bahamas Official Suggests He May Waive Bank Secrecy Law Again in Insider Cases, *Wall St. J.*, May 28, 1986.

155 "모비 딕은 드렉셀의 데니스 레빈입니다": Stewart, Ibid., 294.

156 1985년 5월 1일, 레빈의 로이은행 방문과 SEC에게 자신의 정보를 제공할 수 없다는 레빈의 주장: Stone, Ibid., 47.

156 레빈의 "오 마이 갓!" 외마디 비명: Ibid., 47.

157 레빈이 계좌에 있는 돈 1,000만 달러의 이체 요청과 SEC의 자산 동결 조치: Stone, Ibid., 34.

157 레빈의 체포와 아서 리만의 정부와의 화해 권고: Ibid.

157 레빈의 유죄 인정과 형량의 감경, 재산에 대한 압류 조치: Stewart, Ibid., 312; Stone, Ibid.

157 레빈은 로이은행의 계좌를 포함하여 1150만 달러의 자산을 포기했고, 드렉셀에 있는 그의 주식, 페라리, 그의 연금까지 포기했다: *SEC v. Levine*, [1986- 1987 Transfer Binder] Fed. Sec. L. rep. (CCH) 92,761.

159 윌키스와 소코로우에 대한 선고: Sam Jaffa, *Great Financial Scandals* (Robson Books, 1998), 156; Stewart, Ibid., 312, 314

159 일란 라이치에 대한 선고: Stewart, Ibid., 312

159 며칠 후 고객과의 미팅을 위해 로스앤젤레스를 방문했다: Ibid., 303~304.

163 **보스키의 집안과 대학 경력:** Daniel R. Fischel, *Payback: The Conspiracy to Destroy Michael Milken and His Financial Revolution* (HarperBusiness, 1995), 103; James Stewart, *Den of Thieves* (A Touchstone Book, 1991), 40~42; Mark Stevens, *The INSIDERS: The Truths Behind the Scandal Rocking Wall Street* (G.P. Putnam's Sons, 1987), 100.

163 **시마 실버스타인과의 만남과 결혼:** Sam Jaffa, *Great Financial Scandals* (Robson Books, 1998), 145; Stevens, Ibid.

164 **보스키의 월가에서의 초기 실패:** Fischel, Ibid., 103; Jaffa, Ibid., 146; Stewart, Ibid., 42~43.

165 **1945년 4월 1일, 이반 보스키 앤 컴퍼니 설립:** Fischel, Ibid., 104; Stevens, Ibid., 112~113; Stewart, Ibid., 43.

165 **보스키의 아침 7시 출근 등 워커홀릭과 회사의 놀라운 성공:** Fischel, Ibid., 104; Jaffa, Ibid., 147; Stewart, Ibid., 43~44.

165 **1981년, 이반 보스키 코포레이션의 설립:** Fischel, Ibid., 104.

165 **차익거래 규모와 빈도의 급증과 성공:** Ibid.

166 **"보스키의 경쟁자들은 그의 완벽한 거래 타이밍에 대해 불안하다고 속삭인다(Boesky's competitors whisper darkly about his omniscient timing)":** Fischel, Ibid., 104; Stewart, Ibid., 173.

166 **보스키의 재산, 뉴욕 마운트 키스코 저택의 설명:** Fischel, Ibid; 104; Stewart, Ibid., 38.

166 **현대의 로스차일드가 되길 희망했다:** Jesse Kornbluth, *HIGHLY CONFIDENT: The Crime and Punishment of Michael Milken* (William Morrow & Company, 1992), 70; Stewart, Ibid., 234.

167 **6억 6000만 달러는 밀켄이 정크본드를 통해 조달하기로 했다:** Kornbluth, Ibid., 15.

167 **1986년 3월 1일, 보스키는 이 꿈을 달성한다:** Stewart, Ibid., 234.

167 **하버드 클럽의 멤버십:** Ibid., 109~110.

167 **많은 기부 활동과 여러 기금들의 수탁인이 됨:** Fischel, Ibid., 104~105.

167 **보스키의 저서 『머저매니아(Mergermania)』:** Ibid., 105.

168 **『머저매니아』의 발간을 둘러싼 이야기:** Stewart, Ibid., 226~227.

169 **1986년 5월 18일, UC 버클리 경영대학원 졸업식 연설:** Fischel, Ibid., 105; Stewart, Ibid., 261.

169 **"탐욕은 항상 정당합니다":** Fischel, Ibid; Stewart, Ibid.

170 **레빈의 체포와 보스키에게 다가오는 위험:** Fischel, Ibid., 105.

171 **보스키의 범죄의 핵심은 맨해튼 사무실 책상 위에 놓여있는 전화:** (Bruck은 그녀의 저서에서 160개 회선이라고 적고 있다). Bruck, Ibid., 319; Jaffa, Ibid., 144; Stevens, Ibid., 123.

172 **정보 제공자에 대한 보스키의 답례 방식:** Jaffa, Ibid., 145.

173 **1985년 초 두 사람은 정보 제공과 대가 지급이라는 밀약을 맺게 된다:** Stevens, Ibid., 125.

173 **보스키는 레빈이 제공한 정보를 이용하여 4백만 달러를 벌었고, 레빈 또한 269만 달러를 벌었다:** Ibid., 125, 197.

173 인터노스가 휴스턴 내추럴 가스(HNG)에 대한 인수 정보: Ibid.

173 보스키가 돈을 잃은 경우와 레닌과의 밀약 중 페널티 조항: Ibid., 110.

173 보스키가 레빈에 접근, 정보 제공의 요청과 보상의 제안: Dennis Levine, "The INSIDE," *New York*, Sep. 16, 1991, 47; Fischel, Ibid., 105; 레빈은 자서전에서 하버드 클럽에서 보스키의 제안을 처음에 거절했다고 했지만, 스튜어트의 책은 레빈이 여러 의도에서 보스키에게 먼저 접근했고, 따라서 보스키가 하버드 클럽에서 정보 제공에 대한 보상 조건을 이야기했을 때 이를 수락했다고 쓰고 있다. Stewart, Ibid, 159.

173 보스키가 제안한 이익 배분 조건: 스튜어트는 5%와 1% 조건으로 설명한 반면, 피셀 교수는 5%와 3% 조건이라고 설명했다. Fischel, Ibid, 105; Stewart, Ibid., 159.

174 레빈의 보스키에 대한 정보의 제공과 보스키의 이익 규모: Fischel, Ibid., 109.

174 시겔은 그의 부인과 함께 낭비벽이 너무 심했고, 수입이 적은 편은 아니었지만 항상 돈에 쪼들렸다: Kornbluth, Ibid., 104.

175 1983년 1월, 시겔은 다이아몬드 샴록이 나토마스를 기업 인수를 검토하고 있다는 정보 제공: Stewart, Ibid., 164~65.

175 80만주를 매수했던 보스키는 이 거래에서 480만 달러를 벌었다: Ibid., 165.

175 게티 오일에 대한 정보 제공: Ibid.

175 1983년 12월, 25만 달러의 전달: Ibid., 167.

176 걸프 오일에 대한 공개매수: Ibid., 168~69.

176 1984년 봄, 카네이션(Carnation Co)은 지분을 대량으로 매각하기 위해 키더 피바디를 고용: Ibid., 170~71.

177 보스키의 놀라운 연승 행진: Ibid., 171.

177 1984년 여름 《포춘》의 기사: Idid., 172~73.

177 "보스키의 경쟁자들은 그의 절묘한 거래 타이밍에 대해 불안하게 속삭인다: Ibid., 173.

177 "당신이 보스키와 너무 친하다는 소문이 돌고 있으니 조심하라": Idid., 175.

178 코니 부룩의 시겔에 대한 기사 예고와 키더 피바디의 저항: Ibid., 176.

178 이미 오래전에 키더 피바디의 시겔이 보스키에게 정보를 전달한다는 소문이 돌았는데: Bruck, Ibid., 319.

178 "키더 피바디에 근무하는 보스키의 부사장": Kornbluth, Ibid., 109.

178 시겔의 코네티컷 해안가에 있는 저택을 둘러싼 루머: Ibid.

178 1984년 시겔의 실적은 아주 좋지 않았다: Stewart, Ibid., 176.

179 1985년 1월, 시겔은 보스키에게 40만 달러를 요구했고, 전달 방법에 대한 논쟁: Ibid., 176~77.

179 시겔은 약속한 날 일찍 공중전화 박스 앞에 도착했다: Ibid., 177.

180 시겔과 보스키의 대화: Ibid.

180 "나를 더 이상 사랑하지 않는 거야?": Ibid., 178.

181 레빈이 SEC와 연방 검찰에 보스키와의 밀약과 정보 제공에 대해서 폭로: Fischel, Ibid., 105.

181 SEC가 보스키에게 소환장을 보내고, 보스키는 하비 피트를 변호사로 고용: Ibid., 106.

181 보스키를 살리기 위한 피트의 카드로서 드렉셀 번햄과 마이클 밀켄: Ibid., 106.

182 보스키를 살릴 수 있는 방안: Stewart, Ibid., 323.

182 보스키에게 정부와 협상하는 것이 최선이라는 피트의 자문: Ibid., 324.

182 보스키의 3개의 질문: Fischel, Ibid., 106; Jaffa, Ibid., 158~159; Stewart, Ibid., 324~325.

183 피트의 SEC 개리 린치의 접촉: Jaffa, Ibid., 158.

183 보스턴에서의 긴급 회동: Stewart, Ibid., 325.

184 카버리, 린치와 피트의 회동, 카버리와 줄리아니의 대화: Ibid., 326~327.

184 보스키에게 판사 선택권 부여 및 《월스트리트 저널》이 보스키의 불법이익 중 레빈의 정보 제공으로 인한 이익이 2억 달러라고 발표: Fischel, Ibid., 109.

185 보스키에게 지나친 특례를 베푼 배경에 대한 정부의 변명: Ibid., 109~110.

185 라스커 판사가 보스키에게 3년 징역형 선고: Ibid., 110.

185 1986년 10월 중순, 밀켄을 만나기 위해 보스키의 로스앤젤레스 방문 및 밀켄과의 대화 녹음: Jaffa, Ibid., 160; Kornbluth, Ibid., 20.

186 비밀리에 진행된 보스키 변호사들과 SEC 및 법무부 사이의 협상: Jaffa, Ibid, 159; Stewart, Ibid., 327.

187 피트는 결정적인 패를 가지고 있었다: Stewart, Ibid., 329.

187 보스키가 정보를 제공할 인물들의 명단: Ibid., 329~330.

188 보스키의 증언: Ibid., 332.

188 11월 14일, 일군의 변호사들이 보스키의 사무실로 모였고, 보스키는 직원들 앞에서 성명서를 발표: Kornbluth, Ibid., 160~161; Stewart, Ibid., 339.

189 보스키의 성명서 내용: Kornbluth, Ibid., 161; Stewart, Ibid., 339.

189 "SEC, 이반 보스키의 내부자거래 혐의 고발" 보도: Kornbluth, Ibid., 161; Stewart, Ibid., 340.

190 첫 번째 승리는 레빈을 잡은 것이고, 두 번째 승리는 보스키를 잡은 것이다: Kornbluth, Ibid., 141.

190 보스키의 범죄 사실 발표에 따른 언론의 비난: Stewart, Ibid., 344.

190 《워싱턴 포스트》의 11월 21일자 보도: Ibid., 345.

190 정부가 보스키에게 정부와의 딜을 공개하기 전에 보유 주식을 비밀리에 매도할 수 있도록 허용한 조치와 일반 대중의 분노: Fischel, Ibid., 108; Kornbluth, Ibid., 19.

191 《워싱턴 포스트》의 11월 24일자 보도: Stewart, Ibid., 346.

191 연방 의회는 SEC 위원장과 린치를 청문회에 소환해서 조사까지 했다: Kornbluth, Ibid., 139.

191 "그것은 SEC의 결정이었다": 스튜어트는 그러한 결정은 SEC의 결정이라고 쓰고 있다. SEC는 보스키의 혐의 발표와 함께 보스키가 보유 주식을 대량으로 매각하면 시장이 붕괴될까 우려했고, 시장의 충격을 막기 위해 그러한 조치를 취했다고 쓰고 있다. Stewart, *Den of Thieves*, 332; 그러나 피셀 교수는 뉴욕 남부지검의 출처아니 검사장의 결정이었다고 주장한다.

191 보스키의 유죄 인정은 보스키와 밀켄이 주도했던 한 시대가 끝났다는 것을 상징: Kornbluth, Ibid., 162.

195 **사람들은 그의 이름 앞에 '왕'이란 호칭을 붙이는 데 망설임이 없었다:** Fenton Bailey, *Fall from Grace: The Untold Story of Michael Milken* (A Birch Lane Press Book, 1992), 3; Connie Bruck, *Predator's Ball: Inside Story of DREXEL BURNHAM and the Rise of the Junk Bond Raiders* (Penguin Group, 1989), 10, 359; James Stewart, *Den of Thieves* (Touchstone Book, 1991), 249.

195 **밀켄을 가리켜 J.P. 모건 이후 미국 금융의 역사에서 가장 강력한 인물:** Bruck, Ibid., 270.

197 **밀켄의 허락 없이는 오줌도 못 싸는 잔챙이:** 이 말은 보스키 회사의 최고운영책임자인 콘웨이가 밀켄의 허락 없이는 아무것도 못하는 보스키의 무능을 비난하면서 한 말이다. Stewart, Ibid., 235.

197 **밀켄의 성장 과정, 와튼 시절, 힉만의 논문과 저등급 채권에 대한 관심:** http://en.wikipedia. org/wiki/Michael_Milken; Bailey, Idid., 17; Benjamin J. Stein, *A License to Steal: The Untold Story of Michael Milken and the Conspiracy to Bilk the Nation* (Simon & Schuster, 1992), 20, 28~35; Bruck, Idid., 24; Jesse Kornbluth, *HIGHLY CONFIDENT: The Crime and Punishment of Michael Milken* (William Morrow & Company, 1992), 35~37, 40; Stewart, Ibid., 51~52; Sam Jaffa, *Great Financial Scandals* (Robson Books, 1998), 150~151.

197 **힉만의 논문 〈회사채의 가치와 투자자의 경험〉":** Bruck, Ibid., 11.

198 **와튼 스쿨의 진학과 드렉셀의 입사:** Stewart, Ibid., 52~53.

198 **1970년대 초, 매일 새벽 5시 30분:** Bruck, Ibid., 23; 밀켄이 그 먼 거리를 매일 통근한 이유에 대해 부인 로리는 맨해튼의 아파트가 너무 비싸 대안이 없었다고 했다. Kornbluth, Ibid., 46.

198 **밀켄은 그런 일이 없었다고 부정했다:** Beiley, Ibid., 24. 그러나 밀켄에게 우호적인 Jesse Kornbluth 역시 그의 저서에서 밀켄이 헤드램프가 붙은 모자를 사용한 적이 없었다고 밝히고 있다. Kornbluth, Ibid., 46.

199 **밀켄이 새로운 비밀을 만들어 낸 것은 아니다:** Stewart, Ibid., 53.

199 **1990년과 1943년 기간 동안 회사채 실적에 대한 힉만의 분석 결과:** Bailey, Ibid., 25; Bruck, Ibid., 28; Jaffa, Ibid., 151; Stewart, Ibid., 53.

199 **힉만 종교의 열심 당원이 된 밀켄:** Stewart, Ibid., 53~54.

200 **채권 평가 기관인 무디스와 S&P:** Bailey, Ibid., 24~25; Jaffa, Ibid., 150; Stewart, Ibid., 51.

200 **AT&T나 IBM 같은 정상급의 블루칩 회사들:** Stewart, Ibid., 51.

200 **1970년대 중반에 낮은 등급 또는 전혀 등급을 받지 못하는 회사들:** Ibid.

201 **"타락한 천사":** Ibid.

201 **든든한 후원자들의 등장과 밀켄의 성공:** Ibid., 54.

201 **리만 브러더스가 고수익-고위험 채권을 거래:** Jaffa, Ibid., 152; Stewart, Ibid., 55.

202 **그는 놀라운 기억력을 가지고 있었다:** Bruck, Ibid., 309; Stewart, Ibid.

202 **약 150건의 딜을 동시에 진행하면서도 특정 회사의 CEO 고양이 이름까지 기억:** Bruck, Ibid.,

55~56.

202 **밀켄은 한 해 동안 100%의 수익인 2백만 달러를**: Bruck, Ibid., 31~32; Stewart, Ibid., 55.

202 **텍사스 인터내셔널의 자금 조달을 위해 정크본드를 통한 직접 발행**: Jaffa, Ibid., 512~153; Stewart, Ibid., 55.

203 **드렉셀은 14건의 발행을 주관하면서 4억 3950만 달러어치의 정크볼드를 팔았다**: Bruck, Ibid., 48; Kornbluth, Ibid., 49.

203 **체리 힐에서 버스를 타고 출발한 그의 긴 여정**: Bruck, Ibid., 356.

203 **드렉셀이 주최한 콘퍼런스에 대한 설명**: Stewart, Ibid., 135~136.

204 **"우리는 적대적 기업 인수를 재정적으로 지원하는 여러 방법을 개발하고 있습니다"**: Stewart, Ibid., 137; 베일리는 적대적 기업 인수에 정크본드가 활용되는 전략에 대해 밀켄은 부정적이었다고 증언하고 있는데, 이 부분은 불확실하다.

205 **"우리는 역사상 최초로 모든 사람에게 기회를 제공하게 됐습니다"**: Stewart, Ibid., 137.

205 **드렉셀 콘퍼런스에 매춘부 동원 비난**: Bruck, Ibid., 15.

205 **방갈로 8번지에서의 미팅**: Kornbluth, Ibid., 60; Stewart, Ibid., 137~138.

206 **골드만삭스, 모건스탠리, 메릴린치, 리먼 그리고 퍼스트 보스턴의 움직임**: Stewart, Ibid., 245.

206 **밀켄이 발행한 "의향서"의 파워와 효과**: http://en.wikipedia.org/wiki/Michael_Milken.

206 **드렉셀과 밀켄의 성공과 질주는 1986년 가을에 절정에 달했다**: Bruck, Ibid., 247.

206 **많은 언론에서 밀켄의 성공을 추겨 세웠다**: Bruck, Ibid., 270.

206 **"한 사람에 의한 혁명"**: Stein, *A License to Steal*, 24~25.

208 **기존 투자은행들에 대한 밀켄의 공격적 행동**: Stewart, Ibid., 245.

208 **드렉셀과 밀켄은 시장 점유물 100%를 목표**: Bruck, Ibid., 245.

210 **밀켄의 화려한 방어팀 구축과 윌리암스의 경력**: Stewart, Ibid., 364~365.

210 **아서 리먼의 경력**: Ibid., 365.

210 **드렉셀과 밀켄에 대한 연방 정부의 정보 유출 및 언론의 공세 부분**: Fischel, *Payback: The Conspiracy to Destroy Michael Milken and His Financial Revolution*, 128.

210 **《월스트리트 저널》이 월스트리트 기업인 드렉셀에 대한 비판적 보도**: Fischel, Ibid., 130.

211 **드렉셀의 1987년도의 수익 급감**: Ibid., 130.

211 **존 딩겔 하원의원의 의회 청문회 개최와 드렉셀에 대한 비난**: Ibid.

211 **피셀 교수의 코니 브룩의 책에 대한 비판**: Ibid., 131.

212 **드렉셀의 콘퍼런스에 대한 브룩의 비난과 대중적 효과**: Ibid., 131~132.

212 **SEC의 《월스트리트 저널》을 통한 정보 유출에 대한 피셀 교수의 비판**: Ibid., 132.

212 **1988년 9월, SEC가 드렉셀과 밀켄을 대상으로 184 페이지의 소장을 제출**: Ibid.

213 **1930년대 증권법의 제정 이후 가장 광범위한 증권법 위반**: Bruck, Ibid., 360.

213 **밀켄과 보스키 사이의 비밀 협약에 대한 SEC의 핵심 주장**: Fischel, Ibid., 133~134.

213 **'주식 파킹' 이상의 혐의를 주장하려면**: Ibid., 134.

213 **530만 달러가 정상적으로 지불된 돈이라면 왜 세부 내역이 없냐고 주장**: Kornbluth, Ibid., 15.

214 포스너의 피시바흐 거래와 정지 협약: 김성환, 『정크본드에서 헤지펀드까지』(자음과 모음, 1999), 45쪽; Stewart, Ibid., 121.

214 보스키가 피시바흐 주식을 거래한 이유: 김성환, 같은 책, 46쪽; Stewart, Ibid., 123~125.

214 밀켄은 보스키의 주장을 부정했다: Kornbluth, Ibid., 73~74.

215 보스키는 거짓말을 상습적으로 하는 인물로 유명했다: Ibid., 69.

215 피시바흐 거래는 투자자에게 전혀 해를 입히지 않았다는 견해: Fischel, Ibid., 134~135.

215 만약 벌을 준다면 15달러의 티켓이면 적절하다: Kornbluth, Ibid., 15~16.

216 옥시덴탈 페트롤레움과 다이아몬드 샴록과의 합병에 관한 내부자거래 혐의: Stewart, Ibid., 136.

216 두 회사가 1:1로 주식을 서로 교환할 예정: Ibid., 212. 스튜어트는 밀켄이 보스키에게 이 정보를 제공하면서 보스키가 거래하는 물량의 반을 밀켄의 포지션으로 한다는 밀약이 있었다고 주장한다.

216 밀켄은 말도 안 되는 억지라고 반박했다: Kornbluth, Ibid., 77.

216 다이아몬드 샴록 이사회의 합병안 거부: Ibid.

217 "SEC 역사상 중요한 월스트리트 회사에 대한 가장 광범위한 증권사기 사건": Fischel, Ibid., 136.

217 "기대했던 것보다 강경하다": Ibid.

217 드렉셀을 RICO로 기소하는 방안을 검토한 줄리아니: Ibid., 136~137.

218 드렉셀과 밀켄에 대한 회사 직원들의 반대 증언: Ibid., 137.

219 줄리아니의 드렉셀에 대한 RICO에 의한 기소 여부 선택 강요: Ibid.

219 줄리아니와 어떠한 거래도 하지 않겠다는 조지프의 결정: Bailey, Ibid., 197; Fischel, Ibid., 137~138.

219 줄리아니의 최후통첩과 조지프의 굴복: Bailey, Ibid; Fischel, Ibid., 138.

219 드렉셀의 항복 조건: Fischel, Ibid.

219 밀켄이 1988년 받기로 한 보너스의 지급 금지의 부당성: Ibid., 139.

220 드렉셀이 밀켄을 해고하고 그에 대한 정부의 형사 조사에 협조하겠다는 동의는 모욕적인 것: Ibid.

220 정부는 드렉셀이 결코 마음을 바꾸어 옛날로 돌아가지 못하도록 여러 가지 조치를 확실하게 취했다: Bailey, Ibid., 198~199; Fischel, Ibid., 140; Stewart, Ibid., 497.

221 조지프의 크리스마스이브의 항복은 드렉셀 종말의 시작: Fischel, Ibid.

221 드렉셀의 법률 비용: Bailey, Ibid., 175.

221 드렉셀이 재판에 갔을 경우의 승산: Fischel, Ibid., 141.

222 정부의 조사와 재판으로 인한 고통과 비용을 최소화하기 위한 유죄 인정의 불가피성: Ibid.

222 조지프의 결정에 대한 피셀 교수와 베일리의 비난: Bailey, Ibid., 200; Fischel, Ibid., 141~142.

222 어떻게 조지프가 CEO 자리의 유지는 물론 어떠한 책임도 지지 않고 살아남을 수 있었는지: Bailey, Ibid., 199.

223 1988년 12월 드렉셀의 KKR의 RJR 나비스코 인수의 주간사를 맡으며 1988년 실적은 믿을 수

없을 만큼의 좋은 실적을 보임: Fischel, Ibid., 142.

224 드렉셀의 유죄 인정과 시장에서의 신뢰 추락: Ibid.

224 "드렉셀은 이제 방사능을 맞아버렸다": Ibid., 143.

224 에커만의 페트롤레움 건에서의 실패와 4300만 달러의 손해: Ibid; 밀켄의 후임자들에 의한 대규모 거래 실패에 대한 상세한 내용은 Stewart, Ibid., 498~499.

224 에커만의 이어진 LBO 거래에서의 실패: Fischel, Ibid.

225 고수익 채권시장의 구조와 환경 변화로 인한 수익의 악화: Ibid., 146.

225 1989년은 드렉셀에게 재앙의 해: Bailey, Ibid., 227; Fischel, Ibid., 146; Stewart, Ibid., 499~500.

225 인터그레이티드 리소시스의 절박한 상황과 밀켄 부재의 영향: Bailey, Ibid., 232; Fischel, Ibid., 44~145; Stewart, Ibid., 500.

225 드렉셀 자신이 위태로운 상황으로 몰리고 있었다: Fischel, Ibid., 146.

225 1989년 9월, 드렉셀을 매각하기 위한 월가의 주요 회사들과 접촉: Stewart, Ibid., 504~505.

226 월가에 더 이상 드렉셀의 친구는 없었다: Stewart, Ibid., 505.

226 1986년 가을, 월가의 투자은행들은 보스키가 유죄 인정을 한 후부터 드렉셀의 고객들을 사냥하고 있었다: Bruck, Ibid., 334.

226 뉴욕증권거래소의 존 펠란 이사장이 드렉셀에게 제재금 부과 예정 통보: Fischel, Ibid., 146~147.

226 "나는 빛을 보고 있다. 최악은 우리 뒤에 있다": Ibid., 147.

227 조지프의 전면적인 드렉셀 구조 개편 계획: Ibid., 148.

227 누구도 드렉셀에게 우호적인 조치가 될 수 있는 어떤 행동도 거부: Stewart, Ibid., 506.

227 2월 12일 월요일 미팅과 은행들의 드렉셀에 대한 구제 금융 지원 거부: Fischel, Ibid., 148~149.

228 연방 정부는 이미 드렉셀을 죽이기로 합의한 상태였다: Stewart, Ibid., 507.

228 화요일, 새벽 1시 30분의 콘퍼런스 콜: Fischel, Ibid., 149; Stewart, Ibid.

228 조지프는 급하게 새벽 6시에 이사회를 열었다: Stewart, Ibid.

228 2월 13일 화요일 오후 11시 15분, 드렉셀은 파산을 신고했다: Fischel, Ibid., 149; Stewart, Ibid.

228 재무장관인 닉 브래디와 드렉셀과의 악연: Stewart, Ibid.

228 정부와의 딜은 회사의 목숨을 3년간 연장: Ibid.

229 "정크본드를 옹호했고 월가에서 기업 인수 열풍을 주도했던": Fischel, Ibid., 150.

229 "드렉셀의 붕괴는 돈에 미쳤던 적대적 기업 인수 시대, 호화로운 삶, 그리고 부채에 대한 주의를 기울이지 않았던 탐욕의 끝을 의미한다": Ibid.

230 1988년 9월 법무부는 밀켄을 98개 죄목으로 기소, 밀켄의 유죄 인정과 판결: Bailey, Ibid., 202; Fischel, Ibid., 157.

231 "정말 밀켄은 유죄인가?": Fischel, Ibid.

231 그의 성공은 금융 세계의 안이나 밖이나: Ibid., 158.

231 그의 행동이 범죄에 해당한다는 정부의 주장: Ibid.

232 공소장에 나와 있는 밀켄의 충격적인 보수 규모: Ibid.

232 SEC 한 해 예산이 1억 3700만 달러: Bailey, Ibid., 203.

232 "밀켄에 대한 기소는 월가에서 힘 꽤나 쓰는 자들을 망연자실하게 만들었는데, 그 이유는 법적인 문제 때문이 아니라 그가 받은 보수 때문이었다": Fischel, Ibid., 158.

233 밀켄은 무죄를 주장하고 싸우려 했지만, 1년 만에 유죄 인정: Ibid., 160.

233 리사 존스와 프린스톤/뉴포트 사건에서 연방 검찰의 승리: Ibid.

233 밀켄이 S&L 위기의 주범으로 몰려 또다시 기소될 위험성: Ibid., 160~161.

234 정부의 밀켄에 대한 새로운 기소 보도와 정부가 제시한 딜의 조건: Ibid., 161~162.

234 로웰의 면책 조건과 함께 밀켄에게 요구된 6개 죄목에 대한 인정: Ibid., 162.

235 밀켄의 첫 번째부터 다섯 번째까지의 죄목의 내용과 유죄 인정: Ibid., 163.

235 밀켄의 여섯 번째 죄목의 내용: Fischel, Ibid; Stewart, Ibid., 511~512.

235 밀켄에 대한 재판의 시작: Fischel, Ibid., 164.

235 방청석에서 웃음이 터져 나왔다: Kornbluth, Ibid., 301.

236 "이 조사와 절차는 4년 동안 진행됐습니다": Fischel, Ibid; Kornbluth, Ibid.

236 "나는 진심으로 미안하게 생각하며": Fischel, Ibid; Kornbluth, Ibid.

236 "유죄입니다": Fischel, Ibid.

236 "밀켄은 중소기업의 자금 조달을 위해 헌신했으며, 그에 대한 기소는 잘못된 것이라는 주장들이 있었습니다": Ibid.

237 브리든의 기자회견과 밀켄에 대한 비난: Ibid., 165; Kornbluth, Ibid., 302.

237 밀켄 측과 연방 정부와의 합의를 위반하는 말: Kornbluth, Ibid.

237 딩겔 하원의원이 드렉셀 파트너들의 수입을 비난하는 보도자료: Fischel, Ibid., 181.

237 《월스트리트 저널》의 "정크 왕의 유산" 보도: Ibid.

238 "탐욕의 시대"의 희생양: Ibid., 182.

238 우드 판사의 밀켄에 대한 징역형 10년 선고: Ibid; Stewart, Ibid., 517~518.

238 밀켄의 변호사들은 4년 정도를 예상하고 있었다: Kornbluth, Ibid., 335.

238 밀켄의 기절과 로리의 비명: Bailey, Ibid., 12; Kornbluth, Ibid., 336; Stewart, Ibid., 518.

238 밀켄에 대한 이러한 중형 선고는 충격적이었고, 그의 유죄 인정이 과연 올바른 선택이었는지 생각하게 했다: Fischel, Ibid., 182~183.

239 우드 판사의 선고는 밀켄이 보스키보다 3배나 더 나쁜 놈: Kornbluth, Ibid., 337.

239 1991년 3월 3일, 캘리포니아의 플리산톤 교도소에서 그의 10년 징역형을 시작: 밀켄은 의료시설이 좋은 집 근처의 네바다 교도소를 희망했고, 우드 판사 역시 연방 교정국에 이를 요청했지만 법무부는 이를 거부했다. Kornbluth, Ibid., 339.

239 연방 제2항소법원은 뮬헤렌, 셔윈, 프린스톤/뉴포트의 피고인들에 대한 무죄 판결과 밀켄의 유죄 인정에 대한 후회: Fischel, Ibid., 183.

239 스튜어트의 책 『도둑들의 소굴』의 출간과 밀켄의 범죄에 대한 비판과 내용: Bailey, Ibid., 258;

Fischel, Ibid.

239 그는 이야기는 거의 대부분 보스키의 주장에 터 잡고 있었다: Kornbluth, Ibid., 355.

240 "금융의 역사에서 가장 거대한 범죄 음모": Ibid.

240 피셸 교수의 『도둑들의 소굴』의 내용에 대한 비판: Fischel, Ibid., 184.

240 "스튜어트는 밀켄이 제2차 세계대전에 대해서도 책임이 있다고 주장하는 것으로 보인다": Kornbluth, Ibid., 356.

241 밀켄의 법정 증언: Fischel, Ibid., 185.

241 밀켄의 증언에 대한 정부 측의 비난: Ibid., 185~186.

241 "상당한 협력": Ibid., 188.

241 우드 판사의 파격적인 감형의 실질적인 이유: Ibid.

242 밀켄의 벌금 납부와 "법적 강탈": Ibid.

242 밀켄은 감옥에서 나오자마자 전립선암에 걸렸다고 발표했다: Ibid., 189.

242 밀켄이 가벼운 형벌을 취른 것이 아니라는 지적: Ibid.

243 밀켄 재판의 심각한 문제점 비판: Ibid.

243 "약탈적인 검사들의 무도회": Bailey, Ibid., 244.

제7장 연방대법원, 루비콘강을 건너다

247 **1988년 여름, 그랜드 메트로폴리탄은 필스버리를 인수하기 위해 크래바스 스웨인 앤 무어를 고용했고, 크래바스는 다시 미니애폴리스의 지역 로펌인 D&W를 고용:** Christopher J. Bebel, "A Detailed Analysis of *United States v. O'Hagan*: Onward Through the Evolution of the Federal Securities law," Louisiana Law Review, Vol 59 No. 1 (Fall 1998), 8.

248 그랜트 메트로폴리탄을 대리함에서 있어서 이해 상충 문제가 발생하는지 여부에 대한 팅크햄과 오헤이건의 대화: Bebel, Ibid., 8~9.

248 오헤이건이 고객 돈을 횡령하여 심적으로 쫓기고 있는 상황: Ibid., 8.

248 **1988년 8월 18일부터 시작된 오헤이건의 필스버리 옵션에 대한 거래 상황:** Ibid., 9.

248 오헤이건이 옵션의 추가매수를 위한 자금을 위해 은행에서 **20만 달러** 융자를 받음: Ibid., 10.

248 그랜드 메트의 공개매수 지연과 이로 인해 오헤이건이 매수한 9월물 거래에서 손해 발생, 계속된 오헤이건의 10월물 및 11월물 옵션 매수: Ibid.

249 **1988년 10월 4일, 그랜드 메트의 공개매수 선언과 필스버리 주가의 급등, 오헤이건의 430만 달러 이익:** Bebel, Ibid., 13; Rachel Goldstein, Insider Trading and *United States v. O'Hagan*: The Supreme Court Reinstates Securities Fraud Convictions Based on the Misappropriation Theory, Chapman Law Review [Vol. 1:119, 1998] 125~26.

250 **SEC의 질문에 대해 오헤이건의 준비되지 않은 답변과 대응 실수:** Bebel, Ibid., 14.

251 오헤이건의 평소 활발한 주식 투자 활동과 증권브로커인 에반스가 오헤이건에게 필스버리에 대

한 기업 인수 루머가 돌고 있으니 필스버리 주식을 매입하라는 권유: Ibid., 15.

251 《월스트리트 저널》 등 주요 언론에서 필스버리 인수에 대한 루머 보도 내용: Ibid.

252 오헤이건의 증권 브로커인 콘시디엔스가 오헤이건에게 필스버리 인수 관련 유럽 기관투자자의 대량매수 정보 제공: Ibid.

252 1988년 8월 19일, 또 다른 증권 브로커인 킨내한이 오헤이건에게 필스버리 주식의 매수를 권유와 매수 주문 상황: Ibid., 15~16.

253 오헤이건이 D&W의 다른 변호사와의 대화 속에서 공개매수 정보를 알게 된 경우: Goldstein, Ibid., 120.

253 그랜트 메트의 필스버리 공개매수 발표가 늦어진 배경: Bebel, Ibid., 17~19.

254 오헤이건의 증권 브로커인 에반스와 그의 투자권유를 따랐던 여러 사람들이 필스버리 투자에서 상당한 돈을 벌었지만, 연방 검찰은 오직 오헤이건 한 사람만을 내부자거래 혐의로 기소: Bebel, Ibid., 19~20.

255 제1심은 오헤이건의 주장을 배척하고 57개 항목 모두에 대해 유죄 인정: Goldstein, Ibid., 126.

255 항소법원은 신인의무 이론의 입장을 따라 오헤이건의 거래는 내부자거래가 아니라고 하급법원의 판결을 뒤엎었다: *United States v. O'Hagan*, 92 F.3d 612 (8th Cir. 1996).

255 부정 유용 이론에 따른다면 오헤이건은 그랜드 메트와 주주들에 대해 간접적으로 알게 된 미공개 정보에 대해 신인의무를 부담: Goldstein, Ibid., 133.

257 연방대법원의 구두변론에서 렌퀴스트 대법원장의 질문과 법무부를 대변하는 송무차관 마이클 드리번의 답변: Fair To All People: The SEC and the Regulation of Insider Trading, Power of SEC Resilience, *United States v. O'Hagan*, www.sechistorical.org.

258 오헤이건의 변호사인 프렌치의 반론: Ibid.

256 "구체적인 부실표시나 불공시가 없었다면 SEC Rule 10b-5의 책임을 부과할 수 없[기]": *United States v. O'Hagan*, 92 F.3d 612, 618 (8th Cir. 1996).

258 연방대법원이 오헤이건의 내부자거래 책임을 인정한 이유는 다음과 같다: *United States v. O'Hagan*, 117 S. Ct. 2199, 2211 (1997).

제8장 가사 제국의 여왕, 마사 스튜어트의 투쟁과 눈물

263 2001년 12월 10일, 마사 스튜어트의 전용기가 이륙을 기다리는 상황: Charles Gasparino, *Circles of Friends* (HarperCollins, 2013), 59; Joann Price, *Martha Stewart: A Biography* (Greenwood Press, 2007), (kindle version) 1161.

263 "피터 바카노비치는 임클론 가격이 곧 하락할 것으로 예상합니다": Price, Ibid., 1156.

264 왁살의 가족과 왁살의 임클론 주식 매도 상황, 이 정보를 바카노비치와 파뉴일이 스튜어트에게 전달하는 내용: *U.S. v. Martha Stewart and Peter Bacanovic*, US Southern District of New York, S1 03 Cr. 717 (MGC).

264 스튜어트가 자신의 임클론 주식 3928주를 매도하라고 지시: *U.S. v. Martha Stewart and Peter Bacanovic.*

265 샘 왁살의 멕시코에서 휴가와 그의 심각한 재산 상태: Price, Ibid., 1150.

265 왁살이 보유 중인 임클론 전 주식을 매도하려 했던 상황: Gasparino, Ibid., 59; Price, Ibid., 1156.

265 12월 28일 장 마감 후 임클론 주식의 하락: *U.S. v. Martha Stewart and Peter Bacanovic.*

265 "왁살이 한 행동은 미친 짓이었다": Gasparino, Ibid., 62.

266 왁살의 딸, 아버지, 임원들의 매도 상황: ImClone stock trading case, Wikipedia.

266 12월 6일에 바카노비치와 스톡 로스 주문 합의를 했고, 다음 해 2월 4일까지 바카노비치와 임클론 주식에 대한 논의한 사실이 없다고 부인: *U.S. v. Martha Stewart and Peter Bacanovic.*

266 스튜어트는 12월 27일 통화에서 바카노비치가 임클론 주식이 60달러 근처에서 거래가 되고 있으니 매도할지 여부를 물었고, 그녀는 휴가를 방해받고 싶지 않아 그에게 매도하라고 지시했다고 주장: *U.S. v. Martha Stewart and Peter Bacanovic.*

267 스튜어트의 주장에 대한 연방 정부의 반박: *U.S. v. Martha Stewart and Peter Bacanovic.*

267 2002년 6월 12일, 샘 왁살의 체포와 유죄 인정, 그에게 선고된 7년 3개월의 징역형과 벌금: ImClone stock trading case, Wikipedia.

268 스튜어트가 《USA 투데이》를 통해 발표한 공개서한 내용: ImClone stock trading case, Ibid.

268 6월 19일, 스튜어트가 자신의 입장을 MSLO 애널리스트 미팅에서 재발표: *U.S. v. Martha Stewart and Peter Bacanovic.*

268 파뉴일의 변심과 정부 측 증인으로 돌아섬: Price, Ibid., 1307.

273 바카노비치가 스튜어트에게 정보를 제공했던 행위가 월가에서 공공연하게 인정되고 있다는 사실: Joan MacLeod Heminway (edited), Donald C. Langevoort, "Reflection on Scienter," *Martha Stewart's Legal Trouble* (Carolina Academic Press, 2007), 233.

273 스튜어트의 2000년과 2001년의 부진한 투자 실적: Langevoort, Ibid., 233.

273 12월이 끝나기 전에 세금 문제로 손해 본 주식의 매도: *U.S. v. Martha Stewart and Peter Bacanovic.*

273 12월 21일과 24일에 있었던 22개 주식의 손절매와 "속이 뒤집히는 일": Langevoort, Ibid., 234.

274 연방 정부가 스튜어트의 임클론 주식 매도를 내부자거래로 비난하기 어렵게 만드는 배경: Ibid.

274 내부자거래 조사에서 있어서 유명인사라고 해서 예외는 없다: Joan MacLeod Heminway (edited), Joan MacLeod Heminway, "Was Martha Stewart Targeted?" *Martha Stewart's Legal Trouble,* 17.

275 연방 검찰의 스튜어트에 대한 기소 내용: *United States v. Stewart,* 323 F.Supp. 2d 606 (S.D.N.Y. 2004).

275 2004년 10월 8일, 스튜어트에 대한 법원의 판결: Price, Ibid., 1381; Constance Hays, "5 Months in jail, and Stewart Vow, 'I'll Be Back,'" *New York Times,* July 17, 2004.

276 항소 포기 기자회견: Price, Ibid., 1387.

279 쎄다바움 판사가 검찰의 주장을 "소설"을 쓰는 수준으로 폄하: "Stewart convicted on all charges," CNN Money.com, March 10, 2004; 쎄다바움 판사의 말을 인용하여 법무성의 주장을 법리적인 측면에서 비판한 글로서는 Joan MacLeod Hemingway, "A 'Novel' Securities Fraud Charge", *Martha Stewart's Legal Trouble* (2007) 참조.

280 스튜어트의 출생, 가정교육, 청소년 시절의 활동, 대학 졸업과 결혼, 코네티컷주에서 케이터링 사업의 시작: Martha Stewart, *Martha Rule: 10 Essentials for Achieving Success As You Start, Build, or Manage a Business* (Rodale Books, 2006); 마사 스튜어트, 『마사 스튜어트의 아름다운 성공』, 김정식 옮김 (황금나침판, 2007) 앞면 날개; Martha Stewart, Wikipedia.

281 **1982년 첫 번째 요리책의 발간과 신문과 잡지에 기고, TV 출연, 자신의 회사인 마사 스튜어트 리빙 옴니미디어(MSLO)를 설립:** Stewart, Ibid; 『마사 스튜어트의 아름다운 성공』, 같은 쪽.

282 그녀는 코네티컷주에 있는 연방 고도소에서 복역할 것을 희망했다: Lloyd Allen, *Being Martha: Inside Story of Martha Stewart and Her Amazing Life* (John Wiley & Sons, 2006) (kindle version location) 2048.

282 올더슨에 하나밖에 없는 모텔이 동이 난 에피소드: Allen, Ibid., 2048; Price, Ibid., 1450.

282 베티 올더슨의 T-셔츠 및 스웨터 제작 일화: Allen, Ibid., 2060.

282 스튜어트의 새로운 환경에 대한 빠른 적용과 재소자들에게 그녀의 지혜와 경험을 나누며 돕는 일을 망설이지 않음: Ibid., 2086, 2099.

283 크리스마스 시기에 재소자들과 함께 크리스마스트리와 화환을 만든 일화: Ibid., 2099.

284 외부에 가족을 가지고 있지 못한 재소자들을 위해 그녀들의 계좌로 290달러를 보낸 일화: Ibid., 2113.

286 《피플》의 "미국을 뒤흔든 스캔들": "Martha Stewart: A Federal Case," Scandals! That Rocked Amercia, Time, Inc. Home Entertainment, 2009, 70 (Martha Stewart, Wikipedia에서 재인용).

288 "마사를 구하라"와 "마사를 굴복시켜라"로 나뉜 대중의 논쟁: Joan MacLeod Heminway (edited), Joan MacLeod Heminway, "Was Martha Stewart Targeted?" *Martha Stewart's Legal Trouble*, 17.

289 연방 검찰의 무제한적인 재량권을 비난하는 학자들의 글: Joan MacLeod Heminway (edited), Joan MacLeod Heminway, "A "Novel" Securities Fraud Charge," *Martha Stewart's Legal Trouble*, 120.

289 스튜어트가 올더슨을 떠나는 장면: Allen, Ibid., 2309; Price, Ibid., 1498, 1506.

290 "마사 스튜어트가 이제 복귀를 준비하고 있습니다": Price, Ibid., 1506.

291 스튜어트의 복귀로 인한 MSLO 주가의 회복: Ibid., 1543.

291 "세계에서 가장 영향력 있는 인물들": Ibid., 1551.

292 **2005년 4월호 《마사 스튜어트 옴니 리빙》 특집:** Ibid., 1572.

292 스튜어트의 새로운 비전, 시리우스 위성방송의 24시간 프로그램 등: Ibid., 1592, 1599, 1607.

292 **MSLO의 부활을 위한 전 방위적인 계획:** Ibid., 1592, 1702, 1708.

SEC Complaint.

320 칸은 폴리컴의 2006년 1분기 실적 정보를 발라로부터 입수: SEC Complaint.

320 **2007년 11월 28일, B. J. 강이 칸의 집 방문:** Raghavan, Ibid., 163.

321 **B. J. 강이 칸의 내부자거래 증거를 보여주며 정부에 협조를 요청:** Ibid., 164.

321 **"내가 정부에 협조하지 않는다면 감옥에 가겠지요?":** Ibid.

321 **라자라트남 스캔들을 파헤치는데 결정적 기여를 한 증인 보도와 칸의 남편이 칸에게 "당신이 지?"라고 물은 질문:** Ibid., 321~322.

322 **"나의 인생에서 가장 최악의 시나리오는 나의 남은 인생을 가정주부로 보내는 것":** Madhura Karnik, "The India woman who helped crack Wall Street biggest insider trading case is applying to business school" *Quartz India*, March 9, 2015.

323 **쿠마르의 인도, 영국 그리고 미국에서의 학력:** Deb, Ibid., 984; Raghavan, Ibid., 134~136.

323 **쿠마르의 맥킨지에서의 활동과 기여:** Deb, Ibid., 990, 997.

324 **쿠마르의 3개의 핸드폰 사용과 브리티시 에어라인 1등석 이용:** Raghavan, Ibid., 241.

325 **2009년 10월 16일, 쿠마르의 체포:** Ibid., 314.

325 **쿠마르가 자신의 변호사로 로버트 모빌로를 선임, 모빌로에 대한 명성:** Ibid., 329~330; 쿠마르가 처음부터 모빌로를 선임한 것은 아니었고, 다른 사람들의 자문을 듣고 당시 뉴욕에서 가장 거물급인 모빌로 변호사로 교체했다.

326 **쿠마르 사건에 대한 모빌로의 준비와 판단:** Ibid., 330.

326 **2006년 AMD 내부정보를 통해 라자라트남이 2300만 달러를 번 사실:** Ibid., 331

326 **AMD 거래에서 대박을 친 라자라트남이 쿠마르에게 "영웅"이라고 치켜 세운 사실:** Deb, Ibid., 1040.

327 **정부 측에 협조하겠다는 쿠마르의 판단 배경과 협조의 의미:** Raghavan, Ibid., 331.

327 **쿠마르가 정부 측을 위해 약 30개월 동안 협조한 방대한 내용:** Deb, Ibid., 1065, 1078.

328 **쿠마르의 엄청난 도움:** Patrician Hurtado, "Anil Kumar's 'Extraordinary' Help With Raj Case Gets Him Off With Two Years Probation," *Business Insider*, July 19, 2012.

328 **쿠마르에 대한 판결:** Deb, Ibid., 1126.

328 **친 판사의 쿠마르에 대한 "이례적인 행동" 언급:** Ibid., 2265.

329 **로이터의 한 블로그에서 쿠마르의 범죄에 대한 배경 코멘트:** Ibid., 2475.

329 **쿠마르와 그의 부인인 말레카가 만주 다스를 비인간적으로 대우했는지에 대한 자세한 내용:** Nilita Vachani, "The Strange, True Story of the Man Whose Maid Was Worth Millions," *The Nation*, Nov. 9, 2015 참조.

330 **라자라트남의 쿠마르 유혹과 조건:** Deb, Ibid., 1017, 1026; Vachani, Ibid; 어느 자료는 1년에 4번에서 6번만 통화하면 된다고 말했다고 한다. 또한 George Packer는 라자라트남이 쿠마르에게 분기마다 12만 달러를 주기로 했다고 한다(George Packer, "A Dirty Business," *The New Yorker*, June 27, 2011 Issue)

331 **2009년 10월 15일, 라자라트남의 갤리언 펀드 성공에 대한 모습:** Raghavan, Ibid., 305.

제10장　인도의 빛나는 별, 라자트 굽타의 추락

Apprentice, 6~7; Anita Raghavan, "Rajat Gupta's Lust for Zeros," *The New York Times Magazine*, May 17, 2013, 1; Rajat Gupta, *Mind Without Fear* (RosettaBooks, 2019), 16~17. 애니타 레거번은 굽타가 그레고리 팜으로부터 전화를 받은 장소를 필라델피아국제공항이라 했지만, 굽타는 최근 출간한 그의 자서전인 『Mind Without Fear』에서 디트로이트 메트로 공항이라고 밝히고 있다.

346 팜의 질문에 대한 굽타의 부정: Gupta, Ibid., 17; Raghavan, Ibid., 335.

346 "왜 내가 나와 분쟁이 있는 사람을 돕겠는가?": Gupta, Ibid., 26; Raghavan, Ibid.

346 굽타가 자신의 변호사로 내프탈리스를 선택: Gupta, Ibid., 28~29; Raghavan, Ibid., 336; Sandipan Deb, *Fallen Angel, The Making and Unmaking of Rajat Gupta* (Rupa Publications India Pvt. Ltd. 2013), (kindle version location) 197.

347 내프탈리스에 대한 소개와 라코프 판사와의 친분: Deb, Ibid., 197; Raghavan, Ibid., 383; Raj Rajaratnam/Galleon Group/Anil Kumar, Wikipedia.

347 굽타와 라자라트남과의 관계에 대한 의혹: Raghavan, "Rajat Gupta's Lust for Zeros."

348 굽타의 지난 20년간의 경력: Deb, Ibid., 96, 104; Rajat Gupta, Wikipedia.

349 "굽타는 나처럼 어리석은 행동을 할 사람이 아니다": Raghavan, *Billionaire's Apprentice*, 332.

349 굽타의 어린 시절과 부모를 여읜 사정: Deb, Ibid., 104, 254, 264.

349 굽타의 IIT 입학 및 졸업, 하버드 경영대학원 입학: Deb, Ibid., 264, 274.

350 맥킨지 입사 및 CEO 취임: Peter Lattman & Azam Ahmed, "Rajat Gupta Convicted of Insider Trading," *New York Times*, June 15, 2012.

350 굽타가 맥킨지에서 보여준 리더십과 엔론 사태: Deb, Ibid., 384.

350 굽타가 맥킨지에서 은퇴 후 보여준 박애주의적 활동: Deb, Ibid., 394, 404.

351 백악관에서 개최된 인도 수상 맨모한 싱을 위한 국빈 만찬: Raghavan, *Billionaire's Apprentice*, 1~2, 4~5.

351 싱은 인도의 경제개혁을 위해: Ibid.

351 굽타의 인도에서의 활동과 유명세: Ibid., 5.

352 인도 이민자들의 미국에서의 성공: Ibid., 3.

352 인도 이민자들의 약진과 굽타가 그들에게 준 희망: Ibid., 4.

353 2010년 1월, 스위스 다보스 포럼에서의 연설과 당시 상황: Gupta, Ibid., 37~38.

354 굽타가 맥킨지 은퇴 후 세계적인 거부들과 어울림: Raghavan, "Rajat Gupta's Lust for Zeros."

354 굽타는 오지를 다니며 성공한 인물, 월스트리트와의 큰 차이점: Ragharvan, *Billionaire's Apprentice*, 400~401.

354 피트 피터슨의 IPO와 굽타의 사모펀드 설립 비전: Raghavan, "Rajat Gupta's Lust for Zeros."

354 굽타의 콜럼비아 대학에서의 강연 내용: Ragharvan, *Billionaire's Apprentice*, 203.

355 "굽타는 미국과 아시아에 각각 최고의 투자 펀드를 설립하기를 원했습니다": Deb, Ibid., 1881.

355 사모펀드 세계의 진출을 위해 KKR의 고문 자리 수락: Raghavan, Ibid., 269.

355 사모펀드 세계에서 자신의 야망을 실현하기 위해 라자라트남에게 내부정보를 제공: Peter Latt-

man & Azam Ahmed, Ibid..

355 **보이저 캐피털의 출범과 출자 구성 비율:** U.S. v. Rajat Gupta, 12-4448 (2014) 12~13; Deb, Ibid.. 933, 944.

356 **보이저 펀드의 즉각적인 성공과 분쟁의 발생:** Raghavan, Ibid..

356 **갤리언 뉴욕 사무소 출입 카드:** U.S. v. Rajat Gupta, 12-4448 (2014) 13.

356 **굽타의 갤리언 인터내셔널의 지분:** U.S. v. Rajat Gupta, 12-4448 (2014) 22. 굽타는 2019년에 출간한 자서전에서 자신은 라자라트남을 위해 일하지 않았으며, 이 지분과 관련하여 어떠한 계약서도 존재하지 않으며, 자신이 그러한 지위를 가졌다는 고용계약이나 어떠한 증거도 존재하지 않는다고 주장한다. Gupta, Ibid., 238~39.

356 **굽타의 아랍 에미레이트 방문:** Deb, Ibid., 1816, 1826; Gupta, Ibid., 237~38.

357 **라자라트남의 굽타에 대한 메모 '좋은 친구':** Peter Lattman & Azam Ahmed, Ibid.

357 **골드만의 상업은행 인수에 관한 굽타와 라자라트남 사이의 통화:** Deb, Ibid., 1130.

357 **두 사람 사이의 감청된 통화내용:** http://commons.wikimedia.org.

358 **와코비아 은행 또는 AIG에 대한 정보:** Deb, Ibid., 1148; 굽타는 자서전에서 와코비아 은행이나 AIG에 대한 정보는 이미 언론에 보도되고 있는 정보였기 때문에 내부정보라 할 수는 없지만, 그러한 논의가 이사회에서 있었다는 사실을 라자라트남에게 말한 행동은 끔찍한 실수였다고 인정했다. 그럼에도 불구하고 그는 라자라트남에게 어떠한 내부정보도 건넬 의도는 없었다고 주장했다. Gupta, Ibid., 46.

358 **2008년 9월 22일, 골드만의 대표인 존 윙켈리드와 바이론 트로트와의 골드만 100억 달러 유상증자에 대한 대화, 워런 버핏과의 협상 계획:** Deb, Ibid., 1615; 래거번은 그녀의 『Billionaire's Apprentice』에서 트로트에게 워런 버핏과의 협상을 부탁한 사람은 CEO인 블랭크페인이라고 쓰고 있다(Rahavan, Ibid., 285).

359 **버핏에 대한 골드만 유상증자에 참여 제안과 버핏의 수락:** Deb, Ibid., 1625; Gupta, Ibid., 211; Raghavan, Ibid., 287~288.

359 **골드만은 2008년 9월 23일, 오후 3시 15분부터 특별 이사회를 열었다:** Gupta, Ibid., 210; Raghavan, Ibid., 288.

359 **굽타의 전화를 통한 특별 이사회 참여와 이사회가 끝난 직후 굽타가 라자라트남에게 전화한 상황:** Gupta, Ibid., 211~12; Raghavan, Ibid., 289; Peter Lattman & Azam Ahmed, Ibid.

360 **2008년 9월 23일, 굽타가 라자라트남에게 긴급하게 전화한 상황에 대해 라자라트남의 비서인 아이젠버그의 상세한 설명:** U.S. v. Gupta, 747 F.3d 111 (2d Cir. 2014); Raghavan, Ibid., 289.

360 **갤리언 펀드의 트레이더들의 골드만삭스 주식 매수 상황:** Raghavan, Ibid., 291~292.

361 **골드만의 2008년 4분기 부정적인 실적 관련 골드만의 비공식 이사회 개최:** U.S. v. Gupta.

361 **굽타가 이사회 직후 라자라트남에게 통화한 기록과 라자라트남의 집중 매도:** U.S. v. Gupta; Deb, Ibid., 1428; Peter Lattman and Susanne Craig, "Goldman CEO Could Testify in Galleon Trial," The New York Times, Mar. 3, 2011; Raghavan, Ibid., 297~298.

361 **라자라트남과 데이빗 로의 통화 내용 감청과 라자라트남의 "나는 확 내려칠 것":** U.S. v. Gupta;

Deb, Ibid., 1439; Raghavan, Ibid., 298.

362 **2008년 6월, 굽타가 P&G의 스먹커 매각 정보를 라자라트남에게 제공:** Deb, Ibid., 1727.

362 **2009년 1월, 굽타가 스위스 다보스에서 P&G 이사회에 전화로 참여, 부정적인 분기 실적 정보를 라자라트남에게 제공한 것으로 추정:** Ibid. 그러나 굽타는 그의 자서전에서 이 통화 역시 자신의 보이저 펀드 투자 건에 대한 논의만 했고 P&G에 대한 이야기는 전혀 없었다고 주장했다 (Gupta, Ibid., 219).

363 **연방 수사기관이 갤리언 사건에서 감청한 14만 시간:** Raghavan, Ibid., 343.

363 **골드만 외부 변호사인 페이킨이 굽타의 통화 감청에 대한 정보를 SEC에 제공:** Ibid., 342~343.

364 **굽타의 통화에는 놀랄만한 패턴이 있었다:** Ibid., 343.

364 **"라자트 굽타: 스캔들에 연루되다":** Ibid., 344.

364 **2010년 12월 22일, SEC에서 이루어진 굽타의 증언:** Gupta, Ibid., 36; Raghavan, Ibid., 345.

365 **SEC는 골드만의 CEO인 블랭크페인을 부르기로 결정했다:** Ibid., 346.

365 **2011년 3월 1일, SEC의 굽타에 대한 민사소송 제기:** Ibid., 353; 3월에 SEC가 제기한 이 소송은 행정소송인데, 이후 SEC는 행정소송을 취하하고, 동년 10월에 민사소송을 다시 제기했다. 소장의 주장은 동일하다. 굽타는 SEC가 자신에 대해 행정소송을 제기한 것에 대한 반대소송을 제기했는데, SEC는 굽타에 대해 직접적인 관할권을 가지고 있지 않기 때문이었다. 굽타와 SEC는 2011년 8월, 서로에 대한 소송의 취하하는데 합의했다. 그러나 2011년 10월, 연방 검찰은 굽타를 체포했고, 같은 날 형사소송을 제기했다.

366 **"나는 SEC가 제기한 소송으로 충격을 받았습니다":** Ibid., 354.

366 **2011년 3월 1일 굽타는 P&G의 이사직에서 물러난 것을 시작으로 해서:** http://en.wikipedia.org/wiki/Raj_Rajaratnam/Galleon_Group,_Anil_Kumar,_and_Rajat_Gupta_Insider_Trading_cases; Gupta, Ibid., 40~41.

367 **"가장 영향력 있는 100인":** Raghavan, Ibid., 359.

367 **"언제 굽타를 기소하나?":** Ibid., 372.

367 **언론은 왜 굽타를 기소하지 않느냐고 검찰을 들볶고 있었다:** Deb, Ibid., 1341.

368 **미국의 94개 연방 검찰청:** Jesse Eisinger, *Chickenshit Club* (Simon and Schuster 2017), xi.

369 **브로드스키 검사가 굽타 사건을 이끌고 있었다:** Raghavan, Ibid., 373~374.

369 **메리 조 화이트의 뉴욕 검찰청 방문:** Ibid., 376.

369 **"굽타의 행동에 대해 정부가 주장하는 것이 비록 진실이라 하더라도 그것은 범죄가 되지 않는다":** Ibid.

370 **나름 굽타에 대한 예우로 보였다:** Gupta, Ibid., 63.

370 **검찰은 내일 굽타를 기소한다고 말했다:** Ibid., 376~377.

370 **보석금 1천만 달러를 내고 풀려났다:** Gupta, Ibid., 64; Raghavan, Ibid., 378.

370 **2012년 5월 21일, 연방 지방법원에 도착한 굽타:** Raghavan, Ibid., 379.

371 **법정에 들어선 굽타의 생각:** Ibid., 379~380.

371 **굽타가 2007년 1/4분기 골드만의 추정 실적 정보를 라자라트남에게 제공, 라자라트남은 이 거**

래에서 2백만 달러의 이득을 얻음: Deb, Ibid., 1787, 1796.

371 새로운 혐의의 기소 추가가 굽타의 방어 진지 강타: Raghavan, Ibid., 380.

372 굽타와 라자라트남과의 통화 내용 공개가 가져온 충격: Ibid., 380~381.

372 지난 30년의 오점 없는 그의 경력: Ibid., 381.

372 제프 레이코프 판사의 자유주의적 성향: Deb, Ibid., 1485, 1495.

372 배심원보다 레이코프 판사가 굽타의 법정을 지배할 것이라는 예측: Raghavan, Ibid., 382.

373 감청 테이프를 증거로 인정할 것인지에 대한 논쟁: Gupta, Ibid., 223; Raghavan, Ibid., 381.

373 양 측의 대립된 주장: Raghavan, Ibid., 364.

373 "라자라트남과 갤리언에게 좋은 것은 굽타에게 좋은 것이다": Deb, Ibid., 1511, 2161; Peter Lattman & Azam Ahmed, Ibid.

373 "굽타는 자신의 의무와 책임을 집어던졌고, 그리고 법을 위반했다": Deb, Ibid., 1511.

374 "굽타는 내부자거래를 하지 않았습니다": Deb, Ibid., 2173; Ragavan, Ibid., 384.

374 내프탈리스의 항변과 "미국은 추측으로 사람을 유죄로 판단하지 않습니다": Deb, Ibid., 2186; Gupta, Ibid., 226; Raghavan, Ibid.

374 "비록 범죄가 있었다 하더라도 굽타는 그것과 전혀 관련되지 않았습니다": Deb, Ibid., 1535.

374 굽타의 박애주의적 활동에 대한 내프탈리스 진술에 대한 라코프 판사의 제지: Ibid.

375 'VIP 5'의 명단: Ibid; Gupta, Ibid., 228.

375 법정에서 아이젠버그가 2008년 9월 23일, 굽타로부터 전화를 받고 벌어진 상황에 대한 증언: *U.S. v. Gupta*, 747 F.3d 111 (2d Cir. 2014). Deb, Ibid., 1555; Raghavan, Ibid., 385~386.

376 **"Buy Goldman Sachs"에 대한 에코:** Raghavan, Ibid., 386.

376 아이젠버그의 증언에 대한 굽타 측 변호사들의 반론: Deb, Ibid., 1555, 1565.

376 아난스 무니얍파의 증언: Raghavan, Ibid., 387.

376 골드만의 CEO 블랭크파인의 법원 지하 주차장을 통한 법원 출석, 그의 경력: Deb, Ibid., 1916, 1953, 1966.

377 굽타 자신도 직접 증인으로 나서 자신의 무죄를 배심원들에게 설명하고 싶었지만: Gupta, Ibid., 248~49. 굽타는 자서전에서 그때의 상황을 자세히 묘사하고 있다. 내프탈리스 변호사도 강하게 반대했지만 그의 부인 애니타 역시 반대했다. 이미 상황은 늦었고, 유죄가 선고되는 경우 오히려 굽타의 증언은 형을 가중시킬 위험이 크다고 보았기에 최종적으로 굽타 대신 그의 장녀인 기탄잘리가 증언하는 것으로 결론을 내었다. 그러나 굽타는 자서전에서 본인 직접 증언하지 않기로 했던 그 결정에 대해 아주 후회스러운 결정이었다고 말했다. (Gupta, Ibid., 248~50, 253~54)

377 굽타가 보이저 펀드에서 라자라트남이 돈을 빼내간 사실을 알게 된 시점: 이에 대해 굽타 사건을 다룬 2개의 중요한 문헌은 이 부분에 대해서 서로 다른 표현을 하고 있다. 래거번이 쓴 그녀의 저서에 따르면, 쿠마르는 배심원들에게 2008년 10월 중순에서 말 사이에 그는 굽타로부터 보이저에 투자한 1천만 달러를 잃어버렸다는 말을 들었다고 했다. 그러나 샌디팬 뎁(Sandipan Deb)의 『타락한 천사(Fallen Angel)』에 따르면, 쿠마르는 증언에서 라자라트남이 자기에게 굽타

와의 분열은 2009년 2월 또는 3월에 발생했다고 말했다고 했다. 어느쪽 견해에 따르던 쿠마르의 증언이 진실이라면, 굽타와 라자르트남은 굽타가 골드만의 내부정보를 9월과 10월에 제공했을 당시에는 여전히 좋은 사이였고, 굽타는 라자라트남의 배신과 보이저 펀드의 운명을 몰랐다는 것이다. (Deb, Ibid., 1905) 그러나 굽타는 최근 자서전에서 쿠마르가 잘 알지도 못하면서 거짓 증언을 했다고 비난했다. (Gupta, Ibid., 240~42)

378 그해 추수감사절이었던 9월 20일경 가족들이 굽타의 집에 모였다: Deb, 2126; Gupta, Ibid., 209; Raghavan, Ibid., 283.

378 추수감사절에 굽타의 가족들이 굽타의 집에 모였을 때 아버지 굽타의 상황: Raghavan, Ibid., 394.

378 브로드스키 검사의 질문과 기탄잘리의 답변: Deb, Ibid., 2138; Gupta, Ibid., 255; Raghavan, Ibid., 394.

378 기탄잘리의 증언이 끝나고 굽타와의 포옹: Deb, Ibid.

379 보이저 펀드의 분쟁이 오히려 굽타에게 내부정보를 라자라트남에게 제공할 원인이 될 수 있다는 주장: Deb, Ibid., 2161.

379 이렇게 평결이 일찍 나올지는 누구도 예상하지 못했다: Gupta, Ibid., 259.

379 2012년 6월 15일, 배심의 평결: Raghavan, Ibid., 397.

380 11시 30분, 레이코프 판사의 법정 입장, 배심의 평결 내용: Gupta, Ibid., 260; Raghavan, Ibid., 397~99.

380 배심원 중 몇 명이 법정을 떠나면서 눈물을 보였다: Gupta, Ibid.

380 재판이 진행되는 동안 굽타의 아내와 딸들은 그에게 힘을 보태 주었다: Gupta, Ibid., 234. 굽타의 아내와 4명의 딸들은 재판기간 동안 항상 굽타의 뒤에 앉아 있었다. 단지 5월 24일, 딸 아디티가 하버드 경영대학원을 졸업하는 날 유일하게 그녀가 재판에 참석하지 못했다.

380 굽타에게 유죄가 선언된 후 굽타 가족들의 슬픔: Deb, Ibid., 2211; Raghavan, 399; Peter Lattman & Azam Ahmed, "Rajat Gupta Convicted of Insider Trading", *The New York Times*, June 15, 2012.

380 그의 인생에서 가장 고통스러운 어둠 속에 던져졌다: Gupta, Ibid., 268~69.

381 배심원 대표인 렙코우스키와 배심원 중 하나인 세쏘의 견해: Allan Dodds Frank, "Rajat Gupta was Found Guilty of insider Trading in Less Than a Day" *Daily beast*, June 15, 2012 ; Deb, Ibid., 2233, 2245.

381 배심의 평결 후 뉴욕 검찰청 검사장 바라라의 논평: Deb, Ibid., 2221.

381 골드만의 평결에 대한 성명: Frank, Ibid.

381 굽타의 유죄 평결에 대한 《뉴욕타임스》의 논평: Deb, Ibid., 2221, 2233.

382 바라라의 2009년 이후의 내부자거래 기소에 대한 통계와 상황: Deb, Ibid., 2233.

382 '운명이 나를 어디로 데려갈지 모르겠다': Shaili Chopra, "The Dark and The Sublime: The Story of Rajat Gupta," *Tehelka*, Oct. 30, 2012.

382 레이코프 판사에게 보내는 굽타를 위한 탄원서, 빌 게이츠의 편지: Gupta, Ibid., 263-64;

Raghavan, Ibid., 400, 402.

384 배심의 평결에 대한 굽타의 억울한 심정: Ibid., 404.

384 연방 검찰의 굽타에 대한 징역형 구형: Deb, Ibid., 2438, 2447.

384 내프탈리스의 굽타에 대한 선처 호소, 약 400통의 탄원서: Ibid., 2459.

385 내프탈리스의 굽타 변호에 대해 레이코프 판사가 마더 테레사를 인용한 코멘트: Deb, 2571;
Gupta, Ibid., 222; "Insider trading case: Who is Rajat Gupta," NDTV, Oct. 25, 2012.

385 굽타의 범죄에 대한 레이코프 판사의 심정: Deb, Ibid., 2713.

385 레이코프 판사의 선고 전 최종 발언: Raghavan, Ibid., 410.

386 굽타에 대한 2년 징역형 선고, 항소 기간 동안 수감의 면제 신청에 대한 레이코프 판사의 거부:
Deb, Ibid., 2630.

386 굽타에 대한 2년 징역형 선고와 벌금 규모: Gupta, Ibid., 269~70, 332.

386 항소 기간 동안 수감의 면제 신청에 대한 레이코프 판사의 거부, 항소법원에서 굽타의 승리:
Deb, Ibid., 2630; Gupta, Ibid., 270.

제11장 뷰티 퀸 펀드매니저의 섹스와 내부정보

389 **2009년 10월 16일 오전 7시 30분**: James Bandler with Doris Burke, "Dangerous Liaisons at
IBM: Inside the Biggest Hedge Fund Insider-Trading Ring," *Fortune*, July 6, 2010; Sandip-
an Deb, *Fallen Angel*, (kindle location) 636.

389 **"여보, 난데"**: Bandler, ibid.

390 모팻은 IBM 그룹의 선임 부사장이었다: Ibid.

390 그는 IBM의 CEO인 사무엘 팔미사노의 신임을 받고 있었고, 그를 이어 CEO가 될 것으로 기
대되고 있었다: Ibid.

391 **"나는 모팻에게 도대체 무슨 일이 벌어졌는지 도무지 이해할 수가 없었다"**: Ibid.

391 **"나는 3개의 S를 좋아한다"**: Ibid.

391 내부자거래는 '오르가즘과 같다': Anita Raghavan, *Billionaire's Apprentice*, 264; Bandler, Ibid.

392 **"모팻은 정말 멋진 사람이야"**: Bandler, Ibid.

392 그녀가 진정으로 사랑했던 남자는 그녀의 보스였던 마크 커랜드였다: Ibid.

392 **"치에이지가 내부정보를 위해 나를 이용했다"**: Ibid.

392 제리 요크의 모팻에 대한 코멘트와 평가: Ibid.

392 모팻의 IBM에 대한 헌신과 충성: Ibid.

393 모팻은 코네티컷에서 평범한 이웃들과 함께 조그맣고, 나무로 지어진 2층 집에서 성장했다:
Ibid.

393 그는 뉴욕의 유니온 대학교에 진학했고 1학년 때 미래에 아내가 되는 여성을 만났다: Ibid.

393 **1978년, 두 사람은 모팻이 대학을 졸업하자마자 결혼했다**: Ibid.

394 "내가 믿을 만한 사람이 필요하다": Ibid.

394 "그 자리를 수락하기 전에 자네 묘비명을 준비하라": Ibid.

394 "나는 팔미사노를 단 한 번도 실망시킨 적이 없다": Ibid.

395 한 번은 직원들이 모펫의 사무실에 놓여 있는 그의 가족사진: Ibid.

395 IBM의 여러 공급 체인들을 하나의 효율적인 조직으로 통합하는 일: Ibid.

395 2008년 여름, 많은 뉴요커들의 휴가를 떠나면서 맨해튼은 텅 비어 있었다: Raghavan, *Billionaire's Apprentice*, 264.

396 FBI 특별수사관 B.J. 강의 감청 상황과 치에이지의 등장: Raghavan, Ibid., 264~265; Sheelha Kolhatkar, *Black Edge* (Random House, 2017), 56; 실라 코하카, 『블랙 에지』, 윤태경 옮김, 김정수 감수 (캐피털북스, 2018), 11쪽.

396 2008년 7월 24일, 치에이지와 라자라트남의 대화 감청 내용: Katya Wachtel, "AUDIO: Listen To Raj And Danielle Chiesi Revel In Their Trading of Akamai Stock Ahead Of A Public Guidance Announcement," *Business Insider*, April 5, 2011; Kolhatkar, Ibid., 56 (코하카, 『블랙 에지』, 13쪽); Raghavan, Ibid., 265.

396 위로 올라가라는 말이 이때는 섹스에 대한 말이 아니었다: Kolhatkar, Ibid., 56 (코하카, 『블랙 에지』, 13쪽).

397 수사 팀은 즉시 이 여성에 대해 조사를 착수했다: Raghavan, Ibid., 265.

398 B.J. 강을 비롯해서 FBI 수사관들은 흥분했다: Ibid., 270~271.

398 치에이지는 아카마이 정보원과 7월 2일부터 24일 사이에 많은 통화를 하면서 그 정보가 정확한지 거듭 확인했다: Ibid., 270.

398 7월 25일, 뉴캐슬의 여러 펀드들이 아카마이에 대한 풋 옵션 1466계약을 매수: Ibid., 271.

398 라자라트남 역시 다음 날 시장이 열리자마자 갤리언의 여러 펀드를 통해 아카마이에 대한 엄청난 쇼트 포지션을 취하기 시작했다: Ibid.

399 아카마이 주식은 주당 31.25달러에서 25.06달러로 약 20% 정도가 하락했다: SEC Complaint against Galleon Management, US Southern District of New York, Oct. 16, 2009.

399 뉴캐슬은 이 거래에서 약 240만 달러를 벌었고, 갤리언은 320만 달러를 벌었다: SEC Complaint against Galleon Management; Raghavan, Ibid., 271; 이 거래에서 갤리언이 번 이익에 대해 SEC가 제출한 소장에는 320만 달러로 되어 있고, 래거번의 책에는 513만 9851달러로 나와 있다.

400 라자라트남에게는 그녀 이외에도 다른 중요한 정보원들이 더 있을 것이라는 확신이 들었기 때문이다: Kolhatkar, *Black Edge*, 90; 코하카, 『블랙 에지』, 14~15쪽.

400 치에이지의 성장과 학력, 그리고 커랜드와의 만남: Bandler, Ibid.

401 치에이지의 뉴캐슬에서의 경력, 월스트리트에서의 활동 그리고 내부정보 입수를 위한 활동: Ibid.

401 그녀는 도발적으로 옷을 입었다: Ibid.

401 그녀는 헤지펀드 세계와 테크놀로지 기업의 임원들 사이에서 화제의 주인공이었다: Ibid.

401 그녀는 시장에 밝았고, 내부자거래와 같은 어둠의 기술에 탁월했다: Ibid.

402 그녀는 우연히 모팻을 만나게 됐다: Ibid.

402 "그녀와 머지않아 다시 만나야 한다": Ibid.

402 모팻의 가정과 회사에서의 압박, 어머니의 죽음: Ibid.

403 2003년 어느 날, 두 사람은 잠자리를 갖기 시작했다: Ibid.

403 치에이지는 가끔 그녀의 맨해튼 아파트에서 파티를 열었고: Ibid.

404 2008년 10월 7일, AMD는 2개의 중동 국부펀드와 조인트벤처 설립을 발표했다: SEC Complaint against Galleon Management.

404 IBM도 이 거래에 참여: Insider trading scandal deepens: Ex-IBM exec Robert Moffat Pleads Guilty in Galleon Case, Reuters, Mar. 29, 2010.

404 모팻은 이 딜에서 IBM 측 창구였고 루이즈는 AMD의 CEO였다: Bandler, Ibid.

405 "아랍이 21억 달러를 출자해서 파브코의 지분 50%를 가질 것이다": Ibid.

405 "만약 이 정보가 샌다면 내 비즈니스는 끝나요": Ibid.

406 연방 정부에 따르면 갤리언과 뉴캐슬은 치에이지의 내부정보를 이용해 약 2천만 달러를 벌었다: Ibid.

406 2009년 10월 16일, 금요일 새벽 6시경, FBI 수사관인 캐슬린 쿠엘리는 정복 차림에 권총을 차고 치에이지의 아파트로 향했다: Raghavan, Ibid., 310~311.

406 그들은 아파트 로비에서 경비에게 치에이지를 만나러 왔다고 말했다: Ibid., 311.

407 치에이지에게 정부에 대한 협조 요청과 딜의 제안, 치에이지의 거부와 체포: Ibid., 312.

407 FBI 수사관들은 그녀에게 종이를 내놓으면서 전화번호를 적으라고 말했다: Ibid.

408 그녀는 루이즈에게 전화하지 않았다: Ibid., 313.

408 "지금 입은 옷은 크고 넉넉해서 괜찮을 것이다": Ibid.

408 2009년 10월 16일, 모팻의 체포, FBI 유치장에 수감과 보석: Bandler, Ibid.

409 모팻은 그녀에게 "정말 미안하다"고 말했다: Ibid.

409 모팻은 보석으로 풀려난 다음 날 IBM에 사의를 표명했다: Deb, Ibid., 636.

409 결국 모팻은 정부 측에 내부자거래를 인정하기로 결정했다: Bandler, Ibid.

410 "나는 나의 남은 인생을 괴롭힐 엄청나게 잘못된 판단을 했다": IBM executive Robert Moffat guilty of insider trading, BBC NEWS, Sep. 13, 2010.

410 그가 법원을 나왔을 때 비가 옅게 내리고 있었다: Bess Levin, "Former IBM Exec Bob Moffat Had A Really Good Excuse For Passing Inside Info To Danielle Cheisi," Dealbreaker, Mar 30, 2010.

410 그가 치에이지에게 제공한 정보는 라자라트남 이외에도 월가의 내부정보 링을 타고 번지고 있었다: United States v. Danielle Cheisi, United States District Court, Southern District of New York, Government's Sentencing Memorandum, June 13, 2011.

410 모팻은 이제 IBM 없는 삶을 살아야 했다: Bandler, Ibid.

410 "내가 잃은 가장 큰 것은 나의 명예다": Ibid.

411 "모든 사람이 이 이야기를 섹스에 관한 것으로 만들기를 원하고 있다": Deb, Ibid., 662~663.

411 "치에이지가 불법적인 내부자거래 음모에 그를 끌어들인 책임을 져야 한다": Bandler, Ibid.

412 치에이지는 유죄 인정을 거부했다: Deb, Ibid., 637.

412 "나는 내가 진정 사랑했고, 극도로 헌신했던 나의 분야에서 쌓아온 20년의 경력을 무너뜨렸다.": Ibid.

412 치에이지에 대한 홀웰 판사의 선고: Ibid., 638.

413 "쥐새끼같이 행동하지 않았다": "Danielle Chiesi-Pot Loving Femme Fatale Analyst Back From Prison," *HEDGEHO*, May 17, 2013.

제12장　헤지펀드의 왕, 스티븐 코언의 어두운 진실

417 시카고 콘퍼런스에서 길만의 발표: Patrick Radden Keefe, "The Empire of Edge," *The New Yorker*, October 13, 2014 Issue, 2; U.S. v. Martoma, 48 F.Supp.3d 555, 559 (2014); Sheelha Kolhatkar, *BLACK EDGE* (Random House, 2017), 196~197; 실라 코하카, 『블랙 에지』, 윤태경 옮김, 김정수 감수 (캐피털북스, 2018), 196~197쪽.

417 엘란과 와이어스의 알츠하이머병 치료약에 대한 월가의 관심: Keefe, Ibid., 2.

418 스티브 코언의 엘란과 와이어스에 대한 투자, 그의 캐탈리스트 투자 방법: Ibid., 2~3.

419 길만이 시카고 콘퍼런스에서 임상시험 결과를 발표하게 된 배경: Ibid., 3; 『블랙 에지』, 181~82쪽.

419 시카고 콘퍼런스의 발표 후 엘란과 와이어스의 주가 하락: Ibid; *U.S. v. Martoma*, 48 F.Supp. 3d 555, 559 (S.D.N.Y. 2014).

420 길만의 발표가 있기 전 8일 동안 SAC의 주식 매도 상황: Keefe, Ibid., 3~4.

420 "모든 시대를 넘어 가장 위대한 트레이더": Ibid., 4.

420 뉴욕 남부지검의 매튜 마토마에 대한 기소: Ibid.

421 길만의 경력과 가족의 불행한 내역: Ibid., 4~5; 『블랙 에지』, 161~62쪽.

421 그는 일주일에 7일을 연구실에 출근했다: Ibid; 『블랙 에지』, 162~64쪽.

421 길만의 학문적 업적: Ibid; 『블랙 에지』, 162쪽.

422 길만에 대한 GLG의 제안, 미국 의사들과 산업계와의 연계에 관한 논문: Ibid; 『블랙 에지』, 162~64쪽.

422 GLG에 대한 길만의 생각과 컨설팅 활동: Ibid; 『블랙 에지』, 162쪽.

422 길만의 연봉과 컨설팅에 대한 보수: 『블랙 에지』, 163쪽.

423 2006년 여름, 길만은 마토마로부터 전화를 받았다: Keefe, Ibid., 6; 『블랙 에지』, 116쪽.

423 마토마의 출생과 성장, 가족 배경, 듀크 대학 진학: Ibid., 8~9; 『블랙 에지』, 295~96쪽.

424 "아버지의 꿈을 깨뜨린 아들": Ibid; 『블랙 에지』, 296쪽.

424 마토마는 보스톤에서 시리오스 캐피털 매니지먼트라는 작은 헤지펀드에서 일하면서 행복하게

살고 있었다: 『블랙 에지』, 109쪽.

425 쿠먼은 마토마에게 구체적으로 입사 조건을 제시했다: 『블랙 에지』, 110~11쪽.

425 그날 밤 마토마는 아내 로즈메리와 SAC의 제안에 대해 논의했다: 『블랙 에지』, 110쪽.

425 마토마는 마치 고등학교 시절로 되돌아 간 것처럼 열심히 일했다: 『블랙 에지』, 112~13쪽.

425 2006년 8월 30일, 그는 접촉하고 싶은 22명의 의사 명단을 GLG에 보냈는데: 『블랙 에지』, 116쪽.

426 그는 2008년 6월 25일부터 엘란과 와이어스 주식을 매수하기 시작했다: 『블랙 에지』, 156~57쪽.

426 정보의 가치 수준에서 '확신'을 나타내는 "9"를 표시: 『블랙 에지』, 159쪽.

426 길만과 마토마의 42회의 만남과 마토마의 임상시험 결과에 대한 이해 능력: U.S. v. Martoma, 48 F.Supp.3d 555, 560 (2014).

427 마토마는 항상 그를 "길먼 박사"라고 호칭하며 존경을 표했다: Keefe, Ibid., 3~4.

427 2008년 6월 25일, 길만이 마토마에게 보낸 이메일: Ibid., 16; 『블랙 에지』, 182쪽.

428 길만의 샌프란시스코 여행, 배포 금지의 프레젠테이션 파워포인트 자료: Ibid; 『블랙 에지』, 182~84쪽.

428 그때 전화벨이 울렸다: 『블랙 에지』, 184~85쪽.

428 2일 후, 마토마는 뉴욕 존 F. 케네디 공항에서 디트로이트로 날아갔고: Keefe, Ibid., 17; 『블랙 에지』, 185~87쪽.

429 "중요한 일입니다": U.S. v. Martoma, 48 F.Supp.3d 555, 560 (2014); 『블랙 에지』, 187~88쪽.

429 SAC의 매도는 비밀스럽게 진행됐고: U.S. v. Martoma, 48 F.Supp.3d 555, 560 (2014); Keefe, Ibid, 17~18; 『블랙 에지』, 188~90쪽.

430 마토마는 930만 달러의 보너스를 받았다: Keefe, Ibid., 18.

430 마토마가 길먼을 마지막으로 보았던 때는 프레젠테이션이 있었던 다음 날이었다: Ibid., 19; 『블랙 에지』, 201쪽.

431 "필통에서 가장 예리한 연필": 『블랙 에지』, 39쪽.

431 "언젠가 스티븐이 너희들을 먹여 살릴 거야": 『블랙 에지』, 39쪽.

432 1978년, 그는 대학을 졸업하고 작은 증권회사인 그런탈에서 일을 시작했다: 『블랙 에지』, 32쪽.

433 페트리샤가 아들을 출산하기 위해 병원에서 산고의 고통 속에 있을 때: 『블랙 에지』, 53쪽.

433 1992년, 코언은 자신의 이름을 딴 'SAC 캐피털 어드바이저스'를 설립했다: 『블랙 에지』, 66쪽.

433 "월스트리트 역사상 최강의 트레이더": 『블랙 에지』, 121쪽.

434 스탬포드 SAC의 주차장에는 메르세데스, 마세라티, 페라리, 벤틀리 등 세계의 명차들을: 『블랙 에지』, 150쪽.

434 코네티컷의 그리니치에 대저택을 가지고 있는데: 『블랙 에지』, 92~93쪽.

435 그는 SAC 본사에 있는 트레이딩 플로어의 온도를 매우 차갑게 유지했다: 『블랙 에지』, 52~53쪽.

436 피카소의 〈르 네브〉: 네이버 지식백과; 『블랙 에지』, 107~109쪽.

437 "일요일 아이디어 미팅": 『블랙 에지』, 152쪽.

438 **2011년 11월 8일 저녁**: Keefe, Ibid., 21; 『블랙 에지』, 308쪽.

439 "**당신과는 상관이 없으니 집 안에 들어가 있어요**": Ibid.

439 "**우리는 하버드에서 무슨 일이 있었는지 알고 있어요**": Ibid.

439 **로스쿨 2년째 가을**: Ibid., 22~23; 『블랙 에지』, 297~301쪽.

440 **이후 그는 스탠퍼드 대학의 MBA 과정에 입학했다**: Ibid., 24; 『블랙 에지』, 305~307쪽.

440 **그러면 FBI는 하버드 로스쿨에서 마토마에게 있었던 일을 어떻게 알았을까?**: 『블랙 에지』, 287~88쪽.

441 "**당신의 인생 전체가 기복이 심했지요**": Keefe, Ibid., 25; 『블랙 에지』, 308~309쪽.

441 **B.J. 강은 이미 길먼과 접촉했다**: Ibid; 『블랙 에지』, 288~90쪽.

442 **길먼의 정부 측 증인으로의 전향과 협조**: 『블랙 에지』, 332~34쪽.

442 **11월 20일, FBI 수사관들은 마토마를 체포하기 위해 플로리다의 보카 러톤에 다시 나타났다**: Keefe, Ibid., 25~26; 『블랙 에지』, 334쪽.

443 **마토마의 재판은 2014년 1월 7일에 시작됐다**: Ibid., 27; 『블랙 에지』, 404~405쪽.

443 "**전 SAC 트레이더, 하버드 로스쿨에서 퇴학당하다**": 『블랙 에지』, 404쪽; 마토마는 재판 중에 이 사실이 밝혀지자 스탠포드 대학으로부터 MBA 학위를 박탈당했다. Mathew Goldstein, "Convicted SAC Trader Loses His Business School Degree," *The New York Times*, March 5, 2014.

443 **하버드 사건의 공개는 마토마의 변호사들의 방어에도 커다란 제약을 초래했다**: 『블랙 에지』, 405쪽.

444 "**나는 대학에 많은 것을 기여했는데 갑자기 불명예스럽게 경력을 마치게 됐습니다**": Keefe, Ibid., 28; 『블랙 에지』, 412쪽.

444 **마토마의 변호사인 스트라스버그는 마토마는 높이고 길먼은 깎아내리기 위해 노력했다**: Ibid., 29; 『블랙 에지』, 416~17쪽.

445 **길먼을 깎아내릴 수 있는 정보를 얻어 내기 위해 사설 조사관을 앤아버로 보내기까지 했다**: 『블랙 에지』, 412쪽.

445 **길먼의 전 동료들은 길먼의 행동을 이해하기도 했다**: Keefe, Ibid., 29.

445 "**불행하게도 그의 호기심과 명석함은 볼 때마다 나의 첫째 아들이 생각나게 했습니다**": Ibid; 『블랙 에지』, 415쪽.

445 **배심은 평의에 들어간 지 3일째가 되는 날인 9월 8일 오후 1시 51분에 결론을 내렸다**: 『블랙 에지』, 421쪽.

446 **가데프 판사는 형량을 선고하기 전에 하버드에서 있었던 그의 사기적 행동을 언급**: Keefe, Ibid., 31; 『블랙 에지』, 426~27쪽.

449 **심지어 그의 아내인 로즈메리는 자기 할아버지가 간디와 같이 영국에 대항해 독립 투쟁하다고 감옥에 간 일**: Keefe, Ibid., 32~33.

446 **마토마 가족들의 가데프 판사의 선고에 대한 비난**: 『블랙 에지』, 427~28쪽.

450 월스트리트 최고 투자은행들의 코헨에 대한 추파: 『블랙 에지』, 383~84쪽.

에필로그 끝나지 않는 전쟁

454 **2014년 12월, 연방 제2항소법원은 뉴먼 사건에서:** *U.S. v. Newman*, 773 F.3d 438 (2d Cir. 2014).

454 **2015년 10월 24일, 대법원은 아무런 코멘트 없이 상고를 기각:** *U.S. v. Todd Newman, Anthony Chiasson*, 136 S.Ct. 242 (2015).

454 **"뉴먼 판결은 잘못됐습니다":** Matt Levine, "Justice Aren't Interested in Insider Trading Case," *Bloomberg View*, Oct. 5, 2016.

455 **"정의는 내부자거래 사건에 관심이 없는가?":** Levine, Ibid.

456 **뉴먼 사건의 내용:** *U.S. v. Newman*, 773 F.3d 438 (2d Cir. 2014).

457 **"피고인들이 알게 된 정보가 내부자가 신인의무를 위반하여 전달된 것인지를 알았다면":** *U.S. v. Newman*, 773 F.3d 438 (2d Cir. 2014); Quinn Emanuel Urquhart & Suliivan, LLP, Insider Trading After *United States v. Newman*, the Second Circuit's Landmark Decision Limiting Liability of Downstream Recipients of Insider Information.

457 **연방 제2항소법원은 2014년 12월 10일 미국 대 뉴먼 사건에서 원심을 파기:** *U.S. v. Newman*, 773 F.3d 438 (2d Cir. 2014).

458 **검찰은 이를 입증하는 데 실패했다:** *U.S. v. Todd Newman, Anthony Chiasson*, 136 S.Ct. 242 (2015).

458 **델과 엔비디아 정보의 구체성과 타이밍, 그리고 정보의 업데이트의 빈도:** *U.S. v. Todd Newman, Anthony Chiasson*, 136 S.Ct. 242 (2015).

459 **"개인적인 이익은 금전적인 이익은 물론, 미래의 이익으로 전환될 수 있는 명성의 이익도 포함된 다":** *U.S. v. Newman*, 773 F.3d 438 (2d Cir. 2014).

459 **"내부자들의 신인의무를 위반했는지에 대한 판단 여부":** *U.S. v. Newman*.

459 **"정보 제공의 대가로 받은 것이 객관적이고 현존하고, 그리고 최소한 금전 또는 그와 유사한 가치가 있는 잠재적 이익":** *U.S. v. Newman*.

460 **1983년 판결 이후, 정보 제공자가 개인적인 이익을 얻었는지 기준은 사실상 무시:** Matt Levine, Ibid.

463 **공화당의 스테판 린치 의원의 법안 제출:** http://lynch.house.gov/press-release/lynch-introduces-bill-ban-insider-trading, Lynch Introduces Bill to Ban Insider Trading.

463 **"일반인이 활용할 수 없는":** Nate Raymond, Two Senate Democrats push insider trading bill after court ruling, *Reuters*, March 12, 2015.

464 **"이 법안은 현행법상 일관성이 없는 부분이나 모호한 부분을 완전히 제거해 줄 것:** https://www.reed.senate.gov/news/releases/reed-and-menendez-introduce-bill-to-clearly-define-

and-ban-unlawful-insider-trading.

466 **"해가 없는 과오":** *Rajat Gupta v. US. Supreme Court*, No. 14-534 (March 2015)

467 **굽타의 향후 수입에 대한 웹스터의 메모:** Sandipan Deb, *Fallen Angel*, 1848, 1858.

467 **굽타의 아랍 에미리트 방문과 투자 유치 성공:** Deb, Ibid., 1816, 1826.

467 **굽타의 중동 여행 시기:** Ibid., 1816, 1826.

467 **"내가 갤리언 인터내셔널과 갤리언을 도울 수 있을지에 대해 계속해서 대화를 하고 싶다":** Raj Rajaratnam/Galleon Group, Anil Kumar, and Rajat Gupta insider trading cases, Wikipedia.

468 **웹스터는 배심원들에게 굽타가 자신의 재산의 80%를 자선 단체에 기부:** Deb, Ibid., 1870.

468 **"정부의 기소는 굽타가 비밀 정보의 대가로 무엇을 받았는지 모호한 부분이 있다":** Ibid., 1368.

468 **"라자라트남과의 친구 관계 또는 다양한 비즈니스 관계로부터 혜택을 받았거나 받기를 희망했던 정도":** Ibid.

469 **미국 대 샐먼 사건 판결:** *U.S. v. Salman*, 792 F.3d 1087 (9th Cir. 2015).

부록

1_ 택시 드라이버의 007 작전

473 **정보원이 정보를 제공할 때도 추적을 피하기 위해 페이폰을 쓰되:** Mark Stevens, *The INSIDERS: The Truths Behind the Scandal Rocking Wall Street* (G. P. Putnam's Sons, 1987), 144.

474 **스캐든에서 문서 교정자로 일했던 패트릭:** Stevens, Ibid., 143.

474 **'드라이브-어-카(Drive-A-Car)'의 택시 드라이버인 스티븐 왈리스의 택시를 이용:** Ibid., 144.

475 **뉴욕증권거래소의 이상매매 감시시스템에 이상한 거래 패턴이 잡혔다:** Ibid., 141.

476 **내부자거래로 확신하기에는 증거가 부족했지만, NYSE는 이러한 정보를 SEC와 스캐든에 전달했다:** Ibid.

476 **NYSE로부터 뜻밖의 정보를 받은 스캐든은 충격을 받았다:** Ibid.

476 **스캐든이 유력한 용의자를 찾아내는 데에는 그리 시간이 걸리지 않았다:** Ibid.

477 **크로우와 살바토르 등이 내부정보를 외부인에게 팔아 돈을 받기로 모의:** Ibid., 140.

477 **1984년 3월, 크로우가 스캐든의 저장 화일에 접속하여 상당한 비밀문서들을 스캐닝 하는 것이 적발됐다:** Ibid., 142.

478 **스캐든에 의해 고용된 사설 조사관들은 크로우와 살바토르를 미행:** Ibid., 143.

478 **어느 날, 조사관들은 살바토르가 늦은 밤에 페이폰으로 전화를 하고:** Ibid.

478 **또 다른 단서가 잡혔다:** Ibid.

478 **스캐든은 이 정보를 SEC에 넘겼고, SEC은 다시 뉴욕 남부지검에 정보를 제공했다:** Ibid., 139.

479 **패트릭은 쉽게 포기했고 왈리스에게 내부정보를 제공한 사실을 모두 털어 놓았다:** Ibid., 145.

480 **1985년 4월, 패트릭은 비밀리에 택시로 이동하는 중에 왈리스와의 대화를 녹음:** Ibid.

480 영화관에서는 〈로맨싱 스톤〉이 상영되고 있었다: Ibid.

2_ 포르노 여배우의 환상적인 매매

482 어느 날, 나스닥시장을 감시하는 레이더망에 마이애미에서 여배우로 활동하는 한 여성의 이상한 매매가 포착: Charles Gasparino, *Circles of Friends* (HarperCollins, 2013), 56~57.

483 "나는 당신이 무슨 소리를 하고 있는지 모르겠다": Ibid., 57.

483 SEC 조사관이 인터넷을 검색한 결과 그녀는 '마릴린 스타': Ibid.

483 SEC 조사관은 갠논 뒤에 내부정보를 제공해 주는 누군가가 있을 것: Ibid.

484 그들이 포르노 스타인 걸프렌드에게 내부정보를 제공: Ibid.

484 SEC의 젊은 부국장인 리오넬 안드레는 그녀의 수표 계좌에서 놀라운 광맥을 발견: Ibid.

484 SEC의 조사가 더 진행되면서 새로운 남성이 한 명 더 등장: Ibid., 57~58.

485 갠논이 거래한 주식으로 센트럴 피델리티 은행 등: *SEC v. McDermott*, Civil Action No. 99 Cov. 12256 (S.D.N.Y.) (December 21, 1999)

485 SEC와 연방 검찰은 이 세 사람에 대해 민·형사소송을 제기: Gasparino, Ibid., 58

485 맥더모트의 해고와 자신의 변호사로 개리 린치를 고용: Ibid.

486 린치의 선택이 아이러니: Ibid.

487 SEC가 제시한 미공개 정보의 전달을 추정케 하는 증거들: *United States v. McDermott*, 277 F.3d 240 (2nd Cir. 2002).

488 법원은 정부가 정보 전달이 있었다는, 합리적인 의심 수준을 넘어서는 충분한 증거를 제시했다고 인정: *United States v. McDermott*, 277 F.3d 240 (2nd Cir. 2002).

488 SEC와의 민사소송에서 맥더모트가 지불한 금액: *SEC v. McDermott*, Civil Action No. 99 Cov. 12256 (S.D.N.Y.) (December 21, 1999)

489 그가 갠논의 유일한 남자 친구가 아니었다는 것: Gasparino, Ibid., 58.

489 《타임》이 선정한 "**Top 10 Crooked CEOs**": http://content.time.com/time/ specials/packages/ article/0,28804,1903155_1903156_1903170,00.thml (2016. 1. 22. 방문)

489 맥더모트에 대한 가족들의 소송 제기: Greg Smith, "Banker who leaked info to porn star Marylin Star, James McDermott, accused of steeling from mother," *Daily News*, September 30, 2009); Greg Smith, "Siblings tell 'sad tale' of James McDermott: Raided family trust during tryst with porn star," *Daily News*, October 3, 2009.

490 그는 가족들에게 월가에서 내부정보를 이용하여 거래하는 것은 일상적인 일: Gasparino, Ibid., 59.

3_ KPMG 선임 회계사의 눈물

491 **2014년 4월 21일, 캘리포니아 연방 중앙지방법원 법정에 관한 설명**: James L. Ulvog, *Tragedy*

of Fraud, Insider Trading Edition, Riverstone Finance Press (2014).

492 **스캇 런던은 캘리포니아 주립 대학 시절 농구 선수로 활동했었다:** Peter Lattman, "Ex-KPMG Partner Is Charged in Insider Case," *The New York Times*, April 11, 2013.

492 **그는 미국 남서 지역 전체를 관장하는 KPMG의 회계 감사 업무를 책임:** Tamara Audi, "Former KPMG Partner Scott London Gets 14 Months for Insider Trading," *The Wall Street Journal*, April 24, 2014; Walter Hamilton, Tiffany Hsu and Andrew Khouri, "Fired KPMG auditor can't explain 'lapse of judgement,'" *Los Angeles Times*, April 10, 2013.

492 **그는 1주일에 1만 8000달러를 버는 셈이다:** Ulvog, *Tragedy of Fraud, Insider Trading Edition*.

492 **앞으로 10년에서 15년 정도 더 일을 할 수 있다면:** Ulvog, Ibid.

493 **두 사람이 처음 만난 것은 쇼가 런던이 회원으로 있던 골프 클럽에 가입했던 2005년부터였다:** *SEC v. Scott London and Bryan Shaw*, United States District Court Central District of California, SEC Complaint CV 13-02558 (2013. 4. 11.); Quentin Fottrel, "Confessions of insider trader Scott London," *Market Watch*, 2014, June 25.

493 **여기에는 허벌라이프, 스케쳐스, 데커스, RSC 홀딩스, 퍼시픽 캐피털 뱅커스 등이 포함돼 있었다:** *SEC v. Scott London and Bryan Shaw*; Peter Lattman, "Ex-KPMG Partner Is Charged in Insider Case," *The New York Times*, April 11, 2013.

493 **쇼는 런던으로부터 제공받은 정보를 이용하여 거래했고 약 127만 달러의 이익을 얻었다:** *SEC v. Scott London and Bryan Shaw*; Fottrel, "Confessions of insider trader Scott London," *Market Watch*, June 25, 2014; Audi, "Former KPMG Partner Scott London Gets 14 Months for Insider Trading," *The Wall Street Journal*, April 24, 2014; Hamilton, Tiffany Hsu and Andrew Khouri, "Fired KPMG auditor can't explain 'lapse of judgement,'" *Los Angeles Times*, 2013, April 10.

493 **그는 런던에게 현금으로 5만 달러를 제공했고 롤렉스시계를 선물했다:** *SEC v. Scott London and Bryan Shaw*; Lattman, "Ex-KPMG Partner Is Charged in Insider Case," *The New York Times*, April 11, 2013.

493 **쇼의 주문을 처리하던 증권 브로커는 쇼의 거래에 의문을 품기 시작했다:** Lattman, Ibid.

494 **FBI는 런던을 잡기 위해 함정 수사를 준비했다:** Ibid.

494 **2주가 지난 어느 날 오전 8시경, FBI 수사관 2명이 런던의 집 앞에 나타나서 문을 두드렸다:** Fottrel, "Confessions of insider trader Scott London," *Market Watch*, 2014, June 25.

494 **그 사진은 FBI가 제공한 사진이었다:** Stuart Pfeifer, "KPMG auditor was photographed accepting cash bribe over coffee," *Los Angeles Times*, April 10, 2013

4_ 골프 메이저 챔피언, 필 미켈슨의 리커버리 샷

497 **2014년 5월 30일, 《월스트리트 저널》과 《뉴욕타임스》의 보도:** Sheelah Kolhatkar, "*New York Times* Walks Back the Phil Mickelson Insider-Trading Story," Bloomberg Businessweek,

June 12, 2014.

498 **2011년, 아이칸은 클로록스 주식을 비밀리에 9.14%를 매집:** Mica Rosenberg, U.S. would face hurdles bringing case against Ichan, Mickelson: lawyers, Reuters, June 2, 2014.

498 **클로록스는 적대적 기업 인수를 거부:** Ibid.

498 **여기서 아이칸은 자신의 투자자들:** Ibid.

499 **만약 그가 공개매수 형태를 취했다면:** Ibid.

499 **미켈슨은 자신이 잘못한 것이 없으며 정부의 조사에 적극적으로 협조:** Ibid.; Matthew Goldstein and Ben Protess, "Golfer Mickelson's Role Said to Be Overstated in Insider Inquiry," *New York Times*, June 11, 2014.

499 **연방 정부의 조사 결과 미켈슨은 클로록스 주식을 거래하지 않은 것으로 밝혀졌다:** Michael Rothfeld and Susan Pulliam, "Insider-Trading Probe Hits Snag," *Wall Street Journal*, June 12, 2014.

500 **2011년 〈60분〉에 출연:** Jeffrey Toobin, "Escape Artist Phil," *Golf Digest*, August 2017, 61.

500 **데이비스는 문제가 된 딘 푸드의 이사:** Toobin, Ibid., 63.

500 **월터스의 도박을 그만두고 골프 비즈니스로 새로운 출발을 하고자 했다:** Ibid.

500 **"커피 한 잔 할까?":** Ibid.

500 **월터스는 데이비드가 제공한 정보를 이용하여:** Kara Scannell, Phil Mickelson caught up in insider trading case, FT.com, May 20, 2016.

501 **그러던 중 월터스가 대박을 치게 되는 거래가 딘 푸드가 분할한다는 정보였다:** Toobin, Ibid., 63.

501 **그는 3개의 계좌를 통해 23번의 거래를 통해 딘 푸드 주식 240만 달러 규모를 매수:** Ibid.

501 **2012년 10월 월터스에 대한 도박 빚을 갚는 데 사용했다:** Toobin, "Escape Artist Phil." *Golf Digest*, August 2017.

501 **연방 검찰의 기소장에 의하면:** Kara Scannell, "Phil Mickelson caught up in insider trading case," *Financial Times*, May 20, 2016.

502 **FBI는 라스베이거스의 한 리조트에서 월터스를 전격적으로 체포했다:** Ibid.

502 **2017년 3월 21일, 데이비스는 월터스 재판에 증인으로 섰고:** Toobin, Ibid., 63.

502 **"자신의 인생에서 가장 큰 베팅에서 패배했다":** Ibid.

502 **SEC는 묘안을 생각해 냈는데, 민사소송에서 미켈슨을 "relied defendant"로 써 넣은 것이다:** Davis Smyth, "Phil Mickelson is Very Glad *United States v. Newman* is the Law in the Second Circuit," *National Law Review*, May 20, 2016; Shane Ryne, Understanding the Mickelson case: Why lefty got lucky, GolfDigest.com, May 23, 2016.

503 **그러나 미켈슨의 경우는 앞서 설명한 것처럼 직접적인 증거가 없었다:** Smyth, Ibid.

503 **미켈슨의 혐의는 분명했지만:** Ibid.

503 **미켈슨은 SEC에 약 1백만 달러를 납부하고 사건을 종결:** Smyth, Ibid; Toobin, Ibid., 63.

504 **미켈슨의 변호사는 미켈슨은 SEC가 문제 삼는 거래에서 발생한 이익을 취할 생각이 없다고 말**

했다: Ryne, Ibid; Scannell, Ibid.

504 **그가 딘 푸드 주식거래를 하면서 뉴먼 판결이 자기를 보호해 줄 것이라는 생각을 했다고 보기는 어렵다:** Ryne, Ibid.

504 **우승 상금과 광고 후원 등으로 1년에 5천만 달러를 버는 골퍼:** Toobin, Ibid.

504 **연방대법원은 2년 후 뉴먼 법리를 파기한 연방 제9항소법원의 판결을 인용했다:** Ibid.

504 **2010년 마스터즈 대회 마지막 라운드 13번 홀:** Ibid.

월스트리트의 내부자들

1판 1쇄 발행 2020년 2월 3일
1판 2쇄 발행 2020년 10월 12일

지은이 김정수
펴낸곳 서울파이낸스앤로그룹
임프린트 캐피털북스
펴낸이 김정수
디자인 나디하 스튜디오
제작 제이오
등록 2010년 5월 4일 (제 310-2011-1호)
주소 (우 04168) 서울 마포구 새창로 11, 1262호 (도화동, 공덕빌딩)
전화 701-4185 **팩스** 701-4612
이메일 capitalbooks@daum.net

ISBN 978-89-966420-7-7 03320